国家社会科学基金一般项目成果（项目批准号 12BXW047）

新媒体
广告规制研究

孟茹　查灿长　著

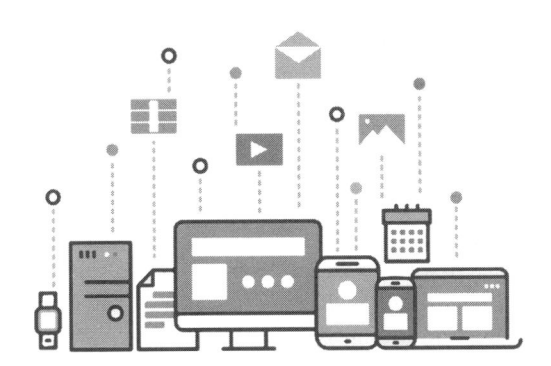

南京大学出版社

图书在版编目(CIP)数据

新媒体广告规制研究/孟茹,查灿长著.—南京:
南京大学出版社,2018.8
ISBN 978-7-305-20125-7

Ⅰ.①新… Ⅱ.①孟… ②查… Ⅲ.①传播媒介—
广告—经营管理—制度建设—研究—中国 Ⅳ.①F713.82

中国版本图书馆 CIP 数据核字(2018)第 088345 号

出版发行　南京大学出版社
社　　址　南京市汉口路 22 号　　邮　编　210093
出 版 人　金鑫荣

书　　名	新媒体广告规制研究
著　　者	孟 茹　查灿长
责任编辑	黄 卉　官欣欣　　编辑热线　025-83686029
照　　排	南京紫藤制版印务中心
印　　刷	江苏凤凰通达印刷有限公司
开　　本	718×1000　1/16　印张 31.5　字数 484 千
版　　次	2018 年 8 月第 1 版　2018 年 8 月第 1 次印刷

ISBN 978-7-305-20125-7
定　　价　148.00 元

网　　址：http://www.njupco.com
官方微博：http://weibo.com/njupco
官方微信：njupress
销售咨询热线：(025)83594756

＊版权所有,侵权必究
＊凡购买南大版图书,如有印装质量问题,请与所购
　图书销售部门联系调换

目 录

绪 论 ………………………………………………………… 1

第一节 研究背景、问题与意义 ……………………………… 1
　一、研究背景 ………………………………………………… 1
　二、研究问题 ………………………………………………… 4
　三、研究意义 ………………………………………………… 6

第二节 研究文献与成果综述 ………………………………… 7
　一、中外学术史回顾 ………………………………………… 7
　二、主要学术争鸣 …………………………………………… 14
　三、重要概念界定 …………………………………………… 29

第三节 研究方法与理论架构 ………………………………… 41
　一、研究方法 ………………………………………………… 41
　二、研究架构 ………………………………………………… 43
　三、创新与局限 ……………………………………………… 44

第一章 变革与解析：新媒体广告的传播形态与特征 ……… 47

第一节 新媒体与新媒体广告 ………………………………… 47
　一、新媒体的基本概念与定义 ……………………………… 48
　二、新媒体广告的主要内涵 ………………………………… 52

第二节 新媒体广告的分类与形态 …………………………… 54
　一、新媒体广告的一般分类 ………………………………… 54
　二、新媒体广告的主要形态 ………………………………… 59

第三节 新媒体广告的特征 …………………………………… 63
　一、广告的运作理念发生异化 ……………………………… 64

1

二、广告的业务模式出现激变 …………………………………… 65
三、广告的媒体形态呈多样化 …………………………………… 68
四、广告的传播去中心化 ………………………………………… 71
五、广告的内容弃形式化 ………………………………………… 74

第二章 竞合与均衡：广告他律与自律监管的协同互动 ………… 77
第一节 广告规制中他律与自律的辩证关系 …………………… 77
一、他律规制的管理优势与监管困难 …………………………… 78
二、自律规制的理论基础与优劣势分析 ………………………… 81
三、广告他律与自律相互补充与促进 …………………………… 83
第二节 广告自律的体系与有效性研究 ………………………… 87
一、广告自律的体系与管理差异 ………………………………… 87
二、提高广告自律有效性的代表性观点 ………………………… 94
三、广告自律在新媒体时代的有效性 …………………………… 96
第三节 他律规制对新媒体广告自律的影响 …………………… 100
一、政府对颁布新媒体广告规制态度谨慎 ……………………… 100
二、政府介入新媒体广告管制有利于行业健康发展 …………… 105
三、他律规制促进了新媒体广告自律监管效果的发挥 ………… 109

第三章 传承与嬗变：媒体时代变迁背景下广告行业协会的自律监管 ………………………………………………………………… 112
第一节 传统广告行业协会在新媒体时代应需而变 …………… 113
一、增设监管新媒体广告的部门 ………………………………… 114
二、制定或修订适于新媒体广告的自律规制 …………………… 115
三、加强对新媒体广告管理的研究 ……………………………… 119
第二节 新媒体广告行业协会具有后来居上的监管优势 ……… 124
一、设立了更为细化的监管部门 ………………………………… 124
二、制定了涵盖内容广泛的自律规范 …………………………… 125
三、注重探索新问题的解决方案 ………………………………… 128

目 录

第三节　新媒体广告监管的困难促使各协会间加强合作……… 131
　　一、新媒体时代广告行业协会自律联盟应运而生………… 131
　　二、新媒体广告自律联盟的三种主要监管方式…………… 134
第四节　新媒体时代广告行业协会监管的新重点……………… 141
　　一、制定在线行为广告的自律规范………………………… 141
　　二、注重网络隐私与用户数据保护………………………… 150
　　三、谨防在线广告病毒欺诈………………………………… 158
　　四、加强对数字广告的有效管理…………………………… 159

第四章　利益与选择：新媒体时代广告主内化自律规范以赢得信任 ……………………………………………………… 164

第一节　新媒体时代西方广告主自律的动因分析……………… 165
　　一、广告主的媒体使用偏好正在发生改变………………… 165
　　二、坚守道德基础上追求利益有望实现双赢……………… 169
　　三、广告主自律的价值与所受到的外部管制……………… 174
第二节　国际领先品牌的在线广告自律实践…………………… 177
　　一、侵犯在线隐私成为广告主的难解问题………………… 177
　　二、不断更新隐私政策以加强对消费者的保护…………… 188
　　三、广告主自律的努力与遭受的质疑……………………… 198
第三节　新媒体时代重点行业广告主的自律规制与实践……… 202
　　一、食品行业加强在新广告传播阵地中的自觉性………… 202
　　二、竞价排名广告打破了药品行业的"诚信协议"………… 205
　　三、社交媒体中烟酒广告主的"越界"与自律努力………… 210

第五章　责任与担当：数字互动媒体平台的资源控制与广告把关 ……………………………………………………… 218

第一节　基于数字互动媒体平台广告的诞生与发展…………… 217
　　一、新媒体时代数字互动广告市场方兴未艾……………… 218
　　二、数字互动媒体为新广告发展搭建有利的平台………… 221
　　三、数字互动媒体与广告主结成共荣发展体……………… 227

第二节 数字互动媒体平台广告业务发展中的力量博弈 …… 230
一、数字互动广告探索中出现的摩擦与争议 …… 231
二、企业追逐私利与实现社会公利间的矛盾 …… 234
三、外部影响激发网络企业健全内部规范 …… 237

第三节 数字互动媒体平台加强对广告的自我审查与监管 … 248
一、不断制定、完善新媒体广告的自律规制 …… 249
二、通过认证方式实现对广告主的有效约束 …… 255
三、收紧对平台上广告传播的控制与管理权 …… 258

第六章 舆论与制衡：公众的监督权利作为一种外部制约力量 …… 263

第一节 新媒体时代公共话语权利的增强 …… 264
一、美英商业言论自由权利的实现过程 …… 264
二、商业言论自由权利在新媒体时代的延伸 …… 270
三、公共领域的话语权力与舆论的影响力 …… 272

第二节 公共舆论助推新媒体广告行业自律 …… 276
一、网络舆论的生成方式与信息扩散的路径 …… 276
二、舆论监督新媒体广告的来源与构成 …… 284
三、公共舆论监督新媒体广告的主要方式 …… 288

第三节 公共舆论对新媒体广告的制衡作用 …… 293
一、保护消费者的权益与利益 …… 294
二、促使广告主做出及时回应 …… 297
三、抵制行业内的不公平竞争 …… 299
四、维护社会主流价值观念与道德规范 …… 300

第七章 共生与互动：新媒体广告规制与网络生态系统发展 …… 304

第一节 网络生态与网络生态系统 …… 305
一、网络生态研究的缘起、演进与问题 …… 305
二、网络生态系统的内涵与特质 …… 308

三、新媒体广告是网络生态系统的重要组成部分 ······ 310
　第二节　新媒体广告规制影响网络生态系统的运行 ······ 315
　　一、行业他律对网络生态系统运行的作用 ······ 318
　　二、行业自律对网络生态系统运行的影响 ······ 320
　第三节　以新媒体广告规制促进网络生态发展 ······ 323
　　一、新媒体广告规制对网络生态系统之主体品质的提升 ····· 323
　　二、新媒体广告规制对网络生态系统之客体内涵的优化 ····· 326
　　三、新媒体广告规制对网络生态系统之载体活动的推进 ····· 330

第八章　潮流与碰撞：新媒体广告规制与全球化及其文化冲突
·· 332
　第一节　新媒体广告规制与全球化 ······ 333
　　一、新媒体广告规制全球化的内外动因 ······ 333
　　二、新媒体广告规制全球化的主要潮流 ······ 339
　　三、新媒体广告规制全球化的负面问题 ······ 345
　第二节　新媒体广告规制的国际合作 ······ 348
　　一、新媒体广告规制国际合作的意义 ······ 349
　　二、新媒体广告规制国际合作的渠道 ······ 352
　　三、新媒体广告规制国际合作的隐忧 ······ 359
　第三节　新媒体广告规制在全球化中的文化冲突 ······ 361
　　一、新媒体广告规制全球化的文化冲突 ······ 362
　　二、西方发达国家广告规制的话语霸权 ······ 366
　　三、欠发达国家新媒体广告规制的文化危机 ······ 370

第九章　借鉴与超越：西方新媒体广告规制经验对我国的启示
·· 375
　第一节　我国新媒体广告规制的形成及其架构 ······ 375
　　一、我国传统广告规制的历史沿革 ······ 376
　　二、我国新媒体广告规制体系的初步形成 ······ 387
　　三、我国新媒体广告规制的基本架构 ······ 394

第二节　我国的广告监管体系相较于西方的特殊性…………… 402
　　一、政府逐步完善广告法律法规但尚不健全………………… 402
　　二、确立社会监督权利与机制但约束力有限………………… 412
　　三、我国未形成严格意义上的广告行业自律………………… 417
　　四、我国对新媒体广告的监管起步晚发展快………………… 422
第三节　新媒体时代我国广告监管的现状分析………………… 429
　　一、以广告行业协会为主导的联合监管探索………………… 429
　　二、公共舆论监督对于行业自律的推动作用………………… 437
　　三、数字互动媒体平台作为第四种约束力量………………… 440
　　四、我国新媒体广告自律监管中的特殊困难………………… 444
第四节　提高我国广告监管规制有效性的对策………………… 450
　　一、完善政府监管新媒体广告的法律与法规………………… 451
　　二、以"全球伦理"的思维监管新媒体广告………………… 454
　　三、增强广告行业协会的独立性与合作能力………………… 457
　　四、利用舆论监督促使新媒体广告主体自律………………… 459
　　五、充分发挥新媒体互动平台的自律积极性………………… 460

结　语　新媒体广告规制：基于时代的必然选择 …………… 464
征引文献和书目 ………………………………………………… 468
附录一　本书各章节的图表目录 ……………………………… 480
附录二　组织、机构与协会及其广告法规目录 ……………… 485
　　一、美英等国及国际组织的主要广告他律机构与自律协会目录
　　　　………………………………………………………………… 485
　　二、美英等国政府及国际组织发布的主要新媒体广告法规目录
　　　　………………………………………………………………… 487
　　三、美英广告协会及国际组织的主要新媒体广告自律规制目录
　　　　………………………………………………………………… 491

绪 论

第一节 研究背景、问题与意义

一、研究背景

（一）广告进入新媒体时代，规制面临新挑战

新媒体的发展为现代广告传播带来新契机，同时也对传统广告的规制管理体系提出了新挑战。于是，当广告产业成为当今全球增长速度最快的新兴产业之一时，基于传统媒体的广告规制经验，能否还可以直接应用于新媒体广告？新媒体广告催生出新的他律或自律主体，那么新媒体广告规制中的他律与自律的监管关系是否会呈现出与传统媒体时代不同的特征？新媒体广告规制的不断颁布，势必要打破传统媒体时代广告监管体系中的他律与自律之间的平衡关系，新的规制体系又将如何修订或重订以应对这种激变？尤其是当全球因网络而联结成一个"地球村"时，在这个消除地域边界的虚拟世界里，对于游刃于其中的新的广告传播方式，有关政府或组织应该如何监管与规制，方能应对来自域外广告的冲击和影响？……再有，互联网运行的全球性，使西方新媒体广告规制的影响波及全球并自然面临各种文化冲突，由此，我们将如何保持自己的一种"本土坚守"与"融入世界"的平衡？

每当一种新媒体广告在与传统媒体广告争夺市场份额中获得某一优势时，围绕这些新广告的言论自由权利、经济效果、社会影响及政府规制、行业自律等问题的争论或研究就会掀起新一轮浪潮。近年来，美英等西方国家的有关政府部门一直在积极探索、反复修订其新媒体广告的相关规制，有关行业协会也在极力探寻适宜的广告自律监管规范，在"摸着石头过河"的尝试中有成功也有遗憾，甚至还有失败。探讨西方尤其是探讨美英等西方广告强国的新媒体广告规制的理念、目标、内容、方式及执行机制等,可为我国新媒体广告的监管提供多重经验与参照,同时也有利于在全球相关规制尚不完善时期,填补我国对于该新领域的部分研究空白,并可增强我国在参与及制定国际新媒体广告规制体系进程中的话语权和影响力。

(二)新媒体广告的特殊性,凸显新规制的价值

新媒体广告的出现,颠覆了传统意义上对广告内涵与主体的一般界定。由于新媒体时代的广告主体范围增大,相应地,新媒体广告规制对象涵盖的内容也更多,这极大地增加了政府监管和行业自律的难度。传统广告规制的对象,重点在于广告主、广告代理公司与广告媒介,而新媒体广告规制的对象还需要增加数字互动媒体平台商,包括电信运营商、网络内容提供商与网络服务提供商,等等。不过,对于它们是否应当承担在其平台上发布广告的连带责任,目前一些国家尚存有很大的分歧与争议。此外,对于超越国家地理边界的域外广告、对于刊播于传统媒体上却又被网络转发从而放大到全球的广告行为、对于个体通过自媒体或社交网络发布的广告等如何进行监管和规制等,都是摆在新媒体广告管理者面前的棘手问题。正由于上述种种困难,不少学者转向研究政府管制与行业自律的关系以及新媒体时代广告规制的针对性和有效性等问题。

新媒体广告形式层出不穷,原有规制体系难以解决不断出现的新问题。由此,一方面,政府有关部门不断制定新的法规来约束和监管新媒体广告;另一方面,在广告规制还不完善时期,基于道德层面的广告自律就成为政府约束和监管新媒体广告的有力补充。自然,在新媒体时代,原有广告规制体系和新的广告规范是否合拍及有效的问题,亦成为近来学界和业界所关注的热点和重点,尤其是广告自律的有效性问题更为突出,因为"技术的创新为广告传播创造了机会,同时也挑战广告自律,例如人们很关心商家提供的位置相关的网络服务对隐私的侵犯,需要借助实证研究确定早在20世纪没有网络、卫星电视与移动通信时的广告自律规制,如何应用于21世纪的新媒体,这就涉及新时代广告自律的有效性问题",[1]也凸显了新媒体广告规制

---

[1] Xuemei Bian, Philip Kitchen, Maria Teresa Cuomo, "Advertising self-regulation: Clearance processes, effectiveness and future research agenda", *Marketing Review*, 11(4)(2011), p.406.

的制定与完善的紧迫性问题。

（三）新媒体时代广告行业加强自律是一种理性选择

广告传播的有效性首先是建立在受众信任基础之上的，"大众媒介的出现减少了以欺骗性信息为基础的信任扩散，同时却导致了信任减弱"，[①]而新媒体时代，广告主体范围的增大与自媒体信息的激增，更削弱了广告主与受众之间的信任关系。广告主作为理性人，通常会在讲究信用与违背诺言之间作出选择，"因为违背诺言可能为他带来某些益处"，[②]不过，由于处在一种集体关系中，单一广告主的选择还要受到其他竞争对手的影响，他们相互之间存在力量博弈，追求系统内利益均衡的努力，一定会促使广告主作出最有利于实现自身利益最大化的理性选择。此外，广告主愿意将监管权力转让给行业协会，这也是基于相互间建立的信任关系，行业协会自然会以公平、公正的方式处理行业内的问题，制定内部规范对会员的行为进行约束，以此赢得政府与社会公众的认可。

由上，本研究将加强关注和探究现代政府在如何对新媒体广告进行具有法律效用的他律规制的同时，也着重对广告行业（包括数字互动媒体平台商等）的自律监管展开深入解析和多向研究，即我们除了采用传统的法制精神与道德哲学的视角，还参照了新经济社会学的代表人物科尔曼的"理性选择理论"——他以宏观视域与微观分析相结合的方式，研究行动者理性选择的动机、方式与优势，这适合具有外部性影响的广告行业。同时，本文将美英等西方国家的新媒体广告规制（包括他律与自律）作为主旨研究对象，以理性选择作为本研究的基础理论来进行有关问题之阐释自是具有一定的合理性，因为西方社会向来有研究理性的传统，"从古希腊的逻各斯，到康德的道德律令，再到罗尔斯的正义法则，都在很大程度上来自于对理性的认知和应用"，[③]因此，以西方的理论来研究美英等西方国家的法制实践与社会自律

---

① ［美］詹姆斯·S.科尔曼：《社会理论的基础》[M]，邓方译，北京：社会科学文献出版社2008年版，第178页。
② ［美］詹姆斯·S.科尔曼：《社会理论的基础》[M]，邓方译，北京：社会科学文献出版社2008年版，第100页。
③ 程同顺、张国军：《理性选择理论的困境：纠结的理性与不确定性》[J]，《理论与现代化》，2012年，第2期。

则更具说服力。

二、研究问题

（一）研究目的

新媒体广告规制属于新兴研究领域，目前国内外的相关研究成果不多，尤其对于新媒体广告规制中政府"他律"与行业"自律"及"公众监督"等的有机互动研究相对滞后，影响了对政府与行业或公众在新媒体广告监管与规制实践中的理论指导作用。本文拟对以美英为代表的西方国家的新媒体广告有关规制进行系统性梳理与研究，解析它们内在的关系与动因，总结它们的执行机制与运作经验，探讨提高我国新媒体广告监管与规制的积极效应与有关对策。

（二）研究对象

规制（包括他律与自律），作为一种具体的制度安排，从其诞生起就受到国家的历史文化、政治环境和经济形态等因素的影响，由于国与国之间差异显著，注定了各国广告规制的内涵与体系的迥异。美英等西方国家不仅有超过一百多年的广告监管历史，而且国家的发展历史与文化传统、政治制度与经济状况等都为其广告规制提供了相对合适的土壤。故此，美英等西方国家的广告规制体系相对比较完备、经验比较丰富。所以，本课题拟以美英等西方国家为主要研究对象，探讨在新媒体时代它们是如何完善和加强对其广告行业的监管，同时，以中西比较的研究方式，将我国与美英等西方国家同置于新媒体广告发展的大环境中，分析以"他律"为主导或以"自律"为主导的国家规制体系能否成功地将它们的管理传统应用于新媒体时代的广告监管；缺少他律或自律传统的国家在新的技术环境中如果强化广告监管或广告自律是否会取得明显的成功；地缘与文化的差异性是否会在新媒体时代对国家之间的广告规制和自律管理产生特有的影响和作用；中西国家公民所具有的隐私权利、自由意识和历史文化传统等在共同面对新媒体技术引发的道德问题时，将会产生怎样的差异，又会出现怎样的共同诉求点。

（三）主要研究内容

汹涌而至的新媒体技术，催生出全新的广告形式，全面冲击了原有政府监管与行业自律的管理模式和监管体系，互联网、移动通信等媒体为商业言

论自由传播提供了极大便利,却也带来新的法律与道德问题。由此,本文将深入研究美英等西方国家之新媒体广告规制中的如下问题:

（1）通过对新媒体广告的传播介质、传播方式、传播内容等进行分类和分析,描述并求证目前存在的新媒体广告具有怎样的传播形态和基本特质。

（2）研究美英等西方国家的新媒体广告规制中的他律和自律的关系,是否或如何呈现出与传统媒体时代的不同特点。

（3）探讨美英等西方国家的广告行业协会于传统媒体时代制定的自律规范在新媒体时代的适用性,研究新媒体广告自律与传统媒体广告自律是否存在一种前后传承的关系,广告媒体形式的新变化是否令这些国家的行业协会自律监管体系在传承之后又发生了变化。

（4）新媒体是否催生出新的广告自律性主体,这与原有的"广告主自律"之间的差异在哪里,以及新媒体时代美英等西方国家的广告主体是如何强化自律的。

（5）基于数字互动媒体平台广告的诞生与发展,着重梳理数字互动媒体平台广告业务发展中出现的多重力量博弈的现况,而其中美英等西方国家是如何对数字互动媒体平台的资源进行控制及如何加强对该平台广告的自我审查与监管的。

（6）研究新媒体时代网络舆论力量的崛起对广告行业的他律与自律互动监督的影响,这种基于网络平台的监督方式是否改变了传统社会监督的力量,其监督效果又是如何。

（7）探究在网络生态系统的视角下,新媒体广告规制对网络生态系统的运行带来什么作用,以及对网络生态系统的主体、客体和载体产生什么影响。

（8）阐释经济全球化使西方新媒体广告规制的影响波及全球的表现,我们将如何应对西方新媒体广告规制全球化的影响和面临的文化冲突。

（9）结合我国广告监管历史与现状分析,在总结美英等西方国家在新媒体时代对广告行业监管与规制的成功经验和存在问题之基础上,探讨适合我国新媒体广告监管与规制的方式、重点及如何增强有效性的问题。

三、研究意义

（一）现实意义

（1）随着新技术的发展，网络广告、手机广告等新媒体广告无论是传播介质还是传播形式都在发生急速变化。解析西方，尤其解析美英等西方国家广告规制的体系构成和执行机制，对我国新媒体广告规制的制定和执行机制的确立具有现实的借鉴意义。

（2）全球化进程使新媒体广告规制的建立不仅涉及我国广告产业的本土发展，也涉及我国在该产业领域的话语权。因此对西方国家的规制体系与结构进行解析，尤其对产业协会和公众监督在规制制定和执行中的地位和作用进行解析，有助于我国网络广告产业的健康发展。

（3）经济全球化使各国的网络广告规制不仅对其本国产生重要影响，也对其他国家的规制制定产生影响。因此对西方国家的规制体系及其制度结构之关联性的解析，有助于应对西方国家通过全球化国际组织并利用所谓"国际惯例"、"网络规则"等来对中国的产业规制进行施压和干涉。

（二）理论意义

（1）广告学研究包含"广告自身运作规律"和"广告与社会关系"这两大方面的研究，但目前我国的广告学研究更多关注的是前者，而对广告与社会关系层面的研究还不多。本研究期望对美英等西方国家的新媒体广告规制从政府监管、行业自律、外部舆论监督及数字互动媒体平台自律把关等方面进行细致描述，来拓展广告学的研究范围。

（2）新媒体广告规制虽然是一个新的研究领域，但是同广告与经济、广告与政治、广告与道德、广告与社会、广告与文化等关系研究一样，具有同等的重要性，而且它们彼此关联、互相渗透和互相影响。本研究期望从研究视域、研究方法和事实数据等方面将以上相关联的研究推向深入。

（3）新媒体广告规制的研究是目前我国传播学和广告学理论与实务研究方面的薄弱环节，本研究通过对美英等西方国家的新媒体广告规制及其关系的研究，在推进我国传播学和广告学深入发展的同时，期望为我国的新媒体广告规制体系与执行机制的建设有一突破与推动作用。

绪 论

第二节 研究文献与成果综述

一、中外学术史回顾

（一）新媒体广告规制

国外涉及新媒体广告规制的研究是伴随 1994 年互联网进入商用阶段而出现的。该年 4 月美国亚利桑那州的 Canter&Siegel 法律事务所在互联网上发出大量 E-mail 广告以推销其绿卡业务，"垃圾邮件"广告由此诞生，事务所遭 3 万多愤怒网络用户回应，致使其网站瘫痪。[①] 1995 年 B. G. Gilpin 在其"Notes: Attorney Advertising and Solicitation on the Internet: Complying with Ethics Regulations and Netiquette"一文中，从道德规范和网络礼仪的角度对该事件进行分析研究。随着互联网和移动通讯的发展，以网络广告为代表的新媒体广告迅猛发展，学者们的研究因此不断拓展，其中 1999 年 A. E. Schlosser 在其 "Survey of Internet Users' Attitudes toward Internet Advertising"一文中，从消费者利益的角度提出政府应加强对网络广告及垃圾邮件的监管与规制。2000 年互联网泡沫的破灭使其发展进入更为理性和成熟的阶段，网络广告规制的研究也更加全面深入，新媒体广告的他律和自律规制一起进入研究者的视野。2010 年 Andrew McStay 在 *Digital Advertising* 一书的第六章中，对数字时代美国的他律与自律规制进行了对比，并研究了个人隐私、在线行为广告、垃圾邮件以及

[①] 1994 年 4 月，劳伦斯·坎特（Laurence A. Canter）和马莎·西格尔（Martha S. Siege）在 "Usenet"（互联网上最大的用户团体之一）为他们的公司 Canter and Siegel——菲尼克斯的一家专攻移民法的法律公司——发布了大量的广告。虽然没有明确的法律条文禁止这种做法，但人们普遍对此反应强烈，开始时，很多人回复了该信息，表达了他们对利用互联网宣传这种赤裸裸的商业服务的做法感到愤怒。很多人担心，本来就有限的互联网宽带被这种广告信息堵塞而无法进行有意义的交流。坎特和西格尔遭受了很多惩戒，诸如收到旨在堵塞指定计算机的电子邮件炸弹和机控电话的骚扰、没完没了的传真、在全世界电子公告栏上发布这对夫妻的照片等。不过后来，他们得到的几乎全是正面的反馈。详见：[美]约翰·帕夫利克：《新媒体技术——文化和商业前景》[M]，周勇等译，北京：清华大学出版社 2005 年版，第 32～33 页。

7

数据保护、面向未成年人的在线广告等如何监管的问题。2013年Mary Alice Shaver与Soontae An在 *The Global Advertising Regulation Handbook* 一书中，汇集了包括美、英、法、日、韩和中国等在内的20个国家和地区的广告规制研究成果，并进行了横向比较，其中涉及诸多新媒体广告的内容。2014年Simone van der Hof、Bibi van den Berg与Bart Schermer合编了 *Minding Minors Wandering the Web：Regulating Online Child Safety* 一书，共同探讨了未成年人在线安全、隐私保护以及如何有效规制等问题。

除了上述代表性著作之外，相关研究论文的内容也很丰富。例如2002年Anne Keaty、Roger J. Johns与Lucy L. Henke在"Can Internet Service Providers and Other Secondary Parties Be Held Liable for Deceptive Online Advertising?"一文中，研究了如何监管在线广告欺诈以及数字互动媒体平台是否应当承担连带责任的问题。2003年澳大利亚广告自律研究学者Debra Harker在"Towards Effective Advertising Self-regulation in Australia：the Seven Components"一文中，以本国为研究对象讨论了广告自律的有效性问题，对新媒体广告自律监管也有启发意义。2006年Maya Hertig Randall在"Commercial Speech under the European Convention on Human Rights：Subordinate or Equal?"一文中，讨论了新媒体时代商业言论自由的权利与界限以及如何有效管理的问题。同年（2006年），Andrew Brown在"Advertising Regulation and Co-regulation：the Challenge of Change"中研究了广告自律与合作规制的问题。2011年Xuemei Bian、Philip Kitchen和Maria Teresa Cuomo在"Advertising Self-regulation：Clearance Processes, Effectiveness and Future Research Agenda"一文中，探讨了广告自律在新媒体时代的有效性问题。同年（2011年），Catherine Tucher在"Social Networks, Personalized Advertising, and Perceptions of Privacy Control"一文中，讨论了社交媒体与自媒体广告控制的问题。2012年Omer Tene与Jules Polonetsky在"To Track or 'Do Not Track'：Advancing Transparency and Individual Control in Online Behavioral Advertising"一文中，重点关注了在线行为广告的管理问题。同年（2012年），Fred Beard发表了"The US Advertising Industry's Self-regulation of Comparative Advertising"，以比较广告为对象探讨了美国广告行业自律的问题。

绪 论

国内相关研究专著主要有:张久珍的《网络信息传播的自律机制研究》(2005年);张维迎的《信息、信任与法律》(2006年);2008年的研究成果比较丰富,代表性的有阮丽华的《网络广告及其影响研究》,范志国主编的《中外广告监管比较研究》,唐才子、梁雄健的《互联网规制理论与实践》,郝振省的《中外互联网及手机出版法律制度研究》,张龙德、姜智彬、王琴琴主编的《中外广告法规研究》,崔银河编著的《广告法规与职业道德》;陈柳裕、唐明良的《广告监管中的法与理》(2009年);周茂君的《中国广告管理体制研究》(2012年);王凤翔的《广告主对大众媒体的影响与控制》(2012年);展江、吴薇的《开放与博弈——新媒体语境下的言论界限与司法规制》(2013年);马志刚的《中外互联网管理体制研究》(2014年)等。

国内代表性研究论文主要有:罗以澄、夏倩芳、刘建明的《从儿童广告规约与网上隐私权保护规约的效果比较看自律原则对网络传播的适用性》(2002年);陈刚、季尚尚的《微妙地前行——谈中国广告行业协会层面的变化》(2007年);张新华的《美国广告行业自律发展的社会影响因素略探》(2008年);徐剑的《电子邮件广告的表达自由与限制——论美国的反垃圾立法》(2009年);范志国、毕小青的《变化中的日本广告规制》(2010年);蔡祖国的《不正当竞争规制与商业言论自由》(2011年);中国人民大学舆论研究所"植入式广告研究"课题组的《植入式广告:研究框架、规制构建与效果评测》(2011年);阮丽华、张金隆、田鼎的《基于公共利益的网络广告规制研究》(2011年);匡文波的《关于新媒体核心概念的厘清》(2012年);高丽华、卢晓明的《植入式广告规制问题探析——基于规制经济理论的视角》(2012年);许正林的《当前国外广告激励机制及其对我国的启示》(2013年);张文祥的《"限广令"、规制与行政法治——以西方国家广播电视业政府规制为比较视角》(2013年);杨燎原的《中美广告行业协会比较研究》(2013年);唐峰的《美国新媒体广告的传播生态及启示》(2013年);戴元光、周鸿雁的《美国关于新媒体规制的争论》(2014年);谢胜男的《英国新媒体广告自律管理》(2015年)等。

随着新媒体广告的发展,近年来国内一些博士、硕士学位论文也关注到了新媒体广告规制的相关选题,为本研究注入了多学科、多角度的研究,代表性成果主要有:秦香花的《〈反不正当竞争法〉对虚假及误导网络广告的规制》(2003年);刘凡的《基于公众利益的广告监管模型及其策略研究》(2006年);滕顺祥的《基于互联网的行业综合治理机制与策略研究》(2010年);杨海军的《广告舆论传播研究——基于广告传播及舆论导向的双重视角》(2011年);陈志刚的《网络广告侵权行为的法律问题分析》(2011年);张化冰的《互联网内容规制的比较研究》(2011年);朱凯玲的《网络广告监管法律问题研究》(2011年);刁乾鹤的《网络广告的法律规制问题研究》(2012年);申志伟的《基于电信运营企业的互联网治理研究》(2012年);李盛之的《美国大众传播法律规制问题研究》(2012年);张妍妍的《美国的商业言论自由》(2012年);夏源的《新媒体政府规制研究》(2012年);薛敏芝的《美国新媒体广告规制研究》(2013年);唐夕雅的《植入式广告法律规制研究》(2013年)等。

与新媒体规制相关的国家社会基金项目,2013年度有:路鹃的《新媒体传播中个人信息安全的法律保护研究》;刘徐州的《网络公关治理与网络公信力研究》;周建青的《伦理学视野下新媒体影像传播的社会伦理问题及其道德规制研究》;张华的《社交网络中传播主体行为的演变和规范研究》。2014年度有:郑文明的《新媒体时代个人信息保护问题研究》;姚广宜的《新媒体环境下的传媒与司法关系问题研究》。2015年度主要有:戴元光的《美国新媒体法律与规制研究》;胡百精的《新媒体时代公共舆论中的表达理性研究》;牛静的《新媒体环境下中国参与建构全球媒介伦理的路径研究》;王金礼的《新媒体视角下的传播伦理研究》;邓年生的《我国新媒体视频监管体制创新研究》;宋美杰的《青少年新媒体健康信息行为研究》。

综上,虽然近年来国内外的学者都逐渐加大了对新媒体广告相关问题的研究力度,但是有关新媒体广告规制问题尚未引起足够的重视,基于比较与量化分析的研究成果更为有限。

(二)科尔曼的理性选择理论

西方国家的理性传统可以追溯到17—18世纪欧洲启蒙时代,启蒙思想家以理性为武器,主张"主权在民"、"天赋人权",强调人的价值和尊严。康德曾号召"要有勇气运用你自己的理智",他承认"人生而自由",但更强调人的思想自由,并且坚持人要自律。强调道德的自律,不能为了个人的自由而妨碍他人的自由,自由和平等只能在法律范围之内。西方的这种

绪 论

理性的传统以及追求自由、平等的权利理念,为理性选择理论的诞生提供了丰厚的土壤环境。两百多年前,法国数学家让·查理斯·波达和马奎斯·孔多塞就开创了投票规则问题的研究。从某种意义上讲,这是理性选择研究的滥觞。

现代意义上的理性选择理论,是伴随一系列影响深远的学术著作发展起来的。第二次世界大战之后,随着布莱克、布坎南和阿罗的数篇重量级文章相继发表,理性选择成为一个专门的研究领域而出现在研究者视野之内。这一时期,理性选择理论主要受到了1957年唐斯的《民主的经济理论》、1962年布坎南与塔洛克合著的《同意的计算》和1965年奥尔森的《集体行动的逻辑》的影响。这三部著作的出版,标志着政治学研究的"经济学路径"的确立,填补了政治学与经济学研究的空缺,也扩大了政治学研究的主题与内容。[①] 因此,理性选择理论被认为是西方政治学后行为主义时期的一种重要研究范式,被阿尔蒙德称为20世纪政治科学发展的"第三次高峰"。[②]

经济学的理性选择理论源自亚当·斯密,他强调市场交换者自利理性、相对自足的一面,同时也考虑了交换的内在规范与社会道德制约。后来古典经济学家大卫·李嘉图和新古典经济学家阿尔弗雷德·马歇尔则进一步排除了社会关系、习俗规范、文化的影响,提出系统的理性选择理论。经济学的理性选择理论认为行动者追求的目的仅是物质利益,具有完全的计算与筹划能力,通过理性手段来获取物质目标,除了市场价格机制外不受其他因素制约。[③]

社会学中的理性选择理论是在20世纪50年代逐渐发展起来的。在社会学的视野中,理性选择理论发生了一系列变化,最重要的是从经济学的微观研究走向了微观与宏观相结合的研究。理性选择理论是新经济社会学产

---

① 邢瑞磊:《理解理性选择理论:历史、发展与论争》[J],《武汉大学学报》(哲学社会科学版),2015年,第3期。
② 程同顺、张国军:《理性选择理论的困境:纠结的理性与不确定性》[J],《理论与现代化》,2012年,第2期。
③ 刘少杰等:《社会学理性选择理论研究》[M],北京:中国人民大学出版社2012年版,第43页。

生和发展的线索,核心问题就是把理性选择的原则和方法引入社会学,前后有四位学者作出了贡献。乔治·霍曼斯(George Homans)在《交换的社会行为》中,将人们的交往行为等同于追求经济利益最大化的理性选择行为;布劳(Peter Blau)把交换行为研究扩展到小群体之外,并强调对交往行为开展制度分析;格兰诺维特将求职等社会行为归于理性选择行为,其研究对象与活动领域都开始扩大,理性选择行为也从市场领域走向比较广泛的社会网络关系之中;科尔曼(James S. Coleman)于1990年出版了《社会理论的基础》一书,其理论构架则更进一步扩展,提出了社会理论研究与发展的新方向,以及要研究社会的微观系统和宏观系统之间的关系。[①] 科尔曼理性选择理论受到了社会学的交换理论、政治哲学和社会哲学对规范和法规的分析以及博弈理论的影响。

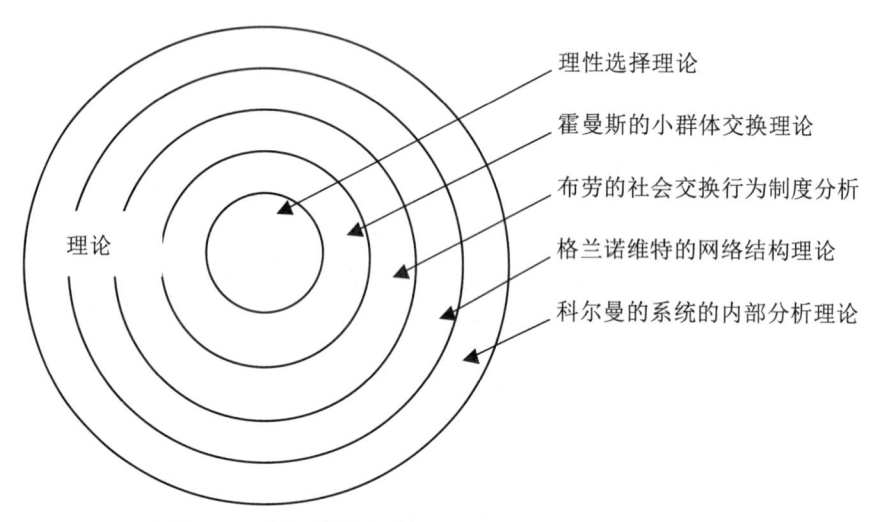

图0-1 新经济社会学领域中四位学者研究的关系图

科尔曼理性选择理论的基础是:经济学、社会学方法论以及交换理论。他采用的是个人主义(methodological individualism)方法论,其理论是由包括行动系统、行动结构、行动权利以及社会最优等四组基本概念构成的。在《社会理论的基础》一书中,科尔曼用大量的篇幅论证了:个体的理性行为最

---

① 刘少杰等著:《社会学理性选择理论研究》[M],北京:中国人民大学出版社2012年版,第7~8页。

绪 论

终可以通过相互交换,即通过将权利转让给一个权威的机构,来实现共同的利益最大化。这种利益上的一致性,是通过契约,也就是通过社会规范和社会制度设置来保障的。在法人层面上的利益最大化,已经不一定是每一个参与者个体的利益最大化,保障每一个参与者达成社会选择的,往往是社会关系和社会规范的因素。社会规范对于社会选择的达成具有重要的保障意义,而良好的社会关系、信任关系,有利于团体行动的最终实现。[①]

科尔曼建构的理论体系在人类社会生活的很多方面表现出较强的理论解释能力,拓宽了传统社会交换理论的解释范围,但是以理性人为假设的理性选择理论仅仅是对现实社会生活的一种极大简化。不过,任何理论都有其局限性,科尔曼的理性选择理论也是如此。人们往往认为这种理论经济学色彩过浓,忽视了许多重要的非经济因素;其关于人的理性选择的假设有局限,人类行为并非都是由理性思考所支配,理论过分强调人的自我意识和控制,忽视了人类行为冲动、无意识和失控的一面,因而理论的适用范围有限;该理论的某些概念的界定不十分准确,操作方法和数学模型还不完善,并缺乏与其他社会科学的对话等。[②] 此外,由于理性选择理论建立在追求效益最大化的理性人基础上,暗含着所有的社会个体都具有平等自由自主的能力,这就很容易掩盖社会中已经存在的不平等现象;社会意义上的理想均衡状态,一定程度上掩盖了资源有可能被掠夺的情形;理性选择理论所面临的种种困境,根源是理性人假设与社会生活的丰富性之间的矛盾。[③]

虽然存在一些缺陷,理性选择理论还是因其综合宏观与微观水平的独特研究视角,用以探讨现代社会经济生活中的各种问题。例如 Mofidi 与 Manooher 以理性选择理论研究国际法,*Applying Rational Choice Theory to Customary International Law：Enrichment or Impoverishment?*（2005）；Lawson 与 Michael E.运用理性选择理论研究农业中的转基因生产

[①] 刘少杰等著:《社会学理性选择理论研究》[M],北京:中国人民大学出版社 2012 年版,第 85 页。
[②] 谢舜、周鸿:《科尔曼理性选择理论评述》[J],《思想战线》,2005 年,第 2 期。
[③] 刘少杰等著:《社会学理性选择理论研究》[M],北京:中国人民大学出版社 2012 年版,第 86~89 页。

问题，*Agricultural Producers' Use of Genetically Modified Organisms: An Application of Rational Choice Theory*(2004)；McCormick 与 Joel G. 研究城市公园中的犯罪问题，*National Evaluation of Crime Prevention Strategies in Urban Parks: Using Rational Choice Theory to Understand Decisions of Park Directors and Professors*(2011)等。

我国学者杨善华早在1999年出版的《当代社会学理论》中，就介绍了科尔曼的理性选择理论；刘少杰等的著作《社会学理性选择理论研究》对理性选择理论的发展史与科尔曼的理论特点进行了详细的论述。比较有代表性的研究文章为：董明的《理性的社会选择何以可能？——简评科尔曼理性选择理论》、谢舜与周鸿的《科尔曼理性选择理论评述》、邢瑞磊的《理解理性选择理论：历史、发展与论争》、程同顺与张国军的《理性选择理论的困境：纠结的理性与不确定性》等。我国学者也用理性选择理论研究很多具体的现实问题，涉及大学生的考研动因、农民工、村级直选、高速公路逃过路费、网络购物、农民参保、居民社区参与等社会热点现象，印证了我国也存在理性人追求利益最大化的选择。有学者提出，"中国已经完成了从计划经济时代的泛政治主义到以经济发展为中心的转变，市场经济体制逐步确立并在不断完善中。这一外部环境变化已经使国人尤其在经济领域的行动日趋理性化（功利化）"，[①]科尔曼的理性选择理论无疑对我国当下一些问题具有指导价值，广告作为一个极具外部性的行业当然也不例外。

二、主要学术争鸣

（一）新媒体时代政府对广告监管立法的新问题

1. 网络规制立法的困难与风险

与传统媒体广告的单向传播方式、稳定媒体形态等特征不同，以互联网为代表的新媒体广告，从其诞生开始，就一直处于变动不居的状态中，这是制约美英等西方国家的政府制定新媒体广告规制的最大阻力。例如，美国

---

① 董明：《理性的社会选择何以可能？——简评科尔曼理性选择理论》[J]，《湖北行政学院学报》，2004年，第6期。

政府历经几年才终于制定了对"垃圾邮件"的专门立法,而 Cookie[①]等新技术的使用,却将消费者的隐私侵犯得更为彻底。学者展江等在《开放与博弈——新媒体语境下的言论界限与司法规制》一书中指出:"在新媒体环境下,技术的每一次升级,都向司法提出新问题,倒逼立法作出规定"[②],"在规则明显滞后的时代,信息技术革命的副作用往往会在博弈中逐渐凸显出来,其实质体现出技术在博弈中对规则的压倒性优势,根源在于人类在追求利益过程中对社会秩序的僭越"[③]。

虽然立法的困难重重,鉴于互联网强大的影响力量,国际社会与各国还是努力寻找有效的管理策略。2014 年 4 月 23—24 日,"全球互联网治理大会"在巴西圣保罗举行,"多利益相关方模式"的治理原则及未来互联网治理的路线图成为焦点,与会人士认为"如何在互联网的保护及开放中获得平衡是一个重要课题"[④]。在互联网发展史上,有关规制的争议向来不绝于耳,简而归纳主要有三种代表性观点:

(1) 反对规制

有"互联网之父"之称的温顿·瑟夫(Vint Cerf),在悉尼的一次圆桌会议上说:"如何监管 VoIP 是一个很容易回答的问题。这本身就是一个错误的问题,我们不应当对它进行监管……立法机关需要改变他们对新一代服务的看法。"[⑤]另一位代表性人物是《网络空间独立宣言》的发起人约翰·巴

[①] Cookie 是很小的数据文件,当用户使用浏览器访问某网站时,该网站便生成这些文件并把它们存储在用户的硬盘上。这些文件包含密码、访问过的网页清单和最后一次访问这些页面的日期。当用户再次访问存有 Cookie 的网站时,用户的计算机系统就会悄无声息地把 Cookies 及其所有相关信息发回该网站。Cookie 功能不需要消费者的身份,其主要基于一个独特的标识符。当用户浏览某个网站时,Cookie 是一种温和的监视用户活动的方式,可以向零售商提供有价值的信息,当这个用户再次来访时,就可以进行针对性的促销。这种技术最有争议的是第三方的 Cookie,这是放置在由相关网站组成的网络中的 Cookie,这样用户的活动就不只被某个网站而是被这个网络中的所有网站跟踪。详见:[美] 理查德·斯皮内洛:《铁笼,还是乌托邦——网络空间的道德与法律》(第二版)[M],李伦等译,北京:北京大学出版社 2007 年版,第 141 页。

[②] 展江、吴薇:《开放与博弈——新媒体语境下的言论界限与司法规制》[M],北京:北京大学出版社 2013 年版,第 241 页。

[③] 展江、吴薇:《开放与博弈——新媒体语境下的言论界限与司法规制》[M],北京:北京大学出版社 2013 年版,第 109~110 页。

[④] 王海林、张卫中:《互联网治理,让更多人享受便利》[N],《人民日报》,2014 年 4 月 25 日。

[⑤] 唐才子、梁雄健:《互联网规制理论与实践》[M],北京:邮电大学出版社 2008 年版,第 92 页。

罗(John Perry Barlow),他说:"工业世界的政府,你们这些肉体和钢铁的巨人,令人厌倦,我来自网络空间,思维的新家园。以未来的名义,我要求属于过去的你们,不用干涉我们的自由。我们不欢迎你们,我们聚集的地方,你们不享有主权。"①美国第七巡回上诉法院(United States Court of Appeals)著名法官弗兰克·伊斯特布鲁克(Frank Easterbrook)也曾指出,正如没有必要制定"马法"(Law of Horse)一样,也没有必要制定"网络法"。② 日本学者川岸令和亦曾指出:"未对网际网络作为表现媒体之相关问题及可能性加以深思熟虑,即以立法盲目、迅速地对网络进行规制,将会使网际网络高度的机能窒息,以及扼杀其未来之可能性。"③

(2) 赞同规制

规制虽然会限制网络中的商业言论自由,但是可以保证公共利益最大化,从而更好地确保企业私利的获取,基于这样的考虑,不少研究者赞同对互联网进行规制。托尔钦(Tolchin)提出,"当技术和科学的进步将我们带入一个充满无法想象的危险的未知世界时,日益加强的政府管制即肩负着保卫社会安全的责任"④。哈耶克(Friedrich Hayek)说,"如果国家什么事都不做,没有任何机制可以被理性地维护","一个有效的竞争机制需要聪明的设计和不断调整法律架构"⑤。桑斯坦(Cass Sunstein)认为:"(法律)给予权利时,它们也创造了权力的平衡——如果政府不曾'积极地'选择,这种平衡就无法存在。在一个真正的无政府状态中,任何事情都诉诸实力,谁知道网络上的平衡会是什么样子?"⑥他还指出:"对于网络和其他传播科技,若说'毫无规范'是未来的道路,这是无用也不当的说法……问题不在于我们是否有规

---

① 唐才子、梁雄健:《互联网规制理论与实践》[M],北京:邮电大学出版社 2008 年版,第94页。
② [美]理查德·斯皮内洛:《铁笼,还是乌托邦——网络空间的道德与法律》(第二版)[M],李伦等译,北京:北京大学出版社 2007 年版,第3页。
③ 李仁淼:《网路内容规制立法之违宪审查与表现自由——以美国法上对网路色情资讯规制立法之宪法诉讼为线索》[J],《中正法学集刊》,第十二期,民国 92 年。
④ [美]丹尼尔·F.史普博:《管制与市场》[M],余晖等译,上海:格致出版社·上海三联书店·上海人民出版社 2008 年版,第 19 页。
⑤ F.A.Hayek, *The Road to Serfdom*, London:Routledge,2001,pp.38-39.
⑥ [美]凯斯·桑斯坦:《网络共和国:网络社会中的民主问题》[M],黄维明译,上海:上海人民出版社 2003 年版,第 97 页。

范,而是我们应该有什么样的规范。言论自由从来不是绝对的。每个民主体制都会规范某些形式的言论,这其中就包括虚伪不实的商业广告。"①

(3) 中立的观点

早在互联网设计之初,就有一个"网络中立性"(Network Neutrality)②的基础原则,主张"网络应对其上流动的内容保持中立"。联合国前秘书长安南在评价互联网规制问题时说:"互联网必须治理,但这并不意味着人民需要沿用传统的方式,毕竟互联网是如此的不同。"③随着互联网的普及与技术的发展,其社会影响力日渐增强,网络也越来越难以坚守最初的中立性主张,例如有些国家已经规定,网络服务提供商(Internet Service Provider,简称 ISP)应对其上传播的内容承担责任。

除了上述对网络规制的不同意见可能对网络立法造成影响之外,政府规制还存在其他诸种风险,例如:侵犯商业言论自由的权利、政府干预会带来经济负担、新媒体信息发布的独特性使得照搬传统规制难度大、互联网中传播的信息超越地理边界与国家的司法权限、各国规制的标准不一、潜在被规制对象范围过大、网络环境的不断变化导致规制"朝令夕改"、互联网发展所产生的广泛外部性的公共物品会导致"规制失灵"等。此前,美国政府曾三次试图规制互联网信息,有两次最终被判违宪,最后一次历经艰难终于付诸实施。④

---

① [美]凯斯·桑斯坦:《网络共和国:网络社会中的民主问题》[M],黄维明译,上海:上海人民出版社 2003 年版,第 139 页。

② 其概念可以追溯至 20 世纪 30 年代美国的电信法。当时法律规定任何电话公司不得阻碍连通非本公司用户的电话,互联网兴起后,该概念自动延伸,要求运营商均不得对来自非本公司用户的数据,如邮件、视频等加以限制。主要规定为:网络对于其上流动的内容不加选择或者说"中立",从而网络运营者(网络所有者)不得通过调整网络配置使服务产生差别,不得对网络连接的任何设备采取歧视性限制,不得对设备是否或者如何进行通信采取歧视性限制,也不得因一种通信而降低另一种通信的服务等级,即平等对待所有使用该网络的用户。资料来源:唐才子、梁雄健:《互联网规制理论与实践》[M].北京:邮电大学出版社 2008 年版,第 45 页。

③ K.Jovan, G. Eduardo, *Internet Governance: Issues, Actions and Divides*, Geneva: Diplo-Foundation and Global Knowledge Partnership, 2005,转引自:唐才子、梁雄健:《互联网规制理论与实践》[M],北京:邮电大学出版社 2008 年版,第 109 页。

④ 这三次规制分别是:1996 年《传播庄重法》(Communications Decency Act)、1998 年 10 月《儿童在线保护法》(Child On-Line Protection Act,简称 COPA)、2000 年 12 月 21 日《儿童互联网保护法》(Children's Internet Protection,简称 CIPA),详见第六章。

2. 新媒体广告规制（在此主要是指政府法规）的主要内容

（1）对消费者隐私权的保护

2002年明尼苏达州作为全美第一个通过"网络隐私法"的州，规定互联网公司出于促销目的向他人披露任何个人信息之前，必须征得消费者同意。[①] 美国对消费者隐私的保护，最早可以追溯到1902年，在"罗伯逊罗彻斯特公司案"中，罗伯逊败诉后引发较大的舆论争议。1903年，纽约州议会通过了美国的首部隐私法，修正《纽约州权利法案》（New York Civil Rights Act），规定"在未经他人同意的情况下将他人的姓名或类似物用于广告或商业目的的行为被定为轻罪。除了刑事惩罚外，还允许受害方申请停止使用姓名或照片的禁令，并寻求赔偿金救济"。1905年，佩维西奇在"佩维西奇诉新英格兰人寿公司案"中胜诉。新媒体的出现，使得消费者隐私权保护这个"老政策"，受到新一轮的关注，各国都在积极制定在新媒体环境中保护消费者权益的相关规制。

（2）商业公平竞争

新媒体时代，商业间的竞争也变得更为复杂，产生许多新问题，从而促使多国政府制定相应的规制。例如，1999年美国国会通过了《反域名抢注消费者保护法》（Anticybersquatting Consumer Protection Act，简称ACPA），规定了域名的定义"是指由任何域名注册、有域名登记机构或其他域名注册管理机构注册或分配的任何包括文字与数字的名称，作为互联网之上的电子地址的一部分"。该项法案创立了一种新型民事诉讼，起诉"恶意"（在经济上利用或损害商标人商誉的意图被认为是恶意）登记与既有的、独特的商标完全一样或近似得令人混淆的域名的人。根据该法案，除了撤销或重新分派有争议的域名之外，一位商标人可能被判予数额高达10万美元的法定赔偿。[②] 这部法案的出台，是商标保护法在互联网领域中的延伸，是为适应新媒体时代商业竞争需要而设立的。

（3）反对垃圾邮件

1997年，美国内华达州最早对电子邮件广告进行规制。同年，康涅狄

---

① 张妍妍：《美国的商业言论自由》[D]，山东大学法学院，2012年。
② 李盛之：《美国大众传播法律规制问题研究》[D]，大连：大连海事大学法学院，2012年。

绪　论

格州以《消费者隐私权法案》的方式对垃圾邮件进行限制。1997年美国联邦政府颁布《电子邮箱保护法》，1998年颁布《电子邮件使用者保护法》。2003年12月16日，美国国会对垃圾邮件下的定义是"通过群发方式发送给成千上万网络用户的不请自来的促销电子邮件"①。2004年1月1日，美国《反垃圾邮件法》生效。欧盟没有针对垃圾邮件的专门立法，但在2002年颁布的《隐私和数据保护指令》的规定也部分适用于垃圾邮件，采取了双重措施：第一，从技术上，开发过滤工具和计费工具，并要求运营商采取措施，阻止垃圾邮件的发送；第二，采用了"选择进入"的原则，赋予用户最终选择权，只有通过用户许可，垃圾邮件才可以到达用户。

不过，对于垃圾邮件的政府规制效果及意义，研究者也发出不同的声音。例如，芝加哥学派的科斯等经济学家对政府干预表示怀疑，而倾向于相信市场这只"看不见的手"可以解决问题。他们认为，外部性的政府规制在解决问题时具有局限性：政府管理机构常常不了解他们试图规制的产业，在涉及复杂技术的时候，这个问题更加严重。因为中央式的庞大官僚机构的低效率和机构惰性问题，最后总是存在攫取的可能，通过攫取，被规制者影响规制者，从而使得规制者不再代表公共利益行事。②

（4）在线行为广告

美国是最早对在线行为广告进行规制的国家，主要源于企业搜集用户数据的行为，因涉嫌侵犯消费者隐私而屡遭投诉与抗议。早在1995年，在线隐私就引起联邦贸易委员会的关注，"除了举办研讨会、市政厅会议，发布公众报告，还努力激发消费者与所有利益相关群体参与进来，讨论解决在线行为广告中固有问题的最佳步骤"③。由于政府规制存在一定的风险，美国政府对在线行为广告规制的出台是相当谨慎的，例如2000年春季，联邦贸易委员会"主张(对在线行为广告)采取立法行为的建议遭到了克林顿政府

---

① ［美］理查德·斯皮内洛：《铁笼，还是乌托邦——网络空间的道德与法律》(第二版)[M]，李伦等译，北京：北京大学出版社2007年版，第71页。
② ［美］理查德·斯皮内洛：《铁笼，还是乌托邦——网络空间的道德与法律》(第二版)[M]，李伦等译，北京：北京大学出版社2007年版，第37页。
③ Student Paper.The Battle for Online Behavioral Advertising Regulation and Legislation：A Contemporary History[C].International Comunication Association 2012 Annual Meeting，p.21.

行政部门的拒绝"①。虽然政府规制并非一帆风顺,但是在 2000 年 5 月,联邦贸易委员会还是制定了"在线披露政策"(Dot Com Disclosure),强调宪法《第一修正案》中对消费者的保护政策并不会"受限于任何特殊的媒体","委员会依然将保护消费者利益为核心,使其免受不公平或欺骗性的广告、营销、在线销售的不良影响",②联邦贸易委员会的这种努力为美国在线行为广告发展定下了更为严格的规制基调。由于困难重重,联邦贸易委员会在 2001 年 10 月宣布它"将放弃通过新隐私法的努力,转而集中力量加强现有的法律"③。

随着在线行为广告的飞速发展,与其相伴的隐私侵犯问题愈发严重,虽然面对诸多困难与不确定的立法风险,政府部门还是决定用制度规范这种新的广告形式。联邦贸易委员会在 2007 年 12 月 20 日就相关原则草案正式征求公众意见,"收到来自包括隐私提倡者、学者、企业、技术人员、消费者与政府人员等利益相关群体超过 60 条评论。充分考虑上述意见后,委员会于 2009 年 2 月公布了修改版本,即《在线行为广告自律原则》"④,其中包括一系列指导从事网络广告企业的自律原则(OBA 报告),同时也为美国广告自律组织管制在线行为广告定下了政策参照性基调。

(5) 儿童保护、色情内容广告等

新媒体作为开放式的信息发布平台,广告内容杂多,对于一些特殊群体以及一些特殊行业及广告传播的信息,美国专门做了明确规定,例如在《儿童在线隐私法案》中规定网站搜集、使用、披露未成年人的信息,需要事先得到家长的许可,《反垃圾邮件法》中规定禁止商业电子邮件的主题中包含有性倾向的内容。

---

① [美]唐·R.彭伯.《大众传媒法》(第十三版)[M].张金玺、赵刚译,北京:中国人民大学出版社,2005 年版,第 259 页。

② Anne Keaty, Roger J. Johns and Lucy L. Henke. Can Internet Service Providers and Other Secondary Parties Be Held Liable for Deceptive Online Advertising? [J]. The Business Lawyer, 2002 (1493).

③ [美]唐·R.彭伯.《大众传媒法》(第十三版)[M].张金玺、赵刚译,北京:中国人民大学出版社,2005 年版,第 259 页。

④ Student Paper. The Battle for Online Behavioral Advertising Regulation and Legislation: A Contemporary History[C]. International Comunication Association 2012 Annual Meeting, p.21.

3. 新媒体广告规制（在此主要是指政府法规）中的新探索

对于新媒体广告中出现的跨地域管辖权等新问题，国外已经探索了一些成功经验。

（1）"安全港"机制

刁乾鹤在《网络广告的法律规制问题研究》一文中总结道："欧盟的隐私保护措施与美国所依赖的自我监管机制不同，给对方企业的业务交流造成了严重障碍，双方最后决定建立一个'安全港'机制。凡是愿意遵守规定的企业可以进入安全港，并获取欧盟企业提供的个人数据，安全港的核心条款涉及三个方面。美国公司除了要遵守美国的相关政策外，可以自愿签署进入安全港的协议，一旦进入安全港，就必须按照欧盟的游戏规则来运作，违规者将受到处罚。"[1]

（2）联合行动计划

郝振省主编的《中外互联网及手机出版法律制度研究》一书中指出："由美国联邦贸易委员会和英国贸易办公厅发起的'伦敦行动计划'，用以控制国际发送电子垃圾者的行为，得到了英国、美国、欧洲11国、韩国、日本、加拿大、墨西哥和智利政府的支持……还有9个私立组织也签署了该项计划。"[2] 此外还有亚太经合贸易组织（APEC）的"反垃圾邮件策略"、"汉城、墨尔本反垃圾邮件备忘录"等国际相关联合行动。[3]

（3）美国法律跨州执行的"滑动理论"[4]

这是由杜科夫（Ducoffe）在《广告价值与互联网广告》一文中提出的："美国各州经济领域都有很大的自主立法权，并在20世纪90年代强化了联邦对因特网的立法权。在各州的立法和司法判例中，逐渐确立了解决地域管辖权冲突的最低限度联系原则。在该原则之下，产生了判断网络违法行为被告和管辖法院关系的著名的'滑动理论'，对违法网络广告行为的管辖，

---

[1] 刁乾鹤：《网络广告的法律规制问题研究》[D]，新乡：河南师范大学法学院，2012年。
[2] 郝振省主编：《中外互联网及手机出版法律制度研究》[M]，北京：中国书籍出版社2008年版，第198页。
[3] 胡秀珠：《垃圾邮件猖獗业界呼吁尽速立法》[J]，《科技法律》，2008年，第12期。
[4] Ducoffe, R.H, "Advertising Value and Advertising on the Web", *Journal of Advertising Research*, 36(5)(1996), pp.21-35.

亦遵从'滑动理论'。"①

(4) 管辖权理论

陈志刚在《网络广告侵权行为的法律问题分析》一文中总结道,新主权理论认为"互联网的网络用户只服从网络服务提供商的协调,网络用户的冲突都由网络服务商来解决,不需要法院的管辖",管辖权相对论认为"互联网的虚拟空间作为一个公共管辖区域,在该公共管辖区域实施新的管辖制度,任何国家都可以通过本国的网络技术进行管辖和控制,并通过网络手段来对网络冲突进行判决和执行"。②

(二) 新媒体广告自律的特殊性与管理困难

1. 新媒体催生新的广告自律主体

传统媒体时代,广告的自律主体主要是广告主、广告代理公司以及媒介,但新媒体广告的自律主体不仅将网络内容提供商涵盖进来,而且网络服务提供商、移动运营商等也逐渐开始承担部分连带责任。这是因为,与传统媒体环境不同,网络媒体具有强大的惩戒能力。"随着互联网虚拟社区的产生,它的自我监控系统也慢慢发展起来。跟任何其他社团一样,它有自己的价值体系和规则,那些违反'网络礼节'的人马上会遭到网民们不客气的惩罚。"③这里最具代表性的案例就是坎特和西格尔(Canter and Siegel)的网络广告在最初传播时曾引发强烈的抵制。

朱凯玲在《网络广告监管法律问题研究》一文中总结道,美国对于互联网服务提供商,及网络广告发布主体的责任问题,在《在线版权损害责任法案》和《数字版权和技术教育法案》中确定:"ISP 仅单纯提供链接服务,未主动传输、挑选、编辑受质控侵权信息,不承担任何的侵权责任,ISP 无须因网络媒介使用者的侵权行为承担连带责任。若发生网络广告侵权行为,只要发布网络广告的网站不是主动地、故意地发布网络侵权广告,则对其责任追

---

① 朱凯玲:《网络广告监管法律问题研究》[D],长沙:湖南大学法学院,2011年。
② 陈志刚:《网络广告侵权行为的法律问题分析》[D],北京:中国政法大学民商法学院,2011年。
③ [美]约翰·帕夫利克:《新媒体技术——文化和商业前景》[M],周勇等译,北京:清华大学出版社2005年版,第32～33页。

究落在广告主和广告经营主身上,ISP可以避免承担责任。"①

秦香花在《〈反不正当竞争法〉对虚假及误导网络广告的规制》一文中做了几国的比较分析:德国规定网络中介接入服务提供者"只有在明知其系统或网络中有侵权内容,而又有能力阻止访问这些内容的情况下,才负有停止侵权内容继续传播的义务,但在任何情况下都不承担赔偿损失的责任";瑞典法律规定"BBS经营者负有在合理限度内监督其所传输的内容的义务,必须从其系统中除掉含有版权侵权、色情、宣扬暴力等非法内容的信息";法国通过判例确立"接入服务提供者在技术上无法实施监控,主机服务提供者应当负有监控租用其服务器空间的内容提供者的材料内容合法性的义务";新加坡信息与艺术部规定,"所有的网络服务提供商和网络内容提供商都要用'最大的努力'从其传播中删去所有'不受欢迎的内容',应对不受欢迎的内容承担'基本的责任',并承担强制执行的内在威胁"。② 加拿大《竞争法》第74条第7款则规定,"发布者豁免"(publisher's exemption)。

2. 新媒体广告自律内容增多

美英两国广告行业自律的管理体系经过一百多年的发展,不断丰富、修订,已经被证明是对政府法律规制最为有效的补充。随着新媒体技术的发展,广告自律的规范中又增加了有关在线隐私搜集行为、儿童在线信息保护、特殊行业在线广告、不正当竞争广告、政治广告等内容。例如福柯(Foucault, M.)在《规训与惩罚:监狱的诞生》一书中写道:"1998年6月22日,美国在线隐私联盟(Online Privacy Alliance,简称OPA)发布《关于从网上收集用户个人可识别信息在线隐私指引》,以引导行业行为,为网络隐私保护提供广为接受的范本。1999年,美国医学会发布《医疗保健网站的准则》,强调'医学会网站可以放置广告,但广告必须与其内容有所区别,需要注明'广告'字样;广告不能与相同题目的文章出现在一起,或与相同题目的文章链接;广告应随内容变换而变换,以免违反上述原则'。"③此外,美国还发布

---

① 朱凯玲:《网络广告监管法律问题研究》[D],长沙:湖南大学法学院,2011年。
② 秦香花:《〈反不正当竞争法〉对虚假及误导网络广告的规制》[D],华中科技大学法学院,2003年。
③ M. Foucault, *Discipline and Punish: The Birth of the Prison* (Translated by Alan Sheridan), New York: Random House, 2007, p.123.

了《电子零售自律计划:政策与程序》《BBB 和 BBBOnline 在线商务惯例规则》《儿童广告行业自律指南》等自律规制。

除了颁布针对新媒体广告的相关规制,西方国家的广告行业协会还专门增加了相关监管部门。例如 2009 年,美国国家广告审查委员会(NARC)董事会扩大了成员范围,增加了直复营销协会(DMA)、电子零售协会(ERA)和互动广告局(IAB),加深了对新媒体广告自律监管的重视程度。如同美国一样,不少国家也设立了专门的协会或监管机构,以确保广告自律规制的施行效果。例如,滕顺祥在《基于互联网的行业综合治理机制与策略研究》一文中总结道:"英国成立了'互联网监视基金会'(Internet Watch Foundation,简称 IWF),由独立董事会管理,与政府部门保持合作。自 1996 年 12 月开始,接待公众的举报或投诉,基金会接到投诉后,会评估内容是否违法,如果认定非法,就会通过网络 IP 地址确定该信息的来源,并根据信息的不同来源,将问题移交给相应的执法机构处理。通过设立互联网内容分级和过滤系统,使用户能阻拦或预先警戒违法内容,鼓励用户自行选择需要的网络内容。"[1]

3. 新媒体广告之间自律规则"不兼容"

网络广告、手机广告是新媒体广告的两大重要组成部分,虽然都基于新兴的媒体技术,但两者的自律规范存在很大的不同。例如,帕特尔(Patel)与卡诺尔(Kunur)在《知道为什么你的手机了解你吗?》一文中指出:"美国新媒体广告业为了避免政府管理部门的介入,正在加快制定自律规则的步伐,包括手机行销协会(Mobile Marketing Association,简称 MMA)、互动广告局(Interactive Advertising Bureau,简称 IAB)与移动电信互联网协会(Cellular Telecommunications Internet Association,简称 CTIA),这些贸易组织都将制定自律指南排上日程,但问题是数字营销的自律政策难以轻易嫁接到移动市场。许多利益相关者与无线运营商之间有千丝万缕的关系,国际移动市场营销联盟(Mobile Marketing Association,简称 MMA)隐私委员会联席主席艾伦·察伯乐(Alan Chapell)指出,'手机媒体完全都在运营

---

[1] 滕顺祥:《基于互联网的行业综合治理机制与策略研究》[D],北京交通大学管理学院,2010 年。

商的掌控之下,这与在线媒体迥然不同',在线广告贸易组织制定了一个三角形的'广告选择图标'用以规范收集到的消费行为数据,但是并不太奏效。联邦贸易委员会为在线广告制定的'禁止追踪清单'(Do Not Track List)以约束 Cookie 的行为并不适用于移动装置,与之相似,'选择性退出'对于手机而言也不适合。"①

4. 不同国家制定的自律规则差异显著

不同国家由于历史文化传统、经济发展水平与政治制度存在差异,他们对广告规制与自律的指导原则也不同。肖永平、李臣在《国际私法在互联网环境下的挑战》一文中指出,"在互联网中,受传统公法调整的活动影响往往跨过国界,也就使公法的效力范围经常溢出国外,引起所谓的公法冲突"②;罗伯特等在《因特网与其管辖权——国际原则已经出现但对抗也隐约可见》一文中指出:"因特网带来的复杂的管辖权问题,一直在诉讼中困扰着国际法院和因特网服务提供商……所有管辖权主张的基础都扎根于一些基本的原则。"③与他律规制跨国监管面对的这种困惑相似,广告自律监管也存在规制的差异性带来的难题。

以植入式广告为例,美国允许这种广告形式存在,但对其采取了"强制披露"的政策,主要依据 20 世纪 50 年代实施的《受益推销管制法例》(Payola Law),④以及 1934 年的《通讯法》第 317 条进行管理。而英国最初则禁止植入式广告。两国对相同广告的不同管理规制,使得美国商家因此在竞争中受益,因为英国无法在互联网无疆界世界中,对本国受众看到的其

---

① Patel, Kunur, "Know What Your Phone Knows About You?", *Advertising Age*, Vol. 10 (2011), p.8.

② 肖永平、李臣:《国际私法在互联网环境下面临的挑战》[J],《中国社会科学》,2001 年,第 1 期。

③ [美]罗伯特·L.霍格、克里斯托夫·P.博姆:《因特网与其管辖权——国际原则已经出现但对抗也隐约可见》[J],何乃刚译,《环球法律评论》,2001 年,第 1 期。

④ 植入式广告由联邦通讯委员会监管,在《联邦通信委员会赞助商披露规则》(47CFR§73.1212.)中规定:"当广播电视台收受了金钱,接受了其他与收益价值相等的回报或服务而播放任何内容时,在播放时应该做出以下告知:(1) 以上部分或全部内容是被赞助、付费或特约播出;(2) 该内容是由哪位赞助商或代理人所代表的本人支付报酬。"详见:47-Telecommunication, CFR-Code of Federal Regulation, PART73-Radio Broadcast Services-Table of Contents, 73.1212; FCC Sponsorship Identification Rules.

他国家的合法广告进行强制性约束。2007年《欧盟传媒法》（AVMSD）颁布之后，英国政府逐渐放宽对植入式广告的规制，并在2010年修改了《通信管理局广播节目法》（Ofcom Code），标志着英国正式将植入式广告纳入法律规制的范畴。①

对于不同国家之间自律内容的差异，寻求一致性的解决方案十分不易。彭伯在《大众传媒法》一书中写道："美国政府一直在与欧盟协商，希望能以美国商业自律政策代替欧洲隐私权《欧洲数据保护规程》（European Data Protection Directive）②所要求的法律。最后，双方达成协议，只要美国公司遵守'安全港'隐私权规制，那么欧盟将允许它们继续在欧洲经营业务。"③

不过，通过国际合作可以实现国与国之间的求同存异。一些国际组织成立了广告联盟，对约束成员国的自律行为起到一致性的指导作用。2011年4月，欧洲广告标准联盟（the European Advertising Standards Alliance，简称EASA），这个基于布鲁塞尔协议（Brussel-based）的非政府组织，将欧洲各国的广告自律组织与代表召集在一起，提交了有关在线广告行为的最具操作性的指南，确立七个指导原则。④ 这个联盟成员与非成员之间自律制度存在哪些差异的问题，自然也是比较研究中的一部分内容。

5. 新技术催生新的自律方式

新媒体时代，催生出两种新的广告自律方式。一种是依托新技术加大对广告的监测力度，并及时发出提醒信息，增强受众的可控能力，例如美国万维网联盟（W3C）开发的"隐私偏好平台项目"（Platform for Privacy Preferences Project, P3P），可以把网站隐私政策和用户隐私偏好间的对照进行

---

① 唐夕雅：《植入式广告研究——以美英两国为中心》[D]，山东大学法学院，2013年。
② 《欧洲数据保护规程》（European Data Protection Directive），1995年欧盟成员国通过了这部隐私法规，3年后正式实施。要求所有成员国制定法律，对电子商业公司收集的所有个人信息的隐私权实施保护。不提供这类保护的公司不得在欧盟成员国内经营业务。详见：[美]唐·R.彭伯：《大众传媒法》（第十三版）[M]，张金玺、赵刚译，北京：中国人民大学出版社2005年版，第288页。
③ [美]唐·R.彭伯：《大众传媒法》（第十三版）[M]，张金玺、赵刚译，北京：中国人民大学出版社2005年版，第288页。
④ Omer Tene, Jules Polonetsky, "To Track or 'Do Not Track': Advancing Transparency and Individual Control in Online Behavioral Advertising", *MINN.J.L.SCI.& TECH*, Vol.1(2012), pp.316-318.

标准化。①

另外一种新的自律方式,是新媒体广告发布平台自行制定的自律规范。随着新媒体行业的发展与日益成熟,不少在竞争中站稳脚跟的网络服务提供商、网络内容供应商与电信运营商们开始意识到,只有努力创造健康有序的平台环境,才能赢得消费者的信赖,继而实现企业的长久发展。为此,他们积极制定相关规则,对损害消费者利益的广告内容进行限制。

6. 新媒体广告产生新的伦理问题

由于"互联网在发展之初并没有明确地被定位为一种媒体,而且法律总会滞后于技术的发展。在人们还没有完全适应互联网到来的时候,它已经异军突起,因此才会出现一个'Non-Regulation'的历史时期"。② 随着互联网及其他新媒体的发展,虽然许多国家不断尝试制定新的广告规制,但是由于广告形式与新媒体技术一样变幻莫测,政府部门即便已经努力应对,相关规制依然不尽完善。在这样的市场环境下,企业私利与社会公利之间的矛盾日益突出,正如亚当·斯密在《国富论》中所指出的,"理性经济人"所具备的趋利避害本能,会促使他们为获取利益铤而走险,故在今天他们将导致新媒体广告不断产生新的伦理问题。

(1) 利用新技术侵犯消费者隐私

从"点对点"发送手机短信与电子邮件,到利用Cookie追踪技术获取日常信息的搜索行为,依托新技术的广告提高了信息的有效到达率,却更为严重地侵犯了消费者隐私。"Cookie、mouse droppings、sniffers等程序设置,可以通过秘密的途径,趁用户在网络上冲浪的时候获得他们的资料。"③广告主之所以青睐于选择这种营销手段,是因为可以"消除广告过程中的某些风险和不确定性,有的放矢的营销活动意味着用户的反应具有更大的可预见性"④。在消费者隐私保护方面,各国均主张大力维护儿童的权益,但网络广

---

① [美]理查德·斯皮内洛:《铁笼,还是乌托邦——网络空间的道德与法律》(第二版)[M],李伦等译,北京:北京大学出版社2007年版,第156~157页。
② 张化冰:《互联网内容规制的比较研究》[D],北京:中国社会科学院,2011年。
③ [美]唐·R.彭伯:《大众传媒法》(第十三版)[M],张金玺、赵刚译,北京:中国人民大学出版社2005年版,第257~258页。
④ [美]理查德·斯皮内洛:《铁笼,还是乌托邦——网络空间的道德与法律》(第二版)[M],李伦等译,北京:北京大学出版社2007年版,第142页。

告却常常借侵犯儿童的隐私来谋取商业利益。"当儿童访问广告网站时经常会有泄露个人信息的风险,与电视广告不同,网络媒体使得营销商与儿童直接交流成为可能"[①],虽然美国早已制定相应规制,但实证研究的结果显示执行情况并不乐观,"在117家网站中,36家(占比30.8%)网站从上网儿童那里收集个人信息;在这36家中,有34家网站在主页呈现了对所搜集的信息进行隐私保护的声明,有17家(占比47.2%)征求上网儿童父母的许可,但仅有16家(占比44.4%)能同时遵守COPPA规制中对公布隐私保护政策与征得父母同意两项要求"[②]。

(2) 利用新媒体发布虚假广告

由于一些新媒体广告形式尚没有针对性的规制约束,因此虚假广告层出不穷,严重影响了新媒体广告的社会公信力。例如,2014年伊始,科罗拉多州的一个网民将著名的社交服务网站——脸谱网(Facebook)告上法庭,理由是该网站以网民的名义伪造了点赞行为,制造虚假的"口碑广告",该网民要求脸谱网向自己和其他受到损害的网民各提供750美元的赔偿。脸谱网最终宣布,将于2014年4月份开始,取消所谓的"赞助内容"广告产品。[③] 即便政府已经制定了相应的规制,一些新媒体广告还是出现了伦理失范的现象。

(3) 滥用新媒体提供的商业言论自由

新媒体时代的法律滞后给商业提供了极大的自由言论空间,却存在部分企业滥用这种自由的诸多问题,如色情广告泛滥、垃圾邮件满天飞、政治广告失信于民、面向儿童做非法广告等。有些行业在传统媒体是禁止做广告的,但在新媒体中却大肆宣扬暴力、民族仇恨、毒品等,扰乱了社会正常秩序。故此,国内外学者对上述问题的研究较多。

---

① Xiaomei Cai, Xiaoquan Zhao, "Online Advertising on Popular Children's Websites: Structural Features and Privacy Issues", *Computers in Human Behavior*, 29(4)(2013), p.1512.

② Xiaomei Cai, Xiaoquan Zhao, "Online Advertising on Popular Children's Websites: Structural Features and Privacy Issues", *Computers in Human Behavior*, 29(4)(2013), p.1514.

③ 腾讯科技:《Facebook遭网民起诉:在广告中伪造用户点赞》[EB/OL],2014年1月12日, http://www.techweb.com.cn/2014.01.1209:26.

三、重要概念界定

"研究任何一种理论,都必须首先弄懂它所使用的基本术语"[①]和有关概念。本文的主题是"新媒体广告规制",其研究的主旨内容和核心术语为"新媒体广告"和"广告规制"。因此,明晰与界定"新媒体广告"和"广告规制"(包括他律与自律)两词的本质与内涵,对我们清晰地全面深入展开本课题的研究至关重要。

(一)新媒体广告

"新媒体广告"由"新媒体"与"广告"这两部分关键内容所构成。

1. 新媒体

新媒体(New Media)一词最早出现在 1967 年,由美国哥伦比亚广播电视网技术研究所负责人戈德马克(F. Godmark)在一份关于开发 EVR(电子录像)产品的项目计划书中提出,后因美国传播政策总体特别委员会主席 E. 罗斯托在向尼克松总统提交报告时多处使用该词,而开始自美国社会推广,并逐步扩展到全世界。[②]

目前,"新媒体"尚没有统一、准确的定义,学者普遍接受它是一个相对的概念。《新媒体百科全书》的主编琼斯·斯蒂文总结道:"'新'是相对于'旧'而言的。新媒体也是一个时间概念,在一定的时间段内,新媒体应该有一个相对稳定的内涵。新媒体同时又是一个发展的概念,科学技术的发展不会终结,人们的需求不会终结,新媒体也不会停留在任何一个现存的平台。"[③]由于新媒体是相对的,又处于不断发展变化之中,其内涵也在不断丰富。

联合国教科文组织提出,"新媒体就是网络媒体"[④],这是在与传统四大媒体比较之后得出的结论。网络媒体是新媒体的主体,但新媒体的内涵应该比网络媒体更为丰富,因为媒体融合打破了媒体之间原本界限分明的壁

---

① 罗荣渠:《现代化新论》[M],北京大学出版社 1988 年版,第 6 页。
② 杨继红:《谁是新媒体》[M],北京:清华大学出版社 2008 年版,第 9 页。
③ 高丽华、赵妍妍、王国胜编著:《新媒体广告》[M],北京:清华大学出版社 2011 年版,第 13~14 页。
④ 景东、苏宝华:《新媒体定义新论》[J],《新闻界》,2008 年,第 3 期。

垒,使得很多传统媒体重获新生,也令诸如"手机报纸"、"网络电视"这样的媒体形式应如何归属而争议不断。

孙达尔(Sundar)与林普罗斯(Limperos)认为,与传统媒体不同,新媒体是"随着当今新传播技术而涌现出来的,范围既包括智能手机、机器人等设备,也包括因特网、电缆等渠道,还包括社交网络站点、购物主页网络以及智能手机的 App 应用等,可以令使用者获得人机之间与人际之间的交流能力"[①],这是一种侧重于技术发展引起媒介变迁的观点。

中国人民大学新闻学院匡文波教授将新媒体定义为"借助计算机(或具有计算机本质特征的数字设备)传播信息的载体",数字化与互动性是新媒体的根本特征,新媒体不同于"新出现的传统媒体",例如车载移动电视、户外媒体、楼宇电视。[②] 这一概念清晰地归纳出新的媒介形态所具备的显著特征,可以作为我们理解新媒体含义的重要理论基础。

在"新媒体"赢得广泛认可之后,又诞生一个新词"新新媒体"。保罗·莱文森(Levinson)在 2009 年出版的 *New New Media* 一书中,提出当代媒介的"三分说"(旧媒介、新媒介和新新媒介),认为"互联网诞生之前的一切媒介都是旧媒介;新媒介是 20 世纪 90 年代中期诞生的互联网上的第一代媒介;新新媒介[③]是滥觞于 20 世纪末,兴盛于 21 世纪的互联网上的第二代媒介"[④],"诸如推特(Twitter)、脸谱网(Facebook)和 YouTube 视频网站,这些媒体可以实现与消费者的互动,并且可以进行信息的自由分享"[⑤]。虽然这些新出现的以社交网络为主的媒体具有更强的互动性,广告营销传播效果也更好,但其实还是可以统一纳入到"新媒体"的范围,毕竟其呈现出新媒

---

① S.Shyam Sundar, Anthony M.Limperos, "Uses and Grats 2.0: New Gratifications for New Media", *Journal of Broadcasting & Electronic Meida*, Vol.4(2013), p.505.

② 匡文波:《关于新媒体核心概念的厘清》[J],《新闻爱好者》,2012年,第10期。

③ 莱文森认为新新媒介的原理是:a. 每一位消费者都是生产者;b. 你无法冒充非专业人士;c. 你能挑选适合自己的媒介;d. 你得到不必付钱的服务;e. 新新媒介既互相竞争又互相促进;f. 新新媒介的服务功能胜过搜索引擎和电子邮件。引自:[美]保罗·莱文森.新新媒介[M],何道宽译,上海:复旦大学出版社 2011 年版,第 1~2 页。

④ [美]保罗·莱文森:《新新媒介》[M],何道宽译,上海:复旦大学出版社 2011 年版,第 3~4 页。

⑤ Paul Levinson, "What's Newer than New New Media", *Global Media Journal: Persian Edition*, Vol.1(2010).

绪 论

体区别于传统媒体的主要特征。

因此,新媒体是相对于传统媒体而言的、不断发展、日益丰富的新的媒介形态,它以数字化为基础,以网络媒体为主体,具有互动性强、信息沟通直接等优势。(有关新媒体的核质概念和基本内涵,本文将在第一章第一节中再予以细述。)

2. 新媒体广告的定义与类型

新媒体广告是依托新媒体平台发布的广告,也是一个相对于传统媒体广告而言的概念。高丽华等在《新媒体广告》一书中提出"所谓的新媒体广告就是将新媒体作为传播载体的广告,是伴随着新媒介技术的产生应运而生的","从新媒介技术和新媒体给受众带来的不同体验和感受的角度出发,可以把新媒体广告作出以下分类:互联网广告、搜索引擎广告、即时通讯、博客、SNS 游戏广告、数字电视广告、手机广告、户外液晶电视广告等"。[1] 由于新媒体一直在发展中,上述新媒体广告的分类难以穷尽所有的形式,考虑到新媒体广告主要依托两个载体,一个是互联网络,一个是手机,因此,为方便起见,将其类型概述为两大类。

(1) 网络广告

《北京市网络广告管理暂行办法》第 2 条:"网络广告是指互联网信息服务提供者通过互联网在网站或网页上以旗帜、按钮、文字链接、电子邮件等形式发布的广告。"学者阮丽华在《网络广告及其影响研究》一书中,对网络广告(Internet advertising)下的定义是"以互联网为媒体发布、传播的商业广告,即利用数字技术制作和发布的基于互联网的广告"[2]。赫兹(Lawewnce M. Hertz)在《互联网上的广告业务》一文中提到,"1994 年 10 月 27 日,出现在 HotWired.com 上的一个横幅广告成为首个网络广告"[3];中国第一个网络广告是于 1997 年 3 月,在 Chinabyte 网站上,Intel 和 IBM 投放的一个 468×60 像素的动画旗帜广告。网络广告是新媒体广告的主力

---

[1] 高丽华、赵妍妍、王国胜编著:《新媒体广告》[M],北京:清华大学出版社 2011 年版,第 26~27 页。

[2] 阮丽华:《网络广告及其影响研究》[M],北京:中国社会科学出版社 2008 年版,第 5~6 页。

[3] Lawewnce M. Hertz, "Advertising Transactions on the Internet", *The Computer & Inernet Lawyer*, Vol.5(2002), p.26.

军,随着互联网技术的日臻成熟而不断推陈出新,主要包括:旗帜广告、弹出广告、文本链接、电子邮件、关键词广告、游戏植入式广告、网络视频广告等。

随着互联网技术的进一步发展,网络广告又分出传统广告与富媒体(Rich Media)广告两种主要形式。传统广告以旗帜(Banner)、按钮(Button)等形式为主,在目前的网络广告中占据较大的市场份额。罗森布兰斯(Ginger Rosenkrans)在《在线互动富媒体广告的创造性与有效性》一文中指出:"2007年,'富媒体'成为最为流行的词语,由潜在顾客开发、付费搜索、分类广告、展示性广告、赞助、电子邮件等形式构成。'富媒体'提供了一个伞状的表述用以描述具有多媒体要素的在线内容,例如当用户点击内容特征时会出现声音、图像或移动的内容。富媒体包括在线商业、悬浮广告、可扩展广告、视频广告、互动广告、网络视频短片、可扩展的旗帜广告、播客、隐性广告、广告游戏、博客视频广告。"[①]

(2) 手机(移动)广告

Mobile advertising,一般译为手机广告或移动广告,是基于移动通信网络发布的广告形式,虽然日益呈现出与网络广告融合的趋势与特性,但两者发布平台的不同,使得其广告形式还是有区别的。

艾塞尔(Sevtap ünala Aysel Ercis)与克泽尔(Ercan Keser)在《手机广告态度的研究——对青年与成人态度产生不同影响的决定性因素》一文中提出,手机广告"指的是经由手机设备传送的,为了实现营销目标而进行的有关产品、服务与观念的广告,也有研究者指出是借助手机向目标受众传播的个性化的信息"。Haghirian、Madlberger与Tanuskova对手机广告的定义是"一种通过互动手机媒介,即时即地面向消费者传播个性化的营销信息",Perlado与Barwise归纳出手机的五个特征为"可携带、相对小的界面、个性化识别、无处不在、敏感定位能力",曾(Tsang)认为"手机广告与网络广告最大的不同在于其具有即刻、个性化、迅速反馈能力,因而传递数字文本

[①] Ginger Rosenkrans,"The Creativeness and Effectiveness of Online Interactive Rich Media Advertising",*Journal of Interactive Advertising*,9(2)(2009),p.19.

与互动图像功能强大"。① 手机广告有两个区别于传统媒体广告的最大的不同特征:互动的与个性化的。它能够在营销商与受众之间实现更快速、简易、低廉与有效的互动。②

高丽华等在《新媒体广告》一书中指出:"手机广告主要包括短信广告、语音广告、内置广告和WAP广告四大类型。另外,Push类广告等的手机广告形式不断涌现。3G时代,手机上网速度得到大幅提升,手机视频广告、游戏类广告等新的形式也应运而生。"③随着"微媒体"的流行,智能手机这个集手机的移动通话功能与网络链接功能于一体的新广告媒体,使得微信广告、微博广告、二维码广告、App应用等正在成为最新的广告形式。

(二) 广告规制、他律与自律

1. 规制

由于在英文中,"管制"与"规制"都是英文单词"regulation",因此在界定"规制"的含义时,需要对两者的中文概念进行区分。"管制"有更多统治与命令的特征,而"规制"则是政府或有关组织通过实施法律或规章制度来约束和规范经济主体的行为。

丹尼尔·F.史普博(Daniel F. Spulber)在《管制与市场》中提出:"管制是由行政机构制定并执行的直接干预市场配置机制或间接改变企业和消费者的供需决策的一般规则或特殊行为。"④斯蒂格勒(Stigler)提出,管制是国家"强制权力"的运用。⑤ 萨缪尔森也提出:"管制是制定政府条例和设计市场激励机制,以控制厂商的价格、销售或生产等决策。管制的原因:防止滥

---

① Mijung Kim, Jun Heo, Sylvia M. Chan-Olmsted, "Perceived Effectiveness and Business Structure among Advertinsing Agencies: A Case Study of Mobile Advertising in Sputh Korea", *Journal of Media Business Studies*, 7(2)(2010), p.4.

② Sevtap ünala Aysel Ercis, Ercan Keser, "Attitudes towards Mobile Advertising—A Research to Determine the Differences between the Attitudes of Youth and Adults", *Procedia Social and Behavioral Sciences*, Vol.24(2011), pp.62 - 363.

③ 高丽华、赵妍妍、王国胜编著:《新媒体广告》[M],北京:清华大学出版社2011年版,第190页。

④ [美] 丹尼尔·F.史普博:《管制与市场》[M],余晖等译,上海:格致出版社·上海三联书店·上海人民出版社2008年版,第45页。

⑤ [美] 丹尼尔·F.史普博:《管制与市场》[M],余晖等译,上海:格致出版社·上海三联书店·上海人民出版社2008年版,第29页。

用市场力量,矫正信息的不完全,纠正外部性问题。管制分为经济管制和社会管制,研究表明:经济管制带来很少的收益,造成相当大的效率损失,以及大量收入的再分配;社会管制确有收益,虽然这些收益难以衡量。"①

"政府规制是基于垄断、外部性、公共物品以及信息不对称等市场失灵现象而存在的。从20世纪70年代起,政府规制成为西方发达国家学术界的一个热点,被誉为经济学'最激动人心的领域之一'。"②Byrt(1990)提出:"规制是政府用于支持,或为了控制商业而希望获得他们的合作与帮助。"③斯蒂格勒在1971年发表的《经济规制论》一文中指出,规制是经济系统的一个内生变量,规制的真正动机是政治家对规制的供给与产业部门对规制的需求相结合,以各自谋求自身利益的最大化。20世纪五六十年代,反对规制的呼声日益高涨,70年代,西方发达资本主义国家出现了"放松规制"或"规制缓和"的浪潮,支持规制放松政策的主要理论有可竞争市场理论、政府规制失灵理论和X效率理论。④ 安东尼·奥格斯在《规制:法律形式与经济学理论》中,将规制分为两类:社会性规制与经济性规制。社会性规制是指,以保障劳动者和消费者的安全健康为目的,而对产品和服务及其他有关的各种活动制定标准和特定行为的规则,决策者可以从根据国家干预程度不同而进行区分的一系列规制工具中进行选择运用。经济性规制,调整的是比社会性规制范围更小的活动,主要适用于具有垄断倾向的产业。⑤ 戴元光、周鸿雁指出:"在美国的语境中,'规制'意味着要去寻找一种能被美国社会所接收的限制,而美国社会又是明确宣扬言论自由的社会。"⑥

因此,结合美英两国的政治体制与市场经济特点,他们对广告的管理更多采用基于民主考量的"规制",政府或有关组织通过实施法律和规章制度

---

① [美]保罗·萨缪尔森、威廉·诺德豪斯:《经济学》[M],萧琛主译,北京:人民邮电出版社2010年版,第296~301页。

② [美]W.吉帕·维斯库斯:《反垄断与管制经济学》(第三版)[M],陈岱孙等译,北京:机械工业出版社2004年版,第5页。

③ Debra Harker, "Complaints about Advertising: What's Really Happening?", *Qualitative Market Research: An International Journal*, 3(4)(2000), p.199.

④ 药恩情:《广告规制法律制度研究》[M],北京:中国广播电视出版社2009年版,第25页。

⑤ [英]安东尼·奥格斯:《规制:法律形式与经济学理论》[M],骆梅英译,中国人民大学出版社2009年版,第3~4页。

⑥ 戴元光、周鸿雁:《美国关于新媒体规制的争论》[J],《当代传播》,2014年,第6期。

来约束和规范经济主体的行为,而非强加给行业的行政管制。

2. 他律

他律(heteronomy),与"自律"相对应。所谓"律",即约束之意,他律是指非自愿地受他人约束、检查和监督。狭义来说,他律指非自愿地执行涵盖道德标准、法律体系(包括惩治和预防)和其他社会规范。广义来说,他律为除本体外的行为个体或群体对本体的直接约束和控制。

在汉语词典当中没有对"他律"的收录和解释,但我们可以将该词拆分为"他"和"律"两部分。"他",在《现代汉语大词典》中,首要之意是"别的,其他的",其次则是指"另外的人或事物"。而"律",作为动词有约束之意,作为名词则有法令、法纪、规则的意思。因此,"他律"是指由个人之外的力量的影响制约,换句话说,是一种被他人统治或治理的状态。

自律和他律的概念最早出现在伦理学中关于道德根据的研究,对道德根据的理解分为道德根据自律性和道德根据他律性两种观点。持道德根据他律性的人认为:"道德的根据或道德价值的根据存在于道德主体的外部,是外在的东西命令、劝说、诱导、暗示、启喻、教化、胁迫人'应该如此'。这些外在的东西包括自然律(Law of Nature)、神律(Law of God)以及融合自然律与神律的天道、天理、绝对理念等。"[1]

"他律"对应的英文单词是"heteronomy",意为"他治"或"非自治"。"heteronomy"是由词根"hetero"和词缀"nomy"构成。根据杨自伍和章骏德主编的《牛津英语大词典》,词根"hetero"源于希腊语中的"heteros",与"其他"、"不同"同义,其反义词根有"auto"、"iso"、"ortho";而词缀"nomy"是由希腊语中的"nomos"演变而来,与"laws"对应,即"法规"、"法律"之意。在《牛津英语大词典》中,对"heteronomy"的释义为"subjection to the external laws or power",意为受制于外界法律或力量。[2]

在西方,康德之前的不少哲学家都涉及道德根据的自律与他律问题,而较明确地使用"自律"和"他律"概念的则是康德。康德认为,道德的根据既

---

[1] 冷天吉、李震南:《周敦颐之诚:从他律到自律》[J],《中国石油大学学报》(社会科学版),2011年,第27期。

[2] 杨自伍、章骏德:《牛津英语大词典》[M],上海外国语大学出版社2009年版。

不是外在的上帝,也不是人们的外在利益、幸福,而是人的内在的理性,"全部道德概念都先天地坐落在理性之中,并且导源于理性"①。

《大英百科全书》中对"他律"的解释如下:他律,是一种被他人统治下的状态。在伦理中,"他律"专门用来指自律的对立面。尤其是在康德的术语中,自律是将真正的自我作为意志,并由其自身的规律即道德律所决定。因此,他律被康德广泛地应用于其他所有的伦理道德体系中,以使更多的个体服从于外部行为规则。②

概而言之,他律,不仅仅指他人的约束,更多的是现实世界的种种规则、大自然存在的种种法则,以及人类社会的社会规范。只有以此为基石,以自律为辅导,才能更加顺应世界,增加自身对世界的贡献。

3. 自律

《汉语大词典》中对"自律"的解释是"遵循法度,自加约束"。在《左传·哀公十六年》中有:"呜呼哀哉!尼父,无自律。"唐朝张九龄的《贬韩朝宗洪洲刺史制》中有:"不能自律,何以正人?"宋代苏辙的《西掖告词》之十五中有:"朕方以恭俭自居,以法度自律,宜得慎静之吏,以督善治之功。"明朝的李东阳在《石公墓志铭》中写道:"虽居官久,家无赢赀,亦以俭自律,不少变。"③与"自律"相近的词是"自治",其含义为"自行管理或处理"或"自然安治",例如《史记·陈涉世家》中有:"诸将徇地,至,令之不是者,系而罪之,以苛察为忠,其所不善者,弗下吏,辄自治之。"《汉书·南粤传》中有:"服领以南,王自治之。""自治"也有"修养自身的德性"的含义,例如《淮南子·诠言训》中有:"德可以自修,而不可以使人暴;道可以自治,而不可以使人乱。"④与"自律"含义相反的词是"他律",主要指政府出台的强制性的管理制度。自律与他律是一种辩证统一的关系,两者都是"规制"的组成部分。

"自律"对应的英文单词有"autonomy"、"self-discipline"、"self-regulation"。在朱迪·皮尔索尔(Judy Pearsall)主编的《新牛津英语词典》(*The New Oxford Dictionary of English*)中,对"autonomy"的解释是"the right

---

① 康德:《道德形而上学原理》[M],苗力田译,上海:上海人民出版社1986年版,第62页。
② 《大英百科全书》(国际中文版)[M],北京:中国大百科全书出版社1999年版。
③ 罗竹凤主编:《汉语大辞典》(缩印本,中卷)[M],汉语大辞典出版2002年版,第5285页。
④ 罗竹凤主编:《汉语大辞典》(缩印本,中卷)[M],汉语大辞典出版2002年版,第5284页。

or condition of self-government, especiaaly in a particular sphere",指的是一种自我管理的权利或情况,尤其适用于某个特殊领域,该词起源于17世纪早期,由希腊语"autonomia"(意为"having its own laws")演变而来,其中,"autos"对应"self","nomos"对应"law"。[1] "self-discipline"的释义为"the ability to control one's feelings and overcome one's weakness",[2]即一种控制人的情感,克服自己弱点的能力,与汉语中的"自治"含义更加接近。"self-regulation"是"self-regulating"的名词,释义为"regulating itself without intervention from external bodies",[3]即无须外部力量的介入就可以自我管理,有关广告自律的研究,国外一般采用的就是这个词语。

汤姆森(Thomson)将"self-regulation"与"self-discipline"做了区分,他认为"后者描述的是个体的控制,或试图控制自己的行为;前者则由个体的同辈承担控制,服从诸如规制体系中所描述的判断,自律最主要的特征是被排除到参与规制处罚的活动之外"。[4]

1971年,波尔曼(Pohlmann)对"自律"这一术语的历史做了简单全面的回顾。在古希腊时期,"自律"原本指的是一种政治构想;在宗教改革时期,它被用在各种宗教论战中;在近代早期,它仍主要用于政治学讨论中。康德似乎最先赋予它以更宽泛的含义,在自己的理论哲学和实践哲学中都用到它。[5] 现代意义上的道德自律意味着,人作为道德主体,按照自己立下的道德准则,自主地约束自己、限制自己,[6]康德强调"道德意志受制于道德主体的理性命令"。

巴戈特(Rob Baggott)对"自律"的定义是:"作为一种制度安排,是组织

---

[1] Judy Pearsall 主编:《新牛津英语词典》[M],上海:上海外语教育出版社2001年版,第115页。
[2] Judy Pearsall 主编:《新牛津英语词典》[M],上海:上海外语教育出版社2001年版,第1686页。
[3] Judy Pearsall 主编:《新牛津英语词典》[M],上海:上海外语教育出版社2001年版,第1688页。
[4] J.J.Boddewyn,"Advertising Self-Regulation:Private Government and Agent of Public Policy",*Journal of Public Policy & Marketing*,Vol.1(1985),p.139.
[5] [美]J.B.施尼温德:《自律的发明:近代道德哲学史》(上册)[M],上海:上海三联书店2012年版,第3页。
[6] 李抗美:《论道德的社会监督》[J],《江淮论坛》,1998年,第1期。

控制其成员的行为准则。自律的本质是一个集体管制的过程。"布莱克(Julia Black)认为:"自律用以描述自己约束自己的行为,描述了一群人或组织一起行动,履行监管功能,而无须考虑他们自己或其他人是否认可其权威性。"①

4. 广告他律

"自律"的反义词是"他律",相应地,与广告自律相对应的则是广告他律(Advertising Heteronomy)。广告他律是指外界对广告行业的监管,即广告监督管理,主要包括广告行政管理、广告立法和社会监管三部分内容。

温智和王桂霞在《广告道德与法规》一书中写道:所谓广告行政管理,是指国家通过一定的行政干预手段,或者依照一定的行政管理的法律法规和有关政策规定,对广告行业和广告活动进行监督、检查、控制和指导的一系列活动的总称。它是国家宏观调控经济的行为之一,属于上层建筑的范畴。② 由此可见,广告行政管理的实施主体是国家行政机关,范围涉及广告活动的全过程。另外,广告行政管理具有指导性、强制性和规范性的特点。在《广告管理与法规》一书中,王军提出:广告的行政监管是广告监督和广告管理的合称。广告的行政监管有狭义和广义之分。从广义上看,广告行政管理包括广告活动主体的内部管理以及执法机关、社会舆论对广告活动主体的市场行为进行监督管理。③

广告法是社会经济发展到一定程度的必然产物,也是人们在社会经济生活中的广告活动必须遵循的社会规范。简单地说,广告法就是调整广告关系的各种法律规范的总称。在我们国家,广告法有广义和狭义之分。广义上的广告法包括国家发布的调整广告关系的各种法律规范的总和;狭义的广告法是指 1994 年第八届人大常委会第十次会议通过的《广告法》。④ 国外发达国家的广告立法比较早且较完善,如在美国,关于广告管理的法规也有很多,比如《印刷物广告法案》《联邦贸易委员会法案》等;英国则有《公平

---

① Simona Rodriquez, "Self-regulation as a Regulatory Strategy: The Italian Legal Framework", *Utrecht Law Review*, 3(2)(2007), p.141.
② 温智、王桂霞:《广告道德与法规》[M],北京:清华大学出版社 2009 年版。
③ 王军:《广告管理与法规》[M],北京:中国广播电视出版社 2003 年版。
④ 温智、王桂霞:《广告道德与法规》[M],北京:清华大学出版社 2009 年版。

交易法》《食品和药物法》《广告法》等;日本也有《日本广告律令》《广告取缔法》《户外广告物法》等。

蒋恩铭在《广告法规制度》一书中指出,社会监督管理,简称社会监管,是指在征服之外、在本行业之外,由消费者和社会各界组成一定组织或采取一定措施形式的群众性监督体制,主要包括建议、申诉、举报、批评等方式。与政府管理和行业自律相比,社会监督管理具有监督主体广泛性、监督方式多样性、监督手段灵活性和监督对象全面性的特点。社会监管一般可分为以消费者利益为核心的消费者监督体制和以社会舆论监督为核心的社会大众监督体制两类。其中,消费者监督是首要监督和主要监督,社会大众监督则是必要的补充。①

因此,广告他律须由广告行政监管、广告立法和社会监管三部分组成。在外界法律法规的监管下,并配合广告行业的自律,广告活动才能正常有序地开展。

5. 广告自律

欧洲广告标准联盟对广告自律的定义是:"广告行业自身积极监管、有效运作的体系,由广告主、广告代理与媒体三方构成,有共同的行业实践标准,通过设立一个体系以确保未按标准传播的广告可以迅速被移除或修改。"②

广告自律(Advertising Self-Regulation,简称 ASR)有广义和狭义之分。拉巴贝拉(LaBarbera)认为,广义上的广告自律是指"有关道德、行为、标准或原则或政策性规则,是成员的广告活动纲领性或程序性的自愿规制",狭义是指"公司、媒体与广告主在广告相关活动中作出的决定"③。拉里·欧文(Larry Irving)也有相似的看法,他指出:"'自律'有广泛的内涵,对其最窄的定义仅仅指政府对规制有正式的授权,正如授权证券业进行股票交易;在

---

① 蒋恩铭:《广告法律制度》[M],南京:南京大学出版社 2007 年版。
② The European Advertising Standards Alliance.EASA Guide to setting up an SRO[EB/OL].2014 - 12 - 18. http://www. easa-alliance. org/binarydata. aspx? type = doc&sessionId = 0aghlz55litk3ybarj14a245/EASA_guide_how_to_set_up_an_SRO.pdf.European edition as of May 2009:7.
③ Xuemei Bian,Philip Kitchen,Maria Teresa Cuomo,"Advertising Self-regulation:Clearance Processes,Effectiveness and Future Research Agenda",*Marketing Review*,11(4)(2011),p.395.

其含义的另一端,无论出于何种原因,当私营企业需要自我规范时也使用这个术语,例如回应消费者需求,履行道德信仰,强化企业声望,或者确保市场良性竞争秩序等。"[1]

坎贝尔(Campbell)在《自律与媒介》一文中指出:"self 指行为者,可以指称一个公司,或为共同目标加入一个贸易协会的很多公司;regulation 指行为人的举动,有三个要素——立法,即制定准确的规则;执法,诸如对违法者采取行动;审判,判断违法行为是否发生并施以适当的制裁。因此,'自律'就意味着企业或职业者而非政府制定的规则。企业一般会涉及上述规制的一到两个要素。"[2]

卡曾斯(Cousins)对自律的解释是"指由业界而非政府或市场的力量来控制商业行为及其表现"[3]。洪迪厄斯(Hondius)将自律称为"软性法令"(Soft Law),"自律活动具有规定性而不具法定力,它依赖同行压力、大众舆论而非刑事处分",是一种制衡力量,有一定的约束效力。例如瑞典的广告自律规范,受理消费者投诉的单位代表了法令与自律的组合,有时广告自律规范也是市场法庭(Market Court)审理案件时的参考准则。[4]

周茂君在《中国广告管理体制研究》一文中指出:"广告行业自律是指由广告主、广告经营者和广告发布者自发成立的民间行业组织,通过自行制定一些广告自律章程、公约和会员守则等,对自身从事的广告活动进行自我约束、自我限制、自我协调和自我管理,使之符合国家的法律、法规和职业道德、社会公德的要求。"[5]

刘林清在其主编的《广告监管与自律》一书中指出:"广告自律也被称为广告行业自律,又叫广告行业自我管理,它是指广告主、广告经营者和广告发布者通过自行制定章程、公约和会员守则等方法,对自身所从事的广告活动进行自我约束、自我限制、自我协调和自我管理,使其行为符合国家法律、

---

[1] Angela J. Campbell, "Self-Regulation and the Media", *Federal Communications Law Journal*, Vol.3(1999), p.714.

[2] Angela J. Campbell, "Self-Regulation and the Media", *Federal Communications Law Journal*, Vol.3(1999), pp.714–715.

[3] 刘美琪:《世界广告自律体系之分析》[J],《广告学研究》(第二集),1993年。

[4] 刘美琪:《世界广告自律体系之分析》[J],《广告学研究》(第二集),1993年。

[5] 周茂君:《中国广告管理体制研究》[M],北京:人民出版社2012年版,第5页。

法规、行政规章的规定和职业道德、社会公德的要求。广告自律的主体是作为广告行业组织成员的广告公司、媒体广告部门和企业广告部门。"①

陈柳裕、唐明良在《广告监管中的法与理》中指出："广告行业自律，是指广告主、广告经营者和广告发布者等广告业者，以行业内部普遍认可的制度、准则等成文或不成文的规范为标准，对自身的广告活动进行约束和管理，使广告活动符合国家法律法规、职业道德和社会公德的要求。"②

因此，广告自律是由广告主、广告代理公司以及媒体组成的广告行业协会，通过制定约束性与限制性的规范，对行业运作实行自我监督的一种管理方式，以确保广告活动符合法律法规以及道德规范的要求。

第三节　研究方法与理论架构

一、研究方法

（一）比较研究法

比较分析法可以"使我们对变异和相似保持敏感性，极大地促进概念的形成，并使概念工具精致"，"可以使我们在许多情况下检验关于社会现象相互关联性的种种假设"。③ 本研究拟计划采用两种比较方式，一种是国与国之间的横向比较，即通过比较中西对新媒体广告规制的管理实践与运作方式，结合我国的政治、经济、文化、历史传统等进行具体分析，寻找适合我国的广告监管方式；另一种是对美英等西方国家的传统媒体与新媒体广告规制的纵向比较，研究当媒体环境发生变化时，广告规制体系应如何改革和调整以提高其有效性。

（二）文献分析法

通过搜集、分析、梳理广告规制（包括他律、自律）、新媒体广告等各种文

---

① 刘林清主编：《广告监管与自律》[M]，长沙：中南大学出版社2003年版，第12页。
② 陈柳裕、唐明良：《广告监管中的法与理》[M]，北京：社会科学文献出版社2009年版，第225页。
③ [美]丹尼尔·C.哈林、[意]保罗·曼奇尼：《比较媒介体制》[M]，陈娟、展江等译，北京：中国人民大学出版社2012年版，第2～4页。

献资料,总结文献的内在逻辑,概括对广告规制的主要观点和看法,为进一步的深入研究提供背景资料、实践典例、理论基础和借鉴启发。本文将在大量文献研究基础上,结合科尔曼的理性选择理论对广告规制在不同媒介环境中、不同国家之间的变化进行梳理,以对相关问题进行全面了解与整体把握。

具体文献来源:

(1) 搜索国内外重要广告专业网站、新闻网站、调研统计网站的相关资料。

(2) 阅读国内外新闻传播与广告期刊中的相关论文以及报纸中的相关新闻。

(3) 利用中外文重要数据库资源,如 EBSCO、ProQuest、Emerald、Springer、知网、维普等。

(三) 内容分析法

对美英等西方国家的广告规制和广告规范进行深度解读与内容分析,具体分析内容涉及以下三个主要方面:

(1) 政府和行业协会官网。以美英等西方国家主要政府部门网站和西方主要广告行业协会网站为研究对象:① 美国政府部门有 7 个:FTC、FDA、FCC、USSC、FTCBCP、USCongress、USSC。美国行业协会有 8 个:AAF、ANA、BBB、4A's、DMA、NARC、IAB、NAI。② 英国政府部门有 5 个:MHRA、IBA、OFT、OFcom、ICO。英国行业协会有 8 个:IPA、ISBA、ASA、CAP、ASBOF、DMA、AA、IAB。③ 国际与区域性广告行业协会有 10 个:WFA、ICC、EASA、EDAA、IAA、IAB Europe、FEDMA、WFDSA、MMA、ARF。搜集到新媒体广告政府部门规制文献(即法令法规)57 篇,新媒体广告自律规制文献(即规范和规则)35 篇,通过整篇或部分章节的翻译与阅读后,进行归纳研究与内容分析。

(2) 十强品牌的官方网站:搜集到新媒体广告相关规范共 15 个。

(3) 数字互动媒体平台:对 Facebook、Twitter、Microsoft、Pinterest、Linkin 的 30 条禁止性广告规范进行比较研究,对 Facebook 的隐私保护政策进行案例研究。

在内容分析的基础上综合采用比较研究方法,分析政府有关部门制定的政府规制与广告行业协会、广告主、广告发布平台制定的行业自律规范的主要内容、重点、独特之处以及有效性等问题,以展开我国新媒体广告监管的参照、比较和借鉴。

(四)质化和量化研究

宏观上主要采用质化研究的方法,在特定的媒介环境与国家环境中来描述广告监管和规范的内容与变化,对总体的事实和情况加以综述和比较概括;微观上尽可能采用量化的方法,结合国内外学者对广告管理效果的部分实证研究成果,着重进行相关数据的呈现和对比,从数据中洞察和印证媒体环境发生变化之后新媒体广告规制的趋势走向与监管效果。

二、研究架构

本课题拟以美英等西方国家为研究个案,从宏观分析入手,首先探究和梳理目前存在的新媒体广告的传播形态与基本特征,在此基础上论证广告他律与自律两种监管方式的辩证关系及相互作用的具体表现;接着从中观、微观的角度分析新媒体时代广告行业协会、广告主、新媒体平台分别在广告自律体系中如何作用与表现。由于社会舆论是一种重要的外部影响力量,在新媒体广告自律监管体系分析之后,再衡量一下外部监督对于促进行业自律的作用。同时,从较为多向的视角对新媒体广告规制与网络生态系统的有机关系、新媒体广告规制与全球化及其文化冲突的问题进行描述与阐释。最后,通过中西比较研究方式,思考提升我国新媒体广告规制效应的对策。

本文共由九项互动有机的内容所构成:

第一章 变革与解析:新媒体广告的传播形态与特征

第二章 竞合与均衡:广告他律与自律监管的协同互动

第三章 传承与嬗变:媒体时代变迁背景下广告行业协会的自律监管

第四章 利益与选择:新媒体时代广告主内化自律规范以赢得信任

第五章 责任与担当:数字互动媒体平台的资源控制与广告把关

第六章 舆论与制衡:公众的监督权利作为一种外部制约力量

第七章 共生与互动:新媒体广告规制与网络生态系统的发展

第八章　潮流与碰撞:新媒体广告规制与全球化及其文化冲突
第九章　借鉴与超越:西方新媒体广告规制经验对我国的启示

上述内容的框架结构如下示意图:

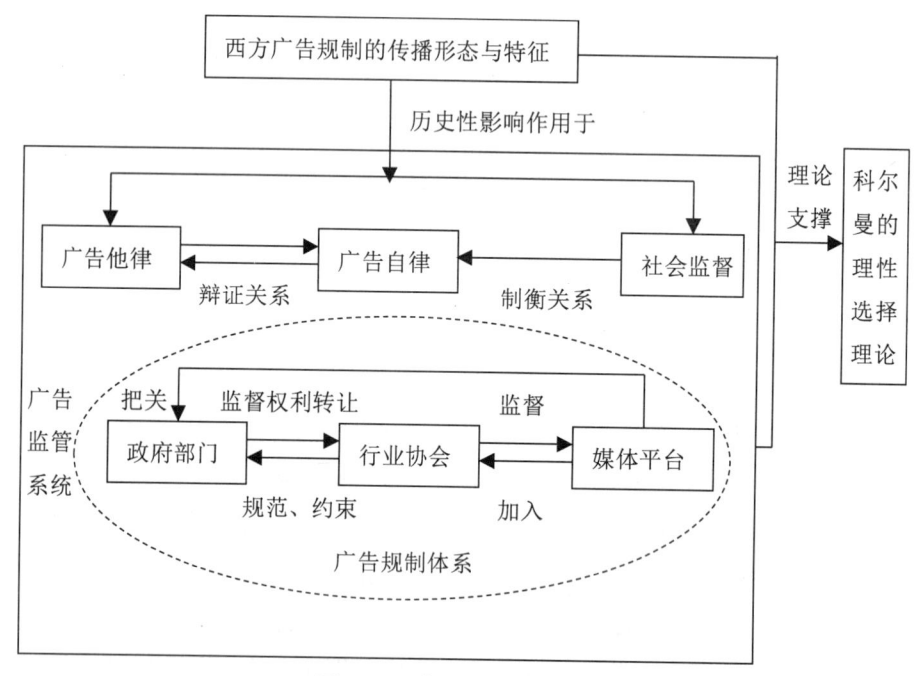

图 0-2　本研究架构示意图

三、创新与局限

（一）创新点

1. 新领域的探索

通过前期大量的文献搜集与整理,本课题应属于一新的研究领域。目前国内外相关研究成果较匮乏,业界发展速度远远超过学界研究的内容,理论对实践的指导意义未能充分发挥出来。本研究期望能够弥补该领域的部分研究空白,为我国能更有效地监管和规制新媒体广告贡献一己之力。

2. 新的研究方法

为了更好地厘清传统媒体与新媒体广告规制之间的差异与共同点,本文将采用比较研究方法,一方面对比媒体环境的不同对广告规制的影响,一方面比较中西广告规制体系的异同点,希望借助这样的方法,能在差异中找到最优化的模式选择。此外,首次尝试以科尔曼的理性选择理论去解释广告规制中的他律与自律中的问题,将新经济社会学的研究方法应用于广告实务,以拓宽广告学乃至传播学的学术研究视野。

3. 新的文献资料

本研究立足于有关国家发布的最新法规与条例、有关国家的广告行业自律组织制定的最新规范等资料及中英文研究领域中最新刊发的广告规制研究成果,借助这些全新的研究文献与研究成果,以实现本课题研究的创新价值。

(二)局限

本研究中的四个困难点:

1. 研究范围有限

对美英等西方国家广告规制的原则、内容、机制与特征等资料的搜集与整理,需要花费大量的时间与精力寻找一手材料,并能在阅读原文的基础上结合相关理论进行比较分析,这样才能尽可能确保本文中观点与引用材料的准确性。本课题组在研究的空间范围上主要集中于对美英两国的政府管理部门、广告自律协会、广告主、社会监督力量等方面的研究,尤其对广告行业的自律做了侧重阐释。此外,具体研究内容中也只是重点关注了新媒体广告侵犯消费者隐私以及如何加强保护的问题,未对新媒体广告中的色情广告、政治广告、公益广告、暴力广告等及新媒体广告对儿童和青少年的影响等问题进行细分研究,这在很大程度上影响了本研究成果的客观与全面性。

2. 研究内容受限

新媒体广告本身就是一个新的研究领域,目前的研究成果很少,尤其是美英等西方国家的广告规制还在不断地完善之中,不少政府部门和广告协会尚没有出台专门针对新媒体广告的监管政策。本文仅选择15个政府部门、26个重点广告协会、十大广告主的官网或网站,以及一些代表性数字互动媒体平台来作为本课题的主要研究对象,而且还存在对它们的研究不够深入的缺点,这都极大影响了本研究的质量。此外,新技术的迅猛发展使新媒体广告一直处于变动不居的更新状态中,如何对新出现的广告形式、违规事件增多而政府监管滞后、伦理失范情况不断而行业自律性规范趋少等新情况与新问题展开研究,也对本课题提出了极大的挑战。

3. 研究视野的局限性

由于本研究仅限于通过在中国搜集美英两国以及代表性国际组织的官方网站来查找相关资料,这就决定了本研究的内容主要局限于网上可以搜寻到的信息。因缺少亲自前往美国、英国等地进行实地调研和学习交流的机会,也未能到有关广告行业协会进行实地考察和访谈,这极大限制了本研究的学术视野,导致对相关问题的研究不够深入。

4. 时效性的影响

本课题以新媒体广告作为研究对象,因为具有新领域、新视野、新内容等方面的优势而提升了本研究的价值与意义。但与之相伴,新媒体广告变动不居、不断发展的特性,决定了对其研究的时效性尤其重要。研究成果总是要设定一个时间节点,可是在这个时间点后面,依然会有一些新的广告规范被制定或发布出来,但本文却难以涵盖不断出现的新内容,因此这种研究内容的不全面性会影响到本研究的价值。

由于一手外文文献资料的有限,笔者和课题组成员通过大量阅读中英文材料中涉及相关内容的二手文献研究,将阅读到同一个规制的材料进行比较分析和互证,尽可能弥补一手文献研究的不足。同时,尽量多阅读相关网站中的相关事例、事件和资料文献,按图索骥寻找更多最新线索,然后结合其他理论知识进行分析,以尽可能减少时效性的障碍。对于研究视野的问题,尽量多查阅其他参考资料,并寻求在美国、英国访问的学者的帮助,尽可能多地获取一些一手文献。对于时效性的问题,本文将研究的时间节点定为2015年12月,之后出现的内容冀希通过后续研究的方式再尽量补充完善。

第一章 变革与解析：新媒体广告的传播形态与特征

自20世纪60年代西方提出"新媒体"概念以来,[1]在信息技术革命的迅猛推动下,新媒体的发展一日千里,其产业形态日新月异。新媒体技术的发展也促使媒体由量变累积到质变,导致新媒体的传播形态迭代更新、传播特征不断演进,它对当今人类社会的影响正在迅速且细无声息地深入到我们生活的每个角落,正如尼古拉·尼葛洛庞帝所言,"计算不再只和计算机有关,它(已)关系到我们的生存"[2]。为此,我们在展开本课题"新媒体广告规制"的深入研究之前,有必要先来对本课题的关键词——"新媒体"和"新媒体广告"的基本内涵,及对新媒体广告的传播形态与主要特征进行一概括性的梳理与分析,以期为本课题的主旨论述作一基本概念和背景资料的前期铺垫。

第一节 新媒体与新媒体广告

新媒体是一个相对的时空与发展的概念,今天的新媒体是相对于其之前的传统媒体而言,它包括新兴的网络媒体、手机媒体、数字互动电视等新

---

[1] 美国CBS(哥伦比亚广播电视网)技术研究所所长P.戈尔德马克(P.Gold Mark)于1967年的一份商业计划中首次使用"New Media"该词。转引自匡文波的《到底什么是新媒体》,载《新闻与写作》,2012年,第7期。故本文暂以20世纪60年代为西方提出"新媒体"概念的初始时间。

[2] [美]尼古拉·尼葛洛庞帝:《数字化生存》[M],胡泳、范海燕译,海口:海南出版社1997年版,第16页。

媒体(下文出现的"新媒体"一词一般均指今天的新媒体)。新媒体自20世纪60年代被提出以来,涵盖过不少媒体形式,尤其是在20世纪90年代之后,在信息传播技术的推动下,门户网站、SNS社交媒体、视频直播网站、IM、App等多种形态的新媒体层出不穷,致使新媒体(包括新媒体广告)的概念及其特征越来越受到当今学界和业界的广泛关注和重视。

一、新媒体的基本概念与定义

关于新媒体的概念,本文在绪论中已有涉及,为使我们能更清晰地认识新媒体的内涵和特征,在此再作一梳理和细析。

众所周知,今天的新媒体与传统媒体之间差异显著,且处于迅速发展时期,所以关于新媒体的有关概念和定义,自新媒体诞生起,学界和业界就一直处于探索与争鸣之中。

世界著名的传播学者丹尼斯·麦奎尔(Denis McQuail)早在20世纪80年代的《大众传播理论》(*Mass Communications Theory*,1983)一书中就开始讨论新媒体的内容和定义,并在其2010年第五版中增加了对《新媒体手册》(*The Handbook of New Media*,2002)一书对新媒体之定义的质疑,指出《新媒体手册》中所认定的新媒体所具有的"技术硬件和设备;活动、实践和使用;围绕着硬件和应用所形成的社会和组织安排"的三要素定义,实际上在传统媒体定义中一般也具备这三种要素。基于此,麦奎尔认为新媒体的核心特征应该是:"主要在于它的互动性;它对于作为传者又是受者的个人受众的易得性;它的交互性;它的多功能和开放式终端的属性;它的普及性和去地域性。"[①]他的这一论述显示出新媒体在各个侧面都具有其明显的个性特征。同时,由于新媒体自身所具有的复杂性,又促使不同学科背景的学者往往会从不同角度来界定新媒体的概念,事实上,从新媒体这一概念出现伊始,其概念的界定和论述就一直存有诸多争议。

而长期致力于当代媒介研究并被誉为"数字时代麦克卢汉"的保罗·莱文森(Paul Levinson)在其《新新媒介》(*New New Media*,2011)一文中,虽

---

① 丹尼斯·麦奎尔:《大众传播理论》[M],崔保国、李琨译,北京:清华大学出版社2010年版,第31页。

第一章 变革与解析:新媒体广告的传播形态与特征

没有确切定义新新媒介,但他详细论述了新新媒介的特征,指出新新媒介的根本特质是其社交属性和受传者身份对换。而麦奎尔在《大众传播理论》中则将新媒体的特点总结为:"全方位数字化;涵盖不同媒介;互联网同大众传播的分野;出版角色的应运而变;受众角色更加私人化;媒介机构的分散与模糊;社会控制程度降低。"①莱文森与麦奎尔都是当代媒介研究的代表学者,综合他们对新媒体特征的论述,我们可以得知,新媒体的主要核心特点是其内在的互动性和较高的社交程度,以及其基于数字技术的媒介丰富性。

国内学者对新媒体概念的讨论也是以新媒体之核心特征为出发点的。清华大学熊澄宇教授对新媒体的概念解析主要包括三个部分:首先,新媒体是相对的概念,依据传播技术和媒介出现的先后顺序,每一种后出现的媒体相对于已存在的媒体都可以被称为新媒体。其次,新媒体是一个时间的概念,在一定的时间段里,媒体都具有相对稳定的内涵和占据主导地位的媒体形态。再次,新媒体还是一个发展的概念,它"不会也不可能终止在某一固定的媒体形态上,新媒体将一直并永远处于发展的过程中"②。在此基础上,熊澄宇教授将今天的新媒体定义为"在计算机信息处理技术产生和影响的媒体形态,包括在线的网络媒体和离线的其他数字媒体形式"③。

在新媒体相对性和发展性两个特点方面,中国人民大学的匡文波教授也持相同观点。他认为新媒体只是一种通俗的说法,根据新媒体的核心特征,新媒体应被称作"数字化互动式新媒体",互动性是新媒体的本质特征,只有具有互动性特征的媒体才是新媒体。以新媒体互动性为标准,车载移动电视、楼宇电视以及新兴的户外媒体只是"新出现的旧媒体",故不属于新媒体的范畴,而诸如网络媒体、手机媒体、网络电视等媒体形态则具备了高度的互动性,在信息传播过程中"新媒体的传播过程具有非线性的特点,信息发送和接收可以是同步的,也可以异步进行"④。匡文波教授从技术、传播特征和传播过程三方面定义新媒体,还谈到新媒体定义应放置于全球视野

---

① 丹尼斯·麦奎尔:《大众传播理论》[M],崔保国、李琨译,北京:清华大学出版社2010年版,第114页。
② 熊澄宇:《对新媒体未来的思考》[J],《现代传播》,2011年,第12期。
③ 熊澄宇:《对新媒体未来的思考》[J],《现代传播》,2011年,第12期。
④ 匡文波:《新媒体理论与技术》[M],北京:中国人民大学出版社2014年版,第2页。

当中,新媒体应当是国际范围中新形式的具有数字性和互动性特征的媒体。

中国传媒大学的廖祥忠教授亦提出,在当今时代,"新媒体"应理解为以"数字媒体为核心的新媒体",它是通过数字化交互性的固定或即时移动的多媒体终端向用户提供信息和服务的传播形态。

黄晓钟等主编的《传播学关键术语释读》(2005年出版)一书则通过与新媒介对应的"new media"一词,来强调新媒体应是以电脑技术为核心的传播载体,主要指光纤电缆、大型电脑数据库通信系统、通信卫星和卫星直播电视系统、高清晰电视以及于20世纪90年代迅猛成长兴起的互联网、多媒体等,其中互联网是其主体。①

而华中科技大学的舒咏平教授在梳理了关于新媒体的权威观点后,总结道:"新媒体指的是以在线网络的数字传输为基础、可实现信息即时互动的媒体形式,其终端显现为网络链接的电脑、手机、电视等多媒体视频。"②他确认,新媒体是基于互联网、无线通信网、数字广播电视网和卫星等渠道,以电脑、手机、电视、PDA、MP4等硬件设备为终端的媒体。新媒体要能实现个性化、互动性、细分化、移动化的传播沟通。

……

以上关于新媒体的诸多具有代表性的概念和定义,尽管表述的方式与阐释的角度多有不同,但它们在内涵与本质上并不存在分歧,都认为新媒体是相对于传统媒体而新出现的媒体,其评判的标准之一是看其是否应用了新媒体技术。然而由于在不同的阶段所应用的新媒体技术之不同,在进行新媒体的概念界定时,人们往往还需要采用外延式的方法来列举出应用了怎样的新媒体技术。如在早期的广播、电视等新媒体刚出现时,新媒体技术尽管在不断改进,但其技术的变革速度相对稳定。而时至今日,媒体技术本身的变化越来越快,新媒体技术层出不穷,技术的变革已是日新月异。在公认的互联网、无线通信技术、数字广播技术等新媒体技术之外,移动互联网、大数据与云计算、物联网等技术的发展正使得"移动化、融合化成为当前新

---

① 黄晓钟、杨效宏、冯钢:《传播学关键术语释读》[M],成都:四川大学出版社2005年版。
② 舒咏平:《新媒体广告传播》[M],上海:上海交通大学出版社2014年版。

第一章 变革与解析:新媒体广告的传播形态与特征

媒体发展与变革的主旋律"①,并且我们还正在迈入万物可联的物联网时代,Google Glass、智能手表、智能腕带等可穿戴设备、车联网系统、智能家电等使得媒体信息终端也越来越多。

然而,面对如此迅猛变化与快速发展的新媒体技术,这种采用外延归纳式的定义方法来界定今天的新媒体概念就显得力有未逮。我们需要一种既能突破时间限制,又能跨越媒体技术变革的定义方法。

为此,本文更倾向于维基百科的定义——即新媒体是泛指利用电脑等(计算及信息处理)硬件设备及网络(传播及交换)等科技手段,对传统媒体之形式、内容及类型所产生的质变。从本质上讲,新媒体是数字技术在信息传播媒体中的应用所产生的新的传播模式或形态。②

上述这一定义,将判断新媒体的标准从具体的新媒体技术,转移到新媒体技术对传统媒体影响的程度上来。只有那些影响到现有媒体的形式、内容和类型的媒体技术才被视为新媒体技术。例如,电视技术由黑白显像技术发展为彩色显像技术再发展到数字电视,只是信号形式的改变,而没有触及媒体内容的传播方式和媒介形态的改变,因此彩色电视和单纯的数字电视都不能被视为新媒体。而电视与互联网技术融合后所诞生的交互式网络电视(Internet Protocol Television,IPTV),则是"一种利用宽带电信网,集互联网、多媒体、通讯等多种技术于一体,向家庭用户提供包括数字电视在内的多种交互式服务的技术"③。IPTV改变了传统电视单向、定时传播的特点,具有更灵活的交互特征,可以在网内实现面对所有受众、部分受众甚

---

① 唐绪军等:《中国新媒体发展报告(2013)》[M],社会科学文献出版社2013年版。
② 新媒体的维基百科词条 http://zh.wikipedia.org/wiki/%E6%96%B0%E5%AA%92%E9%AB%94,该词条原文为"New media most commonly refers to content available on-demand through the internet, accessible on any digital device, usually containing interactive user feedback and creative participation. Common examples of new media include websites such as online newspapers, blogs, wikis video games and social media. A defining characteristic of new media is dialogue. New Media transmit content through connection and conversation. It enables people around the world to share, comment on, and discuss a wide variety of topics. Unlike any of past technologies, New Media is grounded on an interactive community."本文针对此词条以及此词条各组成部分的内容整合而给出新媒体的定义。
③ 童兵、陈绚主编:《新闻传播学大辞典》[M],北京:中国大百科全书出版社2014年版,第1237页。

至向某一受众的点播,由此成为了一种新的传播形态,所以可以被视为新媒体。

二、新媒体广告的主要内涵

我们在分析和认识新媒体的基本概念及其主要特征之后,就可对本文主题的另一关键词——"新媒体广告"的概念与特征作一清晰判断。

在现代广告发展过程中,传统意义上的广告(主要是指报刊、广播、电视及户外广告等)已具有相对的稳定性和明确的内涵,即它是一种由广告主付出某种代价,通过传播媒介将经过科学提炼和艺术加工的特定信息传达给目标受众,以达到影响、改变或强化目标受众之观念和行为目的的、公开的、非面对面的信息传播活动。[①] 尽管学界和业界对传统广告定义的阐释和说明有些不同,但大家公认大众传媒时代的广告从其内涵上讲一般包含五个要素:① 广告是一种有偿的传播与沟通形式;② 广告是由特定出资人传播的特定信息;③ 其目的是说服和影响受众的观念和行为;④ 广告信息通过大众媒体进行传播;⑤ 广告是一种非人员直接进行传播的方式。

然而,今天我们触目所及的很多新媒体广告形态已突破了上述广告的内涵。首先,很多广告已并非由广告主所发起。在自媒体崛起及个体表达便捷化的今天,我们看到涌动在互联网上的许多与品牌、企业、广告主相关的信息并不是由特定出资人所传播的特定信息,而是有关公众(包括粉丝们)在论坛上热烈谈论商品使用体验、网民在朋友圈吐槽或者点赞某个商家的信息。其次,电视、报纸、广播等大众传播媒体独领风骚的好日子一去不返,广告已大量从传统的大众传播媒介流向融合人际传播、组织传播和大众传播为一体的互联网和移动互联网。再次,许多广告信息不再是通过大众传播系统来批量复制、批量传达给大量受众,而是可以通过新媒体技术系统精准化、小批量乃至"一对一"地精准传达给单个网民。例如利用大数据和精准技术可将网民感兴趣的信息推送给每一个个体。新媒体广告的投放中已有相当数量是通过程序化购买完成。通过 RTB 广告实时竞价交易平台,

---

[①] 该定义是本文参考翟年祥、邹平章主编的《广告学教程》(四川人民出版社 2001 年版)及舒咏平著的《广告传播学》(武汉大学出版社 2006 年版)等的有关论述提炼归纳而成。

第一章 变革与解析：新媒体广告的传播形态与特征

大量广告信息根据受众的个性化标签进行精准地传递，于是每个网民接受到的广告信息往往各不相同。

与此同时，随着新媒体技术的发展和新媒体应用的普及，新媒体广告出现了与传统广告截然不同的形态并还在不断推陈出新，故广告的外延也在嬗变中。例如，新出现的信息流广告和原生广告——信息即广告、广告即内容。广告与实用资讯之间的界限消失，广告很难与内容切分开来，广告是内容的有机组成部分，甚至广告就是内容本身。由此，用传统的广告定义已经很难概括和解释今天的广告现象。目前，整合营销理论的提出者舒尔茨教授正在全球范围内发起重新定义广告的活动，可以说，全新的广告定义正在协同生成中。

目前新媒体广告还是一个不断发展的动态概念，有学者认为，所谓新媒体广告，是专指在新媒体上所进行的广告投放。这类定义，只是将新媒体看作广告投放的媒介而已，没有看到新媒体对广告业所产生的颠覆性影响。而根据上述本节第一部分"新媒体的概念与特征"中的有关概述可知，新媒体的变革与发展，直接影响着新媒体广告的内容、形式与特征，反之，新媒体广告的形态与特征高度依赖或依附于新媒体的形态与特征。早在2002年陈刚教授就在其《新媒体与广告》一文中提出了"后广告"的概念，让我们"……在受到网络时代各种新的因素不断渗透与影响而不断变化的广告空间里寻找并探索一个新的世界秩序与生存逻辑"[①]。而这种"新的广告空间中的世界秩序和生存逻辑"则意味着我国学者开始注意到新媒体广告的内涵已经突破了传统广告的内涵，新媒体广告需要重新定义了。

由是，在新媒体广告迅速增长（仅2007年我国的网络广告市场同比增长75.3%，总规模达到106亿元人民币[②]）和广告市场加速发展的强力推动下，一系列明确提出"新媒体广告"概念的文章和著作如：实力传播的《新媒体广告成长预测》(2007年)、吴辉的《时髦话题的理性思索：我国新媒体广告研究综述》(2007年)、黄升民的《新媒体激变——广告"2.0时代"的新媒体真相》(2008年)、舒咏平的《新媒体广告趋势下的广告教育革新》(2008

---

① 陈刚：《新媒体与广告》[M]，北京：中国轻工业出版社2002年版，第23页。
② 数据来自于艾瑞咨询集团，《中国网络广告行业发展报告》(2007—2008年)。

年)等相继问世。虽然这些研究成果并没有区分新旧媒体广告的概念,或进一步对新媒体广告概念提出明确界定,但都对新媒体广告相关的问题做出了详细分析,对新媒体广告概念的探讨也逐渐深化。例如:华中科技大学的舒咏平教授认为,在新旧媒体并存的环境下,"广告"的内涵则既包括传统媒体上付费的、可识别的商品信息传播,还包括广告主在新媒体上刊载的品牌信息传播。据此,他提出新媒体广告应该是体现在以数字传输为基础、可实现信息即时互动、终端显现为网络链接的多媒体视频上,有利于广告主与目标受众信息沟通的品牌传播行为与形态。

综上对比与分析,我们可知新媒体及新媒体技术的发展已从根本上颠覆了传统广告业,从广告的传播介质、传播方式、传播内容,乃至广告产业的生态与环境等方面都发生了巨大的变化。故在这一背景和总结先哲们观点的基础上,本文认为新媒体广告应是指以新媒体和新媒体技术为核心,所进行广告调研、广告策划、广告制作和广告投放等各广告环节运作的信息传播活动,即新媒体广告包括以新媒体为载体、应用新媒体技术制作、植根于新媒体传播环境的新的广告模式与广告操作等的广告行为与广告形态。

第二节 新媒体广告的分类与形态

新媒体,在数字技术的不断推动下,一直呈现出一种快速发展及形态多变的前行态势。而受新媒体的发展与变动的影响,依附于新媒体上的新媒体广告形态也必然处于一种不断快速推陈出新的状态之中。因此,在充分考虑到新媒体广告形态本身的复杂性和特殊性之后,我们有需要通过对新媒体广告的分类来简洁地对新媒体广告的多重主要形态进行梳理和阐释。

一、新媒体广告的一般分类

分类作为一项传统的重要科研方法,通常是以事物的本质属性或其主要特征作为基础根据,来把各种事物分别集合成类,从而使诸多复杂的事物实现简单化的一种过程。据此,我们从去繁就简的视角,将新兴的新媒体广告大致分为两大类型:① 可按照新媒体广告媒介技术形态的差异,将新媒体广告一般性地按序分为网络、移动手机媒体、数字互动电视三大类;② 也可从广告主的需求角度,将新媒体广告划分成自媒体广告、社交媒体广告、搜索服务广告、智能推送广告、信息提示广告、内容植入广告、网店体验广告、O2O整合广告等多个小类。自然,不同标准或角度的分类则表现出其对新媒体广告的特点认知各有侧重,而无论以什么标准或从什么角度来对新媒体广告进行分类,都有助于人们进一步认识和明晰新媒体广告的基本形态及其主要特征。

1. 从新媒体技术形态来对新媒体广告进行划分

我们先从新媒体技术形态的角度来对新媒体广告的划分和分类进行讨论。

新媒体是新媒体广告信息发布的媒介渠道,自然,新媒体形态的划分必然影响到新媒体广告的形态划分。由于不同类型的新媒体塑造出形态各异的新媒体广告,因此从逻辑上讲,新媒体技术形态区分是以新媒体的类别为标准来对新媒体广告予以分类的。

目前针对新媒体自身的分类就存在诸多差异,麦奎尔在其《大众传播理论》一书中依据渠道的相似性、使用、内容和情境的类别,来将新媒体划分为人际传播、互动操作、信息搜索以及集体参与式这四类媒介。① 这种分类方法充分考虑了新媒体互动性的根本特征和发展过程中所形成的渠道的相似性,是理论学界普遍接受的新媒体的分类方法。

而保罗·莱文森在其《新新媒介》一书中则依据新媒体在实践中存在的媒介形式,将新媒体分为博客网、优视网、播客、维基网、掘客网、聚友网、脸谱网、推特网、第二人生以及播客网等。② 这种分类看上去简单且没有就某一特点对各种新媒体的表现形式进行综合和整理,但考虑到新媒体本身发展和变动迅速,加之各种新媒体形态之间也的确存在诸种差异,所以该分类方法一般也受到普遍的认可和使用。

我国的匡文波教授则根据新媒体的互动性和媒介丰富性的特征,从媒

---

① [英]丹尼斯·麦奎尔:《大众传播理论》[M],崔保国、李琨译,北京:清华大学出版社2010年版,第114页。

② [美]保罗·莱文森:《新新媒介》[M],何道宽译,上海:复旦大学出版社2011年版。

介技术的角度出发,将新媒体分为互联网、手机媒体和数字互动电视三大类,又详细区分了每一大类中的各种形态,即互联网形态包括搜索引擎、网络电视、网络报纸和期刊、播客、博客、微博以及各类网站等;手机媒体包括短信、彩信,手机报纸、期刊,手机图书,手机电视,手机微博等;而数字互动电视是指与传统电视相区别的、以受众需求为核心的、具有交互特征的新媒体类型。数字互动电视"通过前端采集编码系统将模拟信号或数字信号按照标准进行编码后传递到服务器,服务器再将数据传递到客户端的计算机或者机顶盒,客户端对数据进行解码后回显到显示器或者电视机。它采用的播放平台是新一代家庭数字电视节目、可视 IP 电话、DVD/VCD 播放、互联网浏览、电子邮件以及具有多种在线信息咨询、娱乐、教育及商务功能"[①]。与传统电视相比较,数字互动电视节目播放方式更灵活,可以实现观众对电视的多种要求,包括电视节目的点播、节目预约、实时互动等观众终端账号管理内容。

上述三位学者的分类,基本上都是以新媒体展现的技术形态为分类依据的,即广告信息通过不同的新媒体渠道传播。根据新媒体技术形态分类,可以将新媒体广告分为:互联网广告、移动互联网广告以及数字交互电视广告。但细究依据技术形态的新媒体广告分类结果,不难发现,这样的分类强调了新媒体广告媒体渠道的差异,却忽略了广告活动中媒体融合的现状。毕竟新媒体广告是"在数字媒体一体化的趋势下,单种的媒体虽然还保留自身的特色优势,却兼有了其他媒体的特征,并开始在数字化基础上实现系统性的融合"[②]。基于此,对新媒体广告的分类不应局限于媒介形态的标准,也有学者从广告活动的其他影响因素出发,来对新媒体广告予以新角度的分类。

2. 从广告主需求的角度来对新媒体广告进行划分和分类

我们再从广告主需求的角度来对新媒体广告的划分和分类进行讨论。

当前新媒体和新媒体广告都还处于快速发展当中,"用互动性的标准衡量目前所出现的各种新媒体形态,就可以发现,一些所谓的'新媒体'其实只

---

① 童兵、陈绚主编:《新闻传播学大辞典》[M],中国大百科全书出版社 2014 年版,第 1237 页。
② 舒永平:《新媒体广告趋势下的广告教育革新》[J],《广告大观》(理论版),2008 年,第 4 期。

第一章 变革与解析:新媒体广告的传播形态与特征

是'新出现的传统媒体'……因为它们缺乏新媒体的本质特征——互动性"①。在新媒体尤其是移动互联网发展过程中,许多新媒体形态已渐渐被更新的媒体所取代。况且,新媒体广告与新媒体之间亦存有多种差异,所以在使用媒介技术特征作为媒体形态分类标准以外,也可以使用广告主的发布需求作为标准来划分新媒体形态。

从广告主需要出发,新媒体广告为广告主的信息传播提供了更多选择,新媒体广告不仅提供了展示性的广告位置,还通过互动性媒体满足了品牌信息反馈支持的需要,更通过社交媒体或电商平台等所提供的互动交往平台信息使用来实现增值服务。所以,从广告主发布商品信息的角度出发,可将新媒体广告划分为整合类新媒体广告、推荐类新媒体广告、发布类新媒体广告、体验类新媒体广告、暗示类新媒体广告等类型。②

在上述媒体形态中,有以企业自建的品牌网站为典型的整合类新媒体广告、以搜索引擎为代表的推荐类新媒体广告以及以各种户外和楼宇等视频广告为代表的发布类广告。虽然这些广告形式都是以数字技术为基础的,也具有一定的互动性特征,但是就广告信息组织和发布特点而言,上述新媒体广告更类似于传统媒体广告。

相比较而言,体验类新媒体广告与暗示类新媒体广告,在即时互动的体验和内容编辑方面都更符合新媒体广告的发展方向。所谓体验类新媒体广告,是利用虚拟现实技术来营造虚拟、逼真的消费场景,通过令消费者真切获得广告产品的体验来导向消费者的相应消费。暗示类新媒体广告,是将广告内容与微博、微信等 SNS 社交网站或应用软件的传播特点相融合,在消费者使用这类媒体时,使广告与媒体传播的内容进一步结合,在消费者日常媒体接触的过程中,对消费者进行无意识的品牌信息与品牌产品信息的熏陶与影响,从而达到新媒体广告的传播效果。

分析上述两大分类方法,依据新媒体技术发展的分类方法表现出了新媒体的技术特点,但忽略了广告主广告投放需求;而根据广告主发布需求进行的分类则会忽视消费者的使用习惯,也容易将其他促销和公关手段并入

---

① 匡文波:《新媒体理论与技术》[M],北京:中国人民大学出版社 2014 年版,第 3 页。
② 舒咏平:《新媒体广告》[M],北京:高等教育出版社 2010 年版,第 56 页。

其中。当然,在此需要特别指出的是,新媒体广告的传播特点已不再是将传播者居于传播过程的中心位置,而是以消费者作为新媒体广告的中心。所以,从消费者使用和感受角度来对类型多样的新媒体广告进行划分,会便利于聚合投放在各不同新媒体渠道的具有相同特征的新媒体广告;而从类型化的角度分析新媒体广告形态,则更利于新媒体广告未来的发展。

于是,以新媒体广告为消费者所带来的不同信息体验为标准,新媒体广告一般可被分为"互联网广告、搜索引擎广告、即时通讯、博客、SNS 游戏广告、数字电视广告、手机广告、户外液晶电视广告等"[1]。在整合营销(IMC)的背景下,广告主在发布广告信息时往往要通过各种不同形态的新媒体进行传播,实际操作过程中广告信息在不同新媒体形态之间组合交叉传播,以消费者信息的使用、感受与体验作为标准。故舒咏平教授在《新媒体广告》一书中将新媒体广告形态区分为"自媒体广告、社交媒体广告、搜索服务广告、智能推送广告、信息提示广告、内容植入广告、网店体验广告、O2O 整合广告"等几种形式。[2] 但网店体验广告和 O2O 整合广告中也存在着一定的信息提示类和内容植入类的广告。随着新媒体技术的发展,会不断涌现出更多如网店和 O2O 平台等新媒体广告投放平台,在新的平台中会有不断推陈出新的广告形式,但在消费者使用方面,复杂多变的新媒体广告达到的都是信息推送或交互沟通的作用。

综上的分析和总结,我们拟将新媒体广告划分为企业自有媒体广告、社交媒体广告、内容植入广告、搜索引擎广告、信息推送广告等的广告类型(或形态)。这些广告类型(或形态)的具体内容为:企业自有媒体广告包括投放在企业自有的 App、社交媒体企业账户等企业自主控制的新媒体平台的广告,利用社交媒体平台发布的社交媒体广告,散见于各类型新媒体平台上植入到各类信息内容当中的内容植入广告,以及互动性较低的搜索广告与信息推送广告。

---

[1] 高丽华、赵妍妍、王国胜编著:《新媒体广告》[M],北京:清华大学出版社、北京交通大学出版社 2011 年版,第 27 页。

[2] 舒咏平、鲍立泉:《新媒体广告》[M],北京:高等教育出版社 2016 年版,第 13~19 页。

二、新媒体广告的主要形态

根据上述的新媒体广告类型(或形态)的划分,我们接下来可对这些新媒体广告的类型(或形态)在新媒体这一大环境中的主要表现及其特征作一梳理和阐释。

1. 自有媒体广告

在新媒体广告发展的过程中,广告信息呈现出去中心化的扁平传播态势,所以广告主和消费者一同获得更多的信息传播权力,使企业的自有媒体广告得到充分的扩展。在新媒体环境下,"广告主自有媒体特指其官方层面的网络平台资源,比如企业官网、企业博客、微信公众号、App 平台、品牌二维码、企业视频等,它们均担负着传播品牌、促进营销、沟通客户的功能"①。以企业为主体的自有媒体广告形式较为广泛,它主要包含了企业自建网站、官方 App、企业微博、微信公众号、企业线上社区以及一些基于移动硬件的虚拟现实应用等,另以企业内部人员为主体的话,还应包括企业领导人和关键员工的微博、微信等自媒体。

在 web1.0 时期,广告主的自有媒体广告形态主要是企业自身的网站,通常该网站中包含品牌文化阐释、有关产品介绍、企业最新动态、消费者咨询和信息反馈渠道等;到 web2.0 时期的网站还包括线上购买、游戏和娱乐等的多向功能。在移动互联网被更多消费者接受的过程中,企业网站也发展出适应移动互联的 App(Application)平台。

随着移动互联网技术的普及和人们逐渐习惯使用 App 客户端上网的方式,App 正日益成为占据手机屏幕的第一入口,并正在成为移动互联网时代人机交互的主流模式。2013 年 3 月,根据移动广告网络 inMobi 调查显示,中国四分之三的 iOS 和安卓系统用户该月使用手机应用个数达 6 个以上,其中 27% 的用户使用应用数量多于 21 个。与传统的企业自有网站相比较,App 平台尤其是基于定位技术的移动 App 广告(Location-based mobile application advertising,LMAA)更利于消费者在手机、平板电脑等移动硬件上使用,用户使用的黏性提高,交互即时性提升,消费者与企业联系更

---

① 舒咏平、鲍立泉:《新媒体广告》[M],北京:高等教育出版社 2016 年版,第 13 页。

紧密。

另外,企业微博账号、微信公众号等自有媒体也使得企业的广告信息能够更立体和更快速地传达给消费者,同时在整合营销的理念下,自有媒体广告由于其所具有的便利性和灵活性,已成为传统媒体和其他网络媒体的有效补充,并能够对热点形成快速反应,利用自身与消费者之间的高效互动,将线下或线上公关活动和消费者互动结果展示出来。

自有媒体广告的优点突出,对于广告主是一个便利、有效的信息推广渠道,广告主可以控制自有媒体当中的信息投放的内容、及时收到消费者的反馈、快速根据热点事件和消费者反馈对内容进行修改和调整。

2. 社交媒体广告

社交媒体是新媒体的主要形态之一,保罗·莱文森将新媒体的特征描述为社交,即"新新媒介的固有属性是社交"[1]。美国公共关系协会在《关于社会化媒体要点的讨论(2008年)》中亦将社交媒体界定为允许消费者在数字空间中使用去中心化的、以人为基础的网络来获得他们所需要的信息和东西,从技术上来看,社会化媒体是指互联网技术支持的应用系统与数字工具,每个用户均可定制使用。[2] 社交媒体在受众参与性、媒体平台的开放性、交互性、分享性等各方面都为受众带来全新的信息使用体验,"社会化媒体是一组建立在web2.0的技术和意识形态基础之上的基于互联网的应用,允许UGC的创造和交换"[3]。

目前社交媒体应用可分为三大类,如下表1-1所示。在这三大类中即时通信工具的使用率最大,占90.7%;综合社交应用的使用率为69.7%;垂直类社交应用中,工具性较强的图片或视频类应用使用率为45.4%;其他应用类型的使用率较小。[4]

---

[1] [美]保罗·莱文森:《数字麦克卢汉》[M],何道宽译,北京:社会科学文献出版社2001年版,第117页。

[2] 方冰:《基于社会化媒体营销的品牌内容营销》[D],北京:中国科学技术大学硕士论文,2010年。

[3] Kaplan, M.Andreas, Michael Haenlein, "Users of the World, Unite! The Challenges and Opportunities of Social Media", *Business Horizons*, 53(1)(2010), pp.59-68.

[4] 数据来源:CNNIC:《2015年中国社交应用用户行为研究报告》。

第一章 变革与解析:新媒体广告的传播形态与特征

表1-1 社交应用分类

	类 别	代表应用
社交应用	即时通讯工具	微信、QQ、Line、MSN
	综合类社交应用	微博、Facebook、Twitter
	垂直类社交应用 图片视频社交	Instagram、Pinterest、秒拍
	婚恋社交	世纪佳缘、珍爱网
	社区社交	聚友网(MySpace)、豆瓣、知乎
	职场社交	LinkedIn、脉脉

在社交应用的使用过程中,社交当然是使用这些应用系统的首要目的。除了社交互动以外,及时了解新闻热点、关注感兴趣的内容、获取生活或工作中有用的知识与帮助——这三项都是用户使用的主要原因。以微博用户为例,微博除了加强关系链中的熟人关系以外,还可以与陌生人、行业名人、行业机构等建立基于弱关系链接的庞大的追随性的网络。基于中国互联网络信息中心(CNNIC)的调查,在微博用户中有10.5%的人会关注企业账号,其目的主要是为了了解企业发展动态(79.9%),其次是了解促销信息(68.5%)。[①] 因此,企业的官方微博往往是企业的社交媒体广告形态,每个关注企业账号的用户都可以通过使用新媒体平台来发布广告信息,每个用户都在无意间成为了广告传播媒体。

3. 内容植入广告

将广告信息与媒体内容相融合的广告方式,在传统媒体广告中已较为普遍,如纸质媒体当中的广告软文、电影和电视中的广告嵌入、网络游戏当中的广告植入等。在新媒体广告领域,广告信息和内容受到新媒体社交属性的影响,将广告内容嵌入用户想要接受的信息当中,使消费者忽略广告形式,直达广告内容。在新媒体环境下,内容植入广告也如同传统媒体时代一样,已成为应用普遍的广告形式。

内容植入广告,"充分尊重人们对于新媒体关注、运用的特点,在不妨碍人们进行相关信息接受的前提下,巧妙地植入有关品牌信息、产品信息,以

---

① 数据来源于CNNIC:《2015年中国社交应用用户行为研究报告》。

对受众进行无意识的熏陶与影响,从而达到新媒体上品牌传播的效果"[1]。即内容植入广告就是将广告信息植入媒体内容中,在消费者接受某些媒体信息时潜移默化地接受到了内容植入广告所传递的有关广告信息,使受众于无形中与品牌之间取得紧密联系。

4.搜索引擎广告

搜索引擎是指根据特定的算法和策略对互联网上的信息资源进行搜索、处理和建立索引数据库,最后提供用户查询的系统。而搜索引擎广告则是一种依托搜索引擎而存在的广告形式,是企业根据自己产品或服务的内容及特点,自主选择广告内容并且利用搜索引擎进行投放的广告形式。根据艾瑞咨询的《2014 中国搜索引擎用户行为研究报告》,2013 年浏览器、导航网站和搜索网站是目前最主要的三种搜索途径,47.1%的用户通过搜索网站直接搜索,其中 9 成的用户使用过百度搜索引擎,百度在中国搜索引擎领域拥有较高的品牌知名度和用户黏性。

根据艾瑞咨询的《2014 中国搜索引擎用户行为研究报告》,2013 年中国有 34.6%的用户使用 PC 搜索的经验超过 8 年,搜索引擎已经成为一种成熟的信息获取渠道。根据中国互联网络信息中心(CNNIC)发布的《2014 年中国网民搜索行为研究报告》显示,截至 2014 年 6 月,我国搜索引擎用户规模达 5.0749 亿人,网民使用率为 80.3%,是中国网民的第二大互联网应用。因此,对于广告主而言,搜索引擎广告具有广泛的受众,商业价值巨大。而在另一方面,在新媒体环境中,搜索已成为消费者购买行为的一个必要环节,伴随着搜索行为,尤其是电商平台的垂直类搜索,消费者的购买更是与搜索过程直接联系。因此,搜索引擎广告与消费者购买需求的关联度很高,广告点击率高且效果直接。与其他类别的广告不同,搜索引擎广告几乎不需要专门设计制作广告作品,只需要设定关键词,甚至根据搜索网站的模板上传相关资料即可,并且可以随时修改,操作简单方便。基于此特点,与其他类型的新媒体广告相比较,它的另一特点是其应用成本低廉。

5.信息推送广告

信息推送广告是指广告主将产品和品牌信息通过新媒体渠道主动传递

---

[1] 舒咏平、鲍立泉:《新媒体广告》[M],北京:高等教育出版社 2016 年版,第 13~17 页。

给消费者的广告,它是一种以传统互联网广告中门户网站的按钮广告和图片广告、在视频网站内播放视频时的插播广告等遍布于网络的各种形态出现的以信息推送为目的的新媒体广告形式。但在传统互联网广告环境中,信息推送的精准性和互动性都很难达到目的。而在新媒体环境中,信息推送类广告是指通过分析新媒体用户的行为特征,结合广告主的需求,来对用户进行广告信息精确推送的广告,即它利用大数据技术和跨数据库搜索,将消费者作为一独立用户进行识别,并分析消费者的媒体使用特点,将消费者信息和企业广告发布需求相结合,最终完成信息的精准推送。

目前新媒体广告中的信息推送广告主要表现为广告主对新媒体用户的个性化广告信息推送,往往实现一对一广告推送的服务。信息推送广告的实现主要是利用数据管理平台中广告主对用户特征的数据进行实时竞价(RTB 广告)、广告主需求和消费者特征在互联网供应商平台上进行匹配,最终选择出价最高的广告产品,通过广告推送子模块将其推送给用户。不容忽视的是,在信息推送广告的投放过程中,广告主所依据的关键词与数据库当中存储的用户搜索与查询的关键词之间存在着差异,这种差异则往往会导致信息推送效果不佳。在信息推送广告发展的过程中需要不断通过技术来提高广告信息和消费者特征之间的匹配程度,以期达到更好的广告效果。

新媒体形态多样,传递广告信息时又围绕着有关信息传播目标将各种广告形态进行综合和重叠使用,要悉数或全部列举新媒体广告的各种形态一般是难以做到的,因为"新媒体是一个发展的概念,它不会也不可能终止在某一固定的媒体形态上,新媒体将一直并永远处于发展的过程中"[①]。

第三节　新媒体广告的特征

世界上任何一事物都具有其自身的特殊性质,即特征,是它区别于其他物质的基本征象和标志。由此,新媒体广告的特征就是它所具有的区别于

---

① 熊澄宇:《新媒体百科全书》[M],北京:清华大学出版社 2007 年版,第 500 页。

传统媒体广告的特殊个性和自有品质。而互联网的兴起,大数据、云计算、人工智能技术的发展,不仅迅速改变着传媒领域的发展蓝图,也对现代广告业形成前所未有的革命性的颠覆,从而使新媒体广告在广告的运作观念、业务模式、媒体形态、传播方式和内容特征等方面都呈现出与传统媒体广告不同的表象和内质。

一、广告的运作理念发生异化

运作观念一般是人们经过长期的理性思考及实践而形成的对于某一工作的思想理念、精神指向、理想追求及其所形成的一种观念体系,也是指导人们对该项工作从事理论探究和实践运作的一种价值取向。随着互联网的兴起与发展,以新媒体为主要传播平台的当代广告运作理念首先发生了重大异化。

1. "付费发布"不再是现今新媒体广告的要素

传统广告(在此指的是商业广告)一般是采取付费购买媒体版面或者时段,有计划地向目标消费者传递有关商品或服务的信息。由于当今自媒体和社交媒体的崛起和大行其道,广告已不一定要付费购买媒体。潘石屹、马云等著名企业家的个人微博粉丝数已经超过千万,相当于一家中型的报社、电视台和电台,现已成为企业自身最好的无须收自己费用的广告宣传平台。

2. "推送"广告信息的理念逐步让位于让消费者"拉"、"转"广告信息的理念

传统广告通常是"由点到多"的"广而告之",追求的是在尽量短的时间内,通过大众媒介迅速将商品和服务的信息传递给目标消费者,并且是大众媒介覆盖的人群越多越好,媒介受众与目标消费者重叠得越多越好。而新媒体广告则面对媒介碎片化、受众粉碎化和分众化的现状,很难通过大众传播媒体去迅速触及目标客户,而且消费者对不期而至的"推送"广告反感、抵触,传统广告的信任度不断下降,广告效果难以保障。新媒体广告则真正以消费者为中心,将信息接受的主动权交到消费者手中:广告新闻化、制造爆点和传播热点,从而引发媒体和消费者主动关注和主动传播,使得广告传播呈现"点到点再到多"、"点到多"、"多到多"的多种传播模式并存的新格局;或者内容即广告、广告信息化、广告精准化、开展实时营销、满足消费者基于场景化的信息需求,等等,让消费者所触及的广告信息正是消费者所需所想的。

3. 新媒体广告真正转向了以消费者为中心的理念

今时今日,消费者的信息接触和消费决策行为已经发生了巨大变化。消费者散落于网络空间并呈分散化,又因共同的兴趣、爱好或者某个共同的话题而集聚在一起。传媒数字化和人们生活数字化,尤其是微博微信等社交媒体的影响力日盛,全民传播、全天候传播、全媒体传播是当前新媒体广告所面临的全新传播环境。传统的偏重产品利益导向或者广告主主导的宣传方式被摒弃,以消费者为中心的广告宣传方式才能得到消费者的喜爱和参与。新媒体广告必然转向了以消费者为中心的理念,媒体技术的发展也为此准备了所需的现实条件。

二、广告的业务模式出现激变

新媒体广告除了其运作理念发生异化外,它的整体制作流程及广告调查、广告策划、广告创意、广告投放等业务环节等也都呈现出与传统广告不同的新特征而出现激变。

1. 新媒体广告在业务流程上的变化

传统广告的策划与创意通常是由广告主发起,委托专业的广告公司策划创意和制作,再寻找媒介代理进行广告投放。整个广告活动从发起到执行,呈现出周期长、计划性强的特征。而新媒体广告的业务流程则更短,从品牌策略、创意执行到媒体投放,时间大大缩短,并伴随突发性的特征。例如,新媒体广告中的原生广告,是基于消费者生活场景的主动介入式的广告,源自生活,再现生活场景,往往是要对消费者的热点做出快速反应、主导话题走向,并在话题中将商品的信息渗透进去,以达到润物细无声的广告目的。这类广告,不再适用于传统广告的创作流程。

2. 新媒体广告在调查环节的变化

随着大数据、云计算等新媒体技术的发展,消费者的网络行为被记录、存储,积累转化为大量的数据,包括消费者的信息搜索数据、社交数据和购买行为数据等。借助大数据分析,广告调查中对"人"的洞察方式由传统调研的样本调查转向了文本语义分析,再转变到对"人"的互动数据、交易数据、行为数据等多方面进行关联数据分析,对"人"的洞察维度更加立体。

借助大数据分析技术,广告调查可以低成本、高效率地获取大量生活者的网络行为数据,调研范围由对现有的消费者扩展到潜在消费者群体、粉丝群体、KOL 群体、自媒体、同业者、企业员工以及合作伙伴等。换言之,所有与品牌相关、在数字生活空间里的信息个体,都可被纳入新媒体广告的调查范围。

3. **新媒体广告在创意上的变化**

传统广告是由专业的广告公司根据广告主的需求构思出一个大创意,然后根据这个大创意再创作出视频广告、平面广告等,创意的出发点往往是自上而下,广告主主导。在新媒体激增、自媒体与专业媒体并驾齐驱、信息量海啸式喷发的全新传播环境下,这种单向式创意方式很难得到消费者的响应了。新媒体广告的创意正在急速向互动性、娱乐性和知识性这三个方向转变。

第一是互动性:结合广告主的需求,找到能够打动用户参与创造、分享的连接点,让用户关注品牌,传播有关品牌的信息,成为口碑传播的志愿者,例如广告新闻化、广告事件化,让广告像新闻一样夺人眼球。第二是具有娱乐性:新媒体广告新奇有趣,具有病毒传播的因子,让广告成为消费者自我表达的素材。第三是具有知识性:新媒体广告能够满足消费者对产品对品牌了解的信息需求,广告即信息,内容即广告,让消费者在最需要的时刻触及这类知识性的广告。

4. **新媒体广告在媒体投放上的变化**

传统广告的媒体投放是以媒体的时段、版面等作为交易的对象,大多是由媒介代理公司作为中介进行或者由广告主直接向媒介购买版面或时段,双方需提前一段时间就广告投放的周期、频次等进行商议,花费多个工作日完成最终的确认。其中,广告主需要预先制定半年到一年的预算框架,其后需要进行媒体排期,广告的投放相对固定,如果中途变动,流程将会比较复杂。

而新媒体广告投放则走过了由广告联盟到程序化购买的过程,由媒体购买转向受众购买的方式。广告联盟是互联网形式的广告代理商,广告主在广告联盟上发布广告,广告联盟再把广告推送到各个网站或 App 里去。这种投放方式仍然是媒体购买的方式,广告主根据自身的营销诉求及目标受众,采购相应属性的媒体,从而实现对受众的覆盖。而新媒体广告投放中的程序化购买是以受众作为交易的对象,以目标人群作为核心采购多渠道的数字媒体,运用计算机系统仅需花费数毫秒自动完成购买。受众购买是在用户数据分析的基础上,找到符合营销诉求的目标受众,通过采购这些受众浏览的广告位曝光,实现受众的购买。在受众购买的情况下,广告主往往并不了解或并不十分在意广告出现的具体位置,而更在意能够找到精准的受众。

程序化购买通过数据的积累,运用一系列算法,实现基于精准定位的受众购买,并且机械自动化,而传统的人力购买主要依靠人力。

通过程序化购买的方式,广告主可以按照地域、年龄、职业、收入、兴趣爱好等多个维度圈定投放的人群,精准地触达目标受众,既能避免预算的浪费,同时也能获得较高的转化率。第二,广告主可以提升广告的覆盖面,理论上只要是市场上可进行交易的广告位,都可以通过 DSP(需求方平台)的对接进行购买。第三,广告主可以追踪受众进行多次有关信息的曝光,对于目标受众,可以在不同的网站乃至于终端上进行多次有关信息的曝光,以加深受众的印象,提升转化率,同时也可以通过频次控制,设置针对同一受众的最高曝光次数,以避免在同一用户身上浪费过多预算。

5. 新媒体广告在表现形式上的变化

新媒体广告的表现形式极其多样。互联网和移动互联网上各类应用层出不穷,伴随着新应用,都会有相应的新媒体广告形式应运而生。

在 PC 互联网的门户网站时代,新媒体广告有富媒体广告、搜索广告、EDM 广告、横幅广告、软文广告等形式。2005 年,随着电子商务网站和博客的出现,新媒体广告则新增了社交广告、视频广告、电子商务广告等形式。2012 年以来,新媒体广告又新增了原生广告、移动广告、信息流广告等新的表现形式。随着媒体技术和无限通信网络技术的不断发展,移动互联网广告的形式也从最初简单的短信文字广告、彩信图片广告、彩铃音乐广告发展到了依托于手机的各类 App 应用、WiFi 界面的 Banner 广告、插屏广告、开屏广告、应用墙、信息流广告等多种形式,并且还在不断丰富和发展之中。

6. 新媒体广告在效果监测上的变化

广告的效果监测一般可分为投放前、投放中和投放后的监测与评估。传统的广告效果监测通常采用人工的方式进行,要经过招募、访问、录入、分析等的流程,即使采用在线问卷的方式,招募到合适的样本量也是需要时间的,且耗时、费力、成本高。并且人工实施监测在调研设计、监测人员水准、被试者等多个环节往往存在偏差,效果监测结果的准确性存在局限。传统广告效果监测所能监测的内容有限,无法实时获知网络目标潜在顾客的数量规模、地域分布情况以及广告转化为销售的情况。

而新媒体广告的效果测量建筑在大数据分析之上,通过技术手段自动采集、分析数据,具有监测迅捷、数据真实、数据来源广泛、全样本、更精准、高效率、低成本的特征。

三、广告的媒体形态呈多样化

多样化是新媒体广告形态的另一主要表现形式,也是新媒体广告区别于传统媒体广告的个性特点和基本征象。

1. 新媒体广告媒体形态多样化

1991年万维网出现,到2004年主要是以门户网站、垂直网站、搜索引擎、游戏为主。这一阶段是通常所说的web1.0时期,此阶段门户网站是主要的媒介形态,论坛和电子邮件的使用也改变了原有的单向传播方式。然而,就这一阶段的媒介形态而言,其编辑的方式更类似于传统媒体,再加上新媒体本身又是一个具有相对时间的概念。从本质上而言,投放在门户网站等媒介形态上的广告由于缺乏即时互动性,也属于传统媒体广告。

随着数字技术的发展,社交媒体、购物网站等媒介形态开始出现,尤其是社交媒体的出现标志着web2.0时代的到来。与web1.0时代相比较,"web2.0站点本身不生产和提供内容,只是一个信息交互平台,只提供框架和规则,信息内容由受众生成(User Generated Context,UGC),站点运用特定的技术模块将受众生成的信息分类以对应其他受众的搜索行为,最终让受众与受众之间便捷地横向交流"[1]。这一时期具有代表意义的媒介形态主要是论坛、博客、Twitter、BBS、SNS、维基、微博、视频或图形共享等网站。通过社交媒体发布和传播的广告信息,相较之web1.0时期的广告信息,内容更为丰富、更具开放性,互动性也更强,是新媒体广告的典型媒介形态。

---

[1] 舒咏平、鲍立泉:《新媒体广告》[M],北京:高等教育出版社2016年版,第105页。

第一章　变革与解析:新媒体广告的传播形态与特征

2014年中国移动互联网市场规模就达到515.6亿元,同比增长93.4%,环比增长11.0%。① 到2016年6月我国手机网民规模就达到6.56亿人,其中使用手机上网的网民较2015年年底的90.1%上升至92.5%,仅通过手机上网的网民占比也高达24.5%,网民上网设备进一步向移动端集中。② 这一时期,随着移动互联网的发展、LBS技术、云计算、大数据处理技术等,微信、电子商务网站、各类手机App正在普及,新媒体广告媒介形态呈现出更多元的发展状态。尤其是移动端的用户使用黏性和频率都更高,使得依托移动互联网发展的新媒体广告更具有互动性,传播范围也更广。

如同保罗·莱文森(Levinson)在《新新媒介》(New New Media)一书中所谈到的:"当你读到本书的时候,我所论述的新新媒介的重要性可能或多或少有所变化。此外,我写书时不存在的新新媒介却有可能在扮演重要的角色了。"莱文森出版该书的时候是2009年,当时博客、微博以及早期的虚拟社区还是新新媒体的代表,而现在SNS类应用已产生变化……可见新媒体广告的形式会随着数字技术的不断发展而呈现出更多样的形态。

2. 新媒体广告硬件形态多样化

无论新媒体广告的媒介形态如何表现和发展,它都是在着眼于软件和系统,微博、微信、播客平台等都是计算机系统,广告信息正是通过计算机软件的运行组织和传递信息。广告信息的搜索、在微博和微信上与他人进行即时互动、视频直播或嵌入链接等功能的实现都是依靠软件的代码和系统运行来完成。然而软件和系统是无形的,必须在硬件上实现有形化。

新媒体广告信息最终是通过受众手中的智能手机、笔记本电脑和平板电脑以及一些其他的移动互连设备来接受信息和实现互动功能。所以,"新新媒介的移动应用和移动性硬件互相促进,形成显著而强大的互相推进关系;新新媒介的移动应用功能越好,拥有'酷'型移动设备的刺激就越大;反过来,移动设备越好,开发新新媒介移动应用功能所受的刺激就越大"③。

目前移动终端设备主要包括手机、平板电脑、电子书阅读器等。其中智

---

① 数据来自于艾瑞咨询:《2014年前三季度移动互联网数据》。
② CNNIC:《第38次中国互联网络发展状况统计报告》。
③ [美]保罗·莱文森:《新新媒体》[M],何道宽译,上海:复旦大学出版社2011年版,第188页。

能手机被广泛使用,保罗·莱文森(Paul Levinson)在《新新媒介》一书中就将 2007 年 7 月问世的 iPhone 当作"新新媒介革命最典型的标记"。手机媒体是以移动电话为平台进行信息传播的新媒体,随着终端的发展,手机的功能已经大大提升,从原有的双向语音通信工具,变成人们随时随地获取信息和传播信息的工具,手机越来越成为个人化的传媒工具。尤其是从 2009 年手机由模拟制式转为数字制式以后,手机媒体经历了由 2G 向 4G 的过渡,2G 时期手机的功能在通话的基础上增加了普通网页浏览;3G 时期手机就"能够将无线通信与国际互联网等多媒体通信相结合,能够处理图像、音乐、视频流等多媒体形式,包括网页浏览、电话会议、电子商务等多种信息服务"[①]。目前运行的 4G 制式智能手机在上网速度、网络体验智能性等各方面都更具优势,尤其是与 WLAN 技术结合成一体以后,更能够传输高质量视、音频文件。

平板电脑(tablet personal computer)是一种小型的、具有可触摸识别液晶屏的小型个人电脑,平板电脑既具有完整的电脑功能,又可以实现移动商务、娱乐等功能于一体。苹果公司 2010 年发布的 iPad (Internet personal access device)是具有代表意义的平板电脑,iPad 综合了浏览网页、收发邮件、阅读、制作文档、观看视频等多种功能,同时小巧的体积更是受到移动互联用户的广泛欢迎。电子书阅览器(E-book readers)是指"将文字、图片、声音、影像等信息内容数字化的出版物以及植入或下载数字化的出版物以及植入或下载数字化文字、图片、声音、影像等讯息内容的集存储介质和显示终端于一体的手持阅读器"[②]。2007 年亚马逊推出 kindle 电子书以后,在全球范围内受到欢迎,尤其是电子墨水技术使电子书阅读体验与纸质书阅读体验更类似,而且 LCD 和电子纸技术能降低能耗、增加阅读时间,使电子书亦成为炙手可热的移动终端。

除了上述三种主要的移动终端,在移动互联技术的推动下,更多终端硬件设备开始出现,例如以 Google glass、iwatch 为代表的可穿戴设备、以数字互动电视和智能家电为代表的物联网终端,智能终端拥有更高速的处理能

[①] 童兵、陈绚主编:《新闻传播学大辞典》[M],中国大百科全书出版社 2014 年版,第 1232 页。
[②] 童兵、陈绚主编:《新闻传播学大辞典》[M],中国大百科全书出版社 2014 年版,第 1224 页。

力,更大的存储空间以及更完善的操作系统,不断推出性能更加优越的产品,吸引用户更新自己的移动终端设施。同时硬件与软件的发展相互呼应,相互促进。与传统媒体广告相比较,硬件与软件如同促进新媒体广告发展的双翼,在实际发展中"硬件的发展推动新新媒介,使其快速发展成为可能"①。

四、广告的传播去中心化

数字技术从 20 世纪 90 年代开始迅速发展,开端于将传统媒体的内容贴到网络上,供人们自由选择,通过这种自由选择,媒介用户和信息提供者之间的关系开始悄然发生转变,保罗·莱文森将这种转变称为"新新媒介的用户被赋予真正的权力,而且是充分的权力;他们还可以选择生产和消费新新媒介的内容,而这些内容又是千百万其他新新媒介消费者——生产者提供的"②。新新媒介所提供的这种权力令每一个人同时可以成为信息的编辑者和接受者,可以利用新媒体接受广告信息,也可以再次编辑和转发广告信息,成为广告信息的传播者。《时代》杂志将新媒体总结为"所有人向所有人的传播"(Communications for all,by all),这一判断充分揭示出新媒体背景下已不存在泾渭分明的传播者和受传者的区分。在这样的媒介背景下,新媒体广告的传播呈现出鲜明的去中心化的传播态势。

1. 广告信息由双向互动到多向互动

传统媒体广告信息传播是单向性的,信息由传播者流向消费者的过程中,经过传播者对信息的收集、整理和加工,再由传播者选择信息发布渠道发布广告信息。在信息传播过程中传播者作为传播的中心,对广告信息的内容、传播方向、传播强度以及消费者可预期的反应都具有一定的控制力。在传统媒介环境下,广告活动始终处于"一人发声,多人聆听"的传播态势。

互联网技术的出现,在 web1.0 和 web2.0 时期,消费者可以自由选择自己需要的信息,并自由地回复或进行评论而形成互动反馈,如下图 1-2 所

---

① [美] 保罗·莱文森:《新新媒体》[M],何道宽译,上海:复旦大学出版社 2011 年版,第 7 页。
② [美] 保罗·莱文森:《新新媒体》[M],何道宽译,上海:复旦大学出版社 2011 年版,第 3 页。

```
        广告信息              广告信息
传播者 ━━━━━━▶ 传统媒介 ━━━━━━▶ 受传者（消费者）
  ▲              反馈                      │
  └──────────────────────────────────────┘
```

图 1-1　传统媒体广告传播过程

示。新媒体的发展为广告信息的传播方式带来了颠覆性的转变,"重要的不是技术发明,而是社会革新"①。在传播形式上,革新表现为受众可以自如地选择信息渠道,并通过开放的媒介系统对信息加以再次编辑,并通过新媒体渠道将信息传播出去。这样的传播方式使传播者失去了对信息内容、渠道等传播过程的控制权,新媒体使传播真真实现了多人对多人,所有人对所有人的传播。"计算机挟其散播信息的强大能力,正在创造崭新的权力结构,一种'处处皆中心,无处是边缘'的新权力结构。"②与传播新权力结构相匹配的是,"占据主导地位的大众消费正分崩离析、逐步瓦解,取而代之的是小众化、碎片化的消费"③。与碎片化的消费相匹配的新媒体广告传播,是裂变式的去中心化传播,使互动由原来的受传双向进行互动成为多向互动。

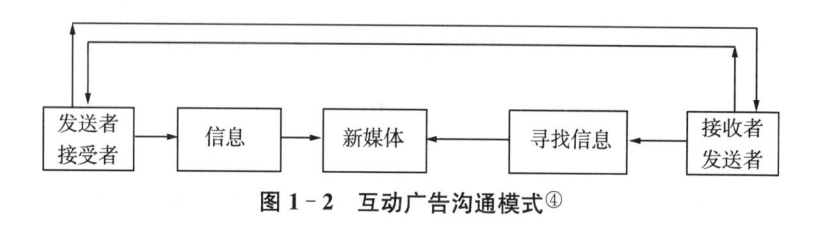

```
 ┌──────────────────────────────────────────┐
 │                                          │
 ▼                                          │
发送者      信息      新媒体      寻找信息      接收者
接受者 ──▶      ──▶      ──▶          ──▶  发送者
```

图 1-2　互动广告沟通模式④

从传播方式角度观察,新媒体不仅是信息发布的渠道,更是具有编辑、发布功能的系统平台。所有人都可以利用平台进行广告信息的编辑、发布

---

① 弗兰西斯·巴尔、杰拉尔·埃梅里:《新媒体》[M],张学信译,北京:商务印书馆 2005 年版,第 38 页。

② [美]保罗·莱文森:《数字麦克卢汉》[M],何道宽译,北京:社会科学文献出版社 2001 年版,第 117 页。

③ 黄升民:《新媒体激变·广告 2.0 时代新媒体真相》[M],北京:中信出版社 2008 年版。

④ 舒咏平、陈少华、鲍立泉:《新媒体与广告互动传播》[M],武汉:华中科技大学出版社 2006 年版,第 135 页。

第一章 变革与解析:新媒体广告的传播形态与特征

与转发,新媒体削弱了传统媒体环境下传播者的权威性,使每个人都可以成为广告信息发布的中心,实际上也就没有了传播中心。数字技术的发展,使每个人都可以作为与其他个体对等的普通的"端口"接入网络。而新媒体环境下,广告信息传播也失去了明确的信息起点和终点,以及固定的传播渠道。在广告信息传播过程中,每个人都是平等使用技术的个体,传播的中心被取消,受传双方位置模糊,每个人都可以任意选择网络入口,选择搜索信息、转发引用内容、留言参与,就形成了多个信息发布的中心,一旦人人都成为中心,那么反馈式的双向互动就会被一对多、多对多、多对一、一对一等多向互动所取代。

2. 消费者从被动受传到主动展示

在新媒体背景下,广告信息传播者的权威身份渐渐被取消,广告"以往引人注意可以依靠权威性,而在网上想提高注目率,很重要的一点是信息本身的力量——可以是观点独特、个性鲜明,甚至另类怪异"[1]。换言之,"传播者的身份是谁并不重要,重要的是所传播的资讯内容是否具有分享意义和对社会的价值穿透力"[2]。这些内容由于其鲜明和有趣的特征,对于受众就不再是简单的广告信息,受众处理这些信息时也不再是简单地接受或回避,受众由于自身的兴趣会在自己的新媒体平台编辑、转发或引用该信息,就从广告信息的接受者进一步成为广告信息的展示者。

在消费生活中,新媒介广告创造了"新消费者","新消费者是具有独立而个性化的消费态度,希望参与市场和销售的愿望以及对市场的明确关注结合在一起的群体"[3]。新媒介广告消费者更乐于展示自身的生活、兴趣,也更容易接受具有趣味性的广告信息,甚至于"当消费者有权删除展示给他们的媒介信息时,营销方就必须在消费者觉察广告策略前就找到一条到达消费者的营销路径"[4]。

---

[1] 杜骏飞:《网络传播概论》[M],福州:福建人民出版社 2003 年版,第 86 页。
[2] 喻国明:《新媒体究竟在改变着什么?》[J],《中关村》,2010 年,第 6 期。
[3] 戴维·刘易斯、达瑞恩·布里格:《新消费者理念》[M],北京:机械工程出版社 2002 年版。
[4] Kevin Curran, Sarah Graham, Christopher Temple, Advertising on Facebook, *International Journal of E-Business Development*, 2011.

新媒体广告就是这样一条在内容和形式上都不易被消费者发现的广告路径,群邑的研究数据显示有73.8%的受调查者表示"会更多地在微信上分享有趣的信息或自己的生活"。在受调查者中分别有48%、46%和47%的90后、80后以及70后的群体表示"能在越多的媒体上看到广告的品牌就越可信"①。新媒体广告发展的过程中突破了传统媒介广告环境下仅接受信息的受传者身份,发展为广告信息的传播者与展示者,每一个消费者的新媒体平台就可能是一个新媒体广告的展示窗口。所以当每一个消费者借由新媒体技术而具有多个广告信息展示位置时,广告主需要购买的就不再是媒体的位置或时间,而是直接"围绕着以数据追踪和标注的'个体消费者'本身展开"②。

基于互动性的传播特点,新媒体广告突破了传统媒体的单向信息流,消费者自如地搜索广告信息,通过媒体系统平台与传播者进行即时互动。"在信息和网络技术飞速发展的传播环境下,以互联网、移动互联网为载体,由具有内容属性的多种数字化媒体网络和移动应用产品,这些网络和应用所服务的用户、具有营销目标的广告主和广告服务机构三类主体构成,以信息传播和互动沟通为目标……基于互联网和移动互联网平台构建起多元交互关系。"③

新媒体广告的诸多特点无疑都是对广告内涵发展的推进力量,广告不再局限于劝服性的销售信息的定向推广,而是着眼于品牌信息的推广传播。广告内容也更着眼于与消费者沟通的可能性,使消费者更主动地参与广告活动,广告信息也通过新媒体裂变式传播而达到更快速有效的传播。

五、广告的内容弃形式化

"现在广告业发生了一场规模巨大的革命,这场革命发生在美国,但影

---

① 数据来自于群邑:《山海今2015年中国媒介趋势报告》。
② 倪宁、金韶:《大数据时代的精准广告及其传播策略》[J],《现代传播》,2014年,第2期。
③ 倪宁、金韶:《大数据时代的精准广告及其传播策略》[J],《现代传播》,2014年,第2期。

第一章 变革与解析:新媒体广告的传播形态与特征

响了许多其他广告和媒体较发达的国家。"①这场巨变表现为一方面新媒体的全球化发展区别于传统媒体较为封闭的体系,另一方面则是新媒体广告带来广告产业自身的变革。从内容上看,这种变革就是新媒体广告向着去形式化发展,原有的那种具有固有形式——易于消费者识别的大众媒介广告已渐渐从新媒体广告中退去,取而代之的是进一步去形式化的内容与广告相结合的广告形式。

在路透社 2016 年针对各国样本进行新闻接触的调查结论中显示,如果新媒体提供关闭广告的功能,各国选择关闭广告的样本比例都超过 20%,最高达到 38%的用户选择关闭广告。样本反映的关闭广告的原因主要是:认为广告会分散消费者浏览网页的注意力,记录消费者浏览足迹而带来的隐私顾虑,认为广告会影响网页的加载速度以及考虑数据占用和电视占用。②

可见,如果新媒体给予消费者更多的选择权与参与权,在广告信息面前消费者可以自如地选择关闭与否,那新媒体广告就必须首先满足消费者的信息需求,即必须将产品展示、品牌信息传播、营销信息传播等有机地融合。从广告形态和传播效果上,那种被消费者清晰识别、一键关闭的广告正在迅速地被去形式化的广告所取代。因此,"互联网上所有信息内容形态可能就是新媒体广告形态,即实现了无法识别的去广告形态化"③。也就是说,在新媒体环境中各种各样形式的内容,只要是与产品、品牌推广相关的都可以被认为是具有新媒体广告性质的。

新媒体广告的去形式化推动新媒体广告向原生广告发展,尤其是在社交媒体广告当中,广告的去形式化和广告内容的原生性表现尤为突出。新媒体广告向原生广告的发展就是让消费者在浏览广告时仍保有原有的浏览体验,"形式上融入媒体环境,内容上提供用户价值,促成产品与用户之间的

---

① [美]乔治·E.贝尔齐等:《广告与促销:整合营销传播展望(上)》,大连:东北财经大学出版社 2000 年版。
② 数据来源:《Reuters Institute Digital News Report 2016》,路透社。
③ 舒咏平、陶薇:《新媒体广告的"原生之困"与管理创新》[J],《现代传播》,2016 年,第 3 期。

关联与共鸣"①。当达到这三个条件时,与传统媒体广告相比较,新媒体广告就不再具备所谓的广告形式而表现出去形式化的发展趋势。

新媒体广告在发展中越是去形式化就越是能以消费者最易接受的方式将信息传递给消费者,这看上去似乎是将广告隐身于一般信息当中而取消了广告的性质,但究其根本,去形式化的新媒体广告信息却能够更精准地传递给消费者而引起消费者的点击和转发,从而达到和提升消费者对产品和品牌的记忆,"这是比传统互联网广告更像广告的广告"②。

小　结

正是由于新媒体技术的发展促使媒体由量变累积到质变,导致新媒体的传播形态迭代更新和传播特征不断演进,才引发新媒体广告的迅速兴起与迅猛发展,引发新媒体广告的运作观念、业务模式、媒体形态、传播方式和内容形式等一系列方面都发生颠覆性的质变,进而引发了对全球范围内的新媒体广告发展具有重大影响的广告规制尤其是新媒体广告规制的严峻问题。

因此,深刻理解新媒体及与新媒体有着千丝万缕之关系的新媒体广告的本质内涵和表现特征,并在此基础上来梳理、分析与阐释新媒体环境下的新媒体广告规制之起因、沿革、发展与问题,是展开新媒体广告规制研究的自然前提和逻辑路径。故此,在本文的第一章我们就以新媒体的概念及特征为基础和出发点,较为全面地解析了与新媒体息息相关的新媒体广告的基本概念、传播形态与主要特征,并对其中的基本概念、有关术语、争鸣问题、本质内涵、表现特征一一作了简要的梳理、分析和论证,以期为下文对新媒体广告规制这一问题展开全面论述作一技术性的前期铺垫。

---

① 喻国明:《镶嵌、创意、内容:移动互联广告的三个关键词》[J],《新闻与写作》,2014 年,第 3 期。

② 喻国明:《镶嵌、创意、内容:移动互联广告的三个关键词》[J],《新闻与写作》,2014 年,第 3 期。

第二章 竞合与均衡：广告他律与自律监管的协同互动

国际商会(ICC)的《国际广告实践规范》在其开篇中这样陈述道："所有的广告必须合法(legal)、正当(decent)、诚实(honest)、真实(truthful)。每一个广告均应具备承担社会责任的意识，应该在商业活动中遵守公平竞争原则。任何广告均不应削弱公众对广告的信心。"[①]正因为有来自政府部门和行业内部对广告监管与规制的孜孜追求，使得广告业在很大程度上确保了规范化运作，从而减少了问题与失误，为行业创造了更为宽松的发展环境与自由的前行空间。

第一节 广告规制中他律与自律的辩证关系

广告规制一般包括广告他律和自律两大部分。"他律"是政府相关机构颁布的法令法规，"自律"主要是行业协会制定的有关规范，两部分的主体虽然不同，但其目的都是为了规范广告行业以按照标准原则和社会价值取向来传播信息或宣传商品，促使行业具备良好的社会责任感以赢得社会公众的信任。"他律"与"自律"是一种互为补充、互相促进的辩证统一关系，进而构成了现代广告规制运行机制得以"有效"与"完善"的依存互动关系。

---

① J.J.Boddewyn, *Advertising Self-regulation and Outside Participation: A Multinational Comparison*, Westport: Quorum Books, 1988, p.3.

一、他律规制的管理优势与监管困难

广告产业的外部性影响"无法完全地体现在价格和市场交易之上"[1],因此对国家经济、文化等宏观环境,对消费者权益、市场竞争等微观环境都会产生直接的影响,为了规避其负的外部性,早在一百多年前已经有国家开始对广告进行规制。1911 年,美国在其最早颁布的《印刷物广告法案》(The Prints Ink Act)中就明确规定"如其中陈述的事实,有不确、欺诈或使人误信者,治以轻罪"。

为什么需要对广告进行政府规制? 博迪温(Boddewyn)分析,他律规制的主要原因在于"首先,企业广告自治或自律效果不足为信;其次,消费者与竞争者缺少抵抗商业权利的意愿或手段。规制的优势是与放任的自由主义和自律比起来,具有全面覆盖力及强制执行力,而前者(即自律,作者注)只能约束成员或者那些愿意遵守广告道德行为标准的人",因此,政府管制广告行为更可以确保公众利益。[2]

诺贝尔经济学奖得主哈耶克(Friedrich Hayek)在其《通往奴役之路》(The Road to Serfdom)一书中写道,"如果国家什么事都不做,没有任何机制可以被理性地维护","一个有效的竞争机制需要聪明的设计和不断调整法律架构"。[3] 完全地放任自由最终会导致没有自由,这种观点体现了政府规制对广告起到的正向作用。

凯斯·桑斯坦也谈到,规制虽然对广告行业发展有限制与约束的影响,但合理的限制恰恰更能保证商业言论的自由,"一个功能完善的表达自由机制,需要财产权。这样的机制会更好,因为法律创造及保护了那些报纸、杂志、广播电视和网站的拥有者。财产权让这些组织更安全和稳定,而且因为这样,产生更多的言论"[4]。这种限制不仅仅适用于传统媒体广告,也包括以

---

[1] [美]保罗·萨缪尔森、威廉·诺德豪斯:《经济学》[M],萧琛主译,北京:人民邮电出版社 2010 年版,第 320 页。

[2] J. J. Boddewyn, Advertising Self-Regulation: Private Government and Agent of Public Policy, Journal of Public Policy & Marketing, Vol.1(1985), pp.129-130.

[3] F. A. Hayek, The Road to Serfdom [M]. London: Routledge, 2001, pp.38-39.

[4] [美]凯斯·桑斯坦:《网络共和国:网络社会中的民主问题》[M],黄维明译,上海人民出版社 2003 年版,第 98 页。

第二章 竞合与均衡:广告他律与自律监管的协同互动

网络为代表的新媒体广告,"对于网络和其他传播科技,若说'毫无规范'是未来的道路,这是无用也不当的说法……问题不在于我们是否有规范,而是我们应该有什么样的规范。言论自由从来不是绝对的。每个民主体制都会规范某些形式的言论,这其中就包括虚伪不实的商业广告"①。

不过,虽然政府的他律规制具有一定的管理优势,但是也存在一些问题,比如政府规制的成本。从经济学角度分析,"广告法律制定和实施量增加,法律成本与收益的相对变化情况遵循边际效用递减规律。广告法律供给达到饱和前,每增加制定新的法律时,边际成本递减,效率递增。相反,若超过了饱和状态,则边际成本递增,效益递减,法律体系完整但效益不高。所以并非立法越多越好,如果起不到预期的作用,反而使得有法难依"②。此外,政府对广告管制,还有人力资源成本、规制失灵的成本等,这些因素在很大程度上增加了政府管制的难度。萨缪尔森指出,当政府规制并不能发挥其监管功效时会被解除,这就加大了立法的成本,"有时候公众利益要求管理经济的某些领域;另一些时候,经济管制所带来的问题要比它所能解决的问题还要多,于是政府又不得不解除管制"③。从法学研究角度来审视政府规制,"可能会出现法律制度中司空见惯的'滑坡'风险:对某一言论的限制将诱使政府朝向极权主义的逻辑堕落,因为如果我们限制了这个坏东西,以后我们难保不限制那个好东西"④。因此,有学者提出,应对广告规制进行适当减量。

而且,也会存在政府规制失灵的问题。例如,美国对植入式广告采取"强制披露"的政策,主要依据 20 世纪 50 年代实施的《受益推销管制法例》(Payola Law),由联邦通信委员会(FCC)监管,在《联邦通信委员会赞助商披露规则》(47CFR§73.1212.)中规定:"当广播电视台收受了金钱,接受了其他与收益价值相等的回报或服务而播放任何内容时,在播放时应该做出

---

① [美]凯斯·桑斯坦:《网络共和国:网络社会中的民主问题》[M],黄维明译,上海人民出版社 2003 年版,第 139 页。
② 魏晓霞:《虚假广告规制的法经济学分析》[J],《中国贸易导刊》,2013 年,第 7 期。
③ [美]保罗·萨缪尔森、威廉·诺德豪斯:《经济学》[M],萧琛主译,北京:人民邮电出版社 2010 年版,第 296~301 页。
④ 张妍妍:《美国的商业言论自由》[D],山东大学博士论文,2012 年。

以下告知：① 以上部分或全部内容是被赞助、付费或特约播出；② 该内容是由赞助商或代理人所代表的本人支付报酬。"但实际操作中对该政策的遵守却流于形式。这是因为，一方面美国广播电视台都是私营企业，美国政府认为通过市场充分竞争，能达到最佳公共利益，若政府对广播电视管制太过严格，则市场机制无法发挥作用。另一方面，在美国，商业言论受到《第一修正案》的保护，美国联邦最高法院认为，只有在严重侵害政府利益的时候，才能对商业言论进行规制。①

最后，政府规制有自身的管理局限性。例如芝加哥学派科斯等经济学家就对政府干预表示怀疑，而倾向于相信市场这只看不见的手可以解决问题，他认为："政府规制作为解决外部性问题具有局限性：政府管理机构常常不了解他们试图规制的产业，在涉及复杂技术的时候，这个问题更加严重。由于中央式的庞大官僚机构的低效率和机构惰性问题，最后，总是存在攫取的可能，通过攫取，被规制者影响规制者，从而使得规制者不再代表公共利益行事。""没有比规制者和被规制企业之间的邪恶联盟用压制手段解决竞争问题更令人作呕的景观了。"在政治科学里受到相当重视的一个重要方面是政策的形成与执行，里普莱和弗兰克林（Ripley & Franklin）将管制政策分为"竞争性"和"保护性"两类，他们从管制政策执行过程中都观察到了大量的利益集团进行干扰和讨价还价的现象。② 萨缪尔森提出，政府管制分为经济管制和社会管制，"研究表明：经济管制带来很少的收益，造成相当大的效率损失，以及大量收入的再分配；社会管制确有收益，虽然这些收益难以衡量"③，由此可见管制确有其自身的局限。

---

① 在涉及商业言论的案例中，美国形成了一种四步分析法。"首先，我们必须决定某一言论是否受到宪法第一修正案的保护。受到宪法保护的商业言论至少必须关注合法行为，并且不具有误导性。接着，我们必须确定，所宣称的政府利益是否是有重大价值的。如果这两个问题都能够得到肯定的回答，我们还必须确定，限制措施是否能够直接促进所宣称的政府利益，限制措施是否不比服务该政府利益所必需的措施更为广泛。"资料来源：[美] 约翰·D.泽莱兹尼：《传播法判例：自由、限制与现代媒介》(第四版)[M]，王秀丽译，北京：北京大学出版社2007年版，第259页。
② [美] 理查德·斯皮内洛：《铁笼，还是乌托邦——网络空间的道德与法律》(第二版)[M]，李伦等译，北京：北京大学出版社2007年版，第37页。
③ [美] 保罗·萨缪尔森、威廉·诺德豪斯：《经济学》[M]，萧琛主译，北京：人民邮电出版社2010年版，第296~301页。

第二章　竞合与均衡:广告他律与自律监管的协同互动

二、自律规制的理论基础与优劣势分析

（一）广告自律的优势

1. 理论优势

自律具有哲学、社会学、伦理学、经济学、政治学、心理学等多学科理论基础支持的优势。哲学界，康德认为"自律有赖于不服从因果性的自由"，"在对道德上的应当(moral ought)的独特体验中，我们'发现'了一个'理性事实'：它无疑向我们表明，我们作为本体界(noumenal realm)的成员拥有这样的自由"[1]。社会学界，科尔曼从社会系统角度分析，提出"只要行动者的利益并非与其他大多数人的利益相对立，法律就应保护这些人控制自己行动的权利，而不应该把这类权利给予他人"[2]。伦理学以道德为研究对象，"从道德观点看，假设广告没有欺骗、误导或强迫，它有助于达到买卖双方各自的目的，因此它是道德公正的，并且是许可的"[3]。经济学中，亚当·斯密的"经济人(Economic Man)"之假设具有代表性，这是一个相对于"道德人"或"社会人"的概念，"我们所需的食物不是出自屠宰业者、酿酒业者、面包业者的恩惠，而仅仅是出自他们自己的利益的顾虑，我们不要求助于他们的爱他心，只要求助于他们的自爱心"[4]。他假定人的思考和行为都是目标理性的，"为了这个大团体利益，人人应当随时地心甘情愿地牺牲自己微小的利益"。政治学强调人生而自由的权利，天赋人权、自由平等。约翰·斯图尔特·穆勒提出："当一个人的行动对他人利益没有影响时，人们应当有充分的自由，即拥有法律上和实际上的自由采取行动并承担后果。"[5]心理学中，弗洛伊德提出"超我"属于最高层次，能进行自我批判和道德控制的理想化

---

[1] ［美］J.B.施尼温德:《自律的发明:近代道德哲学史》(上册)[M]，上海:上海三联书店 2012 年版，第 3 页。

[2] ［美］詹姆斯·S.科尔曼:《社会理论的基础》[M]，邓方译，北京:社会科学文献出版社 2008 年版，第 66 页。

[3] ［美］理查德·T.德·乔治:《经济伦理学》(第五版)[M]，李布译，北京:北京大学出版社 2002 年版，第 308 页。

[4] ［英］亚当·斯密:《国富论》(上)[M]，郭大力、王亚南译，上海:上海三联书店 2009 年版，第 11 页。

[5] ［美］詹姆斯·S.科尔曼:《社会理论的基础》[M]，邓方译，北京:社会科学文献出版社 2008 年版，第 66～67 页。

了的自我,主要是指导自我以道德良心自居,去限制、压抑本我的冲动,按照"至善原则"行动。

2. 实践优势

广告自律研究的著名学者博迪温(Boddewyn)从行业实践的角度分析,提出自律的优势有以下四点:其一,比起政府规制,企业自律更加快速灵活、低成本、更富效率、更具效益,因为企业清楚问题所在,能更好地找到补救措施。其二,通过超越最低阶法律规定,自律虽然不能替代规制,但可以成为规制的很好补充。事实上,在比利时和法国,自律体系除了自己的法令与指南外,甚至还采用法律标准,以评判显而易见的不良广告行为。自律甚至成为规制出台前的"试验场地",以检验该规制的有效性。其三,比起法律,自律会产生更大的道德黏附力,因为其法令与指南是自愿发展起来的,被愿意遵守的成员采纳,不仅是文字表述,而且是自愿接受的精神。其四,自律可以使企业与顾客之间的摩擦最小化,而他律规制则是通过施加强制执行的压力、冲突(例如起诉)、惩罚替代劝服与调解。

(二)广告自律的劣势

博迪温将广告自律的劣势也归纳为四点:其一,由于部分联盟的自我服务限制,损害商业竞争与创新。例如许多广告组织反对比较广告。其二,明目张胆地破坏严格的政府标准,假装按要求行事,事实上组织的标准比较低,强制执行标准松散。其三,当反垄断或其他法律(如自由联盟)出台时,自律组织通过联合抵制等方式使其无效。其四,较少代表消费者与公众利益。[①]

黛布拉·哈克(Debra Harker)也指出了行业自律的两面性,她认为广告自律可确保公共领域内的商业自由言论,但会引发两个问题:"其一,广告自律程序由行业掌控,逐渐地,规制者易于服从规制而非公众利益。通过提高诉讼程序的门槛而牺牲其他群体利益即是明证。其二,政府规制者、政策制定者与美国的反信任法案之间的同谋问题,反映出经济力量对行业自律

[①] J. J. Boddewyn, Advertising Self-Regulation: Private Government and Agent of Public Policy, *Journal of Public Policy & Marketing*, Vol.1(1985), pp.131-132.

所施加压力的问题。"[①]

可以说,上述两位学者对广告自律劣势的评价都是非常客观的,自律作为一种监管方式,其有效性多次得以证明,但管制无效率也时常发生。按照科尔曼的观点,广告主作为理性人追求利益最大化,愿意出让部分权利给行业协会,协会为了使受托人恪守承诺,也会制定内部需要的规范以及惩罚手段,但是,"究竟怎样才能达到一种最优状态,是一个复杂的问题。因为这里所指的最优状态,不仅考虑委托人与受托人的利益,而且是针对整个社会系统而言的,即考虑委托人与受托人之间的交易而受影响的所有人的利益"[②]。也正因为行业内部要达到最优监管状态的诸种困难,广告自律需要与他律发挥协同作用。

三、广告他律与自律相互补充与促进

有关广告他律与自律的关系,早在1978年,国际商会(ICC)就提出:"对自律与法定规制进行优劣比较过于简单了。一大批自律法令被法院作为法律依据来使用,而法定规制也被自律组织作为职业规范遵守。那种持有行业规则没有法律严格的想法是错误的,行业规则对商业自由的影响可能与法律相当,甚或更加严格。"[③]欧洲广告标准联盟(EASA)也有相似的观点:"自律在一个有法可依的框架中运作得最好。两者是相辅相成的,就像网球拍的框架与绳子的关系,要想发挥最好的作用,需要两者相互配合。法律制定主要原则,例如广告不应误导,而自律规范则用以快速有效地处理具体广告问题。因此,当自律遭遇欺诈或不合法的广告,以及顽固的流氓商家时,可以求助法律手段解决。"[④]的确如此,试图对他律与自律两种规制方式进行

[①] Debra Harker, "Towards Effective Advertising Self-Regulation in Australia: the Seven Components", *Journal of Matketing Communications*, 9(2)(2003), p.94.

[②] [美]詹姆斯·S.科尔曼:《社会理论的基础》[M],邓方译,北京:社会科学文献出版社2008年版,第106页。

[③] J.J.Boddewyn, "Advertising Self-Regulation: Private Government and Agent of Public Policy", *Journal of Public Policy & Marketing*, Vol.1(1985), p.137.

[④] The European Advertising Standards Alliance.EASA Guide to setting up an SRO[EB/OL]. 2014 - 12 - 18. http//www. easa-lliance. org/binarydata. aspx? type = doc&sessionId = 0aghlz55litk3ybarj14a245/EASA_guide_how_to_set_up_an_SRO.pdf. European edition as of May 2009:8.

一比高下的想法过于简单粗暴了,更多的研究证明,两者是相互促进、互为作用的辩证关系。

法律在为社会成员制定一个基本评价标准和保障机制的同时,往往需要道德的帮助,促使整个社会将法律条文内化为社会成员普遍的共识与信仰。与他律的强制性介入不同,自律是一种软性的社会规范,它强调人主观意识上对规则的认同与遵循,是"那些某一社区成员间相互施加的、带有许多轻微但偶尔有力的惩罚的、规范性的约束"。"只要社会规范被主观内化为每个主体的心理意识,它就能对所规范的行为起到同步约束的功效",而且主观性越强,约束效果就越好。[1]

按照博迪温对广告控制类型的划分标准,企业的广告自治与政府纯粹规制可以视为广告管制的两种截然不同的方式,自律更多的时候是出现在这两个极端中的,有四个过渡性类型,详见下表2-1。广告自律与他律也可以在差异中寻求合作,例如本文绪论中谈到的关于保护网络隐私的"安全港模式",就是一种将行业自律和立法规则相结合的模式。

表2-1 广告控制的类型[2]

自治 (Self-Discipline)	公司自行制定、使用、执行规范
纯粹自律 (Pure Self-Regulation)	行业统一制定、使用、执行规范
团结自律 (Co-Opted Self-Regulation)	行业依靠自己的意志,同时包括非行业内的人(例如消费者、政府代表、独立的公众、专家等)一同制定、使用、执行规范(局外人内部化)
协商自律 (Negotiated Self-Regulation)	行业自愿与一些外部体(例如政府部门或消费者组织)协商制定、使用、执行规范(局外人仍保持外部化)
授权自律 (Mandated Self-Regulation)	政府命令或指定行业制定、使用、执行规范,而不管是否与他们的团体法令一致(类似社团主义)

---

[1] 展江、吴薇主编:《开放与博弈——新媒体语境下的言论界限与司法规制》[M],北京:北京大学出版社2013年版,第143~144页。

[2] J.J.Boddewyn,"Advertising Self-Regulation:Private Government and Agent of Public Policy", *Journal of Public Policy & Marketing*, Vol.1(1985), p.135.

(续表)

纯粹规制 (Pure Regulation)	政府拥有制定、使用、执行规范的绝对权利

他律并不排斥自律,政府规制尊重自律组织的自我管理。欧洲议会和欧洲联盟理事会在1997年10月6日修订的《欧洲联盟理事会关于误导广告和比较广告的指令》第五条中指出:"本指令并不排斥自律组织对误导广告或比较广告的自愿管理,各成员国对这种管理应当予以鼓励;本指令也不排斥第四条所说的个人或组织在向法院或行政机关求助之前先向这类组织求助。"[①]

在很多自律主导型的国家,他律数量不仅比自律少,而且往往在自律效果不显著时才出台。"如果有机会,大多数企业会在屈从于政府干涉之前选择自律"[②],之所以成立行业自律性组织,颁布自律规范,主要原因之一,是为了避免政府插手行业运作从而进行强制性管理。其二,当他律因为政治或经济等原因失灵时,自律可以作为一个重要的补充力量发挥作用。例如,"尽管美国立法赋予联邦贸易委员会(FTC)一些强制性权力,但在相当长一段时间里它还是被视为纸老虎,直到20世纪60、70年代的消费者运动兴起。在70年代后期,联邦贸易委员会在少儿电视广告领域的管理很积极,以至于国会威胁要削减它的拨款,因为许多与国会保持着友好关系的强权广告商感受到了其行动的威胁。80年代,随着里根政府大幅削减了对虚假广告进行规范化的部门预算,联邦贸易委员会的权力被削弱"[③]。其三,自律无论从经济方面还是从道德层面,都更具有效性,这是因为外在的政府管理需要支付大量的运转成本,而且还存在因不了解行业特性导致出台规制的不适宜,如绪论中所述,政府规制一旦被判违宪,立法成本将非常高昂。

自律应遵守他律中的相关规则。安德鲁·布朗(Andrew Brown)研究

[①] 安青虎:《国外广告法规选译》[M],北京:中国工商出版社2003年版,第120页。

[②] Debra Harker, Michael Harker, "Dealing with Complaints about Advertising in Australia: the Importance of Regulatory Self-Discipline", *International Journal of Advertising*, 21(1)(2002), p.25.

[③] [美] Kenneth C.Creech:《电子媒体的法律与管制》(第五版)[M],王大为等译,北京:人民邮电出版社2009年版,第216页。

指出:"广告商相信,为了使广告规制更有效率,拥有相应的规范、充足的资金、相应的体系以及没有商业因素干扰的独立审判权的自律体系必须被包含进来……广告自律也需要来自消费者、竞争对手以及第三方的监督投诉,重要的还在于服从规制。"①

　　自律与他律协同发挥作用,广告规制效果最为显著。欧洲广告标准联盟(EASA)提出:"在任何国家,有两个主要因素形塑广告自律:传统与机会。每个国家的自律体系主要反映了该国的文化、商业及法律传统;自律与他律互为补充,只有当法律领域留给它足够的机会与空间,自律才会更有效。"②黛布拉·哈克使用了一个理论框架研究了澳大利亚、加拿大、新西兰、英国和美国五个国家的广告监管体系,认为"政府监管和行业自律的适当组合会提高广告的可接受度"③。行业自律与政府他律就是在这样的竞争又互补的环境中相互影响,从而实现广告监管系统的均衡状态,以科尔曼的理性选择理论来解释,那就是行业协会虽然获得了广告主转让的管理权利,但其"拥有某种行动的权利,并不意味着他拥有某种不为其他有关行动者制约的资源",如果未能实现系统利益的最大化,"导致权利产生的协议一旦被撤销,权利便不复存在"④,这时,只有通过政府介入才能协调各方的利益,即"如果非行动者的势力超过行动者的势力,社会最优状态只有凭借法律规范才能实现,这种规范保证了非行动者对行动的控制权"⑤。

---

① Andrew Brown,"Advertising Regulation and Co-regulation:the Challenge of Change",*Economic Affairs*,26(2)(2006),p.32.

② The European Advertising Standards Alliance . EASA Guide to setting up an SRO[EB/OL]. 2014 - 12 - 18. http://www.easa-alliance.org/binarydata.aspx? type = doc&sessionId = 0aghlz55litk3ybarj14a245/EASA_guide_how_to_set_up_an_SRO.pdf. European edition as of May 2009:11.

③ Debra Harker,"The Role of Codes of Conduct in the Advertising Self-Regulatory Framework",*Journal of Macromarketing*,20(2)(2000),pp.155 - 166.

④ [美]詹姆斯·S.科尔曼:《社会理论的基础》[M],邓方译,北京:社会科学文献出版社 2008 年版,第 56 页。

⑤ [美]詹姆斯·S.科尔曼:《社会理论的基础》[M],邓方译,北京:社会科学文献出版社 2008 年版,第 41 页。

第二节　广告自律的体系与有效性研究

各国广告自律体系受其历史、文化、政治、经济以及法律规制传统的影响,而适合本国广告行业健康发展的自律模式应该是最有效的。

一、广告自律的体系与管理差异

(一) 广告自律的体系

因国家所属法系的不同,其广告自律监管体系会存在明显的差异;即使同属于一个法系,不同国家的广告自律体系也是有显著不同的。英国更加凸显自律机制的特色,秉承"以自律换自由"的理念;美国虽然也强调行业自律,却制定越来越多的成文法,没有建立起像英国那样制度化的自律机制。也可以从法律与道德区分的视角考察不同国家广告自律体系的差异,例如,"美国习惯性将法律与道德进行区分,欧洲国家则忽视两者的界线,由此在其广告规制中同时覆盖了法律与道德内容"[1]。

自律体系的有效性主要依靠广告行业的社会责任强化和驱动。[2] 台湾学者刘美琪曾研究了基于传统媒体的广告自律体系,指出:根据国际广告协会(IAA)的调查,全世界有35个国家具有某种形式的广告自律体系。斯特里斯伯格(Stridsberg)将各国广告自律体系依主理单位的数目概括为两类:"集中式体系"(Centralized System)与"多元式体系"(Pluralized System),美国和英国的广告自律被归入集中式体系中,呈现出一些共性特点。[3]

---

[1] Ronald E. Taylor, "Inside the asociación de autocontrol de la publicidad: a Qualitative Study of Advertising Self-Regulation in Spain", *Journal of Intercultural Communication Research*, Vol. 3 (2002), p.187.

[2] 英国广告标准局提出,广告主自律的原因:① 确信消费者没有被误导、伤害或者被广告冒犯,广告有助于强化消费者的信心。受欢迎的广告对商业有益。② 为行业创造了公平的竞争环境。
③ 自律体系的成本比政府规制要低。ASA. Self regulation of non-broadcast advertising [EB/OL] 2015 - 03 - 08. http://www.asa.org.uk/About-ASA/About-regulation/Self-regulation-of-non-broadcast-advertising.aspx。

[3] 刘美琪:《世界广告自律体系之分析》[J],《广告学研究》(第二集),1993年,第6期。

表 2-2 广告自律体系分类及主要特征一览表

自律体系 比较内容	集中式体系	多元式体系
基本含义	指一个国家内广告自律案件的审理,是由一个由广告主、广告代理商及媒体共同认可的团体或组织集中处理的方式	指无一个特定的团体或组织受理广告自律案件,广告自律规范的订定、作业的章程甚至对案件的裁议,分散于各个单位
主要国家	美国、英国、日本、西德、意大利、澳洲、瑞士、南非、爱尔兰、法国、西班牙、加拿大、荷兰、巴西、比利时、奥地利、阿根廷、菲律宾、新加坡等	瑞典、芬兰、丹麦、印度、挪威、纽西兰、墨西哥、委内瑞拉、希腊、以色列、埃及利亚、黎巴嫩、厄瓜多尔
主要优势	1. 广告业界在评判申诉的案件时必然要达成共识,因此在广告讯息的诠释上能对外维持一致 2. 可借邀请业界以外的代表参与处理程序,增加公众对其行事的信心 3. 便于政府相关单位观察其作业状况,提高政府的信心 4. 集中的裁决作业及业界的支持可增加决议结果及处罚执行的力量	由于审理广告投诉的单位分散,受审广告之广告主及广告业本身较不会受到公众或特殊利益团体的注意或批评
主要劣势	有时广告主、广告代理及媒体在组织内利益输送,达成共谋,使得裁议的公正公开性受到挑战	力量不集中:例如同一案件可经由不同的单位重复评估而分割了自律的主体性;各单位的裁决可能因为评议标准不同而产生差异,导致意思上的不协调甚或冲突;投诉人也往往无法评断最适当的申诉管道

(二)西方重要国家的广告自律机构设置与管理方式

由于集中式广告自律体系主要依靠一个或多个广告行业自律组织的集中管理,这种体系在西方主要国家占有优势地位,也更能深入研究行业自律的主要特点,因此,我们选取该体系中几个重要国家——英国、美国、澳大利亚、意大利,简要呈现这些国家的广告自律机构设置与主要的管理方式。

英国广告自律体系是建立在广告主、广告代理与媒体所有者共识的基础上的,每一个自律规范都是广告中的最高标准,以确保所有广告都是合法的、正当的、诚实的、真实的。广告自律规范反映了法律需要,但也包括许多法律之外的规范。由于广告自律体系运作很成功,英国政府就不需要直接制定相关他律规制,广告主要以自律为主。多年来,很多国家的广告自律框架都是借鉴英国模式。"几个最具创新的体系,诸如新西兰借鉴了英国的广告自律,澳大利亚是模仿英国的另一个国家。由于英国的广告自律体系近来发生了改变,广告标准局(ASA)负责所有广告自律规制,在这个重要的领域里,其他发达国家正在向英国学习也就不足为怪了。"①英国广告自律体系主要包含三个机构,该体系的运作方式可以用下图2-1较直观地呈现:

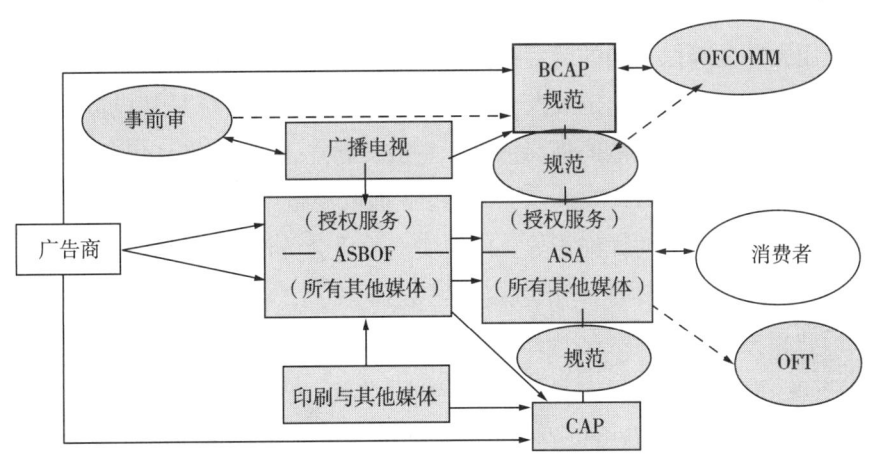

图 2-1 英国广告自律体系结构图②

广告标准局(the Advertising Standards Authority,简称 ASA):1962年成立,为企业新创立的自律体系提供独立的审查。其主要任务是:促进和实行营销传播中的高标准,调查投诉,通过研究识别和解决问题,确保体系依照公共利益运作,作为对营销传播标准关注的人的沟通渠道。广告标准局是一个独立于政府与营销界的股份有限公司,其主席由广告标准财务委员会任命,12人组成的成员理事会中的大多数由主席任命。所有理事会成

---

① Debra Harker,"Regulating Online Advertising:the Benefit of Qualitative Insights", *Qualitative Market Research:An International Journal*,11(3)(2008),p.295.

② Andrew Brown,"Advertising Regulation and Co-regulation:the Challenge of Change",*Economic Affairs*,26(2)(2006),p.35.

员都是独立的、被选举出来的,尽量体现出学科背景与经验的多样性,服务周期最多为三年两届。广告标准局可以预测发展趋势及未来可能出现的问题。

广告标准财务委员会(the Advertising Standards Board of Finance,简称 ASBOF):制定行业政策框架,对广告实践委员会和自律体系资金负责。广告标准财务委员会通过征收广告和直效营销费用来筹集运作资金,财务分开可以确保广告标准局的独立性。其成员由广告主、促销商、直效营销者,他们的代理公司、媒体和广告贸易与专业组织,销售促进和直效营销商构成。

广告实践委员会(the Committee of Advertising Practice,简称 CAP):其作用主要是确保英国的营销传播沟通准则依据广告实践委员会自律规范的要求来委任、准备、制定或发布。广告实践委员会的目标是其成员的活动都能达到遵守自律规范的最高标准。它负责制定、评论和修订规范,并不时地发布"帮助说明"(Help Notes),为行业提供规范中所涉及的一般问题在特定领域或主题中的详细指导。广告实践委员会负责监督制裁其成员的运营,向行业提供信息与指导纲领,包括"帮助说明"、"在线建议"(Advice Online)、"相关广告警示"(relevant Ad Alerts),也会为解决自律过程中出现的特殊问题而在有限时间内召集广告特别工作组。其主席以兼职方式工作,在一定期限内任职,并由广告标准财务委员会支付酬金。[1] 英国广告实践委员会认为,该国的广告自律体系具有六方面的优势,从而确保了体系的有效运作:① 方便消费者:一个广告管制机构负责所有投诉。② 纳税人免费:体系由企业提供资金,而不是纳税人。③ 便利广告主:几乎所有广告管制由一个部门负责。④ 技术中立与高标准:所有广告,无论出现于何种媒体,要遵守相同的高标准。⑤ 统一决策:跨媒体审判的决定也是由广告标准局这个单一机构决定。⑥ 企业的社会责任:广告业支持自律体系与公平竞争的运作方式,不仅仅是为了强调消费者对广告的信任水平,而且因为广告自律

---

[1] CAP. The UK Code of Non-broadcast Advertising, Sales Promotion and Direct Marketing (The CAP Code) [EB/OL] 2015-03-09. http://www.cap.org.uk/Advertising-Codes/~/media/Files/CAP/Codes%20CAP%20pdf/The%20CAP%20Code.ashx.Edition 12:102-103.

还是一种具有成本效益的解决手段。[①]

美国广告行业协会的自律不仅有相应的自律文件作为依据,而且组建成专职性自律机构来实施自律。1971年,跨协会的自律机构——"全国广告审查理事会"(National Advertising Review Council,简称NARC)成立,由商业促进局(CBBB)、美国广告代理协会(4A)、美国广告联盟(AAF)、全国性广告主协会(ANA)共同组成,是第三方广告审查委员会,其"机构的设置、运作程序系统与时俱进,取得的成果有目共睹"[②]。

全国广告审查理事会是规范美国广告的最全面、最有效的机构,其主要目的是推广并执行广告的真实性、准确性、品位、道德以及社会责任标准,下设全国广告局(NAD)和全国广告审查委员会(NARB),全国广告审查理事会负责制定政策和有关的准则、指南,其中全国广告局负责调查全国性广告的真实性和准确性,遇到该局未能解决的问题,就会由全国广告审查理事会审理。

2004年8月,全国广告审查理事会又成立了"美国电子零售自律中心"(ERSP),是直接监管和审查电子载体广告的机构,政策上受全国广告审查理事会的指导和领导,行政上受商业促进局理事会(CBBB)的管理,财政上得到美国电子零售协会(ERA)的赞助。此外,还存在美国广告联盟(AAF)、美国广告学会(AAA)、美国广告代理协会(4A)等广告行业协会自律、协调、平衡协会成员各方面的利益关系。

澳大利亚"媒体理事会"(the Media Council of Australia)于1967年成立,是由几乎所有主流商业媒体组成的自愿非公司社团。该理事会整合多种媒体资源是为了确保在广告代理信用方面有统一策略,以及通过发展五个广告实践规范来执行其成员广告内容发布及刊播的规制体系。这五个规范分别是《道德规范》《酒类及饮料广告规范》《瘦身产品广告规范》《医疗产品广告规范》及《香烟广告规范》。1974年,澳大利亚媒体理事会、澳大利亚广告代理联盟、澳大利亚国家广告主联盟共同设立"广告标准局"(the Advertising Standards Council),"作为一个严格执行与自治的,受理广告行业

[①] CAP.Our role[EB/OL]2015-03-08.http://www.cap.org.uk/About-CAP/Our-role.aspx.
[②] 杨燎原:《中美广告行业协会比较研究》[J],《广告大观》(理论版),2013年,第10期。

的投诉处理机构"。

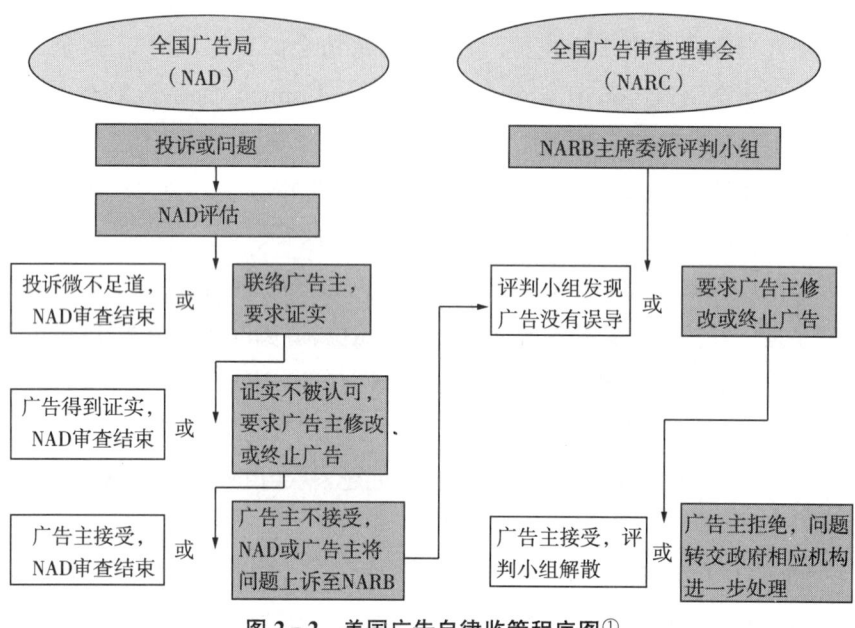

图2-2 美国广告自律监管程序图①

1996年之前,澳大利亚广告自律体系被视为世界样板之一,许多亚太体系都改自澳大利亚体系,主要包括新西兰、新加坡、印度以及英国、加拿大和南非。澳大利亚与亚太地区具有地缘接近性,与英美具备文化及经济相近性,这种独特性极大地促进了其广告业的发展。② 但1995—1996年之间,一系列标志性事件的发生,促使澳大利亚广告业产生了一个全新的自律体系。澳大利亚"竞争者及消费者委员会"(the Australian Competition and Consumer Commission)发布了澳大利亚广告标准,包含了"行为规范"与"将广告标准局作为投诉处理机构"。③

---

① [美]托马斯·奥吉恩等:《广告学》[M],程坪等译,北京:机械工业出版社2002年版,第119页。
② Gayle Kerr, Cheryl Moran, "Any Complaints? A Review of the Framework of Self-Regulation in the Australian Advertising Industry", *Journal of Marketing Communications*, 8(3)(2002), pp.189-190.
③ Debra Harker, "Towards Effective Advertising Self-Regulation in Australia: the Seven Components", *Journal of Matketing Communications*, 9(2)(2003), p.95.

第二章 竞合与均衡：广告他律与自律监管的协同互动

意大利广告自律监管体制是由广告行业共同设立的非盈利性组织，负责具体解释与应用广告自律规范，由两个不同的实体组成。第一个是监事会（Comitato di Controllo），其权利是调查和起诉那些违反广告规范者，以"保护消费者的基本利益"。第二个是陪审团（Giurì），作为一个民主法庭，其任务是解释与应用实践规范。①

除上述所列几个具体国家的广告自律体系之外，西方国家还有一个重要的体系特征，也就是欧洲广告自律的"联合体"管理，这依托于欧洲主要国家在政治、经济、文化中的合作基础。"欧洲广告三边体"（European Advertising Tripartite，简称EAT）由媒体、广告主、广告代理与服务机构共同组成，该联合体代表了各方利益的均衡，从而确保了广告自律的有效性。欧洲广告三边体将来自国际贸易法院的国际广告惯例规制作为广告自律规制的样本，1992年又通过在布鲁塞尔设立独立的欧洲国家广告自律组织——"欧洲广告标准联盟（EASA）"②，来促进和加强欧盟的广告自律。③ 该联盟是欧洲广告自律单一的权威机构，"由广告行业与国家广告自律组织（national self-regulation organizations，简称SROs）提供运作资金，当前成员包含来自欧洲23个国家的广告自律组织与16个欧洲广告行业贸易联盟，澳大利亚、巴西、加拿大、印度、新西兰和南非是对等成员"④。欧洲广告

---

① Debra Harker, Glen Wiggs, "Three Generations of Advertising Self-Regulation: Learning from our Forefathers", *Marketing Bulletin*, Vol.1(2011).

② 欧洲广告标准联盟发布的广告自律组织的八个特征：a) 独立的机构，独立于政府与具体利益组织，有自我决策能力；b) 由广告行业自己创建并提供资金支持；c) 对于规制广告承担实际责任；d) 有权强制执行决定，比如对广告业提供道德与实际支持；e) 可以从广告产业中寻找到充足的支持，具体到广告自律组织，有一个专门的负责部门，以确保其可信性；f) 公正的；g) 在免费基础上处理消费者投诉；h) 决定过程与裁定是透明的。详见：The European Advertising Standards Alliance .EASA Guide to setting up an SRO[EB/OL].2014-12-18.http://www.easa-alliance.org/binarydata.aspx? type=doc&sessionId=0aghlz55litk3ybarj14a245/EASA_guide_how_to_set_up_an_SRO.pdf.European edition as of May 2009:12。

③ Ronald E.Taylor, "Inside the asociación de autocontrol de la publicidad: a Qualitative Study of Advertising Self-Regulationg in Spain", *Journal of Intercultural Communication Research*, Vol.3 (2002), p.182.

④ The European Advertising Standards Alliance .EASA Guide to setting up an SRO[EB/OL]. 2014-12-18. http://www.easa-alliance.org/binarydata.aspx? type=doc&sessionId=0aghlz55litk3ybarj14a245/EASA_guide_how_to_set_up_an_SRO.pdf.European edition as of May 2009:1.

标准联盟尊重各成员国在广告自律方面的管理差异,但潜在的精神是一致的,即广告应该合法、正当、诚实、可信,对消费者与社会有责任意识,遵守公平竞争的原则。

二、提高广告自律有效性的代表性观点

欧盟健康和消费者保护理事会(the European Commission's Directorate General for Health and Consumer Protection,简称 DG SANCO)在2009年举办的一次广告圆桌会议上指出:"一个最有效的自律实践模型,应该是高效率的(effective)、吸引人参与的(participatory)、有责任的(accountable)、透明的(transparent)。值得信赖的广告自律有两个必要的前提条件:第一,能够与非商业人士展开一个持续、开放的对话,吸引他们参与到广告自律过程中;第二,拥有基于充分监督与诚信可靠的自律绩效及成果。"[1]这种观点强调了广告行业协会与会员以及利益相关者的主动沟通意识对自律有效性的促进作用,同时也强调了有责任心、客观公正的自律组织对自律管理效果的重要意义。

欧洲广告标准联盟(EASA)则指出,制定、遵守广告自律规范是确保有效性的前提,"自律需要制定更高的标准以证明自己的有效性,从而赢得政府与消费者的信赖。自律应该比法治程序更为开放、具有可近性,可以快速回应消费者"[2]。"没有规矩,不成方圆",即使是协会内部管理,也需要共同遵守的规范作为公平行动的依据。

理查德将广告自律放在外部环境中一起审视,认为有效的外部监督更能促进广告主的自律,"当企业的营销行为与广告宣传并没有违反政府规制,却有违人类道德时,自律的有效性便凸现出来"。他举了一个雀巢奶粉的例子,雀巢公司由于刊登了大量白人母亲用奶瓶喂养婴儿奶粉的广告,遭

---

[1] The European Advertising Standards Alliance . EASA Guide to setting up an SRO[EB/OL]. 2014 - 12 - 18. http://www. easa-alliance. org/binarydata. aspx? type = doc&sessionId = 0aghlz55litk3ybarj14a245/EASA_guide_how_to_set_up_an_SRO. pdf. European edition as of May 2009:9 - 10.

[2] Ronald E. Taylor,"Inside the asociación de autocontrol de la publicidad: a Qualitative Study of Advertising Self-Regulationg in Spain", *Journal of Intercultural Communication Research* , Vol.3 (2002), p.183.

第二章 竞合与均衡:广告他律与自律监管的协同互动

到"INFACT"组织发起的一场长达七年的抵制运动,号召消费者停止购买雀巢产品,直到该公司改变原有广告与免费试用的促销方式,最后迫使世界卫生组织于1984年颁发了一套母乳替代品市场销售法规,雀巢公司及其他公司均同意遵守。① 黛布拉·哈克强也有类似的观点,她也强调监督对广告自律体系至为重要,"监督对广告自律非常重要,否则将会出现自治权利的滥用"②,"有效的广告自律体系,需要严格的自我监督来实施。特拉蒙特(Tramont)的警告发人深省:'规制机构的特征是有关它的权利极点的最严格的测试',当'法律监督最小化'时它就变成了'更多关注正义'的代理者"③。上述两位学者的观点,与科尔曼有关信任的理论不谋而合,"一旦许多人同时撤回信任,即出现信任的普遍减弱,受托人的行动将受到重大影响。因为在某些情况下,受托人事实上是承办人,他所利用的是人们对他的共同信任",而撤回信任对委托人也有影响,"因为委托人通过信任他人谋取个人利益的期望破灭了"④。

此外,黛布拉·哈克通过对澳大利亚广告自律体系的研究,总结出影响广告自律有效性的七个主要因素,分别是"简明的规范文本、充足的资金、公正的投诉处理机构、开放透明的受理程序、专业独立的成员构成、内外部相结合的审查方式、教育及公众感知"。如何提高广告自律的有效性?黛布拉·哈克从研究方式上进行区分,指出基于实证研究的成果较少,从而导致

---

① [美]理查德·T.德·乔治:《经济伦理学》(第五版)[M],李布译,北京:北京大学出版社2002年版,第298页。

② 黛布拉·哈克认为,广告自律行业自治存在权利滥用的问题:① 提起诉讼之前,测试投诉竞争对手的有效性。② 损害性竞争,例如通过向广告标准局投诉,迫使竞争对手修改、重新运作广告活动。③ 违反投诉受理机制,通过安排对争议性广告召开理事会会议,从而获得为期四周的自由播放时间。④ 通过以公众名义向广告标准局提起索赔投诉,迫使竞争对手透露其营销情报而赢得市场优势;此外,由于理事会主席一个人就拥有将50%的广告投诉过滤掉,从而使其丧失进入秘书处受理的权利,这就决定了这些投诉并不能被全体理事会会员讨论后民主决定。从而引出在广告行业自律体系中存在的"把关人"问题。详见 Debra Harker,"Towards Effective Advertising Self-Regulation in Australia:the Seven Components", *Journal of Matketing Communications*,9(2)(2003),pp.108 – 109。

③ Debra Harker,Michael Harker,"Dealing with Complaints about Advertising in Australia:the Importance of Regulatory Self-Discipline", *International Journal of Advertising*,21(1)(2002),p.28。

④ [美]詹姆斯·S.科尔曼:《社会理论的基础》[M],邓方译,北京:社会科学文献出版社2008年版,第180~181页。

对广告自律体系效果的评估缺少一定的科学客观性,"广告自律体系的有效性在学术界引发的争论已经长达20多年了,依据代表性文献可以将其分为两组:描述性的、规定性的。前者文本中重点探讨有关广告自律的普遍性知识,后者重点关注对广告自律程序的理解"①。"大多数广告自律过程的研究都是描述性的。有关世界范围内广告自律的发展及模型有效性测试方面,仅进行了少量的调查。"②也就是说,如果能对广告自律的效果进行科学的、量化的分析,效果被证实的可能性以及说服能力将会大大增加。

哈贝马斯倒是从权力的角度分析,肯定了行业自律规制作为一种社会权力,很可能因为其有效性而具有强大的影响力,甚至被政府采纳变为公法规则。"行业协会自治权本来是原生于社会的权力,后来被政府纳入到国家权力之中,由政府统一行使,随着市场经济的发展和政府职能的转变,政府又将此权力回归给社会,由行业协会来行使。这说明行业协会的自治权并不是国家授予的,而是原生于社会中的,属于社会权力。而行业协会的私规则,也可能由于行业协会行使社会公共管理职能而上升成为公法规则。"③一旦监管的权利提升,那么广告自律的有效性也随之提高。对此,科尔曼也指出:"权利的实施必须以权力予以保证,即权利持有者凭借权力保护其要求,行动者依靠权力要求参与权利的分配。"④权力的研究视角也说明,得到政府监管部门的认可,获取更多自由的权利,也有利于提高广告自律的效果。

三、广告自律在新媒体时代的有效性

随着以互联网为代表的新媒体技术在广告中被广泛应用,广告自律管理开始面临很多新的挑战,有关广告自律在新媒体时代的有效性也成为不少学者关注的问题。

---

① Debra Harker, "Towards Effective Advertising Self-Regulation in Australia: the Seven Components", *Journal of Matketing Communications*, 9(2)(2003), p.94.

② Debra Harker, "Towards Effective Advertising Self-Regulation in Australia: the Seven Components", *Journal of Matketing Communications*, 9(2)(2003), pp.105–106.

③ [德]哈贝马斯:《公共领域的结构转型》[M],曹卫东等译,上海:学林出版社1999年版,第178页。

④ [美]詹姆斯·S.科尔曼:《社会理论的基础》[M],邓方译,北京:社会科学文献出版社2008年版,第62页。

第二章 竞合与均衡:广告他律与自律监管的协同互动

对于在新媒体时代,广告主是否依然可以通过自律来实现公平竞争和保护消费者的利益这一问题,理查德·斯皮内洛给出的答案是肯定的,他认为新媒体引发的新问题会促使企业加强自律,"消费者的要求和竞争的压力也许会迫使企业建立更强大的隐私和保密标准……公司决定自律有几个原因:他们可能试图在政府规制之前先发制人,因为他们担心政府的规制可能比自我约束更加繁重。或者他们可能出于更纯洁的动机,坚信他们必须按照道德标准行事,因为隐私标准值得他们尊重"①。彭伯也认为,新媒体时代广告自律依然会有效,"有责任心的美国商业领袖同意,在网上从事侵扰性的信息收集活动确实是一个问题,但是,大多数公司老板们说,公司可以通过自律解决这个问题"②。台湾学者游适彰以垃圾邮件的两种监管方式为例进行比较研究,指出"所有的法律毕竟只是规范,在网路无国界的环境下,擅长钻研取巧的垃圾邮件应该还是会想尽办法钻法律漏洞,谁是输家实难以断定","国内之邮件服务提供者不论是付费或是免费,都必须有自律精神合力对抗垃圾邮件,而不是以商业利益为考量,任由网路资源遭受滥用,反倒替垃圾邮件制造者孕育了温床"③,网络世界中无国界的特点,确实使得基于自律的监管方式更有优势。

另一种观点是,新媒体本身就有自我矫正与自我惩戒的功能,从而会促使新媒体广告自律。约翰·帕夫利克提出,"随着互联网虚拟社区的产生,它的自我监控系统也慢慢发展起来。跟任何其他社团一样,它有自己的价值体系和规则,那些违反'网络礼节'的人马上会遭到网民们不客气的惩罚"。他举了一个例子来证明,网络的自我惩戒功能会促进广告主行为自律。1994年4月,劳伦斯·坎特(Laurence A. Canter)和马莎·西格尔(Martha S. Siege)在"Usenet"(互联网上最大的用户团体之一)为他们的公司Canter and Siegel——菲尼克斯的一家专攻移民法的法律公司——发布

---

① [美]理查德·斯皮内洛:《铁笼,还是乌托邦——网络空间的道德与法律》(第二版)[M],李伦等译,北京:北京大学出版社2007年版,第145页。
② [美]唐·R.彭伯:《大众传媒法》(第十三版)[M],张金玺、赵刚译,北京:中国人民大学出版社2005年版,第259页。
③ 游适彰、费雯绮:《垃圾邮件之防治策略与成效》[J],行政院农业委员会农业药物毒物试验所技术专刊第155号。

了大量的广告。虽然没有明确的法律条文禁止这种做法,但人们普遍对此反应强烈,开始时,很多人回复了该信息,表达了他们对利用互联网宣传这种赤裸裸的商业服务的做法感到愤怒。很多人担心,本来就有限的互联网宽带被这种广告信息堵塞而无法进行有意义的交流。坎特和西格尔遭受了很多惩戒,诸如收到旨在堵塞指定计算机的电子邮件炸弹和机控电话的骚扰,没完没了的传真,在全世界电子公告栏上发布这对夫妻的照片等。[①] 保罗·莱文森也有相似的观点,他认为"新新媒介能为自己的弊端提供矫正手段,网络欺凌的弊端也能矫正。其矫正功能不是灵丹妙药,但至少是疗伤的手段"[②]。理查德·斯皮内洛更是将基于道德价值的自律,上升到"网络空间的终极管理者","可以为个人行为和组织政策划定边界。它应当指导和协调法律、代码、市场和社会规范的作用力,确保其中的相互作用和相互关系是慎重、公平和公正的"。

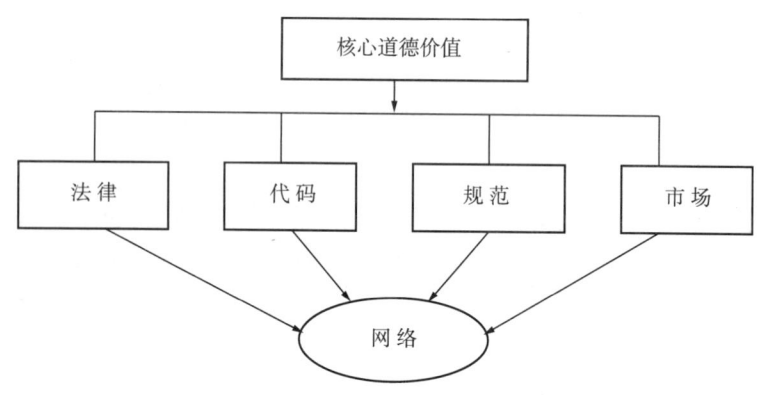

图 2-3 道德对网络行为的约束

不过,新媒体对广告自律的挑战还是存在的,这种压力可以转化为动力,促使更适合新媒体特性的广告自律规制被制定出来,同时也刺激广告自律组织寻求更加适合新媒体广告的管理方式。安德鲁·布朗认为,广告自律规制需要依据新媒体的特性做出适当的改变,必须"适合新媒体的传播特

---

① [美]约翰·帕夫利克:《新媒体技术——文化和商业前景》[M],周勇等译,清华大学出版社 2005 年版,第 32~33 页。

② [美]保罗·莱文森:《新新媒介》[M],何道宽译,上海:复旦大学出版社 2011 年版,第 114 页。

性,以及满足消费者的需要以赢得他们的支持",广告行业自律协会需要保持"媒介中立",避免规制因媒介与经济影响而不断修订。[1]

如何加强新媒体时代对广告自律的有效管理? 黛布拉·哈克给出一个"在线广告规制的环境轴",指出在这个环境轴中有四种方式:虚拟护城河、安全港、信任标志、无控制。"放任自由伴随着风险。有一种降低风险的办法是在英国周边挖一条虚拟护城河,有效监督广告内容以避免被英国居民接触到,这是源于古怪因特网哲学的完全控制。在另一个极端是没有控制,允许任何广告不经审查就闯入英国社会。"虽然该环境轴中有四种选择,不过目前更多西方国家的选择是中间的两种主要依靠广告自律的管制方式,即采用国与国之间制定的"安全港"规则,通过颁发可信印章等对广告主的在线搜集行为进行约束,而完全放任自由交给市场这只"看不见的手"去自行调节,或者无视"地球村"的跨边界传播能力,企图对本国网民进行保护,都是过于理想的状态。

虚拟护城河　　安全港　　　信任标志　　　无控制
(Virtual Moat)　(Safe Harbor)　(Trust Marks)　(No control)

图 2-4　在线广告规制的环境轴[2]

一项有关在线行为广告自律规制的实证研究也证明:"当一个社交网站允许消费者选择什么样的个人信息可以被分享与使用,对于广告效果并没有消极影响。"[3]这表明新媒体时代加强广告自律依然会实现企业与消费者"双赢"的结果。

---

[1] Andrew Brown, "Advertising Regulation and Co-regulation: the Challenge of Change", *Economic Affairs*, 26(2)(2006), p.36.

[2] Debra Harker, "Regulating Online Advertising: the Benefit of Qualitative Insights", *Qualitative Market Research: An International Journal*, 11(3)(2008), p.309.

[3] Catherine Tucher, "Social Networks, Personalized Advertising, and Perceptions of Privacy Control", *Research Program on Digital Communications*, (summer)(2011), p.5.

第三节　他律规制对新媒体广告自律的影响

相比传统时代,如今对新媒体广告进行规制更为复杂与困难。例如,假如证明网络中存在欺骗性的促销商或转让人通过聊天室进行广告,而要认定其明知故犯的欺诈行为,"需要服务提供商、网页设计者和(或)聊天室的经营商服务支持,如果有证据表明这些次位当事人(secondary parties)知道或理应知道广告欺骗,他们就应该承担'帮凶'的责任"[①],这显然比审查传统媒体如电视或报纸中的广告欺诈行为要复杂得多。这就引发一个关键性问题,是否需要对新媒体广告进行专门性规制?传统媒体广告规制在新媒体时代适用性如何?而政府对新媒体广告规制的态度又如何影响到广告行业自律规制的制定?

一、政府对颁布新媒体广告规制态度谨慎

在绪论中,我们主要以美国为例,谈到政府在考虑是否需要对互联网广告进行专门规制方面存在很多顾虑,除了是否触犯宪法《第一修正案》有关商业自由言论的风险外,还要确定单独进行规制的意义以及法律失灵需要承担的风险等。此外,还存在社会成本增加以及可能产生负的外部性,比如,"产品或服务的垃圾邮件信息广告的制作和分发费用微不足道,但是,真正的费用转嫁给了网络空间的其他方,例如被迫储存和发送这些信息的互联网服务提供商。由于垃圾邮件真正的费用没有被它的'生产者'内部化,过度生产垃圾邮件将导致分配效率或社会经济资源分配效率的低下"[②]。新媒体广告作为一种新生事物,对其进行规制缺少参照依据,这也增加了政府规制的难度,例如"广告游戏"(advergames)是由"广告"与"电子游戏"两词

---

① Anne Keaty, Roger J. Johns, Lucy L. Henke, "Can Internet Service Providers and Other Secondary Parties Be Held Liable for Deceptive Online Advertising?", *The Business Lawyer*, 58(1)(2002), p.515.

② [美]理查德·斯皮内洛:《铁笼,还是乌托邦——网络空间的道德与法律》(第二版)[M],李伦等译,北京:北京大学出版社 2007 年版,第 36 页。

第二章 竞合与均衡:广告他律与自律监管的协同互动

合成的,"指的是企业为了推广其产品或品牌而开发的电子游戏……随着越来越多的广告混合媒体的出现——实质上是广告,却以诸如电影、书、歌曲等形式呈现——法院不得不决定对于这种混合型广告究竟采用什么样的规制"①。

美国政府在新媒体广告立法方面首先持"保守"态度,也就是尽量论证传统媒体广告规制在新媒体时代依然适用。例如,美国政府起初关于"网络横幅广告"的管理,提出如果贴在竞争对手的商标上,可以用《兰哈姆法》(Lanham Act)②进行规制;有关"电视购物广告",则沿用1983年联邦贸易委员会(FTC)关于"虚假或欺骗性广告定义的第二条"③进行相应的制裁;关于植入式广告,美国对其采取了"强制披露"的政策,主要依据20世纪50年代实施的《受益推销管制法例》(Payola Law)④,以及1934年的《通讯法》第317条进行管理。

在专门针对新媒体广告的规制尚未出台之前,继续沿用既有规制就成为政府监管的主要方式。以1996年"赛博促销公司诉美国在线公司案"为例,美国地方法院就依据传统媒体(报纸、杂志或广播电视台)拒绝刊播并不违反宪法《第一修正案》的法律原则,对发送电子邮件这种新的广告行为进

---

① Seth Grossman,"Grand Theft Oreo:The Constitutionality of Advergame Regulation",*The Yale Law Journal Company*,*Inc*,115(1)(2005),p.227.

② Lanham Act,1964年6月6日制定的联邦商标法,禁止商标侵权,商标淡化和虚假广告(trademark infringement,trademark dilution,and false advertising)。侵权指利用他人的商标出售相关的商品或提供服务,淡化指利用显著性特征的驰名商标进行宣传。详见:[美]理查德·斯皮内洛:《铁笼,还是乌托邦——网络空间的道德与法律》(第二版)[M],李伦等译,北京:北京大学出版社2007年版,第91页。

③ 联邦贸易委员会关于虚假或欺骗性广告的定义:(1)必须存在可能误导消费者的表述、遗漏或活动;(2)必须从具有行为理性的消费者的角度出发,审议该行为或活动;(3)表述、遗漏或活动必须是实质性的。详见:[美]唐·R.彭伯:《大众传媒法》(第十三版)[M],张金玺、赵刚译,北京:中国人民大学出版社2005年版,第529~530页。

④ 植入式广告由联邦通讯委员会监管,在《联邦通信委员会赞助商披露规则》(47CFR§73.1212.)中规定:"当广播电视台收受了金钱,接受了其他与收益价值相等的回报或服务而播放任何内容时,在播放时应该做出以下告知:(1)以上部分或全部内容是被赞助、付费或特约播出;(2)该内容是由哪位赞助商或代理人所代表的本人支付酬金。"详见:47-Telecommunication,CFR-Code of Federal Regulation,PART73 - Radio Broadcast Services-Table of Contents,73.1212:FCC Sponsorship Identification Rules。

行了判决,[1]从而明确了网络服务商拥有对其媒体平台上的广告信息进行把关的权利。

  Cyber Promotions, Inc. v. America Online, Inc.1 E.P.L.R. 756(1996), 24 M.L.R. 2505(1996)。地方法院判决,根据宪法《第一修正案》,Cyber Promotions 公司无权使用电子邮件主动向美国在线的用户发送促销广告。该法院判决,虽然网络提供了传播海量信息的机会,但是在目前,网络无法监管那种信息的传播,法官韦纳写道:"因此我们认为……私人网络服务商有权阻止不请自来的劝服性电子邮件经由网络到达它的用户。"

  2000年5月,美国联邦贸易委员会发布一份工作文件重申它"制定的所有消费者保护指导原则全部适用于互联网上的广告与销售。大约一年后,该委员会发布另一份文件提醒互联网零售商:与传统的砖块与灰泥销售商一样,他们也要遵守广告真实性的要求"[2]。

  当然,随着媒介环境的变化,政府也会根据实际情况,对原有的广告规制进行适当修订,以适用于解决新问题,但是修订或颁布新规制都存在着风险。例如当美国国会"试图在1996年的《电信法》中,将类似广播电视管制中的'不雅'标准应用于互联网时,美国最高法院裁定这一标准违宪。这说明最高法院拒绝将红狮案的频谱稀缺的争论应用到互联网"[3]。2000年5月,美国联邦贸易委员会制定了《在线披露政策》(Dot Com Disclosure),文件中强调,《宪法第一修正案》中对消费者的保护政策并不会"受限于任何特殊的媒体","相应地,委员会依然将以保护消费者利益为核心,使其免受不公平或欺骗性的广告、营销、在线销售的不良影响,正如对于印刷、电视、电

---

[1] [美]唐·R.彭伯:《大众传媒法》(第十三版)[M],张金玺、赵刚译,北京:中国人民大学出版社2005年版,第520页。
[2] [美]唐·R.彭伯:《大众传媒法》(第十三版)[M],张金玺、赵刚译,北京:中国人民大学出版社2005年版,第528页。
[3] [美]Kenneth C.Creech:《电子媒体的法律与管制》(第五版)[M],王大为等译,北京:人民邮电出版社2009年版,第395页。

第二章 竞合与均衡:广告他律与自律监管的协同互动

话与收音机媒体的营销活动一样"。书写或印刷媒体的规制对于在线行为一样适用,但这样的规定引发了很多评论,[①]说明美国对在线行为广告的管制还是面临严峻的挑战。

随着新媒体技术的迅猛发展,政府发现基于传统广告规制的管理并不都适用于新媒体广告,于是最终还是颁布了新的规制。以垃圾电子邮件为例,美国沿用了几年传统广告规制后,最终还是于2003年1月7日经国会通过《控制不请自来的色情和营销行为攻击的法案》(Controlling the Assault of Non-Solicited Pornography and Marketing Act,简称 CAN-SPAM Act),简称《反垃圾邮件法》,该法于2004年1月开始施行。该法在实施过程中,最大的难点就是如何认定广告邮件是否为垃圾邮件,否则可能就涉嫌毁谤,2006年"欧米茄世界旅游公司诉穆马图形网络服务器公司"就是一个代表性判例。

Omega World Travel, Inc. v. Mummagraphics, Inc.(2006)。Mumma 不堪垃圾邮件之扰,建立了一个"控制垃圾邮件寄发人"(Sue a Spammer)网站,公告所有寄发垃圾邮件给他公司及个人名单,同时控告所有未经其同意擅自寄发垃圾邮件的当事人。2004年12月29日,Mumma 收到 Omega 寄发的电子广告信,随即和该公司联系并经其公司职员保证绝不再寄发邮件给 Mumma,至2005年1月27日 Mumma 却继续收到 Omega 的广告信,Mumma 在其网站上将 Omega 放入即将控诉名单中。在 Mumma 控告 Omega 之前,后者却先采取行动控告前者,认为前者指称该公司为寄发垃圾邮件人构成毁谤,Mumma 反控 Omega 违反俄克拉荷马州的反垃圾邮件法与联邦的《垃圾邮件法》。第四巡回法院于2006年的判决结果认为 Omega 公司寄给 Mumma 的信件并不构成侵害《垃圾邮件法》,在之后的诉讼中 Mumma 被认定涉

[①] Anne Keaty, Roger J. Johns, Lucy L. Henke, "Can Internet Service Providers and Other Secondary Parties Be Held Liable for Deceptive Online Advertising?", *The Business Lawyer*, 58(1) (2002), p.493.

103

嫌毁谤,并须支付给 Omega 公司 250 万美金作为损害赔偿。①

虽然新媒体广告逐渐培养出政府需要对其进行专门规制的意识,但是由于其发展与更新的速度太快,政府规制不可避免地出现了"滞后"的情况。美英两国政府近年来一直在关注大数据、云计算、在线行为广告等新技术的应用所引发的侵犯网络用户隐私的问题,也在不断尝试制定新的隐私规制,但是由于新媒体技术发展日新月异,政府部门即便已经努力应对,相关规制依然不尽完善,而且还要受制于网络跨国传播的管辖权限与规制内容冲突的影响,这是网络时代政府规制需要面对的新难题。

斯皮内洛指出:"自网络最初产生以来,自由精神在网络话语的规则中就一直占主导地位。全球公共政策制定者面临的最棘手的问题之一就是:是否应当对自由的、毫无限制的网络信息流加以限制——例如,限制色情内容的传播或取缔推销违禁毒品的网站。即使出台了此类政策,其执行也将极具挑战性,因为这涉及处理遍及全球范围的技术管辖权问题。"②因特网的飞速发展使许多规范性表达的法律原则陷入困境,其主要表现是"当地标准"在网络空间无法确定,因为关于淫秽物品的标准由各州立法确定,一个网址上的内容在一个州可能合法,但在其他州就不合法。因此具有色情内容的网址一般都有一个告示,不但警告上网者要年满 18 周岁,而且要符合本州的法律。

1996 年,"联邦政府诉罗伯特·托马斯"(U. S. v. Robert Allen Thomas)一案中,位于加州的托马斯违反了田纳西州法律中有关淫秽物品的"当地标准"。联邦上诉法院第六巡回法庭判决认为,不能以网上的联络范围来给"当地"下定义,而是应该以联邦司法管辖区内案发现场的地理位置为准。③

---

① 张平主编:《网络法律评论》[M],北京:北京大学出版社 2013 年版,第 225～226 页。(曾胜珍:《垃圾邮件防止法制探讨》)。
② [美]理查德·斯皮内洛:《铁笼,还是乌托邦——网络空间的道德与法律》(第二版)[M],李伦等译,北京:北京大学出版社 2007 年版,第 26 页。
③ 胡国平:《美国判例:自由挑战风化》[M],北京:中国政法大学出版社 2014 年版,第 317 页。

第二章　竞合与均衡:广告他律与自律监管的协同互动

为了降低立法风险,政府在对新媒体环境下广告规制的出台所持的态度就非常谨慎,十分重视征询各方的意见。例如2014年6月6日,美国国家通信与信息管理局在《联邦纪事》(Federal Register)上发布《大数据时代消费者在网络经济中的隐私》,希望利益相关群体参与评论大数据的发展如何影响《消费者权利法案》,①意见征集期间,共收到46家政府组织、自律协会、企业以及个人的回应,②基于调研与大众评论后的隐私保护法案就可以大大降低政府规制的风险。正如科尔曼所言,政府规制最大的困难在于无法提前确保规制的效益,这也是政府出台规制需要面临的最大风险,"在依靠强制力量维持的权威关系中,存在着一种特殊的交换,具有权威地位的一方必须保证服从命令的下级各方面的状况越来越好,否则这种权威关系无法稳定"③。

二、政府介入新媒体广告管制有利于行业健康发展

如前所述,他律与自律是一种辩证统一的关系,这种关系在新媒体时代对于广告行业的监管依然适用。政府承担着规制的风险对新媒体广告进行监管,势必对行业运作起到一定的警示作用,通过培育良好的市场竞争秩序,营造公平健康的市场氛围,从而促进行业健康发展。

国家对互联网的规制,直接或间接地影响到依托于该媒介之上的广告。新加坡是世界上第一个公开宣布对互联网进行管制的国家,该国于1996年颁布《互联网行为准则》,采取"平衡的、轻度的"管理方式,从法制建设、互联网准入、渠道管理、倡导自律、技术防范和公共教育等方面对互联网进行规范和治理,对于促进互联网健康发展起到积极的作用。④ 1997年6月13

---

①　这是为响应1月奥巴马对相关问题的关注以及5月份发布的"大数据白皮书"《大数据:把握机遇,守护价值》(Big Data: Seizing Opportunities, Preserving Values, the "Big Data Report")而撰写的。出处:NTIA. Comments on Big Data and Consumer Privacy in the Internet Economy [EB/OL].2015-2-21.http://www.ntia.doc.gov/files/ntia/publications/big_data_rfc.pdf。

②　NTIA. Comments on Big Data and Consumer Privacy in the Internet Economy[EB/OL]. 2015-2-21. http://www.ntia.doc.gov/federal-register-notice/2014/comments-big-data-and-consumer-privacy-internet-economy#comment-30265.

③　[美]詹姆斯·S.科尔曼:《社会理论的基础》[M],邓方译,北京:社会科学文献出版社2008年版,第69页。

④　申志伟:《基于电信运营企业的互联网治理研究》[D],北京邮电大学博士论文,2012年。

日,德国联邦议会正式通过《为信息与通讯服务确立基本规范的联邦法》(Gesetzzur Regelung der Rahmenbedingungen füInformations und Kounikationsdienste,简称IuKDG),即《多媒体法》,1997年8月1日正式生效,这是世界上第一部网络成文法。[1]该法的颁布对于促进国际范围内网络以及网络广告立法,起到了积极的推动作用。

向来倡导自律为主的英国,也加入到对互联网广告监管的队伍中,以协调新市场环境中各方的利益关系。英国授权广告标准管理局除了对传统电视营销市场和付费性质的网站进行监管之外,还可以审查非付费性质的网站以及网络广告促销工具。为此,英国广告标准局将负责接待投诉和调查的员工人数提高了10%,处理在其职权扩大后预期将不断增长的投诉,更好地保护儿童和消费者的权益。[2] 2000年颁布的《通信白皮书》(Communication White Paper),通过向网络用户提供过滤和分级软件工具,由用户自己控制他们及其子女在网上浏览的内容,这种处理用户和网络之间关系的方式,胜于任何第三方的管辖。2010年英国修订了《通信管理局广播节目法》(OFCOM Code),将植入式广告纳入法律规制的监管范畴。

美国在世界上最早建立了网络传播的法律规制,形成了初步框架和鲜明特点,对全球网络传播管理规制的建构产生了重大影响。例如2000年联邦贸易委员会消费者保护局颁布了《互联网上的广告营销》(Advertising and Marketing on the Internet:Rules of the Road),对于保护消费者在线隐私以及下列情况进行具体规定:商业机会、信贷与金融、环境要求、自由产品、珠宝、邮件和电话订单、消极的选择提供、900号码、电话营销、证言与代言、担保与抵押、羊毛与纺织品、美国制造。[3]

2009年联邦贸易委员会颁布的《在线行为广告自律原则》主要包括五方面的内容:① 透明性与消费者可控性:需要搜集个人信息的网站应公布

---

[1] 郝振省主编:《中外互联网及手机出版法律制度研究》[M],北京:中国书籍出版社2008年版,第51页。

[2] Greenwood, W. Welsh, T. McNae's, *Essential Law for Journalists*, London: Butterworths, 1999.

[3] FTC. Advertising and Marketing on the Internet:Rules of the Road[EB/OL].2000-9. https://www.ftc.gov/system/files/documents/plain-language/bus28-advertising-and-marketing-internet-rules-road.pdf.

第二章 竞合与均衡：广告他律与自律监管的协同互动

自己的行为，并给予消费者对于搜索信息的"选择性退出"的权利。② 可靠的安全性：与数据的灵敏度与企业商业运作特征相符合。③ 限制保留消费者的数据：只有具备合法的商业活动，法律强制性需要时公司方可保留数据。④ 当收集个人数据时肯定一致的表述优于空口承诺；当处理用户的信息时遇到无法预料的改变也需进行保护。⑤ 使用敏感数据时需要进行肯定的表述；需要获取数据时应提供"选择性进入"。

2009 年版的《反垃圾邮件法》中，广告相关的规定有以下七点：① 不要使用错误或误导的标题信息；② 不要使用欺骗性主题行；③ 广告信息可识别；④ 告诉收件人你的位置；⑤ 告诉收件人如何选择性退出接收你之后的邮件；⑥ 迅速处理选择性退出请求；⑦ 监督他人对你利益的影响。①

2013 年，联邦贸易委员会在《网络披露：如何在数字广告中进行有效的披露？》(.com Disclosures: How to Make Effective Disclosures in Digital Advertising)中阐释了联邦贸易法案对于在线广告的适用性。有关什么是在线广告中清晰明显的披露，涉及以下六个方面：① 距离与位置(Proximity and Placement)；② 显著(Prominence)；③ 广告中分散注意力的因素(Distracting Factors in Ads)；④ 重复(Repetition)；⑤ 多媒体信息和活动(Multimedia Messages and Campaigns)；⑥ 易于理解的语言(Understandable Language)。②

2013 年《联邦贸易委员会证言指南》(The FTC's Endorsement Guides: What People Are Asking)中阐述了联邦贸易法案对于本指南的适用性，对以下十三项新媒体广告相关内容进行了明确规定：① 植入式广告；② 社交网站上的个人评价；③ 社交媒体竞赛；④ 产品代言中可以披露的内容；⑤ 代言人应该知道的其他事宜；⑥ 在线评论项目；⑦ 征求代言；⑧ 广告主对于他人在社交媒体中所言承担的责任；⑨ 中介机构；⑩ 从属网站与网络营销；⑪ 传统广告以外专家证言索赔；⑫ 员工证言；⑬ 使用证明书并不能

---

① FTC. CAN-SPAM Act: A Compliance Guide for Business[EB/OL]. 2009-9. https://www.ftc.gov/system/files/documents/plain-language/bus61-can-spam-act-compliance-guide-business.pdf.
② FTC. .com Disclosures: How to Make Effective Disclosures in Digital Advertising[EB/OL]. 2013-3. https://www.ftc.gov/system/files/documents/plain-language/bus41-dot-com-disclosures-information-about-online-advertising.pdf.

反映典型消费者经验。①

鉴于新媒体的无国界传播能力,国与国之间开始加强合作并共同颁布相关规制,这对于建立全球范围内的新媒体广告市场秩序起到积极的促进作用。以欧盟为例,1995年欧洲议会和欧盟理事会颁布《关于在个人数据处理过程中保护当事人及此类数据自由流通的指令》(Directive 95/46/EC on the Protection of Individuals with Regard to the Processing of Personal Data and on the Free Movement of Such Data),简称《数据保护指令》(Data Protection Directive),该指令于1998年10月25日正式生效。其中第25条规定,只有当第三国确保能够为个人数据提供充分程度(adequate level)的保护时,才能将个人资料移转或传送至第三国,这条规定被称为欧盟的"充分保护"标准。"充分保护"标准为美国企业在欧盟开展业务设置了限制性的门槛。为解决这个问题,欧洲委员会和美国商业部于2000年达成了"安全港"(Safe Harbor)协定,其目标是在确保美国企业达到欧盟的较高保护标准的同时,维持美国长久以来一直采用的自律机制,在《"安全港"隐私框架》("Safe Harbor"Privacy Framework)②中制定了七个隐私原则:通知原则、选择原则、向外转移原则、安全原则、数据完整原则、获取原则、执行原则,③安全港机制对于相关规制的跨国流动提供了一种新的探索方式。

2002年欧盟理事会和欧洲议会颁布《关于在电子通信领域个人数据处理及保护隐私权的指令》(Directive 2002/58 on Privacy and Electronic Communications),简称电子隐私权指令(E-Privacy Directive),2004年4月起在

---

① FTC. The FTC's Endorsement Guides: What People Are Asking [EB/OL]. 2013 - 4. https://www.ftc.gov/system/files/documents/plain-language/pdf - 0205-endorsement-guides-faqs.pdf.

② 20世纪70年代,美国与欧盟在隐私权保护上的巨大差异成为贸易争端的焦点。美国坚持灵活保护的策略,通过自律机制配合政府的执法保障来实现保护隐私权的目的,欧盟却倾向于通过严厉的立法对个人数据跨国流动进行保护。安全港协议(Safe Harbor)确立了折中处理美国和欧联之间隐私手续的框架。它用于调整美国企业出口以及处理欧洲公民的个人数据(例如名字和住址)。该协议不同于美国跟欧洲之间的传统商业过程,是响应欧洲的意图而建立的折中政策。15个成员国都服从该协议,这意味着可不经个人授权而进行数据转移,而未加入安全港的美国企业必须单独从各个欧洲国家获取授权。

③ Export.gov.Safe Harbor Privacy Principles[EB/OL]. 2015 - 6 - 16. http://www.export.gov/safeharbor/eu/eg_main_018475.asp.

欧盟成员国生效实行。2014年修订的《数据保护法令》(Data Directive)中规定,所有欧盟国家必须执行"被遗忘权"等规定。"被遗忘权"是指如果终端用户要求删除它们的数据,交易平台或开发商必须服从,违规的数据代理商将被罚没其全球年收入的2%或以上。在上述有关消费者在线隐私保护相关规制压力与动力的双重作用下,新媒体广告市场不断规范、约束主体的行为,对于促进行业在新媒体平台上有序、健康发展起到积极的推动作用。

三、他律规制促进了新媒体广告自律监管效果的发挥

政府为了促进行业自律的独立与发展,会在政策制定与权力行使的时候预留一定的行业自我规制空间,例如2010年欧盟颁布的《视听媒体服务指令》(Audiovisual Media Services Directive,简称 AVMSD)中就提出:"成员国应该在各自法律所允许的前提下,鼓励在国家层级上使用行业自律与共同规制的方式贯彻本指令的要求。"[1]科尔曼对此也指出:"保证交易各方恪守承诺的各种规范既有利又有弊。寻求这类规范(或法律)的适度点(即使其'利'得到最大发挥而"弊"最小)是个复杂的问题。从社会有效地行使功能这一角度审视,用来提高信任程度的各种社会规范存在着很有效力或不够有效两种可能。"[2]发挥他律与自律两种监管方式的互补优势,会激发两种规制的潜在优势。

1999年,英国"独立电视委员会"(Independent Television Commission,简称 ITC)公开宣称:"依照《广播法》,它有权管理互联网上的电视节目以及包含静止或活动图像的广告,但它目前并不打算直接行使这种管理权力,而是致力于指导和协助网络行业建立一种自我管理的机制。"[3]该委员会的这种态度,正是为了给予行业自律自我管理的空间,广告行业协会也不负政府所望,例如英国广告标准局早在1995年就将因特网自律纳入管理范畴,将其归为"非广播电视电子媒体"类别中,重点指向空间付费广告,例如旗帜

---

[1] 张文锋:《欧盟视听新媒体的内容规制》[J],《中国记者》,2014年,第1期。
[2] [美]詹姆斯·S.科尔曼:《社会理论的基础》[M],邓方译,北京:社会科学文献出版社2008年版,第105页。
[3] 郝振省主编:《中外互联网及手机出版法律制度研究》[M],北京:中国书籍出版社2008年版,第44页。

(banner)、展示广告(display ads)以及付费(赞助)搜索广告[paid-for (sponsored)search]。由于英国政府一直以来对行业自律的信任态度,促使行业协会对新媒体广告不断地探索适合的管理方式与范围,极大地促进了自律有效性的发挥。

在政府宽松的管制政策的支持下,英国的广告行业协会不断随着新市场的发展探索监管范围与内容,"随着英国在线内容的持续增长,到2007年,因特网成为继英国电视之后第二大被投诉的媒体——每年大概会收到3000例投诉。然而,接近三分之二的投诉在广告标准局管辖的范围之外,因为这些索赔是与公司自己网站上的广告有关。为了填补这个监管真空,加强对消费者以及儿童在线的保护,行业推荐广告标准局将监管范围延伸覆盖到企业自己网站上的营销沟通活动"。2010年9月,广告实践委员会对上述正式请求做出回应,宣布延伸广告标准局对在线广告的管理权限,"将广告主自己网站上的营销传播活动与其他他们控制下的非付费空间,诸如Facebook、Twitter等社交媒体也涵盖进来"。经过广告标准局与广告实践委员会对新自律规制为期六个月的教育培训,2011年5月1日开始执行。2013年,广告标准局宣布承担规范在线广告行为的责任。[①] 与英国政府对广告行业自律所持的态度相似,美国也积极支持行业协会对新媒体广告的监管,例如对在线行为广告的管理,网络广告促进会(NAI)早在2008年12月,就已经修订了其"自律行为规范"(Self-Regulatory Code of Conduct),比联邦贸易委员会出台的在线行为广告报告还早三个月。

为了支持行业自律的发展,政府还加强与协会的合作,共同处理棘手问题。例如英国政府部门与互联网行业自律专门的监管机构——"互联网监视基金会"(Internet Watch Foundation,简称IWF)保持密切联系、协调合作,共同完成国家的"互联网任务力量"计划等。另外,政府还通过政策倾斜的方式引导行业自律,例如美国1998年出台的《网络免税法》,就对"自律较好的网络商给予两年免征新税的待遇"[②]。

[①] Advertising Standard Authority. History of ad regulation[EB/OL]. 2014 - 12 - 9. http://www.asa.org.uk/About-ASA/Our-history.aspx.
[②] 唐才子、梁雄健:《互联网规制理论与实践》[M],北京:邮电大学出版社2008年版,第173页。

第二章 竞合与均衡：广告他律与自律监管的协同互动

小 结

广告规制包括他律、自律（包括社会监督等），"他律"与"自律"是一种辩证统一的关系。政府他律规制具有自身的管理优势，基于多学科理论基础的自律在行业自我管理方面也有独特之处，同时，两者在对广告行业进行监管时也都存在一定的困难。因此，政府强制性的他律监管，就成为影响行业发展的重要外部力量，他律与自律在广告监管系统中既相互竞争，又互为促进。最终，来自政府的外在压力与行业的内在动力一起发挥作用，维护了系统均衡，从而确保了广告业的健康发展。

无疑，各国的广告他律与自律体系受其历史、文化、政治、经济以及法制传统的影响，具体管理方式有所不同，能推动本国广告行业健康发展的他律与自律模式应该都是有效的。虽然同为集中式广告规制体系，但英国与美国在广告行业监管的机构设置、管理方式与内容要素、执行机制等方面依然存在诸多不同。为了加强广告他律与自律的效果，美国和英国还注重与广告自律"联合体"之间的合作。

相比传统时代，对新媒体广告进行规制自是更为复杂与困难。出于各种风险的考虑，美英等西方国家的有关政府部门对颁布新媒体广告规制所持态度较为谨慎，不过事实也证明，政府的介入对于新媒体广告市场的健康发展起到积极的推动作用，政府他律规制从客观上讲，也促进了新媒体广告自律监管效果的发挥。

第三章 传承与嬗变：媒体时代变迁背景下广告行业协会的自律监管

自19世纪末20世纪初，美、英两国首个广告行业自律协会相继成立以来，这种行业内部自我监管的方式至今已有一百多年的历史。但媒介环境的变迁，使得原有成熟的广告自律监管体系面临着不少新的压力与问题，正如英国广告标准局（ASA）所言："多年来，广告自律体系一直随着社会与媒体的发展而适当调整，但广告不能误导、伤害、冒犯是始终不变的原则。目前，广告自律体系最大的挑战，是快速发展的新媒体时代应该坚持怎样的标准。"[①]美国广告联合会（AAF）在《广告伦理的原则与实践（第八版）》中也提到："新媒体、新创意、新挑战与新文化机遇，深深影响了广告业以及他们经营的方式。在如今多变的营销环境中，我们依然要与消费者建立公平、诚实以及直率的（forthright）的沟通方式，以赢得公众的信心与对我们的信任。"[②]这些极具代表性的观点，体现出新媒体时代广告行业自律协会在继承传统与开拓创新等方面，可能面临的困难与发展新机遇。

本章节内容是通过对26个西方主要的广告行业自律协会网站（美国8

---

① Advertising Standard Authority. History of ad regulation[EB/OL]. 2014-12-09. http://www.asa.org.uk/About-ASA/Our-history.aspx.

② AAF. Principles and Practices for Advertising Ethics[EB/OL]. 2015-5-21. http://aaftl.com/wp-content/uploads/2014/10/Principles-and-Practices-with-Commentary.pdf.

第三章 传承与嬗变：媒体时代变迁背景下广告行业协会的自律监管

个、英国 8 个、国际性与区域性 10 个[①]）进行一手资料的梳理、分析与研究，从而：① 归纳总结出新媒体时代西方广告行业自律协会监管的主要特点；② 按照广告自律协会成立的时间、监管范围与重点，着重从传统广告行业自律协会与新媒体广告行业自律协会比较分析中总结两者的异同；③ 探讨新媒体时代广告行业自律监管新的发展走向，以清晰地呈现西方主要发达国家广告行业自律协会的自律规制现状与管理重点。

第一节　传统广告行业协会在新媒体时代应需而变

这里，"传统广告行业协会"是指诞生在 20 世纪 90 年代之前，成立之初主要为了监管传统媒体即报纸、杂志、广播、电视以及户外广告的自律组织。其中美英两国传统广告行业协会已经有一百年左右的历史，积累了丰富的管理经验，建立了成熟的运作体系，而且这些广告行业协会通过有效的监督赢得利益相关群体的信任与支持。随着新媒体在广告中的广泛使用，这些传统广告行业协会结合自身的监管重点也进行了调整，近年来开始关注新

---

① 美国的八个广告自律协会分别为：美国广告联合会（American Advertising Federation, AAF）、美国广告主协会（Association of National Advertisers, ANA）、商业促进局（Better Business Bureau, BBB）、美国广告代理商协会（The American Association of Advertising Agencies, 4A's）、美国直销协会（Direct Marketing Association, DMA）、国家广告审查理事会（The National Advertising Review Council, NARC）、美国互动广告局（Interactive Advertising Bureau, IAB）、网络广告促进会（Network Advertising Initiative, NAI）。英国的八个广告自律协会分别为：广告从业者学会（Institute of Practitioners in Advertising, IPA）、英国广告主联合会（Incorporated Society of British Advertisers, ISBA）、广告标准局（Advertising Standards Authority, ASA）、广告实践委员会（Committee of Advertising Practice, CAP）、英国广告标准财务委员会（British advertising standards board of finance, ASBOF）、英国直销协会（Direct Marketing Association, DMA）、广告协会（Advertising Association, AA）、英国互动广告局（Interactive Advertising Bureau, IAB）。国际与区域性广告自律协会分别为：世界广告主联合会（World Federation of Advertisers, WFA）、国际商会（International Chamber of Commerce, ICC）、欧洲广告标准联盟（The European Advertising Standards Alliance, EASA）、欧洲互动数字广告联盟（European Interactive Digital Advertising Alliance, EDAA）、国际广告协会（International Advertising Association, IAA）、欧洲互动广告局（IAB Europe）、欧洲直销与互动营销联盟（Federation of European Direct and Interactive Marketing, FEDMA）、世界直销协会联盟（World Federation of Direct Selling Associations, WFDSA）、移动营销协会（Mobile Marketing Association, MMA）、广告研究基金会（The Advertising Research Foundation, ARF）。

媒体时代广告发展趋势与走向,通过增设新媒体广告管理部门或修订适宜于约束新媒体广告的自律规范,继续发挥着其在行业内有较强影响力的辐射作用,实施对广告的监督管理。

一、增设监管新媒体广告的部门

广告行业协会行使监管功能的基础,在于其会员自愿让渡管理权利,"行动者控制着能使自己获利的资源,却对这种控制实行单方转让",原因在于会员与协会之间存在一定的信任关系,"如果一个人单方转让对于资源的控制,他必定认为,其他人行使这一控制要比他亲自控制那些资源,对自己好处更多"①,这也符合科尔曼所说的"合理性行动者原则",即出让控制权、建立权威关系、使自己的处境变得更好。② 同时,会员与协会之间的这种权利让渡关系,也是一种富有理性的转让,"因为每个行动者都有一种信念:权威关系的建立符合自身利益"③。为了赢得会员的持续信任,广告行业协会需要持续努力,力争将内部自我监管的优势淋漓尽致地发挥出来,因此美英等国的不少广告行业协会为了顺应新媒体时代的监管需求,纷纷增设了专门性的新媒体广告监管部门或机构。

例如美国的五个历史悠久、对行业影响力很强的广告行业协会,美国广告联合会(AAF)、美国广告主协会(ANA)、商业促进局(BBB)、美国广告代理商协会(4A's)、美国直销协会(DMA),在新媒体时代不约而同地关注新的广告问题。美国广告联合会成立了"数字委员会"(Digital Chair)与"广告伦理研究所"(Institute for Advertising Ethics,简称IAE);美国广告主协会成立了"数字与社会"(Digital & Social)、"移动营销"(Mobile Marketing)委员会,成立"互联网域名监管联盟"(The Coalition for Responsible Internet Domain Oversight,简称CRIDO)监督"互联网名称与数字地址分配机构"

---

① [美]詹姆斯·S.科尔曼:《社会理论的基础》[M],邓方译,北京:社会科学文献出版社2008年版,第32页。
② [美]詹姆斯·S.科尔曼:《社会理论的基础》[M],邓方译,北京:社会科学文献出版社2008年版,第70页。
③ [美]詹姆斯·S.科尔曼:《社会理论的基础》[M],邓方译,北京:社会科学文献出版社2008年版,第70页。

第三章 传承与嬗变：媒体时代变迁背景下广告行业协会的自律监管

(The Internet Corporation for Assigned Names and Numbers，简称 ICANN)；美国广告代理商协会成立了多达七个相关部门，如"数字化营销"(Digital Marketing)、"创新技术"(Creative Technologies)、"信息技术"(Information Technology)、"媒体数据管理战略任务组"(Media Data Management Strategic Task Group)、"移动战略任务工作组"(Mobile Strategic Task Force Group)、"下一代发行"(Next Generation Publishing)、"社交媒体委员会"(Social Media Committee)；美国直销协会成立了"数字驱动营销研究所"(Data-Driven Marketing Institute，简称 DDMI)、"电子邮件检查委员会"(Email Experience Council，简称 EEC)、"数据委员会"(Data Community)。

与美国相似，英国重要的传统广告行业协会在新媒体广告时代也先后成立了相应的监管委员会。例如广告实践委员会(CAP)就增设了"英国直销协会"(Direct Selling Association)、"网络广告局"(Internet Advertising Bureau)、"移动宽带集团"(Mobile Broadband Group)、"移动营销协会"(Mobile Marketing Association)、"新媒体协会"(News Media Association)等新的部门。2011年，英国广告主联合会(ISBA)的"数字贸易标准组"(Digital Trading Standards Group，简称 DTSG)成立，该委员会由在线广告生态系统的代表组成，成员覆盖从广告主到发布商，以确保在数字广告贸易领域依然可以发挥该体系的影响与作用。

二、制定或修订适于新媒体广告的自律规制

美国的上述五家广告行业协会及国家广告审查理事会(NARC)均依据各自的监管重点，制定了新媒体广告自律的相关规制，之所以通过出台规范的形式约束成员活动，主要基于建立集体权利的需要，"通过赏罚分明的各种规范对行动者的行动实行社会控制。这些规范一旦建立，就像'游戏中的规则'一样，由系统中的行动者相互监督执行"[①]。美国广告联合会于2011年4月，发布《广告伦理的原则和实践》(Principles and Practices for Advertising Ethics)，内容涉及新媒体广告自律的相关原则。商业促进局参与制

---

① [美]詹姆斯·S.科尔曼：《社会理论的基础》[M]，邓方译，北京：社会科学文献出版社2008年版，第21页。

定的《美国—欧盟安全港框架》(US-EUSafe Harbor Framework),对于促进不同国家制定较为一致的新媒体广告监管标准发挥了重要作用。美国广告代理商协会于 2014 年 6 月发布《数据安全意识指导白皮书》(Data Security Awareness Guidance white paper),强调新媒体时代应对消费者数据安全进行保护。美国直销协会于 2014 年 1 月,发布《直销协会商务实践道德纲领》(Direct Marketing Association's Guidelines for Ethical Business Practice),增加了"营销数据的搜集、使用与维护(Maintenance)"、"数字化营销(Digital Marketing)"、"移动营销(Mobile Marketing)"等内容。国家广告审查理事会(NARC)于 2011 年 9 月,发布《基于兴趣的在线广告问责程序》(The Online Interest-Based Advertising Accountability Program),由商业促进局理事会(CBBB)负责监管,规定任何出于在线广告目的搜集数据的行为都需要使用"广告选择图标"(Advertising Option Icon),此外还发布了《电子零售业自律程序》(Electronic Retailing Self-Regulation Program,简称 ERSP)。[①]

与美国几个重要的传统广告行业协会都积极参与到新媒体广告自律规制的制定中有所不同,英国仅有少数几个传统的广告行业协会制定了新媒体广告规范,而另一些协会则借助出台相关研究报告、年度评论、职业培训等方式对新媒体广告进行监管。2011 年 3 月 1 日,广告实践委员会制定的《英国非广播电视广告、促销与直销规范在数字领域的延伸》(Extended Digital Remit of the CAP Code)开始生效,适用于规范广告主在自己的网站或自己控制下的其他不付费空间里的营销传播活动;[②]2013 年 2 月 4 日,广告实践委员会制定的新的在线行为广告规范开始生效,包含在《英国非广播电视广告、促销与直销规范》(UK Code of Non-broadcast Advertising, Sales Promotion and Direct Marketing,简称 the CAP code)的附录 3 中,强调了第三方的责任以及搜集使用用户数据的透明性与可控性。2012 年,英国广

[①] 4A'S. NARC Announces New Procedures Governing Internet-Based Advertising Accountability Program[EB/OL].2015-3-26. https://www.aaaa.org/news/press/Pages/092011_narc_oba.aspx.

[②] CAP.The Extended Digital Remit of the CAP Code [EB/OL].2015-4-9.http://www.cap.org.uk /News-reports/~/media/Files/CAP/Misc/CAP_Digital_Remit_Extension.

第三章 传承与嬗变：媒体时代变迁背景下广告行业协会的自律监管

告主联合会、广告从业者学会（IPA）联合制定了《优化实践原则》（Good Practice Principles），得到"网络行业标准联合会"（Joint Industry Committee for Web Standards，简称 JICWEBS）的支持，该自律规制旨在降低数字贸易市场中广告误导的风险。① 英国广告主联合会还明确提出移动广告自律的三个原则：提高透明性（improving transparency）、增强选择能力（enabling choice）和尊重移动体验（respecting the mobile experience）。② 英国广告协会（AA）于 2011 年发布《品牌大使与点对点营销——16 岁以下用户最优实践原则》（Best Practice Principle on the Use of Under 16s in Brand Ambassador and Peer-To-Peer Marketing），制定了数字广告面向青少年与儿童传播的主要原则，即"16 岁以下青少年不能被直接或间接雇佣以宣传品牌、产品、商品、服务，应避免该行为对他们的同龄人或朋友产生影响"③。

国际性与以欧洲为代表的区域性广告自律协会，在新媒体时代也加强了对新出现广告问题的监管，颁布了一些针对性的自律规范。例如，国际商会（ICC）于 2011 年 8 月发布《国际商会广告与营销传播实务统一准则》（第九版）④（The Consolidated ICC Code of Advertising and Marketing Communication Practice），包括了首个全球在线行为广告自律规制。该准则共有 26 章，其中第 19 章是"数据保护与隐私"，涉及数据的收集、使用、安全性与儿童个人信息、隐私政策、消费者权利、跨境交易等内容；第 20 章是"使用数字交互式媒体的广告与营销传播"，共有 8 条准则，涉及识别、阐明优惠和条件、尊重公共团体、主动向个人地址发送的数字营销传播、数字营销传播与儿童、尊重全球受众的潜在敏感性、在线行为广告、责任等内容。⑤ 欧洲广

---

① ISBA.ISBA /IPA Brand Safety Good Practice Principles Q&A[EB/OL].2015 - 4 - 22. http://isba. org. uk/docs/digital-trading-standards-group/isba-ipa-good-practice-principles-qa1DA4CCB0AA72.pdf.

② ISBA.Regulation of Mobile Advertising[EB/OL].2015 - 5 - 28.http://www.isba.org.uk/issues/media/digital/regulation-of-mobile-advertising.

③ AA.Best Practice Principle on the Use of Under 16s in Brand Ambassador and Peer-To-Peer Marketing [EB/OL]. 2015 - 3 - 28. http://www. adassoc. org. uk/wp-content/uploads/2015/03/Brand-Ambassadors-and-Peer-to-Peer-Marketing-Pledge.pdf.

④ 1937 年，国际商会发布第一份《国际商会广告实务准则》，是国际上市场营销与广告行业一个重要的准则制定机构。多年来，国际商会准则一直是全球广告行业自律体系的根基和组成部分。

⑤ Codescentre.ICC code[EB/OL].2015 - 7 - 8.http://www.codescentre.com/icc-code.aspx.

告标准联盟(EASA)基于《欧洲广告标准联盟共同原则声明和最佳实践操作标准》(EASA Statement of Common Principles and Operating Standards of Best Practice)与《欧洲广告标准联盟最佳实践自律典范》(EASA's Best Practice Self-Regulatory Model),于2004年6月集合欧洲广告行业130多个代表签署《欧洲广告标准联盟之自律宪章》,旨在建立一个透明的、高效的、独立的和资金充足的广告自律网络。[①] 2008年10月,欧洲广告标准联盟又发布《欧洲广告标准联盟数字营销传播最佳实践》(EASA Digital Marketing Communications Best Practice),[②]这一文件被送给所有的自律组织和广告行业代表。2011年4月14日,欧洲广告标准联盟发布《在线行为广告最佳实践建议》(EASA Best Practice Recommendation on Online Behavioural Advertising)。

表3-1 主要传统广告行业协会颁布的新媒体广告自律规制一览表

国别	协会名称	成立时间	颁布的主要广告自律规制
美国	美国广告联合会	1905年	2011年4月,《广告伦理的原则和实践》 2013年7月,参与《自律原则在移动环境中的应用》
	美国广告主协会	1910年	参与制定: 2009年7月,《在线行为广告自律原则》 2013年7月,《自律原则在移动环境中的应用》
	商业促进局	1912年	参与制定: 2009年7月,《在线行为广告自律原则》 2013年7月,《自律原则在移动环境中的应用》
	美国广告代理商协会	1917年	2014年6月,《数据安全意识指导白皮书》 参与制定: 2009年7月,《在线行为广告自律原则》 2013年7月,《自律原则在移动环境中的应用》
	美国直销协会	1917年	2014年1月,《直销协会商务实践道德纲领》 参与制定: 2009年7月,《在线行为广告自律原则》 2013年7月,《自律原则在移动环境中的应用》

---

① EASA.EASA Charter[EB/OL].2015-4-22.http://www.easa-alliance.org/About-SR/Charter-Validation/page.aspx/237.

② EASA.EASA Digital Marketing Communications Best Practice [EB/OL].2015-4-10.http://www.easa-alliance.org/Publications/Best-Practice-Guidance/page.aspx/356.

第三章　传承与嬗变:媒体时代变迁背景下广告行业协会的自律监管

(续表)

国别	协会名称	成立时间	颁布的主要广告自律规制
英国	广告实践委员会	1961年	2011年3月,《英国非广播电视广告、促销与直销规范在数字领域的延伸》 2013年2月,《英国非广播电视广告、促销与直销规范》 附录3为在线行为广告规范
英国	英国广告标准财务委员会	1975年	2014年11月,《征收方案操作指南》
国际与区域性	国际商会	1919年	2010年1月,《强调自律在营销沟通中的有效性》 2011年8月,《国际商会广告与营销传播实务统一准则》,包括了首个全球在线行为广告 2012年12月,《国际商会关于在线广告行为自律的书目手册》 2014年3月,《警惕数字广告的失误》
国际与区域性	国际广告协会	1938年	2011年,《国际商会广告与营销传播实务统一准则》
国际与区域性	世界广告主联合会	1953年	2000年,《媒介宪章》
国际与区域性	世界直销协会联盟	1978年	2008年10月,《世界直销协会联盟道德规范》
国际与区域性	欧洲广告标准联盟	1992年	2004年6月,《欧洲广告标准联盟之自律宪章》 2008年10月,《欧洲广告标准联盟数字营销传播最佳实践》 2011年4月,《在线行为广告最佳实践建议》

三、加强对新媒体广告管理的研究

"个人行动时的环境或社会条件影响着行动可能取得的成果"[①],因此在新媒体环境中广告行业协会需要加强对新问题的研究,以提升监管效果。美国广告代理商协会推出《数字媒体审计最佳实践指南》(Best Practices Guidelines for Digital Media Audits)、《社交媒体投资回报率与数据所有权

[①] [美]詹姆斯·S.科尔曼:《社会理论的基础》[M],邓方译,北京:社会科学文献出版社2008年版,第22页。

调查》(Social Media ROIand Data Ownership Survey)、《社交媒体监测与调研报告》(Social Media Monitoring and Reporting Survey Results)等研究成果。美国直销协会按年度发布《道德合规报告》(NEWDMA Ethics Compliance Report),还在网站公开了重要的研究报告,例如《数据的价值:洞察力、创新与效率对美国经济的影响》(The Value of Data: Consequences for Insight, Innovation, and Efficiency in the U.S.Economy)、《数据违反通知重要指南》(An Essential Guide to Data Breach Notification)、《回复率报告2015版》(2015 Response Rate Report)等。

成立近百年的英国广告从业者学会近年来也开始关注新媒体时代广告的发展问题。该协会自1999年开始,发布"年度评论与半年度评论"(IPA Annual Reviews and Half-Year Reviews),2014年度评论报告题目为《适应一个不断变化的世界》(Adapting for a Changing World);2000年7月17日开始,首发《领头羊报告》(IPA Bellwether Report),包括对核心媒体、因特网、搜索、直销、促销等营销花费等进行分析评估。广告从业者学会还推行"适应力项目"(ADAPT programme),帮助整个行业适应快速变化的外部环境,实现加速增长;开发"职业成长"(Continuous Professional Development,简称CPD)项目,提供新媒体时代的培训课程、资质认证和"一对一指导"等。2014年发布《数字媒体主形象调研》(Digital Media Owners Image Survey, Spring and Autumn)与《新规制指南》(BIS Guidance on the New TUPE Regulations)。英国广告从业者学会还通过奖项评选(主要包括:Effectiveness Awards、Media Owner Awards、Web Marketing Association's Web Awards)等引导新媒体广告健康发展。

2010年,一个西班牙市民呼吁谷歌(Google)应给予其"信息遗忘权"(Right To Be Forgotten),得到英国广告主联合会的认同与持续关注,[①]这也表明了该协会对新媒体时代出现的广告新问题的监管态度;有关品牌保护问题,英国广告主联合会提供了在线品牌保护指南:《承诺在线品牌安全——保护品牌声望》(Commitment to Online Brand Safety-Protecting

---

① ISBA.The Right To Be Forgotten [EB/OL]. 2015-3-28. http://isba.org.uk/issues/media/digital/'do-not-track'-browser-settings-solution.

第三章 传承与嬗变:媒体时代变迁背景下广告行业协会的自律监管

Brand Reputation);有关网站侵权问题,2013年3月31日,广告主联合会的"数字、数据与直接行动组"(Digital,Data & Direct Action Group)首发《侵权网站名单》(The Infringing Website List);有关社交媒体平台的广告问题,2013年5月,广告主联合会刊登新闻《不要"恩将仇报",新媒体应警惕广告误导》(Don't Bite the Hand that Feeds You, New Media Channels Warned on Ad Misplacement)。此外,2013年8月,广告主联合会号召Facebook、Twitter、YouTube合作保护品牌,以加强广告自律。① 广告主联合会还加入到"负责任的广告与儿童"项目(Responsible Advertising and Children,简称RAC)。2014年6月,该协会发布《在一个数据驱动世界中的实时广告》(Real-Time Advertising in a Data Driven World)研究报告。由上,广告主联合会关注的新媒体广告问题范围相当广泛,不仅涉及品牌,还涉及版权、儿童等内容,可见这个成立近百年的广告自律协会在新媒体时代对广告自律监管的努力。

英国广告标准局(ASA)也关注新媒体时代广告的监管问题,从2011年3月1日起,其职权范围延伸至互联网广告,负责监管在网络社交平台上做广告的商业网站和企业。任何公司在自己的网站上发布广告和声明,只要属于营销活动的范畴,就要受广告标准局的监管。其分别发布2008年版与2011年版的《数字媒体合规报告》(Compliance Report——Digital Media Survey 2008/2011);发布2011年版与2012年版的《在线广告调研》(Online Advertising Survey 2011/2012)。2011年12月1日,发布《太多、太年轻?广告人面向儿童的性诉求》(Too much, Too Young, Are Advertisers Sexualising Childhood?);2013年7月,发布《社交媒体网站中的儿童与广告》(Children and Advertising on Social Media Websites)。此外,广告标准局还设置消费者与企业在线投诉,②还与广告实践委员会联合发布《2014年度报告》(Annual Report 2014)。

英国广告实践委员会(CAP)从2004年8月开始,向互联网广告征收费

---

① ISBA. Advertisers Need Enhanced Reassurances From Social Media Platforms [EB/OL]. 2015 - 3 - 22. http://isba.org.uk/issues/media/digital/social-media.

② 该投诉网站的网址为:http://www.asa.org.uk/Consumers/How-to-complain/Online-Form/Step1.aspx。

121

用以支持广告标准局的独立工作,这标志着该自律协会正式对新媒体广告进行监管。2010年5月1日,广告实践委员会开始向互联网中"付费搜索"(Paid Search)与"从属营销花费"(Affiliate Marketing spend)征税。从近两年广告实践委员会工作重点与相关研究报告中,可以一窥其监管偏向:2014年2月,新的在线行为广告规制生效;2014年发布《英国广告标准财务委员会第39个年度报告(2013—2014年度)》(Asbof Thirty Ninth Annual Report,2013/14);2014年11月,发布《征收方案操作指南》(Guide to the Operation of the Levy Scheme),包括了网络广告中的展示、旗帜、付费搜索、印象费(impression,包括查看与点击)、会员费(affiliate charges)与移动手机广告;2014年12月,发布《面向儿童的在线食物与饮料研究综述》(Literature Review of Research on Online Food and Beverage Marketing to Children);2015年2月,发布《面向儿童的在线饮食营销》研究报告(Online Food and Drink Marketing to Children),宣布即将采取以下行动:2015年第三季度发布新指南,向营销人员提供过渡期的建议、培训、监管调研,向行业提供建议等。[①]

英国广告协会近年来也发布多个相关研究报告、举办相关活动。例如,2011年3月,发布《英国人对广告的真实态度》(What the UK Really Thinks);2011年5月,发布《广告舆论监督》(Credos Forum:Monitoring Public Opinion of Advertising);2013年8月,发布《广告如何解锁英国增长潜力?》(How Advertising Can Unlock UK Growth Potential?)以及《广告如何刺激英国经济?》(How Advertising Fuels the UK Economy?)。2014年11月,举办"2014年广告协会媒体商业课程:探究未来的媒体计划"(Media Business Course 2014:Discover the Future of Media Planning)活动;2015年3月,举办"2015年欧洲广告周"(Advertising Week Europe 2015)活动。

国际性与区域性广告自律协会在新媒体时代也加强了对新媒体广告的

---

① CAP. Online food and drink marketing to children [EB/OL].2015-4-2.http://www.cap.org. uk/News-reports/Media-Centre/2015/~/media/Files/CAP/Reports%20and%20surveys/CAPs%20response%20to%20the%202014%20lite rature%20review%20by%20Family%20Kids%20and%20Youth.ashx.

第三章 传承与嬗变：媒体时代变迁背景下广告行业协会的自律监管

研究力度。世界广告主联合会（WFA）于2008年6月发布《消费者为中心的整体性测量蓝图》（Blueprint for Consumer-Centric Holistic Measurement）；2009年4月，发布《广告主想从在线测量获得什么》（What Advertisers Want from Online Measurement）；2014年发布《WFA纲领之程序化媒介》（WFA Guide to Programmatic Media）。国际商会于2010年1月发布《强调自律在营销沟通中的有效性》（Maintain the Effectiveness of Self-Regulation in Marketing Communication）；2012年12月，发布《国际商会关于在线广告行为自律的书目手册》（ICC Resource Guide for Self-Regulation of Online Behavioural Advertising）；2014年3月，发布《警惕数字广告的失误》（Safeguarding Against the Misplacement of Digital Advertising）。国际广告协会（IAA）于2011年4月发布《国际广告协会关于亚洲和澳大利亚的广告自律研究》（IAA/AFAA Advertising Self-Regulation in Asia and Australia）。广告研究基金会（ARF）推出新媒体广告相关视频和研究书籍：《先听：变社交媒体谈话为商业优势》（Listen First：Turning Social Media Conversations into Business Advantage）；《在线广告剧本：来自广告研究基金会的被证明的战役和测试过的策略》（The Online Advertising Playbook：Proven Strategies and Tested Tactics from the Advertising Research Foundation）；该协会还出版《广告研究杂志》（The Journal of Advertising Research，简称JAR）。

此外，欧洲广告标准联盟于2008年5月创建了"国际广告自律委员会"（The International Council on Ad Self-regulation，简称ICAS），该委员会是一个旨在为全球广告自律组织提供一个实现信息交换、最优实践讨论与传播沟通的论坛平台。国际商会领导"负责任的营销和广告商业行动国际商会/欧洲工商管理学院培训模块"（Business Action for Responsible Marketing and Advertising——BARMA——ICC/INSEAD Training Module），倡议促进传播的自律，通过提倡更多地应用和实现国际商会的国际公认广告与营销实践，来巩固其效力。

第二节　新媒体广告行业协会具有后来居上的监管优势

"新媒体广告行业协会"指的是诞生于20世纪90年代之后,随着互联网大规模商业化应用后该平台逐渐成为发布广告的新载体,为监管新媒体广告健康、有序发展而专门成立的广告行业协会。由于新媒体广告行业协会监管重点仅仅放在网络广告、移动广告等新媒体上,聚焦范围较传统广告行业协会小,使得其研究内容更加深入。此外,由于"术业有专攻",新媒体广告行业协会对新出现的广告问题反应的灵敏度也更高,更容易制定出针对有效的自律监管规范。虽然新媒体广告行业协会成立的时间整体上较短,还可能存在管理经验不够丰富等问题,却具有后来居上的后发监管优势,在政府他律相关规制尚不健全的时期,新媒体广告行业协会已经成为一支重要的补充力量。

一、设立了更为细化的监管部门

与传统广告自律协会不同,新媒体广告自律协会专门监管基于网络与移动媒体的广告,其设立的监管部门也更加细化。以英国互动广告局(IAB UK)为例,该自律协会成立于1997年,先后设置了十几个新媒体相关理事会:"广告行动理事会"(Ad Ops Council)、"音频理事会"(Audio Council)、"视频理事会"(Video Council)、"商业对商业工作组"(B2B Working Group)、"行为目标工作组"(Behavioural Targeting Working Group)、"内容与本地理事会"(Content & Native Council)、"展示交易委员会"(Display Trading Council)、"未来趋势工作组"(Future Trends Working Group)、"移动理事会"(Mobile Council)、"监管事务委员会"(Regulatory Affairs Council)、"研究委员会"(Research Council)、"搜索委员会"(Search Council)、"社交媒体委员会"(Social Media Council)、"绩效营销理事会"(Performance Marketing Council)等,细分化的机构设置充分体现出新媒体广告监管内容之多以及需要分工合作的新特点。

再以英国直销协会(DMA UK)为例,该协会成立于1992年,之后专门

第三章 传承与嬗变:媒体时代变迁背景下广告行业协会的自律监管

设立了"移动与互联营销理事会"(Mobile & Connected Marketing Council)、"数据理事会"(Data Council)、"电子邮件营销理事会"(Email Marketing Council)等部门,单一内容的监管指向可以确保该协会能对相关问题进行更为专业化与针对性的管理。

二、制定了涵盖内容广泛的自律规范

与传统广告行业协会相比,新媒体广告行业协会制定的自律规范涵盖的内容更广、重点更突出,针对性也更强,并具有能及时跟进新媒体广告问题,更新或制定相应广告规制的灵活性优势。行业协会之内也存在一定的规范,其原因是会员作为微观水平上的个人,会进行有目的的行动,而这种行动很可能损伤到其他会员的利益。行业协会作为一个整体性组织,为了协调各方的利益关系,需要建立一定的"规矩"与奖惩标准,从而实现特定条件下规范通过微观至宏观的转变。"规范一旦出现,便可引导个人的行动,从而决定个人所得效益,因而,行动者是各种赏罚措施的实施对象。"[①]

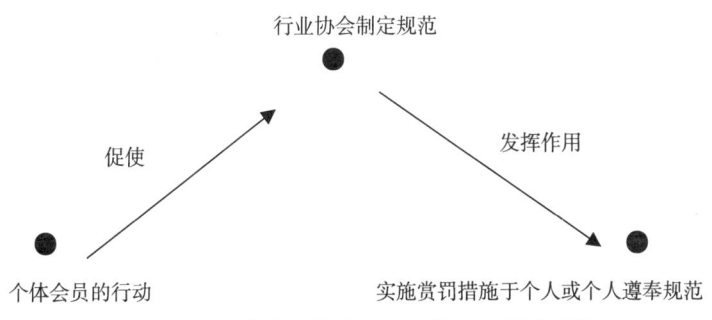

图 3-1 广告行业协会内部规范出现的过程图

科尔曼将规范分为三种:指令性规范、禁止性规范与共同性规范。

"指令性规范提供肯定性的反馈,以扩大有关的焦点行动"[②],这类规范多以原则、指南的形式出现,为成员提供了在新媒体时代广告传播行为的参

[①] [美]詹姆斯·S.科尔曼:《社会理论的基础》[M],邓方译,北京:社会科学文献出版社 2008 年版,第 26 页。

[②] [美]詹姆斯·S.科尔曼:《社会理论的基础》[M],邓方译,北京:社会科学文献出版社 2008 年版,第 228 页。

照标准。例如1996年成立的"美国互动广告局"(IAB)参与制定了《在线行为广告自律原则》与《自律原则在移动环境中的应用》,在2012年又发布了《互动广告局展示广告准则》(IAB Display Advertising Guidelines)。[①] 2000年成立的"美国网络广告促进会"(NAI)在创建当年就制定了《网络广告促进会行为规范》(NAI Code of Conduct),该规范分别于2008年、2013年进行了两次更新,2013年版关注了在线行为广告数据的搜集与使用活动及第三方在线广告生态系统的扩张与自律规范等内容;[②]2013年又发布了《网络广告促进会移动应用规范(2013版)》(NAI Mobile Application Code 2013),重点关注移动媒体中的广告规范问题。英国互动广告局也制定了较多的新媒体广告自律方面的规范:2001年5月,发布《软件应用行为规范》(Software Application Code of Conduct);2009年11月,发布《数字视频广告服务模板》(Digital Video Ad Serving Template,VAST);2013年5月,发布《消费者透明度框架:发布商与附属公司指南》(Consumer Transparency Framework:A Guide for Publishers /Affiliates);2015年5月,发布《附属营销审计最优实践指南》(Affiliate Audits-Best Practice Guides)与《可下载软件行为规范》(Code of Conduct – Downloadable Software)。

"禁止性规范提供否定性的反馈,以限制相应的焦点行动",在新媒体广告行业协会制定的自律规范中,这类内容多作为其中一个章节部分来呈现。例如2014年8月12日,英国直销协会发布的《英国直销协会准则》(The DMA Code)中规定应遵守受众隐私,"成员必须遵守相关规定,未经许可不能发送一对一的营销邮件和(或)短信",必须诚实、公平竞争,"成员不得利用轻信、缺乏知识或经验不足的任何消费者,尤其不得针对未成年人和其他容易受伤害的消费者进行营销传播活动"[③]。

最理想的状态应该是形成"共同性规范,即每一名行动者既是规范的受

[①] IAB.IAB Display Advertising Guidelines[EB/OL].2015 – 5 – 21.http://www.iab.net/guidelines/508676/508767/displayguidelines.

[②] NAI.NAICode of Conduct 2013.2015 – 4 – 7.Http://www.networkadvertising.org/2013_Principles.pdf.

[③] DMA UK.The DMA Code [EB/OL].2015 – 3 – 28.http://www.dma.org.uk/uploads/Interactive-code-for-web_sept – 11_54119ad59a64b.pdf.

第三章 传承与嬗变:媒体时代变迁背景下广告行业协会的自律监管

益者,又是目标行动者,在这种情况下,规范具有充分的社会效益"[1],也就是说,如果会员认同了新媒体广告行业协会,"即把个人利益与社会化机构的利益合为一体,这些机构控制行动者行动的权利要求就被认为具有合法性,因为产生这一要求的利益根源,被行动者视为自身利益所在"[2]。当自律规制内化为成员的行为规范,行业协会便容易建立起权威地位,不过,共同规范的形成与成员的自觉遵守,都是一种较难实现的最佳状态。

表3-2 主要的新媒体广告行业协会颁布的相关自律规制一览表

国别	协会名称	成立时间	颁布的自律规制
美国	互动广告局	1996年	2012年2月《互动广告局展示广告准则》 参与制定:2009年7月《在线行为广告自律原则》 2013年7月《自律原则在移动环境中的应用》
美国	网络广告促进会	2000年	2013年《网络广告促进会移动应用规范(2013版)》、《网络广告促进会行为规范(2013版)》 参与制定:2013年7月《自律原则在移动环境中的应用》
英国	英国直销协会	1992年	2014年8月《英国直销协会准则》、《移动指南》、《数据指南》、《电子邮件指南》
英国	英国互动广告局	1997年	2001年5月《软件应用行为规范》 2009年11月《数字视频广告服务模板》 2013年5月《消费者透明度框架:发布商与附属公司指南》 2015年5月《附属营销审计最优实践指南》 2015年5月《可下载软件行为规范》
国际与区域性	欧洲直销与互动营销联盟	1997年	2000年6月9日《欧洲直销与互动营销联盟关于电子商务与互动营销规范》 2007年1月《欧洲直邮宣言(第二版)》 2010年6月《欧洲在电子直销传播附件中使用个人数据的规范》 2011年6月6日《实施欧洲直销与互动营销联盟电子传播附件的指导性文件》

---

[1] [美]詹姆斯·S.科尔曼:《社会理论的基础》[M],邓方译,北京:社会科学文献出版社2008年版,第239~240页。
[2] [美]詹姆斯·S.科尔曼:《社会理论的基础》[M],邓方译,北京:社会科学文献出版社2008年版,第266页。

(续表)

国别	协会名称	成立时间	颁布的自律规制
国际与区域性	欧洲互动数字广告联盟	2012年	2011年11月《欧洲互动广告局在线广告行为框架》 2011年4月《欧洲广告标准联盟关于在线行为广告的最佳实践建议》 2012年1月《关于实施欧洲互动广告联盟在线广告行为框架和欧洲广告标准联盟最佳实践建议的技术规范》 2012年11月《参与在线广告行为公司的自律认证标准》
	欧洲互动广告局	2004年	2011年4月《欧洲互动广告局在线行为广告的欧盟框架》 2011年10月《欧洲互动广告局在数据保护规制草案上的立场》 2012年4月《欧洲互动广告局在线行为框架的自我认证标准》 2014年3月《在线隐私转换表》 2015年3月《欧洲互动广告局数字广告基准》

三、注重探索新问题的解决方案

新媒体广告行业协会研究的管理内容涉及面广、针对性强，重点在于探索新出现问题的解决方案，例如对消费者隐私保护问题、评估新媒体营销效果等。新媒体广告行业协会的这种努力，是出于保护所有会员的利益均衡，从而达成"受托人只有恪守诺言才能获得好处"[1]的监管目的。

美国互动广告局加强对新媒体广告问题的研究，不断推出相关研究报告，例如2008年7月，发布《移动广告概述》(A Mobile Advertising Overview)；2009年5月，发布《社交媒体广告指标定义》(Social Media Ad Metrics Definitions)；2011年6月，发布《在线广告研究的最佳实践》(Best Practices for Conducting Online Ad Effectiveness Research)。

英国互动广告局也发布了多个相关研究报告，例如2012年4月发布

---

[1] [美]詹姆斯·S.科尔曼：《社会理论的基础》[M]，邓方译，北京：社会科学文献出版社2008年版，第104页。

第三章 传承与嬗变:媒体时代变迁背景下广告行业协会的自律监管

《如何引导电子邮件与小型文本文件立法》(How to Guide Email and Cookies Legislation),2012 年 10 月发布《移动广告隐私介绍》(Mobile Advertising Privacy-An Introduction)、《创建易访问网络广告的十大技巧》(Top Ten Tips for Creating Accessible Ads)①、《大搜索手册》(The Big Search Handbook)。

英国直销协会以研究报告的形式关注热点问题,例如 2014 年 4 月 16 日发布《社交媒体得分信息图》(Infographic——Social Media Scorecard 2014),Facebook 被评选为英国市场上最友好的社交营销平台,LinkedIn 与 Twitter 分别列第二、三位。② 2014 年 11 月 10 日,发布《数据驱动营销与广告的全球回顾》(The Global Review of Data-Driven Marketing and Advertising),分析了全球数据与消费者研究的六个问题。③ 2015 年 5 月 6 日,发布《国家客户电子邮件报告:电子邮件复苏》(National Client Email Report: Email Resurgent),指出 2014 年电子邮件的投资回报率增至 53%,有效的电子邮件增长依赖准确的数据与新技术支持。④ 2015 年 5 月 27 日,发布《处理脏数据的威胁》(Dealing with the Menace of Dirty Data),提出清理数

---

① 容易被消费者点击的十大网络广告技巧是:a) 允许用户准确地识别广告。不应伪装,应如传统媒体一样能清晰识别广告与社论,有"促销内容"标题等提示内容。b) 许多网络广告是图像,因此需要一个相关内容的可选择文本。需要向每一个非文本元素(比如视频、音频、图像等)提供相对应的文本内容。c) 在没有事先通知用户的情况下,不要改变当前的视图。d) 不要发送未经请求就主动提供或具有干扰性的促销内容,这可能会因过重的信息负担而遭致用户的拒绝,尤其对于有特定需要的用户而言更是如此。e) 不要让广告以 2~60 赫兹的频率闪烁或移动内容,容易导致注意力分散、难以阅读,致使有认知障碍的人癫痫发作。广告动画以很慢的速度循环一到两次后再休息几秒钟更易于用户接受,始终为用户提供暂停(freeze movement)的操作功能。f) 应考虑到用户可能没有安装诸如 Macromedia 或 JavaScript 播放器,因此无法打开广告,应提供一个可供选择的方式,例如当图片打不开时可以点击相关链接。g) 基于文本的广告,应确保文本的大小不是硬编码(hard coded),可以使用浏览器缩放控件,例如以百分比或行长(em)方式控制大小。h) 确保前景与背景颜色有足够的对比度,建议可以在一个全黑或全白的屏幕上观看、测试。i) 使用受众易于接受的清晰简明的语言。j) 确保目标链接的广告可被清晰识别。
② DMA UK. Infographic -Social Media Scorecard 2014[EB/OL]. 2015 - 6 - 22. http://www.dma.org.uk/infographic/infographic-social-media-scorecard - 2014.
③ DMA UK. The Global Review of Data-Driven Marketing and Advertising ——6Global data and customer insights[EB/OL]. 2015 - 6 - 23. http://www.dma.org.uk/uploads/GDMA%20 -%20Infographic-V4_545cf81e84b31.pdf.
④ DMA UK. National Client Email Report: Email resurgent[EB/OL]. 2015 - 6 - 23. http://www.dma.org.uk/uploads/National-Client-email - 2015%20copy_5549fbdf6a1ec.pdf.

据有六个步骤,分别是:聘请专家、进行数据审核、使用唯一 ID、确保准确数据的捕获与输入、多重复以及充足的时间。①

欧洲互动广告局近年来发布研究报告较多,研究问题涉及面广,对行业内参考性意义较大:2012 年 9 月 12 日发布《在线行为广告自律与消费者感知》(Online Behavioural Advertising, Self Regulation and Consumer Perceptions),2012 年 1 月 30 日发布《实施欧洲互动广告局在线行为广告与欧洲广告标准联盟业务流程重组的技术条件》(Technical Specifications for Implementing the IAB Europe OBA Framework and EASA BPRin Europe),2012 年 10 月 10 日发布《提供符合欧洲在线行为广告自律计划认证的征求建议书》(Request for Proposals for Providing Certification of Compliance with the European Self-Regulatory Programme on OBA),2013 年 1 月 17 日发布《你想知道的有关欧洲数据保护与隐私政策》(European Data Protection and Privacy Everything You Wanted to Know – and More),2013 年 9 月 10 日发布《数据保护规制如何影响数字行业?》(How the New Data Protection Rules will Affect Digital Business?),2014 年 3 月发布《在线隐私转换表》(E-Privacy Transposition Chart),2015 年 3 月发布《欧洲互动广告局数字广告基准》(IAB Europe AdEx Benchmark 2014),2015 年 4 月 20 日发布《数字广告:欧洲数字经济的驱动因素》(Digital Advertising, A Key Driver for The European Digital Economy)。欧洲互动广告局还举办"Interact"互动论坛,②欧洲广告主领头人、行业专家、机构、媒体主们聚集在一起,洞察、讨论数字广告。

此外,欧洲互动数字广告联盟发布了《2014 年活动报告》(2014 Activity Report),指出消费者对于在线行为广告具有更多透明度与可控性。世界直销协会联盟(WFDSA)出版了研究书籍《直销:从门到门到互联网》(Direct Selling: From Door to Door to Network Marketing)。移动营销协会(MMA)于 2014 年 4 月发布的《移动视频基准研究》(MMA Video Bench-

---

① DMA UK.Dealing with the menace of dirty data [EB/OL].2015－5－27.http://www.dma.org.uk/article/dealing-with-the-menace-of-dirty-data.

② 这是欧洲互动广告局发起的、非常重要的、一年一度的行业盛会,致力于成为欧洲数字广告行业的首屈一指的论坛。

第三章 传承与嬗变：媒体时代变迁背景下广告行业协会的自律监管

marking Study），为广告商、机构、出版商和第三方视频服务器提供移动视频绩效的洞察；2014年9月发布的《移动营销的机会有多大？》（How Big is the Mobile Marketing Opportunity?），指出"目前对移动广告迅速崛起的预测本身过于保守，低估了移动广告支出的规模和增长机会"；2014年10月发布了《智能移动交叉营销效果研究洞察报告》（Smart Mobile Cross Marketing Effectiveness Research Insight Report）。

第三节 新媒体广告监管的困难促使各协会间加强合作

在传统媒体时代，广告行业协会之间、国与国之间也有合作，例如"商业促进局"是美国与加拿大合作成立的，在"商业促进局理事会"（CBBB）的协调下工作；欧洲广告标准联盟也是欧洲国家合作管理广告的一种成功尝试，还有极具影响力的"世界广告主联盟"等，但是由于各自律协会监管重点不同，这种协会之间的合作并不是主流。随着新媒体时代的来临，互联网广告的信息传播不仅彰显出无国界性的特点，而且突破了传统广告媒体中"把关人"的第一层监管限制，甚至能将传统媒体广告融合进新媒体发布平台中，致使出现更多的监管问题。此外，"自媒体"广告传播使得广告主、广告创作者与发布者等多种角色合为一身，广告监管正在经历前所未有的繁杂环境。在这种背景下，各自律协会致力于加强合作，以解决不断出现的新的共同问题。

一、新媒体时代广告行业协会自律联盟应运而生

为了更好地监管新媒体广告，美英两国和国际组织成立了自律联盟，加入联盟的不仅有广告协会，还有网络协会、隐私联盟、媒体协会、营销组织等，甚至还包括一些企业或行业组织，极大地拓宽了原有的广告协会工作与监管范围（详见图3-2、3-3），这体现出新媒体时期广告自律监督的艰难性，需要更多跨国家、跨部门、跨行业的联手合作与共同努力。

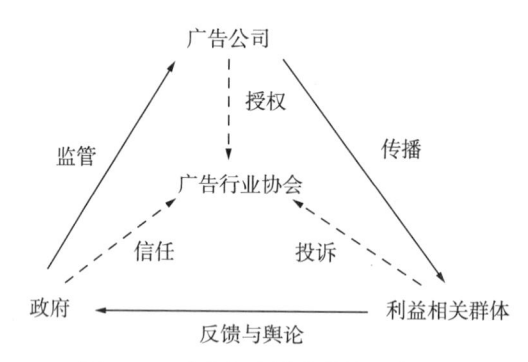

图 3-2 广告行业协会监管运作方式

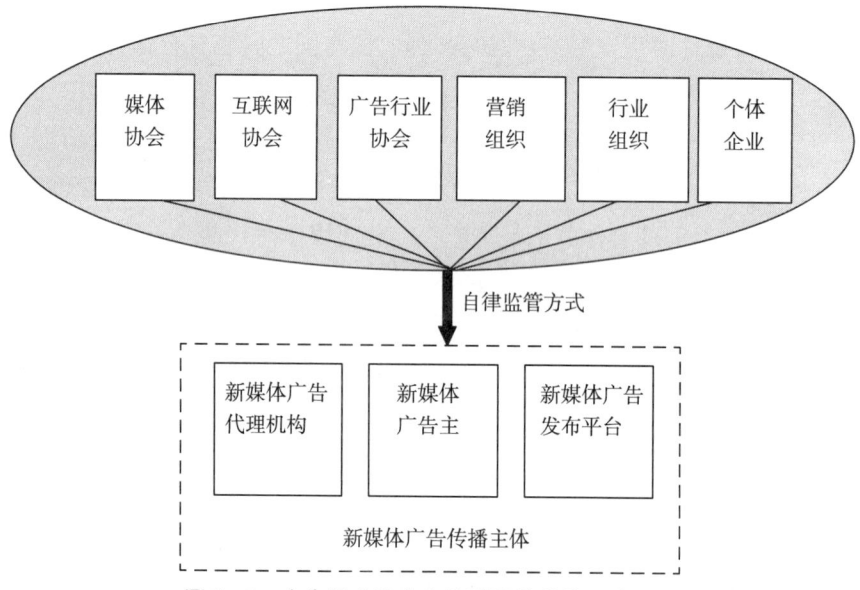

图 3-3 广告行业协会自律联盟的监管运作方式

以下述三个知名的新媒体广告行业协会自律联盟为例,由于其协会成员多,监管力度相较单一广告行业协会也更强大。

2010年"美国数字广告联盟"(DAA)成立,该联盟是由七家广告行业协会组成的,美国广告代理商协会、美国广告联合会、美国广告主协会、商业促进局、美国直销协会、互动广告局、网络广告促进会,主要关注"建立与执行

第三章 传承与嬗变:媒体时代变迁背景下广告行业协会的自律监管

整个网络广告行业负责任的隐私惯例,增强消费者的信息透明度与可控性"[1]。

"欧洲互动数字广告联盟"(EDAA)于2012年10月12日在布鲁塞尔正式成立,是由欧洲行业联盟(European Industry Coalition)创办的,代表广告主、广告代理部门、直接营销部门、广告网络部门与媒体部门的联合体,旨在进一步推动欧洲在线行为广告的自律与监管,向公司发放"在线行为广告图标"执照。该联盟由十家欧洲自律协会组成:欧洲商业电视协会(Association of Commercial Television in Europe,简称 ACT)、欧洲广播协会(Association of European Radios,简称 AER)、欧洲分析协会(Europe Analytica,简称 EA)、欧洲传播机构协会(European Association Of Communications Agencies,简称 EACA)、电视与广播销售屋协会(Association of Television and Radio Sales Houses,简称 EGTA)、欧洲杂志媒体协会(简称 European Magazine Media Association,简称 EMMA)、欧洲报纸出版商协会(European Newspaper Publishers Association,简称 ENPA)、欧洲直接和互动营销联盟、欧洲互动广告局、世界广告主联盟。[2]

数据保护行业联盟(Industry Coalition on Data Protection,简称 ICDP),共有17个协会参与:竞争性技术协会(Association for Competitive Technologies,简称 ACT)、美国商会欧盟分部(American Chamber of Commerce to the EU,简称 AmCham EU)、软件联盟(The Software Alliance,简称 BSA)、数字欧洲(DIGITALEUROPE)、欧洲传播机构协会、欧洲电子商务(E-Commerce Europe)、欧洲数字媒体协会(European Digital Media Association,简称 EDiMA)、欧洲多媒体与在线贸易协会(European Multichannel and Online Trade Association,简称 EMOTA)、欧洲发行理事会(European Publishers Council,简称 EPC)、欧洲网络服务提供商协会(European Internet Services Providers Association,简称 EuroISPA)、欧洲直销与互动营销联、全球统一印章系统(GS1)、欧洲互动广告局、欧洲互动软件

---

[1] DAA. About The DAA[EB/OL].2015-6-10. http://www.digitaladvertisingalliance.org/content.aspx? page=About.

[2] EDAA. About[EB/OL].2015-6-10. http://www.edaa.eu/about/.

联盟(Interactive Software Federation of Europe,简称 ISFE)、日本商会欧洲分部(Japan Business Council in Europe,简称 JBCE)、科技美国欧洲分部(TechAmerica Europe)、世界广告主联合会。

二、新媒体广告自律联盟的三种主要监管方式

(一)共同制定自律规制

美国数字广告联盟于 2010 年发布《数字广告联盟自律方案》(Digital Advertising Alliance Self-Regulatory Program),确立了七个原则:教育原则(education)、透明性原则(transparency)、消费者可控性原则(consumer control)、数据安全原则(data security)、控制对材料变更的原则和实践原则(controls with respect to material changes to policies and practices)、高度敏感数据的安全保障原则(heightened safeguards for sensitive data)、问责制原则(accountability)。该方案已经被包括欧盟、澳大利亚、加拿大等全球 31 个国家采纳。2011 年 11 月,该联盟发布《多站点数据自律规范》(Self-Regulatory Principles for Multi-site Data);2013 年 7 月,发布《自律原则在移动环境中的应用》(Application of Self-Regulatory Principles to the Mobile Environment),旨在厘清在线行为广告原则(OBA Principles)以及多站点数据原则(MSD Principles)在移动网站及环境中的应用,确定了第一方与第三方在移动环境中的责任。[①]

2013 年 7 月,美国移动营销协会(Mobile Marketing Association,简称 MMA)、互动广告局(IAB)和媒体评议会(Media Rating Council,简称 MRC)合作制定《移动网络广告测量指南》(Mobile Web Advertising Measurement Guidelines),该指南适用于移动营销生态系统,包括手机生产商、无线运营商、广告服务器、内容提供商、代理商、品牌与技术提供商等。该指南旨在涵盖无线应用协议(WAP)与移动网络广告的活动,测量移动广告活动的多种形式,包括消息传递应用程序(短信和彩信)、移动应用程序,各种

---

① DAA. Digital Advertising Alliance Enhances Privacy Controls in the Mobile Marketplace with Launch of Two New Tools for Consumers[EB/OL].2015 – 3 – 26. http://www.aboutads.info/news.

第三章　传承与嬗变:媒体时代变迁背景下广告行业协会的自律监管

形式的移动视频和音频(包括播放、下载、更新)等。①

为帮助品牌拥有者、发布商和市场营销从业者遵守《英国非广播电视广告、促销与直销规范》与《2008年消费者保护公平贸易规范》(Consumer Protection from Unfair Trading Regulations 2008,简称CPRs)的相关规制,2015年2月,英国互动广告局与在线发布商协会(Association of Online Publishers,简称AOP)、内容营销协会(Content Marketing Association,简称CMA)、英国广告主联合会共同制定了《内容与原生信息披露指南》(Content & Native Disclosure Guidance),确定了三条原则:① 向消费者提供明显可见的视觉线索,以便于他们能即刻理解所查看的内容是第三方用一种原生态广告格式编辑的营销内容,可以通过突出品牌印章或改变字体、加阴影等方式实现;② 确保发布商或原生态广告内容提供商使用合理的可视标签,该标签的语言必须能将商业组织表达到位;③ 确保有原生态分布格式内容的营销传播活动遵守英国相关规制。②

欧洲互动数字广告联盟于2011年4月发布《欧洲广告标准联盟关于在线行为广告的最佳实践建议》(The EASA Best Practice Recommendation on Online Behavioural Advertising)。2011年11月颁布了《欧洲互动广告联盟在线广告行为框架》(The IAB Europe OBA Framework),提出基于七个在线行为广告的关键原则:① 注意(notice);② 用户选择(user choice);③ 数据安全(data security);④ 敏感的分割(sensitive segmentation);⑤ 教育(education);⑥ 服从和执行(compliance and enforcement);⑦ 审查(review)。2012年1月发布《关于实施欧洲互动广告联盟在线广告行为框架和欧洲广告标准联盟最佳实践建议的技术规范》(The Technical Specifications for Implementing the IAB Europe OBA Framework and EASA BPRin Euro)。2012年11月,发布《参与在线广告行为公司的自律认证标准》(Self Certification Criteria for Companies Participating OBA)。数据

---

① MMA.Mobile Web Advertising Measurement Guidelines[EB/OL].2015-7-8.http://www.mmaglobal.com/documents/mobile-advertising-guidelines.

② IABUK.Content & Native Disclosure Guidance[EB/OL].2015-6-3.http://www.iabuk.net/sites/default/files/Disclosure%20Guidelines%20on%20Native%20Distribution%20Format s%202015.pdf

图3-4　原生广告格式在"发现/推荐单位"、"新闻摘要"、"横向进给/输入流"、"视频"、"平板电脑新闻摘要"中的展示示例

保护行业联盟依据《数据保护指令》[Data Protection Directive(95/46/EC)]框架,于2014年11月发布《数据保护产业联盟的基本立场》(General Position of the Industry Coalition for Data Protection),指出现代数据保护应确保对公众隐私利益的可预见性与灵活性,为创新提供有效的"喘息空间",同时要保证公民的基本权利,还应注意缩小现存规制解释与应用的差异与分歧。基本立场的主要内容有以下五点:① 数据保护时需要强调基于技术中立、风险与原则性监管体制;② 应避免制度、责任与法律规定之间产生矛盾冲突;③ 有关数据保护的责任与法律规定应基于现有的欧盟立法;④ 应注意确保言论自由权利、新闻自由权利与艺术表现形式中所包含的信息传播权利;⑤ 应认识到基于"一个决定,一个结果"前提的"一站式运作机制"(one-stop-shop mechanism),对于确保法律确定性与规制有效性的重要

第三章 传承与嬗变:媒体时代变迁背景下广告行业协会的自律监管

意义。①

2014年9月,美国互动广告局、美国广告代理商联合会、美国广告主协会联合宣布,创造一个史无前例的跨行业问责程序,以处理广告欺诈等问题,提高市场的透明度。这个新的集体组织将在互动广告局"值得信赖的数字供应链"(IAB Trustworthy Digital Supply Chain)基础上展开活动。面对新的广告营销环境,"发行商、营销商、代理商应协同合作对抗影响数字生态系统中的问题与威胁"②。

(二)合作开展相关项目

2008年,世界广告主联合会(WFA)、电视与广播销售屋协会(EGTA)、欧洲传播代理协会(EACA)、竞争性技术协会(ACT)、欧洲互动软件联盟(ISFE)、欧洲发行理事会(EPC)、欧洲玩具业联盟(Toy Industries of Europe,简称TIE)、欧洲软饮料行业协会(UNESDA)、广告信息集团(Advertsing Information Group,简称AIG)共九家自律组织合作开发了"负责任的广告与儿童项目"(Responsible Advertising and Children,简称RAC),代表了全球范围内的广告主、代理商与媒体。该项目致力于通过帮助其成员了解社会与父母对负责任营销传播与儿童关系的感知与期望,凭借良好的行业实践增进与受众的信任关系。③

2011年2月,美国互动广告局与美国广告代理商协会、美国广告主协会合作启动"数字衡量指标"(Making Measurement Make Sense,简称3MS)项目,同年6月完成指导性原则的拟定及实施具体方案,由媒体评议会(Media Rating Council,简称MRC)负责制定和实施测量标准。这是跨行业首创的旨在建立度量标准和广告"价值评估"(currency),以评定数字媒体价值,促进跨媒体平台的品牌营销效果。创建了"可见曝光"指标,衡量广告曝光在可见区域(无须拉动滚动条);"推荐网络GRP概念",即可见曝光触

---

① EACA.General position of the Industry Coalition for Data Protection.2015－5－21.http://media.wix.com/ugd/4a7b21_c1955e076a9b4203ac250a6e390bd0cb.pdf.

② ANA.4A's and ANA Join IAB in Launching Cross-Industry Compliance Organization to Combat Ad Fraud,Malware,& Piracy[EB/OL].2014－9－30.http://www.ana.net/content/show/id/31948.

③ RAC.About RAC[EB/OL].2015－6－10. http://www.responsible-advertising.org/about-RAC.asp#.

达目标受众的频次;"品牌效果指标",以确定更好的标准量化指标衡量广告对品牌效果提升力。① 2014年9月,上述三家协会又合作创建了"值得信赖的问责集团"(Trustworthy Accountability Group,简称 TAG),旨在通过运作标准、透明的商业原则与技术使用来杜绝数字广告中的欺诈、恶意软件与隐私行为的供应链,涵盖了数字广告生态系统中的所有公司,包括网络、交易所、出版商、代理商业广告商。达到 TAG 标准的公司每年可获得评估认证。② 2015年2月,TAG 集团又制定了《确保有效数字广告的核心标准》(Core Criteria for Effective Digital Advertising Assurance),共有五条标准,分别是:① 确定广告风险实体(Ad Risk Entities,简称 AREs),即网站或其他媒体性能(包括新兴的广告平台,例如移动应用)由于未经授权传播被版权法保护的内容或非法传播假冒商品,因而具有明显的风险。数字广告保证供应商(Digital Advertising Assurance Providers,简称 DAAPs)应提供工具用以帮助广告主和(或)他们的代理商决定其广告被认为是广告风险实体以及对其限定的程度。② 防止广告成为不受欢迎的风险实体。③ 检测、阻止或干扰欺诈或欺骗性的交易。④ 对广告位置合规性进行检测与评估。⑤ 杜绝支付给不受欢迎的广告风险实体。③

2015年3月,美国电子前沿基金会(EFF)、印度网络与社会中心(the Centre for Internet and Society,India)、英国第十九条(Article 19,UK)、肯尼亚 KIKANET(Kenya)、智利 Derechos Digitales(Chile)、阿根廷 Asociación por los Derechos Civiles(Argentina)、韩国 Open Net(South Korea)联合制定了"马尼拉中间商责任原则"(The Manila Principles on Intermediary Liability),界定了中间商的含义,包括网络服务提供商、搜索引擎、社交网络、云服务提供商、电子商务平台等。提出六个原则,分别是:① 中间商应从第三方责任内容受到法律保护;② 限制性内容的原则与要求应该

---

① 3MS. Principles & Solutions [EB/OL]. 2015 - 3 - 26. http://measurementnow.net/principles-solutions/.

② ANA. ANA 2014Annual Report[EB/OL]. 2015 - 3 - 25. http://www.ana.net/content/show/id/ana-annual-report-promo.P:22.

③ TAG.Core Criteria for Effective Digital Advertising Assurance [EB/OL].2015 - 6 - 16. http://www.tagtoday.net/wp-content/uploads/2015/02/Core-criteria_final.pdf.

第三章 传承与嬗变:媒体时代变迁背景下广告行业协会的自律监管

清晰明确;③ 内容限制的政策与原则应该程序上合法;④ 内容限制的范围必须最小化;⑤ 透明度和问责制必须基于内容限制实践;⑥ 中间商责任发展政策必须具有参与性和包容性。[1]

(三)联合研究焦点问题

为保护消费者的选择权与隐私权,美国数字广告联盟创造了"广告选择图标"(Ad Choices Icon),提醒消费者在线行为广告数据搜集活动;创造了"你的广告选择"(Your Ad Choices)按钮,以便消费者增强对基于兴趣的广告透明性与可控力。2014年4月,该联盟开发移动平台端的数字广告联盟图标"DAA Icon",同时又推出新网站[2],旨在通过增强消费者选择能力保护在线隐私。2015年2月,该联盟向消费者推出两个新移动工具——"应用程序选择"(App Choices)与"移动网页消费者选择页面"(The DAA Consumer Choice Page for Mobile Web)。[3]

为了实现欧洲全行业自律标准与在线行为广告的合规控制,通过涵盖整个欧洲的广告自律实现对消费者的隐私保护,2011年4月14日,欧洲广告标准联盟联合16个组织、协会[4]联合制定了《欧洲广告标准联盟关于在线行为广告最佳实践的建议》(EASA Best Practice Recommendation on Online Behavioural Advertising),从而提供了一个全面的在线行为广告自律解决方案,该方案是在《互动广告局欧洲在线行为广告框架》基础上补充

---

[1] EFF.The Manila Principles on Intermediary Liability Background Paper [EB/OL].2015-3-31.https://www.eff.org/sites/default/files/manila-principles-background-paper-0.99.pdf.

[2] 网站网址为:www.digitaladvertisingalliance.org.

[3] DAA.Digital Advertising Alliance Enhances Privacy Controls in the Mobile Marketplace with Launch of Two New Tools for Consumers[EB/OL].2015-3-26.http://www.aboutads.info/news.

[4] 这16家协会、组织分别是:广告信息集团(AIG)、商业电视协会(Association of Commercial Television,简称 ACT)、欧洲广播协会(AER)、电视与广播销售屋协会(EGTA)、欧洲传播代理协会(EACA)、欧洲目录与数据出版商协会(European Association of Directory and Database Publishers,简称 EADP)、欧洲杂志出版商联盟(European Federation of Magazine Publishers,简称 FAEP)、欧洲报纸出版商协会(ENPA)、欧洲发行理事会(EPC)、欧洲赞助协会(European Sponsorship Association,简称 ESA)、欧洲直销与互动营销联盟(FEDMA)、欧洲互动广告局(IAB-Europe)、国际广告协会(IAA)、德高集团(城市户外)、世界广告主联合会(WFA)、网络出版商协会(Online Publishers Association,简称 OPA)。

制定的。①

为了解决跨境广告投诉问题,欧洲广告标准联盟创建了"跨境投诉"平台(EASA Cross-Border Complaints),可以将投诉通过在线、邮寄或传真等方式递交给本国的自律组织,主要包括四点:① 在哪里看到或听到广告?② 何时看到或听到广告? ③ 描述一下该广告是如何冒犯到你。④ 尽量附上一个广告拷贝。如果不确定究竟向哪国的自律组织投诉,或者本国没有自律组织,可以直接向欧洲广告标准联盟投诉。② 2014 年 1 月,欧洲三家协会:欧洲传播代理商协会、欧洲出版商理事会、欧盟直销与互动营销联盟联合发布《消费者保护合作监管审查》(Review of the Consumer Protection Cooperation Regulation),借助欧洲广告标准联盟的"跨境投诉"(Cross-Border Complaints)保护消费者,重点关注"痞子交易商"(rogue traders),例如"业务机会""居家办公""迅速致富"等计划或付款形式伪装成一个发票(invoice)服务,消费者已经订购但事实上却不存在,以寻求跨境与国际合作。③

新媒体广告行业协会自律结成联盟之后,其监管能力是否增强了呢?来自于欧洲互动数字广告联盟与 TRUSTe 股份有限公司联合发布的《欧洲广告消费者研究报告(2014 年)》(European Advertising Consumer Research Report 2014)中得出的结论,应该有一定的参照价值。该研究通过量化分析证明了欧洲互动数字广告联盟发起的图标运动对于消费者的感知产生了显著的影响,在此基础上,泛欧洲认可的计划识别度也增高了,而且正在保持着持续增长的势头;对于消费者而言,激发他们参与图标运动的关键在于透明度、选择权与控制力的提高。该报告乐观地指出,"总体而言,有关倡议与在线选择网站的消费者展示保持在一个较好的水平",虽然具体到不同的市场,消费者的态度与理解尚存在较大的差异,但是"投资欧盟自

---

① EASA.Comprehensive standards for Online Behavioural Advertising[EB/OL].2015 - 4 - 9. http://www.easa-alliance.org/Issues/OBA/page.aspx/386.

② EASA.How to complain? [EB/OL].2015 - 5 - 21. http://www.easa-alliance.org/page.aspx/103.

③ EACA.Review of the Consumer Protection Cooperation Regulation[EB/OL].2015 - 5 - 21. http://media.wix.com/ugd/4a7b21_13916ed83bee445d88d1dadbe8412314.pdf.

第三章 传承与嬗变:媒体时代变迁背景下广告行业协会的自律监管

律计划对于企业利益有明显的好处"。① 上述研究,从一个侧面证实了行业协会结成联盟所具有的监管优势,同时也印证了科尔曼关于制定规范、建立权威系统对于组织与个体行动者而言所产生的积极作用。

第四节 新媒体时代广告行业协会监管的新重点

新媒体技术催生新的广告传播方式,例如,基于消费者大数据分析的定向广告投放,相比传统广告方式更加具有针对性;以智能手机、平板电脑等新的移动媒体为平台发布的广告,也具备更强的信息即时沟通能力;网络媒体中出现大量新的广告传播方式,诸如"PayPerPost按贴付费的评论广告"、签约"谷歌广告圣"(Google AdSense)后创建自己的博客做广告、成为"亚马逊联营会员"(Amazon Associates)为其图书做广告②等,都超越了传统媒体时代广告的传播沟通能力,也超出了传统媒体时代广告协会对行业监管的内容与范围。由于这些新出现的广告形式及其传播信息的有效性,多是以引发新的伦理问题为代价的,新媒体广告行业协会为了解决新出现的问题,不断对监管重点进行着调整。

一、制定在线行为广告的自律规范

在线行为广告(Online Behavior Advertising,简称OBA)通过搜集网民的在线行为数据,为目标受众"量身定制"符合其兴趣与需求的广告,研究证明这种新媒体广告形式相较于其他网络广告,会帮助广告主"增加平均2.68倍的收益"③。这种广告形式主要"借助Cookies等,辨别用户身份,跟踪并储存用户在本地终端上的数据,从而记录他们的上网行为,搜集(但不仅限

---

① EACA.European Advertising Consumer Research Report[EB/OL].2014.2015-5-21.http://media.wix.com/ugd/4a7b21_a93a8163e7f846c4869658061e4b8247.pdf.
② [美]保罗·莱文森:《新新媒介》[M],何道宽译,上海:复旦大学出版社2011年版,第101页.
③ DMA.Self-Regulation:Online Behavioral Advertising[EB/OL].2015-1-16. http://thedma.org/issues/self-regulation-online-behavioral-advertising/.

141

于)人口统计和心理变量、搜索查询、网站访问等内容"[1]，实现向消费者推送更加精准、满足其需求的广告信息的营销目的。但这种搜索用户数据的行为，经常因侵犯隐私而饱受争议，导致政府出台相关法律规制对其行为加以约束。为避免政府更严格的规制，美英两国与国际性、区域性的广告行业协会近年来一直在自发自觉地对在线行为广告进行监管。

(一)出台 OBA 自律规制

美国是西方最早开始对在线行为广告制定自律规制的国家之一。2008年12月，网络广告促进会修订了其《自律行为规范》(Self-Regulatory Code of Conduct)，比美国联邦贸易委员会发布的"OBA 报告"还早了三个月。2009年1月，美国五家自律协会，包括互动广告局、美国广告代理协会、美国广告主协会、商业促进局、美国直销协会，就在线行为广告自律规制问题展开合作，并于同年7月发布了《在线行为广告自律原则》(Self-Regulatory Principles for Online Behavioral Advertising)，明确了在线行为广告的具体含义，为美国相关广告行业协会达成统一认识奠定了基础，制定了七个原则：① 教育原则(The Education Principle)，向消费者与企业传播在线行为广告的相关知识。② 透明原则(The Transparency Principle)，部署多种机制(multiple mechanisms)，以确保能清晰地告知消费者有关第三方在线行为广告数据搜集与使用的相关事宜。③ 消费者可控原则(The Consumer Control Principle)，提供机制确保在线行为广告数据被搜集的使用者，有权选择所搜集与使用的资料是否同意转移给一个出于商业目的的独立(non-affiliate)网站。④ 数据安全原则(The Data Security Principle)，对在线行为广告搜集与使用的数据进行限制性保留，并提供安全保障。⑤ 内容变换原则(The Material Changes Principle)，对于数据收集与应用政策的任何变化需要事先征得用户的同意。⑥ 敏感数据原则(The Sensitive Data Principle)，诸如儿童保护信息、金融账号、社会保障号、药品处方或医疗记录等特定的数据信息需要区别对待。⑦ 问责制原则(The Accountability Principle)，各协会通力合作，确保在线广告生态系统的良性发展，将发布公开报

---

[1] Stt dent Ppper,The Battle for Online Behavioral Advertising Regulation and Legislation:A Contemporary History,International Communication Association 2012Annual Meeting,2012:2.

第三章 传承与嬗变:媒体时代变迁背景下广告行业协会的自律监管

告监督广告行为。① 上述七条主要原则性规定比政府的相关规制更为细化,而且强调了知识教育的重要性,明确了第三方的责任,并启动了问责机制。2009 年 7 月 3 日,世界广告主联盟(WFA)批准了美国关于全球在线行为广告自律规范的报告,"总管史蒂芬·洛克(Stephan Loerke)赞扬该规范的出现,认为它不但是美国的,也应该是全球的,因为数字是全世界的"②。

美国国家广告主协会还具体规定了"第三方"所指的范围,主要包括:"广告交易平台(Ad exchanges)、广告网络(Advertising networks)、数据聚合器(Data aggregators)、数据优化提供商(Provider of data optimization)、目标受众数据提供商(Providers of target audience data)"。同时,也明确了"第一方"的相关责任,即"第三方在你的网站上出于在线行为广告目的搜集用户数据,你就应该提供广告选择图标(比如 AdChoices 图标)及相关文本。这个图标应当出现在所出于在线行为广告目的搜集用户数据的网页上,并且图标应当能链接到 www.aboutads.info 的信息披露中"。国家广告主协会还强调了一项特别的内容,公布了广告商提供广告的独立网站,给出了参与该自律项目的主要成本:① 图标使用权每年 5 千美金;② 对于每年从在线行为广告中获取收益低于 200 万美金的网络运营商免费;③ 退出页面注册使用费每年 1 万美金;④ 所有费用用以支持该项目的运作。③

美国数字广告联盟于 2013 年 7 月发布了《移动环境中自律原则的应用》(Application of Self-Regulatory Principles to the Mobile Environment),主要规范在线行为广告原则在移动网站与应用程序环境中的适用性。包括四种数据类型的自律规范:① 多站点数据(Multi-Site Data),在移动网站和应用程序环境中的某些特定类型的数据;② 深度数据(Cross-App Data),通过一个特定设备搜集的,有关消费者在不同的时间与借助非附属应用程序使用的数据;③ 精确位置数据(Precise location Data),从一个设备中获得物理位置,足够精确定位一个特定个人或设备;④ 个人

---

① IAB.Self-Regulatory Principles for Online Behavioral Advertising[EB/OL]. 2014-12-30. http://www.iab.net/insights_research/public_policy/behavioral-advertisingprinciples.
② 《全球在线行为广告自律规范出台》[J],《中国广告》2009 年,第 8 期。
③ ANA. Online Behavioral Advertising Toolkit[EB/OL]. 2015-01-14. http://www.ana.net/content/show/id/advocacy-obatoolkit.

143

目录数据（Personal Directory Data），由消费者创造的，通过一个特定的储存和访问设备进入的日历、地址薄、电话或文本日志以及图片或视频数据。美国数字广告联盟发布的这份新的自律文件，再次强调了有关"透明度与控制""第三方与第一方搜集用户数据""有关健康与财务等敏感数据"等问题，提出应该确保数据安全。①

英国广告实践委员会（CAP）制定的在线行为广告自律规范于2013年2月4日生效，包含在《英国非广播电视广告、促销与直销规范》（UK Code of Non-Broadcast Advertising, Sales Promotion and Direct Marketing, The CAP Code）的附录3中，强调了第三方的责任以及用户对搜集使用数据的透明性与可控性。

国际商会在其2011年版的《国际商会广告与营销传播实务统一准则》（ICC Code of Advertising and Marketing Communication Practice）中，基本采纳了美国对OBA的定义，增加了一句说明："在线行为广告并不包括网络运营商、量化广告传递（quantitative ad delivery）或量化广告报告（quantitative ad reporting）、内容关联广告（contextual advertising）的活动，例如基于被访问网页内容，消费者当前访问网页或搜索查询的广告。"②

欧洲广告标准联盟于2011年4月将欧洲各国的广告自律组织与代表召集在一起，提交了有关《在线广告行为的最具操作性的指南》，有七个指导原则：① 通知，包括通过使用图标链接到复杂背景信息与控制设置的"特别通知"；② 选择，为用户提供一个"一键退出"（one-stop-shop）的解决方案以避免在线行为被追踪，为所有的或尽可能多的网站访问者提供明确的信息搜集声明；③ 数据安全；④ 敏感数据，避免儿童或敏感类别的信息搜集行为；⑤ 教育，向消费者与企业提供教育；⑥ 遵守并执行方案，需要借助有效的机制确保遵守并处理投诉；⑦ 评价，根据建议进行周期性的评价与调整。

---

① DAA.Application of self-Regulatory Principles to the Mobile environment［EB/OL］.2015-1-14.http://www.aboutads.info/DAA_Mobile_Guidance.pdf.2013-07/.

② ICC.Consolidated ICC Code of Advertising and Marketing Communication Practice［EB/OL］.2014-12-26. http://www.iccwbo.org/advocacy-codes-and-rules/document-centre/2011/advertising-and-marketing-communication-practice-(consolidated-icc-code)/.

第三章 传承与嬗变：媒体时代变迁背景下广告行业协会的自律监管

该政策得到全球隐私论坛（The World Privacy Forum）的认同，[1]并且明确了在线行为广告的"投诉机制"（详见图3-5）：

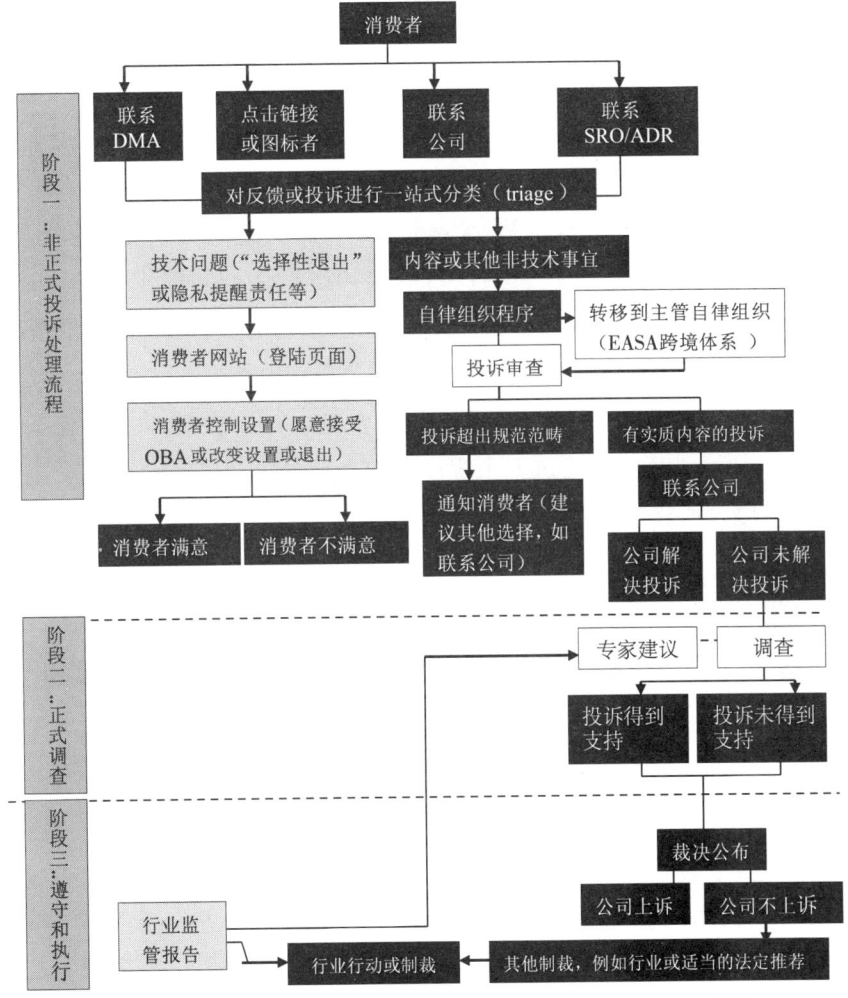

图3-5 欧洲广告标准联盟制定的消费者反馈/投诉处理流程[2]

---

[1] Omer Tene, Jules Polonetsky, "To Track or 'Do Not Track': Advancing Transparency and Individual Control in Online Behavioral Advertising", *MINN. J. L. SCI. & TECH*, Vol.1(2012), pp.316-318.

[2] EASA. EASA Best Practice Recommendation on Online Behavioural Advertising[EB/OL]. 2015-6-12. http://www.easa-alliance.org/page.aspx/386.

145

欧洲互动广告局于2011年4月发布《欧洲互动广告局在线行为广告的欧盟框架》，2012年4月发布《欧洲互动广告局在线行为框架的自我认证标准》。

欧洲互动数字广告联盟于2011年11月发布《欧洲互动广告局在线广告行为框架》，2012年1月发布《关于实施欧洲互动广告联盟在线广告行为框架和欧洲广告标准联盟最佳实践建议的技术规范》，2012年11月发布《参与在线广告行为公司的自律认证标准》。除了制定标准，该联盟还注重加强自律监管，与独立公司诸如英国与爱尔兰独立的媒体审计公司"ABC"合作，通过使用"Ghostery""BPA Worldwide""ePrivacy""TRUSTe"等独立公司提供的相关数据，对参与在线行为广告的公司进行认证并提供"认证印章"（Trust Seal）。由于该认证可以证明公司遵守在线行为广告自律规制的情况，所以欧洲互动数字广告联盟是相当谨慎的，公司首先需要进行为期六个月的执行情况自查，然后再由独立认证公司进行为期一个月的独立认证过程审计，如图3-6所示，基本要经过五个程序："加入计划"——"申请OBA图标执照"——"整合消费者选择平台"——"自查执行情况"——"获得认证"。[①]

图3-6 欧洲互动数字广告联盟OBA资质认证程序图

（二）启用广告选择图标

美国数字广告联盟有关"广告选择图标（AdChoices）"的相关规定："在线广告附近或出于在线行为广告目的进行数据收集的网页，推广使用图标与对应语言。广告选择图标（见图3-7）表明，广告已加入自我监管的计划，消费者点击它之后就能链接到一个明确的公开声明中，被告知与广告相关的数据收集与使用实践行为以及一个易于使用与退出的机制。"

---

① EDAA.Certification Providers & EDAA Trust Seal[EB/OL].2015-6-16.http://www.edaa.eu/certification-process/trust-seal/.

第三章 传承与嬗变：媒体时代变迁背景下广告行业协会的自律监管

图 3‑7 美国数字广告联盟启用的"广告选择图标"

有关"消费者的选择机制"规定："易于使用的选择机制给予消费者方便退出部分或全部在线行为广告活动的能力；如果他们选择保留广告可以去 www.aboutads.info 注册，从而参与到一个全产业范围内的选择机制（见图 3‑8）。"为适应快速增长的移动新媒体需要，美国数字广告联盟又开发了适合苹果（iOS）与安卓（Android）系统的"AppChoices"工具。[1]

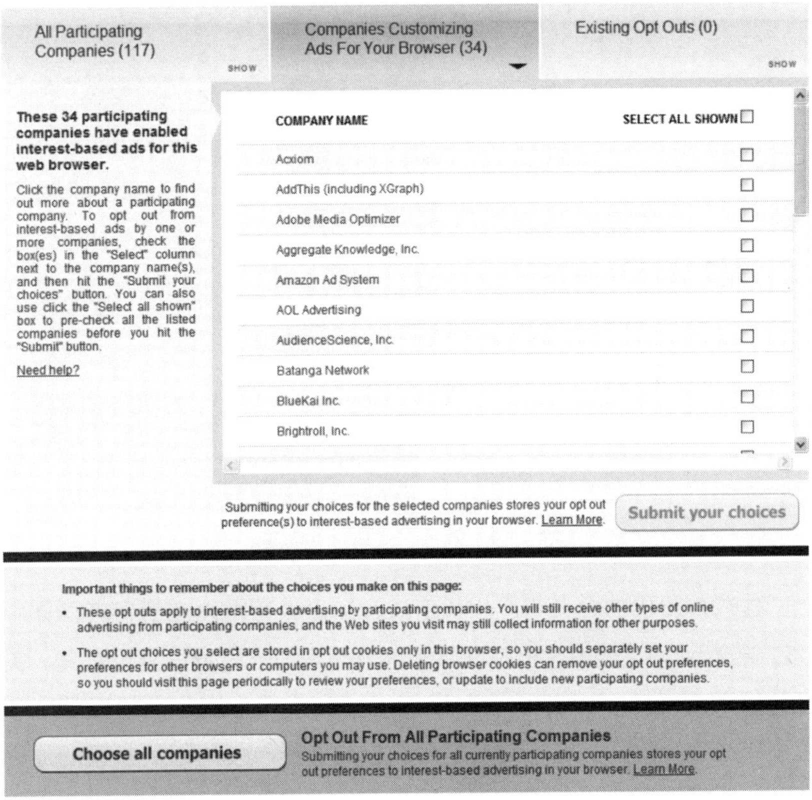

图 3‑8 OBA 退出选择（Opt Out From Online Behavior Advertsing, BETA）[2]

---

[1] DAA.AppChoices[EB/OL].2015‑6‑16.http://www.aboutads.info/appchoices.
[2] DAA.Opt Out From Online Behavior Advertsing[EB/OL].2015‑02‑01.http://www.aboutads.info/choices/#completed.

147

欧洲互动数字广告联盟也有专门的在线行为广告选择网站,欧洲33个国家进入 Your Online Choices 网站后,可以按照国家进行选择,进入本国的页面后,根据主页菜单选择自己所需的内容(如图3-9)。以英国为例,菜单主要有在线行为广告的含义、相关规制、如何进行广告选择、在线投诉等,分别对应相应的图标,点击之后可以获取更多的信息、进行更多的操作(如图3-10)。

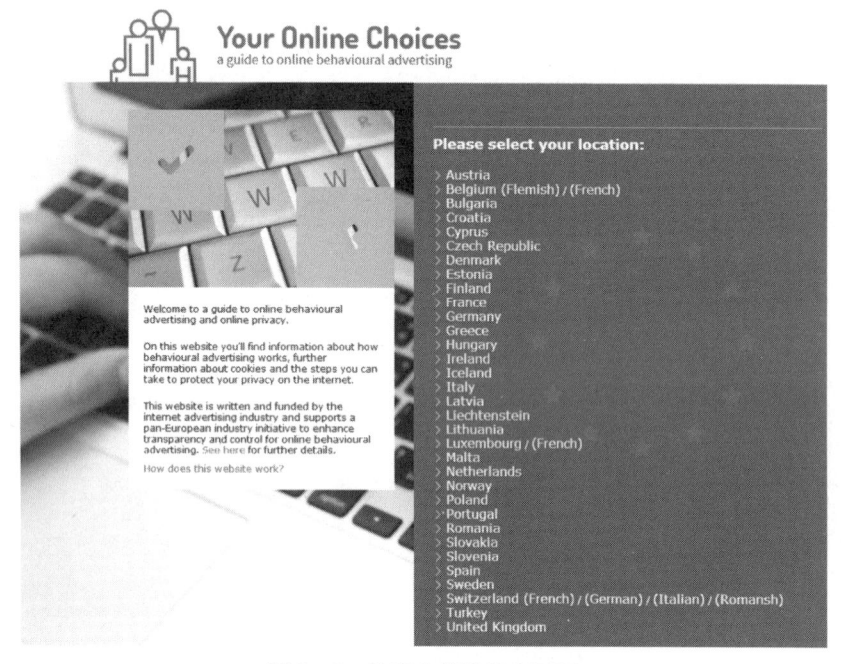

图 3-9 欧盟在线选择主页面

广告选择图标的含义与应用价值通过知识教育得以在消费者群体中扩散,各广告行业协会也在 OBA 自律规范中提到加强教育的重要意义。关于教育的效果,欧洲传播代理协会对欧洲十国在线行为广告图标做了一项消费者调研之后,认为"教育还是对广告图标的选择与使用起到积极的促进作用,其中,西班牙消费者对图标含义的理解位居首位"[1](详见表3-3)。

---

[1] EACA.European Advertising Consumer Research Report 2014[EB/OL].2015-5-21.http://media.wix.com/ugd/4a7b21_a93a8163e7f846c4869658061e4b8247.pdf.

第三章 传承与嬗变:媒体时代变迁背景下广告行业协会的自律监管

图 3-10 英国在线行为广告选择网站各菜单对应的图标①

表 3-3 欧洲十国在线行为广告图标消费者感知研究

国家	消费者认为 OBA 图标可以帮助他们管理个人隐私偏好的百分比
西班牙	28%
英国	21%
德国	21%
法国	17%
瑞典	13%
葡萄牙	12%
意大利	11%
希腊	8%
波兰	8%
匈牙利	7%

---

① Your Online Choices[EB/OL].2016-6-12..http://www.youronlinechoices.com/uk/.

2013年6月,在"通过有效的自律确保将来广告支撑的互联网免费内容体系"研讨会上,美国联邦贸易委员会的委员Maureen K. Ohlhausen大力肯定了行业协会有关消费者隐私"选择性退出"项目,认为"是这个领域内一个成功案例",她指出:"面对隐私挑战,为缓和互联网用户持续关注他们的在线隐私问题,行业已经做出快速的应对。广告选择图标可以确保消费者容易发现基于兴趣的广告,这是有关消费者隐私选择的一个创新途径。"[1]

不过,虽然上述研究证明了广告选择图标与退出机制使得消费者拥有更多的在线选择自主权利,但来自一些企业的实际营销活动却证明他们并没有对消费者的自由权给予足够的重视。正如一项研究中指出的:"作为一个受尊重的消费者,你有权进行'选择性退出',但是别怪我们没提醒你,你可能恰恰错过了你所钟爱品牌提供给VIP客户的一些真正独特的服务。"[2]这句企业发出的意味深长的"善意警告"证明,从在线行为广告自律规制的制定到最终内化为业界的自觉实践,还有很长的路要走。

二、注重网络隐私与用户数据保护

在线行为广告的有效性,是建立在搜集使用网民在线行为数据的基础上的,这种"量身定制"的广告因其屡屡侵犯用户隐私,致使其发展一直受到阻碍。美英两国主要的广告行业协会,近年来也开始致力于消费者网络隐私与数据保护的相关研究,通过颁布自律保护规制、与隐私协会合作、借助第三方实现隐私认证以及利用技术加强对消费者隐私保护等方式,来解决新时期出现的新的行业伦理与道德实践问题。

(一)研究隐私保护相关问题

主要的广告自律协会近年来都在关注消费者隐私保护的相关问题,尤

---

[1] ANA. FTC Commissioner Ohlhausen Applauds Industry's Successful Self-Regulation Privacy Program[EB/OL].2015-8-8. http://www.ana.net/blogs/show/id/25859.

[2] Reelseo.Online Behavioral Video and Display Advertising——Treading a Fine Line[EB/OL].2014-1-7.http://www.reelseo.com/online-behavioral-advertising/.

第三章 传承与嬗变:媒体时代变迁背景下广告行业协会的自律监管

其是每年的"数据保护日"(Data Protection Day)①前后,有关的理论与实证研究成果特别丰富,这也凸显出广告行业自律协会对这个节日的重视。例如,美国直销协会(DMA)在 2015 年 1 月 28 日发表《数据保护日:营销者应该知道什么》(Data Privacy Day:What Marketers Needs To Know)一文,探讨了隐私与数据驱动营销之间的关系。② 英国直销协会(DMA UK)也发文——《2015 年数据保护日:企业必须让消费者了解有关他们数据的价值》,还介绍了《欧盟数据保护规制》(EUData Protection Regulation,简称 DPR)草案的进展情况。③

同是为解决隐私保护问题,不同广告自律协会工作的侧重点却存在一定的差异,这种研究视角的多样性,更加确保了隐私保护相关自律规制的有效性。有的广告自律协会制定了相关自律规范,例如,英国直销协会制定了相关《规范》(The Code),明确指出成员应遵守"尊重隐私"的六条规则④;欧洲直销与互动营销联盟(FEDMA)发布《数据与隐私:欧洲直销与互动营销联盟关于道德数据管理章程》(Data & Privacy:FEDMA Charter on Ethical

---

① 2006 年 4 月 26 日,欧洲理事会(Council of Europe)发起确立从 2007 年 1 月 28 日开始,每年的此日为"数据保护日"(Data Protection Day),旨在提高认识、促进隐私与数据保护最优实践。2009 年,随着美国也确立该日为数据隐私日,隐私日已经成功扩展到加拿大与 27 个欧洲国家。详见:Council of Europe.Data Protection Day[EB/OL].2015 - 7 - 10.http://www.coe.int/t/dghl/standardsetting/dataprotection/data_protection_day_en.asp.

② DMA. Data Privacy Day: What Marketers Needs To Know[EB/OL].2015 - 7 - 10.http://thedma.org/advance/capitol-matters-advocacy-compliance/data-privacy-day-marketers-needs/.

③ 英国直销协会于 2013 年 1 月发布了该草案的第一稿,旨在平衡保护消费者数据隐私权利与英国庞大的一对一营销行业利益的关系。详见:DMA UK. Data protection 2015[EB/OL].2015 - 7 - 10. http://dma.org.uk/event/data-protection - 2015。

④ 这六条原则分别是:a) 成员不得发送未经请求的一对一营销邮件与(或)短信,除非遵守 PECR 的相关规定。b) 成员必须坚守执行内部保密性文件——有消费者姓名与详细联系方式的文件,这些消费者明确指出不希望收到来自所有或特别渠道的任何商业性传播信息。同时也包括收件人为第三方的传播者,他们早在第一次联系时就表示不希望以后再收到相关信息。c) 成员必须确保包括有消费者姓名与详细联系方式的文件不能用于营销目的,除非已经得到相关优先权服务——TPS、MPS、CTPS、BMPS、FPS and Your Choice 的审查认证。d) 成员必须采取所有合理步骤,确保消费者不会收到反社会相关的商业电话或短信。当按计划发送商业信息时,成员必须考虑到目标受众的感受。e) 成员必须通过屏幕数据移除已经死亡人员的信息,确保这些信息不能用于营销目的。f) 成员不能进行随意数或按顺序拨号,无论是人工还是电脑或是任何数字搜索活动(任何旨在建立电话号码有效性的活动)。来源于:DMA UK. The Code[EB/OL].2015 - 7 - 10.http://www.dma.org.uk/uploads/Interactive-code-for-web - 11_54119ad59a64b.pdf.

Data Management），指出数据驱动营销行业中有关个人数据道德管理的五个关键原则。①

有的广告自律协会关注隐私保护政策的发展与走势。例如，美国广告主协会（ANA）根据联邦贸易委员会2015年1月发布的《物联网报告：在一个互联网世界中的隐私与安全》（Internet of Things Report：Privacy & Security in A Connected World）②与一个有关"数据安全"的听证会预测："隐私与数据安全"将会成为本年度最重要的议题。③ 美国直销协会为保护消费者隐私，于2014年9月向美国最高法院提出"DMA v.Brohl案例公开摘要"（Files Opening Brief in Supreme Court Case），该案的起因是科罗拉多州在《通知与报道法》（Notice and Reporting Law）中规定"其他州的商人应向国家税务局披露本周消费者购买历史信息的机密内容"，而美国直销协会认为"法院的判决事关营销者保护科罗拉多州及其他州消费者数据与隐私的能力"④。

更多的广告自律协会近年来持续关注隐私保护问题，发布了多项重要的研究成果。例如，欧洲互动数字广告联盟（EDAA）发布了《2014年度活动报告》（Activity Report 2014），对欧洲2014年的在线行为广告图标、消费者在线选择平台（Your Online Choices.eu）、隐私认证项目、消费者隐私活动等进行了调查研究。⑤ 英国直销协会于2012年6月发布其研究报告《数据隐私信息图表：消费者真正在想什么？》，将消费者分为三种类型："数据实用主

---

① 《Ethical Personal Data Management Charter》中有关个人数据道德管理的五个关键原则，分别是：a）诚实和公正（Be Honest and Fair）。b）尊重个人（Respect Individuals）。c）重视个人信息（Be Diligent with Personal Data）。d）让用户选择（Empower the Customer with Choice）。e）承担责任（Be Accountable）。来源于：FEDMA. Data & Privacy：FEDMA Charter on Ethical Data Management[EB/OL].2015-7-10. http：//www.fedma.org/index.php？id=30。

② FTC. Internet of Things report：Privacy & Security in a Connected World[EB/OL].(2015-1).2015-7-10. https：//www.ftc.gov/system/files/documents/reports/federal-trade-commission-staff-report-november-2013-worksh op-entitled-internet-things-privacy/150127iotrpt.pdf.

③ ANA. Top Issue of Early 2015：Privacy and Data Security[EB/OL].(2015-1-28).2015-7-10. http：//www.ana.net/blogs/show/id/33532.

④ DMA. DMA Fights for Consumer Privacy，Files Opening Brief in Supreme Court Case[EB/OL].(2014-9-9).2015-7-10. http：//thedma.org/news/dma-fights-for-consumer-privacy-files-opening-brief-in-supreme-case/.

⑤ EDAA.Activity Report 2014[EB/OL].2015-7-10. https：//www.asa.org.uk/~/media/Files/ASA/News/2014%20EDAA%20Activity%20Report.ashx.

义者"(data pragmatists)占53％,他们愿意交换一定数量的数据以获取免费服务与更好的利益;"数据基要派"(data fundamentalists)占31％,他们一般反对与企业分享个人信息,除非有迫不得已的原因驱动;"漠不关心派"(unconcerned)占16％,对于与谁分享个人信息、用途怎样都不关心。[1] 此外,英国直销协会还发表多篇研究文章,例如詹姆斯·米利根(James Milligan)发表了《消费者的隐私期望驱动数据保护变革》,指出"企业需要适应一个新的世界秩序,因为消费者比以往任何时期都更加关注他们的隐私与数据保护权利"[2];特里斯坦·加里克(Tristan Garrick)发表的《数据隐私正成为一个"关键性品牌区分点"》,认为"数据隐私是企业赢得新的消费者,同时也是消费者基于对企业可信度与透明性的信任,从而做出分享信息决定的关键因素"[3]。

(二)加强与隐私协会、在线公司之间的合作

不少广告行业协会为保护消费者隐私,加强了与隐私协会之间的合作,共同的研究对象为双方合作奠定了基础。例如美国直销协会、网络广告促进会等就与美国电子隐私信息中心(Electronic Privacy Information Center,简称 EPIC)[4]就共同关注的问题展开合作,对不少广告主,如Google、Facebook、WhatsApp、Snapchat、Uber 的新媒体广告行为与消费者隐私权利侵犯情况进行了有力的监督。作为专门的隐私自律协会,美国电子隐私信息中心对消费者隐私权的保护具有聚焦范围小、针对性更强的优势,这些可以为广告行业协会提供参考借鉴。例如,该中心于 2015 年春季发起"国家政策项目"(EPIC's State Policy Project),旨在督促全国立法以保护个人隐私与公民自由权利,涉及的议题领域有学生隐私、无人驾驶飞机和

---

[1] DMA UK.Infographic-Data privacy:What the consumer really thinks[EB/OL].(2012-6-20)2015-7-10.http://www.dma.org.uk/infographic/infographic-data-privacy-what-the-consumer-really-thinks.

[2] James Milligan. Consumers'privacy expectations drive data protection changes[EB/OL]. (2014-3-27).2015-7-10. http://www.dma.org.uk/article/consumers-privacy-expectations-drive-data-protection-changes.

[3] Tristan Garrick .Data privacy is now a "critical brand differentiator"[EB/OL].(2014-4-2).2015-7-10.http://www.dma.org.uk/article/data-privacy-is-now-a-critical-brand-differentiator.

[4] 美国电子隐私信息中心是一家独立的非营利研究中心,旨在保护消费者隐私、自由表达权利、民主价值,促进公众参与互联网未来的发展决策。

无人机、消费者数据安全、数据泄露通知、位置隐私、基因隐私、警察的随身相机、遗忘权、汽车黑匣子①,其中好几个领域的问题都与广告行业协会的相关研究有交集。

广告行业协会除了与隐私协会展开合作外,还联合创办隐私联盟,通过发布自律规制,引导在线行业健康发展。例如美国广告联合会、美国广告主协会、美国广告代理商协会与其他协会、TRUSTe 隐私监管公司以及诸多知名 IT 公司一起,在1998年春天合作成立了"美国在线隐私联盟"(Online Privacy Alliances,简称 OPA),并于同年6月发布了《在线隐私指引》(Guidelines for Online Privacy Policies),旨在指导网络和其他电子行业隐私保护,对成员公司收集信息提出如下规定:公开网站隐私政策,在合法收集个人信息、使用个人信息或另作他用时征得主体的同意,搜集数据的内容与安全性,用户访问数据、问责机制等。② 为了确保自律的有效性,在线隐私联盟发布了《有效实施自律计划》(Effective Enforcement of Self Regualtion),提出"第三方认证项目""隐私认证项目""验证与监管""消费者投诉机制""教育机制"等内容。③

(三)进行网络隐私的第三方认证

为了确保在线企业遵守隐私保护相关规制,一些广告行业协会开发了认证项目,例如美国商业促进局推出"在线可靠性印章项目"(BBBOnLine Reliability Seal Program),当消费者网购时,可以通过"点击检查"获得商业促进局出具的符合其标准要求的可靠性认证报告,随即又回到用户访问的网站,从而极大地促进了网站消费者购物的信心。④ 美国三家自律协会联合组成的"值得信赖的问责集团"(TAG),也为达到 TAG 标准的公司每年提供认证。不过,为了寻求隐私认证的客观公正性,广告行业协会更多选择委托给第三方公司,例如 TRUSTe、GHOSTERY、ePrivacyConsult、SiteG-

---

① EPIC.EPIC.org/State-Policy[EB/OL].2015-6-24.https://epic.org/state-policy/.

② OPA.Guidelines for Online Privacy Policies[EB/OL].2015-6-26.http://www.privacyalliance.org/resources/ppguidelines.shtml.

③ OPA.Effective Enforcement of self Regualtion[EB/OL].2015-6-26.http://www.privacyalliance.org/resources/enforcement.shtml.

④ BBB.BBBOnLine Reliability Seal Program[EB/OL].2015-7-2.http://espanol.newyork.bbb.org/default.aspx?pid=237.

第三章　传承与嬗变：媒体时代变迁背景下广告行业协会的自律监管

uardian 等来为在线企业提供认证，这些公司会授权达到其提出的隐私规则的网站张贴隐私认证标志，以便用户清晰地识别。

TRUSTe 是领先的全球数据隐私管理（Data Privacy Management，简称 DPM）公司，作为美国的一家非营利团体，致力于保护个人信息，呼吁产业界、政论及相关业界团体开展合作，以便共同致力于新型隐私保护标志的制定，并共同完善隐私保护政策。TRUSTe 认为，"正如美国食品药品管理局强制规定必须在食品等包装上注明的'营养成分'（Nutritional Facts）一样，应制定能明确显示每个条款的隐私保护详细信息的标签'隐私标签'（Privacy Label），这样消费者就可以很容易地了解到'保护'的程度以及详细情况，包括信息共享及位置信息跟踪的有无、规定遵守的检查等"[①]。TRUSTe 对在线企业的十方面隐私内容提供认证：① 隐私路线图开发评估（Privacy Roadmap Development Assessment）；② 数据发现与分类评估（Data Discovery & Classification Assessment）；③ 人力资源/雇员数据评估（HR/Employee Data Assessment）；④ 开发、扩张与收购的隐私影响评估［Privacy Impact Assessment（PIA）for Launch, Expansion or Acquisition］；⑤ 企业隐私认证［Enterprise Privacy Certification（EUSafe Harbor, APEC, FIPs, OECD, GAPP）］；⑥ 儿童隐私评估与认证（Kid's Privacy Assessment & Certification）；⑦ 欧洲广告认证（European Advertising Certification）；⑧ 可信数据认证（TRUSTed Data Certification）；⑨ 可信下载认证（TRUSTed Downloads Certification）；⑩ 可信智能电网认证（TRUSTed Smart Grid Certification）。[②]

图 3-11　TRUSTe 网站隐私认证印章

[①] 新浪科技时代：《TRUSTe 新"标志"明确隐私保护水平》[EB/OL]，2001 年 6 月 21 日，http://tech.sina.com.cn/it/m/72390.shtml.2015-6-23.

[②] TRUSTe. Privacy Assessments & Certifications[EB/OL]. 2015-6-24. https://www.truste.com/business-products/dpm-services/#pCert.

2009年成立的GHOSTERY公司,致力于以最简单、最系统的方式向消费者呈现,他们的信息是如何被网站、应用程序以及广告商搜集与使用的。该公司的隐私管理技术已经被美国数字广告联盟(DAA)、欧洲互动数字广告联盟(EDAA)以及加拿大数字广告联盟(Canadian Digital Advertising Alliance,简称DAAC)采用。[①]

图3-12　GHOSTERY企业的标识

ePrivacyConsult是一家致力于隐私保护的独立组织,评估数字广告以及其他代理商是否符合德国与欧盟隐私相关需求。由 ePrivacyConsult 发起的"ePrivacy印章",表明会员企业的受众传送平台符合由其提出的严格的欧洲数据保护标准。

图3-13　ePrivacy隐私保护、应用程序隐私保护与隐私检测技术认证印章

2001年9月1日,SiteGuardian这家旨在增进在线服务商与普通公众之间的信任关系的公司,发布了隐私声明,制定了反垃圾邮件原则、信息分享、数据保护、访问个人信息、在线交易信息、隐私政策更改通知等内容。对于遵守下述原则的网站颁发隐私认证:[①]遵照实施隐私政策:网站必须向公众披露信息搜集与公开的信息,访问者必须有权随时更改或删除个人信

---

① GHOSTERY. our-solutions [EB/OL]. 2015-7-10. https://www.ghostery.com/en/our-solutions/ghostery-privacy/.

第三章 传承与嬗变：媒体时代变迁背景下广告行业协会的自律监管

息。② 及时通知隐私政策变化：每一个网站在更改隐私政策之前，必须给予用户足够的时间更改或删除个人信息。③ 数据安全：个人信息必须以安全的方式搜集和储存，并且能防止普通的黑客攻击。④ 谢绝垃圾邮件：未获得用户许可，不能向第三方提供其电子邮件地址信息。⑤ 安全服务器：网上购物需要基于一个安全的服务器，阻止偷来银行卡及卡号交易。①

图 3-14 siteGuardian 的网络隐私认证印章

（四）借助技术保护消费者隐私

广告行业协会还注重与相关协会或企业合作，致力于通过技术手段加强对消费者隐私的保护。以 P3P 项目为例，1997 年 5 月，万维网联盟（World Wide Web Consortium，简称 W3C）推出"个人隐私选择平台"（Platform for Privacy Preferences Project，简称 P3P），旨在借助技术支持增进用户对网络的信任与信心。依据《个人隐私选择平台实施指南》（The P3P Implementation Guide），该平台在最基本层面上，是一个机器可读词汇（machine-readable vocabulary）以及网站数据管理实践的语法表达（syntax for expressing），个人隐私选择平台提供的是网站如何收集、处理与使用用户个人信息的"快速成像"（snapshot summary），使得网络浏览器与其他应用"易读"、"易于理解"自动呈现的信息，并能根据用户自己设置的隐私偏好对不匹配情况及时提醒，实现了网络传播更加轻松、透明、可控。② P3P 能让网站指明对个人数据使用和公布的状况，让用户选择个人数据是否被公布，以及

---

① siteGuardian. siteGuardian Privacy Seal [EB/OL]. 2015-6-24. http://www.siteguardian.org/guardian.nsf/sealinfo! OpenPage.

② P3P. What is P3P and How Does it Work? [EB/OL]. 2015-6-26. http://p3ptoolbox.org/guide/section2.shtml#IIa.

157

哪些数据能被公布,并能让软件代理商代表双方达成有关数据交换的协议。

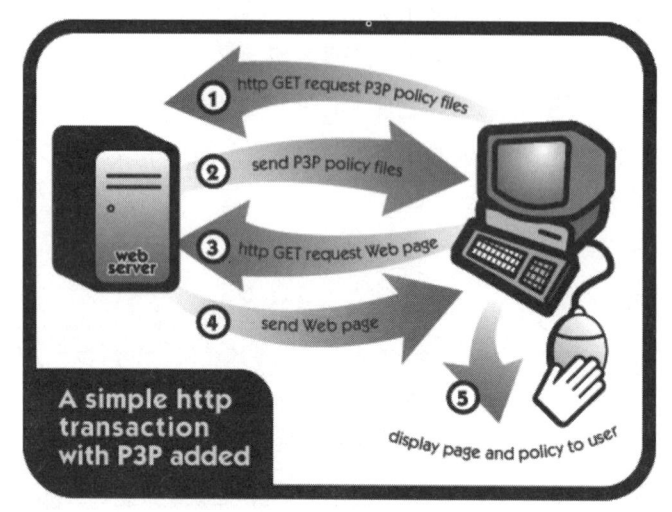

图 3-15 P3P 工作示意简图

三、谨防在线广告病毒欺诈

2014 年 8 月—9 月,美国广告主协会(ANA)与 White Ops 安全公司联合进行一项有关在线广告病毒欺诈问题的研究,通过对招募的 36 家参与会员的 300 万网域(domains)中的 55 亿次展项数(impressions)进行分析,从而确定欺诈活动,预测 2015 年全球广告主将因在线广告病毒欺诈损失高达 63 亿美元,指出传统广告欺诈防御系统难以保护现代网络犯罪威胁,在线广告病毒欺诈已经成为新媒体广告中出现的新问题。

《数字广告欺诈》(The Bot Baseline:Fraud in Digital Advertising)研究报告指出,解决在线广告欺诈的对策重点在于创建广告商、代理商、供应商等利益相关群体联盟,管理好欺诈讨论中的情绪,授权和批准第三方流量验证技术,支持"值得信赖的问责集团"(TAG)。广告商应注意数字广告中的欺诈并积极行动,强调流量(sourced traffic)中的透明性,研究添加特定条款和条件,避免人为拥堵(non-human traffic),使用第三方监控,如果条件允许,适时断网。应根据受众的时间集中发布广告,经常更新黑名单,控制广告插入(未经授权将广告放在网站中不属于他们的位置),考虑减少老版本

第三章　传承与嬗变：媒体时代变迁背景下广告行业协会的自律监管

的浏览器,向所有外部合作伙伴宣布自己的反欺诈政策,预留足够的安全预算(许多公司是日常管理费的1‰~3‰),持续监测流量,保护自己免受内容窃取与广告插入,考虑允许第三方流量评估工具。

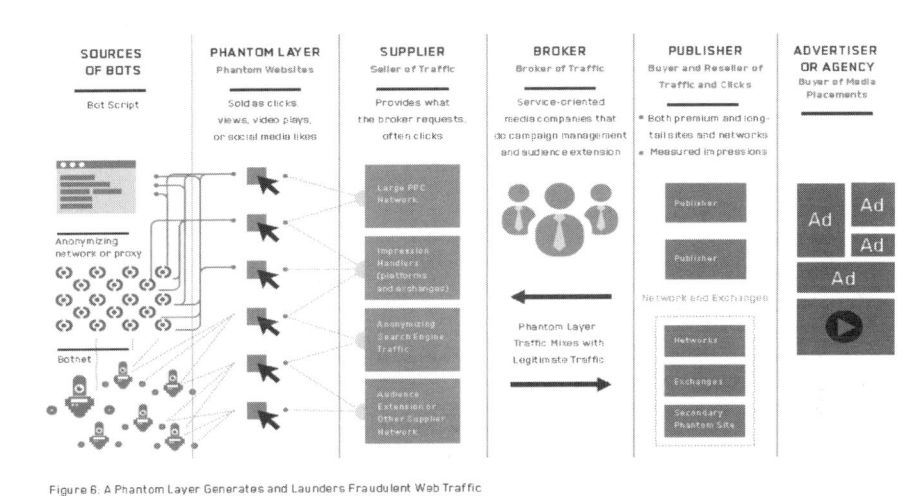

图3-16　病毒供应商欺诈数字广告供应链中的所有利益相关者①

四、加强对数字广告的有效管理

有关数字广告管理,目前既有国际或美英两国广告行业协会政策性的相关引导与规定,也有开发新的管理系统或资质认证方面的积极实践。

(一)自律政策导向

国际商会(ICC)发布了政策声明,"警惕数字广告误导",指出:"在线广告生态系统中的所有活动主体,均应通力合作并采取积极的措施,以减少网络广告中所从事或促成的违法活动和(或)广告主认为有害内容的可能性。广告收益不应用来帮助违法活动。此外,知名品牌在违法网站中的广告活动会导致消费者错误地认为该网站是合法的。"为避免出现上述令消费者混淆的情况,同时也为保护品牌声望,国际商会建议所有在线广告生态系统中

---

① 涉及:广告营销团队、媒体计划代理团队、媒体购买代理团队、广告服务器代理、分析与优化代理团队、发行商(Publisher)的广告运营团队、发行商的销售组织、发行商的广告服务器、第三方广告验证服务、广告商的内部审计控制。

159

的活动均应加强自律以解决广告错位问题。一个有效的自律体系应该包括:① 使用商业上合理的努力与措施,减少广告被放置到网站上从事或者促成违法活动的风险,不要在品牌的产品或服务被认为是不受欢迎的网站上呈现。② 发展商业上合理的策略与流程,将那些在他们营销活动中从事或促成违法活动和(或)服务的网站移除或拒绝合作,形成一个行业标准,以迅速终止出现不一致的广告植入。国际商会号召广告生态系统通力合作,快速发展一个自律体系,以确保广告在线传播链条中的整体利益——在线广告中介、广告主和消费者。[1]

2001年,商业促进局发布《在线商业惯例》(BBB Code of Online Business Practices),对在线广告提出五项道德原则,即真实与准确的信息传播、信息披露、信息使用行为与安全、消费者满意、保护儿童。[2]

2014年1月,美国直销协会发布的《直销协会商务实践道德纲领》(Direct Marketing Association's Guidelines for Ethical Business Practice)中,也专门增加了"营销数据的搜集、使用与维护(Maintenance)""数字化营销(Digital Marketing)""移动营销(Mobile Marketing)"[3]等内容,以加强对数字广告的规范管理。

(二)制定数字广告效果评估标准

据行业统计分析,大约30%到50%的在线广告,由于置于浏览窗口之外或者其他原因导致消费者不可视,因此行业经过几年的努力制定了在线广告的"可视评估"标准。2011年11月,美国广告主协会(ANA)与美国广告商代理协会(4A's)、美国互动广告局(IAB)、媒体评议会(Media Rating Council,简称MRC)跨行业联合倡导建立行业生态创新项目——"让评估具有实际意义"(Making Measurement Make Sense,简称3MS),宣布数字衡

---

[1] ICC Commission on Marketing and Advertising.ICC Policy statement:Safeguarding against the misplacement of digital advertising[EB/OL].2014-05-06. http://www.iccwbo.org/Advocacy-Codes-and-Rules/Document-centre/2014/ICC-Policy-Statement-Safeguardin g-against-misplacement-of-digital-advertising/.

[2] BBB.BBB Code of Online Business Practices[EB/OL].2015-7-2.http://espanol.newyork.bbb.org/default.aspx? pid=105.

[3] DMA.Direct Marketing Association's Guidelines for Ethical Business Practice.2015-3-30[EB/OL].http://thedma.org/wp-content/uploads/DMA_Guidelines_January_2014.pdf.

第三章　传承与嬗变:媒体时代变迁背景下广告行业协会的自律监管

量指标正式进入实测阶段。该项目旨在为数字媒体测量带来革命性变化,界定并建立清晰的跨平台衡量标准以管理营销生态系统中的互动广告,由媒体评议会制定与实施测量标准。① 几家协会联合发布了数字广告评估的五大指导原则:① 广告评估转向"可见曝光"②标准,计算网络广告真正有效的呈现情况;② 评估网络广告曝光必须基于目标受众的曝光作为"货币单位",而不是全部曝光总数;③ 由于网络广告形式各不相同,我们需要建立一个清晰透明的分类体系;④ 建立与品牌营销者密切相关的衡量指标体系,以便品牌营销者更好地评估网络广告对品牌建设的贡献度;⑤ 数字媒体的评估必须和电视等其他媒体之间越来越具有可比性和可整合性。③ 该项目推荐使用"互联网广告毛评点"(iGRP)概念与"跨媒体达到率"(Cross Screen Reach,简称 CSRTM)评估。

（三）数字广告相关资质认证

由于数字广告市场越来越复杂,经过对会员需求的调研,美国互动广告局决定设立标准基准,以确保合作伙伴、雇员和新员工在从事各自工作时能有一个可以参照的基本知识。互动广告局副总裁戴维·多蒂(David Doty)在"第 21 届中国国际广告节"上发言时提出:"我们相信认证的好处非常的多,可以保证整个行业可以聘请到合格的人员和行业的多样性。互动广告局认证可以提升从业人员的行业知识,我们也收到很多通过认证的人的反馈,61%的人表明认证对他们事业的发展产生了积极的影响。根据市场反馈结果我们可以看出,想要通过认证的人在 2012 年只有 101 人,但是 2014年已经将近 3000 人。"④可见,认证的重要价值已经赢得行业很多人的认可。

美国互动广告局近年来推出了三个认证标准,分别是:① 2012 年推出"数字媒体销售资质认证"(IAB Digital Media Sales Certification),主要关注四个方面的内容,即数字广告生态系统、数字媒体销售、管理数字广告运

---

① 3MS:《What is 3MS?》[EB/OL],2015 年 6 月 24 日,http://measurementnow.net/what-is-3ms/.
② 即只有广告曝光在可见区域(无须拉动滚动条),才可认为是可见曝光。
③ 3MS:《What are the Five Guiding Priciples of Digital Measurement as defined by Making Measurement Make Sense?》[EB/OL],2015 年 6 月 24 日,http://measurementnow.net/faqs/.
④ 搜狐科技:《互动广告局副总裁 David Doty:在营销中获益》[EB/OL],2014 年 10 月 27 日,http://it.sohu.com/20141027/n405495204.shtml.

动、评估运动效果。② 2014 年推出"数字广告运营资质认证"(IAB Digital Ad Operations Certification),主要包括七个方面的内容:发起执行活动、管理现场活动、管理新兴技术、创造维护和记录赠品、管理突发事件、库存管理与诚信、管理与客户和合作伙伴的关系。③ 2015 年年初推出"数字数据解决方案认证"(IAB Digital Data Solutions Certification),任何在数字解决方案与管理领域有两年以上工作经验的人均可申请参加认证考试,需要具备下列四方面的知识:制度数据政策、管理数据供应、创建数据产品、激活数据集成。

图 3-17 美国互动广告局数字广告专业认证图标

截止到 2015 年年初,美国互动广告局推出的前面两个认证已经吸引超过 5500 个人和包括 Facebook、Google 等在内的超过 250 家公司加入,已成为行业基准。①

小　结

美英两国的广告行业协会自律监管已有一百多年的历史,新媒体的迅速发展,使得原有成熟的自律监管体系面临新的挑战。本章通过对 26 个广告行业协会官方网站一手资料的分析研究发现,为应对新媒体广告行业自律监管的需求,它们整体呈现出两种发展趋势:一方面传统广告行业协会通

---

① IAB. IAB Professional Certification[EB/OL].2015-6-16.http://www.iab.net/certification.

第三章 传承与嬗变:媒体时代变迁背景下广告行业协会的自律监管

过增设新媒体广告监管部门、制定或修订适于新媒体广告的自律规制以及加强对新媒体广告管理的研究等方式,将新媒体广告也纳入到它们的监管体系中;另一方面,英美两国通过成立专门的新媒体广告行业协会的方式,对层出不穷的新媒体广告进行针对性、专门化的监管。上述两种情况,体现出行业自律管理在传承历史的基础上,为增强监管的有效性应需而变,从而发挥了新媒体广告行业协会后来居上的管理优势。新媒体时代广告行业协会监管中还出现一个新的趋势,即互联网的无国界传播特性促使各广告行业协会之间加强合作,自律联盟通过共同制定自律规制、合作开展相关项目、联合研究焦点问题这三种主要的方式对新媒体广告进行监管。如何管理在线行为广告、加强网络隐私保护、谨防在线广告病毒欺诈以及实现对数字广告的有效管理,正在成为新媒体时代广告行业协会监管的新的重点。

第四章 利益与选择：
新媒体时代广告主内化自律规范以赢得信任

科尔曼认为，宏观层面的现象最终还应还原到个体行动层面来加以解释，广告行业协会制定的自律规范监管效果也需落实到具体成员的自觉遵守与执行方面来考量。传统媒体时代，企业作为广告主一般要经由广告代理公司设计制作、投放发布广告，他们缺少"有的放矢"的信息传播能力和与消费者直接沟通的机会，百货商店之父——约翰·沃纳梅克发出的感叹极具代表性，"我知道我的广告费有一半浪费掉了，但遗憾的是，我不知道浪费在了哪里"。新的技术赋予企业进行自主传播的能力，他们可以在新媒体平台上直接与消费者进行"点对点"的沟通，可以通过创建企业官网、开通社交媒体平台公众账号等方式节省大量的媒体购买费用，可以及时搜集消费者的反馈信息、研究用户偏好数据以发掘新的需求，还可以不受时间、空间的限制讲述品牌故事、分享品牌理念，从而打破了传统媒体时代企业与客户在交易完成后就很少再有联系的弊端。无疑，企业借助新媒体技术实现了自身更多的经济利益。

然而，新媒体如同一把"双刃剑"，帮助企业创造沟通神话的同时，也容易将他们引向"不义"的境地，因为很多时候，广告主是以牺牲消费者的数据隐私为代价，进行精准定位与产品信息推送的，这就涉及公众对企业道德伦理的拷问。新媒体广告时代，在利益诱惑与道德坚守之间，广告主会做出怎样的选择？行业协会的自律规范如何内化为广告主的自觉实践？广告主又是如何在新媒体时代培养、建立与利益相关群体之间的信任关系？本章通过研究国际十大领先品牌的隐私保护政策与三个重点行业的新媒体广告自律实践，来分析他们的自律动因、自律政策与努力方向。

第四章 利益与选择:新媒体时代广告主内化自律规范以赢得信任

第一节 新媒体时代西方广告主自律的动因分析

在新媒体广告相关法制监管尚不健全时期,基于道德的自律规范就成为约束广告主市场行为的重要因素,也是广告主赢得消费者信任、履行社会责任的重要推动力量。由于广告行业存在信息不对称,信任就成为帮助买卖之间建立关系的纽带。"包含信任的行动是诸种风险行动中的一种,个人在这类行动中承担的风险程度取决于其他行动者完成交易的情况。"①消费者作为有目标的行动者,愿意相信广告是为了满足个人信息获取等方面的利益,而广告主也可以依托这种信任关系实现盈利目的。为了不打破双方利益所保持的均衡状态,广告主就需要严于自律,否则一旦失信于人,自身利益也终将受损。因此,即使在规制不健全时期,广告主依然有动力加强对新媒体广告的自律。

一、广告主的媒体使用偏好正在发生改变

虽然传统媒体费用支出依然占据企业广告花费的大部分份额,但逐年递增的新媒体投放费用,则体现出广告主愈发青睐这种新的广告传播方式。以移动广告为例,据尼尔森(Nielsen)的研究,"智能手机已经从早期采用者发展到在美国几乎人手一部,广告主已经注意到这个变化,并且许多广告主已经提高了他们在移动广告上的花费。根据《受众总报告》(Total Audience Report),大约1.67亿消费者使用他们手机上的Apps与网页,一天检查手机平均150次"②。消费者媒体习惯的改变促使广告主不断尝试新的广告传播沟通方式。

随着新媒体的飞速发展,近年来传统媒体的广告收入一直呈现下滑趋

---

① [美]詹姆斯·S.科尔曼:《社会理论的基础》[M],邓方译,北京:社会科学文献出版社2008年版,第86页。
② Nielsen.TOOLS OF THE TRADE:HOW TO PUT MOBILE TO USE FOR BRANDS[EB/OL].(2015-7-22) http://www.nielsen.com/us/en/insights/news/2015/tools-of-the-trade-how-to-put-mobile-to-use-for-brands.html.

势,新媒体广告开始在广告主的营销费用中分去一杯羹。皮尤研究中心(Pew Research Center)刊登了"美国报纸协会"(Newspaper Association of America)从2003年到2012年对报纸与在线广告收益的纵向比较研究,数据显示:"数字时代严重打击了美国的报纸行业。2012年报纸的广告收入下滑6.8%,这已经是连续下滑的第七年了,而且下滑的不只是一点点。从2006年开始,报纸广告已经下滑了41%"。详见表4-1[①]:

表4-1 美国报纸与在线广告收益(单位:百万美元)

年份 \ 媒体	报纸媒体	在线媒体	合计
2003年	44939	1216	46155
2004年	46703	1541	48244
2005年	47408	2027	49435
2006年	46611	2664	49275
2007年	42209	3166	45375
2008年	34740	3109	37848
2009年	24821	2743	27564
2010年	22795	3042	25838
2011年	20692	3249	23941
2012年	18931	3370	22314

与报纸的情况相似,杂志的广告收入也在下降。美国"杂志媒体协会"(Association of Magazine Media,简称MPA)研究指出:"2013年上半年所有消费者杂志广告收入与2012年同期相比下降4.9%,其中五个主要的杂志《时代》(Time)、《经济学家》(The Economist)、《美国大西洋月刊》(The Atlantic)、《周刊》(The Week)与《纽约客》(The New Yorker)广告收入下降速度更快,2013年上半年与去年同期相比降幅高达18%。"详见表4-2[②]:

---

① Pew. The Newspaper Industry Overall[EB/OL].(2013-8-7)2015-7-28. http://www.journalism.org/2013/08/07/the-newspaper-industry-overall/.

② Pew. News magazines hit by big drop in ad pages[EB/OL].(2013-7-15)2015-7-28. http://www.pewresearch.org/fact-tank/2013/07/15/news-magazines-hit-by-big-drop-in-ad-pages/.

第四章 利益与选择:新媒体时代广告主内化自律规范以赢得信任

表4-2 五个主要的新闻杂志广告页数下降情况(广告页数总量)

年份 杂志	2012上半年	2013上半年	2013与2012年上半年百分比变化
《美国大西洋月刊》	187	167	−10%
《经济学家》	936	714	−24%
《纽约客》	508	462	−9%
《周刊》	265	205	−23%
《时代》	539	449	−17%
总计	2434	1996	−18%

新媒体广告并不是每年都保持强劲的上升势头,有时候也会出现反弹,这受到国家的经济情况等因素的影响,例如美国《广告时代》(Ad Age)杂志发布了一份《2014年全美前200名领先广告主》榜单,"200个2014年美国营销投入最高的公司,一共花了1378亿美元。但广告主在各大媒介都削减了开支,其中网络广告支出较2013年下跌了13.3%"。但总体而言,新媒体广告越来越成为广告主媒体投放的一个重要选择,以世界上最大的广告主、快速消费品巨头——"宝洁"公司为例,"2014年广告费下调4.2%,达到46亿美元。公司的首席财务官约翰·穆勒(John Moeller)宣布了其降低广告费(最高5亿美元)的原因,是公司打算把更多广告投入转移到数字媒体、搜索引擎、社交网络、视频网站和移动端等媒体上,因为这些是消费者花费更多时间的地方。数字广告的回报比电视和印刷媒体来得更高"[1]。

广告主青睐新媒体广告,主要看中了它的信息传播与沟通影响能力。以"三星手机"为例,在2014年奥斯卡颁奖典礼上,该企业提供活动赞助,为表示答谢,"主持人艾伦·狄珍妮(Ellen DeGeneres)将用三星手机与诸多大牌影星合体自拍的照片上传到推特网,立刻引起网友狂推,短短一个小时,就高达1百万人次转贴"[2]。品牌因此获得极大的曝光率。

---

[1] 199IT.Ad Age:《2014年美国广告主花费TOP 10》[EB/OL],2015年7月12日,http://www.199it.com/archives/364573.html? utm_source=tuicool。

[2] Yes娱乐:《三星、推特、可口可乐植入成奥斯卡另类赢家》[EB/OL],(2014年3月4日),http://twent.chinayes.com/Content/20140304/kiu649cg8686.shtml。

不少广告主为适应新媒体时代的信息传播与受众沟通需求,开始改变传统的传播营销方式,关注于利用新媒体的优势投放适宜的广告。"美国有72%的企业在利用社交媒体提供各种类型的服务,这也给许多企业提供了寻求合作的机会,通过社交媒体来认识、找到更多适合的合作伙伴,共同推进销售。"以酒类产品为例,"在美国,约有30%的酒厂在Facebook做广告宣传,47%的酒厂反映可以通过在其上投放广告带来业务;28%的酒厂说Twitter能够给他们带来效益。这两个平台为美国酒厂吸引了60%左右的客户,Facebook上的广告吸引了58%的客户浏览酒厂的信息,Twitter上的广告吸引率为45%"[1]。可见,社交媒体对于包括酒类产品在内的行业宣传都是有相当影响力的。2014年年初,"索诺马州立大学酒类商业研究所"(Sonoma State University Wine Business Institute)的一项研究也证实了新媒体广告对葡萄酒类产品的影响力。该研究所通过在线调查的方式调查美国当今的酒类消费者情况,有1028名酒类消费者回答了相关问题,统计结果显示:"有80%的美国葡萄酒消费者表示他们一般会使用Facebook这样的社交平台,使用YouTube的占41%,Twitter的占39%,Linked-In的占28%,Google+的占25%,Pinterest的占24%,Instagram的占20%,只有9%的受访者表示他们从不使用社交软件。而在那些使用社交软件的消费者中有13%的人表示,他们经常通过这些平台查询葡萄酒方面的资料,询价以及请朋友推荐。受访者中使用智能电话的高达76%,其中又有24%的人使用葡萄酒应用软件。"详见表4-3[2]:

表4-3 被调研者使用智能手机与酒类App一览表

消费者使用智能手机与应用软件的情况	百分比情况
拥有智能手机的消费者	76%
运用智能手机查找葡萄酒价格的消费者	36%
智能手机上下载有葡萄酒应用软件的消费者	24%

---

[1] 中国酒业新闻网:《社交媒体,酒类营销新战场》[EB/OL],2012年8月31日,http://www.cnwinenews.com/html/201208/31/20120831094245139739.htm。

[2] Wine business.Snapshot of the American Wine Consumer in 2014[EB/OL].2014-12-2. http://www.winebusiness.com/news/? go=getArticle & dataid=142634.

第四章　利益与选择：新媒体时代广告主内化自律规范以赢得信任

（续表）

消费者使用智能手机与应用软件的情况	百分比情况
运用葡萄酒应用软件获得优惠券的消费者	24%
运用葡萄酒应用软件决定购买酒款的消费者	23%

由此可见，随着新媒体广告的汹涌而至，美英两国的广告主愈发看好这类媒体的信息传播沟通能力，传统媒体正在陨落、新媒体正在兴起，媒介环境的这种发展与变迁为新媒体广告主自律提供了时代背景。

二、坚守道德基础上追求利益有望实现双赢

企业做广告宣传产品或品牌形象的最终目的，是为了赢得竞争、获得高额利润，但是在这个过程中，广告有时会有意无意地冒犯到消费者，从而引发利益相关群体的抗议、抵制，甚至是遭到政府监管部门的法律制裁或者广告行业协会的惩罚。广告规制最有效的实施方式，是能令广告主内化于心，从而能自觉地、准确地对自身的行为进行合理评判，"当行动者的行动符合已被内化的规范时，他本人的感觉是受到奖赏；如果行动触犯了规范，行动者的感觉是内心深处受到谴责"[1]。当广告主内心有了这样的规范标准，他们在新媒体上投放广告时才会有所顾忌，从而实现道德坚守与利益追逐之间的平衡关系。

随着近百年来美英两国广告产业的发展与日益成熟，诸如 20 世纪 Chase & Sanborn 咖啡广告中公然宣称"咖啡可以治愈疟疾"[2]那样夸张、虚假的表述方式早已被当今的广告主摒弃。不少广告主还主动加入到广告行业协会中，希望通过自律赢得公众的认可，以此塑造负责任的品牌形象，积累品牌资产，实现持久盈利。这也是英国所提倡的加强"企业社会责任"（Corporate Social Responsibility，简称 CSR）的意义与价值所在，"企业自愿采取的行动，遵守或高于最低的法律需求，实现企业的竞争利益与广泛的社

---

[1] ［美］詹姆斯·S.科尔曼：《社会理论的基础》[M]，邓方译，北京：社会科学文献出版社 2008 年版，第 225 页。

[2] Max A. Geller, *Advertising at the Crossroads (Federal Regulation VS. Voluntary Controls)* (Volume 2), London: Routledge, 2013, p.11.

会公利",企业社会责任已成为英国广告自律体系的核心。① 但是,新媒体时代的到来,打破了原有广告主在利益追逐与道德坚守之间保持的相对均衡的状态,大数据将前所未有的大商机摆在企业的面前,也将更为彻底的消费者隐私侵犯难题抛向广告主。如何在利益与道德之间找到新的平衡点？广告主不得不面对这个新考验。

借助新的技术方式,广告确实可以实现以更低的成本更有效地到达目标受众。例如,2013 年,三星与全球最大移动广告平台 Tapjoy 合作,希望借助该平台为其定制的富媒体行动体验,以提高其 WA508 洗衣机的用户互动率与知名度,增大该产品在洗衣与干衣机品类中的识别度。据 2013 年第三季度调研结果显示,双方合作后 WA508 在讯息联想率方面提升了 216%,移动广告回想率提升了 70%,被调研者中女性的品牌偏好度提升 86%,感知度提升 22%。②

图 4-1 Tapjoy 为三星 WA508 洗衣机定制的富媒体行动体验截图

麦当劳也与 Tapjoy 合作,希望增加其应用程序的收入,并增加"我的饮食指导"(My Diet Coach)项目应用程序内升级的数量。Tapjoy 允许该应用

---

① Lord Borrie QC,"CSR and Advertising Self-Regulation", *Consumer Policy Review*,Vol.15 (2005),p.64.

② Tapjoy. Tapjoy Rich Media Drove a 216% Lift in Message Association For the Samsung WA508［EB/OL］.2014 - 10 - 3. http://home.tapjoy.com/wp-content/uploads/sites/3/2014/10/Tapjoy_CaseStudy_Sa msung_new.pdf? d986d0.

第四章　利益与选择:新媒体时代广告主内化自律规范以赢得信任

程序的使用者与广告互动,让使用者借此免费获得指导程序。该活动使得升级至"我的饮食指导项目"的使用者人数随机增加 41%,每个用户的平均销售收益增加 28%。①

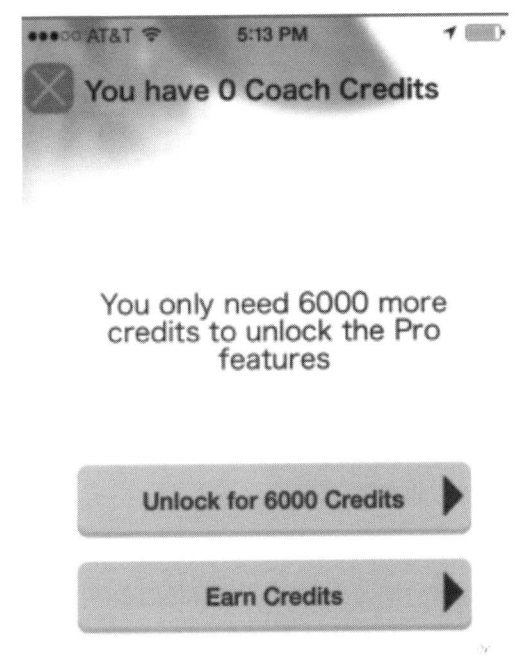

图 4-2　Tapjoy 为麦当劳 App 设计的互动广告

随着消费者媒体接触与使用习惯的改变,广告主的媒体计划也在调整,他们不断地尝试使用新的广告传播方式与消费者沟通。2014 年,可口可乐正式在 Twitter 上开启了"推送"活动,允许美国用户在 Twitter 上推广其链接。"这个过程其实很简单,用户只须在 Twitter 上向自己的朋友推送一条链接,一旦链接被打开,就表示用户参与了 Regal 电影院可口可乐活动。推广可口可乐的链接需要验证 Twitter 账户信息,然后输入用户的卡的信息。之后,用户发送的微博将出现在用户的账号和朋友的账号中。收到链接的用户可以在 Regal 电影院使用收到的价值 5 美元的电子礼物,可以现场兑

---

① Tapjoy. My Diet Coach Monetizes Premium Content with Tapjoy[EB/OL].2015-8-7. http://home.tapjoy.com/wp-content/uploads/sites/2/2014/03/Tapjoy_CaseStudy_MyDietCoach.pdf?d986d0.

171

换,用户可以不断发送链接。"①

由于新媒体广告是新生事物,缺少丰富的运作经验与既定的规则,不少广告主也是在"摸着石头过河",因此在新媒体平台上发布广告,可谓利益与风险并存。2014 年春天,Topps 公司旗下的 Trading Card 糖果公司,为促销一种深受儿童喜欢的"指环糖果"(Ring Pop),在社交媒体上发起以"Rock That Rock"为主题词的竞赛活动,鼓励儿童将自己带着指环糖果产品的照片分享在 Facebook、Twitter 与 Instagram 网站,就有可能获得在 R5 乐队(band R5)音乐视频中出现的机会。该营销活动的宣传很成功,带有参与儿童照片形象的音乐视频在儿童直销网站 Candymania.com 与 Youtube 中被点击将近 90 万次。但是,随后问题来了,"Topps 由于明显使用了收集到的几张 13 岁以下儿童的照片,甚至在活动结束后,Topps 公司依然在 Facebook 上展示孩子们的照片与提交的联系信息,而这项活动公司并没有通知孩子父母或征得他们的事先同意,这显然违反了《儿童在线隐私保护法案》",从而遭到消费者、儿童健康与隐私保护组织②联合向联邦贸易委员会的投诉,要求调查该公司并采取惩治行动。随着该案的影响不断扩大,甚至整个公司及行业的营销活动都受到了指责,例如公共利益科学研究中心指出,"美国肥胖儿童和青少年在过去几十年增加了两倍,目前,超过三分之一的儿童和青少年超重或肥胖",而这与 Topps 等糖果公司的强力推销不无关系。③ 该案例暴露出,新媒体广告的营销风险足以令广告主陷入对其道德审判与经济惩罚的困境。

---

① 电子商务·光波网:《可口可乐推讯出现在推特》[EB/OL],2014 年 7 月 29 日,http://www.gbs.cn/info/detail/44 - 35048.html。

② 主要包括:数字民主中心联合"美国儿童与青少年精神病学学院"(American Academy of Child and Adolescent Psychiatry)、"非商业化儿童保护运动"(Campaign for a Commercial Free Childhood)、"公众利益科学研究中心"(Center for Science in the Public Interest)、"消费者行动组织"(Consumer Action)、"美国消费者联盟"(Consumer Federation of America)、"消费者联合会"(Consumers Union)、"消费者保护组织"(Consumer Watchdog)、"食品政策与肥胖路德中心"(Rudd Center for Food Policy and Obesity)、"联合基督教会"(United Church of Christ)。

③ CDD.Topps Company, Trading Card and Candy Company Charged with Violations of the Children's Online Privacy Protection Act (COPPA);Coalition of Groups Groups Urge FTC to Investigate and Bring Action [EB/OL],2014 - 12 - 9, https://www.democraticmedia.org/content/topps-company-trading-card-and-candy-company-charged-violations-childrens-online-privacy.

第四章　利益与选择：新媒体时代广告主内化自律规范以赢得信任

不像在广播或有限电视媒体中,联邦通讯委员会(FCC)可以制止儿童广告中出现的违规宣传,网络世界差不多是一个数据广告的"监管空白区"(regulatory-free zone)。从20世纪70年代到90年代,儿童健康组织与专家始终致力于确保电视中不出现针对儿童的不公平广告。联邦通讯委员会也制定了原则:"电视广告中儿童应该与成人区别对待。"在数字时代,这种监管与行业自律依然很重要。批评者指出,对于谷歌、脸谱、媒体公司例如"尼克国际儿童频道"(Nickelodeon)、玩具公司、垃圾食品营销者等,网络是向目标顾客发送广告的绝佳媒体,"影响"(主要通过社交媒体扩散)消费者购买产品。虽然儿童受益于使用教育类的应用程序,扩展了娱乐活动的范围与内容,但开发这些程序的真正动机却是把儿童培养成"超级消费者"(super-consumers)一代,鼓励他们"生命不息,消费不止"。儿童现在已经是谷歌"货币化战略"的关键,因为公司可以通过销售玩具、应用程序、垃圾食品以及其他产品获得盈利。[①]

如果以牺牲消费者的利益获得竞争优势、实现盈利,这种"短视"行为并不可取,因为大多广告主不希望与客户只达成"一锤子买卖",都希望能培养他们的品牌忠诚。对于广告主而言,赢得消费者信任具有明显的优势,正如科尔曼所言:"在一次性交易中,违背诺言的受托人损失较小;在与委托人持续进行的交易中,丧失信用的受托人损失较大。受托人与委托人之间的关系持续得越久,受托人从这一关系中获利越大,受托人的信任程度也越高。"[②]可见与受众发展出信任关系对品牌资产积累的重要作用。相关研究也强调广告主应该将眼光放长远,"广告主与数字出版商、数字供应商的责任应该是保护消费者的隐私与其他个人权利,这可能需要牺牲短期利益。行业、政府应该与公众共同搭建一个平台,随着时间的推移,从而实现《保障

[①] CDD.YouTube,Big Data,Big Brands = Trouble for Kids and Parents[EB/OL].(2015-4-8)2015-7-30. https://www.democraticmedia.org/sites/default/files/YouTubeKidsFinalApril2015wLogo.pdf.

[②] [美]詹姆斯·S.科尔曼:《社会理论的基础》[M],邓方译,北京:社会科学文献出版社2008年版,第101页。

人民权利与自由的法令》,赋予消费者做出更明智的决定"①。

因此,广告主需要基于更多的科学研究成果,评估新媒体广告传播的风险,寻找与受众"双赢"的策略,在坚守道德的原则下追求利益最大化,才能成功应对新媒体时代的新考验。麦肯锡(Mckinsey & Company)的一项研究也证明,广告主并不是新媒体广告的唯一受益者,消费者也可以得益于在线广告,这为广告主提供了新的思考角度。"以在线搜索为例,消费者主要受益于价格的透明度增加以及拥有更好的匹配能力(包括获得长尾产品)而节省时间。初步研究显示,平均而言,在线的价格比离线价格的透明度高10%。关于节省时间,综合研究表明,消费者在网上搜索他们购买的产品,每年可以节省10~20个小时。此外,由于人们越来越多地使用智能手机,他们也可能受益于新的、基于地理位置的搜索服务,因此,广告主可以提供更好的匹配产品和服务来满足顾客的需求。"②

三、广告主自律的价值与所受到的外部管制

以新经济社会学的视角研究新媒体时代广告主的自律,可以发现其价值主要在于通过增加受众信任的机会,可以提高市场中的竞争优势,因为"在市场交易中,如果两个出售同样货物的卖主都保证在同一期限内交货,毫无疑问,理性行动者将选择其中被信任程度较高的一位进行交易。其结果必然是下列诸种情况中的一种:信任程度较高的卖主将具体陈述自己的承诺,他的保证可能采取各种方式,甚至延续到以后的交易中才兑现;信任程度较低的卖主以更多的承诺做成信任程度较高的卖主以较少承诺便可做成的交易,而且只有在信任程度较高的卖主将货物售完以后,他们才能从事交易"③。因此,自律是负责任的广告主承担责任与义务、赢得受众信任、实现品牌资产价值增值的关键所在。

---

① World Economic Forum、McKinsey & Company. Norms and Values in Digital Media Shaping Solutions for a New Era[EB/OL].2013-1.P14. http://www.mckinsey.com/search.aspx?q=advertising+ethics.

② Mckinsey & Company. The impact of Internet technologies:Search[EB/OL].(2011-7)2015-8-6.http://www.mckinsey.com/search.aspx? q=online+advertising.

③ [美]詹姆斯·S.科尔曼:《社会理论的基础》[M],邓方译,北京:社会科学文献出版社2008年版,第99页。

第四章 利益与选择:新媒体时代广告主内化自律规范以赢得信任

在《国际商会广告与营销传播实务统一准则》(2011年版)中,对广告主自律的优势也进行了论证:"负责的广告与营销传播应建立在得到广泛支持的自律行为准则之上,这代表着商业界对社会义务的认可。自律的根本价值在于其能够建立、增强和保护消费者对自律背后的商界乃至市场本身的信任和信心。有效的自律也有利于保护各公司的商誉和声誉。自律是一种充分促进企业责任,使全世界消费者从中受益的可靠体系。"①

自律是广告主确保获得行业管制主动权的一个有效手段。2011年,美国联邦贸易委员会曾向国会建议,考虑"禁止追踪"(Do Not Track)领域的监管问题。由于政府的介入会对价值250亿美元的在线广告行业产生巨大的影响,美国广告主协会意识到"如果没有整个行业的支持,我们的自律努力将会被新的政府规制替代",因此号召在线广告行业加强自律,得到不少广告公司与广告主的响应。"两个主要的公司阳狮集团(VivaKi)与群邑集团(GroupM)代表美国电话电报公司、威瑞森通讯(Verizon)、宝洁、克莱斯勒(Chrysler)表示,将与其广告代理公司一起遵守数字广告联盟相关计划的规定。"②一旦广告主自律的有效性赢得政府与公众的认可,其实就基本掌握了行业发展的主动权,因为在美国,对广告的管制一直以来呈现出他律与自律之间"你退我进"的关系,如果广告行业自律监管被证明运作有效,政府则基本不干涉其独立运作;一旦行业自律监管的有效性受到质疑,利益相关监督群体就会呼吁政府相关部门介入。

以在线行为广告自律为例。早在2009年7月广告行业协会就联合制定了《在线行为广告自律原则》,但由于缺乏运作经验,加之不少广告主未能抵制住商业利益的诱惑,行业自律规范的执行情况并不太乐观。有关其中"禁止追踪"(Do Not Track)与"选择性退出"(opt-out)的承诺与实践之间的背离问题,经常将广告主与广告公司推到舆论的风口浪尖。2011年7月14日,美通社的一篇报道指出:"消费者保护组织向联邦贸易委员会请求调查

---

① ICC.Consolidated ICC Code of Advertising and Marketing Communication Practice[EB/OL]. 2011-8-1.http://www.iccwbo.org/advocacy-codes-and-rules/document-centre/2011/advertisin g-and-marketing-communication-practice-(consolidated-icc-code)/.

② "Online Privacy Self-Regulation Now—or FTC Regulation Later", *Hudson Valley Business Journal*, Vol.1(2011), p.21.

八个在线广告公司,①认为他们违反了自己制定的在线追踪隐私政策,公司的欺诈行为证明行业自律没能发挥作用。"消费者保护组织认为,在线广告行业的"退出"体系是虚伪的,因此需要政府提供一个简单的、有约束力的"禁止跟踪"机制。② 2013 年 4 月,美国参议院商务委员会(Senate Commerce Committee)举办有关在线行为广告行业自律情况听证会,主席洛克菲勒(Rockefeller)严厉批评了广告业的自律努力,指出行业故意拖延执行"禁止追踪"体系,认为数字广告联盟并没能有效地将该责任贯彻到他自己的规制中,也没能为消费者提供非强制性的选择标准。来自各界的代表也指出,需要平衡消费者的隐私保护与享受互联网广告支持的免费内容之间的关系。③

不过,对于一些"屡教不改"的问题,政府还是会通过颁布规制,用法律来约束广告主的侵犯性或伤害性行为。2013 年美国修订了《儿童在线隐私保护法案》(COPPA),④面对这种外部影响,代表超过 500 个积极参与、支持互动广告营销领先企业的美国互动广告局,虽然联合其他重要的贸易协会,制定了《在线数据收集的跨行业自律隐私原则》(Cross-Industry Self-Regulatory Privacy Principles for Online Data Collection),但对于政府已经出台的规制,也只能向联邦贸易委员会请求,"新补充和修订的儿童在线隐私保护规制推迟至 2014 年 1 月实施,以便给其成员留有充足的时间进行产品与

---

① 这是基于斯坦福安全实验室(Stanford Security Lab)的一项研究,该实验室调查了网络广告促进会(NAI)的 64 个成员,研究发现当消费者选择退出在线行为广告后,广告公司会有两种反应:33 个被调研者会撤下追踪 Cookies,但不再发送定向广告;31 个公司会根据退出 Cookies,移除追踪 Cookies。10 个公司即使没有在隐私政策中承诺,也移除了他们的追踪 Cookies,8 家公司违法了他们的隐私政策声明,虽然承诺不追踪,但依然放置了追踪的 Cookies。
② PR Newswire US.Consumer Watchdog Asks FTC To Probe Online Advertising Firms'Deceptive Practices;Stanford Security Lab Study Demonstrates Self-Regulation Doesn't Work, Group Says[EB/OL]. 2015 - 8 - 7.http://web.a.ebscohost.com/ehost/detail/detail? vid=12&sid=e15eb338-d515 - 45e6-b2bb-f264d 4e9fdc2%40sessionmgr4005&hid=4109&bdata=Jmxhbmc9emgtY24mc2l0ZT1laG9zdC1saXZl.
③ ANA. Chairman Rockefeller Remains Critical of Digital Advertising Alliance Self-Regulatory Efforts[EB/OL].2015 - 8 - 8. http://www.ana.net/content/show/id/25562.
④ COPPA 的新规定阻止未经父母同意的情况下收集年龄在 13 岁以下儿童的信息,之前不允许收集名字、地址和电话号信息,COPPA 现在限制收集照片、视频和音频信息。

第四章　利益与选择:新媒体时代广告主内化自律规范以赢得信任

服务的更新与改进"[①],显然,政府规制的颁布与修订,令广告行业与广告主的自律监管陷入被动应对的局面。

在新媒体广告政府规制与行业自律的博弈中,广告主要想获得更多的监管主动权,尚需更长的路要走。因为不少事实在反复证明,新媒体广告的干扰性与隐私侵犯情况并没有在自律规制的框架下得到明显改善,例如2012年弗雷斯特研究公司(Forrester Research)的一项研究显示,"70%的移动用户认为,他们在手机应用程序中收到的广告有干扰性,三分之二的人认为这些广告是令人讨厌的,而且移动广告中的反感率明显高于电视或者网络广告"[②]。只有当更多的广告主处理好商业利益与受众权益之间的关系,才能为企业的发展赢得更宽松的监管环境。

第二节　国际领先品牌的在线广告自律实践

新媒体广告主要依托互联网将信息传递给目标受众,而目前,最精准的广告形式在信息传播过程中暴露出来的最大问题就是侵犯到了用户的隐私,这也是近年来在线行为广告始终是美英两国政府规制与行业自律关注焦点的原因所在。越来越多的广告主也意识到,新技术赋予广告的有效性经常伴随着侵犯用户权利的隐忧,如果不能很好地解决这个难题,借助新媒体传播广告信息的品牌很可能成为舆论的"众矢之的",长此以往将损伤品牌形象与资产价值。

一、侵犯在线隐私成为广告主的难解问题

(一)有关受众的网络隐私权利

美国承认隐私是一种正式的法律权利的文化学术基础有着悠久的历

---

① IAB. Time Extension for Compliance with Updated Children's Online Privacy Protection Rule [EB/OL]. 2013 - 4 - 15. https://www.democraticmedia.org/sites/default/files/IAB%20COPPA%20Rule%20Time%20Extension%20Request%20copy.pdf.

② Mediapost. Advertisers Must Adjust How They Pitch Mobile Users[EB/OL].2015 - 8 - 7. http://www.mediapost.com/publications/article/194490/advertisers-must-adjust-how-th ey-pitch-mobile-user.html.

史。在几千年以前的西方社会的实践和规范中就可以找到对隐私重要价值的认同。隐私作为一个法律概念,从它第一次在法庭上被论及和见诸于学者笔端之时,就一直困扰着学者和法官们。最早的上诉法院的判决意见谈到隐私是在1881年,当年密歇根高等法院受理了一位妇女的侵权诉讼案——迪梅诉罗伯特(DeMary v. Robert),并判决该案原告获得赔偿。

> DeMary v.Robert(1881)。被告未经原告同意在其生育期间观察其生育过程,法官马斯顿(Marston)在判决意见中引用了隐私概念:"此时原告对其居所的隐私享有法律权利,法律通过要求他人尊重她的权利并且禁止对此权利的侵犯来保护她的这一权利。"①

该案判决对"隐私权"(The Right to Privacy)在美国诞生有着重要的影响。1890年12月15日,塞缪尔·沃伦和路易斯·布兰代斯(Samuel D. Warren & Louis D.Brandeis)合写的《论隐私权》刊登于《哈佛法律评论》,文中提出人权保护的特征应该随着政治、社会与经济的发展而重新定义。人的"生存权"中应该加入"有权享受生活"(the right to enjoy life)和"独处而不受他人干扰的权利"(the right to be let alone),②该文的面世标志着隐私权理论的诞生。美国法中创设了一种新的权利,即基于人格的隐私权,"将个人信息纳入隐私权中加以保护,体现出英美法系国家隐私权的主要规制特点"③。

美国对个人隐私的法律保护主要通过四种民事侵权行为或民事违法行为的法律来捍卫。这四种行为通常指:商业利用、隐私事实的揭露、错误曝光(false light)、侵扰隐居生活。④ 广告中最常涉及的侵犯隐私就是出于商

---

① [美]阿丽塔·L.艾伦、理查德·C.托克音顿:《美国隐私法:学说、判例与立法》[M],冯建妹等编译,北京:中国民主法制出版社2004年版,第3~5页。
② Warren and Brandeis. The Right To Privacy. Harvard Law Review[EB/OL]. 1890(4):193,转引自 University of Louisville. The Right To Privacy by Samuel Warren and Louis D. Brandeis. 2015-2-21. http://www.law.louisville.edu/library/collections/brandeis/node/225。
③ 何霞:《国外如何通过法律保护个人信息?》[N],《光明日报》,2012年6月11日。
④ [美]约翰·D.泽莱兹尼:《传播法判例:自由、限制与现代媒介》(第四版)[M],王秀丽译,北京:北京大学出版社2007年版,第91页。

第四章 利益与选择:新媒体时代广告主内化自律规范以赢得信任

业目的利用消费者的信息。美国对消费者隐私的保护,最早可以追溯到1902年,在"罗伯逊罗彻斯特公司案"中,罗伯逊败诉后引发较大的舆论争议,因为当时州最高法院的判决并没有保护消费者的隐私权。

> Roberson v. Rochester Folding Box Co., 171 N.Y. 538(1902)。纽约州奥尔巴尼(Albany)的阿比盖尔·罗伯逊(Abigail Roberson)的照片在她毫不知情时被富兰克林·米尔斯牌面粉作为广告海报到处张贴,她以侵犯隐私权为由提起诉讼。州最高法院判决道:考经据典之后,我们得出结论,所谓的"隐私权"仍未在我们司法界建立起长久稳固的地位,并且,我们认为,加入这一规则将对长期以来指导我们这一行业并引导社会公众的既有法律原则造成损害。[1]

不过,仅仅在一年之后,美国对消费者隐私权利的观念就发生了大逆转。1903年,纽约州议会通过了美国的首部隐私法,修正《纽约州权利法案》(New York Civil Rights Act),规定:"在未经他人同意的情况下将他人的姓名或类似物用于广告或商业目的的行为被定为轻罪。除了刑事惩罚外,还允许受害方申请停止使用姓名或照片的禁令,并寻求赔偿金救济。"在这样的法律保护下,1905年,佩维西奇在"佩维西奇诉新英格兰人寿公司案"中胜诉。

> Pavesich v. New England Life Insurance Co., 112 Ga.190(1905)。亚特兰大的画家保罗·佩维西奇(Paolo Pavesich)发现一家人寿保险公司在报纸广告中使用他的照片,广告展示了一个买了足够人寿保险的心满意足的成功男人形象,还让这位画家说了一句推荐该公司产品的话。他提起诉讼,索赔25000美元,在佐治亚州最高法院胜诉,该法院判决道:原告的形象和特征归其本人所有。身为被告的人寿保险公司及其代理商无权将它们用于广告宣传目的……正如他们无权强迫原

---

[1] [美]唐·R.彭伯:《大众传媒法》(第十三版)[M],张金玺、赵刚译,中国人民大学出版社2005年版,第238页。

告为被告的该目的而展示自身。本件判决常被引用,对美国隐私权的发展具有重大意义。①

在施拉姆形象比喻的"最后七分钟"时间里,电子传播媒体诞生并迅速发展,但是美国对消费者隐私保护的初衷并没有改变。20世纪30年代,美国无线电广播业发展初期,"隐私"已经受到关注,那时讨论的焦点是"商业与非盈利",而今则更多关注于"企业广告运作的细节及消费者隐私"。②

1974年12月31日,美国参众两院通过了《隐私权法》(Privacy Act),1975年9月27日国会通过了该法案,1979年美国第96届国会修订《联邦行政程序法》时将其编入《美国法典》形成第552a节,成为美国个人信息立法保护的典范。该法广泛适用于政府所储存的个人信息,是规范行政机关对个人信息进行收集、储存、使用与传播行为的规则,以保证政府能正确处理个人信息,避免信息滥用以及隐私侵犯。③

1984年10月30日,国会通过了《有线通讯政策法案》(Cable Communications Policy Act),该法修订了1934年的《通讯法案》(Communications Act)。要求有线通讯经营者在收集用户个人信息时通知用户,同时规定用户有权查看有关的信息纪录,并有权拒绝与提供有线通讯服务无关的信息。④

1986年,美国《电子通讯隐私法》(Electronic Communications Privacy Act,简称ECPA)作为对1968年《电话有线监听法》(Wiretap Act)的修正案获得通过,还包括《储存通讯记录法》(Stored Communications Act)和《禁止监视记录法》(Pen-Register Act),致力于"在公民隐私保护期望与法律强制

---

① [美]唐·R.彭伯:《大众传媒法》(第十三版)[M],张金玺、赵刚译,北京:中国人民大学出版社2005年版,第239页。

② Stt dent Ppper, The Battle for Online Behavioral Advertising Regulation and Legislation: A Contemporary History, International Communication Association 2012 Annual Meeting, 2012: 7-10.

③ The United States Department of Justice.Privacy Act of 1974 [EB/OL].2015-1-17. http://www.justice.gov/opcl/privacy-act-1974.

④ Wikipedia.Cable Communications Policy Act of 1984[EB/OL].2015-2-20. http://en.wikipedia.org/wiki/Cable_Communications_Policy_Act_of_1984.

第四章 利益与选择:新媒体时代广告主内化自律规范以赢得信任

力需要之间建立一种平衡关系",同时保证消费者个人信息在新技术应用中的安全。随着个人电脑和网络、移动装置的普及使用,先前没有涵盖相关规制内容的电子通讯隐私法案进行了多次修订,[1]保障了个人在线通讯的自由权利与隐私保护权利。

1988年美国国会(U.S.Congress)颁布的《电脑检索匹配与隐私权法》(The Computer Matching and Privacy Protection Act of 1988),修订了美国国会于1974年颁布的《隐私权法》(The Privacy Act),以应对自动记录(automated records)及应用问题,确立了监督联邦机构电脑匹配的程序,该法分别于2005年与2013年进行两次修订。[2]

1995年,美国联邦贸易委员会开始研究在线隐私问题,并于1998年发布《公平信息处理原则》(FIPPs)报告,指出公平信息处理原则的注意事项、选择、获取与安全事宜。公平信息获取问题早在1973年,于美国健康、教育、福利局(The Department of Health, Education, and Welfare,简称HEW)发布的《唱片、电脑与公民权利》(Records, Computers and The Rights of Citizens)报告中就已经受到关注。1977年7月,隐私保护研究委员会(The Privacy Protection Study Commission)在其报告《信息社会中的个人隐私》(Personal Privacy in an Information Society)[3]中总结出公平信息发展原则。

1996年的《电讯法》,规定电讯经营者有保守财产信息秘密的义务。[4]

1998年联邦贸易委员会颁布了《公平信息处理原则》(Fair Information Practice Principles,简称FIPPs),为管理搜集和使用个人数据提供了一系

---

[1] Epic. Electronic Communications Privacy Act(ECPA)[EB/OL].2015-2-20.https://epic.org/privacy/ecpa/.

[2] IRS. Computer Matching and Privacy Protection Act[EB/OL].2015-2-22. http://www.irs.gov/irm/part11/ irm_11-003-039.html.

[3] Privacy Protection Study Commission. Personal Privacy in an Information Society[EB/OL]. 1977-7.https://epic.org/privacy/ppsc1977report/.

[4] [美]阿丽塔·L.艾伦、理查德·C.托克音顿:《美国隐私法:学说、判例与立法》[M],冯建妹等编译,北京:中国民主法制出版社2004年版,第226页。

列标准,以解决隐私和准确性问题,共制定了八个原则。① 同年,商务部颁布《有效保护隐私权的自律规范》(Elements of Effective Self Regulation for Protection of Privacy),要求美国网站从业者必须制定保护网络上个人资料与隐私权的自律规约。10月21日,国会颁布《儿童在线隐私保护法案》(Children's Online Privacy Act)。这是美国第一部互联网隐私法案,该法案于1999年年末由美国国会通过,2000年4月21日生效。它授权联邦贸易委员会管理收集13岁以下儿童的个人信息的网站。一年后,联邦贸易委员会颁布了执行该联邦法律的最后规定:网站运营商在以任何手段收集儿童的个人信息(包括姓名、住址、社会保险号码、电子邮箱和电话号码等)时,必须做到五个方面。②

2002年明尼苏达州作为全美第一个通过"网络隐私法"的州,规定互联网公司在出于促销目的向他人披露任何个人信息之前,必须征得消费者同意。③ 2002年全美州议会联合会(National Conference of State Legislatures,简称NCSL)颁布《安全违反通知法》(Security Breach Notification Laws,简称SBN),该

---

① 分别是:a)限制收集原则。应限制收集个人资料,许多此类资料应通过法律许可及公开的方式并经数据所有者知道或者同意才能获得。b)数据质量原则。个人数据应与它们使用的目的相关,必要的目的范围应该准确、完整并且及时地更新。c)目的明确原则。在数据收集之前应详细说明收集个人资料的目的,并且后来的使用也限制在实行这些目的,或实行不与这些目的相矛盾的目的,并且在目的变化的每个时机中要详细说明其原因。d)使用限制原则。个人资料不应被公开使用,也不应用于与"目的明确原则"中指定的目的不一致的用途,除非:取得数据所有者的同意;通过法律授权。e)安全保护原则。个人资料应该由合理的保护来防止如下风险——遗失或者未经授权的访问、毁坏、使用、修改以及公开资料。f)公开原则。应该有一个关于发展、实践及尊重个人资料的综合的公开原则。应当用容易可行的方法设置确实、自然的个人资料,它们使用的主要目的以及数据管理员正确、常用的住址。g)个人参与原则。个人拥有以下权利:从数据管理员或其他方式获得数据,证实数据管理员是否有与本人相关的数据;在一段合理的时间内有与本人相关的数据的话,要与本人交流,如果需要可以收费,应使用合理的方式和形式使本人理解;当关于前两条中规定的权利被拒绝提供时可要求说明理由,可以质疑此类拒绝;可质疑与本人相关的数据,如果反对有效的话则可以将数据删除、调整、完善或被赔偿。h)责任原则。数据管理员应有遵守使以上原则标准得以实施的责任。来源:Whatls.com.Fair Information Practices[EB/OL].2011-3.http://whatis.techtarget.com/definition/Fair-Information-Practices-FIP.

② 分别是:a)在网站上明确提示自己正在收集有关儿童的信息,并说明自己将如何使用这些信息;b)只收集对于儿童参加某活动而言合理而且必要的信息;c)提供合理的途径,使父母能审查网站收集的有关他们孩子的信息;d)提供一种方法,使父母能删除有关他们孩子的信息;e)父母可以要求网站不再收集他们孩子的信息。《儿童互联网隐私保护法》(Children's Online Privacy Act),详见[美]唐·R.彭伯:《大众传媒法》(第十三版)[M],张金玺、赵刚译,北京:中国人民大学出版社2005年版,第261页。

③ 张妍妍:《美国的商业言论自由》[D],济南:山东大学博士论文,2012年。

第四章　利益与选择：新媒体时代广告主内化自律规范以赢得信任

法是在《加利福尼亚州数据安全违法通知法》基础上制定的。要求企业以特定的方式通知他们的消费者与其他利益相关群体，帮助消费者对于身份窃取信息进行自我保护，并采取措施补救违规所造成的损失。[1]

2011年颁布的《禁止追踪儿童法案（2011）》（Do Not Track Kids Act of 2011）要求互联网公司未经家长同意禁止对上网儿童进行跟踪，同时限制针对未成年人的网络营销活动，增加"清除按钮"（Eraser Button），以便家长可以删除已在网络上存在的未成年人个人信息。2015年，第114届国会一次会议修订《儿童互联网隐私保护法（1998）》，通过了《禁止追踪儿童法案（2015）》（Do Not Track Kids Act of 2015），扩展、加强、修改面向儿童的信息搜集、使用、披露个人信息的规定，为13岁以下儿童与未成年人个人信息建立特定的保护机制，需要遵守《公平信息处理原则》，尊重"被遗忘权"，允许父母与未成年人移除社交媒体上的帖子（posts）。[2]

2012年2月22日，奥巴马政府提出了一系列隐私保护的原则，并希望能以法律形式确实下来，目的是"给消费者更大的网络隐私保护，并最终让政府能够在监管Google和Facebook等互联网公司方面获得更大的权力"[3]。白宫发布了《网络环境下消费者数据的隐私保护：全球数字经济中的隐私保护与营销创新的政策框架》报告，正式提出《消费者隐私权利法案》（Consumer Privacy Bill of Ribhts），明确了消费者享有的七种权利[4]，绘制

---

[1] NCSL. Security Breach Notification Laws [EB/OL]. 2015-1-12. http://www.ncsl.org/research/telecommunications-and-information-technology/security-breach-notification-laws.aspx.

[2] ED MARKEY. Do Not Track Kids Act of 2015 [EB/OL]. 2015-6-11. http://www.markey.senate.gov/imo/media/doc/2015-06-11-DoNotTrackKids-BillText.pdf.

[3] 林靖东：《美国白宫提出权利法案保护消费者网络隐私》[EB.OL]，腾讯科技，2012年2月23日，http://tech.qq.com/a/20120223/000483.htm。

[4] 七种权利分别是：a）个人控制（Individual Control）：消费者有权控制企业搜集他们的个人数据，有权决定企业怎样使用这样数据。b）透明度（Transparency）：消费者拥有简明理解和获取有关隐私和安全操作信息的权利。c）情境一致（Respect for Context）：消费者有权期望企业在与其提供的数据环境一致的情况下搜集、使用和披露个人数据。d）安全（Security）：消费者有权安全负责地处理个人数据。e）接入权与准确性（Access and Accuracy）：个人数据有误时，在与数据敏感性与数据错误可能给消费者带来不利影响的风险性相适应的情况下，消费者有权获取及更正以可用格式存在的个人数据。f）收集控制（Focused Collection）：消费者有权合理限制企业搜集与保留的个人数据。g）问责制（Accountability）：消费者有权将个人信息交付采取适当措施的企业进行处理，以确保企业遵守《消费者隐私权利法案》的有关规则。

出信息时代消费者隐私保护的国家标准,[1]但该法案并没有获得国会通过。奥巴马政府并没有放弃立法的努力,2015年1月12日,奥巴马总统宣布将继续推进《消费者隐私权利法案》,在《公平信息处理原则》基础上制定金融公司披露消费者信用记录和学生数字隐私法案。[2] 作为全球互联网最早的诞生地与最早探讨隐私权法的国家,美国政府认为其"有责任和能力帮助建立前瞻性的隐私政策模型,以确保实现创新发展与基本隐私权利的保护"[3]。

英国普通法中没有对隐私权作出规定,没有承认隐私权是一种独立的权利,而是采用间接保护的原则,涉及侵犯隐私的案件都纳入到名誉权的诉讼范围中。不过,由于受到美国法的影响,英国法律也逐渐引入了隐私的概念,最为明显的是英国在1998年通过了《人权法案》(Human Rights Act 1998),该法于2000年10月开始实施。依据该法案,《欧洲人权公约》中的绝大部分权利直接在英国获得执行的效力,法院或其他审判机构必须依据公约的第三条解释国内法律。[4]

(二)广告主因侵犯受众隐私权遭受指责

据尼尔森(Nielsen)的一项调研结果显示,2014年[5]广告花费最高的前五位广告主——宝洁、通用、丰田、美国电话电报公司、福特都超越前一年的广告投资(详见表4-4)[6],而当广告交易市场越活跃时,广告可能面临的风险也越大,新媒体时代的这种情况尤甚。

---

[1] The White House. Consumer Data Privacy in a Networked World:A Framework for Protecting Privacy and Promoting Innovation in the Global Digital Economy(February 2012)[EB/OL]. 2012-2. http://www.whitehouse.gov/sites/default/files/privacy-final.pdf.
[2] EPIC.EPIC Consumer Privacy[EB/OL].2015-2-20. https://epic.org/privacy/consumer/.
[3] Executive Office of the President. Consumer Data Privacy in a Network World:A Framework for Protecting Privacy and Promoting Innovation in the Global Digital Economy[EB/OL]. 2012-2. http://www.whitehouse.gov/sites/default/files/privacy-final.pdf.
[4] 张新宝:《隐私权的法律保护》[M],北京:群众出版社2004年版,第37页。
[5] 该项研究的时间节点为:2014年1月1日—9月30日。
[6] Nielsen.TOPS OF 2014:ADVERTISING[EB/OL].(2015-1-16) 2015-8-4. http://www.nielsen.com/us/en/insights/news/2015/tops-of-2014-advertising.html.

第四章 利益与选择:新媒体时代广告主内化自律规范以赢得信任

表 4-4 2014 年广告花费前十名广告主

排名	品牌名称	广告投资(美元)
1	宝洁	17 亿
2	通用汽车	15 亿
3	丰田汽车	13 亿
4	美国电话电报公司	11 亿
5	福特汽车	10 亿
6	康卡斯特	9.95 亿
7	伯克希尔·哈撒韦保险公司	9.76 亿
8	辉瑞制药公司	9.60 亿
9	法国欧莱雅	8.72 亿
10	菲亚特汽车	8.69 亿

我们以福布斯公布的 2014 年全球十大品牌(详见表 4-5)为主要对象,研究这些广告主在新媒体时代所遭遇的主要难题,值得说明的是,这十大品牌中,其品牌价值位居前三位的苹果、微软、谷歌具有双重身份,既是广告主,也提供了新媒体广告发布平台。对于涉及作为发布平台自律的相关内容,将放入本文第五章"责任与担当:数字互动媒体平台的资源控制与广告把关"中进行研究。

表 4-5 2014 福布斯全球品牌价值 10 强[①]

排名	品牌	品牌价值(亿美元)	广告支出(亿美元)	所属行业	所在国家
1	苹果/Apple	1242	11	技术	美国
2	微软/Microsoft	630	23	技术	美国
3	谷歌/Google	566	28	技术	美国

---

① 福布斯中文网:《2014 福布斯全球品牌价值 100 强》[EB/OL],2015 年 7 月 23 日,http://www.forbeschina.com/list/more/2217。

(续表)

排名	品牌	品牌价值（亿美元）	广告支出（亿美元）	所属行业	所在国家
4	可口可乐/Coca-Cola	561	33	饮料	美国
5	IBM	479	13	技术	美国
6	麦当劳/McDonald's	399	8	餐饮	美国
7	通用电气/General Electric	371	—	多样化经营	美国
8	三星/Samsung	350	38	技术	韩国
9	丰田/Toyota	313	42	汽车	日本
10	路易威登/Louis Vuitton	299	47	奢侈品	法国

虽然苹果公司比较注重用户的隐私保护,但还是遭到用户对其相关广告的诉讼。2011年《广告周刊》报道:"纽约州南部的用户提起集体诉讼,声称 iPhone 的第三方应用非法追踪用户在线激活和定位。"用户认为:"虽然苹果早已意识到某些应用违反规定,但迫于广告网络的压力,苹果并未严格贯彻执行隐私条款。"[1]这其实再次暴露企业追逐私利与确保社会公利之间的矛盾与冲突,而遇到这种难题的并非苹果一家。2014 年,欧洲法庭要求谷歌实施"被遗忘权",即"必须删除当事人认为对自己名誉不利的网页结果",这一要求给谷歌造成了巨大的人力负担,[2]但对于用户而言,却是隐私权利得到更好保护的体现。

企业在产品开发、广告媒体创新使用等方面,除了要面临投资与回报收益的风险,还要经受用户隐私保护是否到位的考验。2010 年谷歌发表 Google Buzz 后,旋即引来不少隐私争议,即使谷歌已二度更改 Buzz 隐私设定功能,但相关话题仍在酝酿发酵,话题主要集中在可能有陌生人会跟随

---

[1] iPhone 中文网:《苹果为广告商提供用户位置隐私被集体诉讼》[EB/OL],2011 年 5 月 11 日,http://iphone.tgbus.com/news/class/201105/20110511170029.shtml。

[2] 泰同新闻网:《关于大数据商用 苹果要站在谷歌脸书推特的对面》[EB/OL],2015 年 7 月 7 日,2015 年 7 月 28 日,http://db410c3c959.dedeadmin.com/db410c3c959b1x50707n416301419.html。

第四章　利益与选择：新媒体时代广告主内化自律规范以赢得信任

Buzz 帐号，存有潜在的人际关系风险。① 2014 年，谷歌发布一个未来计划，致力于在其可控的电器上投放定向广告，"几年以后，我们和其他公司可以在冰箱、汽车仪表板、恒温器、眼镜、手表等电器上投放广告以及其他内容"。新广告媒体的开发计划，引发有关物联网隐私问题的关注与讨论。②

根据 TRUSTe 的调查，消费者对企业的信任度已经降到历史最低水平。与此同时，作为物联网的一部分，上网产品越来越普及，"约有 35% 的美国人至少拥有除智能手机外的一种智能设备——排名第一的是智能电视。约有 79% 的受访者称，他们担心智能设备搜集自己的个人信息"③。而事实也证明，这种担心并不是多余的。2015 年 2 月，三星智能电视因涉嫌窃听用户隐私而被推到风口浪尖。据英国《每日邮报》的报道，"用户可以通过向三星智能电视发布简单的语音指令来开关机和换台，若是提出复杂要求，则要按住遥控器上的一个键来说。这些话都将被传送到美国一家名为 Nuance 的公司，由公司把数据发送到一台服务器上，再由服务器把语音转换成文字、发回反应。在按键说话期间，一切语音都能被电视'听'到并记录下来。虽然所有的信息通过互联网加密传输，但还是能被有 Nuance 授权的工作人员听到"④。虽然三星在其智能电视数据采集服务所提供的隐私政策中已经声明："三星和您的设备可能会收集可以捕获的语音命令和相关文本，使我们可以为您提供语音识别功能并进行评估和改进。请注意，如果你所说的话包括个人或其他敏感信息，这些信息也将被捕获并通过您使用的语音识别功能传输到第三方。"⑤但用户依然由于个人隐私可能被侵犯而难以淡定。

---

①　中文业界资讯站：《FTC 警告 Google：消费者的隐私权不能有 Beta 版》[EB/OL]，2010 年 3 月 19 日，http://www.cnbeta.com/articles/106580.htm。
②　EPIC.Google Plans Advertising on Appliances, Including Nest Thermostat[EB/OL].2014-5-22. https://epic.org/2014/05/google-plans-advertising-on-ap.html。
③　新浪科技：《别傻了！"窃听"用户的不止三星一家》[EB/OL]，2015 年 2 月 11 日，http://tech.sina.com.cn/it/2015-02-11/doc-iawrnsxq8037383.shtml。
④　新华网：《智能之殇：三星智能电视可窃听隐私》[EB/OL]，2015 年 2 月 11 日，http://news.xinhuanet.com/world/2015-02/11/c_127480265.htm。
⑤　网易科技：《三星智能电视成隐私恶梦　用户聊天将传给第三方》[EB/OL]，2015 年 2 月 9 日，http://tech.163.com/15/0209/07/AI0BSH3N00094P0U.html。

二、不断更新隐私政策以加强对消费者的保护

十强品牌都很重视消费者在线隐私保护的政策制定与及时更新,这也是新媒体时代广告主需要勇于承担的责任与义务。不过,由于所属行业、面向的目标受众存在较大差异,不同品牌的在线隐私政策也存在较大的不同(详见表4-6),消费者所面临的隐私担忧也差异显著。例如可口可乐、麦当劳这两个餐饮品牌,以及路易威登这个奢侈品品牌近年来引起舆论关注的隐私事件较少,而苹果、微软、谷歌引发的争议最多。面对舆论监督,广告主也在持续关注、研究用户在线隐私保护相关问题,希望通过不断地修订、完善隐私政策,得到第三方隐私认证以及声明遵守安全港的协议等,从而顺应新技术使用所带来的新的隐私保护需要。广告主这种自律的努力,还是赢得了一些公众的认可与赞誉,这也说明了不少广告主已经努力将自律规范内化,不过,有时规范还要依靠外部支持,即奖励大公无私的行动,惩罚自私自利的行动。[1]

表4-6 2014福布斯十强品牌有关消费者在线隐私保护的自律政策

品牌	消费者在线隐私保护自律政策	最近更新/发布日期	主要内容	隐私认证/隐私协议等
苹果/Apple	《隐私政策》(Privacy Policy)	2014年9月17日	1. 搜集与使用个人信息 2. 如何搜集个人信息 3. 如何使用个人信息 4. 非个人信息的搜集与使用	遵守安全港协议[2]

---

[1] [美]詹姆斯·S.科尔曼:《社会理论的基础》[M],邓方译,北京:社会科学文献出版社2008年版,第287页。

[2] 遵守由美国商务部颁布的"美国—欧盟安全港协议"和"美国—瑞士安全港协议"。

第四章　利益与选择:新媒体时代广告主内化自律规范以赢得信任

（续表）

品牌	消费者在线隐私保护自律政策	最近更新/发布日期	主要内容	隐私认证/隐私协议等
苹果/Apple	《隐私政策》(Privacy Policy)	2014年9月17日	5. Cookies与其他技术 6. 披露给第三方 7. 服务提供商 8. 保护个人信息 9. 个人信息的完整性与保留 10. 访问个人信息 11. 儿童 12. 基于位置的信息服务 13. 第三方网站与服务 14. 国际用户	TRUSTe隐私认证 APEC隐私认证[①]
微软/Microsoft	《从事软件产品与服务的隐私指南（3.1版）》(Privacy Guidelines for Developing Software Products and Services)	2008年	1. 将个人验证信息转移到客户系统中 2. 在客户系统中存储个人验证信息 3. 从客户系统中转换匿名数据 4. 在客户系统中安装软件 5. 创建一个网址 6. 存储和处理公司里的用户数据 7. 在公司外转换用户数据 8. 与儿童的交互影响 9. 服务器的更新	遵守安全港协议

---

① 亚太经合组织跨境隐私规制体系认证（APEC Cross-Border Privacy Rules System，简称CBPR），该认证是一个自愿的自律行动，旨在确保亚太经合组织成员对个人信息进行持续的跨境自由流动，同时确保建立有意义的个人信息与安全保护。

（续表）

品牌	消费者在线隐私保护自律政策	最近更新/发布日期	主要内容	隐私认证/隐私协议等
微软/Microsoft	《创建全球在线信任（第四版）——基于微软的决策视角》（Building Global Trust Online, 4th Edition——Microsoft Perspectives for Policymakers）[①]	2013年	1. 安全 2. 隐私 3. 在线安全 4. 可访问性（Accessibility）	TRUSTe隐私认证 加入"云安全联盟"（Cloud Security Alliance）
	《云技术中的数据保护与隐私》（Protecting Data and Privacy in the Cloud）	2014年	1. 构建服务来保护数据 2. 服务操作中的数据保护 3. 赋权消费者保护它们的数据	
	《在线隐私保护实践》（Protecting Your Privacy Online）		1. 警惕你的信息 提高电脑的安全性； 设置更高强度的密码； 在家中的安全网络中保存敏感的活动内容； 对于安全问题尽量给出荒谬的答案。 2. 分享内容前深思熟虑 3. 避免欺诈 留意诈骗的迹象； 打开附件或点击链接前要谨慎； 寻找网页是安全与合法的证据。	

---

① Microsoft. Building Global Trust Online[EB/OL]. 2015-7-24. http://www.microsoft.com/en-us/twc/policymakers.aspx.

第四章 利益与选择:新媒体时代广告主内化自律规范以赢得信任

(续表)

品牌	消费者在线隐私保护自律政策	最近更新/发布日期	主要内容	隐私认证/隐私协议等
谷歌/Google	《隐私政策》(Privacy Policy)①	2015年6月30日	1. 我们收集的信息 2. 我们如何使用收集到的信息 3. 透明度和选择 4. 您分享的信息 5. 访问和更新您的个人信息 6. 我们分享的信息 7. 信息安全 8. 隐私权政策适用范围 9. 政策的遵守以及与监管机构的配合 10. 变更 11. 针对特定产品的惯例 12. 与隐私和安全相关的其他材料	遵守安全港协议
	《自律监管框架》	2014年11月21日	遵循美国商务部针对欧盟成员国和瑞士境内的个人信息收集、使用和保留而制定的《美国—欧盟安全港架构协议》和《美国—瑞士安全港架构协议》;遵循《在线广告在用户知情权和选择权方面的行业标准》	

---

① http://www.google.cn/intl/zh-CN/policies/privacy.

（续表）

品牌	消费者在线隐私保护自律政策	最近更新/发布日期	主要内容	隐私认证/隐私协议等
谷歌/Google	《Google产品隐私权政策指南》		对以下产品隐私权政策作了细致说明： Gmail YouTube Android Google+ 广告 Google搜索 Google Chrome Google地图 Google Play Google Analytics（分析）	遵守安全港协议
可口可乐/Coca-cola	《隐私政策》（Privacy Policy）	2014年12月18日	1. 所搜集个人信息包括的内容 2. 如何搜集个人信息 3. 如何使用个人信息 4. 如何披露个人信息 5. 搜集的其他信息及使用与披露 6. 第三方广告供应商 7. 安全性 8. 选择与访问 9. 保存期 10. 未成年人使用网站 11. 跨境转让 12. 敏感信息	遵守安全港协议

第四章　利益与选择:新媒体时代广告主内化自律规范以赢得信任

(续表)

品牌	消费者在线隐私保护自律政策	最近更新/发布日期	主要内容	隐私认证/隐私协议等
IBM	《IBM 网上隐私声明》	2013年3月1日	1. 个人信息的收集 2. 个人信息的使用 3. 共享个人信息和国际转移 4. 信息的安全性和准确性 5. 保留 6. Cookies、信标和其他技术 7. 在线广告 8. 到非 IBMWeb 站点和第三方应用 9. 程序的链接 10. 变更通知 11. 关于隐私的问题和访问	TRUSTe 隐私认证 遵守安全港协议 APEC 隐私认证
麦当劳/McDonald's	《隐私权政策》①	2013年8月	1. 我们收集的个人信息种类以及如何使用此等个人信息 2. 个人信息可以被共享的范围 3. 未成年人隐私权保护 4. 信息访问 5. Cookies 6. 链接至其他网站 7. 麦当劳的其他网站 8. 麦当劳被特许人网站 9. 隐私权政策的更新	

---

① McDonald's .McDonald's Privacy Policy[EB/OL].2015－7－26. http://www.mcdonalds.com/us/en/privacy.html#.

193

（续表）

品牌	消费者在线隐私保护自律政策	最近更新/发布日期	主要内容	隐私认证/隐私协议等
通用电气/General Electric	《隐私声明》①	2014年9月15日	网络隐私政策： 1. 我们收集的信息及其使用方法 2. 儿童隐私 3. Cookies及相似技术的使用 4. 个人信息的使用 5. 个人信息的分享与传播 6. 我们如何保护个人信息 7. 隐私声明更新 8. 链接到其他站点 9. 如何联系我们更新个人信息 10. 加州隐私权 移动隐私政策： 1. 我们搜集的移动信息 2. 我们如何使用搜集到的移动信息 3. 移动信息的共享	

---

① GE. Privacy Policy[EB/OL].2015-7-26. http://www.ge.com/privacy.

第四章 利益与选择:新媒体时代广告主内化自律规范以赢得信任

(续表)

品牌	消费者在线隐私保护自律政策	最近更新/发布日期	主要内容	隐私认证/隐私协议等
三星/Samsung	《隐私政策》①	2015年2月10日	1. 我们会收集您的哪些信息？ 2. 我们如何使用您的信息？ 3. 我们向谁披露您的信息？ 4. 您的选择 5. 我们如何确保您的信息安全？ 6. 我们的服务的第三方链接和产品 7. 为我们的服务提供内容、广告或功能的第三方 8. Cookie、信标和类似技术 9. 带有超链接的重要条款 10. Samsung 全球隐私政策、AdHub 补充条文 11. Samsung 全球隐私政策、SmartTV 补充条文	

---

① Samsung:《Samsung 隐私政策》[EB/OL],2015 年 7 月 26 日,https://account.samsung.com/membership/pp。

（续表）

品牌	消费者在线隐私保护自律政策	最近更新/发布日期	主要内容	隐私认证/隐私协议等
丰田/Toyota	《保护个人信息的基本政策》(Basic Policy toward the Protection of Customer's Personal Information)①		1. 个人身份信息的处理 2. 你自愿提供的个人身份信息 3. IP地址、Cookies和信标 4. SSL安全协议 5. 为什么需要个人身份信息？ 6. 向第三方提供信息以及信息的二次利用 7. 个人身份信息的管理 8. 用户职责	遵守《日本个人信息保护法案》(Personal Information Protection Law，简称PIP Law)
路易威登/Louis Vutton	《隐私政策》②	2014年3月12日	1. 我们搜集有关你的个人信息 2. 我们搜集信息的不同方式 3. 我们如何使用信息 4. 我们将与第三方共享信息 5. 这些网站与未成年人 6. 我们使用标准的安全措施 7. 我们可能会链接到不可控的第三方网站 8. 我们或我们的供应商会在本国以外存储信息 9. 更新声明	

除了更新在线隐私政策，十大品牌还在产品开发、媒体使用、数据搜集

---

① Toyota.Privacy Policy［EB/OL］.2015 - 7 - 26. http://www.toyota-global.com/privacy_statement/.

② Louis Vutton.Privacy Policy［EB/OL］.2015 - 7 - 26.http://us.louisvuitton.com/eng-us/legal-notice.

第四章　利益与选择：新媒体时代广告主内化自律规范以赢得信任

等方面努力保护消费者的隐私。例如，苹果在对 iWatch 等产品的开发过程中，就考虑到消费者敏感数据的隐私保护问题。同时，监管机构及隐私保护团体也发现，保健类应用能跟踪心率等与个人关系密切的数据，但一些开发人员会在不通知消费者的情况下，将用户数据发送给广告商，这就涉嫌侵犯了消费者的隐私权。为了避免新产品出现隐私争议，苹果一方面事先征求监管机构的意见，与美国食品与药品管理局（FDA）讨论"医疗应用程序"，另一方面则收紧了隐私保护方面的规定，以确保用户对个人数据的担心不至于影响到新一代医疗健身应用的发展。在苹果最新版的《iOS 开发人员应用程序许可协议》中，苹果规定"开发人员不能将通过 HealthKit 应用程序接口（API）收集的终端用户健康信息出售给广告平台、数据经纪商或信息经销商"，违反这类规则的应用将被拒绝纳入苹果应用商店（App Store），而任何违反隐私保护政策的行为都有可能导致联邦监管机构执法部门的介入。[①]

由于儿童误点 Apps 内购功能造成巨额消费与信息泄漏的事件频频发生，苹果因此及时更新了苹果应用商店的审核规定，修订了很多区域并且新增了一些规则。此外，苹果还根据教育政策改变和 2013 年扩展的《儿童在线隐私保护法案》（COPPA）阐明了儿童应用的新规定："为 13 岁以下儿童设计的应用必须包含隐私政策，不允许根据行为进行广告，必须获得父母的允许才能在应用中包含指向其他位置的链接。在儿童类别的应用必须专门为 5 岁或更小，6～8 岁或 9～11 岁的用户群优化。"除了儿童应用规定的改变，苹果还针对赌博应用新增了两项规定："提供真实货币的应用现在必须免费提供，禁止使用内购提供给玩家代币。"此外，苹果还推出新规定，阻止那些可能导致物理损伤的应用。[②]

IBM 在官网中明确表示，遵守由美国商务部颁布的"美国—欧盟安全港协议"和"美国—瑞士安全港协议"，并借助第三方公司——TRUSTe 对其隐私进行认证，苹果、微软公司也都加入了"安全港协议"与获得 TRUSTe

---

[①] 中国软件资讯网：《苹果加强保护健康应用用户隐私　禁投定向广告》[EB/OL]，2014 年 8 月 30 日，http://www.cnsoftnews.com/news/201408/14111.html。

[②] 科技讯：《苹果 APP 审核修订规则　影响儿童及赌博应用》[EB/OL]，2013 年 8 月 16 日，http://www.kejixun.com/article/201308/17033.html。

的隐私认证,这说明广告主也意识到保护消费者隐私的重要性,并愿意为此而自觉作出努力。为将隐私保护自律政策落到实际,IBM专门设立了"网络站点协调员",并声明:"如果具有隐私策略或实践方面的疑问或投诉,可以联系IBMWeb站点协调员;如果对IBM的答复不满意,可以联系TRUSTe。"

十大广告主对于"在线行为广告"也有明确的规定。以IBM为例,IBM在《网上隐私声明》中,对于数据收集的内容、第三方行为、消费者的选择权等进行了规定:"不在自己的Web站点上投放第三方在线广告,但我们会在其他Web站点上投放我们产品和服务的广告。请了解这些Web站点的运营商或网络广告商的隐私政策,了解其与广告相关的准则,包括他们可能会收集的有关您的因特网使用情况的信息类型。IBM不会向Web站点运营商或网络广告商提供有关您使用IBMWeb站点的任何信息。我们使用的部分广告网络可能会是网络广告促进协会(NAI)的成员。个人可以选择通过访问以下站点退出由NAI成员广告网络提供的目标广告:www.networkadvertising.org。""我们已与某些第三方接洽来管理我们在其他站点上的一些广告。这些第三方可能使用Cookie和Web beacon来收集有关您在IBM和其他方Web站点上活动的信息(例如IP地址),从而基于您的兴趣向您提供具有针对性的IBM广告。在美国,这些针对您的IBM广告会采用DAA图标进行标识。您可以单击广告自身中的图标来管理首选项。或者,如果不希望此信息用于向您提供有针对性的广告,那么可以单击此处以选择退出。请注意,这不会使您选择退出提供的非针对性广告。您将继续收到普通的非针对性广告。"[①]

三、广告主自律的努力与遭受的质疑

苹果近年来对用户隐私的保护方面获得了外界的一致好评,2015年6月,在"电子前沿基金会"(EFF)公布的一份关于科技企业保护用户数据方面的指数,苹果获得最高的五星评价。苹果在2015年度"全球开发者大会"

---

① IBM:《IBM网上隐私声明》[EB/OL],2015年7月26日,http://www.ibm.com/privacy/details/cn/zh/#section_7。

第四章　利益与选择：新媒体时代广告主内化自律规范以赢得信任

(WWDC)上介绍iOS9时曾经表示,"将会进一步保护用户的隐私,比如浏览器Safari将可以屏蔽广告",苹果在iOS9当中将不再允许广告商访问用户的App下载数据,在此之前,广告商可以追踪用户在设备上下载的任何一款App,然后进行有目的的广告投放。① 由于广告并不是苹果主要的盈利来源,因此苹果在用户数据保护方面走在行业内前端,他们认为:"用户有基本的隐私权,个人信息应该由用户自己来掌握。你们也许听过所谓的免费服务,但我们不认同基于电子邮件、搜索记录甚至家庭照片的大数据挖掘,以及把它们付诸所谓的商业目的。"鉴于苹果在用户隐私保护方面良好的自律实践,2015年6月4日,位于华盛顿的"电子隐私信息中心"(EPIC)将"Champion of Freedom"称号授予了苹果。②

微软成为采用全球第一个"云隐私国际标准"的首个重要云服务供应商,该标准被称作ISO/IEC 27018,由国际标准化组织(ISO)开发,为的是建立一个统一的国际手段来保护存储在云服务中的个人数据隐私,微软采用这个标准进一步表明其在致力于保护在线消费者私聊的承诺。微软获得了欧盟数据保护监管机构的认可,认为"微软的企业云服务遵守欧盟有关数据国际转移隐私法律"。2014年秋天,微软成为签署由隐私保护组织"未来隐私论坛"(Future of Privacy Forum)和美国软件和信息产业协会(Software and Information Industry Association)开发的《学生隐私承诺书》(Student Privacy Pledge)的首批公司之一,该承诺书旨在建立一个共有准则来保护学生信息私聊。③

2014年,谷歌呼吁全球商务人士采用全球标准,保护消费者隐私。微软和IAC/InterActive的Ask.com联合督促其竞争对手们就产业标准达成了共识。面对来自欧洲规范的压力,谷歌年初宣布将逐步删除其存储的用户个人搜索信息的计划,从而将隐私问题推向了另一个发展方向,之后它将

---

① 站长之家:《iOS 9进一步保护用户隐私:广告商更难追踪》[EB/OL],2015年6月25日,http://www.chinaz.com/news/2015/0625/416978.shtml.
② 泰同新闻网:《关于大数据商用　苹果要站在谷歌脸书推特的对面》[EB/OL],2015年7月7日,2015-7-28,http://db410c3c959.dedeadmin.com/db410c3c959b1x50707n416301419.html.
③ 网易科技:《微软采用首个国际云服务隐私标准》[EB/OL],2015年2月18日,http://tech.163.com/15/0218/10/AINR70J6000915BF.html.

199

其非个性化搜索计划的时间从 2 年降到了 18 个月,因为微软已经开始采用此法。雅虎作为第二大搜索公司也表示将在 13 个月内陆续清除存储的个人信息。①

通用电气公司高级顾问兼首席隐私官凯利(Nuala O'Connor Kelly)与通用电气首席信息安全官萨默斯(Grady Summers)一起努力推出了"通用电气信息管理评议会",将 IT 和法规强强联合在一起,从历史的角度,纵观数据生命周期,审查信息管理和政策问题。②

虽然上述几个代表性广告主都在致力于寻求更佳的消费者隐私保护方案,但真正有效的消费者隐私保护需要整个行业的共同努力,这远远超出企业的一己之力,而制定自律规范又将牵涉各个公司的竞争优势与经济利益。当广告主面对"囚徒困境"时,他们会做出怎样的选择?这也是行业内道德与利益、当前利益与长远利益、竞争与合作发展之间的博弈选择,"当一个在其他博弈者的策略给定时,没有一方还能改善自己的获利的境况,每一种策略都是针对其对手战略的一种最佳反应,就实现了纳什均衡(Nash equilibrium)"③,这是行业内竞争的最理想状态。

美国市场研究公司——弗雷斯特研究公司(Forrester Research)通过对 2 万名美国成年人进行的调查发现,"63%的美国智能手机用户担心隐私和安全问题",该数据说明,智能手机行业的消费者隐私保护现状并不能让用户安心。沃顿市场营销教授彼得·法德尔(Peter Fader)说:"谷歌的平台很功利,以信息为导向;苹果则以设计为导向。"虽然这两家公司都有相同的目标,即"每个平台都希望融入你的生活,为你提供全方位的帮助",但是"苹果更加重视隐私",正因为两个企业的发展定位、经营导向与产品优势不同,从而使安卓与苹果程序在数据追踪与利用方面具有不同理念,而要达成整个行业对消费者隐私保护自律规制的共识,显然并非易事。正如法德尔和沃

---

① 阿里云:《Google 呼吁采用全球的标准 保护消费者隐私》[EB/OL],2014 年 12 月 16 日,http://www.aliyun.com/zixun/content/2_6_392435.html。
② CIO 时代:《通用电气:个人隐私可以被保护吗?也许可以》[EB/OL],2010 年 9 月 24 日,http://www.ciotimes.com/safety/yyaq/201009251357.html。
③ [美]保罗·萨缪尔森、威廉·诺德豪斯:《经济学》[M],萧琛主译,北京:人民邮电出版社 2010 年版,第 187~188 页。

第四章　利益与选择：新媒体时代广告主内化自律规范以赢得信任

顿教授大卫·许(David Hsu)所言："苹果可以在各个方面与用户接触，通过手机定位服务、iTunes、App Store 和 ApplePay 等工具了解用户。苹果的立场占据了道德制高点，但数据并非其商业模式的核心；而对于谷歌来说，数据却至关重要。很难判断苹果是真的反对数据收集，还是为了压制谷歌，或者仅仅是提醒人们注意自家平台的与众不同。"①

虽然广告主努力寻找保护消费者在线隐私的自律方法，也制定、调整了一些自律规范，但也有相关研究证明，广告主的自律规制的效果并不尽如人意。例如，2014年1月6日，美国政府问责局(Government Accountability Office)的报告显示，各大汽车制造商对所搜集的定位数据资料的数量和保有时间的政策各不相同，这项报告以底特律三大汽车巨头——丰田汽车公司、本田和日产汽车公司，以及导航系统制造商——佳明、TomTom，应用提供商——谷歌地图、泰为导航为例。汽车制造商收集定位数据是为了向司机提供实时交通信息，可帮助司机找到最近的加油站、最近的餐馆，同时，也便于提供最近紧急道路援救以及被盗车辆追踪。但是，这项报告指出："如果这些公司一直保有这些数据，就不会允许用户删除相关数据。"虽然各大汽车制造商均表示会采取措施保护客户隐私，绝不会出售用户的个人信息，但美国司法委员会隐私方面的负责人议员艾尔·弗兰肯(Al Franken)表示："由于使用汽车导航定位系统以及地图软件的驾驶者增多，我们更应采取措施保护驾驶者的隐私。"②

看来，为了确保广告主对消费者隐私保护真正有效，还需要遵守一些行业内共同认可的规范，其中，一定的奖惩措施也是必需的，"如果受托人行为受某种制裁手段的制约，委托人在决定是否信任受托人时，不仅应考虑受托人可信任的程度，而且还要注意惩罚性制裁手段的效果"③。遵守奖惩分明的自律规范也是广告主减少外界质疑的一个重要应对方式，"如果规范为社

---

① 腾讯科技：《长歌：苹果和谷歌正把战火烧到下一个战场：隐私》[EB/OL]，2015年7月8日，http://www.d1net.com/security/vendor/359198.html。
② 华商网：《车载定位引发隐私担忧涉及丰田等美日系车》[EB/OL]，2014年1月16日，http://yuqing.hsw.cn/system/2014/01/16/051841361.shtml。
③ [美]詹姆斯·S.科尔曼：《社会理论的基础》[M]，邓方译，北京：社会科学文献出版社2008年版，第107页。

会成员所遵守,他们将获益;如果人们违背规范,他们将受到伤害"[①]。

第三节　新媒体时代重点行业广告主的自律规制与实践

当广告的目标受众涉及弱势群体、所收集的在线数据涉及敏感信息时,广告主尤其需要严于自律,因为整个行业作为一个相互制衡的系统,单个企业的选择都会产生"牵一发而动全身"的力量,这也是博弈论中研究对手策略的意义与价值所在。无论使用哪种媒介,广告要想发挥持续有效的影响力,最终都要赢得消费者的信任,广告主作为受托人,"可以精心策划某些行动,以博取委托人的信任。实现这一目的的关键是理解(凭直觉或明显的信息)委托人在什么情况下对受托人表示信任"[②]。严格遵守行业自律规范无疑是发展信任关系的关键所在。在这一节中,我们选择三个对信任关系依赖程度较强的行业:面向儿童受众的食品行业、涉及消费者医疗保健信息的药品行业以及利用法制监管的空白在社交媒体做广告的烟酒行业,作为重点行业广告主的代表,通过具体案例研究他们在新媒体时代的自律实践。

一、食品行业加强在新广告传播阵地中的自觉性

新媒体平台为食品行业广告主开辟了新的信息传播空间,例如可口可乐等许多知名企业通过Facebook Ads发布产品信息、利用网络下载优惠券、在微博上发起与产品有关的话题、监控感兴趣的客户行为等,并结合邮件营销和博客营销,带来了大量的销售机会。雀巢的巧伴伴(nesquik)和哈利伯(Haribo)狗熊橡皮糖,曾使用网络游戏来推销他们的糖果和饮料;而麦当劳则借《功夫熊猫2》电影来促销其快乐餐。[③] 新媒体广告除了具有上述

---

① [美]詹姆斯·S.科尔曼:《社会理论的基础》[M],邓方译,北京:社会科学文献出版社2008年版,第224页。
② [美]詹姆斯·S.科尔曼:《社会理论的基础》[M],邓方译,北京:社会科学文献出版社2008年版,第91页。
③ 中文业界资讯站:《网络游戏成为食品企业营销新方式》[EB/OL],2011年7月1日,http://www.cnbeta.com/articles/147514.htm。

第四章　利益与选择:新媒体时代广告主内化自律规范以赢得信任

与受众沟通能力强、信息到达率高等优势外,相较于传统广告的媒体购买成本还较为低廉,例如"国际食物保护协会"(IAFP)在官网为食品行业广告主提供在线广告展示机会,旗帜广告的价格"静止的一个月为 400 美金,运动的一个月为 600 美金"[①],因而新媒体广告受到越来越多食品行业广告主的青睐。

面向未成年人食品广告的相关限制,在传统媒体中已经有明确的法规。2005 年,欧盟曾向食品行业发出通牒,限其一年内停止播放针对儿童的垃圾食品广告,否则将出台新的法律进行制裁,欧洲联盟的这则通牒并不能对成员国的食品企业具有法律约束力,这就需要各国根据自身的情况制定具体法规或条例进行管理。[②] 从 2008 年年初开始,英国出台一项新法令:"在针对 16 岁以下孩子的电视和广播节目里,不得播放垃圾食品广告。"此前,垃圾食品广告已在 10 岁以下儿童节目中被禁播。[③]

不少行业自律组织也制定了食品广告在传统媒体中的相关规制。例如,国际食物保护协会(International Association for Food Protection,简称 IAFP)于 2009 年 11 月 5 日颁布了《国际食物保护协会章程》(The International Association for Food Protection Bylaws),有关出版物规定:"① 国际食品保护协会的所有出版物均应由执行委员会负责,附属协会可以自行发布出版物,但必须承担全部责任,并且不能违反国际食品保护协会的任何规定;② 电子新闻通讯应由国际食物保护协会官方发布,主要用以会员的信息沟通;③《食品保护趋势》是一本技术类刊物,《食品保护期刊》主要刊发科学调研的相关内容。"[④]2011 年 7 月,美国最大的 11 家食品饮料公司宣布,将实施新的自律性行业规范,限制对 12 岁以下儿童进行广告宣传。美国大型食品与饮料公司就"儿童食品与饮料广告行动"项目达成一致,拟定了统一的引导儿童的食品广告准则。该标准由"儿童食品与饮料广告行动"

---

① IAFP. IAFP ADVERTISING RATES[EB/OL].2015 - 8 - 3. http://www.foodprotection.org/publications/advertiser-media-kit/pdf/Advertiser_Media_Kit.pdf.
② 王晶:《儿童健康与各国政府对垃圾食品广告的管理》[J],《新闻大学》,2011 年,第 1 期。
③ 朱娅珍:《给多吃水果蔬菜的孩子发补贴奖 MP3 还应该禁播垃圾食品广告》[N],《都市快报》,2008 年 2 月 18 日。
④ IAFP.Constitution & Bylaws[EB/OL].2015 - 8 - 3. http://www.foodprotection.org/resources/constitution-bylaws/.

项目组以及食品行业高级研究人员与营养学家共同制定,目的是为了进一步强化引导儿童食品广告的行业自律行为。之所以制定统一标准,是因为需要整个行业有个整体的参照,虽然每个公司都有一套严格的营养标准要求,然而按照最新统一标准来看,"目前约有三分之一的食品未按照该准则中的要求来打广告",因此不少公司需要改变产品的配方,否则2013年12月31日以后不符合要求的食品将不能打出广告。最新标准倡导食品企业"大力开发低钠、低饱和脂肪、低糖、低卡路里的食品",对果汁、乳制品、果蔬等10类食品的营养成分作了规定。[①]

由于传统媒体中食品广告受到的限制较多,广告主纷纷开始向新媒体营销领域拓展,"食品企业在政策压力下,相应调整其广告投放策略,将资金从日益受到严格控制的电视媒体向其他领域迁移。以英国为例,2007年在政府对食品领域进行严格的法律规定后,尽管食品广告费用整体略有增长,但在传统广播、电视、杂志的广告投入的确呈现下降趋势,原因是食品生产商的广告销售策略开始大量向学校和互联网倾斜"。虽然目前食品在新媒体广告中的相关自律规制尚不健全,不过,有责任心的广告主还是意识到行业自律的重要性,例如,"2007年11月,达能集团、凯洛格公司、卡夫食品公司、马尔斯公司、雀巢公司和联合利华公司等11家企业发表联合声明,决定修改有关发布儿童食品广告的政策。同时,为响应欧洲联盟此前呼吁食品公司用商业手段帮助家长为孩子选择营养饮食的要求,食品公司将不会在电视、互联网和以12岁以下儿童为目标读者的印刷媒体上刊登不符合特定营养标准的食品和饮料广告"[②]。

虽然食品行业在新媒体广告自律方面做了一些努力,但其面向未成年人广告自律的效果并不尽如人意。《健康活动家》报告指出"食品行业承诺限制向儿童推销只不过是一句空话";国际肥胖症研究协会的一项报告警告说,"食品企业正在利用互联网直接向孩子推销他们的产品","食品企业现在能使用新的技术,来鼓励孩子们之间互相推销,且不受家长控制"。当自

---

① 中国广告协会网:《美国各方就面向儿童的食品广告有关规定达成一致》[EB/OL],2011年7月26日,http://www.cnadtop.com/news/internationalNews/2011/7/26/4d0ad413-115d-4fc5-a971-bc9c0c861e41.htm。

② 王晶:《儿童健康与各国政府对垃圾食品广告的管理》[J],《新闻大学》,2011年,第1期。

第四章　利益与选择:新媒体时代广告主内化自律规范以赢得信任

律效果不明显时,面向政府他律规制的呼声就日渐高涨,鉴于英国6岁左右的儿童有近十分之一处于肥胖边缘,英格兰15岁青少年中有15%处于极为肥胖的状况,洛布斯坦博士说:"儿童食品市场价值数十亿英镑,为获得市场份额的竞争就像是食品行业的内战。我们需要政府制定针对儿童推销的规定,而不是放任食品企业,健康要放在第一位,而不是只为扩大市场份额。"①英国心脏协会根据一项调查②得出结论:"垃圾食品的广告已让孩子们混淆了正常膳食的概念,应该全面禁止此类广告。"③这种"因噎废食"的提法有点极端,但对于食品行业而言不无警示意义,强化自律方可更利于掌握在新媒体广告规制中的主动权。

二、竞价排名广告打破了药品行业的"诚信协议"

19世纪早期,美国专利药品制造商就开始在报纸、杂志上大量做广告宣传他们的商品。遗憾的是,当真实性宣传与销售产生冲突时,当时的药品广告主不约而同地选择了"江湖骗子"的方式进行公然欺骗。例如,Warner公司宣称其肾脏与肝的安全疗法能治愈布莱特肾病,Ayer公司推销能够治愈肺结核的药,St.Jacob公司宣称他们生产的油能治愈风湿,Altenbeim公司则信誓旦旦宣称他们研制的神奇化合物能使人一夜之间长出头发。④一百多年过去了,广告界发生了翻天覆地的变化,就在越来越多的行业凭借独特的创意广告引发消费者共鸣、赢得赞誉与信任之际,大多数药品广告的口碑却依然不佳,新媒体广告中出现的新问题,更加剧了这种对行业广告的不良印象。正如科尔曼所分析的,对医药广告有需求的是这样一类人,他们"处于绝望状态下,对信任有极强烈的需要,因为没有外援他们就无法脱离

---

① 中文业界资讯站:《网络游戏成为食品企业营销新方式》[EB/OL],2011年7月1日,http://www.cnbeta.com/articles/147514.htm。
② 该调查结果显示,英国的孩子已把垃圾食品当作标准膳食了。在500个7~14岁的孩子中,82%的人不认为薯片是偶尔才吃的,超过一半的人对糖果持同样态度,另外还有70%的人认为快餐是日常膳食。
③ 朱娅珍:《给多吃水果蔬菜的孩子发补贴奖 MP3 还应该禁播垃圾食品广告》[N],《都市快报》,2008年2月18日。
④ Max A.Geller, Advertising at the Crossroads (Federal Regulation VS.Voluntary Controls)(Volume 2),London:Routledge,2013:12.

困境"。表面上看医药广告受众好像不似其他受众一样具有理性选择与最优分析的能力,他们对于医药广告即使心存疑虑,也宁愿将其视为"一根救命稻草",但事实上,他们依然是基于理性选择的,其原因是,"如果其他人向他们提供帮助,即便这些帮助在事实上产生的效果可能不大,作为一个理性行动者,他也应当接受。因为他们的处境如此之差,任何帮助都不会使一无所有的人再失去什么"①。医药广告的这种特点同时为行业竞争的乱象提供了温床。

美国对处方药品广告的监管主要由"美国食品药品监督管理局"(FDA)负责,依据《联邦食品、药品和化妆品法案》(Federal Food, Drug and Cosmetic Act),也即美国法典第 21 篇对药品广告进行监督审查;非处方药在内的其他类型的广告则由联邦贸易委员会管理。按照规制要求,大多数情况下,药品制造商只能在广告中宣传该种药品已被批准的特定特性或医疗用途,同时广告需要注意在宣传药品优点和提醒用户药品可能存在的风险之间把握好平衡,药品广告信息必须"真实、传播准确、均衡"、"保护公众的健康利益"。所谓"真实和传播准确"就是不能做虚假广告,必须客观有依据,不能任意夸大,药物间比较有严格的科学数据;所谓"均衡"就是不能只讲疗效,不讲风险和毒副作用,误导消费者和医生。20 世纪 80 年代初期,当处方药广告首次在美国电视上露面后,食品药品监督管理局很快针对这种全新的传播形式制定了监管措施。

虽然有上述药品广告规制的约束,但是不少药品广告主还是受到利益驱使,屡屡因不实营销而遭投诉,美国政府多采取"处罚"与"自律"并用的治理方式规范该行业广告主的行为。2009 年 9 月 2 日,美国辉瑞公司因不当营销 13 种药品而被处罚 23 亿美元,成为美国有史以来针对不当营销处方药开出的最大罚单。② 辉瑞制药在与政府谈判中还被迫签署了一份"有史以来最全面的企业诚信协议(corporate integrity agreement)",这在美国制药业还是头一遭。根据新协议,辉瑞制药今后 5 年必须遵守一系列"规矩",譬

---

① [美]詹姆斯·S.科尔曼:《社会理论的基础》[M],邓方译,北京:社会科学文献出版社 2008 年版,第 100 页。
② 新华网:《从谷歌事件看美国药品广告管理》[EB/OL],2011 年 6 月 4 日,http://news.xinhuanet.com/world/2011-06/04/c_121494739_3.htm。

第四章 利益与选择:新媒体时代广告主内化自律规范以赢得信任

如必须在企业网站上公布有关为医生旅游"埋单"等行为的信息;专设一套制度,鼓励医生在发现辉瑞销售代表存在问题后进行举报。[①] 从辉瑞公司的声明中可以看出,企业也逐渐意识到自律对于塑造品牌形象与价值的意义,"这些措施不仅遵守联邦和州法律,也满足病人、医生和公众对一个致力于治愈和更健康的领先的全球公司的最高要求"[②]。

早在2001年,TAP制药就已经签署了一份企业诚信协议,承诺在签署协议前采取如下行动:"每年对所有员工进行强制性的公平和道德商业行为培训;任命管理层的道德与稽查人员(compliance officer);激励员工遵守公司的行为和操作指南;加强纪律处分等。"根据企业诚信协议,未来7年TAP制药将"继续保持遵守美国卫生部的相关法规;执行成文的管理守则,并写入工作准则与工作规程;提供准确的医保报告;适度使用药物样品;每年四次向卫生部检察长办公室(OIG-HHS)汇报价格文件;建立并公布一个秘密举报制度,鼓励员工监督稽查人员;如未遵守这些要求将被处以每天1000到2500美元的巨额罚款"[③]。2013年11月,强生被罚22亿美金后,也与美国司法部签订"企业诚信协定",以规范强生公司的企业行为。这项协定长达101页,要求强生公司推行为期5年的"合规计划",强生公司须在法律总顾问之外,设立独立的"首席合规官"执行该计划。[④]

新媒体时代的到来,很快打破了政府与企业之间的"君子协议",以"竞价排名"为代表的新的广告方式,为药品企业提供了前所未有的信息传播机会,巨额利润驱使医药行业铤而走险,法律上的灰色地带也为医药行业提供了打"擦边球"的空间。"竞价排名是搜索引擎服务商向客户提供的以关键词付费高低为标准对购买同一关键词的客户的网站链接,在搜索结果中给予先后排序的一种网络营销服务。"1996年,美国搜索引擎服务公司Open

---

① 《美国辉瑞制药受罚23亿美元》[N],《都市快报》,2009年9月4日。
② 罗三秀:《辉瑞非法营销获23亿美元罚单 药企面临更严诚信约束》[N],《中国医药报》,2009年9月17日。
③ Vaccinationnews. TAP Pharmaceuticals' $875Million Fine Demonstrates Need for Fraud Awareness [EB/OL]. 2001 - 12. http://www. vaccinationnews. org/DailyNews/June2002/TAPPHarm$875MFineNeedFraudAware.htm.
④ 中国新闻网:《美司法部与强生签订企业诚信协定》[EB/OL],2013年11月12日,http://www.chinanews.com/cj/2013/11-12/5491038.shtml。

Tex发明了"优先排序"(preferred listings),一种利用关键词响应把客户网站链接嵌入搜索结果中的营销方式。1998年,另一家搜索引擎服务公司GoTo进一步完善了这种网络营销方式,初步形成了今天的竞价排名模式。1999年,Overture公司(前身即GoTo.com)向美国专利局申请专利,一个可以让广告商通过竞价取得搜索结果中最佳广告位置的系统和方法于2001年7月获得批准。①

由于竞价排名可以在网民进行关键词搜索时,按广告主支付金额的高低进行排序,排在前面的药品企业与品牌、产品,无疑会率先引发消费者的注意,从而占有行业竞争优势,加之网络购物的消费方式转变可以促使点击率快速转换成购买力,因此药品行业近年来十分青睐在搜索引擎中投放广告。据美国调查公司"电子市场人"报告显示,2010年,美国网上药品和卫生保健产品销售额约为10亿美元,而这个数字在2015年有望升至19亿美元左右,相关报道也估算出,"在搜索引擎上投放广告的网上药店和保健品企业每年给谷歌、微软、雅虎等公司带来大约10亿美元的利润"。药品行业高额投放竞价排名等网络广告的背后,却是公众越来越大地发出需要治理网络违法药品广告的呼声。2011年,《华尔街日报》等美国媒体报道:"美国执法部门对谷歌公司涉嫌散布非法医药广告提起诉讼。美国联邦贸易委员会设立了专门的电话热线和网上站点,搭建平台接受消费者对虚假药品广告的投诉,近年来还多次通过互联网组织大规模的民众打假活动,鼓励消费者上网寻找并揭发各类虚假医药类广告,以避免网络虚假医药广告进一步泛滥,力争为公众营造一个安全的寻医问药的虚拟空间。"②美国联邦通讯委员会(FCC)主席Tom Wheeler提交了一项提案,提出"将对互联网服务供应商进行更严格的监管,新规将禁止竞价排名或任何其他形式通过付费使自己的信息比别人更快的行为"。他计划"将互联网服务的监管纳入到公共设施管理行列,如同电话服务一样,互联网服务可适用1934年通讯法案的

---

① 李明伟:《论搜索引擎竞价排名的广告属性及其法律规范》[J],《新闻与传播研究》,2009年,第6期。

② 王传军:《美国明星代言虚假医药广告受重罚》[N],《光明日报》,2013年7月13日。

第四章 利益与选择:新媒体时代广告主内化自律规范以赢得信任

第二部分(Title 2 of the 1934 Communications)"[1]。

不过,药品行业协会已经意识到自律的重要性,近年来根据新媒体广告的特点,修订或颁布一些广告相关规范。以两个具有代表性的协会为例,1981年成立的"美国消费者健康产品协会"(Consumer Healthcare Products Association,简称CHPA)是一个代表非处方药、膳食补充剂企业的全国性贸易协会,有超过80个企业公司成员与155个协会公司成员,后者包括广告代理商、全国有线电视、广播与电视网、网络搜寻公司、互联网服务公司、印刷与数字媒体、研究组织等。[2] 早在1934年,美国消费者健康产品协会就自发制定了《非处方药广告规范》(Advertising Practices for Nonprescription Medicines),分别于1944年、1951年、1955年、1966年与2009年进行更新,被收入《美国消费者健康产品协会自愿规范与指南》(CHPA Voluntary Codes and Guidelines)[3]中,对当今药品广告规范的制定起到了重要作用。[4]

"美国药物研发和制造商协会"(the Pharmaceutical Research and Manufacturers of America,简称PhRMA)遵从美国食品与药品管理局的指南,发布了一系列处方药广告指南,主要有:2009年3月2日生效的《面向消费者直销的药品广告》(Direct to Consumer Pharmaceutical Advertising);[5]

---

[1] 与非网:《竞价排名将被禁止? 美国联邦通讯委员会将出台互联网管制新规》[EB/OL],2015年2月5日,http://www.eefocus.com/consumer-electronics/338317。

[2] CHPA.About CHPA[EB/OL].2015-8-16.http://www.chpa.org/About.aspx.

[3] CHPA.CHPA Voluntary Codes and Guidelines[EB/OL].2013-6-18.http://www.chpa.org/VolCodesGuidelines.aspx.

[4] 确定了八条规范:a) 包装、标签和非处方药物的文献应遵守《联邦食品、药品和化妆品法案》的相关规定,非处方药的广告应该遵守《联邦贸易委员会法案》的相关规定;b) 非处方药广告应该真实、没有欺诈;c) 非处方广告在传播之前所有的产品主张均应有充足的证据;d) 非处方广告应敦促消费者阅读和遵循产品说明;e) 非处方药不应在没有父母监督时向可能导致使用该产品的未成年人做广告,不应在其项目或出版物中直接针对未成年人;f) 非处方药广告不应设置奖励、竞争或其他相似的方式以免刺激不必要的医学使用;g) 非处方药广告不应包含有药品摄入的图片或电影,除非它在告知消费者正确使用方法或在展示一种医药属性;h) 非处方药广告不应包含医生、护士、药剂师或医院,除非有独立的证据可以证实这种陈述。来源:CHPA.Advertising Practices for Nonprescription Medicines[EB/OL].2013-6-18.http://www.chpa.org/VolCodesGuidelines.aspx.

[5] PhRMA.Direct to Consumer Pharmaceutical Advertising[EB/OL].2015-8-17.http://www.phrma.org/direct-to-consumer-advertising.

2014年1月1日生效的《负责临床试验数据共享原则》(Principles for Responsible Clinical Trial Data Sharing);①《商业道德规范》(Code on Business Ethics)确定了五个规范——以患者健康为中心、正直、独立、具有合法的意图、透明;②《美国药物研发和制造商协会与患者组织互动原则》(PhRMA Principles on Interactions with Patient Organizations)规定尊重患者组织的价值与独立性、进行医疗创新研究、为患者组织提供支持等。③上述行业自律规范的出台,对于促使医药广告主遵守业界准则起到一定的推动作用。

三、社交媒体中烟酒广告主的"越界"与自律努力

美国食品与药品管理局(FDA)严格限制宣传和推广香烟与无烟烟草类产品,尤其禁止面向未成年人的营销努力,规定:"禁止烟草品牌名称赞助任何体育、音乐或其他社会或文化活动以及任何有关这些活动的团队或参赛者;要求音频广告只能使用没有音乐或音效的词语;禁止销售有香烟或无烟烟草品牌或标识的帽子、T恤等产品;新的烟草产品需要制造商收到食品与药品管理局的合法营销许可。"④2010年6月22日,《限制香烟与无烟烟草面向儿童与青少年的销售与分销规制》(Regulations Restricting the Sale and Distribution of Cigarettes and Smokeless Tobacco to Protect Children and Adolescents)开始生效,规定:"禁止向未满18岁的人销售香烟、香烟烟草、无烟烟草;禁止出售少于20支的香烟包装;除非在非常特定的条件,否则禁止利用自动售货机、自助服务显示机或其他个人销售模式销售香烟或

---

① PhRMA. Principles for Responsible Clinical Trial Data Sharing [EB/OL]. 2015-8-17. http://phrma.org/phrmapedia/responsible-clinical-trial-data-sharing.

② PhRMA. Code on Business Ethics [EB/OL]. 2015-8-17. http://www.phrma.org/code-on-business-ethics.

③ PhRMA. PhRMA Principles on Interactions with Patient Organizations [EB/OL]. 2015-8-17. http://www.phrma.org/sites/default/files/pdf/phrma_principles_paper_20120919_final.pdf.

④ FDA. Advertising & Promotion [EB/OL]. 2015-10-21. http://www.fda.gov/TobaccoProducts/Labeling/MarketingandAdvertising/default.htm.

第四章 利益与选择:新媒体时代广告主内化自律规范以赢得信任

无烟烟草;禁止免费试用香烟;限制无烟烟草的分销。"①

虽然香烟广告有利于增加国家的财政收入,但考虑到产品对人体健康的危害,越来越多的国家加入到反对香烟广告的队伍中,世界卫生组织(WHO)制定的《烟草控制框架公约》(WHO Framework Convention on Tobacco Control,简称 WHOFCTC)中,提出"禁止香烟广告、促销和赞助活动",在 2012 年时已经得到 83 个国家的支持与响应。②

美英两国在提出禁止香烟广告之外,也开始把矛头指向酒类广告。例如英国医学会(British Medical Association,简称 BMA)苏格兰分会提出,"英国的酒精广告规制太缺乏力度,导致酗酒问题层出不穷","建议出台更严格的酒类广告规范,以遏制酒精文化的过度宣扬"③。2009 年 9 月,英国医学会发表《酒类的影响》报告,指出,"政府现在就应该采取一揽子的严厉限制措施,扼制过度饮酒现象,并出台与禁烟令类似的禁令","将监督酒类企业对足球队和文艺节目的赞助行为、网上促销以及超市推出的'买二赠一'等促销活动"④。2014 年 12 月,英国"关注酗酒"(Alcohol Concern)慈善团体建议,"政府应该制定酒类广告规制,并杜绝酒类饮料产业团体参与相关政策的起草,因为酒类行业协会破坏了自己的承诺来鼓励酒精的安全使用,因此无法成为值得信任的监督机构","饮酒作为一个有吸引力的生活方式和社交场合的图像,不应再出现在广告中"⑤。

由于烟酒行业在传统媒体中刊播广告有种种限制,不少广告主选择通过网络媒体、社交网站、邮件等新媒体方式投放广告,以避开广告监管,不

---

① FDA. Protecting Teens and Children from Tobacco: Restricting Sale and Distribution[EB/OL].2015 - 8 - 17. http://www.fda.gov/TobaccoProducts/PublicHealthEducation/ProtectingKidsfromTobacco/RegsRestrictingSale /default.htm.

② WHO. Ban tobacco advertising to protect young people[EB/OL].2013 - 5 - 29. http://www.who.int/mediacentre/news/releases/2013/who_ban_tobacco/en/.

③ The Spirits Business. DOCTORS URGE STRICTER ALCOHOL AD REGULATIONS [EB/OL].2015 - 3 - 9. http://www.thespiritsbusiness.com/2015/03/doctors-urge-stricter-alcohol-ad-regulations/.

④ 国际在线:《英国医疗界呼吁禁止酒类广告》[EB/OL],2009 年 9 月 9 日,http://gb.cri.cn/27824/2009/09/09/3785s2616312.htm.

⑤ The Spirits Business. DRINKS GROUPS "CANNOT BE TRUSTED" IN ADVERTISING [EB/OL].2014 - 12 - 15. http://www.thespiritsbusiness.com/2014/12/drinks-groups-cannot-be-trusted-in-advertising/.

过,这种宣传方式却逃不出舆论监督的影响。例如,英国《每日电讯报》就曾发文指出,"最新研究表明,Facebook等社交网站中饮酒类广告盛行,在预防未成年人酗酒方面产生负面作用"①。

为了在新媒体传播环境中创造有利于自身发展的空间,酒类行业与社交媒体依据相关规制,纷纷借助技术手段强化行业自律的效果。有关在社交媒体中保护未成年人免受酒类产品与广告侵扰的问题,酒类行业修订了营销规范,要求"品牌在社交媒体与粉丝互动之前,先要检查他们的年龄"。Facebook由于用户注册时就已经填写了年龄,因此不存在"年龄门槛"(age-gating)障碍,而Twitter要检查用户的年龄就困难多了。为了解决这个难题,Twitter与社交媒体管理公司Buddy Media合作,开发一个新的"年龄检测工具"(age-checking tool),当粉丝点击一个酒类品牌时,他就需要发送包含出生日期的信息给所链接的网址,需要在24小时之内填写相关表格,否则就无法接触到所选品牌的信息。根据行业规范要求,Twitter必须确保至少71.6%的用户已经到达饮酒的合法年龄,根据ComScore的数据显示,78.7%的用户已经达到或超过21岁。酒类行业也在努力解决这个问题,一些品牌直接给用户发信息询问他们的出生日期,而另一些则声明购买这个品牌的用户应确认已经达到21岁,还有一些品牌借助技术手段来解决,例如帝亚吉欧(Diageo)与一个社交技术公司Syncapse合作开发了一个年龄门槛工具。由于社交媒体用户是自行填报个人年龄信息,对于可能存在不真实的情况,公共健康倡导者提醒,"酒类品牌需要投入更多的检查,比如与第三方数据库交叉验证个人年龄,检查政府掌握的个人身份识别数据"②。

广告行业协会也对新媒体中的烟酒广告作出专门规定,例如《国际商会广告与营销传播实务统一准则(2011年)》中规定:"专门介绍具有年龄限制的产品或服务(例如酒精饮料、赌博和烟草产品)的网站应采取措施限制未成年人访问此类网站。"《英国非广播广告、促销和直销规范》(CAP Code)中也对受众的年龄进行了限定,"酒类营销传播不能通过媒体或其他文本针对

---

① 《社交网站成酒类广告集结地》[N],《北京晨报》,2013年5月14日。
② Ad Age. New Twitter Tool Gives Greenlight to Alcohol Brands[EB/OL].2015-8-18. http://adage.com/article/digital/twitter-tool-greenlight-alcohol-brands/235146/.

第四章 利益与选择:新媒体时代广告主内化自律规范以赢得信任

18岁以下的人,如果超过四分之一的人是18岁以下的受众,则不得使用该媒介进行酒类广告宣传"[1];"如果超过四分之一的受众是或者可能是小于18岁的人,或者小于24岁的女性,任何媒体都不得为卷烟或过滤嘴香烟做广告"[2]。

烟酒行业作为广告主,也意识到行业自律的重要价值,欧洲领先的酒类生产商就曾发起一个全面的"主动加强酒与饮料市场广告自律独立性活动计划",通过欧盟设立了一个其产品营销传播的通用标准。根据负责营销协议,百威英博(AB InBev)、巴卡第(Bacardi)、布朗·福曼(Brown Forman)、嘉士伯(Carlsberg)、帝亚吉欧(Diageo)、喜力(Heineken)、保乐力加(Pernod Ricard)、米勒(SAB Miller)与世界广告主联合会(WFA)、欧盟、国家协会同意实施《面向符合合法年龄的成年人的负责任的广告与营销通用标准》(Common Standards for Responsible Advertising and Marketing Aimed at Adults of Legal Purchase Age),将受到独立监管与公开报告的外部审查。[3] 此外,行业专门成立的自律协会,如早在1915年成立的"美国烟草商协会"(Tobacco Merchants Association,简称 TMA)、英国烟草商协会(TMA UK)、烟草研究合作中心(CORESTA)等也在产品广告宣传方面制定相关政策、进行受众研究,英国酒类企业研究发现"广告只会带来顾客在品牌之间的转移,而不会导致饮酒伤害"[4]。

不过,烟酒行业与广告行业自律的努力或许并没有取得预期理想的效果,加强政府规制监管的呼声近年来越来越高涨。社会舆论往往认为行业出台的研究报告总是不够客观、有所偏袒,例如 NJOY 公司专门拨款支持电子烟的一项网络调查,交由医药咨询机构 Saul Shiffman 实施,"添加香味的

---

[1] CAP.Alcohol[EB/OL].2015-8-18. https://www.cap.org.uk/Advertising-Codes/Non-Broadcast/CodeItem.aspx?cscid={02438bfd-0b9c-43aa-9da4-92cff0b235b7}#.VdLXc9Kl-yE.

[2] CAP.Tobacco,rolling papers and filters[EB/OL].2015-8-18. https://www.cap.org.uk/Advertising-Codes/Non-Broadcast/CodeItem.aspx?cscid={b285ba21-19df-4da0-8d50-904a286a86d5}#.VdLZPNKl-yE.

[3] ANA.Top Alcohol Beverage Producers Agree to Exceed Current EUMarketing Standards, and to Enforce Them Though Self-Regulation[EB/OL].2012-9-1. http://www.ana.net/miccontent/show/id/inter-mag-2012-59-alcohol-producers.

[4] 国际在线:《英国医疗界呼吁禁止酒类广告》[EB/OL],2009年9月9日,http://gb.cri.cn/27824/2009/09/09/3785s2616312.htm.

电子烟不会对青少年产生特别的吸引力,而对成年人的吸引力则更大"这样的结果却引发很多争议。独立研究机构 Canyon Ranch 的研究人员卡尔莫纳(Carmona)博士称:"NJOY 公司的研究是一个好的开端,不过,有关的研究活动必须让独立的研究者实施,这样才能保证研究结果的公正性。"[1]而对于行业自律的效果,不少研究也指出并不尽如人意,例如《公共科学图书馆医学》(PLoS Medicine)上发表了一项合作研究,指责"酒类行业创建有利于企业利益的监管环境",通过对英国的研究发现"行业自律、学校教育与减少酗酒的运动并没能抑制酒类的滥用"[2]。在新媒体广告时代,由于尚处于监管的"空白地带"或"灰色地带",如何有效自律才能赢得公众认可,烟酒行业广告主尚需更多的实践探索。

小 结

本章首先分析了新媒体时代美英两国广告主追求自律监管的动因,将其总结为三个方面:广告主的媒体使用偏好正在发生着改变,广告主在新媒体上的支出日渐占了上风;广告主只有将自律规范内化于心,才能保持道德坚守与利益获取两方面的平衡关系,继而实现与消费者的持久性双赢关系;自律本身所具有的价值与优势,吸引广告主们主动参与到自我监管队伍中来,但同时广告主的自律行为还要受到外部控制力量的影响。

其次,通过对国际十大领先品牌的隐私保护政策梳理,来分析广告主的在线广告自律实践。从大量的资料中,我们既能看到广告主在新媒体广告自律方面作出的努力,也可以看到他们因侵犯受众的在线隐私而饱受指责与质疑。不过,基于一百多年的广告行业自律监管传统,美英两国的广告主基本上还是具有相对道德实践的自觉性,他们努力将自律规范内化,并且通

---

[1] 烟草在线:《美国电子烟行业巨变 口味为变革核心》[EB/OL],2014 年 7 月 18 日,http://www.tobaccochina.com/news_gj/roundup/wu/20147/2014717164531_631676.shtml。

[2] The Spirits Business. DRINKS INDUSTRY SLATED FOR INFLUENCING POLICY[EB/OL].2014 - 12 - 10. http://www.thespiritsbusiness.com/2014/12/drinks-industry-slated-for-influencing-policy/.

第四章 利益与选择:新媒体时代广告主内化自律规范以赢得信任

过不断更新隐私政策来保护消费者的权利。

最后,严格遵守行业自律规范无疑是广告主发展其与客户之间信任关系的关键所在,我们选择了三个对信任关系依赖程度较强的行业,食品行业、药品行业、烟酒行业,来考察他们在新媒体时代的广告实践。可以发现,一方面这些行业的广告主具有加强自律的自觉性,另一方面在高额利益的驱使下,他们总是有意或无意地打破系统中保持的平衡关系,这说明要真正达到广告主自律的有效性,行业还需要加倍地努力。

第五章 责任与担当：数字互动媒体平台的资源控制与广告把关

《国际商会广告与营销传播实务统一准则(2011年)》中给出了"数字互动媒体"的定义，"是指使用互联网、在线服务及/或电子和通讯网络(包括可让接收方与平台、服务或应用程序进行互动的手机、个人数字助理及互动游戏机)提供电子传播的任何媒体平台、服务或应用程序"。基于上述媒体平台传播的广告我们称之为"数字互动广告"，其主要包括搜索广告、移动平台广告、原生广告(Native Ads)、赞助内容(Sponsored Content)广告、实时竞价(real-time bidding，简称 RTB)、地理定位(geo-targeting)广告、程序化(programmatic)广告投放等。

数字互动媒体平台作为发布广告的新兴媒体，可以凭借其资源控制能力对广告进行监管，具有区别于传统媒体时代"把关人"的新特点，即借助于新媒体技术可以更强地控制广告，不仅可以即刻删除问题广告，而且能通过出台各种广告发布规范的形式来约束广告主体的行为。数字互动媒体平台主动承担起部分新媒体广告监管的职责，主要出于理性选择的需求，因为平台与广告主作为利益相关体，存在一种共存共荣的关系，虽然很多时候他们的共同发展是通过相互之间的力量博弈来最终实现的。

第五章　责任与担当：数字互动媒体平台的资源控制与广告把关

第一节　基于数字互动媒体平台广告的诞生与发展

互联网[①]媒体的诞生，为广告搭建了新的数字互动沟通平台。在互联网广告发展史上，1994年尤为重要，因为这一年出现了三件值得记录的大事：已知的第一个网络交易是"必胜客"售出了一个蘑菇奶酪意大利辣香肠披萨；第一个横幅广告"你的鼠标点这里没？你会的"出现在了hotwired.com网站上；两位律师发送了第一个主题为"绿卡彩票的最后一个赢家是谁？"（Green Card Lottery-Final One?）的大规模商业垃圾邮件[②]。

图 5-1　第一个网络横幅广告"你的鼠标点这里没？你会的"

从横幅广告、电子邮件开始，互联网为广告搭建起新的信息传播与沟通载体，从此也拉开了数字互动广告在世纪之交加速发展的帷幕。之后，几乎

[①] 1989年，欧洲核子研究组织（European Organization for Nuclear Research，简称CERN）的英国科学家蒂姆·伯纳斯·李（Tim Berners-Lee）开发了一个名为ENQUIRE的项目，万维网（World Wide Web，简称WWW）诞生了，这个项目早期也被称为"信息网"（The Information Mesh）和"信息开采"（The Mine of Information）。同年AOL推出"即时通讯聊天服务"，"你有新邮件！"成为欢迎用户的标志性问候语。一年后（1990年），美国成年人使用电脑的比率已经高达42%；1992年"上网"（surfing the Internet）一词开始流行。翻译自：Pew.World Wide Web Timeline[EB/OL].2014-3-11.http://www.pewinternet.org/2014/03/11/world-wide-web-timeline/。

[②] Pew.World Wide Web Timeline[EB/OL].2014-3-11. http://www.pewinternet.org/2014/03/11/world-wide-web-timeline/.

每年都有一个重要的网站成立[①]，这些定位不同的网站为广告商提供了差异化的传播沟通平台。本节重点挑选 Facebook、Twitter、Google、LinkedIn 等几个受广告商青睐程度较高的网站，通过翻译、解读与比较各家制定的广告发布原则、指南与规范性文件等，来分析这些网站是如何对其发布于其上的广告进行有效把关与管理控制的。

一、新媒体时代数字互动广告市场方兴未艾

近十年来，美英两国基于互联网的广告收入始终保持着较快的增长速度。据麦肯锡（Mckinsey & Company）的一项调查研究发现："2006—2010年，网络广告占广告支出总额的很大一部分，在美国占了18%，在德国占20%，法国占16%，巴西占16%，印度占3%。在网络广告支出中，广告主将40%的经费花在搜索广告上，这占了全球广告总支出的6%。"[②]网络广告已经呈现出全球性快速增长的势头，并成功在广告市场份额中分得一杯羹。此外，网络媒体的互动沟通能力使得网络广告在与传统媒体广告竞争中，愈发显示出独特的优势。据数字营销与研究机构——"eMarketer"研究发现："2012年，快速增长的网络广告花费有望超越传统媒体，尤其是报纸和杂志的广告收入，因此网络正在变成营销与广告的一个优先级媒体。"[③]从图5-2中可见一斑：

从早期小部分采纳者率先性尝试开始，到如今将近四分之三的美国人都拥有了一个智能手机，美国的媒体构成发生了很大的变化。随着移动新

[①] 1994 年万维网搜索指南网站"雅虎"（Yahoo!）成立；1995 年网上书店"亚马逊"（Amazon.com）和拍卖网"易趣网"（eBay）成立；1996 年微软推出全球首个网页邮件服务"HoTMaiL"；1997 年互联网搜索引擎"谷歌"成立；1999 年 MP3 下载服务"纳普斯特"（Napster）成立；2001 年网络百科全书"维基百科"（Wikipedia）成立；2002 年第一个社交媒体网站 Friendster.com 成立（后被 Facebook 收购）；2003 年声音呼叫与即时信息服务 Skype（2011 年被微软收购）与职业社交网络"领英"（LinkedIn）成立；2004 年世界上最大的社交网站"Facebook"成立；2005 年视频网站"YouTube"成立（2006 年被谷歌收购）；2006 年社交网络及微博客服务网站"推特"成立；2009 年国际领先的搜索引擎"微软必应"（Bing）成立；2010 年社交照片分享网站 Pinterest 与 Instagram 成立；2011 年谷歌推出 Google＋社交网络服务。

[②] Mckinsey & Company. The impact of Internet technologies: Search[EB/OL]. 2011-7. http://www.mckinsey.com/search.aspx? q=online＋advertising.

[③] Ana Margarida Barreto,"Do Users Look at Banner Ads on Facebook?", *Journal of Research in Interactive Marketing*, 7(2)(2013), p.119.

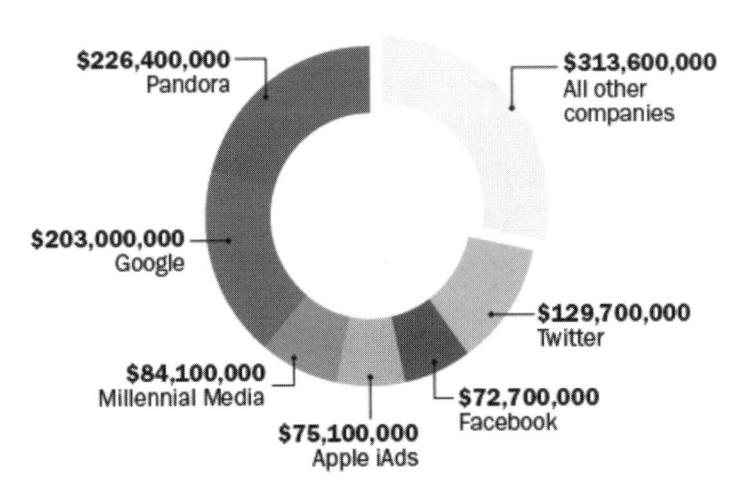

第五章　责任与担当：数字互动媒体平台的资源控制与广告把关

Mobile Digital Display Advertising Market by Brand

图 5-2　2012 年几大主要网站的移动数字展示广告市场份额

媒体的迅速发展，不少广告主开始在其上投放广告，以确保消费者能在手机移动端上看到他们的推广信息。智能手机的发展，为消费者培养出新的媒体接触习惯，也为广告商创建了新的信息传播平台。皮尤研究中心（Pew Research Center）的统计显示："2012 年移动广告收益增长迅猛。72%的移动广告收入被六大公司收入囊中。虽然 Facebook 直到 2012 年夏季才进军移动领域，但其移动广告收入已经占据总额的 30%；Google 依然是搜索广告、展示与移动广告的领头者。"[①]根据 2015 年最新的《受众总报告》(Total Audience Report)统计显示："1.67 亿消费者使用 Apps 应用程序，智能手机网络用户一天检查他们的手机约 150 次。"手机这个移动网络媒体，愈发成为受众形影不离的"伙伴"，随着"手机依赖症者"人数的增多，其广告到达率与渗透力也在不断增强。

以 Facebook 为例，尼尔森的"品牌移动传播工作组"（Making Mobile Work for Brands panel）在 2015 年"消费者 360"会议上从企业视角分享了他们的独特研究观点："Facebook 使用跨平台战略（cross-platform

---

① Pew.The Newspaper Industry Overall[EB/OL].2013-8-7.http://www.journalism.org/2013/08/07/the-newspaper-industry-overall/.

219

strategies)以提高广告运动的到达率与有效率。"研究发现:"Facebook 将智能手机作为电视广告的补充,使得观看者人数增量达到一千万,幅度提高了20%。""Facebook 拥有的用户数据可以帮助品牌决定基于人口统计学的广告,拥有追踪视频和广告到达的能力,可以帮助广告主理解他们广告成功的原因以及帮助他们在未来创造成功的广告活动,而精明的广告主通过定制他们的标志、图片和视频来确保符合所有移动设备的广告,以及根据不同屏幕的尺寸来设计广告。"[1]这种量身定制的新媒体广告具有传统媒体难以比拟的竞争优势。

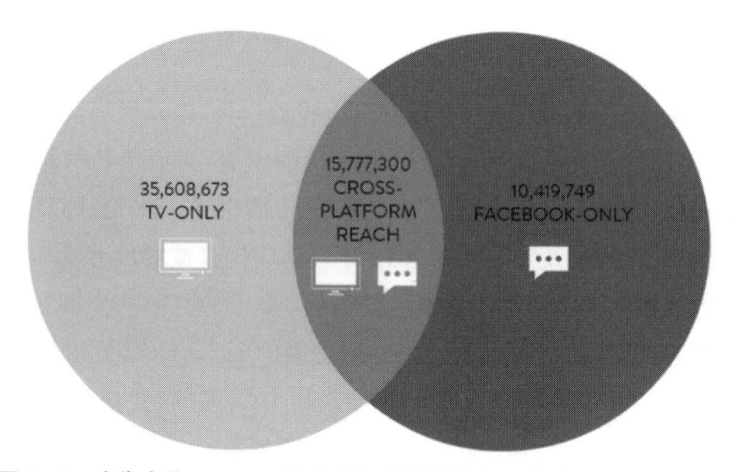

图 5-3　广告商将 Facebook 作为电视广告的补充,以提高消费者到达率

随着智能手机的普及,Facebook 这个社交媒体平台在美国日益焕发出鲜活的生命力。据权威市场研究机构——"comScore"针对 2014 年 6 月美国人上网的统计数据显示:"在每 6 分钟的上网时间里,就有 1 分钟属于 Facebook;而在手机端上网的数据显示,在每 5 分钟的上网时间里,就有 1 分

---

[1] Nielsen. TOOLS OF THE TRADE: HOW TO PUT MOBILE TO USE FOR BRANDS [EB/OL]. 2015 - 7 - 22. http://www.nielsen.com/us/en/insights/news/2015/tools-of-the-trade-how-to-put-mobile-to-use-for-brands.html.

第五章 责任与担当:数字互动媒体平台的资源控制与广告把关

钟属于 Facebook。"①与吸引消费者眼球"注意力"相伴的是,Facebook 搭建的传播平台对广告商也极具吸引力,其首席运营官(COO)雪莉·桑德博格曾在一次财报电话会议上自信地告诉投资者说:"在 Facebook 上投广告要比在电视上投放的效果更好。"以美国国家橄榄球联盟"超级碗"冠军赛为例,"一个价格为 380 万美元的 30 秒广告将可以被 1.084 亿用户看到,而在 Facebook 上,则拥有 11.5 亿用户,而且还可以每天都投放,不像超级碗一样一年只有一次","每天夜里的电视黄金时段,单单在美国都有 8800 万到 1 亿名用户在积极地使用 Facebook"。②

据 eMarketer 统计,2014 年网络展示广告(包括旗帜与视频广告)给 Facebook 带来 53 亿美金收入,差不多占了美国展示广告市场总额(222 亿美金)的四分之一,并且显示出比 2013 年更为强劲的同比增长势头,"动态消息"(News Feed)是该公司的核心增长收益来源;另外四分之一的展示广告收益被 Google、Yahoo、AOL、Twitter 四家公司瓜分,网络广告收益正呈现出向几个大品牌网站集中的趋势。2014 年,"所有媒体中的数字广告收益达到 507 亿美金,实现了 18%的增长速度;在美国所有广告收益中,28%来自于数字广告"③。新媒体广告市场正以蓬勃增长的势头、精准的目标定位能力与有效的互动沟通能力赢得广告商们的青睐。

二、数字互动媒体为新广告发展搭建有利的平台

"原生广告"(native advertising)可谓基于新媒体平台的一种成功的广告模式。互联网女皇玛丽·米克尔在公布《2014 年度互联网趋势报告》时指出:"个性化广告和个性化技术将会成为移动广告时代未来五年的主流。"

---

① 腾讯科技:《Facebook 告诉你如何打造一个完美的社交广告》[EB/OL],2014 年 8 月 5 日,http://tech.qq.com/a/20140805/078351.htm。
② 广告技术流:《Facebook 准备帮助商业客户投放视频广告 广告费高达每天 250 万美元》[EB/OL],2015 年 7 月 31 日,http://www.adexchanger.cn/tech-company/tv-exchange/11836.html。
③ Pew.Facebook's deal with publishers a stark reminder of digital ad gulf[EB/OL].2015-6-3.http://www.pewresearch.org/fact-tank/2015/06/03/facebooks-deal-with-publishers-a-stark-reminder-of-digital-ad-gulf/.

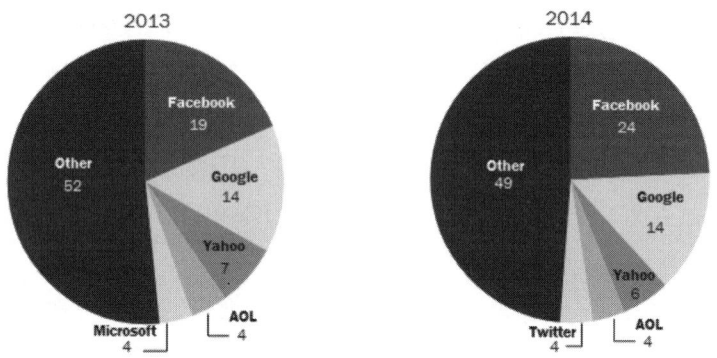

Top 5 Companies' Share of Digital Display Ad Revenue Stays the Same, 2013-2014
% of total digital display ad revenue

图5-4 五大公司分享了数字展示广告平台的主要收益

原生广告是其中最具代表性的个性化广告。① 弗雷德·威尔逊（Fred Wilson）是第一个提出"原生广告"概念的投资人，他认为："原生广告是一种从网站和App用户体验出发的盈利模式，由广告内容所驱动，并整合了网站和App本身的可视化设计。简而言之，原生广告就是融合了网站、App本身的广告，这种广告会成为网站、App内容的一部分，如Google的搜索广告、Facebook的'Sponsored Stories'、YouTube上的'TrueView Video Ads'以及Twitter的'Promoted Tweets'广告，都属于这一范畴。"②

杰夫·彻斯特（Jeff Chester）在数字民主中心（CDD）发布一篇文章，文中指出："原生广告其实是改头换面的'植入式广告'（加入了'病毒营销'），但也呈现了编辑内容中的广告营销与传统的区别。"原生广告最早可以追溯到20世纪50年代，在菲利普·莫里斯（Phillip Morris）公司赞助下，露西（Lucy）与德西（Desi）点燃了一支香烟，③至此开始，营销者就已经对电子媒

---

① 广告技术流：《百度国际化：原生广告先行一步》[EB/OL]，2015年7月18日，http://www.adexchanger.cn/tech-company/mobile/11855.html。
② 互动中国：《数字百科：什么是原生广告？What Is Native Advertising?》[EB/OL]，2015年7月31日，http://www.damndigital.com/archives/84992。
③ 露西（Lucy）与德西（Desi）是美国电视情景喜剧《我爱露西》（I Love Lucy）里的主人公。这部黑白电视连续剧于1951年10月15日至1957年5月6日由哥伦比亚广播公司播出。该剧赢得广告商——烟草巨头菲利普·莫里斯公司（Philip Morris）提供的赞助，该品牌的香烟巧妙地以道具形式在剧中出现。

第五章 责任与担当：数字互动媒体平台的资源控制与广告把关

体的内容与结构产生了很大的影响。传统的内容网站可以靠广告获得收益，现在却发现取悦广告主很困难，因为广告主已经具备绕过内容网络而自己做广告和精确定位目标客户（包括当消费者访问一个低成本广告的网站以及利用移动设备）的能力。消费者也被进一步细分，广告主因而具有识别人口统计学意义上个体的能力，比如了解他们的购买倾向。原生广告的崛起也反映了广告主意识到内容业务的重要性。[①]

除了原生广告之外，各大网站为了确保对广告商的持续吸引力，不断结合自己的平台特点与用户特征，开发出新的广告项目。不断刷新的市场记录证明了社交媒体平台上这些新的广告形式具有独特的竞争优势。以Twitter、Facebook 和 Google 等几大网站为例：

Google 推出"关键词广告"（Google Ad Words），广告可以随搜索结果一起显示在 Google 上，还会显示在日益扩大的 Google 联网中的搜索网站和内容网站上，包括 AOL、EarthLink、HowStuffWorks 和 Blogger。每天都有为数众多的用户在 Google 上进行搜索，并在 Google 联网上浏览网页，因此，关键词广告可以帮助广告商扩大广告信息到达率与对受众的影响力。此外，Google 的 Adwords 和 Adsense[②] 吸取"长尾"理论的精髓，创建了专门汇聚成千上万中小企业的网站，其产生的巨大价值和市场能量足以抗衡传统网络广告市场。

2011 年诞生的 Twitter "推荐消息"（promoted tweets）和 Facebook 的"赞助商帖子"（Sponsored Posts），在 2014 年正式成为在线广告中增长最快的部门之一。再定位广告创业公司——AdRoll 调查发现："出现在用户'新闻推送'（news feeds）中的 Facebook 原生广告平均比右边栏中传统横幅广告点击率高 49 次；与此同时，'推荐消息'已经展现出 1%～3%的参与率，而

[①] CDD. FTC to address "Native Ads"-Safeguards required for youth, finance, health. Agency needs to review growth of branded content[EB/OL].2013 - 9 - 17. https://www.democraticmedia.org/ftc-address-native-ads-safeguards-required-youth-finance-health-agency-needs-review-growth-branded-c.

[②] Adsense 为谷歌推出的广告产品之一，可自动抓取客户网页的内容并投放与该客户的受众和网站内容相关的广告。

图 5-5　Google 关键词广告在电脑端与移动端的广告截图①

正常的横幅广告点击率仅为 2%。"②

　　Facebook 拓宽了对消费者的定向以及其朋友圈、联系圈的研究领域，以鼓励最大的品牌广告主在他们的在线与移动平台上花费更多的钱。例如，Facebook 的"Instagram"对营销者而言是一个难以置信的平台，它"可以影响人们感知这个世界的方式"，Facebook 的"图片分享广告平台"包括可以发现"新方法"、"数据体系"的定性研究，以帮助广告主提升图片分享在线或离线时价值的测评。③ 2015 年，Facebook 推出了一种全新的广告产品——"商品广告"，可以让广告主针对产品线进行重点营销，从而帮助其把推广重点放在商品上，同时也可以帮助用户搜寻到所需要的商品。作为一种定向广告形式，商品广告的广告主可以遴选广告受众。在显示广告市场，Facebook 已经超过了 Yahoo，成为全美第二。最近几年，Facebook 也推出了一大批全新的广告产品。④

　　2014 年 Twitter 推出一项功能，可以通过邮递区号为目标发送消费信息。当用户走进社区时，Twitter 流中会出现有关当地酒馆、干洗店、麦当劳

---

① Appleadvertising. SEM｜Search Engine Marketing[EB/OL].2015-7-24. http://www.appleadvertising.com.au/sem.php#search-network.

② Hello-code:《社交媒体广告相比传统广告的六大优势》[EB/OL]，2014 年 8 月 30 日，http://www.hello-code.com/news/daily/201408/18148.html。

③ CDD. Facebook's "research" to help its advertisers better target you, inc. with Instagram[EB/OL].2014-7-8. https://www.democraticmedia.org/facebooks-research-help-its-advertisers-better-target-you-inc-instagram.

④ 科技资讯:《Facebook 推"商品广告"神似淘宝橱窗推荐》[EB/OL]，2015 年 2 月 18 日，http://www.techweb.com.cn/internet/2015-02-18/2125303.shtml。

第五章　责任与担当：数字互动媒体平台的资源控制与广告把关

等的"推荐消息"。不过，早在 2011 年 Facebook 就曾推出这种"地理围栏"技术，可以帮助上门客户在有限时间内尽快达成交易，享受店内特价，进而促使其行动起来。① 2015 年，Twitter 开始测试一项新的广告服务，即在登录用户的个人信息页面中增加一个广告位，以此按照用户的兴趣来发布定位广告。这种新试验就是在用户个人信息页面的"消息流"中增加那些需要被推广的广告信息，不过，这些信息与传统的滚动消息相互隔离，而且还增加了一个"由 Twitter 建议"的标签。目前，这类广告只会出现在登录用户的信息页面中，对于那些没有注册 Twitter 帐户或选择不登录进入该网站的用户，发布这样的广告也会起到一点作用，因为他们每个月访问 Twitter 网站的总数量也已经超过 5 亿次。②

除了积极开发新的广告项目之外，几大网站还通过合作研究、实验等方式力证互联网赋予广告更多细分能力与可测性，使其比传统媒体广告更有效，从而增加了广告商对依托于新平台广告的投资信心。Google 资助一些学者，希望集合"世界著名计算机科学家、工程师、经济学家和博弈论研究者来分析复杂在线拍卖市场，培养跨学科的协作能力"，通过独立的学术努力，解决影响公民社会的个性化数据挖掘与目标定向行为。③ Facebook 与尼尔森合作，通过神经营销学（neuromarketing）研究 Facebook、Yahoo、《纽约时报》与普通网站以及传统媒体相比其在线广告的影响力，发布了《神经系统参与高端网站的体验》（The Premium Experience: Neurological Engagement on Premium Websites）报告，报告中指出："人们上网有三种主要目的：社交网络、新闻和娱乐、深度新闻与评论。目的的不同反映了注意、情感参与和记忆活动的水平差异，这与人们访问网站时的期望有关，这种期望同时反映了人们对这些网站上广告的态度。"与传统媒体相比，网络是一个更加活跃、更少情感投入和更多认知的媒体，为了实现用户参与度最大

---

① hello-code:《社交媒体广告相比传统广告的六大优势》[EB/OL],2014 年 8 月 30 日, http://www.hello-code.com/news/daily/201408/18148.html。

② 腾讯科技:《推特测试新服务：在登录用户信息中发布广告》[EB/OL],2015 年 4 月 1 日, http://tech.qq.com/a/20150401/070198.htm。

③ CDD. Google Explains Online Advertising and Funds Academics to Expand its Clout[EB/OL].2015-3-6. https://www.democraticmedia.org/google-explains-online-advertising-and-funds-academics-expand-its-clout.

化,营销商和广告商在设计网络广告、消息传递和互动体验时,需要综合平衡神经系统的影响,以增强传播的有效性。[1]

YouTube 的"艺术、版权与规范研究团队"于 2015 年 6 月撰写了《移动视频广告:创造不会跳过的广告》(Mobile Video Advertising:Making Unskippable Ads)研究报告,主要研究在移动生态环境下是否需要改变广告传播方式和视频广告如何适应移动媒体。通过分析 Mountain Dew、BBDO NY 与 OMD Worldwide 三个品牌在优酷上的视频广告,发现"在移动环境中,品牌与消费者建立了比电视或台式机更深层次的个人联系"。此外,通过实验研究,该团队提出:"在移动的环境中,随着我们媒体接触时间的增长与注意力的提升,或许是需要超越我们'传统'广告观念的时候了。我们不需要更短、更快、更多快餐式的广告,广告可以更长、更丰富,甚至可以多点陌生。"[2]该实验也证实了,YouTube 开发的 TrueView[3] 广告格式提供五秒钟"略过"按键的意义与价值所在。基于 YouTube 上播出的大量在线视频广告——TrueView 的研究发现,其为营销者创造了一个悖论:"他们打破了传统 30 秒的时间限制,给予品牌更多时间讲述他们的故事,但是也创造了一个五秒钟'略过'按键,这就意味着广告人需要创作更加吸引人的故事,不

---

[1] CDD.The Premium Experience:Neurological Engagement on Premium Websites[EB/OL].2011-12-9.https://www.democraticmedia.org/sites/default/files/Facebook_NeuroFocus_whitepaper%281%29.pdf.

[2] CDD.Mobile Video Advertising:Making Unskippable Ads[EB/OL].(2015-6)2015-7-31. https://www.democraticmedia.org/sites/default/files/field/public/2015/mobile-video-advertising-making-unskip pable-ads.pdf.

[3] 如果一部 TrueView 格式的广告开始播放,那么用户就会看到画面中也同时出现一个"五秒钟"的倒计时定时器,几乎在此定时器出现的同时,用户还可以看到一个箭头,顺着这个箭头所指并点击,用户就可以跳过广告,重新返回到想要浏览的内容,用户也可以选择看完那段广告。该广告格式可以让用户跳过那些让他们不感兴趣的广告而无须浏览,一改传统强迫用户观看广告内容的方式,因此符合更多人的愿望,广告主也希望运用这一格式,因为他们只有在用户点击广告的情况之下才支付广告费用,如果用户点击"跳过"按钮,选择不浏览广告,那么广告主就不需要再向 YouTube 支付广告费用。详见搜狐 IT:《YouTube 推新广告格式 TrueView 用户可跳过》[EB/OL],2010 年 12 月 2 日,http://it.sohu.com/20101202/n278050953.shtml.

仅仅引发观众的注意,而且还要激发他们的兴趣。"①该结论也显示出新媒体平台上的广告创意与传统媒体时代理念的不同。

三、数字互动媒体与广告主结成共荣发展体

随着数字互动媒体发展的日益成熟,越来越多的广告商开始试水、青睐这种新的信息传播沟通方式。数字互动媒体凭借其广告发布成本低、用户互动能力强的优点,不断地探索新的合作方式,结成共荣体,实现双赢发展。

以 Facebook 几款创新广告项目为例。2012 年第二季度,Facebook 刚推出"Sponsored Stories"这种企业、组织或个人为了获取更多展示机会,购买的来自用户好友与企业官方页面、应用、事件互动信息的原生广告形式,"就达到每天 100 万美元的营收;而在当年第三季度,每天营收更是达到 400 万美元,远超出预期,其中 3/4 来自移动端,使得移动端广告收入达到 1.5 亿美元,占总体营收的 14%;而到了当年第四季度,Sponsored Stories 的移动广告营收实现环比翻番增长"。这一创新的广告形式,整合了多终端、多系统的媒体资源,给广告主带来了良好的营销效果(其参与度是右侧广告栏的 8 倍),也为 Facebook 带来了营收的快速增长,特别是为移动端的变现找到了高效率的出路。②

2014 年,Facebook 在 F8 开发者大会上正式推出了新的跨移动应用广告分发服务——"观众网络"(Facebook Audience Network,简称 FAN),旨在帮助广告主实现更多的营收。广告主可以利用 FAN 将他们在 Facebook 平台上的广告项目拓展到第三方移动应用上,整个操作过程非常便捷。此外,Facebook 完善的用户定位与数据反馈功能,也能使第三方移动应用为广告主提供与 Facebook 相同的精准投放广告价值。Facebook 希望借助新

---

① 该研究涉及 16 个国家,根据"170 创意属性"(170 creative attributes)进行了 11 个垂直分类,包括品牌名称提及率和特征,通过使用"关键词谷歌"进行整合分析,研究人们观看广告的跳过时间。此外,为了测量品牌感知与回忆度,该研究还利用了谷歌的"品牌提及"(Brand Lift)软件。CDD. The First 5 Seconds: Creating YouTube Ads That Break Through in a Skippable World[EB/OL].(2015-7-29)2015-7-31. https://www.democraticmedia.org/content/first-5-seconds-creating-youtube-ads-break-through-skippable-world.

② 营销智库:《"原生广告"(native advertising):将掀起下一场营销革命?》[EB/OL],2013 年 3 月 18 日,http://www.domarketing.org/html/2013/ad_0318/8572.html。

服务,允许移动应用制造商在他们的软件中插入多种类型的广告,并与之分成。Facebook 的首席执行官(CEO)马克·扎克伯格表示:"我们将第一次以一种成熟的方式帮助广告主在移动端赚钱。"FAN 主要出现在 Facebook 所有的广告界面和应用接口应用程序界面(API)上,广告主可以在动态消息(News Feed)广告中一键启动 FAN 平台。同时,FAN 的外观和操作方式也会随着第三方应用进行调整,体验更加一致。Facebook 产品盈利管理总监黛比·刘称:"Facebook 拥有超过 100 万名活跃广告主,通过将 Facebook 的广告技术与 FAN 平台相结合,将使更多的第三方移动应用受益,从而让这些广告主获得更多的营收。"[1]

截止到 2014 年 8 月份,Facebook 的全球用户已达 13 亿,这些用户的喜好、购物历史和社交关系等信息极大地吸引了广告商。包括"奥利奥"(Oreo)曲奇饼干和美国餐厅运营商"Wendy's Co."的脆培根芝士汉堡在内的多款产品都在 Facebook 上取得了不错的广告宣传效果。[2]

Google、Twitter 等网站在广告产品创新与加强与广告商合作方面也不甘示弱,一些独特的广告传播方式也赢得了广告主的认可。Google 可以帮广告主把广告展示在 Google 及其合作伙伴的搜索结果页面上,更提供一个庞大的网络平台,此外,还可以帮广告主把广告展示在目标客户经常浏览的其他网站上。Google 展示广告网络覆盖超过 100 个国家和 88% 以上的互联网用户,是全球最大的广告投放平台。Google 还设定了明确的政策,严格规范合作伙伴的网站内容和点击质量,最大程度保证 Google 展示广告网络的优质性以及广告点击的有效性。[3] Twitter 非常关注那些能够吸引大量在线对话或交流的重大活动,例如"超级碗"和"奥斯卡"等活动,从而帮助公司推出更好的广告服务与相关产品,以此进一步吸引更多的广告主。广

---

[1] 中关村在线:《Facebook 推移动广告网络帮广告主赚钱》[EB/OL],2014 年 5 月 2 日,http://news.zol.com.cn/451/4511747.html。

[2] 腾讯科技:《Facebook 告诉你如何打造一个完美的社交广告》[EB/OL],2014 年 8 月 5 日,http://tech.qq.com/a/20140805/078351.htm。

[3] 盘古互动:《Google(谷歌)展示广告网络(GDN)》[EB/OL],2015 年 7 月 24 日,http://www.pangod.com/google/product/content/。

第五章 责任与担当：数字互动媒体平台的资源控制与广告把关

告主可以根据用户关注的现实活动,来向这些用户发布定制化的广告内容。①

除了依据自己的互动媒体平台开发独特的广告项目外,各大网站也对新技术保持了持续的敏锐性,通过及时将技术转化为广告发布平台来赢得竞争优势。例如,Facebook 的"Facebook Exchange"、Google 的"DoubleClick Ad Exchange"等都是基于"实时竞价"(Real-TimeBidding,简称 RTB)的广告竞价与自助交易平台。实时竞价允许广告主根据活动目标、目标人群以及费用门槛等因素对每一个广告及每次广告展示的费用进行竞价,一旦竞价成功,广告就会立刻出现在媒体的广告位上。家乐氏(Kellogg)就认可这种新的广告方式,其欧洲数字计划主管普理查德(Matthew Pritchard)指出:"实时竞价不是为了购买最低成本的广告,而是为了实现效率最大化。它通过追踪数据提醒你受众的购买行为,这样你就可以明白哪些营销方式有效,哪些不利于改善你的在线广告接近受众的方法。"数字驱动营销已经成为家乐氏数字战略的重要组成部分,该公司认为"这是快速消费品(FMCG)企业与金融服务公司同样关注数据价值的体现",为此,家乐氏还制定了一个在线移动计划工具,帮助营销者明确如何以及何时将移动媒体广告整合进他们的营销战略。②

数字互动媒体平台除了相互竞争,也在探索共同合作的方式,因为同为新媒体阵营中的一员,实现在一定范围内的联合,可以有效抗争以往传统媒体长期形成的对广告市场的垄断地位。此外,新媒体平台与传统广告公司之间的合作,可以发挥双方的优势,取长补短。

2014 年,Facebook 联手 Google 推出了新型在线广告服务——"Atlas","允许广告主依据用户的信息和浏览记录(包括手机用户),向 Facebook 用户发送广告"。以"百事集团"为例,购买了"Atlas"服务后,百事可以在用户没有绑定 Facebook 的体育门户或者游戏应用上投放广告。该广

---

① 腾讯科技:《Twitter 开放定制广告可追踪用户关注点》[EB/OL],2015 年 7 月 24 日,http://www.ebrun.com/20150724/142013.shtml。

② Econsultancy.Kellogg's to launch real-time bidding trials as part of data push[EB/OL].2012 - 7 - 12. https://econsultancy.com/nma-archive/58620-kellogg-s-to-launch-real-time-bidding-trials-as-part-of-data-push.

告平台克服了互联网广告体系主要依据用户上网痕迹数据(Cookies)来投放广告,却无法对手机用户投放广告,从而广告商难以准确定位用户线上线下购物偏好的弊端。借助"Atlas"广告平台,广告商可以利用用户的Facebook注册信息,投放相应广告;还可以利用平台提供的用户信息对用户进行分类。广告巨头"宏盟集团"已宣布,将第一个购入"Atlas"广告服务,该集团将集合"Atlas"技术,为自己的客户提供更好的广告服务,包括英特尔等在内的大客户也已首批试水"Atlas"。[1]

2013年,Twitter与法国阳狮集团旗下"星传媒体集团"签订一份广告协议,金额为数亿美元,有效期数年,这是Twitter与广告业领军企业首次建立合作关系,也是该网站成立以来金额最大的广告合约。根据协议,星传媒体的客户将获得更好的Twitter广告位,以及在Twitter用户中间展开新品调查等。例如,一项名为"Twitter内部手机调查"的项目,将允许星传媒体的客户获得消费者实时反馈。此外,双方还成立了"社交电视实验室",以更好地了解营销者如何使用社交媒体投放广告,从而影响人们收看的电视内容。星传媒体的客户包括宝洁、沃尔玛百货、微软和可口可乐等知名公司,该媒体与Twitter的合作也意味着后者与广告主加快了共荣发展的步伐。韦德布什证券公司分析师迈克尔·帕赫特认为,随着Twitter继续增长,广告商会意识到这家网站与生俱来的吸引眼球的平台价值,这将使Twitter广告量稳增,从而拉高整体利润。[2]

第二节 数字互动媒体平台广告业务发展中的力量博弈

数字互动媒体平台上广告项目的不断创新,为网络公司带来丰厚的经济利润,但同时也产生了负面效果,其中最为突出的是利用新技术所引发的侵犯用户隐私问题。新媒体公司追逐利益的力量、广告主追求传播效果的

---

[1] 《"Facebook"广告服务或涉嫌侵入用户隐私》[EB/OL],环球网科技,2014年9月30日,http://tech.huanqiu.com/internet/2014-09/5156502.html。
[2] 《"推特"签历史性广告大单》[EB/OL],京华网,2013年3月24日,http://epaper.jinghua.cn/html/2013-04/24/content_1984588.htm。

第五章 责任与担当：数字互动媒体平台的资源控制与广告把关

力量与用户保护自身数据隐私的力量、公众的舆论监督力量等，围绕着数字互动媒体平台上的广告不断展开博弈。

一、数字互动广告探索中出现的摩擦与争议

新媒体广告的精准到达传播能力经常伴随着侵犯受众隐私的争议。2012年1月，Facebook因对社交媒体用户进行情绪实验而遭受质疑。该公司的数据科学家通过篡改用户发布的"动态信息"用来做情绪实验，发现"人类的情绪在社交网络上具有传染性"。在实验过程中，"研究者挑选近70万名Facebook用户分成两组，将其中一组用户的带消极情绪的帖子剔除，并将另一组用户带积极情绪的帖子剔除，发现用户的情绪果然会受到社交网络上帖子情绪的影响"。但这项研究很快引起了争议，虽然Facebook在用户注册时弹出的协议中有风险警告，但是很多人还是认为Facebook把用户当作了"小白鼠"。此外，Facebook实验还有一点引人关注，那就是它混淆了"公司想要微调产品的实验和科学家想要验证假设的实验"，这种混淆更让Facebook实验饱受非议。[①]

无独有偶，2012年3月，Twitter向Gnip和DataSift两家研究公司出售用户所发微博一事也激起了强烈反响，并引发了消费者的隐私担忧。由于获得了Twitter的授权，两家公司可以对以往Twitter消息和地理定位等用户基本信息进行分析。该商业行为引起美国隐私维权组织"隐私权信息交流中心"（Privacy Rights Clearinghouse）、英国互联网安全公司Sopohs、美国非营利组织"电子前沿基金会"（EFF）等组织的抗议。[②] 舆论认为这不只是Twitter一家公司的问题，体现了整个社交媒体发展中遇到的问题，对这种行为认定为合法，会导致用户隐私侵犯维权的困难。

除了上述用户隐私受到侵犯的情况之外，数字互动媒体平台上发布的广告质量问题也引发社会的关注与争议。例如，《福布斯》曾刊登评论文章指出："全球最大社交网站Facebook的广告业务面临的真正问题并不是广

---

① 《从Facebook社交媒体情绪实验看大数据道德困境》[EB/OL]，人工智能中文资讯平台，2014年12月5日，http://www.ailab.cn/datamining/2014120521419.html。

② 《Twitter出售用户所发微博引发侵犯隐私质疑》[EB/OL]，新浪科技，2012年3月2日，http://tech.sina.com.cn/i/2012-03-02/09016793927.shtml。

告数量太多,而是广告质量太差。"而出现这种问题的根源应该在于,Facebook 的逐利本性使得他只愿意做出有利于自身利益最大化的选择,却忽视了"权利的基本性质根植于社会基础,社会的认可是权利存在、消失以及转让的前提条件"[①],单方面利益最大化追求注定不能长久。虽然为了提升广告质量,Facebook 已经作出不少努力,他们除了发布相关广告规定[②]外,也在拦截和撤销质量不高的广告,但是即便是借助人工审查,仍免不了有些漏网之鱼。Facebook 也建议用户们"遇到此类广告可以将它们标记为垃圾信息或者点击附近的一个按钮将其隐藏起来,用户们的反馈信息将被传递到 Facebook 的广告系统中"。为什么 Facebook 平台上的广告质量难以迅速提升呢?主要有两方面原因:一方面,Facebook 广告交换取得了成功,其广告交换系统为 Facebook 平台引进了一大批新的广告商[尤其是那种为了获得点击数而不择手段的直接反应广告商(direct-response advertisers)],它们可以利用与用户的上网活动有关的数据来瞄准特定用户;另一方面,是未发表过的网页帖子数量不断增加,那些网页帖子从未被公开发布过,创建它们的主要用途就是将它们安插到一个新闻流广告之中。这些广告成为千夫所指的批评对象,因为 Facebook 曾在 2012 年 IPO 之后股票一路下跌,套牢了大量的投资者,他们对 Facebook 的营收增长前景提出了质疑,而那些广告似乎就是一种绝望的信号。为此,Facebook 只好放宽了对可接受广告的限制条件。[③]

类似的数字互动广告发展探索中出现的问题还有很多,几乎每家网络公司都多多少少遭遇过有争议的事件。西方社会原本就有自由、民主、平等的传统,这在网络社会中也不例外,随着越来越多网民维权意识的不断觉醒或加强,如何平衡新广告业务与消费者权益保护之间的关系,将会成为数字互动媒体平台思考的重点。不少网站也意识到尊重用户隐私保护的重要

---

① [美]詹姆斯·S.科尔曼:《社会理论的基础》[M],邓方译,北京:社会科学文献出版社 2008 年版,第 62 页。

② 包括文字、图片或其他媒体在内,一则广告的所有组成部分都必须与广告商提供的产品或服务和广告受众相关和相符。广告不能包含无须用户操作就能自动播放的有声动画或 Flash 动画。广告不能以具有性暗示的方式来定位产品或服务。广告内容不能涉及政治或具有争议性的话题。

③ 《垃圾信息满天飞 Facebook 广告正在失控!》[EB/OL],腾讯科技,2013 年 7 月 2 日,http://tech.qq.com/a/20130702/017550.htm。

第五章　责任与担当：数字互动媒体平台的资源控制与广告把关

性，他们积极开展广告效果与用户心理的相关研究，探索适合网络用户接受的广告方式。以Google为例，2014年7月，Google进行了一项研究，发现"反感插屏广告(Interstitial)的用户占到了压倒性多数"。69%的用户由于Google+社交服务中存在插屏广告而完全放弃了这个页面——既没有下载Google+应用，也不打算去访问其移动站点——Google将此归咎于插屏广告让用户和公司之间的摩擦越来越多。另一方面，Google发现在访问Google+插屏广告页面的用户当中，最终有9%的人点击了"获得应用"(Get App)按钮。这种点击率虽然听起来可能很高(例如，相比较于在线广告点击率)，但Google指出："那些点击了'获得应用'的用户已经安装了应用，否则的话，他们可能从来不会跟踪应用并下载。"因此，这至多只是一个大打折扣的成功信号。此外，许多移动用户很可能只是误点了"获得应用"按钮，因为这些按钮很多都比"前往移动站点"(continue to mobile site)链接按钮要大好多。所以，大部分用户一看到Google+插屏广告就愤怒不已，他们对此反应最为强烈。Google又做了一个后续实验，把Google+插屏广告换成"智能应用横幅广告"——以一种轻度打扰的方式继续推广这款原生应用，实验发现"这种更温柔的方法表现得更好，Google+网站的日活跃用户数量增加了17%"[①]。基于上述研究结果，Google了解到一些用户的心理感受与需求，公司对插屏广告的使用也更加谨慎。

　　数字互动广告探索中出现的矛盾与争议，其深层原因在于企业追逐经济利益中可能触犯到大众公共利益，两种利益背后存在博弈关系，一旦企业获得优势就会无视用户的抗议、我行我素；而一旦公众的力量更强大，公司将被迫做出让步与改变，社会其他力量对两种力量的博弈也存在一定的影响作用(具体我们将在第六章进行展开论述)。对此，科尔曼也依照权利理论进行了阐述："如果没有形成一致意见，权利则处于争议之中。在争议中，凡是有能力阐述其意见的行动者，都控制着处于争议之中的权利；凡是利益与此行动相关的行动者都将充分行使这种控制权。"[②]

---

　　① 《谷歌研究发现插屏广告严重影响移动用户体验》[EB/OL]，广告技术流，2015年7月30日，http://www.adexchanger.cn/tech-company/mobile/11876.html。
　　② [美]詹姆斯·S.科尔曼：《社会理论的基础》[M]，邓方译，北京：社会科学文献出版社2008年版，第53页。

二、企业追逐私利与实现社会公利间的矛盾

针对目标客户发送定制广告,近年来成为数字互动媒体吸引广告主投资的利器。定向广告具有显著的有效到达能力,可以为合作双方带来丰厚的利润回报,但与之相伴的是,用户因个人数据隐私被侵犯而屡屡抗议。例如,2014年Facebook曾被曝出"利用69万用户的数据进行心理实验",而引发轩然大波;同年,奥地利隐私保护人士发起了针对Facebook的集体诉讼,得到超过6万人的声援,[①]可见用户对于企业侵犯个人隐私存在极大的不满情绪。一项消费者研究报告甚至否定了定向广告的信息传播价值,这或许受被访者宣泄情绪的影响,"绝大多数消费者反对追踪他们的在线活动发送定向广告,85%的消费者反对定向广告,76%的消费者认为定向广告对于促成他的购买活动'很少或者基本没有价值'"[②]。

2011年,全球第二大广告控股集团——"宏盟集团"(Omnicom)宣布其"数据联盟"将增加微软、AOL、雅虎三个公司,"消费者与市民很可能不知道——更不用说控制了,他们的数据是如何被宏盟集团的许多客户搜集与使用的,这其中就包括麦当劳、强生、埃克森、索尼等"。微软的数据处理创建了一个跨平台目标营销的"消费者细分类别",并将借助移动端、个人电脑和其他设备帮助宏盟集团提高有效传播能力;AOL帮助宏盟集团更好地识别跨平台的目标数字用户;雅虎承诺帮助宏盟集团更好地"理解消费者是如何使用数字媒体的"。几家公司与广告集团的强强联合,为新媒体时代发布在线行为广告等搭建了很好的平台,但问题也随之暴露出来,正如数字民主中心(CDD)在《雅虎、微软和AOL同意将我们的数据给宏盟集团》一文中所担忧的,"在线营销公司与广告代理公司对我们的数据进行跨平台的分析以总结特征,对我们进行目标定位,这就凸显出为什么我们需要公

---

① 《关于大数据商用 苹果要站在谷歌脸书推特的对面》[EB/OL],泰同新闻网,2015年7月7日,http://db410c3c959.dedeadmin.com/db410c3c959b1x50707n416301419.html。

② EPIC.Consumer Reports:85% of Shoppers Oppose Internet Ad Tracking[EB/OL].2014-5-20. https://epic.org/2014/05/consumer-reports-85-of-shopper.html.

第五章　责任与担当：数字互动媒体平台的资源控制与广告把关

共政策监管隐私与消费者敏感信息（健康、金融等）的交易行为"[1]。在新媒体广告规制尚不健全的环境下，在线企业、广告主与用户之间的矛盾将会愈发激烈。

2014 年，Twitter 发布了新的广告策略，用户能够直接通过 Twitter 里的 App 推广页下载 App，而无须转到 App Store 再下载。这项技术来自于 Twitter 以 3.5 亿美元收购的移动"广告交易平台"（ad exchange）——MoPub。MoPub 提供了广告推送服务，投放者只须将自己的广告提交到 MoPub，后面的一切发布工作就将由服务器自动完成。此外，MoPub 的收费模式也更加经济、合理，他们按广告实际被查看的次数对广告商收取广告费，他们的收入就来自于对这部分费用的分成。[2] 不过，Twitter 的这项创新依然伴随着侵犯受众隐私的质疑，原因是 MoPub 可以在用户使用移动设备时仅用毫秒时间就获取他们的数据。数字民主中心（CDD）提议"大数据需要'大隐私'以及其他的监管，比如不要面向未成年人传播数字垃圾食品的广告等"[3]。有关敏感数据信息的搜集与使用等问题，更加暴露出企业私利与社会公利之间存在的矛盾。

不过，Twitter 并没有因为遭受质疑就停止对广告项目进行开发，2015 年该公司再次推出新的广告方式——"自动播放视频广告"。"2% 的用户即使自己不点击，一些视频广告还是会自动播放，由于每月有 2.88 亿人登录 Twitter，2% 意味着超过 500 万人。"虽然目前这项测试只在持有 iPhone 和 iPad 的美国用户中进行，并且对广告产品进行了改进，"如果用户不点击，这些视频都是静音的；如果用户点击，就会全屏有声播放"，但是还是引起部分公众与隐私保护人士的关注。这是因为，自动播放视频广告并非 Twitter

---

[1] CDD.Yahoo, Microsoft & AOLAgree to Give Our Data to Ad Giant Omnicom[EB/OL].2011-4-23. https://www.democraticmedia.org/yahoo-microsoft-aol-agree-give-our-data-ad-giant-omnicom.

[2] 《MoPub 提供一站式移动广告服务》[EB/OL]，tech2ipo，2011 年 12 月 9 日，http://tech2ipo.com/36879。

[3] CDD.Twitter's IPO: Serving the Snack Food Industry and Tracking Users on Mobile Devices, More Responsibility & Privacy Req'd[EB/OL].2013-9-14. https://www.democraticmedia.org/twitters-ipo-serving-snack-food-industry-and-tracking-users-mobile-devices-more-responsibility-priva.

的独家产品,"早在2013年,Facebook就开始试行这种广告形式;2014年Instagram也开始进军这个广告市场。截至2014年年底,如果把3秒以上的自动播放小视频算进去,Facebook的视频浏览量已达30亿,半年涨了两倍"[1]。自动播放视频广告市场发展越迅猛,在相关规制尚不健全的情况下,侵犯用户隐私的问题很可能越严重。

对此,移动广告平台DrawBridge的创始人兼CEO卡马克什·西瓦拉马克莱斯娜(Kamakshi Sivaramakrishnan)就坦言:"对于收入比较依赖广告的网站来说,用户浏览量越高,他们的广告就越值钱。作为普通用户,我们使用这些在线服务或移动应用,往往需要填一些个人信息,包括电话号码、家庭住址、生日、家庭成员、兴趣、性取向、政治观点、病史和信用卡号等,而这些信息通常在我们不知道的情况下就已经被分发给了其他网站和应用。"的确如此,用户的个人数据信息往往在没有经过允许的情况下,就可以被用以商业销售,并可能转卖给第三方等而遭致信息泄露。

不过,目前也有一些网站和应用开始公开反对这些隐私政策,比如以"反Facebook"自称的社交媒体Ello走的就是"无广告"路线,从而最大程度地保障用户的个人隐私。Ello的做法自然能在一定程度上解决用户隐私数据被滥用的问题,但是对于普通互联网用户来说,"我们想要的并不仅仅是那些常用的社交网络站点向我们保证不会把身份信息用于营销目的,而是在那些采用'免费服务+广告'的网站与滥用用户隐私数据行为之间画出一条清晰的分界线,如果能够找到这条分界线,那么就基本上不过于担心我们的隐私数据了"[2]。

问题的关键在于,数字互动媒体平台几乎不可能去画这样一条分界线,因为这直接关系到他们自身的利益。数字互动媒体平台目前掌握着较强的控制广告的能力,他们既可以利用这种权利发挥出积极的约束广告主体行为的作用,又可能滥用权利而获取私利。"社会系统内部握有较大权力的行动者,最有可能向他人实施惩罚措施(因为他们为此付出的代价比别人小),

---

[1] 《还能不能愉快地刷推特?Twitter推自动播放视频广告》[EB/OL],Tui18,2015年3月24日,http://www.tui18.com/a/201503/2486126.shtml。

[2] 《互联网广告真的需要用户隐私数据吗?》[EB/OL],网易科技,2014年11月26日,http://tech.163.com/14/1126/10/ABVHRLV7000915BF.html。

同时最有可能违反规范(因为其他人缺乏惩罚他的足够权力)。尽管违反规范与实施赏罚措施是不相关的行动,但二者均与系统内的权力保持正比关系,与焦点行动中蕴含的利益也有同样关系。"[1]由此可见,企业私利与社会公利之间矛盾的化解,主要还在于数字互动媒体平台能寻找到相互之间利益最大化的均衡点。

三、外部影响激发网络企业健全内部规范

随着外部抗议力量的不断加大,数字互动媒体开始反思如何制定有效的自律规范,方可平息社会各界发出的质疑声。除了依据技术的发展及时更新隐私政策之外,几大网站还通过加盟国际或国家的隐私联盟、主动接受第三方监管等方式来加强、完善其自律规范。来自于外部的影响力量主要有两种,一种是政府的监管,一种是社会各界的监督。

(一)来自政府的影响力量

网络媒体由于缺少传统媒体那套成熟的信息把关与审查模式,政府对其监管主要是从是否应该对传播内容承担连带责任开始的。早在1995年8月,美国众议院就通过了《互联网自由和家庭授权法》(Internet Freedom and Family Empowerment Act),规定"网络服务提供商不因对其所传播的信息行使了编辑行为而负有法律责任,其善意地删除淫秽内容的行为也不负法律责任",[2]给予网络服务商较大的自由管理信息的权利。

国家范围内对互联网企业的正式监管并颁布规制,最早可以追溯到1996年的英国。当时,网络刚刚兴起,随后出现了网络色情等许多新问题,最初英国政府部门对互联网的管理缺乏协调,各网站也只是自行约束行为,缺乏统一的自律标准。在这种背景下,政府决定发挥引导作用,由贸易和工业部牵头,汇集内政部、伦敦警察局等政府机构以及主要的互联网服务提供商,共同商讨如何对互联网内容进行监管,最终于1996年9月23日达成了一份《3R安全规则》(R3 Safety-Net)文件,亦即《安全网络:分级、检举责

---

[1] [美]詹姆斯·S.科尔曼:《社会理论的基础》[M],邓方译,北京:社会科学文献出版社2008年版,第243页。
[2] 郝振省主编:《中外互联网及手机出版法律制度研究》[M],北京:中国书籍出版社2008年版,第76页。

任》,这是国际上的第一个网络监管的行业性法规。①3R分别代表分级认定(Rating)、举报告发(Reporting)、承担责任(Responsibility),该法规的宗旨是:"消除网络儿童色情内容和其他有害信息,对提供网络服务的机构、终端用户和编发信息的网络新闻组,尤其对网络提供者进行了明确的职责分工。"

在外部监管影响力逐渐加强的作用下,行业也开始重视自律规范的出台。1996年,英国成立了"互联网监察基金会"(Internet Watch Foundation,简称IWF),成员多为网络企业,也有教育、文化、政府、司法机构的代表,该自律协会成立后,通过"开通网络热线,接待公众投诉;制定并落实《行业规则》;使用内容分类标注技术,鼓励用户自行选择需要的网络内容;进行网络安全教育"等方式对互联网发布信息进行监督,其管制效果非常明显,欧盟资助的一项调查也证明了"在控制和监管网络非法信息方面,行业自律比国家立法更有效"。②

(二)社会各界行使的监督权利

除了政府颁布他律规制与行使监督职能之外,来自于社会各阶层、组织的监督对于数字互动媒体企业约束自我行为也发挥了鞭策与激励作用。例如,法国"消费者协会"(UFC-Que Choisir)曾向Facebook、Twitter和谷歌发出了传召,要求这些企业"删去不公平和非法的用户条款","这些条款声明及至多100项超本文链接难以阅读,大部分页面都没有用法语书写"。③类似的行使舆论监督权力的组织和个人还有很多,在强大的舆论压力下,数字互动媒体平台往往需要作出正面回应并及时改进相关政策。

不少数字互动媒体平台也意识到作为"社会性公民",只有严格约束自己的经营行为,才能塑造出负责任的品牌形象,获得消费者信任,从而实现持久盈利。有鉴于此,领先的网站企业带头制定、修订内部规范,主动加入

---

① 《透视英国互联网内容管理模式:监看基金会功不可没》[EB/OL],新华网,2011年4月21日,http://news.xinhuanet.com/world/2011-04/21/c_121329974.htm。
② 《英国互联网管理经验:互联网行业自律唱主角》[EB/OL],深圳新闻网,2009年9月24日,http://www.sznews.com/zhuanti/content/2009-09/24/content_4074697.htm。
③ 《法国消协:谷歌/Facebook/Twitter用户条款侵犯隐私且难以阅读》[EB/OL],中文业界资讯站,2014年3月26日,http://www.cnbeta.com/articles/278078.htm。

第五章　责任与担当：数字互动媒体平台的资源控制与广告把关

相关协会，并保证遵守国际相关规制。以 Google 为例，该公司声明："我们会定期检查隐私权政策的遵守情况。此外，我们还遵循一些自我监管框架。我们收到正式的书面投诉后，会与投诉人联系，以便采取进一步行动。我们会与相应的监管机构（包括当地的数据保护机构）合作，以解决 Google 与用户之间无法直接解决的有关个人数据转让的投诉问题。"在其 2014 年 11 月 21 日更新的《自我监管框架》中，Google 强调，"正如我们的安全港认证中所述，我们遵循美国商务部针对欧盟成员国和瑞士境内的个人信息收集、使用和保留而制定的《美国—欧盟安全港架构协议》和《美国—瑞士安全港架构协议》"；"Google 遵循在线广告在用户知情权和选择权方面的行业标准"。[①] 此外，Google 还遵守其他国家一些相关的规制，例如，英国互联网广告局的"在线行为广告的良好做法原则"（Good Practice Principles for Online Behavioural Advertising）、"澳大利亚在线行为广告最佳做法指南"（Australian Best Practice Guideline for Online Behavioural Advertising）以及欧洲交互式广告局的"欧洲在线行为广告框架"（European Framework for Online Behavioural Advertising）。为了加强自律效果，Google 申请成为"网络广告促进会"（NAI）的成员，该协会由致力于制定负责任的广告政策（适用于整个互联网）的公司联合组成，用户借助 NAI 创建的工具，可以更详细地了解其他广告投放公司的情况，并在 NAI 网站上选择阻止他们使用 Cookie。

再以 Facebook 为例，通过梳理其 2006—2014 年之间，用户隐私相关的主要事件及社会监督对其制定隐私政策及自律行为的影响（见表 5-1），可以看出该平台在保护用户隐私方面作出的努力。2015 年 1 月 1 日，随着 Facebook 新的隐私与数据使用政策生效，社交媒体平台自律与用户隐私保护问题再次成为关注的焦点。这种存在于社会公利与企业私利间难题的症结，正如美国电子前沿基金会（EFF）发言人丽贝卡·杰西卡所言，"Facebook 终究要赚钱盈利，用户没有为使用服务而付钱，但 Facebook 却

[①] 《自我监管框架》[EB/OL]，Google，2014 年 11 月 21 日，http://www.google.cn/intl/zh-CN/policies/privacy/frameworks/。

为使用数据而付出代价"[①],这必然产生一种不平衡的力量关系。来自政府部门、自律组织、媒体、用户等利益相关群体的监督力量,促进了Facebook在企业自律基础上制定更为有效的用户隐私保护政策,从而在一定程度上维护了消费者的隐私保护权益。

表5-1 Facebook用户隐私保护中的舆论监督力量[②]

引发隐私保护争议的主要事件	隐私权与监督权的制衡力量	力量博弈的结果及对自律的影响
"动态消息"(News Feeds)	2006年,推出即遭到用户广泛抗议。用户们组织了一个名为"学生们反对Facebook News Feed"的组织,成员人数达到24万多人,还有一个名为"Facebook News Feed去死"的组织的成员人数也达到了1719人。[③]	Facebook道歉,安装了更严格的隐私控制措施,给予了用户一些控制权,用户可指定自己的哪些信息被动态新闻广播,隐私功能上线后迅速平息了抗议声。[④]之后多次改版。

---

① 是东东:《美国隐私保护法律已过时》[N],东方早报网,2012年5月18日,http://www.df-daily.com/html/113/2012/5/18/793498.shtml。

② 资料来源:表格中2010年5月29日之前的内容,均翻译自Catherine Tucher,"Social Networks, Personalized Advertising, and Perceptions of Privacy Control", *Research Program on Digital Communications*, 2011(summer), p.24,表格中2010年6月之后的内容,均根据美国电子隐私信息中心(EPIC)的相关新闻翻译整理,详见 https://epic.org/privacy/facebook/。

③ 子聪:《新闻周刊:谁侵犯了Facebook用户隐私》[N],赛迪网,2007年11月19日,http://news.ccidnet.com/art/1032/20071119/1279129_1.html。

④ 黄学贤:《Facebook和它的隐私政策》[EB/OL],爱范儿网,2011年8月26日,http://www.ifanr.com/50604。

第五章　责任与担当：数字互动媒体平台的资源控制与广告把关

（续表）

引发隐私保护争议的主要事件	隐私权与监督权的制衡力量	力量博弈的结果及对自律的影响
"烽火"（Beacon）社群广告服务系统①	用户抱怨是否愿意与人分享的选择很难被注意到，"烽火"让人感觉受到了侵犯，而且在滥用个人信息，遭到MoveOn等组织的抗议以及媒体的持续关注，《财富》有一篇名为"安息吧，Facebook？"的文章，主要阐述了Facebook的形象下跌之快。公司在超过三个星期还没有对用户和媒体的抱怨做出任何反应，导致公司形象严重受损。②	2007年11月29日Facebook宣布对烽火广告进行修改，用户对其"Mini-Feed"和朋友的"News Feeds"拥有更多的隐私控制权。12月，将原本预设的"选择性退出"（opt-out）改为"选择性加入"（opt-in）服务，同时提供一个让用户关闭Beacon的控制功能。③ 2009年9月，该计划流产，即便这样还是很快遭遇违反在线隐私保护条例的集体诉讼。④
擅自更改条款	2009年3月，Facebook在未知会用户的情况下擅自更改使用条款，宣称用户上传的资料即使删除，Facebook仍然具有完全的使用权。这引起了用户的普遍抗议。	被迫收回成命，并根据用户意见重新拟定了条款并交由公开投票。重新拟定后新条款获得了60余万投票者中70%以上票数赞成。但投票率远远低于预先规定的30%。尽管如此，Facebook仍然于5月1日颁行了这一条款。⑤

---

①　该系统于2007年11月6日推出，烽火广告把Facebook用户在Blockbuster和eBay等第三方合作伙伴网站上的活动情况传送给他们的朋友的"News Feeds"（新闻传输）中，是Facebook大力宣传的新的社交广告计划的关键组成部分。详见：天虹：《Facebook修改烽火广告计划平息用户不满》[EB/OL]，赛迪网，2007年12月1日，http://news.ccidnet.com/art/1032/20071201/1293869_1.html。
②　黄学贤：《Facebook和它的隐私政策》[EB/OL]，爱范儿网，2011年8月26日，http://www.ifanr.com/50604。
③　陈晓莉：《Facebook为Beacon广告联盟机制道歉》[EB/OL]，iThome网，2007年12月6日，http://www.ithome.com.tw/node/46610。
④　长歌编译：《Facebook广告系统Beacon被指侵犯隐私》[EB/OL]，腾讯科技，2008年8月14日，http://tech.qq.com/a/20080814/000241.htm。
⑤　《Facebook》[EB/OL]，维基百科，2015年2月21日，http://zh.wikipedia.org/zh/Facebook。

（续表）

引发隐私保护争议的主要事件	隐私权与监督权的制衡力量	力量博弈的结果及对自律的影响
修改隐私设置①	2009年12月17日，EFF领导的隐私联盟组织向FTC呈交一份指责Facebook改变隐私设置的文件。 2010年5月12日，《纽约时报》刊登了比尔顿（Bilton）的文章"Facebook隐私：选择的困惑"，成为反对侵犯隐私的导火索。EPIC加入ACLU，②并牵头几个隐私组织签署公开信（letter）活动，联合敦促Facebook修改正在发生的涉及网站服务的隐私问题。建议Facebook进行"即时个性化"选择性进入，限制数据保持，赋予用户控制他们信息更大的权利，允许用户导出Facebook上的内容。	2010年5月24日，马克·扎克伯格在《华盛顿邮报》宣布Facebook将制定新的隐私保护政策。26日，召开新隐私保护政策发布会；次日开始执行，《纽约时报》发文"Facebook新隐私政策指南"。

---

① 2009年11月，修改隐私默认设置，第三方搜索引擎商能追踪到用户信息；12月9日，隐私设置被从特性类别的使用者信息中完全移除，包括用户姓名、头像、好友菜单与爱好、性别、地理位置与所连接的网络等页面信息。这些被每个人可见的公开变迁所取代，仅能被限定性搜索隐私设置部分控制；2010年4月，用户信息全部公开，当连接到特定的应用系统或网站时，Facebook用户的基本信息全部公开，包括用户姓名、其好友的姓名、头像、性别、ID、链接与任何用户个人隐私的内容。

② ACLU指美国公民自由联盟（American Civil Liberties Union，简称ACLU），是一个美国的大型非营利组织，成立于1920年，总部设于纽约市，其目的是为了"捍卫和维护美国宪法和其他法律赋予的这个国度里每个公民享有的个人的权利和自由"，联盟透过诉讼、推动立法以及社区教育达到其目标。详见：《美国公民自由联盟》[EB/OL]，维基百科，2014年12月23日，http://zh.wikipedia.org/wiki/%E7%BE%8E%E5%9C%8B%E5%85%AC%E6%B0%91%E8%87%AA%E7%94%B1%E8%81%AF%E7%9B%9F.

第五章　责任与担当：数字互动媒体平台的资源控制与广告把关

（续表）

引发隐私保护争议的主要事件	隐私权与监督权的制衡力量	力量博弈的结果及对自律的影响
用户位置数据他人可见①	两位国会议员就有关 Facebook 商业伙伴将用户数据转给广告与互联网追踪公司违反公司政策一事，给 Facebook 写信。	2011年1月，由于备受指责，宣布撤回其允许第三方获取用户家庭地址与电话号码的决定，但计划进一步修改后再执行，于同年2月遭到国会议员的追问。同年3月，Facebook 给国会议员写信称将继续执行该计划。
自动标记用户的计划	2011年6月，EPIC 联合几个隐私组织，向联邦贸易委员会投诉 Facebook 的该行为。呼吁 FTC 叫停该计划，进行完整的调查并设置更加严格的隐私标准。要求基于用户照片的面部识别技术设置选择性进入。	2011年7月，Facebook 同意对链接用户隐私的广告行为增加选择性退出。
秘密跟踪用户注销后的网页	2011年9月，EPIC 与其他隐私、消费者与公民自由组织，包括 ACLU、CA、ALA、CDD② 联合请求 FTC 调查 Facebook。近来宣布改变其商业实践"给予自己更大的能力向商业合作伙伴公开使用者个人信息"。	2011年11月《华尔街日报》报道，FTC 要求，如果 Facebook 要作出"实质性有追溯效力的改变"（material retroactive changes），必须获得用户"明示肯定同意"（express affirmative consent），并交给独立隐私机构审计20年。

---

① 2010年9月推出，包括 Facebook 的商业伙伴，而不管用户是否愿意公开他们所在的方位。Facebook 并没有为用户设置选择性退出以避免方位追踪；用户必须改变不同的隐私设置以恢复他的隐私现状。

② CA 指消费者行动组织（Consumer Action），ALA 指美国图书馆协会（American Library Association），CDD 指数字民主中心（the Center for Digital Democracy）。

243

（续表）

引发隐私保护争议的主要事件	隐私权与监督权的制衡力量	力量博弈的结果及对自律的影响
"面部识别功能"①	2011年12月8日,FTC宣布将就持续增加的面部识别技术对用户隐私与安全影响问题举办研讨会。	2012年6月,开发面部识别技术。宣布收购Face.com这个面部识别公司。Facebook使用一个自动面部识别体系"标签推荐"(tag suggestions)创建用户生物特征信息数据库。
App应用中涉嫌欺诈消费者	2012年3月,FTC发布解决方案称,"Facebook欺诈消费者,他们告诉用户可以保护个人隐私,然后反复允许个人信息被共享及公开。"关于个人信息在多大程度上可以被用户朋友的App使用,Facebook存在误导情况。	Facebook宣布审查修改其权利与责任声明的内容。2012年4月,Facebook重新发布"权利与责任声明",虽然用户的个人数据仍旧可以通过他们朋友的App进入,Facebook澄清道,用户可以通过改变"应用程序与网站"(Apps and Websites)设置阻止这种情况的发生。 2014年5月,宣布实施两项新的隐私选择:用户可以在签约之前决定他们的信息多大程序上向Facebook的App公开。用户也可以匿名测试App——不用将用户ID转给开发者。

---

① 2011年6月8日,Facebook向国际用户推出,使用该技术建立用户秘密特征的生物数据库,自动标记用户照片。该技术最早于2010年7月在北美推出,Facebook不会自动标记照片中的人物,而会提示用户为面部识别系统识别出来的朋友添加标记。这项服务在Facebook的安全设置中是"默认开启"(opt-out),不是"默认关闭"(opt-in)。详见:Kathy:《Facebook向国际用户推出面部识别功能》[EB/OL],腾讯科技,2011年6月8日,http://tech.qq.com/a/20110608/000478.htm。

第五章　责任与担当：数字互动媒体平台的资源控制与广告把关

（续表）

引发隐私保护争议的主要事件	隐私权与监督权的制衡力量	力量博弈的结果及对自律的影响
用户数据下载权限与数据匹配问题	2012年4月，《纽约时报》报道，Facebook将向用户提供他们公司存储的，39到84种类型数据的可下载档案。而EPIC则呼吁给用户提供公司保存的所有数据下载权限。 2012年9月，消费者组织请FTC调查Facebook与Datalogix广告分析公司之间数据匹配问题，Facebook用用户个人信息与Datalogix所持有的个人信息相匹配，未经用户明确同意采取这样的行动，侵犯了用户的隐私安全。	2012年12月，提议改变三项政策：① 终止用户投票；② 删除垃圾邮件的屏蔽；③ 未经用户同意与其子公司分享用户数据。 2012年12月升级隐私控制，删除档案维护。允许用户选择设置哪些应用程序访问与披露信息和一个隐私快捷菜单。但Facebook也删除一个选项，即当陌生人利用搜索功能寻找个人信息时用户原本可以选择的隐藏功能。 2013年9月，Facebook出于隐私与消费者保护组织与美国电子隐私中心等不断施加的压力，撤回未经同意公司使用用户的姓名、图片及其他内容做广告的计划。
"图谱搜索"（Graph Search）①	在测试状态时就遭到许多用户的投诉。 专家警告使用该社交网络的用户提高其隐私设置，以避免尴尬事件或沦为网络犯罪的受害者。Facebook在教育用户保持信息公开存在潜在威胁方面，做得还远远不够。由于图谱搜索让所有信息都可以被轻松地搜索，Facebook应该警告用户存在的相关威胁。②	2013年11月，Facebook删除了隐私设置，允许用户将他们的名字从"图谱搜索"功能中"选择性退出"，这是对先前所有用户，甚至那些决定从搜索中移除自己名字的用户，都将被包含进"图谱搜索"结果政策的修订。

---

① 2013年1月发布，7月向所有用户开放，能够判断用户希望获取的是哪些信息，直接向用户提供有关人、照片、地方和兴趣等问题的答案。来源于：新浪科技：《解码Facebook社交图谱搜索》[EB/OL]，2015年2月27日，http://tech.sina.com.cn/i/GraphSearch/。

② 佚名：《Facebook图谱搜索让忽视设置隐私的人陷入尴尬》[EB/OL]，Watchstor网，2013年1月31日，http://news.watchstor.com/industry-142511.htm。

（续表）

引发隐私保护争议的主要事件	隐私权与监督权的制衡力量	力量博弈的结果及对自律的影响
"赞助内容广告"(Sponsored Stories ads)	2014年伊始,科罗拉多州的一个的网民将Facebook告上法庭,理由是该网站以网民的名义伪造了点赞行为,制造虚假"口碑广告",要求Facebook网向自己和其他受到损害的网民,各提供750美元的赔偿。①	2014年4月9日取消赞助内容广告形式。② 2014年6月,出于广告目的搜集用户详细的浏览历史信息,用户可以通过"选择性退出"(opt-out)拒绝。

正如表5-1所示,无论是出于有意的盈利动机需求还是无意的冒犯,Facebook的确经常处于用户隐私侵犯风波中。"Facebook的隐私政策更像它和用户之间的一场博弈,Facebook不断推出新的功能和新的政策来鼓励用户贡献和分享信息,当这个功能或政策超出用户可接受的底线,它会推出新的隐私控制功能,让用户控制自己的信息流向。"③关注Facebook用户隐私政策的利益相关群体,主要包括政府监管部门、自律协会、媒体、研究专家以及用户,此外还有企业政策顾问、竞争对手,由于社交媒体具有超越国家边界的传播能力,国外政府和自律组织也加入到对Facebook用户隐私政策的监督行列中。

美国多个自律组织的监督,对Facebook制定隐私保护政策发挥了很大的影响力。早在"1998年6月22日,美国在线隐私联盟(OPA)就发布《关于从网上收集用户个人可识别信息在线隐私指引》,以引导行业行为,为网

---

① 晨曦：《Facebook遭网民起诉：在广告中伪造用户点赞》[EB/OL],腾讯科技,2014年1月12日,http://tech.qq.com/a/20140112/000865.htm。
② 这种广告形式允许广告主在用户的信息流中投放广告,向用户告知其好友是否曾使用某个企业的产品和服务,或是否对某家公司的页面点过"赞"。在这些广告中,经常都会含有与在Facebook网站上做广告的企业进行过互动的用户资料。来源于：《Facebook将于4月取消"赞助内容"广告》[EB/OL],福布斯中文网,2014年1月13日,http://www.forbeschina.com/review/201401/0030672.shtml。
③ 黄学贤：《Facebook和它的隐私政策》[EB/OL],爱范儿网,2011年8月26日,http://www.ifanr.com/50604。

络隐私保护提供广为接受的范本"[1];电子隐私信息中心近年来也一直密切关注 Facebook 的隐私政策,联合其他自律组织行使监督权,并且帮助联邦贸易委员会建立了系统的隐私项目规制[2]。此外,美国自由联盟、民主与技术中心、数字民主中心、计算机与传播工业协会、直销协会、电子前沿基金会、未来隐私峰会、互动广告局、互联网协会、在线信任协会等也积极加入到监督队伍中。这些来自自律协会的有效监管,对于促使 Facebook 严格自律,制定保护用户隐私的政策发挥了重要的作用。

随着利益相关群体对 Facebook 加强用户隐私教育的呼声日渐高涨,鉴于网络隐私保护中有"知识沟"差距,为更加形象、清晰地告知用户有效地进行自我隐私保护,2014 年 5 月,Facebook 推出一款"隐私检查工具","通过一只亲切的蓝色恐龙指导用户逐步评估哪些人可以看到自己发布的内容、哪些应用可以使用这些内容,以及哪些人获得了他们的资料信息……避免出现'过度分享'的情况"。这样做的动机,正如 Facebook 在官方博客中所言:"我们希望全力以赴地为人们赋予权力和控制力。这款新工具可以帮助人们确保他们将分享范围控制在自己愿意接受的范围内。"随着"小恐龙"的正式启用,Facebook 的用户隐私政策也在改善和调整,譬如新注册用户的默认设置、默认状态下发送的新帖子只能在好友间分享等,[3]这种借助生动有趣的卡通形象,来实现与用户的沟通并普及隐私保护知识的方式,比枯燥的文字说明传播效果更好。

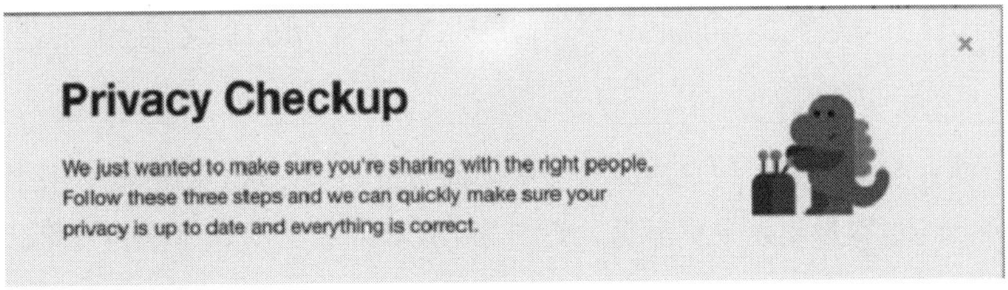

图 5-6　Facebook 推出有蓝色小恐龙形象的隐私检查工具

---

[1]　M.Foucault,*Discipline and Punish: The Birth of the Prison*(Translated by Alan Sheridan),New York: Random House,2007,p.123.
[2]　EPIC.EPIC Consumer Privacy[EB/OL].2015-2-20.https://epic.org/privacy/consumer/.
[3]　鼎宏:《Facebook 将推隐私检查工具:避免信息过度分享》[EB/OL],新浪科技,2014 年 5 月 23 日,http://tech.sina.com.cn/i/2014-05-23/08109396180.shtml。

Facebook自发自觉地保护用户隐私的效果,无论从经济方面还是从道德层面,都比外在强制力更强大,虽然很多时候这种企业自律是依靠外在监督来实现的。不过,也有事实证明,有时Facebook的自律并没能达到预期目标,比如"2008年年底开展的清洗其网页上的黄色照片行动,Facebook原本出于净化社交网络环境的初衷,结果却引发了网上世界和真实世界的抗议"[1],这说明自律意愿与结果之间会存在差距,发挥社交媒体平台自律的效果并不容易。社交媒体平台自律失灵,有时也是企业未能考虑到不同媒体的特性所致,Facebook在移动平台屡遭侵犯隐私的投诉就是一个例证。"联邦贸易委员会为在线广告制定的'禁止追踪清单'(Do Not Track List)以约束Cookie的行为并不适用于移动装置,与之相似,'选择性退出'对于手机而言也不适合。"[2]以Facebook为代表的社交媒体平台要达到更好的自律效果,需要认真研究这种存在于移动网络媒体中的差异性。

虽然数字互动媒体平台存在上述自律困难,但是不少研究者也呼吁要相信"网络媒体所具有的强大惩戒能力",需要给予企业自律不断调整、完善的空间,广泛有力的社会监督,会帮助自律产生"自修复"能力,促使它更加完善。当他律因为政治或经济等原因处于"无规制期"或不完善、失灵时,自律的补充力量就可以很好地发挥出来,有效保障消费者的隐私权利,同时也能为行业发展赢得更好的生存与发展环境。

第三节 数字互动媒体平台加强对广告的自我审查与监管

企业自律作为一种自内而外的主动性力量,一旦被激发出来,往往比政府强制性他律规制效果更显著。近年来,随着数字互动媒体平台逐渐发展

---

[1] 这些照片并不是因为Facebook有准许其存在的政策,任何集中控制的系统都不可能完全监管每一张上传的照片。"令人反感"的照片内容包括妇女袒露的乳房。但莉萨·克里杰(Lisa M. Krieger)在《圣何塞信使报》(*San Jose Mercury News*)上详细地描绘了这一政策的后果:母亲哺乳婴儿的照片也被删掉了,因为它们被评估为"色情、黄色或性露骨"。引自:[美]保罗·莱文森:《新新媒介》[M],何道宽译,上海:复旦大学出版社2011年版,第131~132页。

[2] Patel, Kunur, "Know What Your Phone Knows about You?", *Advertising Age*, Vol.10 (2011), p.8.

第五章　责任与担当:数字互动媒体平台的资源控制与广告把关

壮大,其自我管理能力也在不断提升,从它们及时更新的隐私政策、广告发布规范等方面可以体现出来。

一、不断制定、完善新媒体广告的自律规制

有关平台上发布的广告,网络企业大多采取两种方式进行规范,一种是将广告相关规范放入隐私规范或服务协议内,作为其中一部分内容;一种是制定专门的广告发布规范。前者以谷歌、微软、三星等为代表,后者以脸谱网、推特、品趣(Pinterest)等为代表,领英对广告发布的规定既体现在隐私政策中,也制定了专门的广告准则。由于各家网络企业的广告相关自律规范涉及许多条例,本文中仅提纲挈领进行简要论述。

（一）隐私政策或服务协议中涉及的广告规范

谷歌在《隐私权和条款》中对广告相关内容进行声明:"努力确保广告的安全性、使之不干扰用户的网络体验且尽可能相关。谷歌不会展示弹出式广告,而且每年都会终止数十万个违反我们政策的发布商和广告客户的帐户,同时删除那些包含恶意软件、宣传仿冒商品或试图滥用用户个人信息的广告。"同时对再营销功能进行限制,例如,禁止广告客户根据敏感信息(例如:健康信息或宗教信仰)进行再营销。此外,为了帮助谷歌的合作伙伴管理其广告和网站,谷歌提供了许多产品,包括"AdSense、AdWords、Google Analytics(分析)以及一系列 DoubleClick 品牌服务"。谷歌的美国用户可以在 aboutads.info 选择网页,欧盟用户可以在在线选择网页上管理很多公司用于在线广告的 Cookie。[1]

微软于 2015 年 6 月 4 日修订了《微软服务协议》,自 2015 年 8 月 1 日开始生效。在协议中对广告相关内容进行了规定:"某些服务依靠广告来获得收入。有关 Microsoft 为实现广告个性化所采取的控制措施,可以访问 Microsoft 客户管理网站的安全和隐私页面。我们不会利用您在电子邮件、聊天、视频通话或语音邮件中所说的内容,也不会利用您的文档、照片或其他个人文件有针对性地向您投放广告。有关微软的广告政策的详细信息,请

---

[1] Google:《谷歌隐私权和条款——广告》[EB/OL],2015 年 7 月 25 日,http://www.google.cn/intl/zh-CN/policies/technologies/ads/。

参阅微软隐私声明。"此外,微软为其平台用户制定了十一条《信息传播行为准则》,涉及"禁止非法活动、发送垃圾邮件、使用不当内容或材料、虚假误导活动、对他人有害活动及侵犯他人权利,注意未成年人保护"等内容。①

三星在其《全球隐私政策》中,对 2012 年合作开发的多屏互动广告平台——Samsung AdHub② 列出了补充条文:"AdHub 服务可让广告商接触到各种三星平台和第三方平台中的三星用户,包括网络、移动设备、平板电脑和电视。此外,AdHub 还可让广告商根据三星所获得的关于您个人、设备以及在线活动的信息向您发送定制广告。我们以三星隐私政策中所述的方式来收集、使用、共享和存储我们通过 AdHub 所获得的信息。本隐私政策适用于 AdHub,但此补充条文提供更多关于 AdHub 的隐私保护做法的细节,并说明与这些做法有关的选择。"③

领英于 2014 年 10 月 23 日修订了《隐私政策》,在《广告发布技术及网络信标》中声明:"我们利用广告发布技术和网络信标收集信息。我们提供多种选择让用户关闭针对性广告,包括在显示我们广告的第三方网站通过'广告选择'图标关闭广告。若您不希望我们在第三方网站跟踪您的行为,您可关闭此功能;如果您不选择关闭,则表示您同意我们使用网络信标及其他广发布告技术。""我们遵照数字广告同盟(DAA)的网上广告发布自律原则、加拿大数字广告同盟和欧洲数字广告同盟。如果您不想获得多数第三

---

① 《微软服务协议》[EB/OL],Microsoft,2015 年 6 月 4 日,http://www.microsoft.com/zh-cn/servicesagreement/。

② 隐私政策中,具体列出 AdHub 收集的四种类型信息与消费者的选择权利:a) 设备信息:可能包括设备的硬件型号、IMEI 号码和其他唯一设备标识符、MAC 地址、IP 地址、操作系统版本和设置;可以在不同网站或应用程序中识别您的设备,并为您提供符合用户的需求和兴趣的广告。AdHub 可能使用 Cookie、信标和类似技术收集此类信息。b) 广告信息:当 AdHub 向您显示某广告时,AdHub 会记录您的设备已接收到该广告,以及您观看该广告时所在的网页或其他位置。c) 与第三方合作伙伴共享的信息:AdHub 可能与我们的第三方合作伙伴共享观看特定广告(或广告推广活动)的用户数量信息。此信息仅以总计形式共享,意即不会与广告商共享设备信息。d) 其他公司收集的信息:第三方广告商可能在其广告中使用 Web 信标,以便收集观看其广告的用户的信息,包括通过 Cookie、信标和类似技术。Samsung 不会控制此类数据收集,也不会使用这些公司的做法。e) 您的选择:您可以在 https://account.samsung.com/membership/service/adhub.do 选择不接受 AdHub 的目标广告。请注意,如果您选择不接受目标广告,您仍会继续看到广告,但因为这些广告并非根据您的兴趣而选出,因此可能不太符合您的需求。

③ 《Samsung 隐私政策》[EB/OL],Samsung,2015 年 7 月 26 日,https://account.samsung.com/membership/pp。

第五章 责任与担当:数字互动媒体平台的资源控制与广告把关

方公司的定向广告,可以点击广告内或旁边的 AdChoice 图标(如有),或访问 http://www.aboutads.info、https://www.youronlinechoices.eu 或 https://www.youronlinechoices.ca/choices(加拿大)选择关闭广告。但前述操作不能去除广告,您将继续获得一般性广告,或获得广告去除工具中未列出的公司发布的个性化广告。您也可以专门关闭我们的 Cookie 及类似技术,取消跟踪您在第三方网站上的行为。非会员可在此处关闭设置。"[1]此外,领英于 2015 年 4 月 1 日更新了《领英社区准则》(LinkedIn Professional Community Guidelines),规定在线服务应遵守以下准则:真实;专业;友好;尊重他人的权利、遵守法律规范;遵守领英的权利。[2] 在《用户协议》里,领英规定了有关广告传播的"禁止事项":"不得发布任何未经请求或未经授权的广告、'垃圾邮件'、'群发邮件'、'连环邮件'、'传销信息'或未经领英授权的其他形式的信息","不得删除、覆盖或隐藏'服务'中包含的任何广告"。[3]

通过对上述四家数字互动媒体平台涉及的广告规范进行比较,其主旨基本是一致的,即广告不能侵犯消费者的利益、禁止发布违法广告、强调了用户的在线广告选择能力,各企业具体的广告规定依据自身平台特点有所偏重:谷歌强调广告应安全、免干扰性、保护用户的敏感信息;微软强调尊重用户隐私,对禁止发布的内容有明确规定;三星强调了与第三方共享信息与收集用户信息的内容;领英强调自己所遵守的国际性自律规范与禁止发布的广告内容。

(二)专门制定的广告规范

Facebook 于 2013 年 12 月 19 日更新《广告指南》(Facebook Advertising Guidelines),规定了七条总原则:① 我们的广告指南包括广告内容标准、社区标准和其他适用性要求;② 广告指南与数据使用政策、权责声明均适用于 Facebook 上出现的所有广告和商业内容(包括美国广告代理

---

[1] 《隐私政策》[EB/OL],Linkedin,2014 年 10 月 23 日,http://www.linkedin.com/legal/privacy-policy.

[2] Linked-in. LinkedIn Professional Community Guidelines[EB/OL]. 2015-4-1. https://help.linkedin.com/app/answers/detail/a_id/34593.

[3] 《用户协议》[EB/OL],领英,2015 年 8 月 4 日,http://www.linkedin.com/legal/user-agreement.

商协会和美国互动广告局规定的标准条款和条件);③ Facebook 应用平台上的所有广告均必须遵守所有 Facebook 平台的附加政策;④ 通过页面上的帖子生成的广告和彩票、比赛、竞赛或特价优惠(offer)广告均应遵守网页条款;⑤ 广告不得包含虚假、误导、欺诈或欺骗性的主张或内容;⑥ 不得通过单一的账号管理多个广告客户或客户端,不得改变广告客户或客户端与一个既定广告账户之间的关联;⑦ 发布定向广告需要遵守相关规定。此外对于数据与隐私、广告创意与定位、广告内容、广告社区标准、Facebook 关联引用(References)、他人的权利分别进行了细致的规定。①

Twitter 于 2014 年 9 月 30 日更新了《广告政策》(Twitter Ads Policies)。声明这一政策"适用于 Twitter 的付费广告产品,包括微博(Tweets)、趋势(trends)和账户(accounts)。广告商要对他们在 Twitter 上的广告负责。这意味着应遵守所有适用的法律、法规,传播诚实的广告,注重安全性,从而赢得大家的尊重。我们的广告政策需要你遵守法律,但本政策并非法律建议"。本政策共有六大原则:① 保障用户的安全;② 实现诚实的内容、负责的目标;③ 不要发送垃圾邮件、有害代码或其他破坏性内容;④ 为你在 Twitter 上的广告内容创建高编辑水准;⑤ 为您创建的独立于 Twitter 的链接设定高标准;⑥ 请知悉 Twitter 广告相关的支持性政策。此外,广告商除了遵守 Twitter 广告政策外,还须遵守 Twitter 的《服务条款》(Termsof Service)、《Twitter 规则》(Twitter Rules)和所有我们"帮助中心"管理我们服务的政策。请花一些时间来查阅。②

领英于 2014 年 8 月 13 日更新了《领英广告发布准则》,在总则中声明"领英接受的广告所推销的是合法的产品和服务,适合职场人士,在满足我们的技术要求的同时,不欺骗我们的会员或危及他们的安全",具体涉及下述内容:① 内容:诚信与公平,挑衅或攻击,受限制的广告、产品或服务。② 安全与隐私:链接,数据收集,恶意软件/浏览器,"钓鱼",Https 支持,隐

---

① U.S. Securities and Exchange Commission. Facebook Platform Policies[EB/OL].2015-10-14. http://www. sec. gov/Archives/edgar/data/1580732/000119312514056089/d564433dex101 2. htm.

② Twitter. Twitter Ads Policies[EB/OL].2015-10-14. https://support.twitter.com/articles/20169693.

第五章　责任与担当：数字互动媒体平台的资源控制与广告把关

私,黑客行为。③ 技术要求。④ 违规。①

Pinterest 在《广告规则》中,"倡导广告应在帮助人们激发更多生活乐趣中发挥重要的作用,广告应当具有观赏性、促进行动、有趣",为此设定了在该网站中的四条原则：① 可信(authentic)；② 引以为豪；③ 不要发送垃圾邮件及其他不好的广告内容；④ 遵守适用的法律规制。具体规则涉及：禁止在广告图像或文字描述中出现的内容、登录页面、广告的相关性与目标市场、不应宣传的产品与服务、尊重他们的权利等。②

微软发布的《微软信息传播行为准则》于2015年8月1日开始生效,为其平台用户制定的十一条信息传播"行为准则"也适用于广告发布行为与内容。

表 5-2　五大平台制定的专门性广告自律规制一览表

五大平台发布广告的主要政策与规则		Facebook	Twitter	Microsoft	Pinterest	Linkin
数据收集与隐私保护条款		√	√			√
关联引用		√			√	√
他人的权利		√		√	√	√
版权保护			√	√		√
敏感信息			√			
链接标准			√			
禁止性广告内容	违法的活动、非法产品和服务	√	√	√	√	√
	虚假、误导、欺诈或欺骗性内容	√	√	√	√	√
	成人用品、性产品和服务、裸露或色情	√	√	√	√	√
	酒类	√	√		√	√
	烟草、烟草辅助品	√	√		√	√

---

① 《领英广告协议》[EB/OL],Linkedin,2010 年 7 月 15 日,http://www.linkedin.com/legal/pop/pop-sas-terms。

② Pinterest. Advertising Rules[EB/OL].2015-10-9. https://about.pinterest.com/en/advertising-rules。

(续表)

五大平台发布广告的主要政策与规则		Facebook	Twitter	Microsoft	Pinterest	Linkin
禁止性广告内容	赌博、彩票	✓	✓		✓	✓
	药品、补品、健康和医疗产品与服务	✓	✓		✓	✓
	武器、武器配件、爆炸物	✓	✓		✓	✓
	间谍软件和非法窃听、恶意软件和攻击	✓	✓		✓	✓
	毒品、吸毒用具	✓	✓			
	垃圾邮件		✓	✓	✓	
	濒危物种的产品		✓		✓	✓
	憎恨内容、敏感话题和暴力、歧视、敌对语言		✓	✓		✓
	伪造的文件				✓	✓
	政治竞选广告、赞助商的政治广告				✓	✓
	价格、促销				✓	✓
	令人震惊的、低俗内容或亵渎				✓	
	约会服务	✓				✓
	向未成年人的内容		✓	✓		
	奖状、评级				✓	
	大量的话题标签				✓	
	登录页面内容				✓	
	模仿、假冒商品和服务				✓	
	手机铃声和电子游戏					✓
	玄术秘法					✓
	黑客产品或服务,推销"钓鱼"网站					✓
	订阅服务	✓				
	未经授权的门票销售		✓			
	减肥产品和服务				✓	
	金融服务		✓			

第五章　责任与担当：数字互动媒体平台的资源控制与广告把关

通过比较五大广告平台制定的自律规制，可以发现他们均将关注重点放在禁止性内容方面，把相近的内容合并在一起，共梳理出来30条，其中特别集中性的规定为：五大平台对于违法广告、不道德广告以及色情广告都有明确的禁令；除了微软之外，另外四家将酒类、烟草类、赌博类、药品医疗保健类、武器以及非法软件或恶意攻击均列为禁止性广告内容。除了上述共性内容之外，由于每个平台自身的定位不同，网络用户的构成也有差异性，这个特点也体现在他们的广告发布规则中，广告发布的禁止性内容中有11条为独家的规定，涉及方方面面的广告内容。

此外，几家网络平台还将数据收集与隐私保护、他人的权利、版权保护、链接标准、网站品牌背书以及关联引用、敏感信息等内容有选择性地在自律规范中进行了明确规定。个别网站还有特别细致的规定，例如Facebook对于广告账户与客户的关联进行了声明、详细规定了广告创意与定位内容；领英对于广告文案使用准确的字词和语法以及计费方式等内容进行了详细规定。

二、通过认证方式实现对广告主的有效约束

虽然各大平台都对广告发布的禁止性内容做了详细的规定，但是网络媒体毕竟不同于传统媒体，在人人都可能是广告发布者的情况下，网络媒体对广告内容的把关能力就会变弱。而一旦用户被虚假、非法或不道德广告触犯到切身利益，他们往往会将不满情绪发泄到媒体平台上。另外，不同的国家对于网络媒体是否应该承担连带责任，界定的标准不同，反映到相关广告规制方面也存在很大的差异。在这样的情况下，各平台自律就显得尤为重要，通过认证方式实现对广告主的有限约束是其中一条自律监管对策。

以数字互动媒体平台上的药品广告监管为例。2010年3日1日，谷歌出台了一个新的广告政策，要求"在其引擎上发布药品广告的所有网上药店必须获得认证"。同年6月，雅虎和微软必应也实施了政策变革，要求其"互联网药品广告商通过网上药店认证"。网上药店认证程序（verified Internet pharmacy practice sites，简称 VIPPS）是网上药店符合州和联邦法律规定及"美国全国药房委员会"（National Association of Boards of Pharmacy，简称 NABP）标准的指标。该认证要求"网上药店严格按照许可证执业，并符合

各州的具体调查要求"。经网上药店认证程序认证的药店须在网站首页表明 VIPPS 标志,用户可通过点击 VIPPS 标志访问该药房的验证资料。认证有效期是 3 年。进行年度审查、重新认证或当药店的所有权、地点、经营范围改变时,需要再次审查相关文件。由于网上药店认证程序只针对经营性网站的药品广告发布,美国全国药房委员会同时建立了一个互补程序——"电子广告商审批程序",其认证对象是发布药品广告的非经营性网站。通过谷歌的关键词广告项目(Ad program),美国全国药房委员会可以审查所有在线发布处方药广告的企业。①

图 5-7 美国全国药房委员会的网上药店认证标志

不过,谷歌治理平台上药品广告的努力好像并没有得到理想的回报,广告新政策实施后,谷歌还是因连带责任而遭到处罚,可见网络非法药品广告治理的难度相当大。"2011 年,谷歌因为投放了加拿大药商的非法广告而被美国司法部处罚 5 亿美元;时隔两年,谷歌又陷入投放非法药品互联网广告而遭调查的风波。"一些 YouTube 视频广告显示,药商可以在无须处方的情况下销售"扑热息痛"、"奥施康定",这两个产品是黑市中热销的强力止痛药。密西西比州司法部长吉姆·胡德(Jim Hood)表示,他准备传讯谷歌,对其调查涉及谷歌帮助销售未凭处方药品和其他非法产品,以及在帮助消费者找到伪劣产品和盗版游戏、电影以及音乐过程中所扮演的角色。YouTube 周二在声明中称,他们已经制定了严格的广告指导方针,"一旦我们认为广告内容不适合我们的合作伙伴,我们将禁止广告出现在任何视频、频道以及页面上"。谷歌在 2013 年 6 月中旬表示,"一直在努力限制非法药

---

① NABP. VIPPS[EB/OL]. 2015-8-13. http://www.nabp.net/programs/accreditation/vipps/.

第五章 责任与担当:数字互动媒体平台的资源控制与广告把关

品广告,并与'蛮横的在线药商'作斗争"。①

除了对药品广告商进行监管外,谷歌还推出了"信得过商户认证"(Google Trusted Stores)机制。所有拥有良好的发货记录和客户服务的电子商务网站都可以申请加入认证,但需要自愿将发货记录和客户服务数据分享给谷歌,然后谷歌会将这些数据进行分析,用户可随时了解到他们的服务水准和发货准确度。用户与商家一旦出现购物纠纷,即可请求谷歌出面支援,谷歌会帮助双方协调问题。另外,谷歌承诺对合法的购物过程拿出1000美元作为终身保护。② 对商户进行认证是平台行使的约束性权利,这对于商家发布广告同样有一定的限制作用。

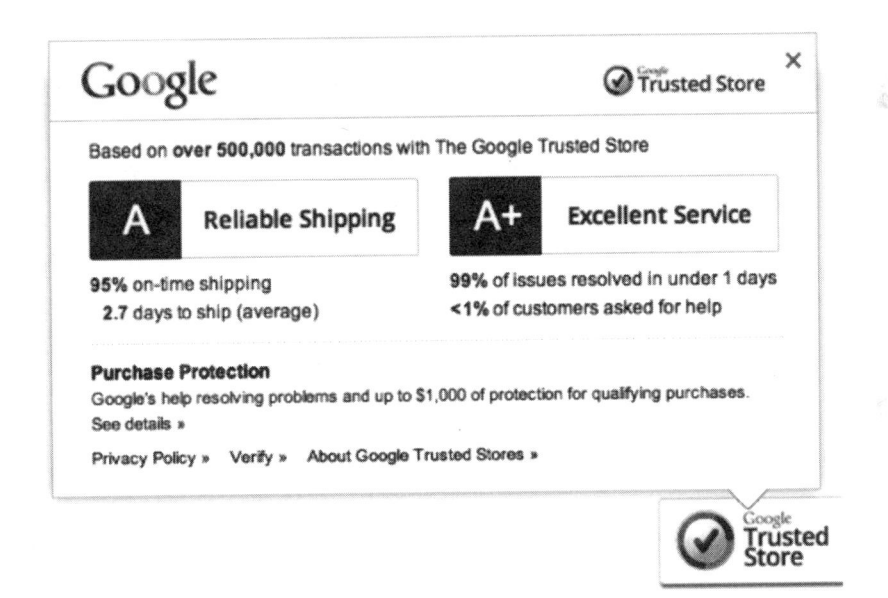

图 5-8 谷歌"信得过认证商户"页面截图

---

① 《美国多州施压谷歌要求撤销非法药品互联网广告》[EB/OL],和讯科技,2013年7月3日,http://tech.hexun.com/2013-07-03/155738550.html。
② 《Google开始认证"信得过商户"》[EB/OL],中文业界资讯站,2011年10月4日,http://www.cnbeta.com/articles/157134.htm。

三、收紧对平台上广告传播的控制与管理权

由于大多数平台对于发布其上的广告要承担一定的连带责任，或者不法或不道德广告的发布会使平台形象遭受不良影响，不少网络媒体开始收紧对广告传播的控制与管理权，主动强化自律监管意识。

以电子公告系统（BBS）的内容管理为例，网站自觉承担对发布内容的责任，主动行使删帖、关闭论坛等权利，当然也包括发布于其上的广告内容。尽管依据《互联网自由和家庭授权法》（Internet Freedom and Family Empowerment Act）的规定，BBS 运营商不必对系统上的内容承担责任，但美国各大网站还是一向重视这些"电子论坛"中存在的暴力、色情信息和人身攻击、侵犯隐私等问题，并在实践中初步形成一套通过制定规则，要求发言者自律的管理办法，这包括"警告、不得侵犯他人、不得鼓吹违法活动、网站行使权力删除违规信息、接受举报制止违规行为"等内容。在某些情况下，网站甚至会暂时关闭"论坛"。例如，《洛杉矶时报》（Los Angles Times）曾于 2000 年 8 月 26 日宣布：由于该报网站的论坛存在严重的违反"道德准则"的现象，"只能暂时关闭所有的信息张贴板，何时重新开放，另行通知"。[①]

几大数字互动媒体平台或者通过颁布广告自律规制来对广告主提出发布要求，或者借助优化广告产品、创新广告管理工具来强化对平台管理的主动权。例如，Google 为了创造最佳和最有效的 YouTube 广告以及尽可能优秀的广告购买体验，于 2015 年 8 月发布了广告新政，"禁止营销商通过第三方公司在 Double Click Ad Exchange 平台购买 YouTube 广告，广告商必须直接与 YouTube 的销售部门联系或者使用谷歌自己的平台 DoubleClick Bid Manager 或 Google AdWords 来购买广告"。谷歌此举的目的是，"由于广告商们非常关心广告欺诈、广告可视性和广告质量，因此我们想把质量相对较低的广告从 YouTube 平台上清理出去"[②]。亚马逊为了有效管理广告、确保掌握广告发布的主动权，也宣布于 2015 年 10 月 31 日开始，"不再在搜

---

① 郝振省主编：《中外互联网及手机出版法律制度研究》[M]，北京：中国书籍出版社 2008 年版，第 43 页。

② 《谷歌广告新政欲清除劣质广告　广告社区很恼火》[EB/OL]，腾讯科技，2015 年 8 月 8 日，http://tech.qq.com/a/20150808/028218.htm。

第五章 责任与担当:数字互动媒体平台的资源控制与广告把关

索结果页面底部显示按点击付费的广告,因为这些广告包含有商品图片,用户点击广告后会被引导到其他零售商的网站",而将在这个位置发布文字广告(Text Ads)。亚马逊做出这一决定的原因是"在不断地评估向合作伙伴提供的服务,帮助它们最有效地向我们的用户群发布信息"①。

Twitter 和 Facebook 对于平台上的广告主提出了具体的发布要求,以约束他们的广告内容,实现双方的共赢合作。Twitter 要求"创作基于用户体验的独特广告形式、进行准确的目标定位、好的广告内容赢得全球扩散性影响、发布实时性广告、发挥效能实现较高的投资回报率、展开线下媒体延伸的可能";Facebook 要求"信息传播的广泛到达能力、与用户的相关性、创建基于朋友推荐的社会环境(Social Context)、实现用户对品牌的追踪(Engagement)"。② 虽然两个平台对广告管理的侧重点不同,但上述要求的提出,都是约束广告主行为的一种努力与体现。以 Facebook 为例。MaxBounty 公司为了达成营销目的,不惜在社交媒体上铤而走险,该公司"使用误导推广伎俩,将用户导向第三方网站过程中收受费用"的行为③受到 Facebook 的指责。2011 年,Facebook 指责 MaxBounty 公司的商业行为,违反该网站的用户规定和美国联邦贸易委员会的《控制主动色情攻击和推广法案》(CAN-SPAM Act)条款。Facebook 的自我监管得到法院的支持,最后裁决 MaxBounty 的通讯信息因传送到包括 Facebook 用户的个人简介、信息墙、新闻动态和个人邮箱,属"电子邮件信息",影响到 Facebook 系统,故判 Facebook 胜诉。④

由于与客户之间保持良好的信任与合作关系,有利于广告主自觉遵守

---

① 《亚马逊调整网站广告 或为阻击谷歌》[EB/OL],凤凰科技,2015年8月12日,http://tech.ifeng.com/a/20150812/41416909_0.shtml。

② 《Twitter 的价值诉求与策略》[EB/OL],虎嗅,2013年10月9日,http://www.huxiu.com/article/21210/1.html。

③ MaxBounty 在 Facebook 上建立了成员网络,并为其创建名为 Facebook 的网页,但实际上是客户广告的网页,然后使用 Facebook 平台将流量导向广告页。网页上显示信息让用户参加一个限时促销活动,只要注册便可获取礼品或成为某个高端电子产品的试用者,但用户必须先成为公司为其成员开设的 Facebook 网页的"粉丝",而且还需邀请自己好友加入才能完成注册。随后用户会被引向一个独立的第三方网页再注册获取优惠,此时就需要成员付会员费。

④ 《面临诸多难题 美国加大对社交媒体监管》[EB/OL],环球网,2014年9月25日,http://world.huanqiu.com/exclusive/2014-09/5148614.html。

259

平台制定的广告自律规制,因此网络公司不断推出新的广告产品与广告管理工具,旨在通过为广告主提供更加优化的广告体验而提升客户的广告效力。例如,2013年Facebook从微软那里收购了Atlas Advertising Suite广告服务产品,将其名为Atlas,该服务"有望帮助Facebook针对广告商和广告机构打造购买、销售、优化和跟踪广告的一站式服务,利用Facebook用户的社交习惯来打造针对性的广告,从而帮助他们更好地定位以及测量其广告的影响力"[1]。2014年4月,Facebook在其business.facebook.com网站推出了新广告管理工具——"业务经理人"(Business Manager),利用这个工具可以将Facebook所有的广告活动管理措施整合到一个工具中。"如果用户为自己的公司发布广告,就会看到以下结果:页面(Pages)、广告帐号和应用都连接到该公司的品牌;公司团队的成员能够利用这些从事他们的工作;外部合作伙伴,例如机构或首选营销开发者(PMD)能够联系到该公司的页面、广告帐号和应用等。"这一工具对于为其他公司做广告的专业公司也同样适用,可以将一切内容整合在一起,减少了建议和管理所有广告帐号和页面的时间,从而让客户能更好地管理那些能够使用这些内容的用户。此外,该工具还能够"让客户增加或删除连接到公司的广告帐号或者是授予和删除一些条令,能够让人们更加容易地保持在Facebook上的个人或企业体验更具独立性"[2]。

不过,有时候网络平台对广告的控制与监管也会失灵,因为新的技术不断挑战着平台掌握发布于其上的信息的能力,这与互联网的媒体特性有关,信息的易传播、易到达能力使得网络中存在海量的广告内容,监管起来难免存在疏漏。2015年3月,一份白皮书中报告:"一名男子控制着约75万个Twitter帐号,以传播与'神奇减肥药'有关的垃圾消息。"在Twitter发现并处理之前,这名男子运营这些帐号已超过一年时间。这是由于"运营者采用了一定的维持及恢复策略,从而避开反垃圾消息措施。这些帐号的运营者通过模仿明星或大品牌,例如MTV和CNN的帐号来吸引用户的关注,随

---

[1] CIO. How Facebook Plans to Control Digital Advertising[EB/OL]. 2014-10-2. http://www.cio.com/article/2690824/social-media/how-facebook-plans-to-control-digital-advertising.html.

[2] 《Facebook推出新广告管理工具 将全球推广》[EB/OL],搜狐科技,2014年4月29日,http://it.sohu.com/20140429/n398951271.shtml.

第五章 责任与担当:数字互动媒体平台的资源控制与广告把关

后再发送垃圾消息"。此外,运营者还创建了大量的其他帐号,以提高主帐号的粉丝数,从而使主账号看起来更具可信度。① 大量的垃圾广告对用户造成了一定的干扰,用户往往认为广告发布平台应承担连带责任,这应该也是各平台积极加强对广告的控制与监管能力、不断更新广告政策的其中一个初衷。

此外,数字互动媒体平台对广告的管控能力还要遭受技术故障的影响。2015 年 5 月,由于 Twitter 管理广告商投放广告位置技术的失灵,导致尼尔森的广告被放到了"HomemadePorn"和"Daily Dick Pictures"等专做色情内容的页面上,尼尔森被迫暂停了一项付费 Promoted Tweets 广告促销活动。据《广告周刊》的报道,"零售商 Duane Reade、NBC 环球和佳得乐(Gatorade)等品牌的广告也出现在了旁边有色情图片和视频的信息流中"。此外,据美国"第四频道新闻"(Channel 4 News)在 2 月进行的一项调查显示,每 1000 条 Twitter 消息中就有 1 条包含色情内容。对此,Twitter 发言人发表声明称:"我们已经得知 Promoted Tweets 正在被显示到一些包含不合适内容的页面上。我们将为品牌提供一个安全的环境以帮助其建设自身业务,我们的产品团队正在致力于解决这个问题。"可见,面对不断更新的技术挑战,数字互动媒体平台为了有效掌控发布于其上的广告,在探索自律管理方式方面将任重而道远。②

小　结

我们采纳国际商会的定义,将网络搜索、移动平台、赞助内容、实时竞价、地理定位、程序化、原生内容等广告形式统一称之为"数字互动媒体广告"。数字互动媒体平台对于发布于其上的广告承担着部分"连带责任",出于理性选择的需要,为了追求与广告主相互间利益的最大化,这些依托互联

---

① 《Twitter 也被营销占领:75 万僵尸号同发减肥广告》[EB/OL],新浪科技,2015 年 3 月 27 日,http://tech.sina.com.cn/i/2015 - 03 - 27/doc-iavxeafs2992359.shtml。
② 《Twitter 色情内容泛滥令广告主担心》[EB/OL],新浪科技,2015 年 5 月 7 日,http://tech.sina.com.cn/i/2015 - 05 - 07/doc-iavxeafs7005584.shtml。

网的公司们主动承担起对部分广告的监管责任。

近十年来,美英两国基于互联网的广告收入始终保持着较快的增长速度,这为新媒体广告的发展搭建了有利的平台。随着数字互动媒体的日益成熟,越来越多的广告商开始试水并青睐这种新的信息传播沟通方式,双方不断地探索新的合作方式,结成共荣发展体。但是,侵犯受众隐私依然是数字互动媒体广告的软肋,再次暴露出企业私利与社会公利之间的矛盾。为了减少负面影响,数字互动媒体平台主动承担起广告"把关人"的角色,近年来依托技术的发展收紧对广告的控制权,而且通过加盟国际或国家的隐私联盟、主动接受第三方监督等方式来主动加强自律规范的实施情况。此外,数字互动媒体平台还积极制定、修订内部广告自律相关规范,除了加强隐私政策或服务协议中涉及的广告规范,还制定了公司专门的广告规范,并且通过认证方式实现对广告主的有效约束,不断收紧对平台上广告传播的控制与管理权。

第六章 舆论与制衡：公众的监督权利作为一种外部制约力量

理查德在《经济伦理学》中提出，对于广告的不道德行为，以下五个方面均需要负责：产品生产商、广告机构、广告媒体、公众、政府部门与监管机构。产品生产商是广告的发起人和指导者，应对广告付首要责任；广告机构有责任向消费者说明产品的质量和卖点，在道德上有责任不对产品进行撒谎和做出误导消费者的行为；广告媒体有道德责任公开他们的节目和出版的内容，有权进行广告审查，有责任拒绝刊播虚假性或误导性广告；公众可以披露他们的真实感觉，可以写信给制造公司进行抗议，可以反馈给媒体，可以向监督机构投诉；政府部门在广告领域中扮演着保护公众利益的角色，立法者和管理者可以聆听有关道德的辩论，重视道德性辩论、质询性辩论以及合法的先例，但不能通过法律界定道德的性质。[1] 理查德的观点凸显出社会舆论监督作为一种制衡力量在广告自律中的重要作用。在新媒体时代，这种力量借助广泛存在的社交网络不断放大、发酵，在"地球村"中得以快速传播，其对新媒体广告的监督能力与效果也是前所未有的。

---

[1] [美]理查德·T.德·乔治：《经济伦理学》（第五版）[M]，李布译，北京：北京大学出版社2002年版，第323～326页。

第一节　新媒体时代公共话语权利的增强

法国伟大的思想家卢梭在1762年出版的《社会契约论》中首次提出并阐释了"公众意见"这一概念,指出公共意见分为"公意"和"众意"两种,"公意着眼于公共的利益,是全体一致的意见;众意则着眼于私人的利益,是少数人的意见"。① 不过,无论是公意还是众意,都代表了公众的集体意见,所集合的人数越多,意见的影响力就越强大。"公众是不经组织而有一致意向的大众,多数人是不相识的,由于分布在社会不同角落却对社会问题产生共同见解,因而他们是结成一致思想的整体。在舆论学者看来,公众之所以称之为公众,就在于他们是具有公民权和独自表达意愿的群体。"②公众行使自己的权利对广告进行监督,自由表达的观点得到越来越多的人认可时就形成了舆论。舆论学创始人美国专栏作家李普曼认为,舆论是"他人脑海中的图像——关于自身、关于别人、关于他们的需求、意图和人际关系的图像,就是他们的舆论"③,分布广泛的舆论对无孔不入的新媒体广告而言,其监督效果是非常强大的。

一、美英商业言论自由权利的实现过程

自由言论的权利从来就不是绝对的,自由伴随着义务,自由也是有边界的。网络赋予广告主前所未有的信息传播与自由表达能力,同时互联网也通过"自治愈"方式发挥"网络惩戒"功能,对非法、不道德等越界商业言论进行有力的监督、矫正与惩罚。

对于言论的划分,从保护程度上的不同,主要分为三种形式:政治言论、艺术言论、商业言论。"三种言论具有不同的重要性,从政治言论到艺术言

---

① [法]卢梭:《社会契约论》[M],何兆武译,北京:商务印书馆2005年版,第35页。
② 杨海军:《广告舆论传播研究——基于广告传播及舆论导向的双重视角》[D],上海:复旦大学新闻学院,2011年。
③ [美]沃尔特·李普曼:《公众舆论》[M],阎克文、江红译,上海:上海世纪出版集团2007年版,第21页。

第六章　舆论与制衡：公众的监督权利作为一种外部制约力量

论再到商业言论，呈现为保护程度递减的趋势。"[1]商业言论之所以受到最低程度的保护，主要是因为它具有"弱"公共产品的特性，"类似于一种私人产品，就像广告可以增加表达者营业额一样，商业言论所传达信息的大多数利益可以由生产者获得"[2]。

言论自由亦称为表达自由，是指"人人享有以口头、书面以及其他形式获取、传递、持有信息、思想的权利"。言论自由属于宪法权利，是最基本的人权之一，也是"构成民主社会的根基之一，构成社会进步和每个人的发展的基本条件之一"[3]。西方国家的民主政治体制向来保障公民的政治言论自由与艺术言论自由的权利，认为这样的自由是神圣不可侵犯的，但是对于"商业言论"是否享有自由权利，却一直存在争议。以美国为例，起初认为由于商业言论"一般是促进商品销售或提供商业服务的信息，主要表现为对产品或服务任何形式的商业性广告"[4]，这与美国《宪法第一修正案》[5]所主张的保护公民的政治自由权利不符。在之后的200多年间，法院的判决给这一基本的概要条款增添了实质性内涵。

美国历史上，商业言论历经坎坷才最终争取到自由权利。商业言论曾被认为是不受宪法《第一修正案》保护的表达形式。在1942年的"瓦伦丁诉克雷斯坦森案"中，大法官罗伯兹在一致通过的裁定中提出"联邦宪法没有限制政府调整纯粹的商业广告"，那时的广告作为商业言论尚不受言论自由

---

[1]　张志铭：《欧洲人权法院判例中的表达自由》[J]，《外国法译评》，2000年，第4期。

[2]　Maya Hertig Randall, "Commercial Speech under the European Convention on Human Rights: Subordinate or Equal?", *Human Rights Law Review*, 6(1)(2006), pp.83-84.

[3]　"Handyside v. The United Kingdom Judgement", 1976(7):24，转引自：蔡祖国：《不正当竞争规制与商业言论自由》[J]，《法律科学》（《西北政法大学学报》，2011年，第2期。）

[4]　Martin Redish, "The First Amendment in the Marketplace: Commercial Speech and the Value of Free Speech", *Geroge Washington Law Review*, 1971(39):432。转引自徐剑：《电子邮件广告的表达自由与限制——论美国的反垃圾邮件立法》[J]，《现代传播》，2009年，第3期。

[5]　宪法《第一修正案》是美国所有关于言论自由与新闻自由的法律渊源。作为《权利法案》的一部分于1791年12月15日通过，仅仅由45个单词构成，即"Congress shall make no law respecting an establishment of religion, or prohibiting the free exercise thereof; or abridging the freedom of speech, or of the press; or the right of the people peaceably to assemble, and to petition the Government for a redress of grievances"。（国会不得制定关于下列事项之法律：确立宗教或禁止信仰自由；剥夺人民言论或出版自由；剥夺人民和平集会及向政府请愿的权利。）来源于：Cornell University LawSchool, Legal Information Institute. First Amendment [EB/OL].2013-5-3.http://www.law.cornell.edu/。

的宪法保障的保护。

Valentine v. Chrestensen，316 U.S. 52（1942）。一位名叫克雷斯坦森的男子想在纽约市街头散发传单，劝说人们付费参观他停泊在附近码头的一艘潜艇。最高法院判决"在涉及纯粹的商业广告的时候，《宪法》不……对政府施加任何限制"。①

兴起于20世纪六七十年代的民权运动和消费者权益运动，极大地推进并拓展了政治言论、公共问题讨论的外延，引发了美国社会对《权利法案》的进一步关注和讨论，其总体倾向是扩大其适用和保护范围，受这种运动风潮的影响，美国最高法院对于涉及商业言论自由的判例开始发生转向。1964年"《纽约时报》诉沙利文案"中，最高法院则含蓄地否定了前述判例，使得美国商业言论争取自由的权利出现转机。

New York Times Co. v. Sullivan，376 U.S. 254（1964）。1960年3月29日，《纽约时报》刊登了一整版的社论性广告，标题是《关注他们日渐高涨的呼声》（Heed Their Rising Voices）。这则广告由民权运动领袖组成的一个特别委员会——保卫马丁·路德·金暨争取南部自由委员会（Committee to Defend Martin Luther King and the Struggle for Freedom in the South）刊登。广告正文批评了南部的公共官员。给观众指责的基本要点都是真实的，但文中充满了事实性小错误。第一起诉人警监沙利文称，该广告给蒙哥马利警方带来不利影响，索赔50万美元赔偿金。初审法院判沙利文胜诉，亚拉巴马州最高法院支持初审判决，全然不顾《纽约时报》这期报纸在蒙哥马利县只发行了35份的事实。美国最高法院以9比0的投票结果一致推翻初审法院和上诉法院的判决，并裁决沙利文不能获得赔偿金救济，除非他能证明《纽约时报》在刊登这则失实的诽谤性广告时明知该广告失实，或者《纽约时报》完

---

① ［美］唐·R.彭伯：《大众传媒法》（第十三版）[M]，张金玺、赵刚译，北京：中国人民大学出版社2005年版，第515页。

第六章　舆论与制衡:公众的监督权利作为一种外部制约力量

全无视所发表材料的真伪。①

20世纪70年代的三个案件开启了一场商业言论法理的革命。1973年,美国最高法院对"比奇洛诉弗吉尼亚州案"的判决,成为商业言论宪法保护兴起的重要标志。

  Bigelow v. Virginia,421 U.S. 809(1975)。1971年2月《弗吉尼亚周报》(Virginia Weekly)发表了宣传"纽约女性之亭"(Women's Pavilion of New York City)的一则广告。广告称,"女性之亭"组织会帮助意外怀孕的女性"以低价在质量合格的医院获得及时的安置与治疗",所有的安排都在严格保密的基础上进行。这个广告刊登时,堕胎在纽约州是合法的,但在弗吉尼亚州不合法。该报董事兼编辑主任杰弗里·比奇洛(Jeffrey Bigelow)被控违反了弗吉尼亚州一项法律规定:"任何人通过出版物、演讲、广告,或者通过销售或发行出版物,或者以其他任何方式,鼓励或助长堕胎与流产是轻罪。"1975年,比奇洛的上诉在最高法院有了结果,哈里·布莱克门大法官代表最高法院多数派写道:"不能仅仅因为商业活动以商业广告的形式出现,就认为商业活动的存在本身就构成了缩小保护的理由。"②

1976年,"弗吉尼亚州医药委员会诉弗吉尼亚公民消费者评议会公司"案中,最高法院判决弗吉尼亚禁止为处方药做广告的法律违宪。哈里·布莱克门大法官很好地肯定了广告享有的商业言论自由权利:"无论广告有时看起来可能是多么的乏味与泛滥,但是它传播了关于谁正在以何种价格、何种理由生产与销售何种产品的信息。只要我们维持一种自由企业主导的经济,我们的资源就将在相当程度上通过无数的私人经济决定来分配。保证上述决定在整体上是理智的、信息充分的,这是一个公共利益问题。为了这

---

 ①　[美]唐·R.彭伯:《大众传媒法》(第十三版)[M],张金玺、赵刚译,北京:中国人民大学出版社2005年版,第161页。
 ②　[美]唐·R.彭伯:《大众传媒法》(第十三版)[M],张金玺、赵刚译,北京:中国人民大学出版社2005年版,第515页。

个目的,商业信息的自由流动是不可或缺的。"①

Virginia State Board of Pharmacy v. Virginia Citizens Consumer Council,Inc.,425 U.S.748(1976)。联邦最高法院提出,宪法《第一修正案》给予的保护是提供给传播过程的,即不仅保护发言者,也保护接受者。即使假设广告主的利益是一种纯粹的经济利益,事实也使商业言论有资格获得宪法《第一修正案》的保护。经济动机并不意味着商业言论对个别人不重要或不具有社会利益。一般来说,商业信息的自由传播具有重大的社会利益。②

1980年,"中央赫德森诉纽约公共服务委员会"案中,禁止电器厂商刊播提倡使用电能的广告被最高法院判违宪,最高法院在判决中提出了商业言论限制的判断准则。

Central Hudson v. Public Service Commission,447 U.S. 557(1980)。该案明确,相较于其他由宪法保障的言论而论,商业言论被给予的保护要少一些。这意味着政府可以公共利益的名义限制真实的商业言论。同时,该案提出了四步分析法以判断政府管理商业言论的合宪性。第一,商业言论要受《第一修正案》的保护,至少必须涉及合法活动,并且不能误导公众;第二,所主张的政府利益是否重大;如果上述两个回答是肯定的,那么第三,就必须确定调整是否直接促进了政府主张的利益;最后,确定政府的这一调整是否大于促进这一利益之必需。③

历经几次重要的判决,美国商业自由言论的权利终于受到肯定,但由于其被视为一种"自私自利的表达形式,对公共讨论毫无裨益",形成了商业言论表达究竟属于宪法上受保护的言论还是构成一种不正当竞争行为这一复

---

① [美]唐·R.彭伯:《大众传媒法》(第十三版)[M],张金玺、赵刚译,北京:中国人民大学出版社2005年版,第516页。
② 李盛之:《美国大众传播法律规制问题研究》[D],大连海事大学法学院,2012年。
③ 李盛之:《美国大众传播法律规制问题研究》[D],大连海事大学法学院,2012年。

第六章 舆论与制衡：公众的监督权利作为一种外部制约力量

杂难决的问题。"不正当竞争边界的模糊性与商业言论受保护范围及程度的不确定性导致二者之间存在着较大的'黏合'空间。"①

欧洲也是如此。事实上，由于判断商业言论的标准和原则一直摇摆不定，最典型的是，"欧洲人权法院因而最终放弃了对商业言论下定义的努力，转而寻求'识别'商业言论。因为一般性的定义倾向于或是包容性不足或是包容性过大，可能会过于简单化而难以提供任何有用的指导"。受具体国情的影响，欧洲各国及欧盟采取了与美国不同的商业言论保护模式。"在欧盟，各成员国基本上没有违宪审查制度，仅德国建立了宪法法院制度。因而成员国中涉及基本权利价值的争议最终会提交到欧洲人权法院解决。欧洲人权法院则依据《人权和基本自由欧洲公约》（European Convention for the Protection of Human Rights and Fundamental Freedoms）第10条②规定来判断商业言论能否受到保护。"③

几十年来，美英两国逐渐明确了商业享有言论自由的权利，为商业广告信息的自由传播提供了坚实的法律后盾。早在传统媒体时代就出现了商业言论自由表达过度的问题，政府相关广告法律规制、行业自律以及舆论监督对"肇事"广告主进行了约束与严惩，这个问题随着新媒体时代的来临而变得愈发严重，这与新媒体颠覆性的传播方式与扩散性的传播能力有关。

---

① 蔡祖国：《不正当竞争规制与商业言论自由》[J]，《法律科学》（《西北政法大学学报》），2011年，第2期。

② 《人权和基本自由欧洲公约》，即《欧洲人权公约》，又称《保护人权与基本自由公约》，1950年11月4日在欧洲理事会主持下于罗马签署，1953年9月3日生效。它是第一个区域性国际人权条约，它规定集体保障和施行《世界人权宣言》中所规定的某些权利及基本自由。第10条"自由表达权"(Freedom of expression)规定："① 人人皆有表达自由权。此权利应当包括持有意见的自由、接受和传输信息和观念的自由，不受公权干涉，不受疆界影响。该条不应当妨碍国家要求广播、电视或影视实业获得许可证。行使这些自由伴随一定的义务和责任，故应当受制于一定的形式、条件、限制或刑罚。② 此类约束应该为法律所规定，为民主社会所必需，并且有利于国家安定、领土完整或公共安全，服务于防止秩序混乱或犯罪、维护健康或道德、保障其他人的名誉或权利、防止披露保密获得的信息或者维护司法的权威和公正无偏。"来源于：Wikisource. European Convention for the Protection of Human Rights and Fundamental Freedoms（1950）. [EB/OL]. 2015 - 11 - 19. https://en.wikisource.org/wiki/European_Convention_for_the_Protection_of_Human_Rights_and_Fundamental_Freedoms#Article_10_.E2.80.93_Freedom_of_expression.C2.B9。

③ 蔡祖国：《不正当竞争规制与商业言论自由》[J]，《法律科学》（《西北政法大学学报》），2011年，第2期。

二、商业言论自由权利在新媒体时代的延伸

随着互联网的兴起与发展,商业言论自由的权利再次受到挑战。新媒体时代,人人都可以是信息传播者,由于网络信息发布缺少"把关人",互联网充斥着大量的虚假、色情、违法等商业信息,严重地侵犯到了消费者的权益,甚至影响到社会风气;新媒体的即时传播能力,可以使得网络上发布的信息立刻传播到全球各地,这种强大的影响力量,远远超出一国的管制范围。此外,广告主可以通过匿名形式发布广告,也可以通过自主删除广告的方式来逃避惩罚,这使得商业言论自由过度的责任认定非常困难;不同国家赋予商业言论自由权利的程度与范围有异,加之跨国传播中管辖权的影响,都使得对滥用商业言论自由主体的追惩受限。

商业自由言论的逐渐泛滥,导致美英两国政府着手对互联网进行规制,但是由于言论自由的观念早已深入人心,因而限制网络言论的规制屡屡夭折。"1995年互联网最大的性恐慌"(Great Internet Sex Panic of 1995)事件成为1996年克林顿政府签署《传播庄重法》(Communications Decency Act,简称CDA)的导火索,[1]政府试图规制和控制互联网的自由表达,以消除网络上自由言论对青少年的消极影响。该法规定"在互联网上传播任何具有明显冒犯性的性表达或猥亵的性表达是犯罪,即使这些性表达不一定具有淫秽性质"[2]。该法案一经推出,立刻遭受广泛的舆论抗议,出现"美国公民自由联盟诉雷诺案",该案的判决对于确保互联网上的商业言论自由具有重要的作用。

"ACLU v. Reno"(1997)。一个由互联网用户、互联网服务提供商和美国公民自由联盟等组成的联盟状告当时的司法部长雷诺,认为《传播庄重法》公然违反了《第一修正案》所规定的自由言论权。1997年6月,最高法院以7比2判决认定"通过互联网进行的传播活动应受《第

---

[1] PdfSR. The Communications Decency Act: A Legislative History[EB/OL].2015-11-16. http://pdfsr.com/pdf/the-communications-decency-act-a-legislative-history.

[2] [美]约翰·泽莱兹尼:《传播法》[M],张金玺、赵刚译,北京:清华大学出版社2007年版,第421页。

第六章 舆论与制衡:公众的监督权利作为一种外部制约力量

一修正案》的保护,《传播庄重法》的核心内容'限制在互联网上传播黄色材料'违宪"。

之后,美国政府又有两次对互联网言论进行立法的尝试。1998年10月,《儿童在线保护法》(Child On-Line Protection Act,简称 COPA)由国会通过并经克林顿总统签署生效,被称为是《传播庄重法》的后继者(CDA Ⅱ),①不过该法又被判违宪。

> Child On-Line Protection Act 被判违宪。该法案刚出台,就受到美国公民自由联盟的挑战,他们认为"该法令将会导致过度的自我审查"。1999年2月,费城一名联邦法官签发了反对该法案的预禁令,阻止其生效;2002年5月,最高法院法官把判决发回给第三巡回上诉法院,以便重新审查该法令是否符合宪法。2004年6月29日,美国联邦最高法院作出终审裁决,认为"由于存在着诸如过滤软件这样对言论自由限制程度更小,同时又能满足保护未成年人免受网络色情信息侵害这一立法目的的替代方案,因此国会在制定 COPA 时未能进行严密地推敲,使之不能既符合保护儿童的重大政府利益,又维护联邦宪法第一修正案的神圣性,因而该法违宪"。②

2000年12月21日颁布《儿童互联网保护法》(Children's Internet Protection,CIPA),要求图书馆读者(成人和儿童)所使用的计算机终端必须安装过滤装置,阻挡各种淫秽的或涉及形形色色的儿童色情的视频图片。2003年6月23日,联邦最高法院裁定 CIPA 的规定并不违反言论自由原则,这部有关互联网内容管理的立法终于付诸实施。③

---

① [美]理查德·斯皮内洛:《铁笼,还是乌托邦——网络空间的道德与法律》(第二版)[M],李伦等译,北京大学出版社2007年版,第54页。
② 郝振省主编:《中外互联网及手机出版法律制度研究》[M],北京:中国书籍出版社2008年版,第41页。
③ 郝振省主编:《中外互联网及手机出版法律制度研究》[M],北京:中国书籍出版社2008年版,第39页。

自上述判例之后,随着案例的增多,美国已经肯定了在互联网中商业言论依然享有自由的权利,但是《儿童互联网保护法》的判决则体现出,商业言论自由的前提是不能损害消费者的权益,要坚守一定的道德底线,否则,这样的自由就会受到限制。

学者克里奇(Creech)认为,新媒体还是享受到了较大的言论自由权利,因为"互联网的待遇更像是印刷媒体,获得了宪法《第一修正案》的充分保护,而不是像广播媒体那样被给予有限的自由。当国会试图在1996年的《电信法》中,将类似广播电视管制中的不雅标准应用于互联网时,美国最高法院裁定这一标准违宪。这说明最高法院拒绝将红狮案的频谱稀缺的争论应用到互联网"[1]。不过,自由从来就不是绝对的,即使没有政府相关立法的规制,行业自律协会与舆论监督等影响力量也在对商业言论自由进行着约束与限制。

三、公共领域的话语权力与舆论的影响力[2]

法国哲学家福柯在《话语的秩序》以及1970年法兰西学院的就职讲座上,第一次提到了"话语"与"权力"的结合。他在《知识考古学》中,又提出"这个话语在其他话语之中同其他话语相比,它是怎样占据任何其他一种话语都无法占据的位置"[3],由此,福柯认为话语其实是一种资源,掌握这种资源的人,就拥有了一种权力,即"话语权"。在网络公共领域中,话语权尤为明显,只要会上网就有自由表达的机会,草根网民人数众多从而开始占有话语优势,他们在网络中的话语力量超越了以往任何传统媒介时代,这就对广告主的话语表达权利产生了一定的影响。对此,科尔曼也指出:"某种权利存在的条件是与此种权利有关的所有人对行动者拥有这一权利意见一致。如果没有这一条件,权利无法存在。当舆论一致同意给行动者甲以控制乙

---

[1] [美] Kenneth C.Creech:《电子媒体的法律与管制》(第五版)[M],王大为等译,北京:人民邮电出版社2009年版,第395页。

[2] 本节部分内容,摘自查灿长、孟茹:《第四种力量的崛起:网民舆论监督助推新媒体广告行业自律》[J],《上海大学学报》(社会科学版),2015年,第3期。

[3] [法] 米歇尔·福柯:《知识考古学》[M],谢强、马月译,北京:生活·读书·新知三联书店2003年版,第30页。

第六章 舆论与制衡：公众的监督权利作为一种外部制约力量

行动的权利时,甲便拥有这种权利。""利益的多少及实力大小决定意见的重要程度。"①新媒体时代,社会公众相比广告主而言,无论是从人数总量上还是舆论影响力方面都具有压倒性的优势,一旦他们认为自己的意见表达有利于维护他们的群体利益时,舆论的作用便彰显出来了。

日本电通公司根据网络时代公众舆论的这种变化,提出将经典的"AIDA"理论改为"AISAS",加入了"搜寻（Search）"与"分享（Share）"两个要素,对消费者的行为进行了全新的分析,这是肯定网络受众影响力量的一个很好的例证。在新媒体时代,受众不仅拥有更自由通畅的话语表达途径,也凭借话语权力参与到对广告传播行为是非善恶的评判中,只有严格遵守行业自律准则,以受众利益为中心,勇敢担当社会责任的企业,才能真正在激烈的市场竞争中获胜。

哈贝马斯曾认为以广告为主的私利市场是难以形成经济公共领域的,他说:"从19世纪六七十年代开始,日报就已经开始划分为'编辑'与'广告'两个版面。"哈贝马斯将传播的功能也划分为两个方面,"其一,是作为公众的私人的公开批判;其二,是个人或集体的私人利益的公开展示"。他认为,这种划分并没有影响到公共领域。但是,他也指出:"这样一种似乎脱离了政治领域的经济公共领域（一种具有特殊源头的广告公共领域）,却从来没有真正出现过。"②上述观点显然需要在新媒体时代予以重新修正了。哈贝马斯在当年所处的传统媒介环境中,是难以想象当今发达的互联网为全球网民打造的,在自由讨论公共事务、形成舆论意见、行使话语权力等方面的活动空间是如何之大。尤其在法律规制缺失的环境下,网络中对广告的投诉、发帖、围观、评论等自发监督行为,多次形成社会反响较大的"舆论波",对于维护消费者权益、监督广告行业自律有很大的推动作用。

公众舆论能影响到政府或行业自律组织对新媒体广告问题的关注。例如,2009年9月,"数字民主中心"领导的"消费者组织联盟"向国会呼吁,对在线行为追踪与定向广告采用新的规制,他们认为行业自律在保护消费者

---

① ［美］詹姆斯·S.科尔曼:《社会理论的基础》[M],邓方译,北京:社会科学文献出版社2008年版,第65～66页。
② ［德］哈贝马斯:《公共领域的结构转型》[M],曹卫东等译,上海:学林出版社1999年版,第228页。

隐私方面被证明是失败的。消费者团体发布了《在线行为广告追踪和定位原则》(Principles on Online Behavioral Tracking and Targeting)，2009年2月，联邦贸易委员会推荐了新的在线行为广告原则，但没有建议立法。①

公众舆论可以监督广告主的行为，以保障用户的利益不受侵犯。例如，苹果公司推出移动支付系统，公众对其新产品可能出现的隐私侵犯问题就进行了监督。广告专业杂志——《广告时代》(Ad Age)对此评论道，"从广告行业角度理解，如今苹果声称不搜集与分享数据，很可能只是一个短期的行为立场。不久的将来不再能购买数据会令广告商很失望，但是苹果要做的是促使人们使用这个平台"②。上述分析确实比较客观，因为以科尔曼的相关理论来审视苹果公司不分享数据的行为，其实会对整个互联网企业的盈利模式造成冲击与影响，"个别行动者的独立行动给其他行动者造成了某种外部影响（肯定的或否定的），改变了其他行动者面临的激发其行动的报酬结构"③。这势必会动摇该行业已经形成的稳定的利益关系，继而引发行业行动与相互竞争，最终也会影响到苹果公司的产品选择。

图6-1 苹果手表双击支付，苹果6手机指纹支付截图④

---

① EPIC. Privacy Groups Call for New Safeguards for Online Advertising[EB/OL].2009-9-1. https://epic.org/2009/09/privacy-groups-call-for-new-sa.html.

② CDD. Apple's claims on mobile privacy & payments with Apple Pay: Read what digital marketers say about it[EB/OL]. 2014-9-19. https://www.democraticmedia.org/apple's-claims-mobile-privacy-payments-apple-pay-rea d-what-digital-marketers-say-about-it.

③ [美]詹姆斯·S.科尔曼：《社会理论的基础》[M]，邓方译，北京：社会科学文献出版社2008年版，第21页。

④ Apple.Pay[EB/OL].2015-7-27. http://www.apple.com/apple-pay/.

第六章 舆论与制衡:公众的监督权利作为一种外部制约力量

网络舆论甚至能影响到在传统媒体中刊播的广告。2014年年初,日本电通集团(Dentsu)为全日空(All Nippon Airways)创作的一则30秒的幽默电视广告在网络中引发轩然大波。为推介该公司从羽田(Haneda)机场始发的新增国际航班,广告中开了一个日本式的玩笑。当一位飞行员指出日本民众应当试着改变自己的海外形象时,他的同事戴上了一顶金色假发以及一个巨大的橡皮鼻子。但是,这种在人际传播中常用到的幽默,在日本电视中播出后,却因网络媒体传播的加入而发生超出地域性的影响。一名愤怒的电视观众将这支广告上传到了YouTube,在随后的三天之内,这条视频已经收到了超过12万条评论,同时也在Facebook等网站传播。出于西方国家网民巨大的舆论压力,全日空公开作出回应、道歉并撤下了广告。① 这则案例,更让我们看出网络舆论的强大力量,不仅能监督本国广告主,而且可以影响国外广告主的道德行为;不仅能督促广告主与广告公司遵守职业道德,而且还应关注不同国家、民族、种族、宗教人群的文化接收心理与禁忌。

新媒体技术的飞速发展,为广告带来前所未有的低成本、高有效到达率,以及展示最生动的创意与自由表达的机会,同时也为广告主带来有关行业自律、道德伦理与企业价值选择等方面最为严峻的考验。即使依然选择传统媒体发布广告,在新媒体时代其传播影响也早已超越广播、电视、杂志、报纸等媒介界限,跨媒体传播成为可能。网络用户从传统媒体广告中摘取一个镜头、一个截图、一段录音或一个视频发布到网上,只须几分钟一个热门帖子就会传播扩散到全球各地,这种影响力是惊人的,应该足以让任何发布违法广告、虚假广告的企业感到震撼。随时可能自网络中爆发出来的对广告的舆论监督力量,应该与出自康德《实践理性批判》并被刻在他墓碑上的名言一样促人警醒:"有两样东西,人们越是经常持久地对之凝神思索,它们就越使内心充满常新而日增的惊奇和敬畏:我头上的星空和心中的道德律。"②

---

① 《全日空广告惹恼西方网民 公司道歉并撤下广告》[EB/OL],中国民用航空网,2014年1月28日,http://news.ccaonline.cn/Article/2014-01-28/362372_1.shtml。
② [德]康德:《实践理性批判》[M],邓晓芒译,北京:人民出版社2013年版,第186页。

第二节　公共舆论助推新媒体广告行业自律

因为存在广泛的公共舆论监督,广告主在新媒体平台发布广告时需要有所顾忌。虽然有些广告并没有违反法律,但冲破道德底线的行为还是要经受舆论的指责,行业严于自律的重要性在人人都可以是传播者的媒体环境中更为凸显。用科尔曼的相关理论解释,媒体环境的改变也会影响到业已形成的均衡的权利关系,"信息改变权利的分配,是通过改变人们的认识,创造一种关于权利的新共识"。因此,"在研究社会的权利时,注重舆论的研究何等重要。此一重要性来源于权利具有的共识特征"[①],公众舆论对于广告的监督正是通过行使权利发挥作用的。

一、网络舆论的生成方式与信息扩散的路径

虽然从经济学的观点来评估,舆论形成需要核算成本,"对于每一个重要的公共事件形成明智的舆论所需要花费的时间成本是相当大的;个人因为它所产生的公众舆论质量的提高而得到的好处是可以忽略不计的"[②]。但是当网络世界中的个体不再是单兵作战,而是由一条帖子或一段评论就带动很多支持者与共鸣者转发、转评时,信息就呈现出爆炸式的增长速度,舆论传播的边际成本就大为降低,其经济价值也便凸显出来。对于广告而言,舆论监督的社会价值意义更大,对于约束商业行为、净化社会风气、维护法制安全等方面均有积极的影响。

由于拥有话语权力,网络舆论的影响作用不可小觑,来自网络的监督力量,可以对新媒体广告进行有效的约束。针对广告事件的不同,舆论的生成方式可能迥异,有些舆论是在很短的时间内突然引爆并迅速扩散的,有些舆论的形成过程则比较缓慢;有些舆论仅会产生小范围的影响就立刻平息,有

---

① [美]詹姆斯·S.科尔曼:《社会理论的基础》[M],邓方译,北京:社会科学文献出版社2008年版,第55页。
② [美]唐纳德·E.坎贝尔:《激励理论:动机与信息经济学》[M],王新荣译,北京:中国人民大学出版社2013年版,第44～45页。

第六章 舆论与制衡:公众的监督权利作为一种外部制约力量

些舆论则具有持久的生命力且经常复燃。杨海军教授将广告舆论在现实生活中的呈现方式归纳为四种:①"瀑布倾泻式"[1]:广告主对媒体的控制和对广告话语权的建构,使其面对大众进行瀑布倾泻式的广告传播成为可能。②"飘雪花式":舆论的形成有一个渐进的过程,人们的意识日甚一日地发生变化,最后在一定范围演化为普遍意见。③"风吹浪起式":在舆论凸现之前,社会没有任何议论,但是由于引爆功能的事件、舆论领袖的煽动、政策措施的突变等外界因素的强烈刺激,舆论立刻形成。④"爆米花式":广告监管体系不健全,广告运行机制存在先天性不足,广告问题的处理或解决不透明可能导致意见不断升温,呈现爆米花式引爆。[2]

虽然网络舆论的生成方式及影响力量不同,但一般都要经过"舆论兴起"、"舆论生成"、"舆论平息"或"舆论再起"几个阶段,如图 6-2 所示。

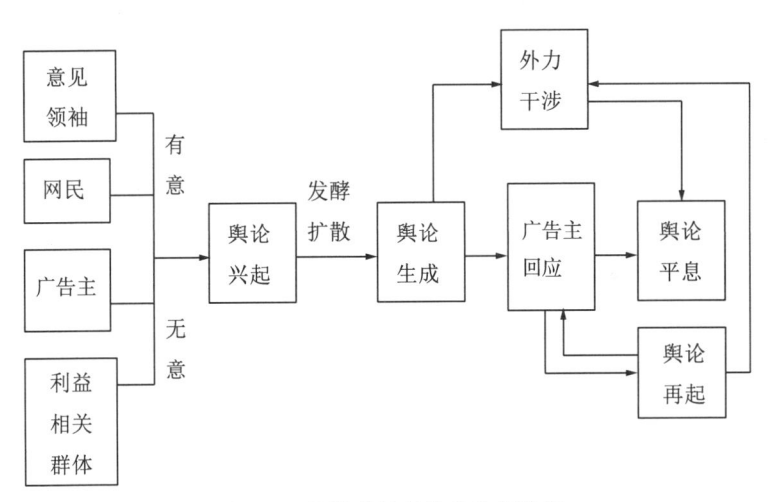

图 6-2 网络舆论的信息传播路径

(一)舆论兴起

网络用户、意见领袖或利益相关群体都可以借助网络媒体对广告进行监督。他们看到某一广告,其赞成或反对意见可以通过在社交媒体上传图

---

[1] 美国学者乔·萨托利提出了舆论传播的瀑布式模式,主要用来比喻在集权制度下舆论强行灌输、倾泻传播的情形。
[2] 杨海军:《广告舆论传播研究——基于广告传播及舆论导向的双重视角》[D],上海:复旦大学新闻学院,2011年。

文并茂的状态引发好友关注,在论坛网站发帖、跟帖评论、转发等表达态度,或在博客、微博客上发即时消息,在专业网站撰文等,一旦该信息得到他人的关注,很可能就会出现扩散性传播,从而形成舆论。值得注意的是,在新媒体时代,广告主也可以有意识地作为舆论的发起人,通过制造话题引发受众对其宣传的产品与服务的关注。由于始作俑者的动机不同,会决定广告舆论的生成方式是"自然生成"还是"人为操控",故意诋毁竞争对手、花钱雇佣网络水军等人为操控舆论的方式,往往是不正当竞争的行为,但由于传者与受众之间存在信息不对称,也可能促成舆论兴起。我们以2013年与2014年可口可乐在超级碗比赛中投放的广告引发的网络舆论为例,首先看一下这两个广告舆论是如何以不同的方式兴起的。

2013年可口可乐公司在美国第47届"超级碗"(NFL)比赛前,就主动在社交媒体发布一则30秒的"幻影"广告预告片,创意梗概为:由一群牛仔、Badlanders和拉斯维加斯女郎分别组成的三只队伍,在沙漠中艰难地行进,他们在极度口渴的时候看到了一支巨瓶的可口可乐并展开争抢,故事到高潮时戛然而止,网民可以通过投票的方式选择广告的结局并在超级碗比赛后播出。参与该活动的社交媒体平台包括Facebook、Tumblr、YouTube、Instagram和Twitter,观众通过@cocacola并加上标#cokeshowgirl或者#cokecowboys、#cokebadlanders的方式投出他们想看到的结局,可口可乐还在官方网站http://www.cokechase.com/index.html发布活动消息。① 由于在Facebook上拥有5200万用户,在Twitter上有60万用户,以及1800万"我的可乐"获奖会员,还有其他类型的用户,可口可乐公司认为"如果我们能制作出有用、引人入胜、充满趣味又值得分享的内容,我们的粉丝就会变成我们的义务推销员"②。

不过,正如可口可乐公司在一项研究中所发现的,"有关可口可乐的在

---

① 《可口可乐超级碗广告播什么,上社交媒体投票决定!》[EB/OL],SocialBeta,2015年11月20日,http://socialbeta.com/t/socialbeta-morning-1-2013.html。

② 可口可乐畅谈玩转社交媒体的七大法则[EB/OL],商界招商网,2013年10月29日,http://www.sj998.com/html/2013-10-29/433805.shtml。

第六章　舆论与制衡:公众的监督权利作为一种外部制约力量

图 6-3　可口可乐"幻影"广告在社交媒体的投票页面①

线内容中,仅有10%~20%来自可口可乐公司,其他80%都来自网友"②,也证明了来自网络用户的舆论力量远比广告主所主导的舆论更强大,这一点体现在2014年度超级碗上播出的"美丽的美利坚"(It's Beautiful)广告中。这则广告使用了八种语言诠释这首歌曲,创意的初衷是展示不同族裔的文化,其中还有一个镜头出现了同性恋伴侣,这在超级碗还是第一次出现。让可口可乐意外的是,广告播出后在社交媒体引起负面轰动效应,用户纷纷质疑:"为什么母语为英语的国家却要为其他多种语言做广告?"③这种舆论导向的结果,显然有违可口可乐公司广告的初衷。

上述两则来自可口可乐公司的广告都兴起了在网络中的舆论,但一个是广告主有意为之,一个是出乎意料的结果,相同的是,经过网络的扩散性传播,最终都引起轩然大波。

(二)舆论生成

网络媒体传播的碎片化信息急速蔓延,经过"发酵"与扩散,很快就能形

---

① 《可口可乐超级碗活动〈牛仔舞女机车男〉》[EB/OL],网络广告人社区,2013年1月24日, http://iwebad.com/case/1864.html。
② 可口可乐畅谈玩转社交媒体的七大法则[EB/OL],商界招商网,2013年10月29日, http://www.sj998.com/html/2013-10-29/433805.shtml。
③ The Independent. A racist response? Coca-Cola's multicultural Super Bowl ad infuriates Twitter users[EB/OL].2014-2-3.http://www.independent.co.uk/news/world/americas/a-racist-response-cocacolas-multicultural-super-bowl-ad-in furiates-twitter-users-9103853.html。

图 6-4 "美丽的美利坚"广告中同性恋伴侣视频截图

成舆论热潮。不过,由于信息在传播过程中可能会因"解码者"误解了"编码者"对图像或声音等符号含义的内设,或存在文化性认知障碍等噪音的干扰,会导致网民对广告的误读或曲解,这时就会出现网络舆论的转向或失控,很可能出现对广告主不利的形象认知与评判。而舆论一旦生成,控制起来就非常困难。

可口可乐公司在社交媒体兴起对"幻影"互动广告的舆论,传播过程中却遭遇另一种舆论的声音。英国《每日邮报》有篇相关报道,反歧视委员会(ADC)主席沃伦·戴维(Warren David)针对该广告批评道:"为什么阿拉伯人总是被塑造成富有石油的酋长、恐怖分子或者跳肚皮舞的形象?"穆斯林宗教信仰研究所所长伊马姆·阿里·西迪基(ImamAliSiddiqui)批评道:"可口可乐(2013年度)的超级碗广告是种族主义的,阿拉伯人被刻画成落后的、愚蠢的骑骆驼的人,而且认为他们没有机会赢得这个世界。"更有不少网民针对可口可乐公司设置的在线投票,竞猜哪一支队伍最终能抢到可口可乐,但网站却不允许为片中的阿拉伯人投票[①]进行了猛烈的批判。

2014年"美丽的美利坚"广告在超级碗播出后随即在社交媒体引起轰动,其原因不仅是第一次在超级碗比赛的广告中出现同性恋家庭画面,而且更重要的是因为该广告的创意并不被美国受众所认同。一位评论者在Facebook上留言说,这个广告"不爱国",是个"耻辱"。他还继续评论道:"要

---

① 《可口可乐超级碗广告被批歧视阿拉伯人》[EB/OL],环球网,2013年2月1日,http://finance.huanqiu.com/view/2013-02/3607734.html。

第六章　舆论与制衡：公众的监督权利作为一种外部制约力量

么说英语，要么就滚回家。"另一位评论者则说："这支广告搞砸了这首歌曲的美好意境，我们再也不会购买可口可乐。"同时，Twitter上也引发对这广告的争论。① 虽然上述评论仅赢得部分网友的认同，但是美国学者凯斯·桑斯坦所提出的"群体极化"现象也应引起关注，"团体成员一开始即有某些偏向，在商议后，人们朝偏向的方向继续移动，最后形成极端的观点"②，可口可乐2015年在Twitter上发布的ASCII码插图作品广告就遭遇了群体极化事件。

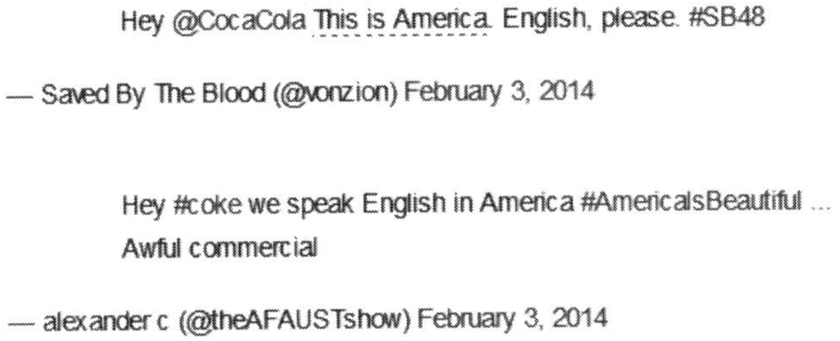

Hey @CocaCola This is America. English, please. #SB48

— Saved By The Blood (@vonzion) February 3, 2014

Hey #coke we speak English in America #AmericaIsBeautiful ... Awful commercial

— alexander c (@theAFAUSTshow) February 3, 2014

图 6-5　网民在 Facebook 上激愤的评论截图

2015年美国超级碗播出期间，可口可乐在Twitter上开展了"Make It Happy"广告宣传攻势，以"可口可乐会将生活中的仇恨转换为快乐"为主题。只要用户在Twitter上带着活动标签♯MakeItHappy回复含有负面情感的推文，这条推文的文字就会被自动算法转化成为ASCII码的艺术作品。可惜事与愿违，知名草根八卦消息网站Gawker.com立刻有人利用ASCII码转换器BOT翻译，揭露这些作品中有很多都包含着"We must secure the existence of our people and a future for White Children"信息，这实际上是白人种族主义领袖戴维·莱因的"14字训令"，源自对希特勒在《我的奋斗》中著名的88字白人至上言论的总结，大意是"必须确保白人和白人孩童的存在"。这种充斥着"白人至上"的激进种族主义思想，被新纳粹组织奉为教

---

① USAToday. Coca-Cola Super Bowl ad: Can you believe this reaction? [EB/OL].2014-2-4. http://www. usatoday. com/story/news/nation-now/2014/02/03/coca-cola-ad-super-bowl-racism/5177463/.

② ［美］凯斯·桑斯坦：《网络共和国》[M]，黄维明译，上海：上海人民出版社2003年版，第47～51页。

条,此外14字和88字也被新纳粹组织广泛应用。① Gawker的编辑实验室(Editorial Labs)负责人亚当·帕什(Adam Pash)在发推文询问可口可乐这条种族歧视推文未果后,选择了用希特勒的《我的奋斗》((MeinKampf)进行亲身试验。他首先注册了一个@MeinCoke的账号,也就是德文的"我的可乐",然后建了一个自动模块,一行行发送书中的原文并推给可口可乐的♯MakeItHappy以及♯SignalBoostHitler,然后可口可乐就开始在官方账号上发布《我的奋斗》的内容。在Gawker官网发布的《让希特勒快乐:可口可乐开始讲述〈我的奋斗〉》一文,有38万多的访问量,收到72条评论与837条回复,其中有网民表达出对可口可乐出奇愤怒的态度甚至谩骂,有的表示漠不关心,也有的把矛头指向Gawker网站。②无论如何,这个事件引起公众的广泛关注并引发了舆论。

图6-6 Gawker网站发文并配图指责可口可乐是在让"希特勒高兴"

(三)舆论平息或再起

舆论一旦高涨,广告主回应的态度以及外界力量的介入就会起到决定性的影响作用,在负面舆论面前,广告公司的危机公关能力就受到考验。正确的回应方式会加快公众情绪释放的速度,风波过后舆论会尽快平息;反之,则可能导致舆论反弹,使得公众的情绪再度被点燃,这样需要更多力量

---

① 《Gawker揭可口可乐推文广告含种族主义14字训令》[EB/OL],中文业界资讯站,2015年2月6日,http://www.cnbeta.com/articles/368713.htm。
② Gawker. Make Hitler Happy: The Beginning of Mein Kampf, as Told by Coca-Cola[EB/OL]. 2015-2-4. http://gawker.com/update-in-the-wake-of-its-republication-of-mein-kampf-1683929496.

第六章 舆论与制衡:公众的监督权利作为一种外部制约力量

图6-7 可口可乐将Twitter文字自动转化成为ASCⅡ码艺术作品

进行疏导,从而平息舆论。

面对网民对"幻影"广告的指责,可口可乐公司发言人称,广告采用的是"电影手法",并称可口可乐是一个受所有人青睐的"包容性"品牌,[①]这样的回应显然并不能平息部分公众对于该广告涉嫌种族歧视的不满。2015年超级碗播出期间,可口可乐因社交媒体上强烈的舆论抗议力量,最早在"14字训令"事情曝光后不得不停止此次宣传。可口可乐随后声称:"感谢Gawker利用BOT彻底将广告扭曲,公司此次广告活动的本意是将网络上或生活中充斥着敌意的信息通过可口可乐转换为令人快乐的信息。"该回应一出,立刻得到Gawker作者的表态,他提出:"对可口可乐的态度很失望,就算广告也不可以越线,孰是孰非留给大众批判。"[②]这样的观点也赢得不少网民的支持,显然部分公众对广告主的回应并不买单。

[①] 《可口可乐超级碗广告被批歧视阿拉伯人》[EB/OL],环球网,2013年2月1日,http://finance.huanqiu.com/view/2013-02/3607734.html。

[②] 《Gawker揭可口可乐推广广告含种族主义14字训令》[EB/OL],中文业界资讯站,2015年2月6日,http://www.cnbeta.com/articles/368713.htm。

克里斯蒂·海恩斯(Kristi Hines)提出:"社交媒体使得消费者的舆论可以快速广泛地传播,因此企业需要关注社交媒体对其品牌的影响,尽量实现与用户个性化的直接沟通。"广告主有效的回应可以迅速实现舆论平息,也可以借助外界力量如社交媒体平台删帖等方式来平息舆论。当网络用户被广告主的回应或其他引爆事件激怒时,可能会导致舆论再起,这时平息舆论的难度更大,对广告主的负面影响也可能更大,因此广告主应尽量将不利于品牌的舆论解决于初燃状态,从而避免不良的扩散性影响,数字互动媒体为广告主提供了非常有利的沟通平台。例如丰田在 Twitter 上对消费者的质疑与提问立刻给出了回应,利用 YouTube 与用户互动,及时关注 Facebook 上将近 10 万粉丝的赞扬与抱怨的声音等。①

二、舆论监督新媒体广告的来源与构成

对于新媒体广告,社会舆论监督的来源广泛,利益相关群体例如社会公众、意见领袖、专家、行业协会、媒体、政府部门、竞争对手等都可以行使舆论监督的权利。

美英两国广告行业协会始终是广告主行为是否得体的有力监督者。例如对于业界普遍看好的原生广告,相关数据显示,2014 年美国在原生广告上的花费将近 80 亿美元,比 2013 年增长将近 30 亿美元,预计该广告在 2018 年将有望增加到 210 亿美元。但"美国互动广告局"(IAB)却指出:"仅仅声明是'赞助'、'你可能喜欢的内容'、'由……发起(Promoted By)'、'特色合作伙伴'这样的告知,对于消费者而言显然是不够的,付费内容、原生广告需要更严格、更复杂的监管。尤其对于金融与健康服务的公司、面向年轻人的快餐营销商、酒类广告主、面向西班牙语及其他多元文化受众的广告、汽车销售公司等涉及'敏感'类别的服务,更需要加强管理。此外,对于移动媒体、社交媒体、视频以及 App 平台,原生广告对于隐私保护都是巨大的

---

① Social Media Examiner. How to Use Social Media for Crisis Management[EB/OL].2010-6-11. http://www.socialmediaexaminer.com/how-to-use-social-media-for-crisis-management/.

第六章　舆论与制衡：公众的监督权利作为一种外部制约力量

挑战。"[1]

新媒体带来很多新的问题，因此消费者协会、各行业协会、隐私协会、互联网协会等也加入到对新媒体广告的监督中来。例如，2011年美国与欧盟主要的消费者与隐私保护组织向政府官员写信，号召白宫、联邦贸易委员会、欧盟联合行动，"由于目前在线行为广告自律管理体制运作无效，应该取消这种规制方式，与行业、消费者与隐私保护组织合作，以确保有效修订消费者隐私保护方案"。消费者与隐私保护组织认为，"基于图标与'选择性退出'的隐私管理体系并没能保护消费者免于数字数据的搜集实践"[2]。

相关专家的舆论监督贡献力量也不可小觑，因为他们更容易发现问题所在。例如，Twitter提供了一种叫作"推广账号"（Promoted Account）的产品，无论是个人还是品牌账户都可以使用这种方式来正当地打广告，使自己的帐号出现在Twitter界面中用于推广的"关注谁"（Whom to Follow）这个部分，不过这种新的广告方式受到了舆论的争议。据《纽约时报》报道，有两名意大利的网络安全专家安德里·斯特罗帕（Andrea Stroppa）以及卡洛·德·米切里（Carlo De Micheli），在不断挖出那些大批购买Twitter假粉丝的著名帐号，他们列出的名单中包括百事、梅赛德斯—奔驰以及路易威登等大公司。新型媒体公司360i的副总裁大卫·博克维兹（David Berkowitz）也提出："购买Twitter粉丝对于一家公司是时间和金钱的浪费。最终，这些假粉丝会成为他们的累赘。假如一个帐号的关注人数通过这种形式在一天之内就猛增了20%，那就要面临被人发现的风险，造成不良后果。在这个时代，真实性是人们尤其重视的。"舆论也预测，随着Twitter公司对于其"推广账号"产品的重视程度逐渐增加，很有可能会对假粉丝情况采取措施，因为"假粉丝的存在可能会对Twitter的盈利模式造成一定的冲击"[3]。

"意见领袖"（opinion leader）由于拥有特殊影响力的话语权力，在舆论

---

[1] CDD.Protecting Consumers from Data-driven and Cross-device "Native"Advertising：Why Routine Disclosure is Insuf？cient[EB/OL].2015-5-6. https://www.democraticmedia.org/sites/default/files/field/public/2015/data-drivennativeera05015cddblog-3.pdf.

[2] CDD. US/EU Groups Say No to Privacy Icon Self-Reg Scheme[EB/OL].2011-9-8. https://www.democraticmedia.org/search/site/advertising%20regulatory？page=1.

[3] 《外媒：推特"大V"买假粉盛行　已成公开秘密》[EB/OL]，搜狐新闻，2013年9月4日，http://news.sohu.com/20130904/n385803249.shtml。

监督中发挥着重要的助推作用。1940年,拉扎斯菲尔德提出"意见领袖",认为其含义是"指在人际传播网络中经常为他人提供信息,同时对他人施加影响的'活跃分子',他们在大众传播效果的形成过程中起着重要的中介或过滤的作用,由他们将信息扩散给受众,形成信息传递的两级传播"。科尔曼从控制权利转让的角度,提出"社会系统内部由不同程度的控制转让而形成四种角色",意见领袖就是其中接受他人转让的话语控制权,却并不转让自己控制权的人。"为什么理性行动者在某些情况下应当转让控制,在某些情况下又不应当转让? 答案在于:在特定条件下,不转让便可能造成利益的损失,而转让控制可以获得好处。可能的损失指为了在某些领域获得必要的知识,需要花费一定的时间和精力。"[1]确实,意见领袖正是凭借自己的专业知识或者威望、知名度与影响力以及在监督方面付出更多的时间、精力,而获得更多的社会发言权。新媒体无处不在的传播能力,将意见领袖的影响力进行了几何倍数的扩大,使得这支队伍的号召力在不断增强。

	其他人是否把控制权转移给某个人	
	是	否
是	扩散者	追随者
否	舆论导向者	独立行动者

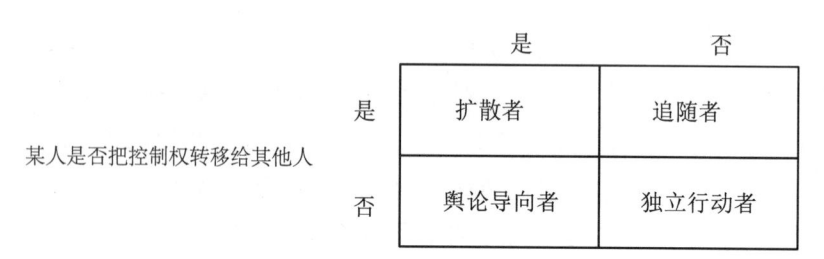

某人是否把控制权转移给其他人

图6-8 社会系统内部的四种角色

不过,有时意见领袖出于个人利益的考虑,会利用自己的舆论影响力在自媒体上为广告主代言,或者利用社交媒体对某广告宣传推波助澜,这时他们反而要受到其他舆论者的监督。例如美国男星查理·辛(Charlie Sheen)在其主演的喜剧《好汉两个半》热映期间,他曾在Twitter上发布了一条有关Internships.com的广告,这条消息发布之后的一个小时内,Internships.com的点击就增加了9.5万次。Twitter平台是允许付费消息存在的,只要

---

[1] [美]詹姆斯·S.科尔曼:《社会理论的基础》[M],邓方译,北京:社会科学文献出版社2008年版,第217页。

第六章 舆论与制衡:公众的监督权利作为一种外部制约力量

这些消息是手动发布,而不是由计算机程序自动发布的。对此,美国联邦贸易委员会(FTC)则建议,代言产品的明星应当在 Twitter 消息最后加上特定的标签,例如"♯ad"或"♯spon"等,以区别于普通的 Twitter 消息;其他社会公众也表示"在 Twitter 上,你与受众之间越透明,那么联系就会越强大","明星不应滥用粉丝的信任去推销产品,不过粉丝也应当对购物活动承担责任"。[①] 值得一提的是,在意见领袖中还产生了一部分"舆论精英"(Opinion Elites),"千禧一代"(Millennials)大约占了舆论精英中的三分之一,他们是公共消息灵通、参与并活跃在社会和商业话语方面很有影响力的群体。在世界范围内,所有年龄段的知识精英对他们选择购买商品的企业好奇心与见识都在提升。据尼尔森 2014 年一项研究发现,16 个国家的舆论精英在购物时会对企业声誉有积极的了解。[②]

相比较而言,在舆论监督群体中,政府的监督对于新媒体广告而言是最为严厉的,因为政府很容易将建议转变为颁布相关规制来约束企业的传播行为,例如有关在线行为广告,美英两国就是通过颁布规制来进行监管的。值得注意的是,多种舆论监督力量并不都是单兵作战的,很多时候他们会联手合作,以更有效地监督新媒体广告的行为。例如,奥巴马政府曾牵头组织了"多方利益相关者谈判"以促成"面部识别技术"(facial recognition)与隐私的自律行为规范,不过由于各方利益不一致,导致谈判进展并不顺利。合作失败背后深层的原因还是相互间利益最大化的权利争夺,正如数字民主中心(CDD)所指出的:"政府所致力于保护的消费者个人信息隐私权是有缺陷的。由于多方利益代表者一旦涉及经济或政治利益就难以协商成功,因此需要联邦贸易委员会这样的独立政府机构制定新的政策,从而真正保护公众的利益。面部数据属于个人敏感信息,企业搜集这些数据之前,用户至少应该对这种行为有充足的理解,然而没有一个公司或行业协会愿意支持消费者的 Opt-in 选择权。"事实也是如此,"期望行业面对巨额利益的诱惑

[①]《美演艺明星在 Twitter 上发广告:每条赚 1 万美元》[EB/OL],新浪科技,2011 年 11 月 4 日,http://tech.sina.com.cn/i/2011-11-04/20446277304.shtml。

[②] Nielsen. MILLENNIALS EVALUATE CORPORATE REPUTATION THROUGH A NEWLENS[EB/OL]. 2015-3-20. http://www.nielsen.com/us/en/insights/news/2015/millennials-evaluate-corporate-reputation-through-a-new-lens.html.

而放弃商业活动显然是不合常理的"①,因此借助广泛的舆论监督来推动行业自律还是必要又有价值的。

三、公共舆论监督新媒体广告的主要方式

除了利用网络媒体发帖、跟帖、评论等表达一己之见外,公共舆论对新媒体广告的监督还通过抗议或请愿活动表达群体性态度,行业协会对广告主进行经济处罚,政府出面干涉以及新媒体平台采取约束行动等重要方式发挥影响作用。

（一）公众发起抗议或请愿活动

在网络媒体上进行广告传播沟通形式的创新,往往伴随着侵犯消费者隐私的风险,相关问题一直是公众监督的重点,新媒体广告连同发布广告的平台近年来经常因各种问题饱受争议,公众抗议或请愿活动不断。例如,2011年Facebook开展了一项新的广告活动,用户如果"喜欢"一个公司在该网站上的广告,或者他在一个餐馆"点击查看"（从而可以确认他的位置）,或者使用一个与公司有关的应用程序,他的形象就会出现在该公司在Facebook上广告的旁边,显示他支持这家企业。该活动并没有设置参与者的年龄门槛,因此未成年人也可以参与,一旦他们点击"喜欢",他们的照片就会在家长和孩子不知情下在网上显示出来。该活动很快遭到消费者、儿童安全与数字隐私保护组织与孩子家长们的抗议,他们向联邦法院起诉:"Facebook未经家长明确同意,就将孩子的照片放在广告中,这违反了加州、佛罗里达、纽约、俄克拉荷马州、田纳西州、维吉尼亚州和威斯康辛州的法律禁令——未经家长同意,儿童的照片不能在广告中使用。"②

在本文第五章中我们已经谈到,新媒体广告发布平台作为广告信息的承载与传递媒介,也要承担连带责任,尤其是与隐私侵犯相关的问题始终是

---

① CDD. Privacy and Consumer Advocates Leave Administration's "Multistakeholder"Negotiations on Facial Recognition［EB/OL］. 2015 - 6 - 16. https://www. democraticmedia. org/filing/privacy-and-consumer-advocates-leave-administrations-multistakehold er-negotiations-facial.

② CDD. Public Citizen, Children's Advocacy Institute &. CDD Oppose Facebook Sponsored Stories Deal That Threatens Teen Privacy/CCFC Rejects Facebook Settlement, Turns down $290K ［EB/OL］. 2015 - 4 - 6. https://www. democraticmedia. org/content/public-citizen-childrens-advocacy-institute-cdd-oppose-facebook-spo nsored-stories-deal.

第六章 舆论与制衡：公众的监督权利作为一种外部制约力量

公众舆论监督的重点。2013年6月，"法国消费者协会"同时对Google、Facebook、Twitter三大社交网络公司发出长达100页的催告信，敦促其修改和删除不符合法国个人隐私保护法的各项条款，并要求其尽快采取措施保障消费者隐私。该消协主席强调说："如果在未来三周内得不到满意的答复，协会将会到法院起诉这三家网络公司。"此外，法国消协还在它的网站发出一封请愿书，呼吁网民在线签字，参与到对个人隐私的保护中来。与上述舆论监督方式相似，为了抗议"乡村之声"（Village Voice）媒体在Backpage.com上的儿童色情非法交易，俄亥俄州的部长贾斯汀（Justin Wassel）发起在线请愿活动，号召"乡村之声广告主撤掉该媒体上的广告，直到Backpage网站上成人部分内容关闭"，该活动得到美国航空公司、美国电话电报公司等27家全国大广告主的支持。①

（二）自律协会的监督与被监督

行业协会是自发监督新媒体广告行业规范化运作的组织，不过，由于不少广告主就是各个协会的成员，为了更加公正有效地发挥监管作用，行业协会应同时具有两种身份：监督者与被监督者。作为被监督者，行业协会制定的自律规范经常以"公开征求意见"的方式接受公众的评判。例如，2014年11月，美国互动广告局（IAB）正式公布的OpenDirect1.0官方API"征求公众意见稿"，这是由纽约在线广告公司MediaMath、BionicAdvertising与AOL、微软、雅虎和Yieldex共同参与制定的"程序化直接交易"（Programmatic Direct）统一标准与API规范，用于规范优质媒体资源的程序化交易。② 由于公众的构成多样化，他们会从不同的专业视角与思考角度对相关规制进行审视，因此会更加客观、公正，有利于行业协会制定更为有效的自律规范。

行业协会作为监督者，采取了多种监管方式，比如协会内的警告、点名批评、评议，甚至经济处罚等方式对成员进行约束。例如，2014年1月，美国互动广告局以白皮书的形式，对Cookies相关问题进行了监督，在《后

---

① Mashable.27 Advertisers Leave Village Voice Following Child Sex Ad Scandal[EB/OL]. 2012-5-4. http://mashable.com/2012/05/04/village-voice-advertisers/.

② IAB. OPENDIRECT API SPECIFICATION VERSION 1.0[EB/OL]. 2015-11-26. http://www.iab.net/media/file/OpenDirect_V1.pdf.

Cookies 世界的隐私与追踪》(Privacy and Tracking in a Post-Cookie World)中,对侵犯隐私的行业行为进行了分析,并提出了构建数据透明的管理模型以保护消费者、出版商和受信任的第三方的隐私。① 白皮书具有客观公正性,其提出的观点与建议对行业规范运作极具指导意义,一定程度上也监督了广告活动。

除了广告协会之外,一些隐私协会也加入到对新媒体广告监督的队伍中,成为行业自我监管的有效补充。例如,2013 年 9 月 4 日,美国几家隐私保护团体:电子隐私信息中心(EPIC)、数字民主中心(CDD)、消费者保护组织(Consumer Watchdog)、病人隐私权力(Patient Privacy Rights)、美国联邦公众利益研究组织(U.S. PIRG)和隐私权信息交流中心(Privacy Rights Clearinghouse)联合起来向美国联邦贸易委员会致函,称 Facebook 建议的政策调整②将使其恢复使用 Beacon 等具有争议性的广告系统。隐私团体认为,Facebook 寻求进行的政策调整将使该社交网络"在没有征得同意的情况下,常规性地将 Facebook 用户的照片和名字用于商业广告",从而违反了该公司在 2011 年与联邦贸易委员会达成,并在 2012 年 8 月获得批准的和解协议。③ 由于新媒体出现后,广告传播中侵犯消费者隐私的问题愈发严重,这些隐私协会的监督对于广告行业规范化运作就发挥了重要的督促价值。

(三)政府出面干涉

美英两国崇尚广告行业自律,因此政府尽量规避通过立法方式解决问题,但这并不意味着广告行业可以放任自由,即使没有上升到法律层面,政

---

① IAB. Privacy and Tracking in a Post-Cookie World[EB/OL].2014 - 1. http://www.iab.net/media/file/IABPostCookieWhitepaper.pdf.

② Facebook 原隐私相关政策内容为:"你可以使用你的隐私设置,来限制自己的名字和个人档案照片,与我们服务或者增强的商业、赞助或者相关内容(例如你喜欢的品牌)的关联程度。你可以允许我们将你的名字和个人档案照片用作与这些内容相关的用途,具体取决于你所设置的限制。"改变为:"你允许我们将你的名字、个人档案照片、内容和信息,用于与我们服务或者增强的商业、赞助或者相关内容(例如你喜欢的品牌)相关的用途。这意味着,例如,你同意一个企业或者其他实体向我们付费,在显示你的名字和/或者个人档案照片的同时,显示你的内容或者信息,无须向你做出任何补偿。"

③ 《隐私团体联手攻击 Facebook 广告政策调整建议》[EB/OL],腾讯科技,2013 年 9 月 7 日,http://tech.qq.com/a/20130907/001056.htm.

第六章　舆论与制衡：公众的监督权利作为一种外部制约力量

府还是采取多种形式对新媒体广告进行监管。例如对于 Twitter 平台上发布的"非法宣传毒品、因反对政府而提出的异议,以及诽谤、中伤个人或公众的推文",仅在 2014 年下半年,该公司就收到全世界各国政府向其发出的 796 例审查、删除其页面内容的要求与命令,比同年上半年激增 84%。土耳其对类似推文发出了大范围移除命令,移除要求多达 477 例,俄罗斯政府则为 91 例,德国政府为 43 例,美国政府也在 2014 年 7—12 月之间,对 Twitter 下达了 32 例移除信息命令。此外,各国政府还加大了对于 Twitter 上用户信息管理和个人隐私问题的关注。[①]

早在 2007 年,美国联邦贸易委员会(FTC)组织召开的互联网个人隐私的大会上,就批评互联网广告主和网站在广告自律方面没有能够兑现承诺。联邦贸易委员会五名委员之一的乔·雷博威茨表示:"互联网网站应该向网民告知,他们都在收集什么信息,并给网民一个选择的机会,另外他们应该严加保护所收集的数据。""在实际中,许多网站距离这一目标还有不小的差距",他提出,"网民应该对自己的电脑拥有控制权"。为此联邦贸易委员会表示需要分别确定"禁止拨打"与"禁止跟踪"的名单,以警告那些电话营销企业不得骚扰名列其中的企业,列出不欢迎个人上网行为被跟踪的用户名单以提醒其他网站。[②]

美国联邦贸易委员会曾召集广告业代表、消费者权益保护团体、专业学者等参加了有关原生广告的研讨会,该委员会主席伊迪丝·拉米雷斯(Edith Ramirez)发表了一段名为"模糊的界限：广告还是内容"的讲话,她提出,"营销人员将过去的横幅广告换成了集成在内容中的原生广告,这样看起来更难察觉、更不明显","虽然原生广告可能会给消费者带来一些帮助,但是它必须依照法规来投放。把广告通过类似内容的方式来呈现,则把风险转嫁到用户这边了,因为这些内容的来源看起来很中立,用户容易被迷惑"。为此联邦贸易委员会发出警告:"在某些情况下,原生广告的滥用将可能构成违法。"该委员会在一项对在线出版商的调查中发现,它们中有 73%

[①] 《世界多国要求审查"推特"加大关注个人隐私问题》[EB/OL],中国新闻网,2015 年 2 月 10 日,http://www.chinanews.com/gj/2015/02-10/7051282.shtml。

[②] 《美国 FTC 批评网络广告商未能严加自律保护隐私》[EB/OL],新浪科技,2007 年 11 月 2 日,http://tech.sina.com.cn/i/2007-11-02/15151830048.shtml。

的企业允许原生广告的存在,各种"软文"充斥在这些出版商的数字版报纸杂志和电视节目中。联邦贸易委员会对于那些越过了内容和广告间界限的公司已经展开了行动,并在2013年6月致函一些搜索引擎公司,敦促它们将付费广告同搜索结果严格区分开来。其实,早在2009年,联邦贸易委员会就曾发布相关指导,规定如果博主有偿宣传产品,必须明确进行说明。[①]

除了美国之外,其他西方国家政府也在不遗余力地对侵犯隐私的行为进行监督。例如,2013年,法国数据保护监管机构——"国家信息自由委员会"(National Commission on Informatics and Liberty,简称CNIL)[②]指责Google现有的隐私政策违规并要求其修改,否则将对其处以最高30万欧元的罚款,该监督行为得到欧洲主要大国的支持,英国、德国、意大利、西班牙和荷兰相继做出反应,随后几个月这些国家的数据保护机构都对Google采取一定的经济惩罚措施。[③] 2012年,英国一个立法小组表示:"如果Google等搜索引擎以及Twitter、Facebook等社交媒体平台不遵守法院为保护人们隐私而发布的命令,政府应当考虑制定新的隐私法规","检察官应当降低控诉违反禁令的人藐视法庭的标准,各个平台网站也应当给予配合,遵守相关法规"。对于Google拒绝开发可阻止违反法庭命令的内容出现在搜索结果中的技术,该立法小组声明要保留批评权利。[④]

(四)新媒体平台对广告内容的把关

网络平台虽然提倡言论自由,但对于涉及商业信息传播的言论还是比较关注的,比如对于传播者,要求企业在平台上开设的专页必须由广告主负责。以可口可乐为例,该公司在Facebook上的专页最初是由两位热情的粉丝创建的,他们分别是来自洛杉矶的演员达斯蒂·斯隆格(Dusty Sorg)和编剧迈克尔·杰德热哲斯基(Michael Jedrzejewski),在该专页的粉丝人数

[①] 《美国联邦贸易委员会警告:滥用原生广告可能违法》[EB/OL],艾瑞网,2013年12月9日,http://a.iresearch.cn/bm/20131209/221677.shtml。

[②] 国家信息自由委员会是法国一个独立的行政监管机构,旨在确保数据隐私法案应用于搜集、存储与使用个人数据的实践中。

[③] 《法消协警告谷歌脸谱推特 命其采取措施保障隐私》[EB/OL],国际在线,2013年6月28日,http://gb.cri.cn/42071/2013/06/28/6071s4164197.htm。

[④] 《英国立法小组警告谷歌等不要违反丑闻禁令》[EB/OL],中国信息产业网,2012年3月28日,http://www.cnii.com.cn/internet/content/2012-03/28/content_967086.htm。

第六章　舆论与制衡:公众的监督权利作为一种外部制约力量

突破百万时,Facebook通知可口可乐该专页违反规制,应由官方经营而非是粉丝团体的性质。可口可乐最后决定接纳此专页,聘任两位创始人负责管理网页营运。①

　　数字互动媒体平台为保证网民对其平台体验的满意度,也会对广告进行适当的限制。2014年11月,Facebook基于一份用户调研结果,即"绝大多数的被代言者都表明他们在Facebook上看到了太多的品牌促销广告贴",因此Facebook宣布"再次削减其平台上被其算法认定为'过度促销'的不付费广告贴及原生广告贴。主要针对那些符合某些标准的缺乏创意的广告,如'不断发帖催促消费者购买产品的广告贴,又或是在帖子中链接了安装品牌APP的广告贴、鼓励消费者参与品牌举办的竞赛,又或是带有抽奖内容的广告贴'"。② 2015年9月,苹果公司为了用户偏好以及隐私问题,在发布的iOS9系统中增加了广告拦截功能,该公司CEO提姆·库克(Tim Cook)表示"此举是为了专注于隐私和保护用户信息不受非法侵害"。工程师本杰明·普兰(Benjamin Poulain)解释说:"广告拦截功能可以让用户决定哪些该加载、哪些不该加载,谁可以追踪他们的隐私,页面上想看到哪些内容、不想看到哪些内容,等等,用户还可以选择性地安装'黑名单'之类的应用,对某些链接做永久拦截。"因此,为了在苹果新的系统中顺利运作,所有的开发商和广告商必须确保调整好自己的应用以防止链接失败。③ 可以说,作为利益共同体,新媒体广告平台在对广告的舆论监督中还是发挥出了应有的作用。

第三节　公共舆论对新媒体广告的制衡作用

　　"自律性原则可以看作一种终极的道德诉求。自律的另一个意义是,遵

---

① 《用Facebook和Twitter提升品牌　可口可乐成最大赢家》[EB/OL],驱动中国,2011年11月10日,http://site.qudong.com/2011/1110/106074.shtml。

② 《Facebook将再次削减平台上的广告贴》[EB/OL],Social One,2014年11月19日,http://www.socialone.com.cn/news/facebook-cuts-brands-organic-reach-2014。

③ 《警告:苹果将为iOS 9加入广告屏蔽功能ATS》[EB/OL],新浪游戏,2015年9月6日,http://games.sina.com.cn/y/n/2015-09-06/fxhqtsx3545839.shtml。

循最小授权原则。即只在网络中获取应当获取的资源,而不越权去访问或者试图获取那些不应该获得的资源,否则就会被取消授权。"新媒体广告是否越权,还要接受普遍的公众舆论监督,其监督效果可以体现在下述四个方面。

一、保护消费者的权益与利益

美英两国对广告行业的监督,以各自律协会的效果最为显著。以数字民主中心(CDD)保护未成年人权益为例,该中心向来有保护未成年人的传统,其前身"媒体教育中心"(Center for Media Education,简称 CME)早在1997年就开始投诉儿童网站直接面向儿童做广告的行为,认为"这样的活动是不公平的与具有欺骗性的"。联邦贸易委员会支持了该投诉的观点,为向未成年人搜集在线信息的行为制定了原则,即后来的《儿童在线隐私保护法案》(COPPA)。[1] 近年来,数字民主中心又通过监督数字互动媒体平台、数字营销活动等内容,持续关注新媒体广告对未成年人权益的侵犯与影响问题。

2014年数字民主中心指责 Google,"作为领先的数字广告公司,竟然计划向12岁以下儿童进行'微目标定位'(micro-targeting)",该中心提出质疑:"应该如何确保儿童隐私数据能被正当使用呢?"由于这一代儿童是作为"数字原住民"(digital natives)长大的,市场潜力巨大,每年有数百亿美元都花费在游戏、应用程序以及其他产品上,在线广告商特别喜欢联系他们,但忽视了他们并不是成年人这个事实。数字民主中心研究指出:"任何了解 Google 如何向儿童挣钱的人都应该对其营销计划保持警觉,几乎没有个人或团体能幸免于 Google 的定制广告,无论他们使用移动装置、社交网络、观看 YouTube 视频、进行搜索甚至购物时。无论什么媒介平台,Google 都在致力于培养西班牙裔、非裔以及其他种族群体的品牌忠诚与购买习惯。Google 帮助食品与饮料公司向孩子销售不健康的产品。Google 代表其广

---

[1] CDD. Georgetown Law Institute for Public Representation[EB/OL].2015-7-13. https://www.democraticmedia.org/sites/default/files/field/public/2015/2015-07-13_ftc_safe_harbor_annual_repo rts_foia.pdf.

第六章　舆论与制衡：公众的监督权利作为一种外部制约力量

告客户收集使用大数据,帮助其广告客户搜集我们的金融、健康以及其他敏感信息的数据。"数字民主中心呼吁"应该制定隐私以及公众健康政策"。①

2014年数字民主中心与另一个领先的儿童与消费者保护组织——"非商业化儿童运动"(Campaign for a Commercial-Free Childhood,简称CCFC),联合向联邦贸易委员会投诉Google的"YouTube儿童应用程序"(YouTube Kids App)涉嫌误导与欺诈营销,"这款面向五岁以下孩子的应用程序欺骗父母说是一个安全的探索空间,事实上却充斥着视频,远非'家庭之友'"。两个监督协会发现该视频存在以下问题:在卡通动画中使用明确的性语言;视频中有点火、射枪、玩刀、品尝电池中的酸液、制作绳套等不安全的行为展示;带有脏话地戏仿电影《赌城风云》(Casino)中的角色伯特(Bert)、《芝麻街》(Sesame Street)中的欧尼(Ernie);图形描述(Graphic)有关成人讨论的家庭暴力、色情与儿童自杀;开有关恋童癖和吸毒的玩笑;刊播酒的广告。两个协会认为"急于向学龄前儿童扩大广告市场",是YouTube视频出问题的一个重要原因。②"Google混合利用广告与编程的方式欺骗孩子,违反了联邦贸易委员会的《支持指南》(Endorsement Guidelines)。"Google忽视了对儿童发展局限性的科学研究,也打破了几十年来广播与电视坚持的运转良好的广告保障体系:(1)禁止向儿童开发的项目中传播商业信息;(2)对任何儿童项目中的广告进行严格的时间限制;(3)禁止节目长度的商业广告(program-length commercials);(4)禁止"产品植入"或"植入式广告"。③

除了不遗余力地监督新媒体广告侵犯未成年人的权益之外,数字民主

---

① CDD. Google's plans to target kids with marketing and ads/Strong safeguards required/Must demonstrate corp. responsibility[EB/OL].2014-8-26. https://www.democraticmedia.org/googles-plans-target-kids-marketing-and-adsstrong-safeguards-requiredmust- demonstrate-corp-responsib.

② CDD. Advocates Charge Google with Deceiving Parents about Content on YouTube Kids[EB/OL]. 2015-5-21. https://www. democraticmedia. org/filing/advocates-charge-google-deceiving-parents-about-content-youtube-kid s.

③ CDD. Child and Consumer Advocates Urge Federal Trade Commission to Investigate and Bring Action Against Google for Excessive and Deceptive Advertising Directed at Children[EB/OL]. 2015-5-18. https://www. democraticmedia. org/content/child-and-consumer-advocates-urge-federal-trade-commission-invest igate-and-bring-action.

中心还于2014年5月聚焦"数字营销定位运动"(Digital Bullseye Campaign),关注市场营销者面向弱势群体的数据收集与追踪行为,将除未成年人之外的另外五个弱势群体也纳入到监督范围,即老人、金融消费者、拉丁裔美国人、非裔美国人、父母,该中心研究发现:"老人遭遇网络诈骗与广告数字欺骗最为严重,青少年是数字营销者最为关注的目标群体,非裔美国人被营销人员视为潮流趋势的引领者,需要警惕营销人员绕过父母这个'守门人'直接与孩子沟通。"①

此外,数字民主中心还通过与其他协会合作的方式,以更为有效地保护消费者的隐私权益,例如于2014年曾联合"电子隐私数据中心"(EPIC)与"美国公共利益研究组织"(U.S. PIRG)一起向联邦贸易委员会呼吁,阻止Google的一项价值31亿美元的并购案,主要原因是保护消费者的隐私问题。三大组织在申诉状中表示:"Google准备收购DoubleClick,这会让该公司取得比世界上任何一家公司都要多的用户上网活动的资料。另外,在保障所收集到的个人资料的私密性、安全性与正确性上,Google以后几乎不受任何约束。"申诉称,该并购成功后,2.33亿名北美地区的用户、3.14亿的欧洲人和全球各地超过11亿名上网者,他们的隐私权益都将会受到影响。为此,三个协会要求联邦贸易委员会着手调查Google的资料搜索与储存方法,下令DoubleClick清除数据文件库,并要求Google就保障消费者隐私提交一个公开的方案。②

除了数字民主中心之外,美国还有多家协会以保护消费者的权益为己任,比如电子隐私数据中心曾在2012年要求联邦贸易委员会调查Google+是否侵犯了消费者的隐私权,指出"Google不恰当地在搜索结果中透露了Google+用户的详细资料,应当让用户有权自行选择是否允许搜索结果包含自己的信息,而不是必须向Google直接提出申请,才能够由Google对其公开的信息进行移除",该舆论监督的影响力较强,Google当时的股价随即

---

① CDD. Digital Bullseye Campaign-May 2014[EB/OL]. 2014-4-24. https://www.democraticmedia.org/digital-bullseye-campaign-may-2014.
② 《Google呼吁采用全球的标准 保护消费者隐私》[EB/OL],阿里云,2014年12月16日,http://www.aliyun.com/zixun/content/2_6_392435.html。

第六章 舆论与制衡：公众的监督权利作为一种外部制约力量

下跌了1%。① 欧盟数据保护部门（European Union's Data Protection Authorities）在2010年也曾主张"在线广告商根据追踪的消费者网络浏览信息发送定向广告的做法，必须事先征得同意"，提出"虽然在线行为广告会给在线业务与用户带来好处，但是保护个人数据与隐私依然非常重要"。② 正是由于这些公益性组织持之以恒地监督，新媒体广告在发挥传播效果的同时，还要时刻考虑到保护好消费者的权益，否则将可能面对强大的舆论压力，负面评价过多甚至会影响到品牌的形象与价值，而这是广告主们所不愿看到的。

二、促使广告主做出及时回应

广泛的舆论监督能敦促广告主及时做出回应，比如自动撤掉在新媒体平台上发布的不当广告、道歉，督促他们提高广告作品质量，尊重用户的隐私等，还能提醒广告主关注在新媒体平台上投放广告的位置等问题，以免品牌遭到不良的心理暗示的连带影响。

与在传统媒体中广告投放的环境不同，新媒体时代广告投放已经开始走向了程序化，这种方式使得广告购买效率显著提高，但是目前最大的问题就是对品牌安全的威胁。全球四大广告传媒集团提醒："品牌不能默许赞助或投放与其自身价值相违背的内容。如果出现这种情况，对品牌将造成极其巨大的伤害，如品牌价值迅速贬值，遭遇民间团体的法律诉讼等，甚至可能导致无法挽回的伤害。"例如，日产汽车、全英房屋贷款协会以及联合利华（Unilever）旗下护肤品牌多芬（Dove）等广告，因使用广告程序化投放技术，被自动放置在那些冒犯性图片与视频内容旁边，导致民间团体直接起诉广告主，15家品牌主动撤下并暂停广告。广告主宝洁表示："我们当时不能够控制我们的广告在哪些内容旁边弹出。显然，我们的广告在那种（冒犯性）内容旁边弹出是一种羞耻，巨大的损失无法估量。"这也代表了不少广告主的呼声。这种舆论环境下，促使一些从事品牌安全方案的企业，如

---

① 《谷歌Google+因涉嫌侵犯消费者隐私权遭FTC调查》[EB/OL]，新浪科技，2012年1月14日，http://www.idcps.com/News/20120114/36402.html。

② EPIC. European Privacy Officials Publish Opinion on Online Advertising[EB/OL].2010-6-25. https://epic.org/2010/06/european-privacy-officials-pub.html。

Grapeshot、Ad Integral Science 以及 Doubleclick 等,开始研究在英语互联网环境下如何实时规避品牌安全问题并提出一些解决方案。①

如果广告主或数字互动媒体平台对于舆论监督的问题回应缓慢或者没有有效平息舆论,则可能引发政府采取经济处罚等方式干涉。例如,2014年,"Google 管理运动"(Google Governance Campaign)代表消费者发起诉讼称:"Google 无视他们的愿望,绕过安全设置,在他们的电脑上安装追踪Cookie,从而让该公司能够有针对性地向他们发送广告。"该组织于 2013年 12 月成立,旨在促使 Google 在英国从事更好的商业行为。② 由于 Google 没有重视舆论的指责并采取有效的改进措施,导致在美国被处以 1380 万英镑的罚款。③

在强大的舆论面前,广告主愈发意识到提高作品质量的重要性,尤其是在新媒体时代,广告主可以绕过广告公司自己制作、发布广告作品,对作品的自我把关是建立与公众之间良好关系的重要基础。2001 年由贝克(Baker)与马丁森(Martinson)提出的 TARES 测试在新的传播环境中依然适用,该测试是由"真实性"(truthfulness)、"可靠性"(authenticity)、"尊敬"(respect)、"平等"(equity)、"社会责任"(social responsibility)五个单词的首字母组成。他们认为,"每一则广告的创作者都应向自己提出一系列问题",如果答"是"该广告就通过了测试;如果对其中一些问题或所有问题的回答都是"否",那么创作者就必须证明对该广告的内容做出的决定是正当的。正如帕特森与威尔金斯所言:"虽然 TARES 测试不会解决广告创作中的所有伦理问题,但是它确实给了创作人员、营销总监和战略传播计划者一个工具。"④这个自我测试工具对于促使广告主自律尤为重要。

---

① 《全球四大广告传媒集团齐发声:品牌安全是程序化广告布局的重中之重》[EB/OL],广告技术流,2015 年 7 月 31 日,http://www.adexchanger.cn/tech-company/11291.html。
② Google Governance Campaign. About the Campaign[EB/OL].2015 - 12 - 2.http://google-governance.co.uk/about-the-campaign/.
③ 《谷歌将在英国上诉法院出庭,阻止消费者隐私"判例案件"》[EB/OL],美通社,2014 年 12 月 5 日。
④ [美]菲利普·帕特森、李·威尔金斯:《媒介伦理学》[M],李青藜译,北京:中国人民大学出版社 2006 年版,第 56~58 页。

第六章　舆论与制衡：公众的监督权利作为一种外部制约力量

三、抵制行业内的不公平竞争

在传统媒体时代，广告主刊播诋毁竞争对手的作品，一般影响范围较小，但新媒体的创新扩散能力使得信息传播影响范围呈几何倍数增加，广泛的舆论监督是抵制同行业之间不公平竞争的重要方式。以 Uber 在社交媒体发布针对竞争对手的广告为例。2014 年，Lyft 募集到 2.5 亿美元资金，并且将业务扩展到多个新市场中，①面对竞争对手强劲的发展势头，Uber 开始在社交媒体中打响竞争战。Uber 在广告中说："如果 Lyft 的司机改用 Uber 的服务，Uber 会给 250 美元的奖励。"之后又在 Facebook 上继续发布广告说："如果 Lyft 的司机改用 Uber 的服务，Uber 会给 500 美元的奖励，以及保证每小时 35 美元的收入。"（详见图 6-9）为了扩大影响力，Uber 又在 Twitter 上发布一条推文广告："你想获得 250 美元 Uber 账户资金吗？介绍一个使用 Lyft 的司机给我们，让他来享受我们的免费服务！首次使用 UberX 的司机将获得 500 美元的 Uber 账户资金。"②Lyft 面对 Uber 在社交媒体广告上的不公平竞争抗议，得到舆论的广泛支持，一定程度上对 Uber 发起的咄咄逼人的营销攻势是有限制作用的。因此，舆论对于抵制行业内不公平竞争有较好的监督与影响作用。

再以微软对苹果的不公平竞争广告遭到舆论抵制为例。2013 年，微软推出系列在线视频广告"A fly on the wall in Cupertino"，但在仅仅几个小时后就被迫移除，因为该系列广告一共有七段视频，长达两分钟，虚构了位于美国旧金山的库比蒂诺苹果总部会议。该广告中并没有出现对于微软产品的任何宣传，整部广告都是在嘲讽苹果新款 iPhone 的新特性，通过微软在 YouTube 上的账号发布。③ 由于赤裸裸地指向竞争对手，该广告在社交网络上遭到无以计数的抵制甚至嘲笑，在强大的舆论压力下，微软这次搬起

---

① 《Lyft 联合创始人：Uber 是如何帮助我们成功的》[EB/OL]，创业邦，2014 年 12 月 17 日，http://kuailiyu.cyzone.cn/article/12297.html。
② 《Uber 被神州欺负了？看 Uber 在国外是怎么欺负人的！》[EB/OL]，站长之家，2015 年 6 月 27 日，http://www.chinaz.com/news/2015/0627/417515.shtml。
③ CNET. Microsoft pulls 'fly on the wall' anti-iPhone ads[EB/OL].2013-9-13. http://www.cnet.com/news/microsoft-pulls-fly-on-the-wall-anti-iphone-ads/.

299

图 6-9　Uber 在 Facebook、Twitter 上发布的竞争性广告截图

石头砸自己的脚的宣传草草收场。

四、维护社会主流价值观念与道德规范

舆论会形成少数服从多数的话语优势,思想在交锋中愈加成熟,从而有利于维护社会主流价值观念。对新媒体广告的监督也是如此,公众对于数字互动媒体平台上存在的违法或不道德广告的发现与识别能力较强,这些遍布广泛的监督力量对于培养与维护良好的社会道德规范起到重要的作用。

由于不满广告被随机投放在冒犯性图片旁边及其对事件的处理方式,包括 Nationwide、日产英国公司在内的多家品牌商纷纷撤下它们在 Facebook 上的广告。在反性别歧视组织 WAM 和"日常性别歧视项目"(Everyday Sexism Project)及作家索拉雅·切玛丽(Soraya Chemaly)发起的请愿行动之后,15 家广告商听从他们在公开信中的建议,将广告撤下,直至 Facebook 采取行动严肃处理其平台上有关性别的仇恨性言论为止。WAM 的网站显示:"Facebook 长期以来一直允许鼓励对女性实施暴力的内容。他们声称,按照平台指引,这些页面属于'诙谐'类内容,或者属于'自由言论'的表达方式。"该抗议活动赢得公众的认同,很快就有超过 5000 条推文加入抗议行动,打上#FBRape 的标签。在成千上万条抗议推文涌现之

第六章 舆论与制衡:公众的监督权利作为一种外部制约力量

图 6-10 Facebook 这则对未成年人施暴网页图片的右下角是 SKY 广告

图 6-11 美国运通和 Audible 也被放在 Facebook 施暴网页的右边

后,Facebook 改变了它的政策,其发言人表示,"正如在其他的拥有超过 10 亿人的社区里,我们有时会看到人们发布令人不快或者令人烦扰的内容,或者粗俗类幽默内容……尽管性质上是粗俗、带冒犯性和不合口味,但内容本身并没违反我们的政策,我们确实需要对所有的这类页面进行标注,让用户知道哪些是粗俗内容"。Facebook 之后还在其网站上对♯FBRape 行动作出回应,删除了所有活跃分子在 Twitter 上指出的冒犯性图片。由于每天更新上传图片的用户很多,Facebook 鼓励用户继续举报冒犯性内容。值得注意的是,多芬(Dove)因未撤下其 Facebook 页面的广告,与其营销活动中

301

的女性自尊原则相悖,而引发了不少人的指责,最后多芬在舆论压力下发布推文称,"正就解决该问题积极地与 Facebook 方面交涉"①。

随着互联网的兴起与发展,网络媒介伦理逐渐进入到研究者的视野中,依托于网络媒体发布的广告也需要进行新的伦理思考。早在 1985 年,美国著名哲学杂志《形而上学》10 月号就同时发表了泰雷尔·贝奈姆的《计算机与伦理学》和杰姆斯·摩尔的《什么是网络伦理学》两篇论文。这是西方网络伦理学兴起的重要标志。此后,随着计算机信息技术的进一步发展,国外一些计算机协会与网络组织就制定了一些相应的行为规范,如美国计算机伦理协会的十条戒律、南加利福尼亚大学的网络伦理申明等。运用伦理道德引导和规范新媒体的失范问题一直是西方哲学界、科技界、计算机业界和全社会关注的一个热点。② 新媒体广告的不断发展,使得网络隐私侵犯等问题进入到公众的视野中,在线行为广告搜集用户信息的行为、Cookies 对用户搜索记录的追踪、未经允许发送大量的垃圾邮件等,都在不断受到公众舆论的监督,这对于净化网络广告市场风气、维护广告伦理与道德规范具有极大的促进作用。

小　结

在新媒体时代,社会公众对广告的舆论监督,是制衡广告行业自律的一种重要的外部力量。虽然直到 20 世纪 60 年代之后,美国才开始逐渐承认商业自由的权利,但是这项权利一旦获得认可,其社会影响就得以迅速扩散,这为广告信息的自由传播提供了坚实的法律后盾。这种商业自由表达权一直延伸到新媒体时代,不过,却因新媒体广告传播的独特性而遭遇到前所未有的挑战。媒体环境的改变影响到业已形成的均衡的权利关系,互联网创造了一种关于话语权力争夺的新关系,广泛的公共舆论对于话语权力

---

① 《Facebook 冒犯女性图片惹争议　遭相关广告主抵制》[EB/OL],网易科技,2013 年 6 月 2 日, http://tech.163.com/13/0602/09/90BRSEVN000915BF.html。
② 宫承波主编:《新媒体概论》(第四版)[M],北京:中国广播电视出版社 2012 年版,第 278 页。

第六章 舆论与制衡:公众的监督权利作为一种外部制约力量

与自由言论之间的平衡状态起到重要的调节与制约作用。

面对互联网中商业自由言论泛滥加剧的趋势,一方面,政府开始进行立法尝试,以管控互联网中的广告活动,保护消费者的隐私权利;另一方面,利益相关群体也凭借自己在公共领域中的话语权力,以多种方式对新媒体广告进行不遗余力的监督,从而起到对新媒体广告自由话语表达权利的制衡作用。舆论监督对于保护消费者的权利与利益、促使广告主及时做出回应、抵制行业内的不公平竞争以及维护社会主流价值观念与道德规范起到积极而又重要的推动作用。

第七章 共生与互动：新媒体广告规制与网络生态系统发展

新媒体广告是网络生态的一个组成部分，新媒体广告规制在对新媒体广告具有重要意义的同时，必然也会对网络生态产生影响。由此，美国于2011年就其网络安全发展战略问题明确提出了"网络生态系统（Cyber Ecosystem）"这一新概念。而随着网络生态系统这一概念的清晰和成熟，建设和完善网络生态系统也成为了包括美国在内的西方国家构建其网络空间安全的一个重点支点和领域，他们从网络安全的角度出发，拟建立一套完整的防御体系，并从网络信息技术层面来加强其网络空间安全和建立一个成熟有效的网络生态系统。

诸多发展中国家自然也不例外。随着信息技术的不断发展与进步，包括中国在内的许多新兴国家的网络信息安全业已存在很大隐患，其网络生态系统也已面临许多安全问题和多重严峻挑战。据中国国家互联网应急中心监测，仅2013年一年被篡改的政府网站数就达2430个，其中超过93%的网站存在各种危险等级的安全漏洞，[1]特别是由于中国的互联网领域还缺乏自主创新的核心技术，导致我国政府部门和重要行业82%的服务器、73.9%的存储设备、95.6%的操作系统、91.7%的数据库都是国外产品……可以说美国的互联网企业几乎渗透到我国网络空间的每一个节点，覆盖了我国信息技术的几乎所有领域。与此同时，网络生活中网络用户的合法权益、个人

---

[1] 《2014年中国政府网站绩效评估总报告》[EB/OL]，http://2014wzpg.cstc.org.cn/zhuanti/fbh2014/zbg/zbglist.html。

第七章 共生与互动:新媒体广告规制与网络生态系统发展

隐私屡遭大规模侵害,网络病毒、人肉搜索、网络攻击、网络窃密等现象频发。[①] 因此,加强网络生态系统的建构和平衡,不仅需要从技术层面来保障网络空间的安全、提升网络自身"免疫"功能、促进网络各领域之间的配合与协助,同时也需要从政策制度、社会治理和文化伦理等层面来协调网络生态系统内部各环节,以促进我国网络生态系统的健康发展。

为此,本章拟从网络生态这一视域出发,通过分析网络生态及其系统的组成部分,来梳理新媒体广告与网络生态系统之间的有机关系,并从网络生态系统角度来论述新媒体广告规制的特质意义,即从政府他律与行业自律的多向角度进行分析,试得出新媒体广告规制的建立对于网络生态及网络生态系统的发展所具有的作用和影响,进而从技术、政策、受众和文化等方面,来重点阐释新媒体广告规制的建设对促进网络生态和网络生态系统有序发展的价值和意义。

第一节 网络生态与网络生态系统

对新媒体广告规制而言,它既是网络生态的一个组成部分,同时也对网络生态产生重要的影响。由此,我们在展开讨论新媒体广告规制与网络生态系统之关系和问题时,需要先对网络生态及网络生态系统的缘起、基本概念和有关问题作一简要的梳理和阐释。

一、网络生态研究的缘起、演进与问题

1866年,德国生物学家恩斯特·海克尔(Ernst Haeckel)首创"生态"(Ecology)这个概念,并将"生态学"(Ecologist)定义为"是研究生物体与其周围环境(包括非生物环境和生物环境)相互关系的科学"。[②] 之后,许多著名的生态学家相继给生态学下了各种定义。现代较有影响力的是美国的生

---

① 任贤良:《推动网络新媒体形成客观理性的网络生态》[J],《红旗文稿》,2014年,第11期。
② [德]汉斯·萨克塞:《生态哲学》[M],文韬、佩云译,北京:东方出版社1991年版,第1~2页。

态学家奥德姆(E.P.Odum),他于1953年出版了《生态学基础》一书,将"生态学"定义为研究生态系统的结构与功能的科学,[①]他的理论促进了生态学研究向现代生态学的转进。

随着生态学的不断发展,它的一些概念、理论和研究方法逐渐被引入到生物学之外的学科和领域之中,出现了与生态学相关的边缘学科和新兴学科。尤其是从20世纪40年代起,生态学开始了它的人文转向,逐步渗透到人文社会学科之中,并与媒介产生"化学反应",出现了媒介生态学(Media Ecology)。"生态学范式贯穿于整个媒介生态学研究之中,媒介影响着生物生态、社会生态、文化生态是众多媒介生态学家的共识。"[②]

自20世纪50年代起,西方传播学者开始用生态学的原理与方法来研究当代传播现象和传播问题,出现了刘易斯·芒福德(Lewis Mumford)的科技生态学(Ecology of Technics)、马歇尔·麦克卢汉(Marshall Mcluhan)的媒介感知影响论(Media Perception Effect)、哈罗德·伊尼斯(Harold Innis)的媒介偏向论(Meida Bias)、罗伯特·洛根(Robert K.Logan)的媒介生态系统论(Media Ecosystem)、尼尔·波兹曼(Neil Postman)的媒介环境论(Media Ecology)、保罗·莱文森(Paul Levinson)的媒介进化论(Media Evolution)等相关研究。而中国的传播学者自20世纪末也开始关注大众媒介的生态环境、传播与环境的关系、媒介生态系统、传媒与其他社会组织系统的相互构建关系等,从20世纪90年代裘正义发表《论媒介生态》开始,邵培仁、张国良、童兵、孙旭培、支庭荣、何道宽、崔保国、戴元光、龚炜、夏倩芳、黄月琴等学者作出了一系列的努力,丰富着媒介生态学的研究和发展。

到了21世纪初,随着计算机技术、信息技术、数字技术的进步与发展,互联网等新媒体快速崛起,并融入到整个社会的大潮之中,带来新的社会变革,同时也以一种前所未有的速度和方式深深地影响和改变着人类的生存模式,由此网络生态也开始进入研究者的视野。网络生态在生态学范式的影响下,从整体性、系统性及平衡性的基本原理出发,一方面将网络生态放

[①] [美]E.P.奥德姆:《生态学基础》[M],孙儒泳、钱国桢等译,北京:人民教育出版社1981年版,第3页。

[②] 何志钧:《理解媒介生态学》[J],《南华大学学报》(社会科学版),2014年,第6期。

第七章 共生与互动:新媒体广告规制与网络生态系统发展

置于整个社会大系统之中,围绕网络生态系统的建设,就系统中各组成部分及其周围环境之间的相互作用展开分析,并重点研究目前网络生态存在的诸多问题,如网络生态污染、网络生态失调等,寻求相关的解决之道;另一方面,网络生态也逐渐将视线转移到自身,就网络等新媒体技术的发展对网络生态及社会文化的影响进行深入的探讨,分析技术的革新对整个社会生态所带来的深层次影响。

网络生态是媒介生态中的一部分。媒介生态是指在一定社会环境中媒介各构成要素之间、媒介之间、媒介与外部环境之间关联互动而达到的一种相对平衡与和谐的结构状态。在这里,媒介生态所关注的是环境而不是机器,是全局和整体而不是局部和个体,是关联互动的关系而不是独立封闭的机构。[①] 从媒介生态的研究历史来看,继麦克卢汉首次提出"媒介生态"一词之后,1968年美国学者尼尔·M.波兹曼在一次演讲中进一步论述了媒介生态,并将媒介生态学定义为"媒介作为环境的研究",又将媒介生态学确立为一门学科。可见,媒介生态通过生态学中的一些概念或定义,例如系统、环境、平衡、群落等,来研究和解释在传播学中的一些现象,重点关注了在整个传播过程中,人、媒介与内外部环境之间的协调发展,以及媒介环境的改变所带来的影响。网络是媒介的一种表现形态,自网络出现以来,其在迅速的发展过程中,不仅影响着媒介的发展,也深刻改变着人们的社会生活、交往方式甚至思维习惯。作为媒介生态中的一部分,网络生态究其实质也就是在网络的传播环境中,网络生态各个要素之间相互联系、相互作用、相互影响,而形成统一的有机整体。

当然,与所有客观事物的演进过程一样,网络生态在其形成与发展过程中同样存在着诸多的问题,如网络信息污染(指大量的虚假信息、有害信息和非法信息充斥着整个网络,并不断扩散)、网络资源失衡(指网络信息质量低下,冗余信息、无用信息泛滥,造成网络资源的极大浪费)、网络行为失范(指网络主体在使用网络过程中违背法律法规、伦理道德和社会规范)、网络安全危机(指网络病毒、网络黑客、网络犯罪等对网络安全构成了威胁,严重破坏网络生态环境)等,概括起来这些问题可以统称为网络生态污染或网络

---

① 邵培仁:《媒介生态学》[M],北京:中国传媒大学出版社2008年版,第5页。

生态失调,严重阻碍着网络生态的健康发展,破坏网络生态系统的内部平衡。邵培仁在《媒介生态学》中认为,网络生态污染主要指:"网络的使用和运营主体在信息的生产、交换和传播过程中的示范行为所导致的网络系统的失衡现象,具体表现为信息污染、资源失衡、安全危机等多种形态,网络危机本质上是人的自我危机,是现代社会和文化危机的一个表征。"[①]

二、网络生态系统的内涵与特质

网络生态系统是社会大系统中的一个子系统,也是媒介生态系统的一个组成部分。关于"媒介生态系统",它是媒介生态学研究的基本单位,也是媒介生态学研究的核心问题。崔保国在《媒介是条鱼——理解媒介生态学》中指出:"媒介生态系统的基本构成要素是媒介系统、社会系统和人群,以及这三者之间的相互关系和相互作用。媒介与个人之间的互动构成了受众生态环境;媒介系统与社会系统之间的互动关系构成了媒介制度与政策环境;媒介与媒介之间相互竞争构成了媒介的行业生态环境;媒介与经济界之间的互动关系则构成了媒介的广告资源环境。"[②]

关于网络生态系统的概念,国内最早是由南京大学张庆峰于2000年提出的,他认为:"网络生态系统,符合系统的一般特点,由一些相互联系和相互影响的部件组成,具有一定的功能目标,并且与外界有所界限。但它不仅仅是人们常常提及的强调技术因素的网络系统,而是与网络发展有关的社会环境、信息环境与信息主体组成的大系统。在这个大系统中,强调各个组成因子之间的联系和整体有机性。"同时他也阐明了网络生态系统的构成。(如图7-1所示)[③]之后,也有不少学者对网络生态系统进行了研究和界定,诸如以下的观点:"网络生态系统就是在一定时间和空间范围内由网络生态环境中的各种生态资源及其环境组成的一个整体,是网络生态中各种要素之间相互作用的关系的总和。"[④]"在现代计算机信息网络中,网络信息主体

---

① 邵培仁:《媒介生态学》[M],北京:中国传媒大学出版社2008年版,第310页。
② 崔保国:《媒介是条鱼——理解媒介生态学》[J],《中国传媒报告》,2003年,第2期。
③ 张庆峰:《网络生态论》[J],《情报资料工作》,2000年,第4期。
④ 王晓红:《网络生态系统中网络资源竞争与分配研究》[D],北京:北京交通大学出版社2009年版。

第七章 共生与互动:新媒体广告规制与网络生态系统发展

和网络生态环境这两类要素相互依存、相互作用而构成的一个有机整体。"①从以上定义中不难发现关于"网络生态系统"的几个共通之处,第一存在于"网络"的背景之下;第二是一个主体与环境相结合的整体;第三系统内各要素之间相互作用及协调。

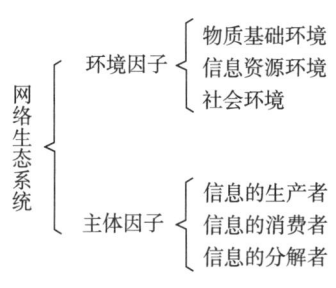

网络生态系统
- 环境因子
  - 物质基础环境
  - 信息资源环境
  - 社会环境
- 主体因子
  - 信息的生产者
  - 信息的消费者
  - 信息的分解者

图 7-1　网络生态系统的构成

综上并结合现有的文献资料及研究成果,可以认为网络生态系统是由多种结构要素组成的系统,这些要素主要包括多元化的网络主体及复合型的网络环境,并从主体、客体、本体、载体的角度,对网络生态系统作更为全面的梳理(如图 7-2 所示)。

网络生态系统
- 主体 → 多元化的网络主体,如网民、社群组织及社会机构
- 客体 → 复合型的网络环境,如网络技术、网络政策法规、网络基础设施、网络文化等
- 本体 → 协调统一的有机整体
- 载体 → 网络传播活动

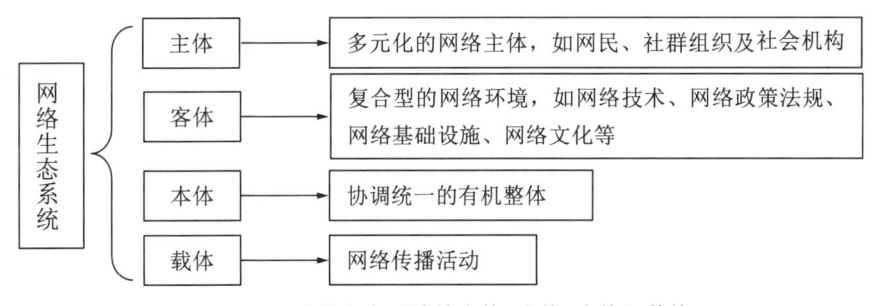

图 7-2　网络生态系统的主体、客体、本体和载体

① 网络生态系统的主体即多元化的网络主体,包括网民、社群组织及社会机构等。在整个互联网的发展过程中,只有网民、社群组织及社会机构等多元化主体联动,形成协同治理机制,才能强化网络治理,确保网络生态系统的健康秩序。

---

① 杨瑶、鲁玉江:《网络生态系统构成要素及其相互作用关系探析》[J],《科技创业月刊》,2013年,第1期。

② 网络生态系统的客体即复合型的网络环境,包括支撑互联网发展的内外环境或硬件环境与软件环境,如网络技术、网络政策法规、网络基础设施、网络文化等;网络生态系统的客体十分复杂,并随着外界环境的变化而不断衍变发展,同时也与主体之间形成一种互动,相互影响、相互制约,有一定的结构和层次。

③ 网络生态系统的本体即一个有机整体,一种整体协调的关系。人体是一个有机整体,构成人体的各个组成部分之间在结构上不可分割,在功能上相互协调、互为补充,在病理上则相互影响;而且人体与自然界也是密不可分的,自然界的变化随时影响着人体。网络生态系统犹如人体一样,从本质上来讲也是一个有机整体,是由系统内相互作用、相互依赖的各个要素结合而成,同时也受到外界环境的影响。

④ 网络生态系统的载体即网络传播活动,包括网络虚拟世界中的传播活动以及现实物质世界与网络虚拟世界之间的传播活动。我们生活在两个世界中,一个是原子构成的现实物质世界,另一个则是数字化结构的网络虚拟世界。网络的传播活动不仅是在虚拟世界中,作为个体的网民工作、学习、生活及相互交往,各种社会机构经营、成长、竞争及相互合作,而且也是现实物质世界与网络虚拟世界之间进行的沟通交流,促进两个世界的和谐发展。

另外,需加以指出的是:生态系统也有一个反馈系统,具有自动调节能力,但是其内在的自我调节能力和对破坏因素的忍耐力是有限的,一旦超过这个限度,调节就会失效,系统就会被破坏;自然界存在的生态问题,网络空间同样也存在着生态问题,当网络生态出现各种污染时,如果系统的内在自我调节能力无法对各种污染进行有效调节时,生态系统就会遭到破坏而失衡,当生态失衡超过系统的自我调控能力而不能实现自我恢复之时,便会出现一系列的网络生态危机。

三、新媒体广告是网络生态系统的重要组成部分

新媒体广告,是指体现在以数字传输为基础、可实现信息即时互动、终端显现为网络链接的多媒体视频上,有利于广告主与目标受众进行信息沟

第七章 共生与互动:新媒体广告规制与网络生态系统发展

通的品牌传播行为与形态。① 其主要媒介载体包括网络新媒体、移动新媒体、电视新媒体、户外新媒体等。

与传统媒体广告相比,新媒体广告具有覆盖面广、传播及更新速度快、形式多样、便于发布与搜索等特点,越来越受到广告发布主体的青睐与重视。比如说在美国包括万事达、亿滋国际和Verizon无线等大广告主表示,在过去的几年时间里,已经把一部分原本要投入到传统媒体广告中的预算转移到了新媒体产业中;法国最大的广告与传播集团——阳狮集团旗下的星传媒体集团也表示,在2013年中该公司已从广告预算中转出了超过5亿美元预算,其中四分之三流向了网络视频,投放在新媒体广告中。另据市场研究公司eMarketer称,2013年美国电视广告支出663.5亿美元,占到美国广告总支出的38.8%,数字媒体广告占到总支出的25%左右。据其预测,到2018年之前,电视广告市场的规模仍占优势,但在2018年,电视广告所占广告总支出的比例将降至36.1%,低于数字媒体广告36.4%的份额。可见,新媒体广告的市场规模将越来越大,必将成为最主要的广告形态。②

不仅是国外广告市场开始向新媒体倾斜,国内的广告市场亦是如此。根据艾瑞咨询数据显示,2014年中国网络广告市场规模达到1540亿元,同比增长达到40.0%,预计到2018年将达到3930亿元。中国网络广告市场中占比最大的为搜索关键字广告(不含联盟),占28.5%;排名第二的广告形式为电商广告,占26.0%;品牌图形广告份额位居第三,占21.2%;其他依次为视频贴片广告、其他形式广告、富媒体广告、电子邮件广告、独立分类广告等。③

传统的广告活动通常是通过广告主、广告公司、广告媒介、广告受众四者之间的互动而展开的,再加上宏观的政治经济背景及相关的行业政策法规,这些要素也基本上构成了传统广告的生态。新媒体广告在此基础上,也形成了自己的广告生态系统,主要包括了两个圈层:① 外围圈层——新媒

---

① 舒永平:《新媒体广告》[M],北京:高等教育出版社2010年版,第6页。
② eMarketer:《美国电视广告预算正缓慢流向网络视频》[EB/OL],http://tech.qq.com/a/20140514/031216.htm。
③ 艾瑞咨询:《2014年网络广告营收超过1500亿元,同比增长40%》[EB/OL],http://report.iresearch.cn/html/20150201/245911.shtml。

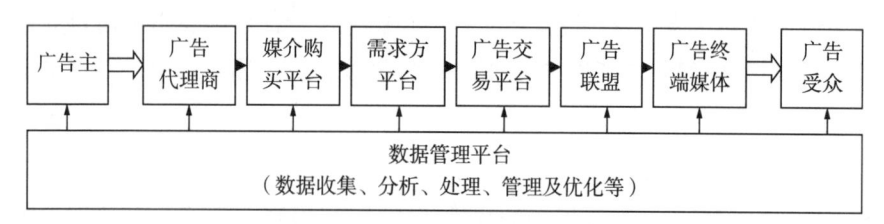

体广告生态环境；② 核心圈层——新媒体广告生态链。其中，新媒体广告生态链中包含广告主（Advertisers）、广告代理商（Ad Agencies）、媒介购买平台（Media Buying Platforms）、需求方平台（DSPs）、广告交易平台（Ad Exchanges）、广告联盟（Ad Networks）、数据管理平台（DMPs）、广告终端媒体（Ad Medias）、广告受众（Ad Audiences）等环节（如图7-3所示）。由此可见，新媒体广告本身就形成一个生态系统，它是网络生态中的重要组成部分，影响着网络生态的发展。

图7-3 新媒体广告生态链

（一）新媒体广告与网络生态相互依存的关系

（1）新媒体广告依托网络生态系统而生存，并影响网络生态系统的健康发展。

如果说网络生态系统是一个大系统，那么新媒体广告就是网络生态系统里面的一个子系统。一方面，新媒体广告依附于网络生态系统，不管是新媒体广告的外围圈层还是核心圈层，都是网络生态系统里主体和客体中的一小部分，是其发展变化的源头。另一方面，新媒体广告也影响着网络生态系统，尤其是随着新媒体广告形式的更新变化、新媒体技术的日新月异、新的广告终端载体的不断涌现，广告发布主体开始模糊，广告受众需求更加多元化，这也使得网络生态系统变得进一步复杂，需要针对新情况和新问题做出自我调节。

（2）网络生态系统作用于新媒体广告的发展，并实现新媒体广告的自我突破。

网络生态系统是一个整体协调的有机整体，系统内的各个组成要素相互作用、相互依赖，它所维持的一种平衡，能给系统内的各组成部分创造健康发展的有序环境。因此，作为网络生态系统中的子系统，新媒体广告在网

第七章 共生与互动:新媒体广告规制与网络生态系统发展

络生态系统的大环境和背景下,能实现自我发展和突破,即更好地处理内部各环节以及外部各因素之间的关系,形成良性的发展趋势。

(二)新媒体广告冲击网络生态的稳定

近年来,随着新媒体广告的快速发展,在医疗药物、在线整容、儿童食品、烟草酒类等敏感领域的广告违规与越轨行为出现得越来越多,这给网络生态系统的稳定带来不小的冲击。其主要表现为以下几种情况:

1. 新媒体的虚假广告增多,导致信任危机

互联网是一个自由开放的平台,互联网的虚拟性,让很多网民享受自由冲浪的同时,也加大了建立诚实守信的互联网环境的难度。这样一种开放性的平台为一些不实或欺诈的广告信息提供了便利。近年来,大量虚假广告信息欺骗或误导消费者的情况层出不穷,尤其是在医疗药物、在线整容等领域,广告信息的不确定性和不真实性使大量的网民对新媒体广告出现信任危机,同时也给网民造成了很多不必要的损失。根据国家工商总局2014年3月公布的数据显示,在从网易、腾讯等20家门户网站中抽取的105.6万条各类网络广告中,严重违法广告多达34.7万条,占监测总量的32.93%。[①]

2. 新媒体的垃圾广告增多,影响正常使用

比如说现在很多网民每天都会收到各种利用电子邮件推送的广告,只要电子信箱地址被某些广告发布者掌握,他们就会用统配方式发送,而且网民在多数情况下很难拒绝。再比如有时网民在下载或浏览的过程中突然出现的全屏或半屏的、可退出或不可退出的广告,这种"遭遇"相当普遍,在不同程度上影响或妨碍了网民对互联网的正常使用。据统计,2013年至2014年2月,仅仅被三大基础电信运营商拦截的垃圾广告,平均到每位国人头上就超过7条。垃圾邮件方面的统计是,网民平均每周收到的正常电子邮件为6.5封,收到的垃圾邮件却达6.9封,垃圾邮件数量竟然超过了正常邮件。[②]

3. 新媒体广告存在不正当竞争

随着互联网技术的不断发展和进步,利用各种新媒体进行宣传和交易

---

① 李小健:《网络广告亟需立规》[J],《浙江大学》,2014年,第11期。
② 阿计:《信息时代的广告禁忌》[J],《江淮法治》,2015年,第6期。

313

变得越来越普遍,广告发布主体在新媒体上投放的广告也越来越多,但与此同时新媒体广告领域的不正当竞争行为也层出不穷。一方面新媒体广告的不正当竞争体现在广告的内容、形式、制作和发布上,会出现内容的虚假、形式的雷同、制作的抄袭等不正当竞争行为;另一方面则主要体现在利用数字技术的形式手段上,一些广告发布主体在使用新媒体广告进行宣传时,采取了假冒域名、抄袭网页、利用加框的超链接技术、侵入关键字链接等不正当手段。如我们常见的刷微信阅读、网站流量,就是利用了虚假的统计数据、传播效果来诱导消费者或广告主,以谋取不正当利益;又如互联网中也存在着"利用网络设备、应用程序等破坏正常广告数据传输,篡改或者遮挡他人正当经营的广告,擅自加载广告"等现象,也就是电信运营商被用户诟病比较大的问题,即流量劫持广告,2015年年底今日头条、腾讯等六家公司发布联合声明,也在呼吁抵制流量劫持的问题。

4. 新媒体广告侵犯用户隐私

在这样一个大数据时代里,网民在互联网的世界里留下了大量的数据,而互联网通常会利用技术手段来收集用户的这些个人数据,最常见的是采用Cookies技术保存用户在网站上留下的"痕迹"(如浏览路径、交易情况等),然后针对用户的特点(如基本信息、消费习惯、个人喜好等)来推送相应的广告,这也被称之为大数据时代广告的精准营销。但问题是,一些网站通过合法或非法途径收集用户个人信息,然后和第三方合作,甚至将用户信息作为商品出售,这严重侵犯了用户的隐私权。在2013年央视的"3·15"晚会上,就曾曝光了网易默认第三方在其网站挂代码窥视用户隐私的事件;作为国内知名的互联网企业,网易的邮箱用户数以亿计,它可以看到所有邮箱用户发出的邮件具体内容,由此来分析用户习惯并且推送精准的广告。

5. 新媒体广告的可识别性有时不强,有一定的欺骗性

现行广告法明确规定广告应当具备可识别性,能够使消费者辨明其为广告,大众传播媒介不得以新闻报道形式发布广告,通过大众传播媒介发布广告应当有广告标记,不得使消费者产生误解。《广告法》第十四条规定:"广告应当具有可识别性,能够使消费者辨明其为广告。"《广告法》第四十四条规定:"利用互联网从事广告活动,适用本法的各项规定。"但是互联网上存在大量以新闻形式发布的广告、以BBS论坛形式发布的广告、以搜索引

第七章 共生与互动:新媒体广告规制与网络生态系统发展

擎形式发布的广告等,这些形式的广告以其较大的隐蔽性规避法律规制,也给消费者带来很大的欺骗。[①] 由国家工商总局最新发布的《互联网广告管理暂行办法》中提出,互联网广告应当具有可识别性,显著标明"广告",使消费者能够辨明其为广告。这也意味着在新媒体广告中最常见的几种类型,如电商广告、社交网络广告、搜索广告等在可识别性方面都要受到严格的约束,也明确了"电商平台各种推广属于广告、搜索引擎推广服务属广告、社交网络需要标注广告信息"等内容。

以上的这些情形,一方面对新媒体广告的外围圈层即整个生态环境带来污染,出现对新媒体广告的信任危机;另一方面也对新媒体广告的核心圈层即整个生态链造成不小的破坏,尤其是对市场受众带来很多负面影响。可见,新媒体广告的违规与越轨行为势必会对新媒体广告的生态系统造成破坏,从而也影响了这个网络生态系统的发展。所以,新媒体广告需要相应的规制进行约束,以保证新媒体广告的健康运行,同时新媒体广告规制的建立对于网络生态系统的发展也具有重要而积极的作用和意义。

第二节 新媒体广告规制影响网络生态系统的运行

新媒体广告规制包括他律与自律两大部分。他律是国家相关行政管理部门依据有关的法律法规,对从事新媒体广告活动的广告主体(发布主体、代理机构)、广告传播行为、接收终端、技术服务、受众市场等进行监督、检查、控制和指导的强制性安排,其主要职能在于维护市场竞争秩序和保护消费者的合法权益。

新媒体广告不仅仅是商业广告,还包括非商业类的各类政治、文化等公共关系广告等,因此新媒体广告规制的范围也将更广、更复杂。随着新媒体时代的发展,目前广告规制主要职能的侧重点在于更多地关注消费者——即网络生态系统中的主体部分。新媒体广告规制是各种制约力量(包括政府、行业组织及社会民众等)综合合力作用而形成的一个系统,它是整个新

---

① 刘双舟:《互联网广告需要新的专门立法》[J],《经济参考报》,2015年,第7期。

媒体广告生态系统的一个重要组成部分,而新媒体广告生态系统又是网络生态系统中的一个重要分支,因此新媒体广告规制的发展能对网络生态系统的自我调节起到重要作用(如图7-4所示)。

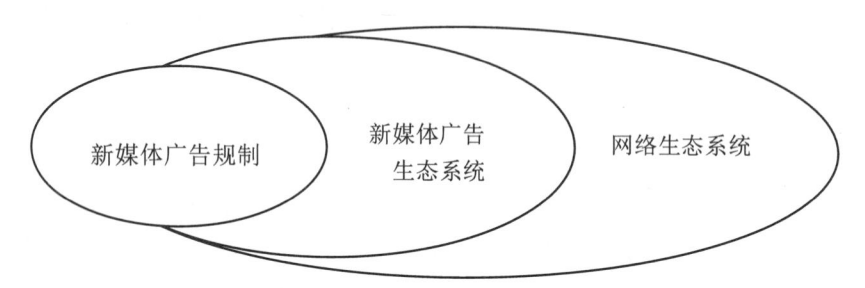

图7-4　新媒体广告规制、新媒体广告生态系统和网络生态系统三者之间的关系

　　从国外的情况来看,以发达国家美国为例,其新媒体广告所采用的法律规制主要来自三种途径:一是将原有的法律规制扩大其适用范围;二是根据新媒体广告生态作适当调整;三是当原有的法律无法适用时,根据新的广告形态创建新的法律规制。美国网络广告的规制涉及面很广,根据2000年联邦贸易委员会(FTC)编制的《互联网广告和营销规制手册》,美国有关网络广告与网络营销的法律、法规主要涉及以下方面:网络广告的法律规制、电子邮件广告的法律规制、手机广告的法律规制、情景化广告的法律规制等。另外,美国行业自我规制体系十分严密而有效,是新媒体广告规制体系的重要组成部分,比如美国广告公司协会(4A)、美国广告联合会(AAF)、全国广告主协会(ANA)。这些行业协会通过制定行业规范、项目培训、召开会议来推动行业的健康发展,如随着网络广告的发展,促使互动广告局(IAB)在1996年诞生。互动广告局制定的《广告尺寸和广告标准》《富媒体创意指南》《数据的使用与控制》《数字视频指南》《数字平台概述》《游戏指南》《互动电视指南》《效果评估指南》《移动广告效果评估指南》等一系列的规制,已是指导互动广告行业业务的各种技术标准。[①]

　　作为大陆法系国家的代表,法国对于广告的管制一直以政府主导、以行业自律为辅助,有着较完备的广告法律监管体系。在广告规制的许多方面

---

① 薛敏芝:《美国新媒体广告规制研究》[D],上海:上海大学出版社2011年版。

第七章 共生与互动:新媒体广告规制与网络生态系统发展

也称得上是世界最严格的。如法国是最早通过立法限制烟草广告的国家,1976年,法国已通过 La Loi Veil 限制烟草广告。面对互联网所带来的挑战,法国政府从20世纪末就开始了对网络广告规制的探索,通过对现行广告法律法规进行调整和立法完善,使之适用于网络广告,并提出了"共管制"的法律调整和立法完善的新思想。"共管制"的理念认为,应该通过更多的倾听,更好地与网络参与者以及参与讨论的各方通力协作处理这些问题;必须知道如何聚焦到关键的主题,做出决定性的干预,并允许采用不同的自我规范形式,而不仅仅是商业的,让这些自我规范满足社会的期待。因此,它所涉及的不仅仅确定法律的一个新的来源,或一个新规范形式,而是找到一个适用于新时代的方法。[①]

从国内的情况来看,目前我国对广告监管的法律法规主要是1994年颁布实施的《广告法》和1987年颁布实施的《广告管理条例》。在执法实践中,用得较多的是《广告法》《反不正当竞争法》和《消费者权益保护法》等。但是可以发现,这些法律法规中均缺少新媒体广告的相关条款。自从1994年中国全功能接入国际互联网以来,互联网广告发展迅速,广告形式日新月异。从1997年Intel和IBM在国内互联网上投放了第一个商业性的网络广告开始,经过多年的发展,互联网广告行业已经走向成熟,但从新媒体广告的法律法规层面看,无论是广告法的立法理论还是广告监管实践都无法跟上互联网广告发展的步伐。2000年2月,国家工商行政管理局颁布了《关于开展网络广告经营登记试点的通知》,这标志着国家工商行政管理机关开始启动对网络广告业的监管。总体上来看,我国互联网广告的法律规制起步较晚,且法律层级较低,规定较分散,还没有一整套完整的法律规制。因此,近些年来,无论是广告业界,还是社会其他层面,呼吁"将新媒体广告纳入法律法规的调整范围,以明确各方主体应尽的义务和应承担的责任"的声音层出不穷。自2004年启动《广告法》的修订工作以来,国家工商总局及广告业界开展了多次调研、论证和征求意见活动,这其中对于互联网广告的讨论就是一大难题。经过十个年头,新《广告法》于2015年9月1日正式施行。新广告法中增加了对互联网等新媒体的广告活动规范,但由于互联网广告形

[①] 朱一:《法国网络广告规制研究》[J],《广告大观》(理论版),2011年,第1期。

态多样,技术复杂,国家工商总局又专门出台了《互联网广告管理暂行办法》,以提高监管针对性和有效性,并与新《广告法》一起施行。

从以上国内外新媒体广告规制的建立与发展情况来看,欧美主要发达国家在新媒体广告规制方面的建设比我国起步要早,也更加全面和完善。一般来讲,新媒体广告规制可分为行业他律(行政性管理、社会性组织监督)和行业自律(行业协会约束)。美国在行业他律和行业自律方面相辅相成,尤其是在行业自我规制体系方面十分健全,促进了整个新媒体广告规制的发展;而我国主要实行的是以国家的法律和行政监管为主、自律和社会监督为辅的广告监管模式。从网络生态系统的角度来看新媒体广告规制,无论是行业他律还是行业自律,都是生态系统中不可或缺的一部分,两者之间的相互配合、相互协调、相互作用是促进广告生态系统平衡的重要手段和基本保障。

一、行业他律对网络生态系统运行的作用

新媒体广告规制中的行业他律——主要是指其受到的包括行政性管理和社会性组织监督(非内部自律)。其中,行政性管理是指运用国家权力对社会事务的一种管理活动,具体指的是政府部门通过颁布相关法律法规对新媒体广告行业进行监督、检查、控制和指导。社会性组织监督指的是各种社会团体、特别是各种消费者组织(协会)等对广告活动的监督及行业管理。

行政性管理是广告规制中的核心组成部分,世界上大多数国家都有相应的广告行政管理部门,并出台相关的法律法规,对广告活动进行有效的规范。比如美国政府对广告活动规制进行管理的主要机构是联邦贸易委员(FTC),早在1914年通过的《联邦贸易委员会法案》(FTC法案),就赋予了联邦贸易委员会以广告行政规制机关的法律地位。再如英国执行和实施广告行为法则的官方组织机构是成立于1962年的广告标准局(ASA),主要出台的广告法规有《广告法》《商标法》《医药治疗广告标准法典》和《销售促进法典》等。还有日本政府,其实施广告监督所涉及的法律主要有:《不正当竞争防治法》《消费者保护基本法》《药物法》《食品法》《滞销商品及其不正当宣传防止法》等。在我国,广告的行政管理部门是国家工商行政管理总局,现行主要的广告法律规范有:《广告管理条例》《广告法》《反不正当竞争法》和

第七章 共生与互动:新媒体广告规制与网络生态系统发展

《消费者权益保护法》等。

此外,社会性组织越来越发挥它的重要作用,尤其是在经济民主化运动蓬勃发展、消费者主权地位普遍受到世界各国政府重视的大背景下更是如此。而且从广告规制的发展来看,其侧重点更多地放在了关注消费者之上,对了解消费者的需求、维护消费者的权益等方面更加重视。目前全世界已有90多个国家、共300多个消费者组织在开展活动,如英国的"消费者协会",法国、德国的"消费者联盟",日本的"消费者协会"和"主妇联合会"等。在美国,优良商业局理事会(CBBB)是进行社会性组织监督的主要行业管理组织,其具体职能机构"全国广告处"(NAD)时常要求广告主提供广告诉求证据,如果接到投诉而广告主又提不出足够的诉求证据,那么广告主就必须修改或撤销广告。在我国,1984年成立了"中国消费者协会",其基本宗旨是:对商品和服务进行社会监督,保护消费者的利益,指导广大群众的消费,促进社会主义市场经济的发展。

上述的行业他律(主要包括行政性管理和社会性组织监督)对网络生态系统的运行起到以下三点作用:

1. 环境营造

新媒体广告规制中的行业他律,主要以行政管理和社会组织的力量,从政策及规范制度的制定出台,对整个广告生态系统进行监督和管理,维护广告生态系统的健康发展。无论是较早相应广告规制的建设,还是随着新媒体发展而逐步完善起来的新媒体广告规制,都是广告生态系统的重要组成部分,为广告生态系统营造良好的外围环境和建立相应的保障基础。对于广告生态系统而言,政策及规范制度的管理与约束,是保证其内部系统正常运行、有序发展的基石;而对于整个网络生态系统而言,广告规制中的行业他律也正是其复合型网络环境中的一部分,它为创造良好的网络环境、营造良好的网络发展氛围作出了贡献。

2. 控制监督

新媒体广告规制中的行业他律,是对新媒体广告活动进行监察和督促,将其广告经营业务纳入国家的法制轨道,通过相应的工商行政管理办法,使新媒体广告活动在国家准许的领域或范围内从事经营活动。这就是广告规制中控制与监督的力量,也对网络生态系统起到相应的作用。随着新媒体技术的不断发展,新媒体广告形态、传播方式、制作水平等已千变万化,在不同领域里的广告违规与越轨行为出现得也越来越多。如前文所述,目前新媒体广告存在诸多的问题,如虚假广告、垃圾广告不断增多,侵犯用户隐私时常发生,不正当竞争屡见不鲜,这些都冲击着整个网络生态系统。因此,新媒体广告规制中的行业他律,主要目的还是为了能更好地监督、控制和规范相关的广告活动,使之在合理合法的环境下健康有序地开展,以此避免广告的违规与越轨行为,维护整个网络生态系统的平衡与稳定。

3. 指导规范

新媒体广告规制中的行业他律,对网络生态系统还能起到一定的指导与规范作用。一方面,行业他律会指导帮助新媒体广告经营者、制作者提高业务能力水平,指导他们学习和遵守新媒体广告的各类法规,建立和完善行业的制度规范。另一方面,行业他律也会对从事新媒体广告的机构或个人(发布主体)进行日常检查及规范,一旦发现违法的新媒体广告活动就要及时查处惩办;当然很多时候,由于新媒体广告发布主体的不确定性,会对相应的检查造成一定的困难,但是随着技术的不断发展与改进,规范的力度也会越来越大。上述这些对于网络生态系统有积极的指导和借鉴意义,通过行业他律来进一步规范系统内各要素间的协调发展,促进各项网络传播活动的有序开展。

二、行业自律对网络生态系统运行的影响

新媒体广告规制的行业自律主要指的是新媒体广告行业的自我约束与自我管理,具体是指通过有关章程准则或规范等形式进行自我约束和管理,使广告行为更符合国家法律、社会道德和职业道德要求的一种制度。行业自律的目的是为了规范行业行为,协调同行利益关系,维护行业间的公平竞争和正当利益,以促进新媒体广告行业的发展,是目前世界上通行的一种行之有效的管理方式。它对于树立广告行业正气、抵制不正当竞争、增强广告业的社会责任感、促进广告事业的健康发展均起到重要作用,一般由广告行业组织进行实施。广告行业组织一般具有代理政府实施广告行业管理开展行业业务合作和技术交流的作用,属于群众性的学术团体或行业的联合组织,如广告协会、广告学会、广告业联谊会等。

第七章 共生与互动:新媒体广告规制与网络生态系统发展

从国外经验看,广告行业自律规制发展得较早,也较为完备,成为现代广告规制的不可或缺的一部分,发挥着重要的作用,深受广大消费者支持和拥护。比如成立于1955年的英国广播广告审查中心(BACC),至今仍是英国乃至欧洲著名的自律组织,其主要职能是在商业广告播出前审查其样本底稿,确保其符合独立电视委员会的《英国电视广告业行为标准准则》规定。英国其他行业自律组织还包括广告商协会(IPA)、独立电视公司协会(ITCA)、广告人联合会(ISBA)、期刊出版者协会(PPA)和报纸出版者协会(NPA)等,分别在各自领域内对广告进行独立审查。日本广告业的自律也较为完善和严密,主要的广告自律机构包括日本广告业协会(JAAA)、日本广告主协会(JAA)、全日本广告联盟(JAF)、日本 ABC 协会、日本新闻协会(NSK)、日本杂志广告协会(JMAA)、日本民间放送联盟(JBU)、全日本户外广告联合会(JOAA)、新闻广告审查协会(NARC)、日本广告审查机构(JARO)等,制定了《日本广告业协会伦理纲要》《公正真实广告协定》《户外广告伦理纲要》等指导性文件;日本除广告行业协会外,其他行业协会也制定了本行业广告应遵守的准则,可见日本广告业的自律是比较细致和全面的。

而我国的广告行业自律规制起步相对较晚,也有待进一步加强和完善。成立于1981年8月的中国对外经济贸易广告协会是国内最早的广告行业组织。之后,中国最大的广告行业组织中国广告协会于1983年12月成立。1993年7月,国家工商局和国家计委颁布《规划纲要》,要求广告协会等行业组织按照政事分开原则,逐步向民间行业商会过渡,并强化自律和服务功能。1994年,中国广告协会颁布了《中国广告协会自律规则》,再到2008年新出台了《中国广告行业自律规则》。此外,在一些特殊行业或商品的广告方面也推出了相关的自律规则,比如《奶粉广告自律规则》《卫生巾广告自律规则》等。

上述的行业自律(主要包括广告行业的自我约束和自我管理)对网络生态系统的运行起到以下两点影响:

1. 自我调节

依据生态学的观点,生态系统是一个反馈系统,具有自动调节的能力。生态系统的自我调节是系统发展从不平衡到平衡的一种动力机制。如果生态系统内的某些组成要素出现问题,就会使生态平衡遭到破坏,而系统内的自我调节能改变这一现状,维持系统内部的平衡。新媒体广告的行业自律正是一种广告行业的自我调节,通过自我约束和自我管理,能更好地改善行业自身发展过程中存在的诸多问题与不足,促进行业的健康发展。如英国广告标准局(ASA)是英国广告业最重要的自律组织,该组织奉行"严格和毫无偏见地"审查广告的原则,因此广告在发布前的预审就使得消费者的申诉大大减少。通过这样的自我约束管理,使得广告的质量和效果得到较大的提升。因此,新媒体广告的行业自律也是网络生态系统自动调节中的一个部分,能促进网络生态系统的自我调节功能,使整个生态系统更好地运行。

2. 反馈改进

此外,新媒体广告规制的行业自律也能对网络生态系统进行反馈,以改变生态系统的不良状况,促使生态系统的改进与优化。广告行业自律,一方面能清楚了解广告本行业的基本现状及发展情况,能够收集一手资料、数据,掌握行业存在的问题和不足,能第一时间反馈到整个生态系统内部的各个环节,促使问题的解决,以改进生态系统;另一方面,行业组织(协会)也是广告行业发展的坚强后盾,能从更加客观、公正的角度来对待行业自身发展过程中面临的各种困难。如美国广告行业自律组织构架中的"电子零售自律中心"(NRSP)是加强对通过电子载体进行的直接反应式广告的监督和自律,负责提供快速的和有效的机制来评估、调查、分析和解决在电子载体中的直接反应式广告中出现的真实性和精确性问题,其信息来源于消费者、企业竞争者的质询和主动的持续不断的监督活动。[①] 通过这些持续不断的监督,能及时反馈信息,并有效地改进广告活动过程中的问题,促进广告生态的良性发展。由此可见,网络生态系统可以通过广告规制中行业自律的反馈功能,实现自身的改变和进步,形成可持续发展的良好态势。

---

① 刘晓丹:《欧美广告行业自律体系研究》[J],《现代商贸工业》,2009 年,第 12 期。

第七章　共生与互动:新媒体广告规制与网络生态系统发展

第三节　以新媒体广告规制促进网络生态发展

新媒体广告是网络生态系统中的一个重要组成部分,广告规制则是新媒体广告生态中不可或缺的要素。如果说日新月异的新媒体技术是新媒体广告发展的"加速器",那么广告规制就是新媒体广告在快速发展过程中的"稳定器",它能有效监管新媒体广告在发展过程中出现的问题,并积极应对各种新情况,使新媒体广告能够更加健康地向前发展。新媒体广告规制对于广告生态的作用毋庸置疑,不仅如此,广告规制的发展也能带动整个网络生态系统的良性发展。本节将从网络生态系统的主体、客体与载体出发,阐明新媒体广告规制对于网络生态系统的主体、网络生态系统的客体和网络生态系统的载体所产生的影响及作用。

一、新媒体广告规制对网络生态系统之主体品质的提升

本文所指的网络生态系统的主体即多元化的网络主体,包括网民、社群组织及社会机构等。具体到互联网广告生态系统中,这个主体应该包括所有的互联网广告参与者,如互联网广告广告主、互联网广告经营者、互联网广告发布者等。新媒体广告规制能从明确主体对象、重建伦理道德等方面,对多元化网络主体的品质进行提升。

1. 明确主体对象

根据我国《广告法》第 2 条的规定,广告主体分为广告主、广告经营者和广告发布者。然而如今这三者的界限变得模糊。现在网络广告、手机广告等制作发布都已经相当容易,比如网站所有者或者经营者几乎可以随意地在自己所有或经营的网站上发布广告,这一现象就使得广告主体合二为一,有的甚至合三为一。《广告法》规定了三者之间的互相监督,在身份融合后,广告主体既是行为主体又是监督主体,很显然在这种情况下《广告法》赋予

广告主、广告经营者、广告发布者的相关监督职责都失去了意义。①

所以,在新媒体广告时代里的广告主体往往都是多合一的角色,很多时候都不存在广告主、广告经营者或者广告发布者这三个独立的角色,而是相互交杂在一起,无法准确地区分。但这样就会出现问题,在对新媒体广告内容的审查中,因为广告主体角色的模糊及不清楚,最终导致监督审查的缺失。可以说,现如今虚假广告、低俗广告、欺诈广告、垃圾广告等越来越多,就是内容审查缺失带来的直接后果。

因此,明确广告主体的功能、职责与范围,在新媒体广告领域里至关重要,会对广告生态系统的稳定起到积极的作用,从而也将影响到整个网络生态系统。2015年新颁布的《互联网广告监督管理暂行办法》规定,基本明确了互联网广告的主体及职能。其中,互联网广告经营者,主要是指为广告主提供互联网广告设计、制作、代理服务的自然人、法人或者其他组织;互联网广告发布者,主要是指为广告主或者广告主委托的互联网广告经营者,在自有或者他人互联网媒介资源发布广告的自然人、法人或者其他组织;互联网广告代言人,主要是指广告主以外的,在互联网广告中对商品、服务作推荐、证明的自然人、法人或者其他组织。另外,符合下列情形之一的广告主、广告经营者、广告代言人、互联网信息服务提供者,同时为互联网广告发布者:① 对互联网广告内容具有最终修改权、决定权的;② 发布存储于本网站的广告信息的网站经营者;③ 在自设网站自行发布广告的广告主;④ 利用他人互联网媒介资源,发布存储于本网站的广告信息的广告经营者;⑤ 通过微博、论坛、即时通讯工具等各类互联网自媒体资源为商品或者服务作推荐、证明的广告代言人。②

2. 重建伦理道德

所谓网络伦理,可以界定为人们在网络空间中的行为所应该遵守的道德准则和规范的总和。虽然网络伦理是建立在网络社会的基础上,但"在本质上,它与现实社会伦理毫无二致",是现实社会伦理在网络社会中的延

---

① 徐梦磊:《浅议新媒体广告环境下我国〈广告法〉的不足与改进》[J],《法制与社会》,2013年,第7期。

② 来源:2015年国家工商行政管理总局颁布的《互联网广告监督管理暂行办法》。

第七章 共生与互动:新媒体广告规制与网络生态系统发展

伸。① 网络伦理道德所关注的主要是网络社会中人与人之间、人与网络之间以及人与传播活动之间的关系。随着互联网的普及和新的媒体技术不断发展,网络伦理道德的失范现象开始愈演愈烈,失范问题逐步升级,不断触及现实社会的伦理道德底线。比如说网络信息污染:有害信息充斥网络、垃圾信息干扰生活、虚假信息造成信息危机;用户个人隐私遭受侵犯,网络安全问题日益突出,等等。究其原因,主要在于网络主体缺乏网络道德理念、对网络行为的道德认知以及道德自律意识。如果网络社会中的伦理道德缺失,将会严重破坏网络生态系统的平衡,导致网络生态的危机,因此网络生态系统中的主体必须确立正确的网络伦理道德理念。

在广告生态系统中,随着我国市场经济的快速发展,消费品市场日益丰富,商品的同质化现象也日趋严重,这使得广告这种有效的市场营销工具的作用突显出来,它架起了生产者、经营者和消费者的信息沟通桥梁。各种传统媒体和新媒体构建起了一个广告信息的世界,如果要想在众多的广告中脱颖而出并被消费者记住直至最后形成购买力,好的广告创意、广告内容、广告制作等就十分重要。因为优秀的广告不仅为企业树立良好的公众形象,能更好地促进企业的健康发展,而且还可以营造良好的社会文化氛围,传递强烈的社会责任感,形成一股正能量。但是,不可否认的是,目前在广告市场中,低俗、虚假、具有争议的广告作品屡见不鲜,频频挑战广告伦理底线。所谓广告伦理是指任何内容和形式的广告行为都必须遵循的道德准则和行为规范的总和,具体来说是指广告参与者(包括广告主、广告制作者、广告发布者、消费者)在广告活动中所发生的人与人之间的行为规范和准则,其中最主要的是广告与消费者关系的行为准则与规范。②

而新媒体广告规制能够规范广告经营和传播活动过程中的伦理道德,确立相应的标准及行为准则,从而来监管、规范和约束广告经营者、广告发布者和广告代言人在广告活动中的行为,形成良性的广告生态环境。因此,新媒体广告规制能对整个网络伦理环境的营造起到一定的作用,也能进一步约束和规范网络生态系统中主体的行为,使网络生态系统中的主体能树

---

① 胡月玲:《论网络生态系统平衡构建》[D],南京:南京林业大学出版社 2008 年版。
② 陶应虎:《广告理论与策划》[M],北京:清华大学出版社 2008 年版,第 33 页。

立网络责任理念、尊重隐私权理念、可持续发展等网络伦理道德理念。

二、新媒体广告规制对网络生态系统之客体内涵的优化

本文所指的网络生态系统的客体即复合型的网络环境，包括支撑互联网发展的内外环境或硬件环境与软件环境，如网络技术、网络政策法规、网络基础设施、网络文化等。新媒体广告规制能从确立价值判断标准、构建网络空间安全、平衡网络生态系统等方面，对复合型的网络环境进行优化。

1. 完善网络法规，确立价值判断标准

"构建互联网法律体系，加强顶层设计。"这是维持网络空间秩序、保障网络安全的迫切需要，也是参与国际标准制定、提升国际网络话语权的必备条件。目前，我国网络立法主要由两部分组成，一部分是传统法律法规，可以直接适用于网络，或者修订、解释后适用于网络，另一部分是针对网络的专门立法。总的来看，这些网络立法多是在互联网发展初期制定，存在及时性不够，针对性、系统性不强，规范层级较低等问题。随着网络快速发展，移动互联网、云计算、物联网、电子商务等新技术新业务不断涌现，网络安全问题日益突出，现有立法已不能适应网络管理和发展的需要，亟须进行顶层设计和统筹规划，积极开展立、改、废、释工作。[①]

在世界上越来越多的国家将网络空间安全提升到国家安全战略高度加以筹划指导的背景之下，显然我们也早已意识到通过网络立法来健全和完善网络的法律法规，对于维护网络空间安全的重要性。近年来，我国在《统计法》《档案法》《国家安全法》《著作权法》《反不正当竞争法》、新《刑法》等一系列法律中分别规定了一些与网络信息活动有密切关系的内容；另外也相继颁布了一些有关网络方面的专门立法或规定，如《关于维护互联网安全的决定》《互联网信息服务管理办法》《互联网站从事登载新闻业务管理暂行规定》《互联网医疗卫生信息服务管理办法》等。但是，从实际情况来看，由于我国网络技术发展相对落后、信息产业还处于起步阶段，因此我国的网络立法进程是比较缓慢的，而且网络立法缺乏相关的实践经验，主要立法基本形成于21世纪初，还存在着不少的缺陷。随着互联网的进一步发展，网

[①] 任贤良：《推动网络新媒体形成客观理性的网络生态》[J]，《红旗文稿》，2014年，第11期。

第七章 共生与互动:新媒体广告规制与网络生态系统发展

络逐步融入到社会生活的方方面面中,在不同层面和领域里,完善网络立法的呼声也越来越高。

作为网络立法的一部分,新媒体广告的法律法规建设经过漫长的等待、多方的磨合,终于成型。1994年我国颁布了《广告法》,但《广告法》在制定之初新媒体在我国还没有出现或者流行,因此《广告法》是针对传统广告媒介的,并没有将网络广告、手机广告等新媒体广告纳入进来。这就导致了对于网络、手机等新媒体上出现的广告问题,《广告法》不能进行较好地规制,执法部门在执法时也没有相关法律依据。经过二十多年的理论与实践,2015年国家修订了《广告法》,并增加了对互联网等新媒体的广告活动规范;但由于互联网广告形态多样,技术复杂,2015年国家工商总局又专门制定并出台了新媒体广告方面的法规——《互联网广告管理暂行办法》,以提高监管针对性和有效性。

在《互联网广告管理暂行办法》中,不仅明确界定了互联网广告的范围,而且对不同广告形式可能会出现的违规问题或不正当竞争行为加以限制说明。因此,通过健全新媒体广告相关的法律法规,可以确立价值判断标准,以此来遵循社会发展的客观规律,规范广告行业行为,维护所有互联网广告参与者的切身利益,促进广告生态系统的有序发展。

2. 发展网络技术,构建网络空间安全

从国际发展趋势看,各国对网络空间的价值认识在不断深化。而当前网络生态系统的安全自然分布于网络空间之中,以及拥有大量网络安全专业知识的私营部门和各级政府。在一般情况下,他们的安全特性是独立运行的,如漏洞扫描、入侵检测系统和防病毒软件。在不须交换数据时,有不同的安全策略。很多网络企业也竞相开发这项技术,并没有去共享信息或做出协同反应。其结果是,其中的安全产品只保护单个社区、单个用户,共同防御几乎没有发生过。但一个未来的网络生态系统要创造一个安全、可靠和有弹性的网络空间,必须充分利用跨国家、跨地域存在的知识技术,共同来构建网络空间安全。2011年3月,美国国土安全部发布的《在网络空间实现分布式安全——用自动化的集体行动建立健康有弹性的网络生态系统》白皮书中,探讨了未来的网络生态系统中进行实时协作防守的理念。"在网络空间中,政府、私营企业、非营利组织和个人等多方构成了一个复杂、异构的联合体,各方安全防护能力是自然分布和独立操作的,网络防御活动的协调与合作存在诸多问题。未来网络生态系统就是要通过政策、标准、技术等层面的努力,在提高网络各要素安全能力的同时,加强沟通、协调、合作,倡导集体防御,强调局部防御能力与全局防御能力的相互支撑,从而提高整体防御能力。"①

可见,网络安全设备的使用及协作防御理念的执行,将对网络空间安全提供保障,能维持整个网络生态系统的安全与健康。无论是网络安全设备,还是协作防御机制,都离不开网络信息技术的发展。目前,网络安全防范措施种类繁多且相互交叉。欧洲和美国的微软等大公司已合作开发出 PICS (Platform for Internet Content Selection),即"互联网内容选择平台"监控软件,以限制对网络信息的调阅,并对特定信息进行监控,其目的是"努力将不良信息、劣质信息、重复信息等污染信息,从互联网的传播中驱逐出去或至少加以某种限制"。开发研究新技术,确保信息安全的网络信息安全技术包括数据加密技术、防火墙技术、访问控制技术、反病毒技术等。②

新媒体广告规制的建立与发展,同样离不开网络信息技术的支撑。一方面,网络信息技术是新媒体广告规制确立的基础,即新媒体广告规制要在网络信息技术发展的不同阶段里,制定不同层次或不同内容的法规,进行匹配。另一方面,相应的广告规制与网络信息技术相辅相成,即两者互为依托、共同协作,比如在保护用户的隐私方面,网络信息技术能提供技术上的保障,而广告规制则提供了法律上的保护。因此,新媒体广告规制的不断完善,是网络信息技术发展的一个具体表现,它的进步与发展,对构建网络空间安全也至关重要,能直接影响到整个网络生态系统。

3. 打造网络文化,平衡网络生态系统

平衡与可持续发展是生态学的核心观点。③ 网络生态系统是一个动态、开放的人工生态系统。它以各种网络传播活动为基本功能和主要载体,始终处于持续的运动和变化过程中。这也决定了网络生态系统的平衡是一种

---

① 冯燕春:《我国网络生态系统建设思考》[J],国家信息技术安全研究中心,2015年。
② 胡月玲:《论网络生态系统平衡构建》[D],南京:南京林业大学出版社2008年版。
③ 李蓉:《传播学视野中的网络生态研究》[J],《西南交通大学学报》(社会科学版),2010年,第8期。

第七章 共生与互动:新媒体广告规制与网络生态系统发展

动态的平衡,其本身也包含了诸多变化和发展。

网络生态系统的平衡主要是指在一定的时间和相对稳定的条件下,生态系统内各成分之间相互协调、相互适应、相互补充,使整个系统的结构和功能处于一种良好的状态。网络生态系统的平衡,可以从硬环境和软环境来施加影响。硬环境主要指的是网络立法,相应的法律法规让网络生态系统内的主体形成一系列规范行为,减少或避免违规与越轨行为的出现,以增强生态系统的稳定性。软环境可以从网络文化的角度出发,因为文化是以精神文明为导向的融汇和渗透,是能进行交流和传播的、普遍认可的并能够传承的一种意识形态,能在潜移默化中形成力量,约束网络生态系统内的主体和客体,形成良好的内部氛围。可见,网络文化对于网络生态系统的平衡有着重要的作用,打造网络文化的重要性也就不言而喻。

网络文化是以网络信息技术为基础,在网络空间形成的文化活动、文化方式、文化产品、文化观念的集合。网络文化是现实社会文化的延伸和多样化的展现,同时也形成了其自身独特的文化行为特征、文化产品特色和价值观念和思维方式的特点。[①] 简单地讲,网络文化的构成包括了网络物质文化、网络精神文化、网络制度文化、网络行为文化等;复杂地讲,网络文化的构成层面包括网络文化行为、网络文化产品、网络文化事件、网络文化现象、网络文化精神、网络文化产业、网络文化制度、网络文化秩序与格局等,不同层面的网络文化组合在一起,形成了复杂的网络社会场域。新媒体广告规制作为一种法律规范与制度,也是一种网络制度文化,因此它是网络文化中的一部分。网络制度文化是在互联网的世界里,人类为了自身生存、社会发展的需要而主动创制出来的有组织的规范体系。作为一种网络制度文化,新媒体广告规制构成了新媒体广告行业的行为习惯和规范,主导了新媒体广告行业的变迁,提供观察和理解新媒体广告活动的钥匙或模式。因此,新媒体广告规制的发展,推动了相关网络法规制度的发展与变革,形成了更加完整的网络制度文化,这也是对网络文化的进一步完善,为网络文化提供了良好的基础和保障,从而为网络生态系统提供好的网络环境,在文化潜移默化的约束中,积极影响网络生态系统内的主体部分,达到更好地平衡系统内

---

① 上海社会科学院信息研究所:《信息安全词典》[M],上海:上海辞书出版社2013年版。

各个组成要素的效果。

三、新媒体广告规制对网络生态系统之载体活动的推进

本文所指的网络生态系统的载体主要为网络传播活动,包括网络虚拟世界中的传播活动以及现实物质世界与网络虚拟世界之间的传播活动。网络生态系统是一个信息流动的系统,它的内部组织形式可以归结为多种多样的网络传播活动,基本构成有:网络信息的生产者、网络信息的传递者、网络信息的消费者以及网络信息的监管者等。在整个网络传播活动中,相互联系的网络信息生产者、网络信息传递者、网络信息消费者之间通过相互合作,建立起网络信息生态链或网络信息生态网,使网络信息生产者生产、发布的信息,通过网络信息传递者过滤、汇集、整合、组织以后,传递给合适的网络信息消费者,网络信息消费者再将信息吸收利用并将自身新的信息需求反馈给网络信息传递者或生产者[①],以此形成循环。

新媒体广告规制对网络生态系统的载体能产生积极的影响,主要表现为以下三个方面:

第一,新媒体广告规制为网络传播活动提供一定的规范和制度,尤其在新媒体广告生态领域里面,使广告信息生产者、信息传递者、信息消费者等在合理合法的范围内进行广告信息的传播活动,保证传播活动的有序开展。新《广告法》与《互联网广告管理暂行办法》的出台,让电子商务、社交网络、搜索引擎等平台的广告传播活动受到了较大的影响,做什么广告、广告如何展示,都必须符合新的规范,这样才能保障用户体验、避免恶性竞争、鼓励创新创意。

第二,广告规制使新媒体广告的网络传播活动过程中的各环节、各因素,相互协调、相互适应,同时又相互制约,形成良性发展机制,共同促进新媒体广告的发展。新媒体广告的网络传播活动可以看成新媒体广告生态链(如前文中图7-3所示),广告规制对于生态链上的各组成部分能起到更好的规范和指导作用。在广告规制的指引下,广告主、广告代理商、媒介购买

---

① 杨瑶、鲁玉江:《网络生态系统构成要素及其相互作用关系探析》[J],《科技创业月刊》,2013年,第1期。

第七章 共生与互动:新媒体广告规制与网络生态系统发展

平台、需求方平台、广告交易平台、数据管理平台、广告联盟、广告终端媒体、广告受众等环节相互协调配合,建立起新媒体广告发展的良性生态。

第三,广告规制给新媒体广告的网络传播活动提供有利条件,同时也为其发展指明了方向。新媒体广告规制的主要职能在于维护市场竞争秩序和保护消费者的合法权益,这也是新媒体广告的网络传播活动的发展方向和奋斗目标。同时,在网络传播活动中,广告规制对广告主体、接受终端、受众市场等进行监督和指导,为达到良好的传播效果保驾护航。

小 结

网络生态系统的建构和平衡,需要技术及规制等层面的综合发展。新媒体广告是网络生态系统中的一个组成部分,研究新媒体广告规制与网络生态系统,希望两者能相互带动、共同发展。本文一方面从网络生态系统的视角来论述新媒体广告规制的发展及意义,主要从行业他律和行业自律的角度进行分析,得出新媒体广告规制的建立对于网络生态系统的发展所具有的作用;另一方面从主体品质的提升、客体内涵的优化、载体活动的推进等方面,来重点阐述以新媒体广告规制加以促进网络生态的良性发展,从而带来更健康的网络生态系统。

第八章 潮流与碰撞：新媒体广告规制与全球化及其文化冲突

新技术革命与全球化是当今世界不断深化发展的具有划时代意义的质变进程。尤其是在信息技术高速发展与跨国公司不断扩张的今天，全球化进程已经从经济领域广泛而又迅速地延伸至政治、文化、军事及其他各个领域之中。正如戴维·赫尔德(David. Held)所言："在经济力量和技术力量的推动下，世界正在被塑造成一个共同分享的社会空间，在全球一个地区的发展能够对另一个地方的个人或社群的生活产生深远的影响。"[1]新媒体广告正是出现并迅速发展于这一时代的洪流当中，其所依托的技术和涉及的范围都已突破地域界限，成为全球化的典型表现。伴随着新媒体广告产业的国际化发展，新媒体广告规制也呈现出国际化发展趋势，这种趋势一方面顺应全球化进程在文化产业及社会管理等领域的深入，同时也为新媒体广告在世界范围内的良性发展提供了必要的监管与制度保证。诚然，这种趋势亦会在其全球化发展过程中，面临与他国不同的社会文化发生矛盾或冲突的问题，正因如此，本文在对新媒体广告规制与全球化关系进行论述的同时，也将对从中产生的文化碰撞与冲突作一概述性阐释。

---

[1] 戴维·赫尔德等：《全球大变革：全球化时代的政治、经济与文化》[M]，杨雪冬等译，北京：社会科学文献出版社 2001 年版，第 1 页。

第八章　潮流与碰撞:新媒体广告规制与全球化及其文化冲突

第一节　新媒体广告规制与全球化

新技术革命与全球化是当今新媒体广告产业迅速发展的主要时代背景。新媒体广告及其必然衍生出来的新媒体广告规制则呈现出它们顺应这一时代潮流的发展趋势。

一、新媒体广告规制的全球化的内外动因

经济全球化自然使新媒体广告规制(首先是西方国家的新媒体广告规制)的影响波及全球。世界经济一体化和网络传播无国界化的客观环境及其合力作用,刺激了跨国公司推进其全球广告投入的欲望,也实现了其全球广告投入的可能,进而引发新媒体广告的全球化,新媒体广告规制的全球化由此应运而生。

1. 跨国公司全球广告投放的需要

跨国公司(Transnational Corporations)在经济全球化发展过程中起着重要的推进作用并占据重要地位。从国际视角看,跨国公司将全世界当作一个统一市场,通过兼并和直接投资将发展中国家和欠发达国家"强制"纳入世界经济一体化的体系之中,并由其来强势控制世界市场,是其推动经济全球化的主要动因。尤其是冷战结束以后,经济发展成为各国前行的核心价值指向,因此,跨国公司在20世纪七八十年代迎来了其发展高潮之时,更推动了全球化从经济领域向其他领域加速迈进。随着信息技术的飞速发展和全球化的不断深入,国家界限被进一步打破,世界市场被急速整合,全球性企业(Global Enterprises)迅速发展和壮大。

而新出现的全球企业(Global Enterprises),是基于全球市场进行资源整合、营销策划与广告传播的大型跨国经济体,其具有资源配适的高度自主性、在企业内部进行跨地域的高度规范性及有效的沟通机制。跨国公司和全球公司的扩张打破了经济领域的国家界限,全球市场进一步整合,美国经济学家金德尔伯格(P. Kindleberger)谈到:"跨国公司的决策行为、高级主管聘用、资金的流向和市场的选择都不偏向于某一个国家,决策中心只是冷

静地注视着全球动向的变化,从公司总利益出发,一视同仁地自理各个国家和地区的经济往来,实现全球利润极大化目标。"①在这种"无国界经营"的理念下,跨国公司的营销策略和广告投放均着眼于全球,将发展中国家与发达国家的经济发展联系起来,正如《经济全球化》一书中所描述的,"跨国公司成为世界经济增长的发动机,大批发展中国家进入国际经济体系。各国经济相互渗透、相互依存,趋于一体"②。

新媒体广告的跨地域传播特点与全球性企业的国际化营销要求,两者不谋而合。新媒体广告利用互联网平台,基于全球市场进行广告资源的整合并进行跨地域、跨文化的广告传播。新媒体广告的跨地域传播虽然受到各国既有传统广告规制的限制,但跨国公司与全球企业的经营早已成为超越国界的行为体,他们面向全球的经营及对广告活动国际化的需要,必然要求新媒体广告规制在全球范围趋于统一,以利于他们的广告信息能够在全球最大程度地顺利传播。

由于跨国广告公司或全球媒体集团与新媒体有着密不可分的关系,使他们在全球发展过程中对各国新媒体广告规制的差异格外敏感。他们所进行的跨国广告传播活动更要求在全球范围内保持规制价值观的趋同性和一致性,唯有如此,新媒体广告才能真正成为现代国际性传播介质。故而,跨国公司和全球企业的全球性广告投放,就必然要求并积极推动新媒体广告规制的全球化,反过来,新媒体广告规制的全球化也在不断适应和满足跨国公司和全球企业在全球广告投放的需要,两者互为需要、相辅相成。

2. 新媒体加速信息全球化

新技术的发明与应用是社会发展与前进的根本动力,互联网技术的出现和普及亦极大地推进了当今社会生产力的飞速发展,引发了整个社会发生颠覆性的变化。尤其是移动互联技术出现以后,全球地理界限和文化界限进一步消融,大到掌握丰富资源的全球公司,小到每个个体无一不深刻感受到自己是全球的一员,而掌握和推动这种趋同性一体化发展的正是不断发展、联动全球的互联网技术。

---

① 陆芳:《跨国公司与欧盟经济一体化》[D],武汉:华中科技大学出版社2006年版,第56页。
② [法]雅克·阿达:《经济全球化》[M],北京:中央编译出版社2000年版,第12页。

第八章　潮流与碰撞：新媒体广告规制与全球化及其文化冲突

互联网使信息全球共享，新媒体则加速了信息全球共享的速度。与跨国公司逐渐发展的过程相比较，新媒体一出现就带有明显的全球化特征。蓝色光标旗下社交媒体营销公司 We are social 2016 年发布的数据显示，全球网民数量已到达 34.19 亿，手机网民规模达到 37.9 亿，活跃的社交用户达到 23.07 亿，活跃的移动社交用户达到 19.68 亿。与 2015 年相比，活跃的移动互联用户与社交媒体用户比例增长分别为 10％和 17％。[1] 全球超过 50％的人通过新媒体进行信息的传递，新媒体全球地理界限和文化界限逐渐消融，促使人们将全球视为一个整体。阿芒·马特拉在《传播全球化思想的由来》一文中，基于传播思想分析全球化概念的发展历程，谈到了思想合流推动全球化发展，尤其谈到广告作用，认为"我们现在受一个信息和一个技术的共同管理，同样的广告信息在不同的国家民族中让人感到同样的有效性"[2]。在信息合流思想的影响下，新媒体广告塑造着全球化的生活方式和共同的消费理念，推动信息全球化迅速发展。

与此同时，借由新媒体所形成的跨境电商经由 B2B 和 B2C 平台，实现了资源在全球范围内的更优化配置。近年来，全球互联网广告投放额已经超过 100 亿美元，通过新媒体广告在全球范围内传播商品和品牌信息，与跨境电商相结合在全球范围内建立了自由、开放的平台，真正实现了信息全球连接和经济全球联动。托马斯·麦克费尔（Thomas L.McPhail）在《全球传播——理论、利益相关者和趋势》一书中强调电子商务和跨境电子商务在全世界内越来越被接受，利用新媒体发布广告并打开全球市场成为企业越来越主要的营销策略。可以说，"互联网代表了一场人类历史上前所未有的市场全球化进程"[3]。

在新媒体大行其道的今天，回头去看麦克卢汉关于"地球村"的论述，我们会清晰地看到，数字媒体打造了更具现代意义的"地球村"。麦克卢汉在《理解媒介》中谈到："经过三千年专业分工的爆炸性增长以后，经历了由于

---

[1] We are social：《Digital in 2016》。
[2] ［法］阿芒·马特拉：《传播全球化思想的由来》[J]，卫星译，《国际新闻界》，2000 年，第 4 期。
[3] ［美］托马斯·麦克费尔：《全球传播——理论、利益相关者与趋势》[M]，张丽萍译，北京：中国传媒大学出版社 2016 年版，第 144 页。

肢体的技术性延伸而日益加剧的专业化和异化以后,我们这个世界由于戏剧性的逆向变化而收缩变小了。由于电力使地球缩小,我们这个地球只不过是一个小小的村落。一切社会功能和政治功能都结合起来,以电的速度产生内爆,这就使人的责任意识大大提高。"[1]与电子技术相比较,数字技术更是将世界收缩于电脑与手机的屏幕当中,时间与空间的大大压缩,使新媒体广告规制与管理成为在跨越国家界限和全球一体化背景中谈论的全球共同治理的议题。

3. 国际非政府组织的强力推动

国际非政府组织,是西方发达国家通过对其他国家的不断渗透来促使西方规制价值观实现全球化的一个重要推手,也是新媒体广告规制趋向全球化的一支重要力量。

冷战结束以后,全球意识逐渐提高,国际体系流动性增强,国际组织数量和活动日趋增长。特希·兰塔能(Terhi Rantanen)在《媒介与全球化》一书中将国际组织的活动明确作为全球化进程的作用因素。[2] 在全球化与国际组织活跃发展的背景下,原有国际体系所包含的行为体变革成为了三部分,即以跨国公司为代表的"市场行为体"、以国家和国家间组织为代表的"政府行为体"、以国际非政府组织为代表的"社会行为体"。相比较政府行为体的政治取向、市场行为体的利润取向,作为社会行为体的国际非政府组织的则是价值取向。在诸多跨地域国际事务中,国际非政府组织都能够发挥其重要作用以弥补其他行为体的不足。

一般认为,"国际非政府组织(International Non-Governmental Organization)是组织目的与活动范围具有国际性,或机构设置与成员构成具有国际性,或者资金或其别的主要资源来源或用途具有国际性的非政府组织"[3]。

---

[1] [加]马歇尔·麦克卢汉:《理解媒介——论人的延伸》[M],何道宽译,南京:译林出版社2011年版,第75页。

[2] 特希·兰塔能在《媒介与全球化》一书中结合了罗伯茨顿(Robertson,1992)与沃特斯(Waters,1995)的研究,将全球化进程从15世纪开始到20世纪90年代后期共分为六个阶段,分别为萌芽期、初始期、起飞期、霸权争夺时期、不确定时期与对抗时期等六个时期。其中1969年到20世纪90年代为不确定时期,这一时期国际组织和活动的急剧增长作为全球化进程的推动因素。

[3] 王杰主编:《全球治理中的国际非政府组织》[M],北京:北京大学出版社2004年版,第20页。

第八章 潮流与碰撞:新媒体广告规制与全球化及其文化冲突

莱斯特·萨拉蒙(Lester M. Salamon)在《全球公民社会》中将国际非政府组织分为文化和娱乐、教育和研究、健康、社会服务、环境、发展与住房、公民与倡导、慈善中介、国际、宗教活动、商业和专业联合,①一共11类。目前,与新媒体广告规制相关的国际非政府组织是指以推动全球新媒体广告发展为目的、积极参与新媒体广告跨地区规制并具有国际性质的非政府组织。目前,新媒体广告正处在全新的发展过程中,它所涉及的国际非政府组织繁多复杂,难以一一列举。本文使用萨拉蒙的分类方法,在11类国际非政府组织当中,与新媒体广告发展和规制相关的组织主要有三类,专业联合类、文化与娱乐类、商业类。

(1)专业联合类组织是指新媒体广告规制涉及的致力于"促进、规制和维护"②新媒体广告发展且具有专业利益的国际非政府组织,例如,世界广告主联合会(WFA)在2009年就针对全球"在线广告行为"开展了自律规范的起草和推广,已将促进和规制的范围从原有的传统媒体广告延伸至新媒体广告领域。又如2012年成立于布鲁塞尔的区域性的专业联合类组织,欧洲互动数字广告联盟(European Interactive Digital Advertising Alliance, EIDAA),旨在推动泛欧洲地区的网络广告的自律与监管。以及自2010年开始逐渐吸收非欧盟成员国家,由区域性组织走向全球性组织的欧洲广告标准联盟(The European Advertising Standards Alliance, EASA)等都属于专业联合类组织。

(2)文化和娱乐类组织包含多项内容,如传媒与传播、视觉艺术、表演艺术等,其中与新媒体广告规制密切相关的是传媒与传播类国际非政府组织。这类组织主要是促进和规制发展信息的交流与传播,尤其是跨地域的传播活动,新媒体广告活动就包含在其中,如广告信息集团(Advertising Information Group)等。

---

① [美]莱斯特·萨拉蒙:《全球公民社会》[M],陈一梅等译,北京:北京大学出版社2007年版,第15页。其中萨拉蒙对国际非政府组织的分类中还包含"其他"这一项,考虑到"其他"类主要是在定量研究过程中达到分类的穷尽性,并不能代表具有独特特点的一类国际非政府组织,所以并没有作为独立的一类列举出来。

② [美]莱斯特·萨拉蒙:《全球公民社会》[M],陈一梅等译,北京:北京大学出版社2007年版,第385页。

(3) 商业类国际组织主要是指"致力于促进、规制和维护特定商业部门利益的组织"[①],这类组织包括1919年成立的国际商会(International Chamber of Commerce,ICC),代表了全球多个国家的成员公司和协会,是为全球商业服务的非政府组织,也是联合国等政府间组织的咨询顾问。作为商业类国际组织,国际商会影响全球范围内对商业活动,尤其是该组织一直将协调贸易惯例,制定和解释贸易术语以形成各种指南作为主要任务内容,更是对全球商业活动(包括新媒体广告活动在内)形成影响。另外,创建于1938年的国际广告协会(International Advertising Association)一直推动和促进广告行业的创新发展,引导广告行业在全球范围内的自律与规制,对新媒体广告发展与规制也有深远影响。

在全球化推进的过程中,无论经济还是技术领域,大多数衍生的问题都具有跨地域性,很难在一国范围内完全解决,伴随着跨国企业扩张和新媒体的发展,很多问题打破国家界限,拓展到国际范围。肯尼斯·沃尔兹在其著作《国际政治理论》中将国际非政府组织作为影响国际事务发展的一类因素,在此背景下以国际非政府组织为代表的非国家行为体在全球范围内影响深远,国际非政府组织在数量、规模、活动密度和形成的关系网络等多方面都能够对国家行为形成影响。[②] 英国学者福勒(Fowler)在《折中平衡:国际发展中NGO组织的高效管理指导》(Strike a Balance: a Guide to the Management of NGOs in International Development)中认为,国际非政府组织能够通过自身不断扩大的网络而公平处理多国之间的利益关系,平衡甚至修正国家之间因为各存不同利益关系而存在的冲突。[③]

国际非政府组织的迅速崛起,使其在诸多跨地域国际事务中都能够发挥作用以补充其他行为体的不足。饶戈平在《全球化进程中的国际组织》中肯定国际非政府组织在国际事务当中的积极作用,认为国际非政府组织通

---

① [美]莱斯特·萨拉蒙:《全球公民社会》[M],陈一梅等译,北京:北京大学出版社2007年版,第385页。
② [美]肯尼斯·沃尔兹:《国际政治理论》[M],信强译,上海:上海人民出版社2003年版,第125~127页。
③ Fowler, *Strike a Balance: a Guide to the Management of NGOs in International Development*, London:Earthscan,1997.

第八章 潮流与碰撞:新媒体广告规制与全球化及其文化冲突

过制定和督促多边协定,促进国际性问题的协商和解决。①

在新媒体广告规制实践过程中,国际非政府组织已经参与过规制过程,例如RAC(Responsible Advertising and Children)项目是全球范围内的广告主、代理商和媒体之间在儿童与广告信息传播过程中建立自律规制体系的联系项目。该项目就是由世界广告主联合会(WFA)、欧洲互动软件联盟(ISFE)、竞争性技术协会(ACT)、欧洲软饮料行业协会(UNESDA)、广告信息集团(AIG)等组织发起并推动其在全球范围内开展。在该项目提出、推动和发展过程中国际非政府组织都起到了重要的作用,说明国际非政府组织对新媒体广告规制全球化具有推进作用。

当代,广告信息通过新媒体渠道在全球范围内快速传播,跨国公司扩张与国际非政府组织活跃发展,都是全球化进程的典型特征。跨国企业为了在全球范围实现营销目的,对新媒体广告的规制格外敏感,要求全球范围内的新媒体广告规制保持一定的趋同性和一致性,唯有如此,新媒体广告才能真正成为国际性广告活动。国际非政府组织也将持续推进各国规制趋同,来保证在全球范围内新媒体广告的正常传播,如同《大众传播法概要》中巴顿·卡特认为大众传播在20世纪的发展是在科学与法律的共同作用下进行的,"虽然技术是大众传播必不可少的前提,但社会的法律最终决定技术应该如何发展及应达到何种'普遍性'"②。换句话说,新媒体广告在全球范围内传播的"普遍性"是与新媒体广告规制全球化相呼应的,新媒体广告规制全球化既是新媒体广告良性发展的要求,也是全球化进程由经济领域向其他领域深化发展的表现。

二、新媒体广告规制全球化的主要潮流

跨国公司和互联网的发展缔造了一个全新的数字帝国。跨国公司是这个跨地域帝国的经济基础和核心推动力量——因为跨国公司通过整合资源与市场,进而打破了经济发展的地域限制。而互联网发展则深化了数字帝

---

① 饶戈平编:《全球化进程中的国际组织》[M],北京:北京大学出版社2005年版,第78~80页。
② [美]巴顿·卡特等:《大众传播法概要》[M],黄列译,北京:中国社会科学出版社1997年版,第3页。

339

国的内容和特性——它通过信息传播将每个人裹挟其中,把全球经济一体化延伸至其他领域。新媒体脱胎于全球化的洪流中,"是全球化的产儿,它携带着物质交往,精神交往,传播技术的力量,建构全球时空,乃至于人们习惯地称为全球媒介"[①]。

1. 新媒体广告规制价值取向的全球趋同化

新媒体广告规制价值观是新媒体广告规制活动的价值取向,是综合了人们在新媒体广告规制过程中的实践与经验,也是对其所能达到高度的认同与希冀。作为意识形态的规制价值观是新媒体广告规制活动的价值体现,新媒体广告规制价值观全球趋同化是各国在新媒体广告规制价值认知方面逐渐趋于一致的要求和表现。

价值观的形成是一个受到科学技术和社会文化双重影响而逐渐完成的过程,新媒体广告规制的价值形成也必然受到互联网发展和全球化的双重影响。全球化作为当今时代发展的社会文化大背景,而互联网则是最具变革性的技术发展因素,对新媒体广告规制价值观都具有型塑作用。互联网在改变信息传播和人们交流互动方式的基础上,"网络的开放性、无中心性的分散结构及交互特性,使互联网存在强大的推动社会民主和个性解放的内在逻辑力量"[②]。这种"民主和个性解放的内在逻辑"来自于互联网发展的过程,互联网自创建伊始就是一个开放、扁平化的结构,在这个数字空间中,互联网将具有政治、文化及地理意义的地域和人,模糊和抽象成了一个个虚拟的数字位置。互联网秉承每个用户都能机会均等地加入、分享信息的原则向全球开放,在虚拟的数字空间中打造了具有开放、平等、公平的价值认识。

新媒体广告依托互联网进行投放和发展,正是由于这种平等参与与公平分享,新媒体广告才有了区别于传统媒体广告的传播广度和传播速度,可以说,这种开放、公平和平等是新媒体广告不断创新的保证,所以新媒体广告规制价值观也同样表现出开放、公平和公正的价值认同,互联网在全球的

[①] 单波、刘学:《全球媒介的跨文化传播幻象》[M],上海:上海交通大学出版社2015年版,第3页。

[②] 申琰:《互联网的国际博弈与合作研究》[D],北京:中共中央党校出版社2011年版,第56页。

第八章 潮流与碰撞:新媒体广告规制与全球化及其文化冲突

发展又推动新媒体广告规制价值观在全球趋同,这是一个辩证的逻辑过程。

同时,互联网缔造的又是一个虚拟和交互的数字空间,在这个空间中,人们既是信息的发布者也是信息的使用者,既可以参与编辑他人发布的信息,也可以仅仅是简单的信息的转发者。这样的特点将全球空间和时间的距离进一步压缩,尤其在新媒体广告传播过程中,互联网往往将传统媒体广告领域中的有关规制变成了一个具有超国家性的规制问题,同时,因各国既有的规制主体、规制体系、规制内容的不同与差异,由此,要推动规制细节方面的全球一体化的可能性自然令人堪忧。

蔡文之在《网络传播革命:权力与规制》一书中认为互联网诸如"开放和分散的体系结构、虚拟连接和多向互动传播的运作方式、共识和自律的秩序机制"等特点促使互联网具有开放、平等和自由的特点。尤其是互联网塑造的广泛参与的文化氛围,以及推动国际非政府组织活跃于国际事务,使互联网开放、平等和公平的理念成为互联网发展的核心理念。[①] 新媒体广告依托互联网进行投放和发展,开放、公平和平等参与的特征亦是新媒体广告不断创新的保证,而开放、公平和公正规制理念也是保证全球新媒体广告良性发展的必要条件。

新媒体广告发展极大地增强了全球性品牌营销信息自由和跨界传播的可能,新媒体广告持续、有序的发展不仅是跨国企业营销发展的需要,更是新媒体广告自身发展的需要。在规制实践中,欧盟将互联网视为"公共物品",来保证互联网的开放与公平使用;美国在新媒体广告规制过程中一贯秉持开放、公平的原则。利用合理规制保证广告主与消费者的平等参与,开放新媒体广告全球传播,才能使新媒体广告在跨空间和跨时间的传播过程中高效进行。在此意义上,新媒体广告规制理念趋同是新媒体广告规制全球化的主要表现。

2.新媒体广告规制对象的全球化

新媒体广告规制的对象是新媒体广告的经营与活动(包括涉及新媒体广告经营与活动的所有组织和个人),新媒体广告概念与特点无须赘述,但从全球化角度与传统广告比较,新媒体广告在经营与活动中的传播渠道、内

---

① 蔡文之:《网络传播革命:权力与规制》[M],上海:上海人民出版社2011年版,第37页。

容形态、技术形态三方面的跨地域性和全球化趋势就凸显出来。

（1）传播渠道方面，新媒体广告传播渠道是互联网与移动互联网，无论是互联网还是移动互联网都浓缩空间距离，缔造了一个以技术标准衡量的、没有国界、民族界限的数字空间，全球化趋势明显。尤其是移动互联技术的发展，使全球每个个体之间的距离进一步拉近。所以，新媒体在传播渠道方面广域性特征明显。就新媒体广告而言，一条广告信息在新媒体平台上被点击、下载与传播，用户以 UGC 的方式参与广告信息的制作与传播，大多都是发生在多个国家范围内，其跨地域性特征不言自明。

（2）内容形态方面，新媒体广告的内容形态是指新媒体广告所表达的与产品、服务或观念相关的内容。与传统媒体广告相比，新媒体广告内容所包含的符号类型更多样，多媒体甚至富媒体（rich media）、流媒体（streaming media）都是将文字、图像、音频、视频、动画等多种符号综合使用在同一则广告当中。符号种类的多元化有利于不同文化背景的人接受和理解同一条广告信息，使新媒体广告的内容形态更具有了全球化特征。并且随着全球化进程不断深入，英语逐渐成为全球通用语言，尤其是在互联网空间中，共同的语言使广告内容的广域性特点明显。

（3）技术形态方面，新媒体广告依托的是互联网技术，仅从技术形态角度，互联网被认为是"跨越物理空间的媒介和客体"，促进了与其相联系的不同实体在全球范围内相互联系，广域性特征突出。互联网的发展并不是一蹴而就的，从最早的阿帕网（ARPAnet）向美国的科研、社会乃至商业领域开放万维网的建立，再到世界各国逐渐与之联网，直到 1992 年互联网"将分布于全球的计算机网络连接在一起，（建成）在逻辑和功能上组成的大型通信网"①。1993 年美国出台"国家信息基础结构（National Information Instructure）"，即信息高速公路计划，世界各国相继出台政策，纷纷跟进自身的互联网建设，全球掀起又一轮新的互联网建设热潮。直到今天，互联网已经将处于全球不同地理范围内的计算机与地域性的网络联系起来，这种联系不断塑造着一个超越了地理距离，由功能、节点、内容等要素构建的空间。

---

① 童兵、陈绚主编：《新闻传播学大辞典》[M]，北京：中国大百科全书出版社 2014 年版，第 1221 页。

第八章 潮流与碰撞:新媒体广告规制与全球化及其文化冲突

通过梳理互联网发展过程不难发现,互联网发展的过程就是在数字空间中地域界限不断消失,自身广域性逐渐凸显的过程。所以从技术形态上看,新媒体广告的跨地域性正是植根于互联网发展过程中的。

新媒体广告在上述传播渠道、内容形态和技术形态三方面都表现出明显的跨地域性和全球化发展趋势,新媒体广告的这一特征与趋势促使新媒体广告在全球范围内传播,使新媒体广告规制面临新的挑战。如同劳伦斯·莱斯格(Lawrence Lessig)在《代码》(Code)(2004年)中描述的在线行为的广域性带来的规制问题,当某一在线行为受到一国法律规制限制时,把计算机和服务器设置在该国国境线之外即可摆脱这种规制限制,[①]同样新媒体广告规制中也存在着这样的问题。尼葛洛庞帝曾坦言:"大多数法律都是为了原子世界,而不是比特的世界而制定的。"[②]而在比特的世界里,"互联网代表了一场人类历史上前所未有的市场全球化进程"[③]。

3. 自律规制潮流的再现

一般而言,互联网首先是由军事网络开始,再接入教育、科研,然后再发展到商用网络。从发展地域来看,互联网产生于美国,随后各国再渐次接入,形成跨地域范围应用的计算机网络,再经过数字化信息技术带来的进一步融合,以及通过光纤网络搭建的"信息高速公路"(Information Superhighway)才形成当今新媒体广告的形成与发展平台——当今世界广泛使用的全球互联网。梳理互联网的发展过程可见,互联网自其发展之初就应用于非官方的领域,所涉及范围也鲜有政府管制,而是依赖于自律规制。互联网规制的自律性也延伸至新媒体广告规制领域当中,成为新媒体广告自律性规制的演进背景。

新媒体广告规制的自律性表现在技术自律规制与行业自律规制两部分。技术自律性规制主要是在新媒体广告规制过程中使用技术手段对新媒体广告内容进行规制。以技术规制和约束技术本身就是互联网发展和规制

[①] [美]劳伦斯·莱格:《代码》[M],李旭等译,北京:中信出版社2004年版,第4~7页。
[②] [美]尼古拉·尼葛洛庞帝:《数字化生存》[M],胡泳等译,海口:海南出版社1996年版,第278页。
[③] [美]托马斯·麦克费尔:《全球传播——理论、利益相关者与趋势》[M],张丽萍译,北京:中国传媒大学出版社2016年版,第144页。

的一大特点,面对信息庞杂的新媒体广告更是如此。例如,利用大数据记录新媒体广告的投放和内容,针对需规制的内容如虚假广告信息、儿童广告信息等建立在线广告内容监控系统。利用互联网技术手段对新媒体广告进行自律规制,是使用中立的技术手段对新媒体广告进行监控与规制,符合新媒体广告与互联网发展的价值取向,而且就规制执行而言也具有效性。

区别于传统广告规制所呈现的明显的国界范围限制,新媒体广告的跨地域性所带来的问题需要在全球范围内或多国范围内解决。面对此类问题,行业自律规制的优点就表现出来,行业自律规制既可以通过国际非政府组织的活动来推动跨地域性问题的解决,又可以促进各国围绕新媒体广告规制进行沟通交流,促进新媒体广告的良性有序发展。行业自律规制兼具系统发展性和区别于政府强制规制的灵活性,有利于在保证新媒体广告创新发展的基础上,采取趋同规制标准来规范新媒体广告活动在各国的实施。

在规制实践中,国际非政府组织也可以在跨国合作中推广不同国家行业间的自律合作。以欧洲广告标准联盟(EASA)为例,欧洲广告标准联盟在欧洲创建,至2010年,它已经在全球范围内推广了其所设计的广告行业自律规范。欧洲广告标准联盟的事务部门包括专门委员会(Specialized Committees)与工作任务组(Taskforces),事务部门日常核心工作中包括推广解决相关问题的建议(position papers)、进行跨界的冲突投诉(cross border complaints)处理及进行有关教育培训(education modules)。通过这些活动,即解决新媒体广告发展中需要进行的跨国规制问题,推广其具有多国共同性的自律标准,来推进其新媒体广告规制的全球化。自律规制的非官方性质既符合互联网发展的文化特点,又为跨国公司和国际非政府充分运用新媒体广告这一新的国际化传播平台提供了更多机会与可能性,进而形成了新媒体广告自律规制在全球发展的潮流。

由上,新媒体广告行业自律规制的形成与发展,主要体现在各国新媒体广告自律性协会(包括自律性论坛)的发展,尤其是在以他律(政府法规和行政规制)为主导的国家,其自律性组织和论坛纷纷出现,如英国、法国与我国。而原本就以自律(行业自律、社会监督)为主导的国家,如美国、日本等国,它们在加强和完善已有的有关自律组织的同时,也将已有的自律规制积极推向有关地区和有关国家,从而形成新媒体广告自律规制的全球化趋势。

三、新媒体广告规制全球化的负面问题

互联网与跨国公司的发展推动了全球化进程,使全球化成为当代世界发展的主要潮流。然而,同所有客观事物都有其内在的客观规律与相对矛盾一样,新媒体广告规制与全球化这一时代进程既有着非常深刻的有机联系和互动关系,也存在着诸多纠葛、反差,甚至冲突等若干问题,故关注和审视全球化和新技术革命潮流中的多向客观现实,是本文讨论新媒体广告规制与全球化关系的一个难以回避的重要议题。

1. 新媒体广告规制的全球本土化

全球本土化(Glocalization)是指在全球化发展过程中普遍接受全球化的发展思路,是将全球当作一个整体来描述人类经济、文化等方面的发展趋势。具体到每个国家当中,这种趋势必然在与本国历史文化及传统相结合与再结合的过程中,表现出与经济、文化趋同走向的相异本土化特征。从全球化发展过程中,民族国家的传统文化并不是在逐渐消融,传统文化凭借新兴技术,利用新媒体积极寻找全球趋同文化当中与本国传统文化相结合的文化元素,积极发展本土文化。不难发现,"全球化的进程总是和地方化齐头并进。在任何存在全球化力量的地方,都会有本土化力量的存在"[①]。

全球化进程由经济领域向文化领域深入,各国文化差异导致全球文化多样化特征明显,文化多样化与文化全球化之间的冲突,使本土化与全球化一直是全球化进程中讨论的热点问题。在新媒体广告全球化发展中,跨国公司将母国文化连同商品信息一起传播向全球,广告作为一国文化表现形式,具有文化传播的重要意义。全球企业都可以利用新媒体平台发布信息,这一方面为发展中国家的企业提供了塑造自身品牌、传播本国文化的平台,表现出与全球化趋势相逆的本土化发展态势。另一方面,发达国家由于技术和经验优势,向发展中国家大量输出自己的文化和价值观,形成与发展中国家之间的文化冲突。

在新媒体广告规制层面,受到新媒体技术发展、跨国公司经营与国际非

---

① Wang Ning, "Glocalization and Culture: The Chinese Cultural and Intellectual Strategy", *Neohelicon*, 29(2)(2002), p.105.

政府组织活动三方合力推动,新媒体广告规制的某些方面的确可以在全球范围内趋于一致,但受到每个国家规制传统与法律文化的影响,都会在新媒体广告规制当中表现出本土化的特色。伊利诺伊州大学的海德玛丽·韦斯特法尔和伊丽莎白·托厄尔关于互联网规制的调查显示,参与调查的38个来自不通过国家和地区的样本,在围绕着规制目标对象的问题部分,样本普遍能够在恐怖主义、色情、种族等问题上达成一致,但在围绕着规制主体身份和控制规制主导权的问卷问题中,样本的答案则差异明显,显然是受到本国规制体系和文化传统的影响。[①] 在规制实践中,各国新媒体广告规制多从原有的广告规制体系向新媒体领域延伸,也多保留原有的规制文化特征。新媒体广告全球传播的跨地域性与各国文化多样性之间显而易见的矛盾成了新媒体广告规制全球化发展的问题。

新媒体广告规制全球本土化发展是对新媒体广告规制全球化的考验,是文化差异与规制全球化的冲突,这充分显示出新媒体广告规制全球化过程中将会遇到种种阻力和困难。

2. 信息技术空间的话语霸权

新媒体在今天的信息传播世界中已不仅仅是一个简单的媒体,它已成为现代社会发展的新基础,它对于当代各国的经济、文化、军事、政治以及国际地位都具有决定性的意义。随着全球化过程不断深入,互联网在各领域的作用日益突出,互联网已在全球范围内形成了包含各种经济文化功能的信息技术空间,各国在信息技术空间的竞争丝毫不逊色于主权国家在经济、政治和军事等方面的竞争,欠发达国家希望能够尽快加速发展自身信息技术,跟上全球经济与技术的发展潮流,缩小与发达国家的信息差距。从信息技术空间的全球化发展趋势来看,本身没有价值取向的技术对于每个国家和每个人都是公平公开的,但考察互联网的发展就会发现在信息技术空间当中仍旧存在着话语霸权。

冷战后,美国积极开发互联网,将原本仅限于军事领域使用的互联网技术延伸至教育、科研等民用领域,又进一步延伸至商用领域。随着互联网的

[①] 查灿长、孟茹主编:《广告理论与实务读本》,上海:上海交通大学出版社2016年版,第133页。

第八章 潮流与碰撞:新媒体广告规制与全球化及其文化冲突

发展,美国一跃成为信息技术领域的世界最强国,同时,各国也纷纷开始发展自身的互联网并加入到全球信息技术空间,自然,它们在发展自身的同时无疑也间接地接受了美国的技术理念、互联网文化理念。可以说,欠发达国家在通过自己的努力跟上发达国家信息技术的发展节奏,将自己的信息空间与发达国家的信息空间合并的同时,也是在扩大发达国家信息影响力。

席勒在《传播和文化主导》一书中,认为在美国主张的自由和民主的全球信息流通过程中,世界信息传播的格局并没有趋向于更平等和民主的格局,反而是更加趋近于不平等。[①] 这种不平等投射到新媒体广告规制过程中就表现为诸如美国的发达国家利用技术和经济的规制掌握全球化进程中的话语权。新媒体广告规制全球化发展过程中大国攫取更多权利,获得信息技术发展霸权,发达国家则利用新媒体广告规制全球化潮流促进自身广告行业发展,从而构成了新媒体广告规制全球化发展中一特有景象。

现代广告起源于西方发达国家,经过百年的历史演进,再到今天的新媒体时代,现代广告的经营理念、运作方法、行为准则、监管规制,等等,基本上都是由西方发达国家确立、制定和执行的,这就使西方国家较为完备的规制必然成为先入为主的国际标准,从而影响欠发达国家在西方跨国公司利用新媒体广告进行全球营销传播时,因没有话语权而往往成为西方新媒体广告规制的接受者和被执行者。故在今天,在新媒体广告产业已成为世界新兴产业之时,新媒体广告规制全球化正在逐渐变为西方发达国家统治全球新媒体广告的工具,"全球化不仅为广告传播带来了广阔的舞台,更带来了重重矛盾,最主要的表现即'文化冲突和文化消失'"[②],这是欠发达国家所必须引起重视的。

3. 文化多样性发展的需要

亨廷顿在其《文明的冲突与世界秩序的重建》一书中写道:"现代化加强了那些文化(非西方文化),并减弱了西方的相对力量。世界正在从根本上变成较多现代化和较少西方化。"[③]毫无疑问,互联网的发展为世界文化的多

---

① 陈阳:《全球传播》[M],北京:北京大学出版社 2009 年版,第 113 页。
② 陈培爱、岳淼:《广告跨文化传播与文化安全》[J],《现代传播》,2006 年,第 4 期。
③ [美]塞缪尔·亨廷顿:《文明的冲突与世界秩序的重建》,周琪等译,北京:新华出版社 2010 年版,第 57 页。

样化提供了发展平台,利用网络,即便地理距离遥远的国家也可以轻易地将自身文化传播到全球。尤其是伴随着消费文化在全球的扩散,新媒体广告在传播的便利性、交流的互动性和内容的接受度等多方面都具有优越性,致使文化传播成为各国跨文化交流的主要内容。

各国文化发展的需要推动其新媒体广告的内容和形式等要符合本国自身文化发展的需要,各国针对新媒体广告的规制也要满足自身文化发展的需要,并且规制行为本身就是各国文化的一部分而不可避免地打上本国文化烙印。然而,从文化发展的大角度来看新媒体广告规制全球化,文化保留与文化多样性的需要及发展必然与新媒体广告规制全球化的趋势产生矛盾,往往会成为规制全球化的一股"阻力"。

由上,新媒体广告规制的全球化是一不可避免的时代趋势。但在这个趋势当中,新媒体广告自身的发展,大国信息话语霸权的隐患及各国文化多样性的需要都奏响新媒体规制全球化共鸣当中的不同音符。各国在新媒体广告规制过程中深化合作带来的全球化趋势对我国这样的发展中国家的新媒体广告发展具有重要推动意义——即在怎样坚守本土化的同时,积极融入世界新媒体广告规制的大潮中,这是我们需要认真思考的一个重要议题。

第二节 新媒体广告规制的国际合作

区别于传统媒体,新媒体消除了全球市场的地理界限,在全球范围内创造了不受空间限制的数字时空。同样,新媒体广告逐渐突破不同国家消费者生活方式与地理距离带来的距离,"广告力图构建分享相同'社会类型'、相同消费和文化实践形式的庞大跨国消费团体"[1]。面对全球整体市场,新媒体广告"以强大的力量把跨文化传播纳入到全球化的轨道"[2]。与此相应,新媒体广告规制也需要在全球化的轨道中进行,各国在新媒体广告规制过

---

[1] [法]阿芒·马特拉:《传播的世界化》[M],朱振明译,北京:中国传媒大学出版社2007年版,第128页。
[2] [法]阿芒·马特拉:《传播的世界化》[M],朱振明译,北京:中国传媒大学出版社2007年版,第135页。

第八章 潮流与碰撞：新媒体广告规制与全球化及其文化冲突

程中不断加强国际合作，以保证新媒体广告在全球范围内的高效、创新和有序发展。

一、新媒体广告规制国际合作的意义

新媒体使广告信息快速在全球范围内传播，突破了国家地域限制，使新媒体广告规制也从一国规制向多国合作发展。新媒体广告规制是政府根据一定的法律法规对新媒体广告活动进行限制或管理，规制的目的是为了保证新媒体广告创新、有序地发展。美国罗德岛大学的陈国明教授认为"新媒体是加速人类社会全球化进程的主要力量"[1]。同样，与全球市场紧密相连、息息相关的新媒体广告也在传播产品信息和品牌文化的过程中打破了原有国家市场界限，创建了更广阔的全球传播范围。新媒体广告的这一特点使新媒体广告规制过程需要更多国际合作，从而达到为新媒体广告发展创造良好规制环境的目的，良好的规制环境也是广告业国际化发展的保障。同时，广告不仅是经济活动，也是文化国际传播活动，新媒体广告规制国际合作也是文化国际传播进行的保障。

1. 创造新媒体广告全球发展的良好规制环境

经济全球化进程在跨国公司和互联网技术的双重推动下不断深化发展，不论是制造业还是信息产业都使全球成为一个整体市场，地理概念已成为信息全球流动时的抽象名字，但规制差异在各国之间却仍显而易见。新媒体广告规制在各国之间的不一致性对新媒体广告发展的负面与不利影响是不言而喻的，而国际合作则是减小此类阻碍，并进而保证新媒体广告得以全球性发展的首要途径。

就全球市场的广告投放实践而言，在互联网和新媒体渠道出现以前，统一标准的国际广告投放只是理论构想。"标准化（标准化的国际广告）是指全球范围内执行的广告策略和宣传活动在创意或其他方面的改变尽量保持到最低限度。"[2]这样的广告投放利于全球市场的消费者对广告主的品牌和

---

[1] 陈国明：《全球化背景下新媒体对跨文化传播的影响》[J]，邵梦烨译，http://www.chinamediaoverseas.com/pdf/vol9no1/CMRO130102.pdf。

[2] ［美］托马斯·拉塞尔、罗纳德·莱恩：《克莱普钠广告教程》[M]，王宇田译，北京：中国人民大学出版社2005年版，第671页。

产品形成统一认识,便于建立全球形象。在互联网和新媒体广告出现以前,传统媒体投放要受到时间、空间的限制和规制差异的影响,很难真正实现。可是在新媒体广告的条件下,信息可以通过新媒体在全球进行互动传播,全球广告投放的构想基本实现。托马斯·拉塞尔在《克莱普钠广告教程》中针对国际广告发展的现状进一步谈到"消除商务活动人为障碍的举措正在开展,并在全球广泛探讨着"[1]。沿着他的观点分析可知,新媒体广告规制需要促进新媒体广告在全球范围内的良好发展,这就要求各国在规制过程中多合作、少分歧,减少新媒体广告发展过程中的"人为障碍"。广泛的国际合作不仅是新媒体广告全球化特征在实践中的表现,也进一步说明新媒体广告规制过程需要多国共同参与,否则全球传播和标准化广告始终都是难以实现的目标。

综合上述观点,正是因为各国都处在由新媒体建构的全球化数字空间中,这一空间所具有的共同特征是各国在进行新媒体广告规制过程中都需要遵守的一些相同原则。如同比尔·盖茨谈到信息高速公路时指出:"信息高速公路将打破国界,并有可能推动一种世界文化的发展,或至少推动一种文化活动、文化价值观的共享。"[2]为了新媒体广告在全球范围内的良性发展,国际合作带来新媒体广告规制的不断完善,使其更加合理有效,为新媒体广告产业的全球化发展创造了良好的规制环境。

2. 新媒体广告规制是广告产业国际化的必要途径

无论是发达国家还是发展中国家,如何在新媒体广告席卷全球的过程中获得属于自身发展的机会,都是他们必须着重思考的重要议题。并且,伴随着信息成为当今全球发展的基础和动力,新媒体广告亦成为发展中国家或欠发达国家十分关注的一个新产业领域,它不仅为本国经济带来了新的增长点,也为本国的广告行业带来了新的赶超机会,并通过广告规制的国际合作为本国新媒体广告的发展创造更良好的国际环境,进而促进新媒体广告产业在发展中国家生根、成长和壮大,同时通过国际合作来使发展中国家

---

[1] [美]托马斯·拉塞尔、罗纳德·莱恩:《克莱普钠广告教程》[M],王宇田译,北京:中国人民大学出版社2005年版,第673页。

[2] [美]比尔·盖茨:《未来之路》[M],北京:北京大学出版社1996年版,第57页。

第八章 潮流与碰撞：新媒体广告规制与全球化及其文化冲突

或欠发达国家在新媒体广告全球化进程中获得一定的规制话语权和主导权，为今后本国新媒体广告产业的国际化发展争取更多空间和机会。

由于依托信息技术革命而发展起来的新媒体广告产业属于新兴信息技术产业，信息产业依托互联网信息技术，将信息服务广泛渗透到人类活动的方方面面，并成为当今全球最炙手可热的竞争领域之一。积极发展新媒体广告产业不仅是发达国家的优先选择之一，也是发展中国家拓展其全球信息产业的重要途径之一。新媒体广告在其全球化发展过程中通过共享和合作，并通过创造性劳动来培育更多的新的经济增长点。由于信息产业所产生的"外溢效应"，还可使发展中国家更多地获得"后发优势效应"，即发展中国家利用与发达国家在新媒体广告产业中的国际合作，借助发达国家已有的新媒体广告技术优势，来提高本国新媒体广告产业的发展动力与竞争力，进而在广告规制的制定和执行上，赢得自己应有的一席之地。因此，新媒体广告规制的国际合作是发展中国家在新媒体时代前行的必由之路。

3. 新媒体广告规制是文化国际传播的重要保障

无论使用传统媒体或新媒体，广告活动从来都具有双重意义。仅就经济范畴而言，新媒体广告活动可以更好地服务于各类经济行为体（包括跨国公司和其他各类企业）的全球营销传播。另一方面，现代广告所蕴含的内容和作用绝不仅仅停留于营销传播这个层面，它还是一个国家文化的载体，一个国家现代文明的标志。如现代商业广告，它以宣传推销为目的，以改变人们的消费观念和行为为宗旨，实则是一个反映文化、传播文化、改变文化的过程，是一种文化传播活动。由此，新媒体广告自然成为世界各国传播本国文化最为直接和有效的途径之一，因此各国政府已意识到传播活动对本国软实力展示和国际形象提升所具有的重要作用，而纷纷重视利用新媒体广告平台进行本国文化的跨地域传播。美国期刊《广告时代》（Advertising Age）就将为美国跨国公司服务的广告代理公司称作"国家的非正式外交官"。

由于任何事物的发展和物质的进步最终都会折射在文化发展当中，各国在各领域的竞争最终也会体现在文化——这一软实力的竞争之上。所以，无论发达国家还是欠发达国家都需要进行本国文化的内涵建设和国际性传播，而展开和深化新媒体广告规制的国际合作就是为国家跨地域文化传播减少规制障碍,使新媒体广告可以更好地服务于本国文化的国际传播。

自然,在深化新媒体广告规制国际合作中,由于政治、经济和文化的多元性和发展的不平衡性,发达国家与发展中国家之间必然存在着各种矛盾和冲突,但无论是发达国家还是发展国家都需要通过国际合作来推动和保证其新媒体广告产业的全球化发展。而仅就从跨文化传播的角度来看,新媒体广告是各国进行文化传播、提升国家软实力甚至是坚持本土文化与融入世界文化相向不悖的重要渠道,新媒体广告规制的国际合作则能进一步加强和保障新媒体广告所具有的跨文化传播属性的内涵意义和真正价值,从而推动整个新媒体广告产业的有序的持续发展。

二、新媒体广告规制国际合作的渠道

互联网技术的发展、共同的传播目的和价值认知,使世界范围的各国新媒体广告规制能够相互包容、借鉴和吸收,并促进本国规制与国际上通行的规制相互衔接。同时,受全球化的影响,各国之间的经济依存度不断提升,各国政府和广告行业协会纷纷通过国际非政府组织来拓展新媒体广告自律规制的实践范围,并以此来推动全球性广告规制的形成。但需要着重指出的是,当今各国新媒体广告规制(无论是政府的他律监管还是广告行业的自律规制),相对而言还不健全和完善,在规制原则、规制内容、规制方法、规制执行等方面所展开的国际合作还远远不够,因而,加强和疏通新媒体广告规制国际合作的多向渠道对各国新媒体广告规制的建构和完善都具有重要的实践价值和理论意义。

1. 跨国公司创建新媒体广告规制国际合作平台

早在1983年,哈佛大学商学院教授列维特(Levitt)就已提出全球单一同质市场(single homogenous market)的构想,当代,伴随着新媒体在全球范围内快速发展和跨国公司的扩张,这一构想已渐渐成为现实。尤其是跨国公司的扩张不仅推动经济全球化进程,成为全球经济的基石,更推动新媒体广告在全球范围内活跃与创新,为新媒体广告规制国际合作创建了平台。

法国学者阿芒·马特拉在以法国为例分析欧洲广告国际化进程时,将欧洲国际化广告浪潮分为三个阶段。第一个阶段是20世纪50年代,这一阶段主要表现为来自美国的跨国公司大量进入法国市场,为了满足本国公

第八章 潮流与碰撞:新媒体广告规制与全球化及其文化冲突

司的营销需要,美国的广告公司随即进入法国市场,使法国面临"来自美国的挑战"。到20世纪70年代第二代国际广告时代开始,法国的广告公司开始参与跨国企业子公司的广告业务竞争,在广告业务等方面逐步开始国际化进程。在这两个时期,政府的规制主要从为了保护本地广告公司,逐渐转向认识"文化差异"并将文化因素纳入规制考虑的范围内。广告国际化发展进入到第三阶段,阿芒·马特拉将这个阶段称作"真正配得上网络和地缘战略参与者的称呼",意指在新媒体的条件下,广告可以不受空间和时间的限制进行国际化的发展,但同时如果要达到真正不受限制,必然需要广泛的战略合作。①

通过分析法国广告国际化发展历程,跨国公司在各国广告业务、广告规制等方面合作的平台作用就凸显出来。阿芒·马特拉《传播的世界化》一书成书于2002年,此时互联网广告迅速发展,移动互联和新媒体并没有充分发展,受时间限制作者在该书中并未详细论述"全球网络"的第三个阶段。但结合当下媒介发展情况,分析"全球网络"阶段,也就是新媒体广告阶段,跨国公司利用广告媒介技术取消了不同市场的地域特征,进而促进国际合作深化,各国都成为书中谈到的"地缘战略的参与者"。

陈阳在《全球传播》一书中谈到跨国公司和全球化关系时就明确提出,跨国公司对全球化的促进作用不仅局限于经济全球化当中,"当民族国家的政治、经济和文化壁垒阻碍跨国资本的活动时,打破这些壁垒就成为跨国公司的内在要求"②。伴随着经济的发展,我们进入到全球化时代以后,并不存在一个世界政府,负责对多国事务进行协调处理,而是需要依靠各国政府进行合作处理。毫无疑问,跨国公司是促进各国在规制领域合作发展的重要因素。

综合新媒体广告的媒介特征和跨国公司的发展需要,新媒体广告规制全球化进程受到跨国公司和互联网技术的双重推动力而不断深化发展。跨国公司通过推行母国规制,促进各国在规制层面展开国际合作,为新媒体广

---

① [法]阿芒·马特拉:《传播的世界化》[M],朱振明译,北京:中国传媒大学出版社2007年版,第86~89页。

② 陈阳:《全球传播》[M],北京:北京大学出版社2009年版,第154页。

告规制国际合作打造合作平台。

2. 新媒体广告规制方法的国际合作

规制方法是对规制价值观的具体化表达,各国新媒体广告规制方法是多样的,但在国际合作的过程中,有些方法逐渐被他国广泛接受。如技术规制、自律规制等规制方法在各国比较通行,成为新媒体广告规制国际合作深入发展的主要渠道之一,也是解决新媒体广告发展过程中产生的全球性问题的有效渠道之一。

(1) 利用技术手段实现规制方法层面的国际合作

在现行的新媒体规制方法中,通过技术规制这一层面来实现新媒体广告规制的国际合作是非常可行的方法之一。在新媒体广告发展的互联网空间中,技术一般不受空间的限制,也不受各国规制文化差异的影响,因此,全球传播的新媒体广告在技术层面可以实现及时、全面的监管与规制。新媒体广告技术规制的实现对于新媒体广告规制的作用如同《信息崇拜》一书中谈到的:"法律试图跟上技术的发展,而结果技术总是走在前头。"[1]尤其是新媒体广告本身的形式和可承载的内容都在发展过程中,要在现有规制内穷尽其内容和形式是不可能的,但如果能够恰当地运用好技术规制,就可以从一个侧面来推进新媒体广告规制的国际性合作。

新媒体广告技术规制可以参考并建立用于规制新媒体广告内容和形式的规制软件。如美国在1996年投入使用的"因特网内容选择平台"(Platform for Internet Content Selection, PICS)就是利用技术将互联网内容分为五级,其内容级别越高,就意味着其受到的规制和监管越严。而新加坡的"家庭上网系统"、韩国的"绿色网络计划"、日本的"FILTERing"以及我国2009年曾建议强制安装的"绿坝—花季护航"等过滤软件,就是通过将需规制的信息滤除以达到限制其传播的目的。新媒体广告技术规制可以建立关于广告内容或广告主信息的数据库,通过云端实时监控全球新媒体广告的内容或广告主的发布情况来实现规制的目的。但技术规制也会遇到各种问题。第一,广告区别于一般网络信息的发布,广告规制素来就是一个需

---

[1] [美]奥多·罗斯托克:《信息崇拜:计算机神化与真正的思维艺术》[M],苗华健译,北京:中国对外翻译出版公司1994年版,第177页。

第八章 潮流与碰撞:新媒体广告规制与全球化及其文化冲突

多部门共同管制的问题,要建立全球范围的技术规制软件,就要考虑需要多国能够开放多部门的数据以供监测。第二,技术规制的核心是先进的信息技术,如果技术规制成为主要的规制方法,那么就意味着信息技术发达的国家将会掌握全球新媒体广告规制的话语权,而欠发达国家就会进一步失去规制话语权,而导致借由新媒体广告的渠道使大量外来文化涌入而消解本国文化。

需要着重指出的是,新媒体广告既有规制的国际合作中较突出的、被多国普遍接受的规制方法是行业自律。广告行业自律是广告行业在行业协会等非政府组织的影响下,以自我管理与规制为主的规制方法,自律也是许多国家传统的广告规制方法,并沿用至新媒体广告规制当中,由于新媒体广告发展的全球性,更使行业自律成为各国普遍采取的规制方法。

(2)国际非政府组织推动各国行业间自律合作

在频繁增加的国际交流中,国际非政府组织在推动国家间交往、规范跨国企业经济行为、协调国际冲突等各方面具有积极的正面推动作用,在新媒体广告规制领域也持续积极正面推动各国国际合作深入发展,是新媒体广告规制全球化的重要影响力量之一。

回顾世界广告发展的历程就会发现,国际非政府组织一直在推进和敦促世界各国在广告发展和规制领域展开合作。从 20 世纪 20 年代开始,伴随着美国跨国公司海外投资的增多,美国广告公司开始在全球范围内展开业务,尤其是欧洲和拉丁美洲;同时英国和法国的广告公司也开始在国际市场上开展业务。伴随着广告公司业务全球推进,国际非政府组织作为行业发展和规范的力量也逐渐崛起。1924 年,英国广告协会和美国广告行业相关协会开始联合,至 1938 年,国际广告协会(IAA)在纽约成立,该组织致力于保护广告行业中广告公司、广告主和广告媒介三类主体的利益。国际广告协会成立后,致力于督促全球广告行业遵守由国际商会制定的《广告操作国际规范》(Code International des Pratiques Publicitaires),该规范是国际商会制定的广告行业职业道德规范,"它负载的自我调节—自律思想和通过公共权力措施进行控制的理念相反,这一思想激励着这些组织在国际市场上进行渗透。与这些思想一起,还产生了另一种联系民主和民主市场、公民表达自由与'商业表达自由'、自由本身与商品自由流通的思想"[①]。可见在广告活动国际化和全球化的初期,国际非政府组织就开始介入国际化广告活动,推动广告规制方面国际合作的深化。

在新媒体背景下,国际非政府组织也推动各国于规制层面深入合作,例如,世界广告主联合会(WFA)在2009年7月3日批准了关于全球在线广告自律规范的报告。该报告由美国广告主协会、美国直销协会、美国广告公司协会、美国交互广告局和商誉促进局共同提议起草。世界广告主联合会总管Stephan Loerke评价该规范时认为该规范不但是美国的,也应该是全球的。可见,国际非政府组织针对全球范围内新媒体广告规制展开自律规范的起草和推广,推动全球各国展开规制层面的国际合作。在欧洲,从欧洲广告标准联盟(EASA)创建至2010年,它已经在全球范围内推广了其所设计的广告行业自律规范。通过国际非政府组织的这些活动,为世界各国国际合作提供规制范本和参考方法,引导新媒体广告跨国规制开展,推广其具有多国共同性的规制标准,来推进其新媒体广告规制国际合作。

新媒体广告他律依靠各国不同的法律法规体系展开,要在他律体系中展开深入广泛的国际合作难度较大,国际非政府组织则以推动新媒体广告自律体系的国际合作、引导各国行业协会等组织参与论坛和国际会议等活动来积极推动自律规制层面的合作。非政府组织对行业发展具有技术指导作用,并且行业协会或论坛在本行业跨国交流当中更加便利,通过国际非政府组织的活动,各国可以在协商和交流的基础上更好地推进新媒体广告规制层面的国际合作。

需要着重指出的是,新媒体广告规制的制定与执行在任何一个国家都需要多个部门或不同层面来共同协调。不论是以他律体系为规制主导的法国、德国及我国,还是以自律体系为规制主导的美国、日本等国,新媒体广告规制都牵扯到不止一个部门,所以单纯的行业自律或完全靠政府立法(他律)都很难满足新媒体广告规制的需要。完全的自律虽然注重公平和竞争,但有些问题例如虚假广告信息、用户隐私问题等确实需要法律规制明确行

[①] [法]阿芒·马特拉:《传播的世界化》[M],朱振明译,北京:中国传媒大学出版社2007年版,第63~64页。

第八章 潮流与碰撞:新媒体广告规制与全球化及其文化冲突

为的界限。以美国为例,近年来联邦贸易委员会(FTC)编制的《互联网广告和营销规制手法》就充分体现出法律规制与自律规制的协调发展。当然,法律规制能够明确新媒体广告的行为界限,却很难在技术进步的快速和立法的滞后之间取得平衡,而往往需要借助行业自律的力量。以我国为例,2007年6月中国广告协会互动网络委员会成立,紧接着出台了《中国互动网络广告行业自律守则》,该守则依据互联网广告的特点,敦促网络广告发布实名制、第三方网上权威认证机构的发展,更进一步维护新媒体广告行业的良性有序发展。所以,在新媒体广告规制过程中各国都注意法律规制和自律规制的互动与互补的有机结合。

3. 新媒体广告内容规制的国际合作

在新媒体广告内容规制层面,尽管各国因国情与文化传统的不同而表现出许多差异,但从总体上看,各国新媒体广告内容规制的目的、涉及规制的内容仍具有诸多共同性,这是新媒体广告内容规制成为规制国际合作的又一共识领域。

各国新媒体广告内容规制的共同目的主要是保护消费者利益和规范广告行业秩序。从这一共有原则出发进行新媒体内容规制的国际合作,涉及三部分内容,一是深化各国共有的广告内容规制领域,如有关虚假广告、比较广告(不正当竞争)、针对特殊群体(少年儿童)的广告等内容;二是各国由互联网规制延伸至新媒体广告规制中的共有内容,如消费者隐私保护、垃圾信息等内容;三是由于新媒体广告在内容上出新不穷,对于新媒体广告内容认定亦是国际合作的重要方面。

(1) 各国规制体系中共有的广告内容。各国新媒体广告规制的广告内容当中,虚假广告一直都是规制的重点内容。尤其以新媒体作为开放的信息发布平台,每个人都可以自由发布信息,互联网信息内容监管困难,发布主体具有多样性、不确定性以及多向互动的特点,使新媒体广告信息在发布过程中可以被多人修改并重新上传,所以新媒体广告当中的虚假信息就成为主要的规制内容。法国早在1963年就以法律的形式对虚假广告进行规制,到1984年欧盟法规中进一步确认了关于禁止虚假广告的内容。我国除了在现行的《广告法》当中对虚假广告有明确规定以外,也在2015年9月1日实行的新版《中华人民共和国广告法》第28条中明确、细致地界定了虚假广告的内容。美国对虚假广告的规制一直是广告规制的重点,在《联邦贸易委员会法》和各类自律组织如全国广告审查管理委员会(NARB)和美国诚信营养品协会(CRN)均有关于禁止虚假、欺骗广告的规制内容。① 此外,各国普遍都将特殊人群(尤其是儿童)和比较(不正当竞争)等广告内容纳入监管与规制的范围中,各国规制中针对这些广告内容的共识就成为开展新媒体广告规制国际合作的一个共识领域。

(2)互联网规制延伸至新媒体广告规制中的共有内容。新媒体广告规制涉及的内容相当一部分是由新媒体发展过程中自然产生的,例如消费者隐私保护和垃圾信息问题。由于新媒体广告具有精准投放的特点,这一特点也使消费者隐私与垃圾信息等问题由互联网规制延伸到新媒体广告规制当中。德国在1997年就通过《多媒体法》,该法被誉为"全球范围内在网络这个未来型产业中的立法先驱"②,该法确立的5个中心原则中就包含了保护公民个人数据的原则。2006年法国通过《信息社会法案》,在共同管制(co-regulation)规制理念下,争取在人们获得信息和保护隐私之间取得平衡,该法案延伸至新媒体广告规制当中,就成为通过保证人们"安宁权"来规制大量出现的邮件和垃圾信息。我国新修订的《广告法》第44条明确规定:"利用互联网发布、发送广告,不得影响用户正常使用网络。在互联网页面以弹出等形式发布的广告,应当显著标明关闭标志,确保一键关闭。"③日本也格外重视消费者个人隐私的保护,2000年9月,日本高度信息通信网络社会推进战略本部设置了"个人信息保护法制化专门委员会",2003年通过了《关于个人信息保护基本法大纲草案》,采取他律规制与自律规制相配合的方式保证消费者的隐私,2004年更是将消费者保护更改为消费者支援,将广告规制纳入到《消费者基本法》中。美国2003年12月16日颁布了《2003年控制未经请求的侵犯性色情和营销法》,即《2003年反垃圾邮件

---

① 《联邦贸易委员会法》中第5条、第12条涉及虚假广告和欺骗性广告的条款,相关条款可以在 http://www.ftc.gov/bcp/policystmt/ad-decept.htn 网页查询 FTC POLICY STATEMENT ON DECEPTION 相关条款。

② 唐绪军:《破旧与立新并举,自由与义务并重——德国"多媒体法"评介》[J],《新闻与传播研究》,1997年,第3期。

③ 《中华人民共和国广告法》第三章第44条。

第八章 潮流与碰撞:新媒体广告规制与全球化及其文化冲突

法》,该法案主要针对商业电子邮件(电子邮件广告),从概念界定到不法行为的处罚都进行了详细的规定。这一法案对于全球消费者隐私保护和反垃圾邮件都具有借鉴意义。① 新媒体广告的发展,使几乎全球的消费者都受到过这样的信息轰炸,在针对新媒体广告内容当中涉及的消费者隐私保护的内容规制是各国共有的内容规制领域,也可以成为新媒体广告规制国际合作的重要领域之一。

(3)新媒体广告的内容认定。新媒体广告内容具有隐蔽性和不确定性,不确定性来源于信息通信技术的快速发展,如病毒视频、存在于社交媒体的原生广告、传统媒体与新媒体融合的新形式广告;隐蔽性表现在大量植入广告以及基于社交媒体的内容营销。新形式的广告内容不断出现,为新媒体广告规制过程中确认新媒体广告内容带来挑战,针对新形式的新媒体广告,如何确定新形式的内容也是新媒体广告内容规制国际合作的一部分。

三、新媒体广告规制国际合作的隐忧

伴随着各国新媒体广告规制在价值观与规制方法方面的趋同发展,以及在内容规制方面的国际合作,新媒体广告规制的全球化趋势明显。在国际合作逐步深入中,许多矛盾亦随之显现。发达国家希望通过自身已有的技术与先发优势,借由其跨国公司及国际非政府组织的经济活动和文化渗透来掌控全球新媒体广告规制的话语权和主导权。而发展中国家或欠发达国家则希望紧跟新媒体时代步伐,通过国际合作积极发展自有的新媒体有关产业,以期在包括新媒体在内的世界新一轮信息技术革命浪潮中获得自我发展机会和主动权。由此,发达国家与发展中国家在新媒体广告规制全球化过程中的合作、矛盾和博弈自是顺理成章的。

对跨国公司而言,新媒体广告规制通过国际合作带来的全球化发展无疑减少了跨国公司利用新媒体进行广告活动的政策障碍,使跨国公司能够充分利用新媒体面对全球市场进行营销信息传播。从新媒体广告自身发展的角度来看,规制全球化也为跨国公司在全球范围内的发展突破有关障碍并成为其快速发展的保障。但广告活动从来都不是单纯的经济活动,通过

---

① 张化冰:《互联网内容规制的比较研究》[D],北京:中国社会科学院,2011年。

新媒体广告传播的也不仅仅是商业信息,无论通过何种媒体,广告都是在传递商品信息的同时也承载着文化传播的客观作用。任何广告都是将商业信息借由文化符号来传递文化信息乃至文化价值观的。

在新媒体广告发展过程中,以美国为代表的西方发达国家掌握着信息技术、经济优势,又通过资金赞助、技术援助等手段渗透、影响或参与国际非政府组织活动,并借助国际非政府组织来影响新媒体广告全球问题的解决等,已经形成强势文化。与发达国家相比较,发展中国家或欠发达国家因为信息技术的落后,在信息传播中处于劣势,致使本国文化成为全球文化交流当中的弱势文化。从跨文化传播的角度看,新媒体广告国际合作在客观上无疑为强势文化带来了无障碍的传播环境,也为发达国家打开了借由新媒体广告传播强势文化和本国价值观的一片坦途。

与其他文化传播形式相比较,广告具有借传递商业信息来潜移默化传递其文化与价值观念的特殊功能,尤其是在消费文化与时尚文化风靡全球的今天,全球消费者都在自觉或不自觉地接受着林林总总的商业广告信息。如同麦克卢汉在《理解媒介》当中描述的,"从理想的效果来说,广告的目标是实现人的一切冲动、愿望和努力地程序化的和谐"[1]。

与传统媒体广告相比较,新媒体广告技术受到全球消费者的追捧和认可,人们通过使用互联网,接受强势文化倡导的生活方式和价值观念。在技术以外,新媒体广告通过广告内容塑造"新的价值观念、引导公众的价值需求,帮助社会营造一种良性的文化空间"[2],在这一文化空间当中,强势文化自然引导着全球消费者自觉或不自觉地接受着其隐性传播的价值观念和文化理念。

通过国际合作推动新媒体广告规制的全球化,是人类发展的共同利益和技术发展的前景所要求的。由是,广告规制的全球化在为新媒体广告打造成各国跨文化交流的新便利平台和推动新媒体广告技术快速发展的同时,我们也应清醒地意识到,规制全球化也会使发达国家更强势地在全球推

---

[1] [加]马歇尔·麦克卢汉:《理解媒介——论人的延伸》[M],何道宽译,北京:商务印书馆2000年版,第283页。
[2] 陈培爱、岳淼:《广告的跨文化传播与文化安全》[J],《湖南大众传媒职业技术学院学报》,2006年,第2期。

第八章 潮流与碰撞：新媒体广告规制与全球化及其文化冲突

行其文化与价值观,并最大限度地攫取全球范围内的经济、政治和文化利益,对欠发达国家新媒体广告规制和自身文化特点的保存都构成威胁,可以说新媒体广告规制国际合作是推动新媒体广告良性发展的保障。但同时也为发达国家在全球事务中攫取更多规制话语权、推广自身文化埋下了伏笔,可以说它是一面双刃剑。

第三节 新媒体广告规制在全球化中的文化冲突

全球化是当今世界发展的主旋律,各国都在国际合作中不断推进全球经济、政治和文化一体化进程,然而,全球化一直是一个有争议的领域,在分析全球化带来经济发展、技术普及等方面进步时,全球化带来的负面效应也暴露出来。戈尔丁(Golding)曾指出:"伴随着媒介依赖而来的潜在影响并不只限于信息内容的文化或意识形态,也牵涉专业标准与实践,包括媒介伦理及新闻价值。"[1]尤其是在文化全球化领域,为了本国文化不被他国文化侵蚀和替代,都会利用有利手段抵制他国文化入侵,形成文化冲突。在文化冲突中,发达国家通过掌握技术和规制话语权向欠发达国家传播本国文化,而欠发达国家由于缺少技术和规制的优势,面临本国文化被同化的文化危机。在新媒体广告规制领域,由于发达国家和欠发达国家的新媒体技术悬殊明显,导致新媒体广告规制全球化发展中文化冲突更加明显。

对于新媒体广告发展而言,规制层面的文化冲突并不一定是新媒体广告发展的阻碍因素,文化冲突往往会促进各国新媒体广告规制进一步深化合作。在新媒体广告规制领域中文化冲突通常表现在规制价值观、规制体系和内容规制三个方面。从新媒体广告规制发展的视角看,规制融合与冲突是互为一体的,都是促进新媒体广告规制发展的必要过程。但各国在新媒体广告规制方面的冲突——作为一种制度文化的冲突,也暴露出全球化当中的文化冲突是发达国家与欠发达国家之间规制权博弈的必然过程。

---

[1] [美]丹尼尔·麦奎尔:《大众传播理论》(第五版)[M],崔保国、李琨译,北京:清华大学出版社2010年版,第204页。

一、新媒体广告规制全球化的文化冲突

冲突,尤其是文化冲突,是在人类交流过程中的一种经常表现,汀·图梅(Stella Ting-Toomey)从跨文化传播角度将文化冲突定义为:"来自两个或多个文化的群体,对于独立或相关联的问题,在价值观、预期、进程或是结果上所认为的或是事实上的分歧。"[①]文化冲突产生源于文化差异,也与文化融合相伴而生。新媒体广告规制全球化的文化冲突一部分来源于本国文化固有的与他国文化的差异性,另一部分是因为新媒体广告规制全球化过程中"一个国家试图推行自己的价值观或将其强加给另一文明的国家时展开的冲突"[②],也就是因为发达国家文化霸权所形成的一种冲突。

1. 新媒体广告规制价值观的冲突

规制价值观带有强烈的社会性与文化传统特点,新媒体广告规制价值观的形成不仅受到新媒体技术的影响,也受到本国传统文化和传统法律价值观的影响。新媒体广告规制是各国现有广告规制体系的一部分,而规制价值观更多地继承和延续了本国法律价值认识的传统。法律价值观的形成是一个漫长、受多因素影响的结果,其中文化起源、经济发展、社会历史因素及对个体行为规范方式的差异都会导致各国法律价值取向的差异。

如美国新媒体广告规制价值观就秉承了"少干预,重自律"[③]的传统法制价值观;法国新媒体广告规制价值认识则更多建立在言论自由、减少干预的价值认知上。而东方国家如中国、新加坡等亚洲国家,则多在新媒体广告规制价值认知方面延续了对个体责任和道德的要求,在新媒体广告规制价值认知过程中重视对本国和亚洲文化的传统价值观。

即使是在每个国家都积极参与全球化发展过程的今天,文化的封闭性以及传统法律价值观还是明显地表现在各国新媒体广告规制价值观当中,

---

① S. Ting-Toomey,"Managing Intercultural Conflicts Effectively", *Intercultural Communication*(1994),转引自拉里·萨墨瓦:《跨文化传播》(第六版),北京:中国人民大学出版社 2013 年版,第 318 页。

② [美]塞缪尔·亨廷顿:《文明的冲突与世界秩序的重建》,周琪等译,北京:新华出版社 2010 年版,第 185 页。

③ 张化冰:《互联网内容规制的比较研究》[D],北京:中国社会科学院,2011 年。

第八章 潮流与碰撞:新媒体广告规制与全球化及其文化冲突

导致新媒体广告规制价值观在全球化过程中的冲突。这种来自于固有差异的文化冲突是切实存在的,正是这种差异性的存在,才使法律文化呈现出全球多样化发展的态势。但相信伴随着新媒体广告的发展和人类共同利益的拓展,这种差异和冲突会逐渐变化,毕竟规制是以新媒体广告本身的发展为基础的。

然而新媒体广告规制价值观冲突不仅于此,在新媒体广告规制的国际合作过程中,发展中国家或欠发达国家由于其经济和信息技术不占优势,而不得不接受发达国家的规制价值观,从而造成各国规制价值观全球化过程中的文化冲突,这种冲突被社会学家称作"文化帝国主义"。面对发达国家规制价值观的输入,发展中国家或欠发达国家往往采取抵制态度,如新加坡新闻与艺术部(MITA)曾明确表示其对新媒体广告内容的审查原则就是为了保存传统的亚洲价值观,显然这就会造成新媒体广告规制全球化当中的文化冲突。

一国法律价值观的形成有赖于其经济与社会的长久发展,根源于各国传统法律价值观差异所带来的规制冲突,但由于规制霸权而产生的规制全球化的冲突,则要求各国在新媒体广告规制的形成过程中占据平等位置才能够减少冲突。很显然,现在互联网信息技术的发展和跨国公司的分布与运行,都很难在全球范围内呈现出平衡发展状态。既然平衡不存在,冲突就不可避免,而且对于无国界发展的新媒体广告,发达国家对有关规制的话语霸权,这一方面值得发展中国家或欠发达国家在规制国际合作当中警惕,另一方面对于全球范围内新媒体广告的有序良性发展也无益处。

2. 新媒体广告规制体系的冲突

在全世界范围内,现有的广告规制体系有两种模式——自律主导型与他律主导型(或谓国家主导型)。自律主导型是指以行业自律为主,国家监管、社会监管为辅的广告规制体系,通常以美国为代表。美国广告行业自律组织结构完整,具有完备的自律体系,与广告规制相关的自律组织主要有:商业促进局(Better Business Bureau,简称 BBB)、美国国家广告审查委员会(National Advertising Review Council,简称 NABC)、美国广告代理商协会(The American Association of Advertising Agencies,简称 4A)、美国广告联合会(America Advertising Federation,简称 AAF)、全国广告主协会

(Association of National Advertisers，简称 ANA)等。美国针对新媒体广告规制的非政府组织主要有：互联网广告局（Internet Advertising Bureau，简称 IAB)、无线广告协会（Wireless Advertising Association，简称 WAA)和网上隐私权协会（Online Privacy Association，简称 OPA）等。由于新媒体广告的特殊性，在自律规制以外，针对垃圾邮件、电子广告隐私保护和未成年人在线信息保护等内容都有严密的法律制度，在自律规制以外也有作为辅助的法律制度和国家社会规制。

另一种规制模式是他律主导型（或谓国家主导型），即指政府监管为主，行业自律和社会监管为辅的广告规制模式，这种规制模式一般都是通过制定完善、严格的法律规制，对于广告内容或广告活动依法进行审查和严密监督，并由法律规定一系列的惩罚措施，以政府立法为中心而建立以国家主导的广告规制模式。[①] 国家主导型规制模式以法国、德国为最具代表性。法国拥有较完备的传统广告规制体系，在许多方面堪称最严格的广告规制，针对新媒体广告的发展，法国在沿用原有广告规制的基础上，根据新媒体广告发展的特点，对原有法条进行修订，使原有规制符合新媒体广告规制的需要。与法国相类似使用国家主导型的规制模式并不是少数，这种模式以国家立法进行规制为主，社会监管和行业自律是辅助性的。

新媒体广告规制过程中，各国家采取不同的规制体系是由该国的法律传统延续而来，也就是说以自律主导型国家或以他律主导型国家在新媒体广告规制过程中一般仍旧会延续原有的规制模式。新媒体广告规制全球化发展过程中，自律规制体系的国际合作在各国行业协会当中相对容易展开，但要在各国之间形成相同的法律规制内容，从法律全球化发展的过程来看，要制定针对新媒体广告规制的"世界法"来规制新媒体广告发展出现的全球性问题显然是不可能的，所以在两种模式之间必然存在冲突。虽然各国针对新媒体广告这一不断发展变化的事物，已经围绕着自律规制展开国际合作，并且伴随着经济全球化的纵深，各国立法也在相互影响，但在规制全球化过程中，两种模式的本质区别必然会带来文化冲突，更何况在国家主导型（他律主导型）的国家发展自律规制体系，或在自律主导型的国家开展立法

---

① 杨紫烜主编：《经济法》(第五版)[M]，北京：北京大学出版社 2014 年版，第 256 页。

第八章 潮流与碰撞:新媒体广告规制与全球化及其文化冲突

监管都会形成与现有规制之间的文化冲突。

3. 新媒体广告内容规制的冲突

新媒体广告内容规制是规制领域中的重点部分,内容规制既是规制全球化的主要合作领域,也是冲突产生的主要方面。就广告内容而言,不论是新媒体还是传统媒体,都需要在表达产品、品牌、服务等信息的基础上,运用文化要素将更丰富的理性或感性信息传递给消费者,并希望与消费者产生共鸣,通过这种文化的共鸣使消费者对广告主的品牌、产品或服务产生区别于竞争对手的印象。但当同一条广告信息在全球范围进行传播时,不同国家的内容规制就会形成文化冲突。新媒体广告内容规制冲突表现为一些广告信息在一国是合法的而在另一国却不合法,其原因主要是各国根据自身文化传统,对新媒体广告发布的信息类型、内容各有规制。

新媒体广告规制的广告内容包括虚假广告信息、不公平竞争广告以及商业诈骗等内容、针对特定商品及特殊消费群体的广告,以及新媒体广告发展所涉及的消费者隐私权保护等问题。在新媒体广告内容规制方面,许多内容是可以通过国际合作推动规制全球化发展的,但其中也有许多内容在各国之间存在规制差异,为新媒体广告规制全球化发展带来冲突。

内容规制冲突一方面表现在针对特定商品的广告规制当中,各国规制的特定商品各有不同,例如法国针对酒类广告进行严格的规制,其中包括限制酒类广告发布的媒介,限制广告刺激或吸引消费者(尤其是未成年人)并完全禁止酒类的间接广告。[①] 针对酒类产品广告的内容规制差异,在各国之间构成广告规制中的冲突,诸如这样的冲突也广泛存于其他产品当中,各国由于经济发展的需要和传统文化的差异,针对不同的特定产品对广告内容进行规制,而各国之间规制的特定产品不同,就构成新媒体广告规制全球化发展中的冲突。

另一方面规制冲突也表现在新媒体广告的表现内容和运用符号当中,是一国传统文化封闭性和稳定性的表现。这样的冲突包括,德国广告内容规制中禁止关于纳粹符号、文字等内容出现;法国网络广告规制中有对强制使用法语的要求;日本广告规制中则要求针对容易使消费者联想到性的广

---

① 朱一:《法国网络广告规制研究》[J],《广告大观》(理论版),2011年,第2期。

告表现内容加强自律规制等。针对广告表现内容和运用符号的规制看似是规制当中的细枝末节,却集中表现了各国传统文化在广告内容与符号中呈现的特性,在新媒体广告全球传播过程中忽视这样的细节往往会削弱广告效果,同时这样的规制冲突也很难通过国际合作来减少。

再一方面,新媒体广告仍处于发展过程中,在广告内容方面具有一定的待发展性,就目前新媒体广告发展的情况来看,存在着大量隐性广告,例如当下在社交媒体广告中发展迅速的内容营销、原生广告以及植入式广告。新媒体广告的形式不确定性的出现使新媒体广告内容规制全球化发展面临更复杂的情况,不仅因为各国就新媒体广告内容的界定存在分歧,而且各国如何就这些内容进行规制方面,在存在进一步国际合作可能的情况下,也同样存在着一定冲突的可能。

由上,在各国新媒体广告规制合作的过程中,矛盾和冲突不断发生,在这些矛盾和冲突中即由固有文化差异所形成的冲突不可避免。然而基于原生文化的冲突往往发生在国际合作多的领域,基于文化多样性的冲突并不会绝对有碍于新媒体广告的发展,这些冲突伴随着新媒体广告的前行也会呈现出动态的发展过程。但由发达国家规制话语霸权导致有关规制的冲突,这些冲突不仅有碍于各国之间有关新媒体广告规制的拟定与执行机制的合作,也阻碍了新媒体广告在全球良性有序的发展。

二、西方发达国家广告规制的话语霸权

1. 经济话语权作为制定规制的基础

经济全球化发展是伴随着跨国公司全球扩张展开的,跨国公司面对全球市场整合资源,将全球视作一个整体来进行投资、生产和营销传播,在全球范围内已渐渐发展成为实力不容小觑的经济行为体。从规模上来看,跨国公司已形成跨国界的规模,罗伯特·吉尔平(Robert Gilpin)将这种规模描述为:"它拥有的资源远远超过大多数国家,它们所覆盖的国土面积和运营范围比有史以来任何帝国的形势更浩瀚。"[1]从影响力来看,跨国公司不仅

---

[1] [美]罗伯特·吉尔平:《国际关系政治经济学》[M],杨宇光译,北京:经济科学出版社1989年版,第262页。

第八章 潮流与碰撞:新媒体广告规制与全球化及其文化冲突

将先进的技术、管理模式由母国带入东道国,甚至将母国文化、规制体系进行全球扩散,影响力已从经济领域延伸至文化领域。跨国公司以业务分工的标准进行全球分工,变不同国家的生产与合作为公司内部的业务分工与合作。而随着跨国公司逐渐扩张,经济全球化程度加深,各国为了获得全球经济发展的机会而纷纷迎合跨国公司的分工,使跨国公司掌握了全球经济发展的话语权。甚至于苏珊·斯特兰奇(Susan Strange)从结构性权力理论出发,认为跨国公司拥有的权力已超越经济领域,"最有经济权力的是一些已经建立了自己的权力层次和控制网络的公司或国家企业,通过这些层次和网络,它们做出主要是政治性而不是经济性的决策"[①]。

跨国公司看似是一个超越国家的经济体,尤其是全球性公司的出现,跨国企业在全球经济当中独立性和超国家特点更是突出,然而,跨国公司在生产和销售领域涉及的国家再多,跨国公司与其注册国(跨国公司的母国)之间的联系也是不能断裂的。在经济利益方面,跨国公司活动受到母国规制的制约,与母国利益保持一致,在资源配置方面,跨国公司整合全球资源生产,面向全球销售,而大量的利润则流向母国,跨国公司活动的这一特点被许多学者总结为:资本流向世界,利润流向西方。发展经济是当今世界的主旋律,发达国家通过跨国公司的活动占据了全球经济发展的主动权,同时,跨国公司将母国先进技术、管理模式、文化价值观等向全球传递。

在信息技术发展过程中,信息技术服务业成为全球经济新的增长点,新媒体广告行业就属于信息技术服务行业,而许多大型跨国媒体集团与广告公司早已涉足新媒体广告领域,也掌握着该领域经济发展的主动权。另一方面,新媒体广告与跨国公司的发展密切相关,新媒体广告是跨国公司进行全球营销传播的有利手段,其发展与跨国公司的活动密切相关。

规制作为上层建筑,深受经济基础的影响。新媒体广告规制就受到全球经济发展和新媒体广告行业发展的影响,跨国公司在全球经济发展中占据核心的位置,发达国家通过跨国公司的活动也掌握了全球经济领域的话语权,这都为发达国家向全球推行其新媒体广告规制的价值观、规制体系、内容规制等做好了准备。发达国家在全球经济发展中获得话语权是获得新

---

① 王逸舟:《当代国际政治析论》[M],上海:上海人民出版社1995年版,第25页。

媒体广告规制话语权的基础。

2. 信息技术话语权作为制定规制的手段

依托信息和通讯技术（Information and Communication Technologies，简称 ICTs）发展的互联网是近现代国际社会最具意义的成果，互联网技术的开创、应用和普及是由美国开始向全世界传播并发展的。互联网技术极大地提升了信息传递的数量和速度，并降低了信息生产和消费的成本，使信息得以在更广阔的范围内传播。互联网的发展是跨国公司发展和经济全球化的技术基础，其本质特征是利用技术手段逾越了地理距离和国家界限，在国界线以上创造出一个依托技术而形成的无国界的数字空间。数字空间的发展已经远远超越了技术本身的意义，通过互联网技术，全球产业结构、经济增长方式都有所转变，而且信息已成为一国发展的资源，也形成了一个国家的信息疆域。

互联网发展由美国起源，随后英、法和日本等发达国家也迅速加入互联网发展的过程中，以美国为代表的发达国家在互联网发展过程中占据互联网技术发展的核心位置，拥有信息技术话语权。对于发达国家而言，信息话语权表现为美国等传统发达国家掌握着领先的互联网技术，并利用知识产权保护办法将领先技术予以保护。美国在乌拉圭回合谈判中促成的《与贸易有关的知识产权协定》（TRIPs）当中，"把知识产权的国际保护标准提高到能充分实现发达国家利益的程度，却无视发展中国家经济技术的实际"[1]。发达国家对尖端技术的保护，使欠发达国家信息人才培养困难，信息创新能力受限，在技术上更加依赖于发达国家。例如互联网域名分配、互联网协议有关的参数等都掌握在发达国家手中。如同世界银行发布报告所表示的："缩小知识差距不是轻易就能完成的，由于高收入工业国永远都在不断拓展知识疆域，因而发展中国家所追赶的是变动着的目标。实际上，比知识差距更大的差距是构建知识的能力。"[2]

新媒体广告依托互联网技术的发展，发达国家占据信息技术霸权就等

---

[1] 申琰：《互联网的国际博弈与合作研究》[D]，北京：中共中央党校，2009年。
[2] 世界银行：《1998/1999年世界发展报告》[M]，北京：中国财政经济出版社1999年版，第2页。

第八章 潮流与碰撞:新媒体广告规制与全球化及其文化冲突

于掌握了新媒体广告发展的优先权,而欠发达国家则只能跟着或依靠发达国家的技术来发展自己的新媒体广告。就现在新媒体广告发展的状况来看,新媒体广告规制话语权与信息技术的话语权息息相关。新媒体广告规制过程中广告内容与形式的界定、规制方法等都依赖于信息技术,占据信息技术话语权就等于占据了制定新媒体广告规制的优势权。

3. 国际事务话语权作为制定规制的支撑力

与传统广告规制相比较,新媒体广告规制的对象是在全球范围内在新媒体上所经营与运作的广告传播活动,往往面对的是全球性的问题,规制领域的各种问题除了有关国家的法令法规之外,还都需要国际组织(包括非政府组织)的参与与协调。美国既是互联网技术起源国和发展优势国,同时美国互联网和广告规制具有自律规制的传统,所以美国在互联网规制发展之初,就着手倡议成立了一系列的国际组织来推动跨国规制方法的发展,一些国际非政府组织也在新媒体广告规制全球化发展过程中起到了作用。例如在互联网规制发展当中起作用的互联网协会(Internet Society,简称ISOC)、互联网名称与数字地址分配机构(Internet Corporation for Assigned Names and Numbers,简称ICANN)、涉及广告规制领域的世界广告主联合会(WFA)、广告信息集团(Advertising Information Group)、国际广告协会(International Advertising Association,简称IAA),等等。这些国际非政府组织多是由美国等发达国家倡导成立的,总部也多设在发达国家,这些国际非政府组织在新媒体广告规制全球化发展过程中通过提供技术发展建议、规制自律体系建立的指导性意见等对各国新媒体广告规制的发展和国际合作都具有指导和促进意义。

发达国家与国际非政府组织关系紧密,不仅表现在国际非政府组织通常是由发达国家所倡导建立的,还表现在发达国家不断向国际非政府组织渗透,其主要方法是提供资金赞助、技术支持和人员教育等,国际非政府组织还面向全球针对新媒体广告技术的发展和规制问题进行深入研究,尤其是针对信息技术向欠发达国家延伸与发展进行深入研究。国际非政府组织特别是通过诸多国际活动,在新媒体广告规制国际事务当中极力推广本组织倡导的规制原则、规制方法,在各国之间倡议和游说,以及针对新媒体广告发展和规制进行人才的培养与特殊项目开展研究,并借由国际非政府组织向欠发达国家推广发达国家新媒体广告规制的原则、方法,还通过渗透国际非政府组织,在新媒体广告规制领域获取更多的规制话语权和影响力,来将本国规制的诸多理念、内容和方法传递给其他欠发达国家。

西方发达国家由于其经济发达、信息技术与国际事务中占有优先话语权,故在新媒体广告规制全球化发展当中积极推广本国的规制价值观,是造成规制全球化冲突的主要原因。这种冲突虽然出现在新媒体广告规制领域,却表现出全球化发展中的文化领域的冲突。

三、欠发达国家新媒体广告规制的文化危机

西方发达国家在规制全球化过程中希望获取新媒体广告规制的话语权和主导权,而欠发达国家则希望在全球化过程中保留本国文化特色,争取一定的规制话语权和主动权。这种博弈带来的冲突,表面上是围绕着新媒体广告规制展开,实际上却是发达国家和欠发达国家跨文化传播过程中的文化冲突,发达国家所掌握的话语权已成为消解欠发达国家话语权的霸权。对欠发达国家,这种话语霸权已经形成对本国文化的威胁,构成欠发达国家新媒体广告规制中面临的文化危机。伴随着新媒体广告活动的进一步全球化,这种文化危机会进一步影响本国文化,使本国文化在数字疆域中进一步被消解,对于发展中国家或欠发达国家,这种文化危机需要真正警惕。

1. 欠发达国家规制价值观受到消解

在全球范围内,由于新媒体广告具有技术依赖性强、跨国界发展及正处在创新发展期等特点,使新媒体广告规制还处于发展时期且还远没有成熟,仍需要各国之间的通力合作,同时各国在新媒体广告规制的形成过程中也具有广泛的合作空间。但是规制层面的国际合作不同于经济和技术层面的国际合作,由于规制(尤其是他律规制)属于政府监管的一部分,牵涉各个国家的主权事务。如同朱景文教授所言:"所谓的法律全球化并不是在一切法律领域都发生,在其他领域,法律仍然受到国内的经济、政治和文化条件的制约,是主权国家意志的体现。"[1]尤其是新媒体广告活动作为当代主要的跨文化传播和交流活动备受各国政府重视,在新媒体广告规制过程中对本土

---

[1] 朱景文:《法律与全球化——实践背后的理论》[M],北京:法律出版社2004年版,第69页。

第八章 潮流与碰撞:新媒体广告规制与全球化及其文化冲突

传统法律价值观和传统文化的保护是相当必要的,包括我国在内的许多国家都在广告规制中强调本国文化传统的保持。

新媒体广告规制全球化是属于法律全球化发展的一部分,按照公丕祥教授对法律全球化的描述,法律全球化应当是一个动态全球重构的过程,这一过程是向着人类共同认知的法律价值双向影响互动的过程,也就是发达国家与欠发达国家相互影响,共同发展以摆脱"由于特殊性而带来的狭隘性,适应全球的普遍性而获得全球范围内的比较现代性法制的过程"①。而不是也不应当是由于经济和技术发展水平导致话语权缺失,而使欠发达国家不得不接受发达国家的既有规制和发达国家强加的普世价值观,亦不是也不应当用发达国家的规制价值观来改变欠发达国家新媒体广告的规制价值观、规制体系和确定需规制的广告内容等。

从文化研究的视角来分析,就是"西方发达国家基于优势的信息技术条件,运用经济全球化与所谓民主政治的力量,宣扬和普及自身文化的种种价值观、行为模式、制度和身份等,以达到重塑其他国家人民的价值观、行为准则、制度和身份,以使其服务于自身利益的一种文化策略"②,在规制领域忽视发达国家文化帝国主义的蔓延,不仅会消解传统的规制价值观,失去规制话语权,还会在更广泛的文化领域带来本国传统文化发展的危机。

2. 欠发达国家文化符号受到弱化

语言,作为"民族自我认知以及建立一个看不见的民族边界的基本特征"③,在文化发展过程中占据独特位置,尤其是伴随着互联网技术的发展,英语利用这一快捷、独特、海量信息的媒体在世界范围内获得广泛认同和快速发展。一方面互联网发展的技术优势掌握在以美国为代表的西方发达国家手中,通过互联网传播的信息呈现出由发达国家单方面向发展中国家传播的态势;另一方面,在传播过程中以英语作为主要语言符号的信息内容要远远地多于其他语言,尤其是在新媒体广告传播过程中大量英语的使用,在

---

① 张婧仪:《论法律趋同》[D],南京:南京师范大学,2011年。
② 李曦珍、王晓刚:《全球化背景下的文化渗透与冲突》[J],《新闻与传播研究》,2008年,第2期。
③ [美]曼纽尔·卡斯特:《认同的力量》[M],夏铸九等译,北京:社会科学文献出版社2003年版,第59页。

客观上推动了英语在全球范围内的快速发展。

新媒体广告在全球范围内传播,要求新媒体广告使用的语言是世界通用的,这就使英语成为新媒体广告传播中主要的语言符号,欠发达国家在进行新媒体广告创意时为了便于在全世界范围内传播也往往选择英语而不是母语作为语言符号。跨国公司利用新媒体广告进行营销传播时为了提高在全球市场上的接受程度也纷纷使用英语作为首选的语言符号。英语在全球传播的过程中不仅使用人数急剧增加,还改变着其他语言的结构,尤其是社交媒体发展所带来的碎片化传播效应。以汉语为例,汉语中出现了"哈喽"、"扫雷"等用本国语言符号拟音和替代英语的现象,这些词在汉语中或没有对应的具体含义,或与原来含义相去甚远,已失去以原有含义交流的作用。但这些语言却在新媒体当中被许多年轻人轻松、自如地使用。不仅是在社交媒体当中,因新媒体广告依托互联网技术而发展,互联网当中软件、程序多是由英语作为基本版本的语言,这使得英语在由互联网构成的数字空间中行成从技术到交流等各应用领域中的语言符号的垄断。

更甚者,语言不是僵化存在的,即使有的语言已经过数千年的发展,各国语言也都仍处于动态发展过程中。汉语的美是经过唐诗宋词的不断锻炼与美化,才有今天语言当中意蕴优美深远的成语存在;同样英语的美也是经过莎士比亚这样的文化巨匠用十四行诗和《哈姆雷特》锤炼过。然而在互联网传播过程中,更多的人选择使用英语而非母语,如同塞缪尔·亨廷顿在描述非西方社会精英时说到的,他们掌握熟练的英语、法语和其他西方国家的语言,使他们与西方人交流、彼此交流都比与本国民众交流更流畅。[①] 如果从社会精英到普通民众都在媒体或日常交流当中使用英语,那么非英语语言符号就失去了其动态发展的多种可能性,或在其发展过程中逐渐靠近英语,对于非英语国家而言,久而久之就会使得语言文化符号遭到弱化。而语言还包含着使用习惯、叙事方式等文化内容,一国语言符号被弱化甚至消解就是该国传统文化危机的开始。托夫勒将这比喻为:"未来世界政治的魔方将控制在拥有信息强权的人手里,他们会使用手中掌握的网络控制权、信息

[①] [美]塞缪尔·亨廷顿:《文明的冲突与世界秩序的重建》,周琪等译,北京:新华出版社2010年版,第42页。

第八章 潮流与碰撞:新媒体广告规制与全球化及其文化冲突

发布权,利用英语这种强大的语言文化优势,达到暴力金钱无法达到的目的。"①

3. 欠发达国家传统文化受到威胁

新媒体广告规制全球化是经济全球化发展的要求,也是全球化发展深入至文化领域的表现。虽然关于文化全球化的讨论此起彼伏,观点各异,但全球化不是简单的西方化,更不是完全美国化,文化全球化发展应当是多样发展的,各国传统文化应当被保持,并在全球化背景中经过不断冲突、融合而向着全球文化多元化方向发展。毕竟传统文化是一国文化的基石,是"你们"和"我们"的区别,也是一国人与他国人之间的根本区别。

在全球化浪潮中,在技术上,互联网技术发展起来跨越国界的数字空间,技术为这个空间塑造了开放、自由、平等的价值认知;经济上,跨国公司将全球视为整体进行生产和销售,国家的经济界限被打破;再加上国际非政府组织活动范围不断扩大,都为新媒体广告规制提供了全球化发展的背景。新媒体广告在一个跨国界、技术开放的领域内发展,传播内容主要是全球共性的内容,例如全球性品牌的商品和品牌推广信息,规制发展也应当为全球性内容的传播而减少国家之间的规制冲突。

广告是将产品、服务的信息内容与文化内容相结合,优秀的广告不论媒体形式如何变化,其总是具有丰富的文化内涵的,可以说广告本身就是本国传统文化传播的介质和有效途径。何况虚拟的互联网空间也是由真实存在的国家所组成的,如何在数字空间中利用互联网发展本国传统文化就成为摆在各国传统文化发展面前的新问题。如何更好地利用互联网技术、新媒体广告手段来发展传统文化、进行跨文化传播是关系到传统文化创新发展的问题,那么新媒体广告规制就是关系如何抵消发达国家文化扩张对欠发达国家传统文化发展的冲击——即关系到一国文化主权的问题。

在新媒体广告发展过程中,发达国家占据信息技术的优势,通过先进的新媒体广告技术和观念,将发达国家的消费观、文化价值观念、文化内容潜移默化地传递给欠发达国家消费者。欠发达国家消费者在使用互联网技术、接受跨国公司产品、观看新媒体广告的同时,接受发达国家文化理念和

---

① 转引自申琰:《互联网的国际博弈与合作研究》[D],北京:中共中央党校,2009年。

价值观念。伴随着消费者越来越多地接受和认同发达国家提倡的普适性文化，本国传统文化发展就处于越来越沉重的文化危机当中。

简单地把新媒体广告规制当作新媒体广告发展当中的一项问题，仅仅在有利于新媒体广告发展的标准下分析规制全球化的问题，容易忽视发达国家利用新媒体广告进行文化扩张和推行文化帝国主义的本质内涵。对于欠发达国家而言，新媒体广告规制不仅是关系到其本国新媒体广告发展，同时也应注意到新媒体广告不仅是一种信息传播现象，也承载着一种文化现象，新媒体广告规制更是一种代表一国法律文化和文化主权的文化现象。

小　结

通过国际合作，发展中国家或欠发达国家的确得到了有关新媒体广告规制的启示和经验，健全了本国新媒体广告规制的架构，推动了本国新媒体广告行业的发展，但同时应注意到的是伴随而来的文化冲突与发达国家的话语霸权。欠发达国家在建立本国新媒体广告规制体系的过程中，既要能够顺应经济全球化的潮流，又要能保持和坚守本国的文化特色，应当既具有全球化的视阈和思考，在冲突与融合中建立保障新媒体广告发展，又要坚持和构建适应自身文化特色的新媒体广告规制体系。只有通过融合与适时应对冲突来不断完善自身新媒体广告规制体系，才能使欠发达国家在顺应新媒体广告全球传播发展的大趋势中防止本国传统文化受到消解和异化。

第九章 借鉴与超越：西方新媒体广告规制经验对我国的启示

今天，中国与西方的广告产业共存于同一个世界的宏观大环境中，虽然具体到某一个国家的历史、政治、经济、文化以及法制环境各有不同，但对于广告的监管还是存有诸多共性，尤其是新媒体的跨国传播沟通能力，更是缩小了国与国之间的管理差距，增加了对于广告监管重点方面的共识。本章主要以比较研究方式，通过梳理我国目前的新媒体广告规制及其构架，并就我国目前的广告监管体系与机制中存在的主要问题，在借鉴美英等西方国家成功的管理经验基础上，对我国当前新媒体广告规制的健康有序发展进行多向深入的分析与思考。

第一节 我国新媒体广告规制的形成及其架构

一般而言，现代中国广告规制是在单一的行政管理体制下确定下来的，而新媒体广告规制由于新媒体广告的特殊性，存在着多元管理主体，其中政府层面的工商行政管理部门及互联网行业管理部门的双重管理主体，主导着中国新媒体广告规制的体制及其运作与发展，我们研究中国新媒体广告规制及其架构自然需要从这一体制性特点出发。

目前我国广告规制的法律法规源自于1987年10月26日经国务院发布、于12月1日起实施的《广告管理条例》和《广告管理条例实施细则》，及1994年10月27日经全国人大常委会通过、于1995年2月1日起施行、

2015年4月24日经全国人大常委会修订、自2015年9月1日施行的《中华人民共和国广告法》[①]。在没有专门的新媒体广告管理法规出台之前,这三部法律法规从政府对广告进行"他律"的层面对新媒体广告起着监管与规制作用。而随着新媒体广告与社会生活的联系越来越紧密,各级政府机构以及相关行业组织(主要是行业协会)出台了各类针对性的新媒体广告规制法规及自律条文,使得新媒体广告规制成为多层面的相对独立的运行体系。

一、我国传统广告规制的历史沿革

深入了解我国广告规制的沿革历史与发展脉络,对我们深刻理解当今中国新媒体广告规制的现状是非常有益的。从20世纪初期中国广告规制的肇始到20世纪90年代中国迎来新媒体广告规制的这80余年间,中国广告规制历经了曲折尝试与迅速发展的几个阶段。

史学家考证,中国古代就有原始广告形式,但自觉的有系统的广告管理及规制则是近现代时才开始有的,因为"中国古代广告在漫长的发展过程中,对于广告的管理只是局限在道德规范的制约中,这与现代意义上的以法律为主要手段的广告管理有着本质的区别"[②]。现代意义的广告规制环境首先需要明确规制行为主体,只有当大众传播连同现代广告及其广告代理者的诞生,大规模广告行为才开始渗透到社会生活中,并对社会生活造成广泛而深远的影响。同时,广告主、广告经营者、广告发布者等社会分工下的广告行为主体出现,广告规制环境初步形成,社会法律层面的广告规制才成为必要和可能。

1. 民国时期广告规制体系的初步建构

鸦片战争后,中国被强行纳入世界资本主义体系而开启了中国近代广告的先河。至民国早期,随着半殖民地经济的发展,我国的广告产业逐渐"繁荣",广告的官方管理由此开始。

20世纪20年代,在民国中央政府颁布的《民律法案》中,对广告的概

---

① 作者注:为方便起见,本表中将这三部法律法规合称为"一法两规",特此说明。
② 陈培爱:《中外广告史——站在当代视角的全面回顾》[M],北京:中国物价出版社2001年版,第62页。

第九章 借鉴与超越:西方新媒体广告规制经验对我国的启示

念、效力、撤销以及悬赏等作了16条规定。① 此后,政府陆续出台具有法律效力的《指导党报条例》《指导普通刊物条例》和《审查刊物条例》等,从执政党和国家层面开始建立新闻审查制度,这一制度同时也对广告施行审查制度,这是民国政府系统规制广告内容与行为的开端。之后政府颁布了《出版法》,"明确了广告版权的责任人,有助于确立问题广告的责任人,减少了问题广告的几率,这也是我国较早涉及广告版权的法律条文"②。1936年中央政府内务部公布《修正取缔树立广告办法》及《户外广告物张贴法》,开始对户外广告进行监管,为了加强广告行业管理的需要,民国时期广告规制主体呈现出"多口管理"的局面,即除了内务部外,国民政府还规定社会部及各省、市社会局兼管广告,而当时盛行的"游行广告"则由地方警察局协助管理。中央政府对报刊广告和户外广告进行了系统监管和规制,而针对当时新兴的电台广播广告这一新的广告形式,为了规范这一行业并使其健康发展,国民政府交通部电信局对其进行了直接管理,并明确规定"民营电台播送的音乐歌曲等娱乐节目和商业广告不能超过每日播音时间的百分之八十,而公营电台应不予播送商业广告"③。

需要特别指出的是:① 民国政府没有单独颁布过完整的广告法,但在民事、出版、交通、通信等领域出台的一系列法律法规中,都涉及广告规制的翔实内容,为当时我国的广告行业健康发展提供了保障和依据。② 民国时期,地方政府的广告法规往往先于中央政府,且立法因地制宜,广告规制活跃。如1914年,作为最早开埠的口岸城市——上海就首先公布了《筹办巴拿马赛会出品协会事务所广告法》,详细介绍了口头广告、传单广告、陈列广告、杂样广告等不同形式广告的制作方法和注意事项,这"应是中国广告立法之始"④。③ 地方广告法规的规制主体更为多元,市政府、卫生局、公安局、警察厅、教育局、工务局等都参与到地方广告法规制定及执行活动中来,

---

① 刘家林:《新编中外广告史》[M],广州:暨南大学出版社2000年版,第181页。
② 杨海军:《中外广告通史》[M],北京:高等教育出版社2012年版,第127页。
③ 《交通部公布之广播无线电台设置规则》[J],中华民国史档案资料汇编第五辑第三编《文化》,1999年。
④ 夏茵茵:《中国近代广告管理评析及启示》[J],《山东大学学报》(哲学社会科学版),2009年,第3期。

如1923年出台的《广州市公关广告场所使用及广告所得捐征收细则》中,设置公共广告场的审核部门就有"公司、财务局会同警察、工务、教育三局选定"①。④ 地方法规的规制内容基本为规范广告内容及广告发布行为,如上海市卫生局对医疗广告制定了《上海市取缔淫猥药物宣传品暂行规定》,再如杭州、广州、天津、长沙等地对户外广告、游行广告出台的相关法规,均在民国初期城市建设中对美化市容和规范商业活动起了重要作用。

在官方进行广告规制的同时,民间广告监管的自律规制体系也在逐渐形成。其主要表现为报业的广告自治。早在清末民初期,《申报》《大公报》等社会发行量大且有一定影响力的报纸,出于对报纸信誉及经营的考虑,对作为其主要盈利手段的报纸广告进行自行检查勘误,这是我国早期进行广告自律行为的开端。

自然,民国时期的广告规制体系一开始就有他律与自律共管的特征。当时的报业发展经历着由"津贴本位"向"营业本位"的转型,在经营过程中,报人中的部分有识之士开始自我审查那些不健康、不道德的广告,形成了一种自律意识。他们认为:"报纸选择广告,亦如选择新闻然。凡足以影响其地位、信誉者,即以重金劝诱,亦绝对拒绝;盖以报纸受社会自然律之制裁,不能私心利用,亦不能假人以利用。譬如不正当营业之招摇、迷信、骗术之传播,对人名誉之毁损等等,国家法令,均有限定,报纸不能任意发刊。"②由是,1919年4月由报业组织在上海成立了全国报业联合会,5月共同签署了《劝告禁载有恶影响于社会之广告案》(这是中国最早的广告行业自律文件),同年,还是在上海成立了中国广告公会(这应该是中国现代意义上第一个广告行业组织),以及1927年成立了中华广告公会。这些自律文件和自律组织,对维护和规范当时中国新兴广告产业的经营环境起着重要的作用,对后来我国广告法规的制定有着深远的影响。

由上,民国时期的20世纪20、30年代,中国近代广告规制体制已经呈现出他律与自律相结合的基本态势与主要特点。

2. 新中国时期广告规制体系的曲折发展与突飞猛进

中华人民共和国成立后,在新中国成立初期公有制的背景下,国家逐步

---

① 杨海军:《中外广告通史》[M],北京:高等教育出版社2012年版,第129页。
② 周钦岳:《广告与发行》[J],《中国新闻学会年刊》,1942年,第1期。

第九章 借鉴与超越：西方新媒体广告规制经验对我国的启示

将政府管理职能延伸至公有制体系的单位层面，社会原有的行会、商会体系被瓦解，广告规制体系形成了集中统筹的特点。"随着广告行业组织最终消亡，广告行业（组织）权力最终缺席于广告管理体制，导致政府权力单一地建立并维持广告行业秩序，从而形成了政府主导型广告管理体制。"[①] 故在新中国成立后的前十几年里，我国广告规制呈现出以各大城市为管理中枢，逐步建立起各级政府对广告行业及广告活动的监督与管理体系，详见表9-1：

表9-1 "文化大革命"之前地方政府颁布的主要广告法规一览表（1949—1963年）[②]

广告法规名称	颁布时间	颁布单位
《管理广告商规则》	1949年4月	天津市公用局
《广告管理规则》	1949年12月	上海市人民政府
《广告管理暂行办法》	1950年	西安市公安局
《关于印刷厂商管理暂行办法》	1951年	西安市工商局
《广告管理暂行办法》	1951年9月	广州市人民政府
《重庆市广告管理暂行办法》	1951年	重庆市人民政府
《电台、广播广告及报刊商业性广告管理办法》	1951年	上海工商局
修订《天津市广告管理暂行办法》	1955年	天津市公用局
修订《广告管理暂行办法》	1958年6月	广州市工商局
《关于承办外商广告问题的联合通知》	1958年	外贸部、商业部、文化部、工商行政管理总局
《广告经营管理补充规定》	1959年	广州市工商局
《关于加强广告宣传和商品陈列工作的通知》	1959年5月	商业部
《商标管理条例》	1963年4月10日	国务院

从上表可以看出，广告管理单位涉及上至国务院、外贸部、商业部、文化部、工商行政管理总局，下至地方公用局、地方人民政府、公安局、工商局等

---

① 徐卫华：《广告管理体制研究：基于国家与社会关系分析框架》[D]，武汉：武汉大学，2009年。
② 本章各表格中的法律法规及自律文件的条目信息，均是根据相关文献及政府、协会网站的内容整理而成，每条信息或涉及多个相互印证的来源，在此略去。

多个部门,且有关广告管理规定多以"暂行办法"的方式发布,强调广告应该"做纯正之介绍,不得虚伪夸大"。这一体制(责任部门分散、规制不健全、法律效力有限)一直作为当时中国广告规则的基本范式,体现出新中国成立初期各地广告监管尚在探索期的特点,影响着中国广告的规制行为与内容。20 世纪 50 年代中期开始,随着我国对外经济贸易的发展,来华外商广告日益增多,为解决广告中存在的问题,1958 年外贸部、商业部、文化部、工商行等四个部门联合发出了《关于承办外商广告问题的联合通知》,这是我国首次由中央政府部门发布的全国层面管理广告市场的规定。随后,新中国成立十周年,商业部发布了《关于加强广告宣传和商品陈列工作的通知》,对各地,特别是 45 个对外开放城市的商业广告宣传工作提出了规范性要求。

"文化大革命"之中(1966—1976 年),由于众所周知的原因,国家全面进入单一的计划经济中,大量广告公司被解散,各级广告管理机构被撤销,广告管理工作停顿,广告规制体系也宣告解体,即"文化大革命"十年我国没有出台过任何一项广告规制。

"文化大革命"结束后,随着我国社会主义市场经济体制的建立,中国的广告产业迎来了其迅猛发展的春天,并由此,经过五年多的恢复与修整,我国第一部全国性综合性的广告管理法规——《广告管理暂行条例》由国务院于 1982 年 2 月 6 日直接颁布。至此之后,中央政府开始成为我国广告监管的法律与法规的主要制订者并出台了一系列广告规制,地方政府在中央政府相关法规的基础上,结合各地情况也发布了自己的一系列广告监管条例。由于这一时期地方性广告规制过多,所以本文现就以中央政府的国家范围的广告管理规制为主要内容整理成一览表,如表 9-2:

表 9-2 我国改革开放后的广告主要法律、法规一览表(1982—1999 年)

广告法律、法规名称	颁布/施行时间	颁布单位
《广告管理暂行条例》	1982 年 2 月 6 日	国务院
《关于整顿广告工作的意见》	1982 年 6 月 5 日	工商局
《中华人民共和国商标法》	1983 年 3 月 1 日	全国人大常委会
《关于企业广告费用开支问题的若干规定》	1983 年 10 月 29 日	财政部、工商局

第九章 借鉴与超越:西方新媒体广告规制经验对我国的启示

(续表)

广告法律、法规名称	颁布/施行时间	颁布单位
《关于广告、教育、卫生、社会广告管理的通知》	1984年4月7日	工商局、文化部、教育部、卫生部
《中华人民共和国药品管理法》	1984年9月20日(1985年7月1日起施行)	主席令
《关于加强对各种奖券广告管理的通知》	1985年4月15日	工商局、文化部、商业部、中国人民银行、国家体育运动委员会
《关于报纸、书刊、电台、电视台经营、刊播广告有关问题的通知》	1985年4月17日	工商局、广播电视部、文化部
《中华人民共和国药品广告管理办法》	1985年8月20日(1990年8月4日失效)	工商局、卫生部
《关于对赞助广告加强管理的几项规定》	1985年9月19日	工商局、财政部
《关于加强广告宣传管理的通知》	1985年11月15日	国务院
《关于清理广告宣传、整顿广告经营的几点意见》	1986年1月29日	工商局
《关于加强体育广告管理的暂行规定》	1986年11月24日	工商局、国家体委
《关于进一步加强药品广告宣传管理的通知》	1987年3月25日	卫生部
《广告管理条例》	1987年10月26日(1987年12月1日起施行)	国务院
《广告管理条例施行细则》	1988年1月9日(颁布日施行,分别于1998年12月3日、2000年12月1日、2004年11月30日进行三次修订)	工商局
《关于进一步加强电视广告宣传管理的通知》	1988年1月20日	广播电影电视部、工商局

(续表)

广告法律、法规名称	颁布/施行时间	颁布单位
《关于禁止刊播电力捕鱼工具广告的通知》	1988年8月10日	工商局
《关于整顿广告经营秩序,加强广告宣传管理的通知》	1988年12月20日（1992年7月4日失效）	工商局
《关于实行广告业务核发广告经营许可证的通知》	1989年2月3日	工商局
《关于严禁刊播有关性生活产品广告的通知》	1989年10月13日	工商局
《关于报社、期刊社和出版社刊登、经营广告的几项规定》	1990年3月15日	工商局、新闻出版署
《关于在全国范围内实行"广告业专用发票"制度的通知》	1990年10月12日	工商局、财政部、国家税务局、审计署
《关于实行〈广告业务员证〉制度的规定》	1990年10月19日（1991年1月1日）	工商局
《关于出口广告经营和管理的规定》	1991年12月5日	对外经济贸易部
《中华人民共和国未成年人保护法》	1991年9月4日通过（1992年1月1日施行）	全国人大常委会
《药品广告管理办法》	1992年6月1日	工商局、卫生部
《医疗器械广告管理办法的通知》	1992年8月8日	工商局、医药管理局
《关于实行广告发布业务合同示范文本的通知》	1992年9月25日	工商局
《关于加强广告业发展的规划纲要》	1993年7月10日（颁布日施行）	国家发展计划委员会、国家计划委员会、工商局
《化妆品广告管理办法》	1993年7月13日（1993年10月1日起施行,2005年9月28日修订）	工商局

第九章 借鉴与超越：西方新媒体广告规制经验对我国的启示

（续表）

广告法律、法规名称	颁布/施行时间	颁布单位
《关于进行广告代理制试点工作的若干规定》（试行）、《关于设立广告审查机构的意见》、《关于广告发布前审查程序的规定》（试行）、《广告审查标准》（试行）	1993年7月15日（颁布日施行）	工商局
《食品广告管理办法》	1993年8月30日（1993年10月1日起施行）	工商局、卫生部
《中华人民共和国反不正当竞争法》	1993年9月2日通过（1993年12月1日起施行）	全国人大常委会
《关于加强融资广告管理的通知》	1993年9月10日	工商局
《医疗广告管理办法》	1993年9月27日	工商局、卫生部
《中华人民共和国消费者权益保护法》	1993年10月31日通过（1994年1月1日起施行，2009年8月27日、2013年10月25日分别进行修订）	全国人大常委会
《关于大力强调野生动物保护和依法禁止濒危物种及其产品贸易宣传的通知》	1993年11月11日	中共中央宣传部、林业部、工商局
《关于禁止以报纸形式印送广告宣传品及对印刷品广告加强管理的通知》	1994年8月15日（颁布日施行）	新闻出版署、工商局
《关于缴纳广告代理营业税有关问题的通知》	1994年8月29日	工商局
《关于设立外商投资广告企业的若干规定》	1994年11月3日（1995年1月1日起施行）	工商局、对外贸易经济合作部
《中国人民共和国广告法》	1994年10月27日通过（1995年2月1日起施行，2015年4月24日修订）	全国人大常委会

（续表）

广告法律、法规名称	颁布/施行时间	颁布单位
《关于设立外商投资广告企业的若干规定》	1995年1月1日起施行	工商局、对外贸易经济合作部
《关于广告专业技术岗位资格培训工作的通知》	1995年1月2日	工商局
《医疗器械广告审查标准》	1995年3月3日	工商局
《医疗器械广告审查办法》	1995年3月8日	工商局、国家医疗管理局
《农药广告审查标准》《兽药广告审查标准》	1995年3月28日	工商局
《农药广告审查办法》《兽药广告审查办法》	1995年4月7日（1998年12月22日修订）	工商局、农业部
《关于暂时禁止在广告中宣传境外获奖内容的紧急通知》	1995年4月10日	工商局
《广告经营者、广告发布者资质标准及广告经营范围核定用语规范》	1995年6月26日	工商局
《关于禁止仿冒知名商品特有的名称、包装、装潢的不正当竞争行为的若干规定》	1995年7月6日	工商局
《关于严禁发布有关移民广告的通知》	1995年7月20日	工商局
《酒类广告管理办法》	1995年11月17日（2005年9月28日修订）	工商局
《户外广告登记管理规定》	1995年12月8日（1998年12月3日、2006年5月22日两次修订，并于2006年7月1日起施行）	工商局

第九章 借鉴与超越：西方新媒体广告规制经验对我国的启示

(续表)

广告法律、法规名称	颁布/施行时间	颁布单位
《烟草广告管理暂行办法》	1995年12月20日（1996年1月1日起生效，1996年12月30日修订）	工商局
《广告服务收费管理暂行办法》	1995年12月19日（1996年3月1日起施行，2004年12月2日废止）	国家计委、工商局
《关于禁止发布有关性生活内容广告的通知》	1996年2月28日	工商局
《广告显示屏管理办法》	1996年2月29日（1998年12月3日修订）	工商局
《欺诈消费者行为处罚办法》	1996年3月15日起施行(2015年3月15日废止)	工商局
《工商行政管理机关受理消费者申诉暂行办法》	1996年3月15日（1998年12月3日修订）	工商局
《中华人民共和国行政处罚法》	1996年3月17日（1996年10月1日起施行）	主席令
《关于停止发布含有乱评比、乱排序等内容的广告的通知》	1996年5月26日	工商局
《广告审查员管理办法》	1996年7月2日（1997年1月1日起施行）	工商局
《关于规范广告监测工作的通知》	1996年7月11日（发布日施行）	工商局
《印刷品广告管理暂行办法》	1996年12月27日	工商局
《食品广告发布暂行规定》	1996年12月30日（1997年2月1日起施行，1998年12月3日修订）	工商局

385

（续表）

广告法律、法规名称	颁布/施行时间	颁布单位
《房地产广告发布暂行规定》	1996年12月30日（1997年2月1日起施行，1998年12月3日修订，2016年2月1日废止）	工商局
《食品广告发布暂行规定》	1996年12月30日（1997年2月1日起施行，1998年12月3日修订）	工商局
《工商行政管理所处理消费者申诉实施办法》	1997年3月15日	工商局
《关于加强对含有宗教内容广告管理的通知》	1997年4月30日	工商局
《关于做好公益广告宣传的通知》	1997年8月	中央宣传部、工商局、广播电影电视局、新闻出版署
《广告经营资格检查办法》	1997年11月3日（1998年12月3日修订）	工商局
《广告活动道德规范》	1997年12月26日	工商局
《综合性广告企业资质等级标准》(试行)、《广告制作企业资质等级标准》(试行)	1997年12月30日	工商局
《计算机信息网络国际联网安全保护管理办法》	1997年12月16日（1997年12月30日起施行）	公安部
《店堂广告管理暂行办法》	1997年12月31日（1998年3月1日起施行）	工商局
《关于切实加强邮寄印刷品广告管理的通知》	1998年1月13日	工商局
《广告语言文字管理暂行规定》	1998年1月15日（1998年12月3日修订）	工商局

（续表）

广告法律、法规名称	颁布/施行时间	颁布单位
《关于加强电视直销广告管理的通知》	1998年9月20日	工商局
《关于固定形式印刷品广告管理有关问题的通知》	1998年10月12日	工商局
《关于对各类药品、保健药品、保健食品生产经销企业散发违法印刷品广告进行集中检查的通知》	1999年1月25日	工商局
《关于加强自费出国留学中介服务广告管理的通知》	1999年7月17日	工商局
《关于停止发布含有乱评比、乱排序等内容广告的通知》	1999年9月21日	工商局
《关于对低度发酵酒广告发布的规范意见》	1999年12月30日	工商局

从上表可见：自1982年2月6日国务院颁布"文化大革命"后的第一部广告法规——《广告管理暂行条例》后至20世纪末的1999年12月为止的17年间，据不完全统计，国家范围的广告管理规制就先后发布了80多部，对该时期迅猛发展的广告产业的监管与健康发展提供了重要的制度保障。

二、我国新媒体广告规制体系的初步形成

自20世纪80年代，全球进入以网络化、数字化为特征的新媒体时代后，伴随着新媒体广告的迅猛发展，我国的新媒体广告规制也日益呈现出快速建构之势。

1. 我国新媒体广告规制的初步形成

我国新媒体广告规制的相关立法工作源于20世纪90年代，由于国家需要加强规范计算机、电信及互联网安全管理工作而出台了一系列相应的行政法规，这些行政法规便成为我国新媒体广告规制的立法基础。此后国家工商行政管理局(工商行政管理总局)、信息产业部(工业和信息化部)、国家互联网信息办公室在各互联网发达城市（特别是北京和杭州）相关规制实

践基础上,出台了一系列部门规章,从而初步建立了我国新媒体广告规制的立法体系。详见表9-3：

表9-3 我国政府部门颁布的部分新媒体广告规制一览简表(1994—2007年)

	法规/标准名称	颁布/施行日期	颁布单位	效力级别
1	《中华人民共和国计算机信息系统安全保护条例》	1994年2月18日公布并施行	国务院	行政法规
2	《中华人民共和国电信条例》	2000年9月25日公布并施行	国务院	行政法规
3	《互联网信息服务管理办法》	2000年9月25日公布并施行	国务院	行政法规
4	《国家工商行政管理局关于开展网络广告经营登记试点的通知》	2000年2月24日发布	国家工商行政管理局	部门规章（北京、上海、广东三地试点）
5	《互联网电子公告服务管理规定》	2000年10月8日发布并施行	信息产业部	部门规章
6	《关于进一步做好互联网信息服务电子公告服务审批管理工作的通知》	2001年3月7日发布	信息产业部	部门规章
7	《非经营性互联网信息服务备案管理办法》	2005年2月8日发布,2005年3月20日施行	信息产业部	部门规章
8	《互联网电子邮件服务管理办法》	2006年2月20日发布,2006年3月30日施行	信息产业部	部门规章
9	《规范互联网信息服务市场秩序若干规定》	2011年12月29日发布,2012年3月15日施行	工业和信息化部	部门规章
10	《互联网广告监督管理暂行办法》	2015年7月1日发布征求意见稿,2015年9月1日施行	工商行政管理总局	部门规章
11	《互联网信息搜索服务管理规定》	2016年6月25日发布,2016年8月1日施行	国家互联网信息办公室	部门规章

第九章 借鉴与超越:西方新媒体广告规制经验对我国的启示

(续表)

	法规/标准名称	颁布/施行日期	颁布单位	效力级别
12	《互联网广告管理暂行办法》	2016年7月4日发布,2016年9月1日施行	工商行政管理总局	部门规章
13	《关于对利用电子邮件发送商业信息的行为进行规范的通告》	2000年5月15日发布并施行	北京市工商行政管理局	地方法规
14	《北京市工商行政管理局关于对网络广告经营资格进行规范的通告》	2000年5月16日发布并施行	北京市工商行政管理局	地方法规
15	《关于在网络经济活动中保护消费者合法权益的通告》	2000年7月7日发布并施行	北京市工商行政管理局	地方法规
16	《北京市网络广告管理暂行办法》	2001年5月1日施行	北京市工商行政管理局	地方法规
17	《浙江省网络广告登记管理暂行办法》	2007年8月27日发布并施行	浙江省工商行政管理局	地方法规

2. 我国新媒体广告规制的主要特点

我国现行广告规制体制的主要特点是:行政部门主导下的法律、行政法规、地方性法规和部门规章这四个层次构成了我国广告立法的基本体系。[①] 可以说现行广告规制体系是在一部法律《广告法》(1995年颁布实施,2015年修订)以及两部行政法规《广告管理条例》(1987年)和《广告管理条例实施细则》(1988年)的"一法两规"框架下搭建起来的,而地方性法规及部门规章,直至行业自律文件都是围绕上述"一法两规"的原则颁布和实施的。"一法两规"颁布实施初始,我国的新媒体广告尚处于萌发阶段,还没有纳入"一法两规"的规制视野。在2015年修订的新广告法出台之前,"一法两规"从广告规制的共性层面影响着新媒体广告规制的实践活动,新广告法明确了新媒体广告规制的一些基本原则,如消费者信息自主选择及广告发布禁止事项,但涉及新媒体特殊属性的广告形式及内容,新广告法未能充分有效

---

① 徐卫华:《广告管理体制研究:基于国家与社会关系分析框架》[D],武汉:武汉大学,2009年。

的行使规制功能,仍需要地方性法规以及部门规章加以延伸与补充。

对于新媒体广告规制,我国地方性法规出台较早,在新媒体广告经营资质、新媒体广告界定、违法广告(虚假违法广告、问题广告、不正当竞争行为)认定及处罚方面做出了各种规范尝试。2001年《北京市网络广告管理暂行办法》及2002年《浙江省网络广告管理暂行办法》等地方法规都对新媒体广告类型做了界定,将以旗帜、按钮、文字链接、电子邮件等形式发布的广告纳入新媒体广告规制范畴。2000年《北京市工商行政管理局关于对网络广告经营资格进行规范的通告》、2001年《北京市网络广告管理暂行办法》、2002年《浙江省网络广告管理暂行办法》、2007年《浙江省网络广告登记管理暂行办法》等都对新媒体广告经营资质做了相应规定,不符合要求及未经广告登记的,不得从事新媒体广告经营业务。对于新媒体广告中的垃圾邮件等违法行为的认定及处罚,行政法规、地方法规以及部门规章中都有具体条款进行规制。此外各级部门在新媒体广告规制活动中不断展开集中打击虚假、违法网络广告的专项行动。

新媒体广告规制的重要组成部分还包括职能部门所属的各类行业协会进行的自律行为以及出台的相应自律文件。早在2003年,中国互联网协会就出台了《中国互联网协会反垃圾邮件规范》,在自律层面强化了各级互联网经营单位对自身传播垃圾邮件的行为约束。2010年中国电子商务协会出台了一系列标准规范网络广告传播、网络营销、商用邮箱使用等行为。2007年中国广告协会互动网络分会出台了《中国互动网络广告行业自律守则》,从广告代理商层面提出对新媒体广告传播的内容及行为进行系统自律,此后2015年该协会又密集出台"中国移动互联网广告标准"相关文件,进一步规范新媒体广告行业的合法经营行为,将新媒体广告规制行为的视野聚焦在逐渐引领广告行业风潮的移动互联网领域。

相对于各级政府的他律行为,行业自律更加灵活,对市场及舆论的反馈更加及时,同时自律条文更加密集,虽然在效力层面不如政府他律,但它通过达成行业共识从而引导行业发展,同时为他律行为提供了文本借鉴,促进了良好的新媒体广告规制环境的营造。

第九章 借鉴与超越：西方新媒体广告规制经验对我国的启示

表 9-4 新媒体广告规制中的行业自律规范一览表（1994—2015 年）

	法规/标准名称	颁布/施行日期	颁布单位	效力级别
1	《中国互联网协会反垃圾邮件规范》	2003年2月25日发布并施行	中国互联网协会	行业规范
2	《中国互联网协会互联网公共电子邮件服务规范》（试行）	2004年9月1日施行	中国互联网协会	行业规范
3	《搜索引擎服务商抵制违法和不良信息自律规范》	2004年12月22日发布并施行	中国互联网协会	行业规范
4	《中国互动网络广告行业自律守则》	2007年6月13日施行	中国广告协会互动网络分会	行业规范
5	《中国互联网广告推荐使用标准》（试行）	2008年12月28日发布，2009年1月1日试行	中国广告协会互动网络分会	行业规范
6	《电子商务网络广告标准》	2010年12月28日发布	中国电子商务协会	行业规范
7	《中小企业网络营销标准》	2010年12月28日发布	中国电子商务协会	行业规范
8	《企业商用邮箱标准》	2010年12月28日发布	中国电子商务协会	行业规范
9	《中小企业网络营销网站标准》	2010年12月28日发布	中国电子商务协会	行业规范
10	《中国互联网协会关于抵制非法网络公关行为的自律公约》	2011年5月16日发布并施行	中国互联网协会	行业规范
11	《互联网搜索引擎服务自律公约》	2012年11月1日发布并施行	中国互联网协会	行业规范
12	《中国互联网定向广告用户信息保护框架标准释义和基本指引》	2014年3月15日发布	中国广告协会互动网络分会	行业规范
13	《中国互联网定向广告用户信息保护行业框架标准》	2014年3月15日施行	中国广告协会互动网络分会	行业规范
14	《中国互联网IP地理信息数据库清洗标准1502》	2015年2月发布	中国广告协会互动网络分会	行业规范

(续表)

	法规/标准名称	颁布/施行日期	颁布单位	效力级别
15	《互联网数字广告基础标准(中国移动互联网广告标准)》	2015年3月11日发布,2015年3月15日施行	中国广告协会互动网络分会	行业规范
16	《移动互联网广告检测标准(中国移动互联网广告标准)》	2015年3月11日发布,2015年3月15日施行	中国广告协会互动网络分会	行业规范
17	《移动系统对接标准(中国移动互联网广告标准)》	2015年3月11日发布,2015年3月15日施行	中国广告协会互动网络分会	行业规范
18	《移动互联网品牌广告效果评估(中国移动互联网广告标准)》	2015年10月24日施行	中国广告协会互动网络分会	行业规范
19	《移动互联网视频广告(中国移动互联网广告标准)》	2015年10月24日	中国广告协会互动施行网络分会	行业规范

3. 我国新媒体广告规制的主要要素

新媒体广告规制与传统广告规制一样,存在着他律与自律的分野,涉及不同的规制主体与广告行为主体,在规制内容、规制渠道以及规制效力等层面存在其自身诸多特点,结合新媒体广告规制的法律法规和自律文本,以下就从这三个方面谈新媒体广告规制的要素构成。

(1) 内容要素。新媒体广告规制的文本内容涉及三个层面:广告基础层面、新媒体广告层面、新媒体广告相关层面。基础层面,这是新媒体广告的广告属性层面的规制,主要是在"一法两规"层面对广告进行的一般规制行为,如广告规制层面对虚假广告、问题广告以及不当竞争行为的规制同样适用于新媒体广告规制,且是新媒体广告规制的核心及一般性内容;另外新媒体广告存在其特殊性,需要专门的法律法规及自律文本进行规制,因而在新媒体广告层面,由地方法规开始,对新媒体广告行为主体的资格认定、登记注册及新媒体广告外延确定及具体规制条款制定,有系统的法律法规,直到2015年工商行政管理总局出台《互联网广告监督管理暂行办法》,在国家层面对互联网等新媒体广告规制有了系统权威的法律法规;最后是与新媒

第九章 借鉴与超越:西方新媒体广告规制经验对我国的启示

体广告规制相关联的各项法律法规的出台,有力地补充了新媒体广告规制的环境及内容局限,如国务院出台的《中华人民共和国计算机信息系统安全保护条例》《中华人民共和国电信条例》《互联网信息服务管理办法》,对与新媒体规制行为密切相关的新媒体广告运行环境、新媒体广告传播主体及新媒体广告服务规范等都做出了相应规制。

(2) 渠道要素。渠道是指新媒体广告的发布渠道。广告法中第二条指出广告发布者"是指为广告主或者广告主委托的广告经营者发布广告的自然人、法人或者其他组织",传统广告是通过不同媒体来界定广告发布渠道,而新媒体广告则需要引入"信息服务提供商"这一概念来界定渠道要素,广告法第19条中将"互联网信息服务提供者"与"广播电台、电视台、报刊音像出版单位"相并列,说明新媒体渠道与传统媒体渠道具有同等价值。新媒体广告利用固定通信网、移动通信网或互联网、移动互联网进行广告信息传播,具有数字交互特性。具体而言,互联网广告借助固定及移动数字设备呈现广告信息,在渠道层面的广告规制集中于对互联网信息服务提供者的约束,互联网广告正是经由互联网信息服务提供者这一渠道传输进行信息传递;手机广告的主要渠道是基础电信运营商和信息服务提供商。新媒体广告的渠道规制更多地体现在电信运营商和互联网信息服务提供者,因而在规制上需要遵照《中华人民共和国电信条例》《互联网信息服务管理办法》等相关法律。

(3) 效力要素。新媒体广告规制法律法规及自律文本的效力分为:国家层面、部门层面及地方政府层面、行业层面三种类型,效力依次递减。其中部门规章与地方规章(地方性法规)的法律效力,不同专家有不同见解,且指涉的情况比较复杂。这里我们只定性看待在新媒体广告规制领域,部门规章与地方规章的效力属性。区别于其他类型的规章,新媒体广告中互联网广告规制的部门规章及地方规制属于自主性规章范畴,"自主性的部门规章的特点是专业性强,技术性强",工商总局与工信部发布的新媒体广告规制规章都属于此类。而自主性的地方规章包括两方面:一是"各地方根据本地特点,为实施行政管理职权而制定的行为规范";二是"属于国家法律或行政法规的立法内容,在体制改革中出现的新的立法事项,需要先由地方政府立法进行探索和试验,即所谓的'超前性'的立法"。① 最早的互联网广告规制的地方规章从北京及浙江开始,也是基于这两地互联网企业众多的特点,采取的试验性立法;而手机广告与互联网信息传播相结合,涉及信息安全,其规制特点是由国家层面规制引导结合行业自律。

新媒体广告构成多样,属性各异,且与传统广告联系密切,与社会其他领域规制盘根错节,研究其规制规律需要理解新媒体广告的上述规制要素。在此基础之上,我们才能够更加深入地领会新媒体广告的法律法规及自律文本的结构体系,进而了解新媒体广告规制的架构。

三、我国新媒体广告规制的基本架构

一般而言,广告规制行为是在其系统架构内展开的,这一架构基本可以概括为规制主体对行为主体进行何种规制。而在新媒体广告规则行为中,这一架构需解决三个核心问题:新媒体广告规制主体的界定,新媒体广告行为主体的界定,新媒体广告规制内容的阐释。这三个核心问题牵引出一系列规制的法律法规和自律文件,形成新媒体广告规制的网状结构。

1. 我国新媒体广告规制的主体

根据我国广告法的规定,县级以上工商行政管理部门是广告监督的管理机构,广告规制主体应当就是各地工商管理部门,广告规制主要依靠"一法两规"及各级工商管理部门出台的法律法规为指引完成广告规制体系的建构。然而,新媒体广告规制的复杂性在于新媒体广告在信息传播活动中的内容、渠道、影响并不单纯,传统媒体广告在这些方面也存在规制主体权力交叉的问题,如关于电视广告刊播时间及时机的规制,是由国家广电总局出台相关规定,由媒体渠道直接干预了广告规制行为。对于新媒体广告,因其主要在互联网及移动互联网上进行传播,且互联网媒体规制与传统媒体规制存在极大的差异性,其本身有着更多专业属性,规制主体在新媒体领域需要精通专深的技术知识,使得在现实操作中,对于新媒体广告传播渠道的互联网网站和网页的广告内容投放的管理,主要由信息产业部门为主体进行规制,而新媒体广告规制在实际运作中则归口于工商管理部门与信息产

---

① 季林:《部门规章和地方规章的效力等级》[J],《法学杂志》,1988年,第6期。

第九章 借鉴与超越:西方新媒体广告规制经验对我国的启示

业部门这两个规制主体,而"两个部门的职责在网络广告上存在交叉,对此尚未加以划分,存在监管部门之间职能模糊,导致监管乏力"①。

(1)工商局与工信部的管理职能划分。新媒体广告规制有两重属性:广告规制层面的属性和新媒体传播层面的属性,因而存在规制的双重主体现象。具体来说,工商行政管理部门是广告监督的管理机构,它直接"指导广告业发展,负责广告活动的监督管理工作";从大的职能范围上,工商行政管理部门"维护各类市场经营秩序"及"保护经营者、消费者合法权益",而广告行为是市场经营秩序的有机组成,它是连通经营者与消费者的桥梁,对广告行为施加管理是工商行政部门的主要职能。对于新媒体广告规制而言,工商行政管理部门还负责监督管理"网络商品交易及有关服务的行为"②。在政府职能规范层面,国家工商行政管理总局是新媒体广告规制的主体。而新媒体广告规制的另一主体是互联网行业管理部门,国家层面就是工业和信息化部,其主要职能包括"负责互联网行业管理(含移动互联网)",进一步阐释为"依法对电信和互联网等信息通信服务实行监管,承担互联网行业管理"。③ 新媒体广告规制主要对象是互联网及移动互联网行业中的广告内容与广告行为,因而互联网行业管理部门是新媒体广告规制的另一主体。新媒体广告规制的双重主体,可以理解为从不同层面施加规制行为,相互协调和相互补充,在实际工作层面则也容易产生权力边界不清,互相推诿责任的现象。因而需要协调机制,在重大突发事件和有普遍社会影响的监管领域实施系统的新媒体广告规制。

(2)网信办的战略协作职能。将新媒体规制放到更高层面上考虑,它事关互联网信息安全,互联网广告传播行为从属于互联网内容传播,国务院在 2014 年重新组建的"国家互联网信息办公室",在上述层面,从"促进互联网信息服务健康有序发展,保护公民、法人和其他组织的合法权益,维护国

---

① 元明月:《广告法修订对互联网广告的法律规制》[J],《法制博览》,2015 年,第 8 期。
② 工商行政管理总局:《主要职责》[EB/OL],2016 年 8 月 12 日,http://saic.gov.cn/zzjg/zyzz。
③ 工业和信息化部:《工业和信息化部机构职责》[EB/OL],2016 年 8 月 12 日,http://miit.gov.cn/n1146285/c3722500/content.html。

家安全和公共利益"①的角度出发,协调新媒体内容传播规制。网信办成立最直接的目的就是应对社会环境变化,整合原有的互联网媒体的规制机能。"面对互联网技术和应用飞速发展,现行管理体制存在明显弊端,多头管理、职能交叉、权责不一、效率不高。同时,随着互联网媒体属性越来越强,网上媒体管理和产业管理远远跟不上形势发展变化。"②成立"网信办"有其现实意义。网信办作为"全国互联网信息内容管理工作"核心,在统筹各级部门参与互联网内容传播规制上起到了不可替代的积极作用,网信办成立之初的2014年9月,就会同工信部、工商总局启动"整治网络弹窗"专项行动,而在近期的2016年5月,网信办会同国家工商总局、国家卫生计生委和北京市有关部门成立联合调查组,进驻百度调查"魏则西事件"。在新媒体广告规制主体层面,网信办拥有不可替代的战略协作职能,与工商行政管理部门和互联网行业管理部门共同构成新媒体广告规制的政府规制体制。在中国发展的现阶段,与国家安全相联系的互联网等新媒体内容传播的规制行为涉及国家意识形态建构,网信办正是以此为出发点,统领互联网等新媒体内容传播的全局工作。

图9-1 新媒体广告规制主体构成示意图

(3)三个协会构成新媒体广告规制的自律主体。在广告规制体制中,他律与自律共存。广告行业组织是广告规制的自律主体,广告法第七条这样规定:"广告行业组织依照法律、法规和章程的规定,制定行业规范,加强

---

① 国家互联网信息办公室:《国务院关于授权国家互联网信息办公室负责互联网信息内容管理工作的通知》[EB/OL],2016年8月12日,http://cac.gov.cn/2014-08/28/c_1112264158.htm。
② 崔光耀:《聚焦网信办》[J],《中国信息安全》,2014年,第12期。

第九章 借鉴与超越:西方新媒体广告规制经验对我国的启示

行业自律,促进行业发展,引导会员依法从事广告活动,推动广告行业诚信建设。"因而我国的广告规制体制以他律为主,自律为辅。"一般认为,中国广告行业目前单一的行政管理体制,基本上是20世纪90年代确定下来的,即国家工商管理总局作为广告业的政府主管部门,在国家工商总局的领导下,中国广告协会协调行业内部的关系,承担行业的自律和规范的功能。"[①]而在新媒体广告规制的环境下,工信部针对新媒体广告的互联网行业属性,与工商局形成政府的双主体规制,工信部下属的中国电子商务协会及中国互联网协会主要承担了这部分的自律和规范的功能。中广协、中国电商协会、中国互联网协会这三个协会的自律文件集中在以下几个方面:针对互联网广告的规制及针对移动互联网的广告规制自律文件;针对一般互联网广告及针对互联网媒体属性的(邮件、网页、电子商务等)广告的自律文件;自律规范及自律行业标准。新媒体广告自律规范强调新媒体广告发布应当遵循一定的商业规则,已形成健康有序的新媒体广告环境;而新媒体广告行业标准是规范广告发布的形式,以便统一定价,方便新媒体广告交易行为。总之,新媒体广告自律主体的规制形式是新媒体广告规制的重要组成部分,理想状态的规制效果是:"法律法规是最低标准,行规高于法律法规,企业的规章制度又高于行业的规章制度。"[②]以此形成良好的新媒体广告发展环境。

2.我国新广告法对新媒体广告规制行为主体的规定

我国新广告法中的第五条规定:"广告主、广告经营者、广告发布者从事广告活动,应当遵守法律、法规,诚实信用,公平竞争。"这里广告行为主体主要就是这三类:广告主、广告经营者、广告发布者,以往称之为三分式广告主体。而在新媒体广告规制行为中,广告行为主体变得更为复杂,个人网站、个体经营者、自媒体发布行为等现象的涌现,使广告行为主体难以用新广告法中三分法来进行区分,导致新媒体广告规制的行为主体解释存在争议。新媒体广告规制需要对以下三类主体现象做出判断:一个主体多重角色;新媒体独有的ISP、ICP主体的确认;个人发布行为的主体认定。

[①] 徐卫华:《广告管理体制研究:基于国家与社会关系分析框架》[D],武汉:武汉大学,2009年。

[②] 徐卫华:《广告管理体制研究:基于国家与社会关系分析框架》[D],武汉:武汉大学,2009年。

(1) 新广告法对原有的三分式广告主体进行了补充。在原有广告法三分式广告主体上加上了对广告代言人的行为规制："广告主,是指为推销商品或者服务,自行或者委托他人设计、制作、发布广告的自然人、法人或者其他组织;广告经营者,是指接受委托提供广告设计、制作、代理服务的自然人、法人或者其他组织;广告发布者,是指为广告主或者广告主委托的广告经营者发布广告的自然人、法人或者其他组织;广告代言人,是指广告主以外的,在广告中以自己的名义或者形象对商品、服务作推荐、证明的自然人、法人或者其他组织。"

(2) 新广告法确认了新媒体广告发布者的身份地位。对于新媒体广告行为主体,新广告法首次提出"互联网信息服务提供者"概念,肯定了北京市工商局于2000年5月发布的《关于对网络广告经营资格进行规范的通告》中对这一概念广告行为主体的先行规制的实践活动。按照新广告法的法律条文,互联网信息服务提供者属于广告发布者。新广告法第十九条："广播电台、电视台、报刊音像出版单位、互联网信息服务提供者不得以介绍健康、养生知识等形式变相发布医疗、药品、医疗器械、保健食品广告。"以及第四十五条："公共场所的管理者或者电信业务经营者、互联网信息服务提供者对其明知或者应知的利用其场所或者信息传输、发布平台发送、发布违法广告的,应当予以制止。"这些相关条款对新媒体广告行为主体确认有着积极意义。

(3) 新广告法规制主体确认的另外一个积极信号是对个人作为广告发布者身份的确认。新广告法条款中释义："广告发布者,是指为广告主或者广告主委托的广告经营者发布广告的自然人、法人或者其他组织。"首次明确了自然人作为广告发布者的合法身份,这一规定实际上对新媒体广告传播活动中早已存在的个人信息发布行为合法性的有效确认。许多学者和专家在这一问题上有迫切的希望,在新广告法出台之前,他们建议："为了对网络广告进行有效监管,应明确将网络广告纳入《广告法》调整的范围,其中,准许个人发布网络广告是将《广告法》直接适用于网络广告的关键。如果照搬传统广告法律制度的规定禁止个人进行网络广告宣传,既不符合网络广

第九章　借鉴与超越：西方新媒体广告规制经验对我国的启示

告发展的现实需要，也不利于《广告法》作用的发挥。"①由此，在新广告法出台之后，新媒体广告规制的行为主体所涉及的核心问题基本上得到了回应，新媒体广告规制的行为主体的明确，为各项广告规制活动的开展，做出了良好的铺垫。

另外，2015年《互联网广告监督管理暂行办法》（征求意见稿）条款第五条中，对一个主体多重角色现象做了确定，它将互联网新媒体中的广告主、广告经营者、广告代言人、互联网信息服务提供者同时为互联网广告发布者的情况做了充分具体的界定。值得关注的是2016年7月工商总局发布的《互联网广告管理暂行办法》，对互联网广告程序化购买中的广告行为主体也做了明确规定，其第14条内容为："广告需求方平台是指整合广告主需求，为广告主提供发布服务的广告主服务平台。广告需求方平台的经营者是互联网广告发布者、广告经营者。媒介方平台是指整合媒介方资源，为媒介所有者或者管理者提供程序化的广告分配和筛选的媒介服务平台。广告信息交换平台是提供数据交换、分析匹配、交易结算等服务的数据处理平台。"上述条款紧随新媒体广告实践，完善了对新媒体广告规制的广告行为主体的确定。从目前的规制文件上来看，新媒体广告行为主体的确定问题基本得到了较为充分的解决，在新媒体广告规制的各项实践中，应当以相关规制文件为指引展开各项工作。

3. 我国新媒体广告规制的主要内容

新媒体广告规制内容是新媒体广告规制架构的重要组成部分，确定规制内容才能展开各项规制措施，这一问题在2016年百度"魏则西案"中反映得非常明显，工商行政管理部门就此案最大的困惑在于百度搜索排名算不算广告行为，而新媒体广告规制的地方法规和相关研究早已将搜索排名列入了新媒体广告范畴。新媒体广告的外延界定及其内容与行为规制成为新媒体广告规制内容的三个主要环节，解决好这三个环节的问题，才能切实突破工作中的各项规制争议与规制难点。

（1）新媒体广告的外延界定。地方法规中，最早的2000年《北京市工

---

① 工商行政管理总局：《网络广告主体相关法律制度初探（下）》[EB/OL]，2016年8月12日，http://www.saic.gov.cn/gsld/jgjl/xxb/201207/t20120724_128122.html。

商行政管理局关于对网络广告经营资格进行规范的通告》中并未对互联网广告外延进行界定,"从事网络信息服务的经营主体(以下简称网络经济组织),利用因特网从事的以盈利为目的的广告活动"是其对互联网广告的释义原文。而在接下来2001年的《北京市网络广告管理暂行办法》中对互联网广告进行了较为具体的界定:"本办法所称网络广告,是指互联网信息服务提供者通过互联网在网站或网页上以旗帜、按钮、文字链接、电子邮件等形式发布的广告。"2007年的《浙江省网络广告登记管理暂行办法》对互联网广告的外延定义延续了上述北京工商行政管理局的规制办法。直到2015年修订的新广告法中,国家工商行政管理部门对互联网等新媒体广告的外延尚未做有效界定,提及互联网广告界定的内容仅仅限于弹窗广告:"在互联网页面以弹出等形式发布的广告,应当显著标明关闭标志,确保一键关闭。"2015年《互联网广告监督管理暂行办法》(征求意见稿)正式含有互联网新媒体广告外延界定内容:"本办法所称互联网广告,是指通过各类互联网网站、电子邮箱以及自媒体、论坛、即时通讯工具、软件等互联网媒介资源,以文字、图片、音频、视频及其他形式发布的各种商业性展示、链接、邮件、付费搜索结果等广告。"至此在国家部门规章以及地方法规层面对互联网新媒体广告内容外延有了有效界定,这一举措为今后进一步完善"一法两规"对新媒体广告的规制行为,做了卓有成效的指引。

(2)新媒体广告的内容规制(虚假广告与问题广告)。新媒体广告外延界定主要解决新媒体广告包含哪些具体形式的问题,新媒体广告的内容规制主要解决将何种广告定性为违法违规广告的问题,这一问题的解决有其广告共性与个性特点。从共性上讲所有广告发布内容都存在对其违法违规问题的确认,新广告法中第三条与第四条对此有明确规定:"广告应当真实、合法,以健康的表现形式表达广告内容,符合社会主义精神文明建设和弘扬中华民族优秀传统文化的要求";"广告不得含有虚假或者引人误解的内容,不得欺骗、误导消费者";"广告主应当对广告内容的真实性负责"。从以上条款可以看出,对广告的内容规制要求广告内容真实、健康、合法,同时违法违规的广告主要是指虚假,以及因虚假或有效信息不完整,而"引人误解"和"欺骗、误导消费者"。我们可以集中理解为新媒体广告的内容规制主要针对虚假广告和问题广告,问题广告指涉有效信息不完整以及发布内容不健

第九章 借鉴与超越:西方新媒体广告规制经验对我国的启示

康、不合法的广告。对于新媒体广告的内容规制中的个性特点,新广告法中无特别规定,在《互联网广告监督管理暂行办法》(征求意见稿)条款中主要对新媒体广告中的隐性广告作了相应规定,"在广告及链接或者互联网终端显示的广告区域上清晰标明自身作为广告经营者或者发布者的身份,使消费者能够辨别广告来源";"通过门户或综合性网站、专业网站、电子商务网站、搜索引擎、电子邮箱、即时通讯工具、互联网私人空间等各类互联网媒介资源发布的广告,应当具有显著的可识别性,使一般互联网用户能辨别其广告性质"。隐性广告不是新媒体广告独有的广告现象,但在新媒体广告中隐性广告问题较为突出,新媒体广告的内容规制层面对此有更多的规制要求。

(3)新媒体广告的行为规制(不正当竞争行为)。行为规制与内容规制关系紧密,新媒体广告的行为规制主要集中在对不正当竞争行为特别是侵害消费者合法权益行为的规制细节上。新广告法中对弹窗广告的规定是对这种不正当行为的具体规制内容,而在《互联网广告监督管理暂行办法》(征求意见稿)相关条款中,对不正当行为的规定十分具体,这些行为包括"利用浏览器等各类软件、插件,对他人正当经营的各类广告采取拦截、过滤、覆盖等限制措施;利用通信线路、网络设备以及插件、软件、域名解析等方式劫持网络传输数据,篡改或者遮挡他人正当经营的各类广告;以虚假流量、恶意植入数据、恶意点击等方式改善自身排名或者损害他人正当利益、贬低他人商业信誉的行为;以结盟、联盟等方式限制他人进入某一市场或经营领域;使用他人商标、企业名称作为文字链接广告、付费搜索广告的关键字、加入网站页面或源代码提高搜索度,诱使消费者进入错误网站;法律、行政法规禁止的其他不正当竞争行为"等。可以说互联网新媒体广告规制内容的重点和难点在于对不正当行为的规制上。加强行业自律,以行业自律主导规制系统才是互联网广告行为规制的方向。

第二节　我国的广告监管体系相较于西方的特殊性

中西方在广告监管[①]方面的差异,受制于多种因素的影响:国家政治制度的不同,决定了在广告权力的管理架构与运作方式等方面差别显著;国家法制环境的不同,影响到广告规制体系以及政府的管理权限与行业自治空间的差异;国家经济与文化环境的不同,反映在广告监管方面则呈现出行业拥有的商业自由言论权利大小有别。此外,中西方国家广告发展史的不同,也直接决定了广告监管方式的迥异。"广告监管之于广告活动,如影相随,从这个意义上说,中国当代广告发展史,就是一部中国广告监管发展史。"[②] 前面的章节,我们已经对美英两国的广告他律与自律发展史做了较为详尽的阐释,本节通过梳理中国现代广告监管发展史,以中西对比的方式总结一下我国广告监管中的特殊性。

一、政府逐步完善广告法律法规但尚不健全

新中国的广告业是在长期的计划经济管理体制环境中发展起来的,这就决定了我国政府对广告的监管多采取集中与收紧的方式,这与美英两国多依靠行业自律的管理方式有显著的不同。虽然十一届三中全会以后,有中国特色的市场经济体制逐渐代替了原有的计划经济体制,但是长期存留下来的监管传统依然对广告行业发挥着较强的影响力。

新中国成立后,我国政府对广告的监管始终采用中央政府与地方政府齐抓共管的方式,由国家工商行政管理局与省、市、县人民政府和工商行政

[①] 一般将广告管理分为社会公共利益方面的宏观管理与企业经营效益方面的微观管理,本文所言广告规制实指广告宏观管理,本节采用广告监管概念与广告规制同义,以"监督管理"之词义表明广告规制行为中的权力意识,强调广告规制行为的主体多元性。
[②] 范志国主编:《中外广告监管比较研究》[M],北京:中国社会科学出版社2008年版,第1页。

第九章　借鉴与超越：西方新媒体广告规制经验对我国的启示

管理局等单位主要负责。① 事实上，我国地方政府对现代广告的监管早于中央政府，这是由部分发达地市的经济发展与行业需求决定的。"我国广告管理首先从传统的工业生产集中、商业比较发达的天津、上海、广州、重庆、西安等大城市起步，颁布的地方性广告管理法规一般由当地人民政府制定，而且几乎都是行政法规的性质，突显出我国在广告管理工作起步阶段，就十分重视政府行政法规对广告行业和广告活动的规范与管理。"②这种方式也体现了我国计划经济时代的管理特点。

中西广告监管体制的差异，还存在一个较大的不同点：美国、英国政府总是尽量规避、减少出台广告规制，即使已经颁布的规制也可能被判违宪，因此政府对规制的制定是相当谨慎的；而中国的广告监管部门从成立之初，就重视对广告法律、法规的制定，而且随着时间推移，还在不断加大对广告的规制力度，我国广告规制无论是从数量还是内容方面，都比美英两国要多。

新中国成立后，我国广告规制发展历经了三个时期，第一个时期是新中国成立至"文化大革命"之前（详见表9-1），这一时期由发达地区地方政府开始颁布法律法规过渡到中央政府开展专项的广告规制行为；第二个时期为"文化大革命"之后至20世纪末（详见表9-2），这一时期国务院开始颁布综合性的广告管理法律法规，明确广告归口管理部门，实施系统的广告规制行为，第二时期具体有如下几个特点：

（1）明确了中华人民共和国国家工商行政管理局作为主要的广告监管部门，对于我国广告市场管理的权利与职责。

（2）我国政府积极探索适合我国政治、经济体制的广告管理方式，这一时期广告法规更为细化，对分门别类的广告进行了具体的规定。1982年2月2日，国务院通过《广告管理暂行条例》，并于2月6日正式颁布，5月1日起正式实施；同年6月，国家工商行政管理局颁布了《广告管理暂行条例实

---

① 新中国成立初期，政务院财经委员会内设有中央外资企业管理局和中央私营企业管理局，1953年两局合并，改称中央工商行政管理局。十年动乱中并入商业部。1978年9月重新恢复，改称为中华人民共和国国家工商行政管理局。2001年4月国家工商行政管理局升为国家工商行政管理总局，下设广告监督管理司。

② 周茂君：《中国广告管理体制研究》[M]，北京：人民出版社2012年版，第29页。

施细则》，这是我国改革开放后第一部全国性广告管理法规。这一时期，最重要广告管理规制是颁布了《中国人民共和国广告法》。

（3）广告的规定性文件与通知过多，高阶法较少，法律效力不高。

（4）政府颁布的广告规制在实施中不断总结经验，修订频繁，例如《烟草广告管理暂行办法》仅实施一年就进行了修订。

（5）政府承担了过多的广告监管责任，如发布《广告活动道德规范》，给广告行业自律预留的主动空间较少；虽然国家工商行政管理局于1996年3月15日颁布了《工商行政管理机关受理消费者申诉暂行办法》，1997年3月15日颁布《工商行政管理所处理消费者申诉实施办法》，但我国尚未形成广泛、有效的社会监督机制。

我国广告规制发展的第三个时期是在进入21世纪后，我国的广告监管机制也随着环境的变化发生了不少改变。2001年12月11日，我国正式成为世贸组织成员，这要求我国对广告行业的管理也应与世界接轨。互联网的飞速发展促使广告媒体也发生变革，广告监管范围变大、管理内容增多，管理体制受到较大的影响。通过梳理21世纪以来重要的广告法律、法规，可以总结出这个时期的主要监管特点：

（1）广告市场环境的不断变化，促使政府不断修订或废止以前颁布的一些广告规制。例如，国家工商行政管理总局、商务部于2004年3月2日颁布《外商投资广告企业管理规定》，在2008年8月22日进行了修订，但由于政府职能的转变，且根据《国务院关于推广中国（上海）自由贸易试验区可复制改革试点经验的通知》的要求，将上述规定于2015年6月29日进行了废止。这一时期颁布的最重要广告法规，应是2015年修订后的《中华人民共和国广告法》。

（2）新媒体的兴盛，使得政府对广告监管的范围扩大。2000年2月，国家工商行政管理局《关于开展网络广告经营登记试点的通知》的颁布，标志着国家工商行政管理机关开始启动对网络广告业的监管。由于网络媒体平台是新媒体广告的主要发布媒介，政府相关部门对互联网的监管、对广告都有一定的约束作用，例如2000年国务院颁布的《中华人民共和国电信条例》、信息产业部颁布的《互联网电子公告服务管理规定》就涉及短信广告、电子邮件广告等内容。

第九章 借鉴与超越:西方新媒体广告规制经验对我国的启示

(3)新媒体广告的特点,决定了多部门联合监管的方式得以加强。2005年4月,国家工商行政管理总局、中央宣传部、公安部等十一部委联合发布了《虚假违法广告专项整治工作方案》和《整治虚假违法广告专项行动部际联席会议制度》,标志着我国广告监管机构针对互联网的特点,开始了多部门联合执法的尝试。2009年9月,国务院法制办公室、国家工商行政管理总局、公安部等十四部委联合颁布《关于开展打击利用互联网等媒体发布虚假广告及通过寄递等渠道销售假药的专项整治行动的通知》,我国对网络广告规制的多部门联席会议制度逐渐进入有序的发展阶段。

(4)政府开始注重舆论监督作用,这一时期不少规制在颁布、修订之前,都先以"征求意见稿"的形式发布,有利于广泛的舆论监督。例如,国务院法制办公室在2014年2月21日通过中国政府法制信息网公布了《中华人民共和国广告法(修订草案)(征求意见稿)》,以了解社会各方的意见和建议,提高立法质量。

(5)广告规制的约束力依然有限,多以"通知、规定、办法、意见"等方式发布,法律效力较低,总体而言,我国广告法律体系依然不健全。新媒体广告的出现,使得广告发布量呈几何速度增长,而且违法广告能以更多难以识别、难以追惩的方式出现,现有广告法规难以涵盖所有新出现的广告形式,难以约束新的问题广告。"广告违法在其内容和形式上较诸以往都有了相当程度的变化,最初那种明目张胆的违法之举已悄声匿迹,取而代之的是那种融虚假、欺骗于合法之中的不易被察觉的违法行为,其隐蔽性和欺骗性加大,在很大程度上增加了监督管理的难度。"[①]因此,广告监管面临前所未有的挑战。

表9-5 我国近15年的主要广告法律、法规一览表(2000—2015年)

广告法律、法规名称	颁布/施行时间	颁布单位
《印刷品广告管理办法》	2000年1月13日 (2005年1月1日失效)	工商局

---

① 陈柳裕、唐明良:《广告监管中的法与理》[M],北京:社会科学文献出版社2009年版,第225~226页。

(续表)

广告法律、法规名称	颁布/施行时间	颁布单位
《关于开展网络广告经营登记试点的通知》	2000年2月24日（2000年5月18日起施行）	工商局
《关于开展集中整治虚假违法医疗、药品、保健食品广告的通知》	2000年6月26日	工商局
《药品电子商务试点监督管理办法》	2000年6月26日（颁布日施行）	国药品监督管理局
《互联网信息服务管理办法》	2000年9月20日（2000年9月25日起施行）	国务院
《中华人民共和国电信条例》	2000年9月20日（2000年9月25日起施行）	国务院
《互联网电子公告服务管理规定》	2000年10月8日（颁布日施行）	信息产业部
《广告管理条例施行细则》修正案	2000年12月1日	工商局
《关于维护互联网安全的决定》	2000年12月28日	全国人民代表大会常务委员会
《关于加强处方药广告审查管理工作的通知》	2001年1月12日	国家药品监督管理局、工商局
《禁止价格欺诈行为的规定》	2001年11月1日（2002年1月1日起施行）	国家发展计划委员会
《关于规范声讯服务广告的通知》	2002年6月10日	工商局
《互联网出版管理暂行规定》	2002年6月27日（2002年8月1日起施行）	新闻出版总署、信息产业部
《关于规范医疗广告活动，加强医疗广告监管的通知》	2003年1月7日	国家工商局、卫生部、国家中医药管理局
《中国广告业企业资质认证暂行办法》	2003年3月13日	工商局
《互联网文化管理暂行规定》	2003年5月10日（2003年7月1日起施行）	文化部

第九章 借鉴与超越:西方新媒体广告规制经验对我国的启示

(续表)

广告法律、法规名称	颁布/施行时间	颁布单位
《广播电视广告播放管理暂行办法》	2003年9月15日(2004年1月1日起施行,2010年1月1日废止)	国家广播电影电视总局
《外商投资广告企业管理规定》	2004年3月2日	工商局、商务部
《关于清理含有不良内容广告的通知》	2004年4月9日	中宣部、工商局、国家广播电影电视总局、新闻出版署
《关于规范短信息服务有关问题的通知》	2004年4月15日	信息产业部
《中华人民共和国电子签名法》	2004年8月28日(2005年4月1日起施行)	主席令
《关于规范和加强广告监测工作的指导意见》、《关于加强广告执法办案协调工作的指导意见》和《关于广告审查员管理工作若干问题的指导意见》	2004年10月8日	工商局
《广告经营许可证管理办法》	2004年11月30日(2005年1月1日起施行)	工商局
《广告管理条例施行细则》	2004年11月30日(2005年1月1日起施行)	工商局
《印刷品广告管理办法》	2004年11月30日(2005年1月1日起施行)	工商局
《关于禁止发布含有不良内容声讯、短信息等电信信息服务广告的通知》	2005年1月26日	工商局、信息产业部
《关于加快电子商务发展的若干意见》	2005年1月8日起施行	国务院办公厅

407

（续表）

广告法律、法规名称	颁布/施行时间	颁布单位
《虚假违法广告专项整治工作方案》	2005年4月21日（颁布日生效）	工商局、中央宣传部、监察部、国务院纠风办、信息产业部、卫生部、国家广播电影电视总局、新闻出版总署、国家食品药品监督管理局、国家中医药管理局
《保健食品广告审查暂行规定》	2005年5月24日（2005年7月1日起施行）	国家食品药品监督管理局
《关于严厉打击违法虚假广告的通告》	2005年5月25日	工商局
《广告管理条例施行细则》（修订）	2005年9月28日	工商局
《互联网电子邮件服务管理办法》	2005年11月7日（2006年3月20日起施行）	信息产业部
《户外广告登记管理规定》	2006年5月22日（2006年7月1日起施行）	工商局
《信息网络传播权保护条例》	2006年7月1日起施行（2013年3月1日起施行修订条例）	国务院
《关于整顿广播电视医疗资讯服务和电视购物节目内容的通知》	2006年7月18日	国家广播电影电视总局、工商局
《关于禁止报刊刊载部分类型广告的通知》	2006年10月18日	新闻出版总署、工商局
《医疗广告管理办法》	2006年11月10日（2007年1月1日起施行）	工商局、卫生部
《违法广告公告制度》	2006年11月21日	工商局、中央宣传部、公安部、监察部、国务院纠风办、信息产业部、卫生部、国家广播电影电视总局、新闻出版总署、国家食品药品监督管理局、国家中医药管理局

第九章 借鉴与超越：西方新媒体广告规制经验对我国的启示

(续表)

广告法律、法规名称	颁布/施行时间	颁布单位
《医疗广告管理办法》	2006年11月28日 (2007年1月1日起施行)	卫生部
《关于加强固定形式印刷品广告监督管理工作的通知》	2007年2月27日	工商局、新闻出版总署
《关于网上交易的指导意见(暂行)》	2007年3月6日	商务部
《药品广告审查发布标准》	2007年3月3日	工商局、国家食品药品监督管理局
《药品广告审查办法》	2007年3月15日 (2007年5月1日起施行)	国家食品药品监督管理局、工商局
《关于进一步规范固定形式印刷品广告经营发布行为的通知》	2007年3月16日	工商局
《关于促进电子商务规范发展的意见》	2007年12月13日	商务部
《关于促进广告业发展的指导意见》	2008年4月23日	工商局、国家发展和改革委员会
《外商投资广告企业管理规定》	2008年8月22日 (2008年10月1日起施行，2015年6月29日废止)	工商局、商务部
《医疗器械广告审查办法》	2009年4月7日 (2009年5月20日起施行)	中华人民共和国卫生部、工商局、国家食品药品监督管理局
《电信网络运行监督管理办法》	2009年4月24日	工业和信息化部
《医疗器械广告审查发布标准》	2009年4月28日	工商局、卫生部、国家食品药品监督管理局
《互联网医疗卫生信息服务管理办法》	2009年5月1日 (2009年7月1日起施行)	卫生部
《关于严厉打击利用互联网等信息网络非法经营烟草专卖品的通告》	2009年6月24日	国家烟草专卖局办公室

(续表)

广告法律、法规名称	颁布/施行时间	颁布单位
《关于开展打击利用互联网等媒体发布虚假广告及通过寄递等渠道销售假药的专项整治行动的通知》	2009年9月4日	卫生部、工业和信息化部、公安部、监察部、财政部、商务部、海关总署、工商局、国家广播电影电视总局、国务院法制办公室、中国银行监督管理委员会、国家邮政局、国家食品药品监督管理局
《广播电视广告播出管理办法》	2009年9月8日（2010年1月1日起施行）	国家广播电影电视总局
《网络商品交易及有关服务行为管理暂行办法》	2010年5月31日 2010年7月1日起施行	工商局
《第三方电子商务交易平台服务规范》	2011年4月12日	商务部
《〈广播电视广告播出管理办法〉的补充规定》	2011年11月21日（2012年1月1日起施行）	国家广播电影电视总局
《规范互联网信息服务市场秩序若干规定》	2011年12月7日（2012年3月15日起施行）	工业和信息化部
《大众传播媒介广告发布审查规定》	2012年2月9日	整治虚假违法广告专项行动部际联席会议成员单位
《广告监测工作规定》	2012年9月10日	工商局
《关于审理侵犯信息网络传播权民事纠纷案件适用法律若干问题的规定》	2012年12月17日	最高人民法院
《关于加强网络信息保护的决定》	2012年12月28日	全国人民代表大会常务委员会
《信息网络传播权保护条例》修订	2013年1月30日（2013年3月1日起施行）	国务院
《电信和互联网用户个人信息保护规定》	2013年7月16日（2013年9月1日起施行）	工业和信息化部
《寄递服务用户个人信息安全管理规定》	2014年3月26日	国家邮政局

第九章　借鉴与超越：西方新媒体广告规制经验对我国的启示

（续表）

广告法律、法规名称	颁布/施行时间	颁布单位
《互联网食品药品经营监督管理办法（征求意见稿）》	2014年5月28日	国家食品药品监管总局
《网络交易平台经营者履行社会责任指引》	2014年5月28日	工商局
《关于加强境内网络交易网站监管工作协作积极促进电子商务发展的意见》	2014年9月29日	工商总局、工信部
《欺诈消费者行为处罚办法》	2015年1月5日（2015年3月15日起施行）	工商局
《中华人民共和国广告法》	2015年4月24日（2015年9月1日）	主席令
《中华人民共和国网络安全法（草案）》	2015年6月	全国人民代表大会常务委员会
《国家安全法》	2015年7月1日	全国人民代表大会常务委员会
《农药广告审查发布标准》	2015年12月24日（2016年2月1日起施行）	工商局
《房地产广告发布规定》	2015年12月24日（2016年2月1日起施行）	工商局

综上，我国政府相关部门在广告法律、法规管理方面存在下面几个主要问题：

（1）高阶法律少，低阶法律多，频繁对广告进行规制，管辖部门多。目前最权威的专门性广告法律是全国人大常委制定的《广告法》（新法由49个条款增加到75个，新增33条，删除3条，修改37条，原文保留8条），此外还有国务院颁布的《广告管理条例》，不过有学者指出，"《广告法》最大的缺陷就在于'广告审查'和'广告查处'的多头管理，造成涉及部门太多，出现哪个部门都可能推诿的局面"[①]。此外，"法律条款不够细化和对关键性法律术

---

① 陈丽平主编：《广告法规管理》[M]，杭州：浙江大学出版社2014年版，第12页。

语缺乏界定,对管理方和媒体的责、权、利缺乏具体规定,与我国其他法律条文存在交叉或冲突现象,法律的权威性有待加强"[①]。

(2) 新媒体时代,广告监管存在立法滞后的问题。即使政府频繁立法、修订相关法律规制,也依然难以穷尽所有的广告形式,例如一些原本限制性的香烟产品等,利用新出现的微信做推送形象广告、以道具的方式出现在微电影视频中进行传播,往往就是利用了监管方面的漏洞。

(3) 监管范围大,规制漏洞多,违法成本低,难以形成震慑作用,一些广告主存在侥幸心理。有关违法处罚方面,美国就特别严格,除了对虚假广告给予严厉处罚外,从1975年起又增加了一项治理措施,称为"矫正广告行动",即当发现某广告为欺骗性广告后,要制作此广告的广告商再制作一条新的广告,声明先前的广告宣传并非真实,[②]这样广告主就要考虑违法成本而有所畏惧。

(4) 跨地域管辖监管困难,新媒体时代广告执法取证困难。我国对广告的监管主要归属于广告发布者所在地的工商行政管理机关管辖,而网络广告信息却可以任意修改,也可以跨省流动甚至到国外发布,这对各省市的工商机关及时有效取证造成困难。

二、确立社会监督权利与机制但约束力有限

有关社会监督权利的比较,中西之间的差距还是比较大的。美英两国不仅确立了商业自由言论的权利,还明确了公众所具有的舆论监督权利以及消费者的隐私权,此外,美英两国还存在众多代表公众利益的独立协会,这些协会通过多种方式监督广告主的行为。我国虽然也明确了公民享有监督权,包括对广告的批评、建议权,控告检举权等,但是由于"以和为贵"的文化传统、消费者维权意识较为薄弱、维权成本过高等原因,社会公众对广告的监督效果并没有美英两国显著,而且维护公众利益的协会较为单一、缺少独立性。

---

① 周茂君:《中国广告管理体制研究》[M],北京:人民出版社2012年版,第140～141页。
② 崔银河编著:《广告法规与职业道德》[M],北京:中国传媒大学出版社2008年版,第101页。

第九章 借鉴与超越：西方新媒体广告规制经验对我国的启示

我国县级、市级消费者协会成立时间早于国家级的消费者协会。"早在1983年5月，河北省新乐县就成立了消费者协会，这是中国第一个县级消费者组织；1983年9月，广州成立消费者委员会，这是我国第一个城市消费者组织。"1984年12月26日，经国务院批准，"中国消费者协会"成立，该协会是对商品和服务进行社会监督、保护消费者合法权益的组织，为我国消费者行使社会监督权利搭建了有力的平台。至1992年，全国县级以上消费者协会已经超过2000多家，各种形式的保护消费者的社会监督网络达3万多个。①

1994年1月1日起施行的《中华人民共和国消费者权益保护法》，明确规定了我国消费者可以依法享有的各项权益保护，这为公民行使监督权利也提供了法律依据。随着市场经济的发展，该法分别于2009年8月27日、2013年10月25日经全国人大常委会进行了两次修正，2014年3月15日新版《消费者权益保护法》正式实施，明确了对消费者个人信息的保护，经营者不得擅自泄露；法律对网络欺诈说"不"；商品"三包"、七日不再是硬约束；缺陷商品消费者将不再"举证难"。2014年1月，国家工商行政管理总局又出台《侵害消费者权益行为处罚办法》，加强了对侵害消费者权益的经济惩处。

除了专门性的消费者权益保护法，其他很多法律、法规也涉及消费者权益保护的相关规定以及公民享有的社会监督权利。例如关于产品质量的立法《产品质量法》《国家标准管理办法》《行业标准管理办法》《企业标准管理办法》《产品质量管理条例》等；有关消费者安全保障方面有《食品管理法》《食品安全法》《药品管理法》《化妆标识品管理规定》等；有关公平交易的法律如《计量法》《价格法》等。此外，新《广告法》第五十三条规定："任何单位或者个人有权向工商行政管理部门和有关部门投诉、举报违反本法的行为。工商行政管理部门和有关部门应当向社会公开受理投诉、举报的电话、信箱或者电子邮件地址，接到投诉、举报的部门应当自收到投诉之日起七个工作日内，予以处理并告知投诉、举报人。工商行政管理部门和有关部门不依法履行职责的，任何单位或者个人有权向其上级机关或者监察机关举报。接

---

① 杨海军：《中外广告史新编》[M]，上海：复旦大学出版社2009年版，第173页。

到举报的机关应当依法作出处理,并将处理结果及时告知举报人。有关部门应当为投诉、举报人保密。"第五十四条也规定:"消费者协会和其他消费者组织对违反本法规定,发布虚假广告侵害消费者合法权益,以及其他损害社会公共利益的行为,依法进行社会监督。"①

近年来,为了激励更为广泛的社会监督,国家制定了多种举报奖励机制。有规制方面的完善,例如2014年1月15日,中华人民共和国国家发展和改革委员会令第6号公布《价格违法行为举报处理规定》,该《规定》共22条,自2014年5月1日起施行;同日实施的还有《价格违法行为举报奖励办法》,规定举报基本有三级奖励:一级举报给予2001元至5000元物质奖励;二级举报一般给予精神奖励,也可以给予100元至2000元物质奖励;三级举报给予精神奖励。如果是省级以上价格主管部门查处在全国有重大影响的举报案件,可以适当提高物质奖励金额,但最高不超过10000元。② 也有举报方式的多样化探索,例如"中国互联网违法和不良信息举报中心"开通了网络举报客户端,实现了"一键举报"并且在网站上公布了全国各地举报网站电话、百家网站举报电话,而且该中心也确立了奖励制度,"2014年,举报中心共奖励举报有功人员4008人次,发放举报奖金850万元"。③ 不过,值得思考的是,靠奖励来驱动的社会监督机制是建立在个人利益的基础上的,会不会有违承担社会责任的初衷?

随着新媒体的发展,我国为公民设立了更多样化的社会监督渠道,通过梳理汇总,广告投诉有以下几个主要的平台(详见表9-6)。以"中国互联网违法和不良信息举报中心"为例,该举报中心成立于2005年7月,主要职责是"接受和处置社会公众对互联网违法和不良信息的举报;指导全国各地各网站开展举报工作;指导全国具有新闻登载业务资质的网站开展行业自律;

---

① 《中华人民共和国广告法》(主席令第二十二号)[EB/OL],中央政府门户网站,2015年4月25日,http://www.gov.cn/zhengce/2015-04/25/content_2853642.htm。

② 《关于印发〈价格违法行为举报奖励办法〉的通知》[EB/OL],12358全国网上价格举报系统,2014年1月16日,http://12358.ndrc.gov.cn/C07A62487110C6490BAE85271056D981/2014-01-16/C0E304C6D2CF2A3EA8D15E38815A8930.htm。

③ 《举报中心去年接报近110万件发放举报奖金850万元》[EB/OL],中国互联网违法和不良信息举报中心,2015年1月14日,http://net.china.com.cn/txt/2015-01/14/content_7598409.htm。

第九章　借鉴与超越:西方新媒体广告规制经验对我国的启示

开展国际交流,向境外网站举报违反中国法律法规的有害信息"。[①] 为了方便公众利用移动媒体及时举报,该中心还开通了网络举报客户端,实现了"一键举报",在网站首页公布了"全国各地举报网站电话"、"百家网站举报电话",使得更大范围的举报信息呈现一目了然。此外,各投诉平台还不断出台相应的规制,以保障消费者的监督权益,例如 2016 年 1 月 12 日,国家食品药品监督管理总局公布《食品药品投诉举报管理办法》(第 21 号令),从 2016 年 3 月 1 日起施行。对直接收到的食品药品投诉举报,食品药品监督管理部门应当自收到之日起 5 日内转交同级食品药品投诉举报机构;无同级食品药品投诉举报机构的,应当自收到之日起 5 日内转交负责投诉举报管理工作的部门。[②]

表 9-6　我国广告举报投诉的主要受理平台

举报平台	电话	网址
国家工商总局	12315	http://www.saic.gov.cn/
中国互联网违法和不良信息举报中心	12377	http://www.12377.cn/
12321 网络不良与垃圾信息举报受理中心(垃圾短信、垃圾邮件、不良 App 和网站、骚扰电话、个人信息泄露等各类网络不良与垃圾信息)	12321	http://www.12321.cn
全国网上价格举报系统	12358	http://12358.ndrc.gov.cn/
国家食品药品监督管理局	12331	http://www.12331.org.cn/
工业和信息化部(举报"响一声电话就停")	12300	http://www.miit.gov.cn/
公安部(举报互联网、手机短信涉黄、诈骗、贩卖违法物品、赌博等违法内容信息)	110	http://www.mps.gov.cn/

---

① 《中国互联网违法和不良信息举报中心简介》[EB/OL],中国互联网违法和不良信息举报中心,2014 年 9 月 2 日,http://www.12377.cn/txt/2014-09/02/content_7198763.htm。
② 《食品药品投诉举报管理办法》(国家食品药品监督管理总局令第 21 号)[EB/OL],国家食品药品监督管理总局,2016 年 1 月 14 日,http://www.sda.gov.cn/WS01/CL0053/141900.html。

（续表）

举报平台	电话	网址
全国文化市场举报平台（互联网上网服务营业场所经营活动）	12318	http://jb.ccm.gov.cn/
最高人民检察院举报中心（放纵制售伪劣商品犯罪行为案）	12309	http://www.12309.gov.cn/
全国"扫黄打非"工作小组（互联网和手机媒体淫秽色情信息举报）	12390	http://www.shdf.gov.cn/
国家质量监督检验检疫总局（产品质量申诉）	12365	http://www.aqsiq.gov.cn
国家新闻出版广电总局	010-86091111	http://www.sarft.gov.cn/
文化部	12318	http://www.mcprc.gov.cn/

虽然享有诸多消费者权益保护相关法律、法规，但是总体而言，我国消费者无论是自我权益保护意识还是具备的保护能力以及享有的监督权利等方面，相较于美英两国还是比较有限的，这受到多种因素的影响。首先，我国政治、经济与文化传统背景都决定了公民维权意识不强，面对侵权问题更多人选择隐忍、怨天尤人或自认倒霉，担心"枪打出头鸟"，认为"天塌砸大家"；其次，我国虽然在法律上明确了消费者应享有的权利，但消费者真正要维权可谓困难重重，程序复杂、维权成本高、举证困难，还可能遭致侵权者的打击报复等；再次，我国各级消费者协会更多的带有"官意民办"的性质，广告社会监督组织具有双重使命——既要在一定程度上体现官方意志，又要反映广大消费者的意愿，保护其合法权益，①这就限制了消费者协会独立行使监督功能；最后，企业广告违规成本低，即使消费者维权成功，对企业的惩处影响可能也会低于侵权带来的利益。

以 2016 年伊始，媒体中沸沸扬扬的"百度贴吧门"事件为例。由于百度将疾病贴吧"商业化开发"，承包给一些明显有问题的医疗机构，甚至直接指向被媒体曝光过的"医骗"，从而引起公愤，使得百度迫不得已宣布以后停止

---

① 周茂君：《中国广告管理体制研究》[M]，北京：人民出版社 2012 年版，第 39 页。

第九章　借鉴与超越：西方新媒体广告规制经验对我国的启示

出售医药类贴吧的管理权限。表面上看，这次广泛的社会舆论监督发挥了强大的影响力，甚至迫使百度更改广告经营策略，但这仅仅是冰山一角，正如《新京报》这篇报道所指出的，"百度应依法对平台上发布的广告进行审核，但问题是怎么个依法审查广告？归哪个部门来管？事实上，之前百度一直没被认定为'广告发布者'，声称属于'信息检索技术服务'，因为用户仍需链接到原网站，从而不承担广告发布者的责任，逃脱了各种监管"。2015年7月，国家工商总局公布的《互联网广告监督管理暂行办法（征求意见稿）》中，明确"付费搜索结果应当与自然搜索结果有显著区别，不使消费者对搜索结果的性质产生误解"，因此，"司法机关和行政机关要统一认识，确认百度提供的竞价排名就是一种广告发布，就应受《广告法》《商标法》等规制的约束"。①

三、我国未形成严格意义上的广告行业自律

本文第三章对美英两国广告行业协会以及国际性广告协会进行了专门的梳理，从中可以看到两国广告行业自律经过一百多年的发展，已经积累了丰富的行业自治管理经验，取得不少广告自律监管方面的成果，从而确立了在国家以及国际社会中的地位与威望，这与广告行业协会的独立性有很大的关系。而我国的广告行业协会由于恰恰缺少独立运作的条件，与国家工商行政管理局的隶属关系大大削弱了行业自律监管的机会与范围，因此，从严格意义上而言，我国尚未形成真正的广告行业自律协会。

根据史料，我国近代以来广告行业的自律始于20世纪初报馆的自律。② 1910年，《时报》、《神州日报》报馆发起成立"全国报馆俱进会"，得到各地报馆的积极响应，于9月4日在南京成立，参与的报馆有37家。该会于1911年在北京召开常会，1912年在上海召开特别大会，参与者共六七十家，改名

---

① 《"黑广告"监管，应明确百度"发布者"身份》[EB/OL]，新京报，2016年1月15日，http://news.xinhuanet.com/comments/2016-01/15/c_1117781738.htm.

② 通过比较中美广告行业自律史可以发现，广告自律都肇始于媒体的自我监督。1865年，《纽约先驱报》(New York Herald)上发表了拒绝刊登不可靠药品广告的宣言，1880年《农场杂志》、1892年《妇女家庭杂志》等也都拒绝刊登药广告（详见：范志国主编：《中外广告监管比较研究》[M]，北京：中国社会科学出版社2008年版，第43页）。美国报纸上这种约束广告的行为，与我国报馆积极承担社会责任的意识不谋而合。

为"中华民国报馆俱进会",会上通过了七项决议案,其中,第六项即为"设立广告社案",以督促报业改良,限制不良广告的刊登。[1] 在1920年5月召开的"全国报界联合会第二次会议"上,120家报馆[2]代表通过了14项决议,其中第13项为"劝告禁载有恶影响于社会之广告案",呼吁全国各地的各类报纸今后一律不要登载各种不良广告,"牺牲广告费之事小,而影响于社会大也"[3],这可能是中国广告行业最早的自律规范,[4]也被称为"我国广告伦理化运动的先声"[5]。

"由于缺乏具体的监督和惩戒机制,该决议仅仅成为提倡的口号"[6],不过,"劝告禁载有恶影响于社会之广告案"的出台则彰显了报纸对于刊登其上广告自律管理的一种努力与尝试,也体现出近代报馆在经济利益诱惑与社会责任担当之间选择的勇气。由于该协议是报纸媒体而不是广告行业协会制定的,从广义上而言,虽然可以纳入到广告自律的研究范畴中,却看不到广告行业作为自律主体,自觉自愿争取自我管理的积极态度,这也体现了这一时期广告自律的特点,多是在媒体的推动下"被迫自律",究其原因,是广告产业的发展尚不成熟,广告主追求短期利益的动机远远超过了对塑造品牌形象与承担社会责任的体认。

20世纪30年代,不少报馆又各自制定了相应的广告自律条文,[7]在报馆对广告自律要求的推动下,广告行业也逐渐意识到自我净化在良性市场竞争中的重要作用,自20世纪20年代前后,中国广告代理业和有关广告行业协会组织相继出现。1919年,"中国广告公会"[8]成立,这是中国最早的广

---

[1] 杜艳艳:《中国近代广告史研究》[M],厦门:厦门大学出版社2013年版,第240页。
[2] 杜艳艳在《中国近代广告史研究》中写道"共到报馆及通讯社100多家",详见厦门大学出版社2013年版,第240页,黄天鹏在《中国新闻事业》一书中写道报馆数量为112家,详见上海联合书店1930年版,第128页。
[3] 戈公振:《中国报学史》[M],北京:生活·读书·新知三联书店1995年版,第221页。
[4] 张龙德、姜智彬、王琴琴主编:《中外广告法规研究》[M],上海:上海交通大学出版社2008年版,第2页。
[5] 吴铁生、朱胜愉:《广告学》[M],上海:中华书局1946年版,第31页。
[6] 杜艳艳:《中国近代广告史研究》[M],厦门:厦门大学出版社2013年版,第241页。
[7] 崔银河编著:《广告法规与职业道德》[M],北京:中国传媒大学出版社2008年版,第16页。
[8] 该公会的发起人是美国万国函授学社的社长海格(H. R. Harger)与任美孚洋行、英美烟公司、慎昌洋行广告部主事的四位西人,联合华人中经营广告业者组织而成,并与世界广告公会联络。

第九章 借鉴与超越:西方新媒体广告规制经验对我国的启示

告行业组织,该公会专门设立了"改良部",对于广告业中的不正当竞争、欺诈等现象进行监督,责令其予以更正。1927年,上海"维罗广告公司"、"耀南广告社"等6家广告社组织成立"中华广告公会",以争取共同的利益,调节同业间的纠纷,联络与报馆的感情,该公会于1930年更名为"上海市广告同业公会",1946年又改名为"上海市广告商业同业公会",并制定了《上海市广告商业同业公会业规》,共有七章42条,号召同业"不得有欺诈及不正当之行为,并不得接受有违法令之广告,更不得跌价为竞争之手段"。[①] 同一时期,北京、天津、广州等大城市先后成立了由政府部门领导的"同业公会",不过上海广告行业自律走在全国前列,该市在1950年成立的"广告商同业公会"参加会员单位达到了百家以上。[②]

诚如学者杜艳艳所言,新中国成立前最早出现的近代广告行业自律协会,"从其组织结构的性质看,仍是传统社会商帮、行帮的延续",这与西方国家早期的行会相似,其功能主要是为了维护行业利益,抵御外来竞争,通过一定的约束条件,努力实现行业内利益的最大化。此外,建国之前广告行业公会就是在政府相关部门领导下成立的,这一特征也直接影响到我国现代广告行业自律协会的非独立性与依附关系。早期广告行业协会虽然对刊登不正当广告有限定,"但因措辞空泛,缺乏具体的监管和惩戒措施,使得近代广告行业自律呈现出认识与实践上的分离,利益与社会责任时常发生矛盾",深层原因是"近代广告业自身发展尚微所致",[③]这种名存实无的广告行业自律监管机制,直到中国改革开放之后才逐渐得以改观。

新中国成立后,国家对广告行业全部实行了公私合营,把分散的私营广告公司改造成为国营广告公司,原先存在的广告同业协会也随之解散,后又经历"文化大革命"十年,广告行业发展停滞,这三十年,广告行业自律是缺失的。直到1979年开始,"广告正名"[④]之后,中国广告业开始恢复发展,自

[①] 杜艳艳:《中国近代广告史研究》[M],厦门:厦门大学出版社2013年版,第246页。
[②] 许俊基主编:《中国广告史》[M],北京:中国传媒大学出版社2006年版,第223页。
[③] 杜艳艳:《中国近代广告史研究》[M],厦门:厦门大学出版社2013年版,第248~249页。
[④] 1978年年底,丁允朋在《文汇内参》上提出了恢复国内广告的建议和设想,随后以文章《为广告正名》发表在《文汇报》1979年1月14日第2版上,文章将广告与资本主义生意经割裂开来,阐释了广告存在的意义,引发国内广告界人士的强烈反响。

20世纪80年代,广告自律的重要性很快得到行业的认同,广告行业协会开始建立。1980年,中国第一个市级广告协会——"大连广告协会"成立;1981年8月21日,"中国对外经济贸易广告协会"成立(简称"外广协",后更名为"中国商务广告协会");同年3月24日,"中国广告联合总公司"成立,这是中国第一个由25个独立核算的成员广告公司组成的集团性广告公司;1981年12月10日,"辽宁省广告协会"成立,这是我国第一个省级广告协会;1982年2月23日,"中国广告学会"成立;①1983年12月27日,经国务院批准,中国广告协会在北京召开了第一次代表大会,宣布"中国广告协会"正式成立;1987年5月12日,"国际广告协会中国分会"成立;1996年11月1日,"广州市广告协会综合性广告代理公司委员会"成立(简称广州4A),这是中国内地最早出现的4A组织,隶属于广州市广告协会;2005年11月27日,"中国广告主协会"成立,同年12月,"中国商务广告协会综合代理专业委员会"(中国4A)成立。

"中国对外经济贸易广告协会"作为我国最早成立的第一个全国性广告行业组织,制定了《中国对外贸易广告协会会员关于出口广告工作的自律守则》。中国广告协会成立之后,先后颁布了多个自律规范,从而确立了该协会在广告行业中的监管地位,主要包括:1991年制定了《广告行业岗位职务规范(试行)》,对广告行业内部从事不同工作的人员的岗位职务做了规范,将九类广告工作人员的岗位职务规范分为政治素质、文化素质、业务知识、工作能力几个方面,对于中国广告行业逐步走向规范化道路产生了积极的引导和促进作用;②1994年12月7日,颁布了《中国广告协会自律规则》,审议修改了《中国广告协会章程》;1996年通过了《广告宣传精神文明自律规则》;1999年8月2日出台了《广告行业公平竞争自律守则》;2005年11月27日通过了《中国广告主协会规章制度》;2008年1月12日通过了《中国广告协会章程》;2009年1月1日起试行《中国互联网广告推荐使用标准》;2014年3月15日《中国互联网定向广告用户信息保护行业框架标准》正式生效;2015年3月11日发布《互联网数字广告基础标准》《移动互联网广告

---

① 许俊基主编:《中国广告史》[M],北京:中国传媒大学出版社2006年版,第234页。
② 陈培爱:《中外广告史新编》[M],北京:高等教育出版社2009年版,第143页。

第九章 借鉴与超越：西方新媒体广告规制经验对我国的启示

监测标准》《移动系统对接标准》。此外，"中国广告主协会"制定了《中国广告主协会章程》；"中国商务广告协会综合代理专业委员会"制定了《中国4A标准作业手册》；1996年中国报协广告委员会通过《中国报纸广告行业自律公约》。

我国上述广告行业协会都与政府相关部门存在隶属关系，例如"中国广告主协会"隶属于国家工商行政管理总局；"中国对外经济贸易广告协会"隶属于商务部和民政部；"中国商务广告协会综合代理专业委员会"主管部委是中华人民共和国商务部，主管协会是中国商务广告协会。虽然广告行业协会有一定的自主权利，但是这种与国家政府机关之间的上下级关系以及依靠政府拨款作为主要的经济来源状况，显然极大地约束了协会自由度的发挥，而缺少独立性的行业自律严格意义上并不能称之为真正的自律，这是我国行政管理部门对广告行业约束的另一种方式。这点，正如学者周茂君所言："我国是行政主导型广告管理体制，以广告行政管理为主，广告审查、广告行业自律和广告社会监督都在广告行政管理框架内运行，实则是一种广告行政管理系统的体制内产物，或者叫衍生物，缺乏自身的独立性与自主性，缺少必要的区隔与差异。"[①]这种"泛行政化"广告管理体制由于承担了行业与社会理应分担的部分管理与监督责任，不仅增加了政府相关部门身上的重担，而且影响到广告协会在行业自我管理中主动性作用的发挥。

此外，我国的广告行业协会对成员的惩戒能力有限，因此震慑力与权威感大打折扣。例如，对于违反中国广告协会制定的《中国广告业自律规则》的相关责任者，经查证后，协会主要采取如下自律措施："自律劝诫；通报批评；取消协会颁发的荣誉称号；取消会员资格；降低或取消协会认定的中国广告业企业资质等级；报请政府有关部门处理"，主要依靠劝诫、批评、取消荣誉等方式约束行业内的利益主体，在国家相关法律法规又不够健全的情况下，广告主尤其是中小广告主自律的效果几乎不显著。"由于缺乏对行业自律的监督和制衡机制，我国广告行业自律往往流于概念化、简单化，始终

---

① 周茂君：《中国广告管理体制研究》[M]，北京：人民出版社2012年版，第1页。

停留在形式层面上。多年的实践证明,这些行业自律规则的作用微乎其微。"①

四、我国对新媒体广告的监管起步晚发展快

虽然我国广告产业发展起步晚、管理体制也不健全,但是在新媒体时代,中西广告之间这些方面的差距正在缩小。因为新媒体广告的跨国传播能力,打破了国与国之间地理边界的限制,促使国际之间合作管理增多,为我国提供了与全球广告监管接轨的机会。

我国已经进入新媒体广告时代。1997年,比特网(Chinabyte)获得第一笔广告收入,网络广告开始正式进入中国市场;②1998年,我国开通了手机短信业务,手机短信广告很快应运而生;2002年,博客在中国出现;③2009年,微博作为一种新型的网络传播媒介在我国诞生,2010年被称为中国的微博元年;④2011年,微信也开始成为企业营销的工具之一;⑤2013年百度广告收入首次超过央视,新媒体广告时代来临。值得一提的是2015年发生的几个广告业相关的大事件:1月25日,微信推出"朋友圈"广告,Vivo、宝马、可口可乐是第一批广告客户,主要采取"文字+图片"的广告方式;3月,腾讯发布了"广点通 DMP"(Data Management Platform,数据管理平台),

---

① 范志国主编:《中外广告监管比较研究》[M],北京:中国社会科学出版社2008年版,第6页。

② 1997年3月,IBM 为宣传 AS400 计算机付给 Chinabyte 三千美金,这是我国第一条互联网广告。详见《最早获得网络广告 Chinabyte 网站》[EB/OL],比特网,2007年4月10日,http://net.chinabyte.com/70/3163070.shtml。

③ 2002年8月,方兴东、王俊秀开通了中国博客网站,开始了博客在中国的全面启蒙和推动。详见《中国"博客"诞生四周年研讨会在北京举行》[EB/OL],国际在线,2006年8月25日,http://gb.cri.cn/8606/2006/08/25/146@1190393.htm。

④ 展江、吴薇:《开放与博弈——新媒体语境下的言论界限与司法规制》[M],北京:北京大学出版社2013年版,第260页。

⑤ 微信在2011年年初一经推出,14个月内就获得超过1亿注册用户,而1亿用户到突破2亿只用了不过半年时间,2013年1月用户突破3亿,用时不到4个月。详见《2013年成"元年"微信营销进入昆明》[EB/OL],春城网,2013年3月8日,http://wb.yunnan.cn/html/2013/chunwangouwujie_0308/63939.html。

第九章 借鉴与超越：西方新媒体广告规制经验对我国的启示

与客户共享大数据红利,并上线一项新产品——Lookalike(相似人群拓展);①8月28日,腾讯与蓝标为推广手游《全民突击》,联手策划"吴亦凡即将入伍"的纯信息展现的H5页面,这种"超文本标记广告"在本年度飞速发展;12月10日,微信朋友圈中首次推出6支视频广告,广告主分别是宝马、保时捷、海飞丝、欧莱雅、肯德基、穿越火线官方FPS手游。

由于以往颁布的广告管理法规在新媒体时代呈现出一定的不适用性,新的规制尚在不断地修订之中,这就使得电子邮件广告、手机短信广告、植入式广告、微博广告、微信广告、微电影广告等新的广告形式自诞生以来就一直处于缺少法制监管的地带,自我国广告法规与管理条例颁布以来,处于前所未有的宽松传播环境。一些广告主单纯追逐经济利益而不顾及伦理失范,利用新技术获取消费者的个人隐私信息,大量发送"点对点"式的垃圾、虚假、色情、违法等广告,自己获得短期利益,却损害到消费者的利益,污染了社会风气,而且损伤了自身宽松的发展环境,最终导致政府出台严格的他律规制。

1995年2月1日开始施行《中华人民共和国广告法》,两年之后,伴随着新媒体技术的发展,网络广告首次登上中国互联网的历史舞台,以其为代表的新媒体广告突破了传统四大媒体的传播方式,不少内容超出了《广告法》规制的范围,使得我国历经十几年摸索成熟的广告法规遭遇新的挑战。

近年来,网络中的违法广告一直呈持续上升的趋势,据国家工商总局统计显示,"国内门户网站和搜索引擎中的违法广告近年查处量不断增长,和2009年相比,2012年国内查出的违法互联网广告增长104%,达到3725件,虚假广告主要集中于药品、医疗、保健食品广告"。国家工商总局公布了2015年涉嫌违反《广告法》的十大典型案例,②广告主主要集中于收藏品、保健品和药品几个行业,违法广告方式涉及伪造国家相关部门证书、名人代言

---

① 通过Lookalike模型,广点通数据可以充分发挥效用,高效触达高质量的潜在客户。举例来说,某App通过自身数据和Lookalike模型,可以在转化率保持不变的情况下,用户数增长10倍,点击率提升3倍,用户数和点击率有更好的提升广告技术流。详见:周洲:《移动化、数据化和程序化是营销趋势》[EB/OL],2015年7月22日,http://www.adexchanger.cn/tech-company/mobile/11741.html。

② 分别是:虎符兵印大阅兵纪念宝玺、十大传世名画、十二幅书画真迹大全套、金斗寻宝、五套人民币收藏、陈老师泄油瘦身汤、一碗泄油瘦身汤、郑多燕减肥晚餐、冬虫夏草胶囊、舒尼迩滴耳油。

虚假宣传、免费赠送、使用绝对化用语、误导消费者、使用数据无法证明真实和准确、使用消费者的名义或者形象做证明、保健品宣称具有治疗作用等。[①] 国家食品药品监督管理局针对互联网上违法发布和销售药品的现象,提出"对于没有在国家有关部门备案的互联网站,移交国家有关部门直接关闭;已经在国家有关部门备案并且取得了交易服务证的网站,如果发布违法虚假广告,发现后移送工信部予以处罚;网上卖假药的移交司法机关进行处理;对于一些利用国外服务器发布非法广告的网站,将移送外宣办进行屏蔽处理"。2004年10月8日,国家工商行政管理总局发布《关于加强广告执法办案协调工作的指导意见(试行)》,明确了"互联网站中的广告违法案件,由违法行为发生地(即媒介广告经营登记所在地)县级以上工商行政管理机关管辖,实行分级管理的,适用级别管辖"[②]。

国家工商行政管理总局持续出台加强网络违法广告监管的通知与意见。2012年9月28日,国家工商行政管理总局、国务院新闻办公室、国务院机关事务管理局关于印发《集中清理整顿利用互联网销售滥用"特供""专供"等标识商品工作方案的通知》主要清理"主要的大型网络商品交易类网站(B2B模式)、网络交易平台类网站(C2C模式);知名的搜索引擎类网站、门户网站及团购网站;销售烟酒粮油等商品的著名企业自设网站(B2C模式)"[③]。

2012年11月1日,国家工商行政管理总局发布《工商总局关于进一步做好整治虚假广告工作的通知》,要求"加大对虚假互联网广告的查处力度,加强对大型门户网站、视频类网站、网络交易平台、搜索类网站及医药类网站广告的监测监管,促进互联网广告发布秩序健康有序","强化对广告发布

[①] 《工商总局曝光违反广告法案例 侯耀华等涉违法》[EB/OL],中国记协网,2015年9月28日,http://news.xinhuanet.com/zgjx/2015-09/28/c_134667378.htm。
[②] 《关于加强广告执法办案协调工作的指导意见》(试行)[EB/OL],中国广告监管网,2012年9月10日,http://www.saic.gov.cn/ggs/zcfg/201209/t20120911_129310.html。
[③] 《国家工商行政管理总局、国务院新闻办公室、国务院机关事务管理局关于印发集中清理整顿利用互联网销售滥用"特供""专供"等标识商品工作方案的通知》[EB//OL],中国广告监管网,2013年1月8日,http://www.saic.gov.cn/ggs/zcfg/201301/t20130108_132460.html。

第九章 借鉴与超越:西方新媒体广告规制经验对我国的启示

媒体自律审查工作的监督检查,从广告发布环节遏制虚假广告的蔓延扩散"。①

2013年,国家有关部门加大了对互联网等新媒体广告的监测监控力度。国家工商总局、中宣部等13部门联合发布《虚假违法广告专项整治实施意见》,把大型门户网站、视频类网站、网络交易平台、搜索类网站及医药类网站的广告纳入重点监管监控,并拟对互联网广告制定专门的管理规定。②

2014年2月14日,国家工商行政管理总局出台第60号令《网络交易管理办法》、第62号令《工商行政管理部门处理消费者投诉办法》,于2014年3月15日起同时施行。《网络交易管理办法》第三条将"为网络商品交易提供宣传推广服务"列入管理内容,第四条规定"从事网络商品交易及有关服务应当遵循自愿、公平、诚实信用的原则,遵守商业道德和公序良俗",第十四条规定"网络商品经营者、有关服务经营者提供的商品或者服务信息应当真实准确,不得作虚假宣传和虚假表示"。③《工商行政管理部门处理消费者投诉办法》第三十七条规定"为网络商品交易提供宣传推广服务应当符合相关法律、法规、规章的规定。通过博客、微博等网络社交载体提供宣传推广服务、评论商品或者服务并因此取得酬劳的,应当如实披露其性质,避免消费者产生误解"。④

2014年4月10日至8月31日,国家工商行政管理总局、中宣部、国家互联网信息办、工业和信息化部、国家卫计委、国家新闻出版广电总局、国家食品药品监管总局、国家中医药局决定"联合开展整治互联网重点领域广告

---

① 《工商总局关于进一步做好整治虚假广告工作的通知》[EB/OL],中国广告监管网,2012年11月1日,http://www.saic.gov.cn/ggs/zcfg/201212/t20121225_132151.html。
② 《国家工商总局:门户网站虚假广告发布多》[EB/OL],中国互联网违法和不良信息举报中心,2013年3月14日,http://net.china.com.cn/ywdt/hyxw/txt/2013-03/14/content_5800508.htm。
③ 《国家工商行政管理总局令》(第60号)[EB/OL],中华人民共和国国家工商行政管理总局,2014年2月22日,http://www.saic.gov.cn/zwgk/zyfb/zjl/scgfgls/201402/t20140213_141724.html。
④ 《国家工商行政管理总局令》(第62号)[EB/OL],中华人民共和国国家工商行政管理总局,2014年2月22日,http://www.saic.gov.cn/zwgk/zyfb/zjl/xxzx/201402/t20140214_141796.html。

专项行动",以保健食品、保健用品、药品、医疗器械、医疗服务等领域,以及大型门户类网站、搜索引擎类网站、视频类网站、电子商务类网站、医疗药品信息服务类网站、医药企业和医疗机构自设网站等网站为重点,在全国范围联合开展整治互联网重点领域广告专项行动。①

2015年1月21日,国家互联网信息办公室宣布,国家网信办、工业和信息化部、公安部、国家新闻出版广电总局联合启动"网络敲诈和有偿删帖"专项整治工作,一些以有偿删帖等非法经营为主要业务的广告公司作为整治的重点之一。②

2015年4月28日,国家工商总局建立了"广告数据中心",基于大数据理念建成了集广告监管、广告信用、广告业发展、广告信息交流四大平台于一体的系统,基本实现对31个省(区、市)、332个市、3600余家媒体的全天候监测。总局及省工商局、市工商局、县工商局四级广告监管机构可依托该系统提供的大数据,实时掌握了解各地广告市场情况,及时派发监测发现的违法广告线索,形成证据提供、案件交办、立案查处、结果反馈一体化的监管指挥系统。自6月开始,国家工商总局向各地下发的月度监测通报,已由过去的抽查通报改为基于广告数据中心对全国广告发布情况进行监测的全面通报。此外,根据新《广告法》的要求,国家工商总局研究起草了《整治虚假违法广告部际联席会议工作制度》,进一步明确成员单位职能分工,完善工作衔接机制,积极构建整治虚假违法广告新的工作模式。③

2015年6月30日,国家工商行政管理总局、中央宣传部、中央网信办、公安部、工业和信息化部、国家卫生和计划生育委员会、国家新闻出版广电总局、国家食品药品监督管理总局、国家中医药管理局九部门联合出台了

---

① 《网站违法医药广告将被杀毒》[EB/OL],新浪科技,2014年4月9日,http://tech.sina.com.cn/i/2014-04-09/16569308037.shtml。
② 《我国开展网络敲诈和有偿删帖专项整治工作》[N],《中国青年报》,2015年1月22日。
③ 《擎新法利剑 护公平秩序 2015年我国广告市场监管工作回顾》[EB/OL],中华人民共和国国家工商行政管理总局,2015年12月29日,http://www.saic.gov.cn/jgzf/zzwfgg/201512/t20151229_165399.html。

第九章　借鉴与超越：西方新媒体广告规制经验对我国的启示

《整治虚假违法广告部际联席会议工作制度》。①

2015年7月，国家工商总局起草了《互联网广告监督管理暂行办法（征求意见稿）》，将微信公众号发布的广告、微信朋友圈的一些微商违法广告纳入监管体系。2015年9月1日，新《广告法》开始施行，以权威立法的形式将新媒体广告纳入到政府的监管范围内，例如明确了"未经当事人同意，不得以电子信息方式向其发送广告。其中，乱发垃圾广告短信将对广告主处5000元以上3万元以下的罚款"②。

除了上述来自国家层面的规制管理外，各地方政府也结合本省市的具体情况制定了网络广告针对性的管理办法，有效填补了国家相关规制的空白。2001年4月20日，北京市工商行政管理局在全国率先颁布了《北京市网络广告管理暂行办法》（2001年5月1日施行），对"互联网信息服务提供者通过互联网在网站或网页上以旗帜、按钮、文字链接、电子邮件等形式发布的广告"进行了规范性管理。其后，上海、广州也出台了相关规定。2002年浙江省工商行政管理局印发了《浙江省网络广告登记管理暂行办法》。

新媒体时代，随着广告形式的多样化，国家对广告的监管范围也在不断扩大，以电信、互联网等平台发布的广告开始受到这些行业监管规制的制约。例如国务院于2000年9月20日颁布了第291号令，即《中华人民共和国电信条例》，第四十一条（五）中有明确规定，"对电信用户不履行公开作出的承诺或者作容易引起误解的虚假宣传"，也就是基于电信平台发布不实或虚假广告，可以依据第七十五条进行相应的处罚，"由省、自治区、直辖市电信管理机构责令改正，并向电信用户赔礼道歉，赔偿电信用户损失；拒不改正并赔礼道歉、赔偿损失的，处以警告，并处1万元以上10万元以下的罚

---

① 《工商总局等九部门关于印发〈整治虚假违法广告部际联席会议工作制度〉的通知》[EB/OL]，中国广告监管网，2015年8月6日，http://www.saic.gov.cn/ggs/zcfg/201508/t20150806_159821.html。

② 据360互联网安全中心发布的《2014年中国手机安全报告》显示，2014年，360手机卫士共为全国用户拦截各类垃圾短信约613亿条，其中广告类垃圾短信423亿条。详见：《新广告法9月起实施：发广告垃圾短信最高罚3万》[EB/OL]，中国网，2015年4月28日，http://science.china.com.cn/2015-04/28/content_7866109.htm。

款;情节严重的,责令停业整顿"。① 此外,《互联网信息服务管理办法》(2000年)、《互联网电子公告服务管理规定》(2000年)、《互联网新闻信息服务管理规定》(2005年)、《信息网络传播权保护条例》(2006年)等,也都可以部分应用于对网络广告的监管。

2000年12月28日,第九届全国人民代表大会常务委员会第十九次会议通过《全国人民代表大会常务委员会关于维护互联网安全的决定》,规定"利用互联网销售伪劣产品或者对商品、服务作虚假宣传,利用互联网损害他人商业信誉和商品声誉","非法截获、篡改、删除他人电子邮件或者其他数据资料,侵犯公民通信自由和通信秘密"的行为构成犯罪的,依照刑法有关规定追究刑事责任。②

除了加强对新媒体广告的监管,国家行政管理部门还根据新市场环境的变化修订了消费者权益保护的相关规制。2014年3月15日,新《消费者权益保护法》中明确了禁止泄露消费者信息,第二十九条规定:"经营者收集、使用消费者个人信息,应当遵循合法、正当、必要的原则,明示收集、使用信息的目的、方式和范围,并经消费者同意;经营者收集、使用消费者个人信息,应当公开其收集、使用规则,不得违反法律、法规的规定和双方的约定收集、使用信息。"2014年10月,国家工商行政管理总局又出台了《侵害消费者权益行为处罚办法》。2015年11月1日开始施行《刑法修正案(九)》,明确了网络服务提供者履行信息网络安全管理的义务,加大了对信息网络犯罪的刑罚力度,进一步加强了对公民个人信息的保护,对增加编造和传播虚假信息犯罪设立了明确条文。刑法第二百八十六条规定:"网络服务提供者不履行法律、行政法规规定的信息网络安全管理义务,经监管部门责令采取改正措施而拒不改正,致使用户信息泄露,造成严重后果的,处三年以下有期徒刑、拘役或者管制,并处或者单处罚金。"第二百八十七条之二规定:"明知他人利用信息网络实施犯罪,为其犯罪提供互联网接入、服务器托管、网络存储、通讯传输等技术支持,或者提供广告推广、支付结算等帮助,情节严

---

① 《中华人民共和国电信条例》[EB/OL],中华人民共和国工业和信息化部,2005年12月10日,http://www.miit.gov.cn/n11293472/n11293877/n11301753/n11496139/11537485.html。
② 《全国人民代表大会常务委员会关于维护互联网安全的决定》[EB/OL],全国人民代表大会,2016年1月7日,http://www.npc.gov.cn/wxzl/gongbao/2001-03/05/content_5131101.htm。

第九章　借鉴与超越:西方新媒体广告规制经验对我国的启示

重的,处三年以下有期徒刑或者拘役,并处或者单处罚金。"①

第三节　新媒体时代我国广告监管的现状分析

我国与美英两国的广告行业监管体系和运作方式不同,这种显著性差异并没有随着媒体环境的改变而消失,不过,新媒体广告传播的特殊性,还是缩小了中西之间在广告监管方面的差距。"主流观点认为,广告管理的主体包括政府职能部门、广告行业组织、消费者组织和媒介机构等"②,我们进一步将新媒体广告监管主体归纳为四股势力:"国家与地方政府"、"新媒体广告发布平台"、"行业协会组织"、"网民舆论监督"。③ 如前所述,虽然在美国、英国,广告行业协会是自律的主体,但在广告监管系统中,政府规制、社会舆论以及媒体平台也都在发挥着积极的促进作用。与之相似,我国的新媒体广告自律监管也受到以上几种力量协同作用的影响,其具体表现依据国情的不同有所差异。

一、以广告行业协会为主导的联合监管探索

"我们在完善广告监管体系的进程中,适时修改《广告法》只是解决问题的一个方面,要解决广告行业深层次的问题,更为重要更为紧迫的是应当加强对涉及道德、宗教、民族习惯和社会伦理的广告伦理的研究,并建立和强化适合我国国情、具有中国特色的广告自律机制组织。"④近年来,我国广告行业协会自律的价值与意义不断得到国家广告监管部门的认同,自律作为一种规制方式,逐渐成为政府他律监管的有效补充,这也体现了中西之间有

---

① 《刑法修正案(九)中有关信息网络安全的新规》[EB/OL],中国保密协会,2015年9月7日,http://zgbmxh.cn/newsInfoWebMessage.action? newsId=7341。
② 徐卫华:《广告管理体制研究:基于国家与社会关系分析框架》[D],武汉:武汉大学,2009年。
③ 查灿长、孟茹:《第四种力量的崛起:网民舆论监督助推新媒体广告行业自律》[J],《上海大学学报社会》(科学版),2015年,第3期。
④ 范志国主编:《中外广告监管比较研究》[M],北京:中国社会科学出版社2008年版,第6页。

关广告行业自律监管认识与实践方面的差距正在慢慢缩小。在新媒体时代，与美英两国相似，中国也成立了专门的新媒体广告行业协会，积极制定出针对性较强的新媒体广告行业自律规制，并寻求与网络等相关协会之间的合作，联合监管方式在我国也显示出积极的影响作用。

我国早在二十多年前就认识到改革广告监管体制的重要性。1993年7月，国家工商行政管理局、国家计划委员会在《关于加快广告业发展的规划纲要》的《广告业发展的目标和重点》中就提出，"改革广告管理体制"，"改造现有广告行业组织，使之政企分开，增强综合服务能力和自律职能，充分发挥其在自觉接受政府法律、政策指导的前提下，组织企业自我管理、自我约束的作用"，"划清政府部门与行业组织的职能界限，切实发挥行业组织政策部门贯彻产业政策、落实行业规划和组织企业实现自我管理、自我约束、自我教育的职能"。[①] 2012年4月11日，国家工商行政管理总局在《关于推进广告战略实施的意见》中再次强调，要"充分发挥行业组织作用。加强对广告协会工作的指导，支持广告协会依章程开展服务和管理活动，加强行业自律"[②]。在这样有利的政策背景下，广告行业自律组织也不断行使监督与管理职能，在新媒体时代，不断修订、颁布一些行业自律规范，约束广告主体的市场行为。

中国广告协会成立于1983年，是国家工商行政管理总局的直属事业单位，是经民政部注册登记的全国性社会团体。中国广告协会自成立以来，一直积极探索适合我国广告业发展的行业自律规范，制定了《广告行业公平竞争自律守则》《广告宣传精神文明自律规则》《广告自律劝诫办法》等规制，号召新媒体广告行业遵守自律规范。2007年6月13日，"中国广告协会互动网络委员会"经国家工商行政管理总局和国家民政部的批准成立，制定了"先规范再发展"的战略。互动网络委员会通过并签署了《中国互动网络广告行业自律守则》，这是中国互联网广告界第一部自律守则。此外，互动委员会经磋商后决定通过建立客户信用等级评估体系、建设中国互动网络行

---

① 张龙德、姜智彬、王琴琴主编：《中外广告法规研究》[M]，上海：上海交通大学出版社2008年版，第151页。
② 《国家工商行政管理总局关于推进广告战略实施的意见》[EB/OL]，中国广告监管网，2012年4月23日，http://www.saic.gov.cn/ggs/zcfg/201204/t20120423_125760.html。

第九章　借鉴与超越：西方新媒体广告规制经验对我国的启示

业的权威数据体系、规范互动网络广告数据测评体系，以逐步建立互动网络广告的行业标准体系。①

2008年7月1日开始，中国广告协会对于涉嫌违规违法广告进行公开点评，得到众多新闻媒体的关注和配合。随着新媒体的发展，中广协开始关注部分新媒体广告的违法行为，例如曾于2009年公开谴责17个典型违法电视直销广告。网络中发布的广告质量，由于缺少"把关人"而参差不齐，其中，不良广告对于未成年人的影响最大，这是全球性的监管难题。为了加强对未成年人的保护，中国广告协会于2009年3月12日发出《"传播文明高尚广告，关爱少年儿童身心健康"倡议书》，号召"广告经营者和发布者应围绕广告的精神文明建设，制定明确具体的广告审查标准或者细则，进一步健全和执行广告审查制度，严把广告发布环节，避免不良广告出台"，中国广告协会也计划尽快组织制定有关儿童广告的自律规则。②

2013年3月3日，中国第一个《互联网IP地理信息标准库》由中国广告协会互动网络分会面向全行业正式发布。标准库的投入使用极大提升了我国互联网广告地域定向投放的精度，有效避免因IP混乱造成不必要的浪费，为进一步推动中国互联网产业向精确化、标准化方向的发展，实现互联网广告的精准投放奠定了基础。③

互联网广告正是建立在应用技术手段，对用户数据进行全流量的精准分析的基础上的，了解用户偏好兴趣、习惯，并根据这些信息向用户定向投放广告。对于定向广告而言，合法使用用户信息是能否健康发展的关键。中国广告协会互动网络分会于2014年3月15日颁布生效了《中国互联网定向广告用户信息保护框架标准》(简称《框架标准》)，是我国第一部互联网用户隐私保护的行业标准，是在现有法律、法规的框架下，通过行业自律，规范互联网主体的行为、义务，提高行业同人的共识，建立了行业主体全部参

---

① 《中国广告协会互动网络委员会成立》[EB/OL]，新浪科技，2007年6月26日，http://tech.sina.com.cn/i/2007-06-26/15491584155.shtml。
② 《"传播文明高尚广告，关爱少年儿童身心健康"的通知》[EB/OL]，中国广告协会网，2009年3月12日，http://www.cnadtop.com/xiehuifuwu/xh/2009/3/12/e3272b47-e464-4096-b8b2-7c8230b3d40b.htm。
③ 《中国互联网IP地理信息标准库已正式发布》[EB/OL]，网易科技，2013年3月6日，http://tech.163.com/13/0306/20/8PAE33VB000915BF.html。

与的用户信息保护机制。[1]

2015年3月15日,中国广告协会颁布、实施我国第一部规范移动互联网广告的行业标准——《中国移动互联网广告标准》,是由中国广告协会的互动网络委员会主持,众多成员企业合作的结晶,对移动互联网广告接口不统一,术语、定义等不规范问题予以规范。该规范由五个部分组成(其中第四部分《移动广告效果评估标准》、第五部分《移动广告用户信息保护标准》待发布),已经发布的标准分别是:第一部分《互联网数字广告基础标准(V1.0版)》,[2]主要内容涉及互联网数字广告的投放、排期、广告展示监测、广告后续行为监测、广告物料标准、广告展示对象标准等方面;第二部分《移动互联网广告监测标准》,[3]主要监测系统部署规范、广告信息采集规范、广告监测指标计算方法、广告后续行为监测规范、异常流量排查等方面;第三部分《移动系统对接标准》,[4]主要解决目前移动广告市场上,各平台内部业务种类不同、规范标准不统一,造成了各系统之间接口标准不一致、不能无缝对接投放、广告指标不一致等问题。

2015年10月24日,中国广告协会全互动网络分会新发布了《2015移动互联网广告标准》,这一系列标准包括:《移动互联网广告用户信息保护标准》、《移动视频广告标准》、《移动互联网广告效果评价标准》,以及《新版互联网IP地理信息标准库》四部分。

与传统媒体时代广告行业自律监管有所不同的是,随着互联网作为承载新媒体广告信息的主要媒体,以2001年5月成立的"中国互联网协会"为代表的行业组织自觉加入并承担了部分网络广告监管工作,成为中国广告

---

[1] 陈永:《互联网定向广告用户信息保护标准是怎么出台的》[EB/OL],爱微帮,2015年9月17日,http://www.aiweibang.com/yuedu/51420652.html。

[2] 本标准描述了互联网领域的数字广告投放和排期、数字广告展示监测、数字广告后续行为监测、数字广告物料标准、数字广告展示对象、广告数据交换接口等方面的指标和维度,适用于PC端、Mobile端、DTV等不同设备的数字广告投放和监测的应用场景。

[3] 适用于任何投放、执行和监测移动互联网广告的公司及个人。本标准针对移动广告活动,约定媒体广告平台、第三方监测系统进行广告活动时在监测实施过程中应遵循的技术规范。包括:监测系统部署、广告信息采集、衡量维度及计算过程。

[4] 本标准协议仅适用移动互联网端的MobileWeb和MobileApp的广告投放;适用于广告主或者广告代理商的广告系统平台与媒体的广告系统平台间的接口对接标准定义和规范;对接的资源为广告主与媒体协议约定的资源。

第九章 借鉴与超越:西方新媒体广告规制经验对我国的启示

协会的有力补充。中国互联网协会出台了多部自律规范,其中涉及互联网广告相关的主要有下述十多个(详见表9-7),促进了互联网的健康发展,同时也很好地约束了网络广告行为。

表9-7 中国互联网协会颁布的广告相关的主要自律规制(2002—2011年)

自律规制名称	发布日期	主要内容
《中国互联网行业自律公约》	2002年3月26日	反对采用不正当手段进行行业内竞争,自觉维护消费者的合法权益,自觉履行互联网信息服务的自律义务,自觉接受社会各界对本行业的监督和批评,共同抵制和纠正行业不正之风。①
《中国互联网协会反垃圾邮件规范》	2003年2月25日	界定了垃圾邮件、电子邮件服务提供者的含义,确定了共同原则、协会义务,制定了共同约定、授权性承诺。②
《互联网站禁止传播淫秽、色情等不良信息自律规范》	2004年6月10日	界定了淫秽信息的含义,不以任何形式登载和传播含有淫秽、色情等不良信息内容的广告;不为含有淫秽、色情等不良信息内容的网站或网页提供任何形式的宣传和链接。③
《中国互联网协会互联网公共电子邮件服务规范》(试行)	2004年9月1日	电子邮件服务商对于客户的电子邮件地址、邮件内容、个人资料负有保密义务。未经客户同意,电子邮件服务商不得以任何形式将客户的信息资料提供给第三方。除电子邮件服务商为客户提供的与电子邮件服务相关的信息、通知等外,未经客户同意,电子邮件服务商不得向客户发送第三方广告类信息。④

---

① 《中国互联网行业自律公约》[EB/OL],中国互联网协会,2011年8月13日,http://www.isc.org.cn/hyzl/hyzl/listinfo-15599.html。
② 《中国互联网协会反垃圾邮件规范》[EB/OL],中国互联网协会,2011年8月13日,http://www.isc.org.cn/hyzl/hyzl/listinfo-15601.html。
③ 《互联网站禁止传播淫秽、色情等不良信息自律规范》[EB/OL],中国互联网协会,2011年8月13日,http://www.isc.org.cn/hyzl/hyzl/listinfo-15603.html。
④ 《中国互联网协会互联网公共电子邮件服务规范(试行)》[EB/OL],中国互联网协会,2011年8月13日,http://www.isc.org.cn/hyzl/hyzl/listinfo-15604.html。

（续表）

自律规制名称	发布日期	主要内容
《搜索引擎服务商抵制违法和不良信息自律规范》	2004年12月22日	搜索引擎服务商不得以任何方式主动传播、收录、链接含有淫秽、色情等违法和不良信息内容的网站、网页。搜索引擎服务商不得为含有淫秽、色情等违法和不良信息内容的网站、网页提供搜索导航、广告、排名、接入等任何形式的网络服务。搜索引擎服务商应当建立和完善及时处理公众举报的机制。①
《中国互联网网络版权自律公约》	2005年9月3日	联盟负责组织公约成员学习网络版权管理的相关法律法规和政策，组织交流网络版权相关行业信息，代表公约成员与政府主管部门进行沟通，反映公约成员的意愿和要求，切实维护公约成员的正当权益，积极推动和实施互联网行业自律，并对成员遵守本公约的情况进行督促检查。②
《文明上网自律公约》	2006年4月19日	自觉遵纪守法，倡导社会公德，促进绿色网络建设；提倡先进文化，摒弃消极颓废，促进网络文明健康；提倡自主创新，摒弃盗版剽窃，促进网络应用繁荣；提倡互相尊重，摒弃造谣诽谤，促进网络和谐共处；提倡诚实守信，摒弃弄虚作假，促进网络安全可信；提倡社会关爱，摒弃低俗沉迷，促进少年健康成长；提倡公平竞争，摒弃尔虞我诈，促进网络百花齐放；提倡人人受益，消除数字鸿沟，促进信息资源共享。③

---

① 《搜索引擎服务商抵制违法和不良信息自律规范》[EB/OL]，中国互联网协会，2011年8月13日，http://www.isc.org.cn/hyzl/hyzl/listinfo-15605.html。
② 《中国互联网网络版权自律公约》[EB/OL]，中国互联网协会，2011年8月13日，http://www.isc.org.cn/hyzl/hyzl/listinfo-15606.html。
③ 《文明上网自律公约》[EB/OL]，中国互联网协会，2011年8月13日，http://www.isc.org.cn/hyzl/hyzl/listinfo-15607.html。

第九章　借鉴与超越:西方新媒体广告规制经验对我国的启示

（续表）

自律规制名称	发布日期	主要内容
《抵制恶意软件自律公约》	2006年12月27日	尊重用户上网体验,反对恶意广告弹出。保护用户上网安全,反对恶意收集用户信息。自觉接受社会监督,加强行业自律,维护互联网行业和谐发展。①
《博客服务自律公约》	2007年8月21日	博客服务应当遵循文明守法、诚信自律、自觉维护国家利益和公共利益的原则。博客服务提供者应制定有效的实名博客用户信息安全管理制度,保护博客用户资料。博客服务提供者应当自觉履行对博客内容的监督管理义务,应当设立便捷的在线投诉窗口、投诉电话等渠道,受理公众对博客服务和博客内容的举报与投诉,并及时予以处理。②
《中国互联网协会短信息服务规范》（试行）、《中国互联网协会反垃圾短信息自律公约》	2008年7月17日	违法和不良短信息,是指违反国家有关法律法规的,低级恶俗的短信息,垃圾短信息是指未经用户同意向用户发送的用户不愿意收到的短信息,或用户不能根据自己的意愿拒绝接收的短信息。 （一）未经用户同意向用户发送的商业类、广告类等短信息; （二）其他违反行业自律性规范的短信息。③

---

① 《抵制恶意软件自律公约》[EB/OL],中国互联网协会,2011年8月6日,http://www.isc.org.cn/hyzl/hyzl/listinfo-15608.html。

② 《博客服务自律公约》[EB/OL],中国互联网协会,2011年8月6日,http://www.isc.org.cn/hyzl/hyzl/listinfo-15609.html。

③ 《中国互联网协会短信息服务规范(试行)、中国互联网协会反垃圾短信息自律公约》[EB/OL],中国互联网协会,2008年7月17日,http://www.isc.org.cn/hyzl/hyzl/listinfo-15612.html,http://www.isc.org.cn/hyzl/hyzl/listinfo-15611.html。

（续表）

自律规制名称	发布日期	主要内容
《中国互联网协会关于抵制非法网络公关行为的自律公约》	2011年5月16日	社会上出现的"网络水军"、"网络推手"、"灌水公司"、"删帖公司"、"投票公司"、"代骂公司"等形式的非法机构及其个人,在网上采取不正当手段打压竞争对手,歪曲捏造事实进行敲诈勒索,恶意炒作话题制造虚假"网络民意",从事私下交易牟取非法利益。上述行为扰乱市场经济秩序,损害企业、公民的合法权益,危害文明诚信的网络环境。①
《互联网终端软件服务行业自律公约》	2011年8月1日	保护用户合法权益,禁止强制捆绑,禁止软件排斥和恶意拦截,反对不正当竞争,安全软件。除恶意广告外,不得针对特定信息服务提供商拦截、屏蔽其合法信息内容及页面。恶意广告包括频繁弹出的对用户造成干扰的广告类信息以及不提供关闭方式的漂浮广告、弹窗广告、视窗广告等。②

除了颁布行业自律规范,中国互联网协会还通过组织成立联盟的形式,多次推进网络企业的自律行为。例如成立了"绿色网络联盟"、"反垃圾短信息联盟",2009年3月10日又发布《"中国互联网协会网络诚信推进联盟"发起倡议书》,中国互联网协会和百度、腾讯、新浪、搜狐、网易、凤凰网六家企业倡议、共同发起成立"中国互联网协会网络诚信推进联盟",向社会郑重承诺:第一,强化职工诚信教育,提高社会责任感,增强自觉抵制网上低俗之风和虚假信息的能力;第二,加强企业内部管理、规范经营行为、坚持不懈地为网民提供健康向上、真实可信的网络内容和服务;第三,积极引导和鼓励网民自觉维护网络诚信环境,培养科学、文明、健康的上网习惯;第四,携手广大互联网相关企业,共同参与建设互联网诚信长效机制,积极推进网络诚信

---

① 《中国互联网协会关于抵制非法网络公关行为的自律公约》[EB/OL],中国互联网协会,2011年8月13日,http://www.isc.org.cn/hyzl/hyzl/listinfo-15615.html。
② 《互联网终端软件服务行业自律公约》[EB/OL],中国互联网协会,2011年8月13日,http://www.isc.org.cn/hyzl/hyzl/listinfo-15616.html。

第九章 借鉴与超越：西方新媒体广告规制经验对我国的启示

自律，自愿接受社会监督。①

二、公共舆论监督对于行业自律的推动作用

美英两国公民的维权意识远超我国，很多人热衷于对广告进行监督，美国也确实给予公民监督投诉以超值的回报，无论对于违规广告的处罚还是对于消费者维权获胜之后的补偿都是很高的。在这种良性循环的作用之下，美英两国广告行业自律的氛围与环境都比我国要好。不过，互联网的发展很大程度上提升了我国公民舆论表达与监督的意愿，在人人都可以是传播者的网络社会中，公共舆论正在发挥着对广告行业自律的推动作用，这一点与美英两国是相似的。

1998年中国网民抗议印尼排华骚乱事件，被学者彭兰称为"中国网络舆论发端的标志"；②2003年被称为"网络舆论元年"，这一年网络舆论从精英文化转变到草根文化，网络舆论开始发挥监督的功能。③ 网络舆论的平民化特征，使得对新媒体广告的监管更为广泛，这种强大的力量推动着广告主自觉承担社会责任、远离不正当竞争行为、严格遵守商业伦理与道德规范。

2015年，中国不正当商业竞争中的热点事件之一，应该包括苏宁与京东"双十一"的广告战，这场撕破脸的商战，正因为有广大网民站出来"主持正义"，才没能愈演愈烈。这场因苏宁在京东总部楼下开出一排宣传车挑衅而起，因苏宁"老板若是真的强，头条何须老板娘"等系列广告以及京东回应而加剧了的竞争，甚至引发第三方"国美"的参战。而广大网民看到广告后的投诉，促使腾讯查封了苏宁挑衅广告海报，"此内容因违规无法查看"的警示，加快了这次商业不正当竞争偃旗息鼓的速度。④ 网络监督的这种影响优势以及网络发布平台及时删帖的监管速度，都是传统媒体时代难以比拟的。

---

① 《"中国互联网协会网络诚信推进联盟"发起倡议书》[EB/OL]，中国互联网协会，2011年8月13日，http://www.isc.org.cn/hyzl/hyzl/listinfo-15613.html。
② 宫承波主编：《新媒体概论》（第四版）[M]，北京：中国广播电视出版社2012年版，第175页。
③ 宫承波主编：《新媒体概论》（第四版）[M]，北京：中国广播电视出版社2012年版，第172~173。
④ 《双十一注定不平静，苏宁京东"撕逼"宣传》[EB/OL]，搜狐，2015年11月6日，http://mt.sohu.com/20151106/n425484363.shtml。

437

图 9-2　苏宁在京东总部楼下进行宣传挑衅

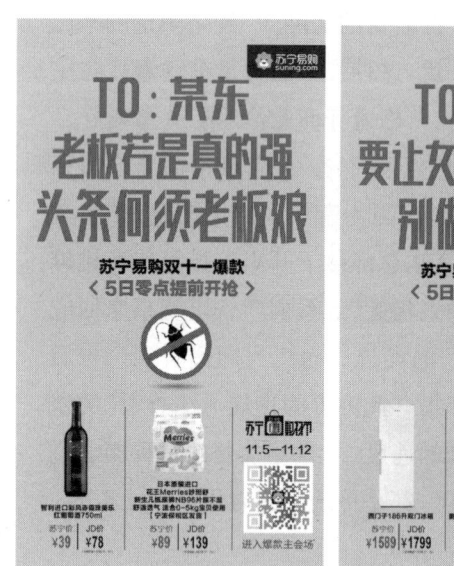

图 9-3　苏宁直指京东的三则系列广告海报在网上迅速得到转载传播[①]

2016年1月中旬,微信朋友圈被百度竞价排名刷屏,起因是当月11日,

[①] 《京东奶茶营销放大招　苏宁不甘示弱见招拆招》[EB/OL],搜狐,2015年11月6日,http://mt.sohu.com/20151106/n425439984.shtml。

第九章 借鉴与超越：西方新媒体广告规制经验对我国的启示

百度将"血友病贴吧"卖掉,这个隐藏着道德伦理规范的商业行为,引发广大网友的强烈不满,网络中充斥着各种质疑的声音,仅在"11日当天,在微信上有超过了30万的相关文章的阅读量",不少网民对百度甚至李彦宏的经营策略翻出旧账,指责"流毒甚广的百度全家桶、偷刷广告的百度外卖App、饱受诟病的竞价排名",提出百度将40%的热门疾病被卖给"野鸡"医院、医托等各种骗子。这一事件除了在网络上产生了舆论发酵效应,也引起了一些中央级的媒体的关注,《人民日报》评论道"贴吧如此招商是杀鸡取卵";《光明日报》评论"互联网企业的蛮劲要用对地方";《央视新闻》的客户端评论"卖的是钱,要的可能是命";《新华每日电讯》评论"百度售卖贴吧是合作还是为金钱?"。① 面对强大的舆论压力,百度不得不更改商业决定,"2016年1月12日,百度公司正式对外宣布,百度贴吧所有病种类吧全面停止商业合作,只对权威公益组织开放",百度在对外公告中坦承"此类贴吧由于关系到用户的生命健康,对其中内容和运营行为的监管就显得尤为重要"。②

网络舆论除了监督上述非正当商业竞争之外,对于网络上鱼目混珠的各种虚假广告也发挥了广泛的监督功能,如备受争议的微博大V在帖子中隐藏的虚假广告、微信知名公众号转发的虚假宣传帖子等。《网络交易管理办法》中第三十七条明确规定,"通过博客、微博等网络社交载体提供宣传推广服务、评论商品或者服务并因此取得酬劳的,应当如实披露其性质,避免消费者产生误解",但事实上微博、微信上一些广告帖子并没有注明"推广"的字样,消费者经常难以区分是不是广告。而且,出于经济利益的诱惑,自媒体平台上还散布着各种类型的虚假广告,"据金山网络统计,新浪目前有6万微博大号从事虚假广告营销,平均每天转发13万条虚假广告(每个微博大号平均转发2.17条/天),创造1326万点击量。虚假广告产生了惊人的经济效益。新浪微博每天每3个活跃用户就有1个会被虚假广告所吸引,每100个活跃用户就有1个会产生交易,平均每天创造40万购买量,数

---

① 《百度的尺度,究竟有几度?》[EB/OL],央视网,2016年1月13日,http://tv.cntv.cn/video/C10586/9d57057cf6c64573ab7fb70ed9e1c0e2?ptag=vsogou.
② 《血友病吧事件百度发公告:停止病类贴吧商业合作》[EB/OL],中华网,2016年1月12日,http://tech.china.com/news/company/892/20160112/21123608.html.

千万交易额"①。有网友指出,"广告代言,利用明星效应、大V的影响力盈利无可厚非。不过应该承担更多的社会责任,而不是让受众为风险买单"②,这一观点赢得很多消费者的认同。

一些网民自发在国内知名网络社区中发布揭露虚假广告的帖子,号召广大网民发挥舆论监督的功能,直指网络媒体以及传统媒体上的非法广告。例如豆瓣网中创建了"揭露虚假广告"、"虚假信息公告"小组,天涯社区也有多个相关论坛,"广电总局:违规播出减肥增高丰胸广告电视台将被暂停发布权,举报电话(010)86091111"、"广西电视台的电视购物广告'9.9元抢购手机'难道没有人管吗?!"、"万恶的电视购物广告真的没人管吗?我想吐了,想砸电视!"等帖子均有较高的点击率,并赢得不少支持者的跟帖回复。可以说,分布广泛的网民可以充当国家广告相关监管部门的"眼睛",将网络中隐匿起来的违法广告识别出来,对于营造更好的网络营销环境贡献出一己之力。

三、数字互动媒体平台作为第四种约束力量

与美英两国相似,随着新媒体行业的发展与日益成熟,我国不少在竞争中站稳脚跟的网络服务提供商、网络内容供应商与运营商们也开始意识到,只有努力创造健康有序的平台环境,才能赢得消费者的信赖,继而实现企业的长久发展。为此,他们积极制定相关规则,对于损害消费者利益的广告内容进行限制。我们选取网络通信服务提供商"中国移动"、社交媒体沟通平台"新浪微博"、"腾讯微信"以及网络销售平台"淘宝网"作为几个代表性的企业予以说明。

中国移动在新闻媒体中宣称,依据《中华人民共和国电信条例》以及有关部门打击违法和不良短信的工作要求,重点打击以下两方面的行为:其一,主要针对虚假及违法短信广告,"对涉及假冒银行诈骗类、散布淫秽色情类、非法销售枪支发票等物品类、发布假中奖等虚假信息类,以及多次发送

---

① 《新浪整肃草根大号引不满6万大V虚假广告日创千万》[EB/OL],阿里云,2014年12月1日,https://www.aliyun.com/zixun/content/2_6_158371.html。
② 《大V转广告12万元一条 网友:赚钱也要承担责任》[EB/OL],环球网财经,2013年3月22日,http://finance.huanqiu.com/data/2013-03/3757881.html。

第九章 借鉴与超越:西方新媒体广告规制经验对我国的启示

干扰他人正常生活的违法短信,根据客户举报及时停止传输,并报告有关部门查处";其二,主要针对垃圾短信广告,"对于大量群发的干扰人们正常生活、违反广告管理规定的垃圾广告信息,中国移动根据客户投诉和举报不予传输",还设置了专门的举报平台,客户只需要编辑"垃圾短信发送号码*垃圾短信内容",将其发送到"10086999"就可以投诉。①

新浪微博成立了"反垃圾团队",并在官方页面通知,"由于近期垃圾粉丝的投诉有所增加,为减少垃圾粉丝对微博用户造成的干扰",新浪微博将陆续采取一些措施遏制垃圾粉丝及其垃圾行为,"所有个人认证用户新增的粉丝中,被系统判断为垃圾用户的粉丝,则将被完全清除,如果有误判的情况造成新增粉丝数异常,请及时联系你的微博专员或者@微博客服解决"。②此举重点在于惩治"僵尸粉丝"与大量垃圾广告对用户的影响。2013年9月,新浪微博提高了个人认证的门槛。"要么提交盖有单位红章的工作证明文件,要么提供工作名片、工牌、工作证、劳动合同等材料,而且还要找已加V的好友做'担保'进行辅助认证",拒绝率高达70%以上。新浪微博"还考虑对加V用户实行更严格的考核制度"。对加V用户的严控被理解为对网络"打谣"风潮的积极响应。③ 2014年9月29日,新浪开通了微博违规公示平台(http://weibo.com/pub/i/wggs),加大了对违规行为的处罚力度。新浪微博违规行为处罚条例如下:(1)账号的粉丝如果经过微博反垃圾部门判定后认为是非正常用户的,将会立刻解除这些粉丝的关注关系;(2)账号发布的广告内容,一旦发现将会立刻进行删除;(3)如果在一个账号中多次出现了上述两条违规情况,那么将视情节轻重采取禁止被关注、禁止发博、封杀等方式处理。④

腾讯在微信公众平台也设置了登录弹出窗口,声明"微信公众平台一直致力于为用户提供文明健康、规范有序的网络环境",同时在公告里强调"我

---

① 《中国移动:治理违法不良信息保护客户正常通信》[EB/OL],中央政府门户网站,2010年1月22日,http://www.gov.cn/jrzg/2010-01/22/content_1517357.htm。
② 《新浪微博反垃圾官方账号》[EB/OL],新浪微博,2014年2月21日,http://weibo.com/weiboantispam。
③ 靖鸣、杨晓霞:《微博"大V"的特征与构成分析》[J],《新闻与写作》,2014年,第2期。
④ 《新浪微博发布违规公式平台,遏制微博广告营销》[EB/OL],阿里云,2014年8月1日,https://www.aliyun.com/zixun/content/2_6_11861.html。

们在运营中发现部分公众帐号用户在下发消息中推送垃圾广告、骚扰信息甚至色情、暴力等违法违规的内容,或者进行强制、诱导分享,虚假、与帐号无关的推广等恶意行为"。腾讯微信通过采取注销违法信息、关闭群发功能、封号等措施遏制上述违法广告信息的传播。2014年,腾讯公司开展了以"雷霆"为代号的扫黑行动,设立"扫黑奖励基金",对积极举报并配合、协助警方破案的网友或企业,给予2000元到10万元不等的奖金奖励。2015年,腾讯共受理网民举报1700多万件次,配合警方侦破各类案件632宗、抓获犯罪嫌疑人1023人,涉案金额高达6850万元,通过雷霆行动平台奖励举报用户290万元。① 此外,微信还颁布了多个内部规范:《微信公众平台服务协议》(2014年)、《微信公众平台运营规范》(2014年)、《微信开放平台开发者服务协议》(2014年)、《微信外部链接内容管理规范》(2016年)。

淘宝网于2013年8月9日发布了《关于加强发布广告信息(二维码形式)管理的公告》,"部分卖家通过使用含有外部网站信息的二维码图片这种新的形式绕开淘宝的正常交易流程和/或管理体系,以达到发布广告信息甚至诈骗的目的,给消费者保障及平台交易安全造成了极大影响。此种行为也违反了《淘宝规则》滥发信息的相关规定"。为了对前述现象加强管控,淘宝网采取了停用、冻结含有外链二维码图片的处理措施②。新广告法实施之后,淘宝发布了《信息与实际不符的认定和处罚的规则与实施细则》,明确要求商家不得使用诸如"最高、最低、最优、最热"等最高级词汇夸大描述;天猫也对夸大或过度承诺商品效果及程度的"全网最高、最低、最热"等最高级描述作出了禁止性规定。平台贯彻执行相关规则,一旦发现违规商家或收到消费者举报、工商来函,会对违规商家进行扣分、下架商品等处理。此外,公司有2000多人专职及5000多编外人员处理投诉有关问题。③

这些来自新媒体广告发布平台的内部管制或规则、通知,有利于规范依

---

① 《腾讯举办网络举报用户沙龙 探索互联网安全共享共治之道》[EB/OL],中国互联网违法和不良信息举报中心,2016年1月19日,http://net.china.com.cn/txt/2016-01/19/content_8528142.htm。

② 《关于加强发布广告信息(二维码形式)管理的公告》[EB/OL],淘宝网,2013年8月9日,http://rule.taobao.com/detail-483.htm? tag=self。

③ 《阿里大战工商之后》[EB/OL],中国经营网,2015年2月3日,http://www.cb.com.cn/special/show/708.html。

第九章 借鉴与超越：西方新媒体广告规制经验对我国的启示

托他们的媒体平台发布广告信息的企业行为,对于净化网络广告环境、维护广大消费者的利益起到了重要作用。除了上述单个数字互动平台的自律努力,不少互联网企业开始合作制定自律规范,以监督整个行业的健康发展。2003年12月11日,30多家互联网单位共同签订"互联网自律公约"。2007年7月24日,500多家企业签订《互联网地址注册服务行业自律宣言》,承诺在中国境内从事互联网地址注册及其相关活动的行业会做好八项事项。[①] 2012年11月1日,百度、即刻搜索、盘古搜索、奇虎360、盛大文学、搜狗、腾讯、网易、新浪、宜搜、易查无限、中搜发起《互联网搜索引擎服务自律公约》,坚决抵制淫秽、色情等违法和不良信息通过搜索引擎传播,积极构建健康、文明、向上的互联网搜索引擎传播秩序;增强社会责任,加强自我约束,设立有效的举报投诉通道,主动接受社会监督,及时发现并改善服务中的不足,自觉规范互联网搜索引擎服务企业经营行为。[②] 2013年8月10日,国家互联网信息办公室主办、中国互联网协会等单位承办的"网络名人社会责任论坛",就承担社会责任,传播正能量,共守"七条底线"[③]达成共识。2013年9月,人民网、新华网、中国网络电视台、千龙网、东方网等新闻网站,新浪网、搜狐网、网易网、腾讯网、百度网、凤凰网等知名商业网站,以及中国教育新闻网、未来网、中国妇女网等教育、妇女、儿童领域的行业网站联合发出《百家网站网络关爱青少年倡议书》,承诺"严格行业自律,加强内部管理;强化自我约束和管理,建立健全内部规章制度,严格执行信息采集、制作、审核、发布等工作流程,加强从业人员马克思主义新闻观教育和专业技能培训,严格工作奖惩和责任追究,从源头上、机制上、人员上设置关口,遏制危害青少年不良信息的网上传播"[④]。

[①] 自律宣言的主要内容是:严于律己,不欺骗用户注册互联网地址;文明经营,不胁迫用户注册互联网地址;诚信推广,不误导用户注册互联网地址;严格管理,不滥用电话、传真、邮件骚扰用户;年限自主,用户自主决定注册年限;信息真实,真实提交用户注册信息;快速反应,及时响应用户需求;转移自由,尊重用户转移意愿。
[②]《互联网搜索引擎服务自律公约》[EB/OL],中国互联网协会,2013年4月12日,http://www.isc.org.cn/hyzl/hyzl/listinfo-25501.html。
[③] "七条底线"是:法律法规底线、社会主义制度底线、国家利益底线、公民合法权益底线、社会公共秩序底线、道德风尚底线和信息真实性底线。
[④]《全国百家网站发出倡议 建设绿色互联网 弘扬青春正能量》[EB/OL],中国互联网协会,2013年9月30日,http://www.isc.org.cn/hyzl/hyzl/listinfo-27704.html。

四、我国新媒体广告自律监管中的特殊困难

虽然在新媒体时代,我国政府更多地认同了广告自律监管方式,行业协会也赢得了很好的发展契机,但是与美英两国相比,我国新媒体广告自律监管中还是存在不少困难,这既有广告自律监管历史方面的原因,也受制于国情、政治制度、文化差异、市场环境、管理方式不成熟等多方面因素。新媒体的蓬勃发展,带来很多不确定性,更加剧了广告自律监管中的困难,暴露出我国广告行业自律的一些问题。

1. 权利受限制约广告行业协会发力

我国对广告行业进行自律管理的组织主要是"中国广告协会",由于该协会不具有独立的执法权,无法通过刚性的手段约束违规广告,主要采取"劝诫"与"公开点评"的方式,督促广告主或代理公司进行整改,因此就极大地制约了其监管效果。新媒体时代,广告数量之多、发布平台之杂,更是增大了广告协会的监督困难,而且一些广告主甚至可以绕过广告代理公司,结合新媒体平台的传播特点,自己设计发布广告内容。由于广告协会难以约束非会员企业,就会出现即使发现问题也鞭长莫及的遗憾。

我国与美英两国相比,广告行业自律监管存在较大的差距。学者杨燎原在《中美广告行业协会比较研究》一文中指出:"美国广告行业协会的自律不仅有相应的自律文件作为依据,而且组建成自律机构来实施自律。跨协会的自律机构 ASRC 运作了 40 多年,机构的设置、运作程序系统与时俱进,取得的成果有目共睹。美国三大广告行业协会的合作为广告行业自律提供了强大的支持和平台。中国的广告行业协会的自律在政府的支持和指导下展开,主要依据是一系列相关的文件,没有专门的实施机构和运作程序,没有跨行业协会的合作,自律的工作难以落到实处。"[①]有鉴于此,不少学者提出增进我国广告行业自律自主权的建议,"作为操作性和专业性极强的行业,需要政府大胆放权,扶持广告行业自律组织的成长,让其作为权威的主体来规范混乱的市场。而自律的行业组织本身也是广告市场发展到一定阶

---

① 杨燎原:《中美广告行业协会比较研究》[J],《广告大观》(理论版),2013年,第10期。

第九章 借鉴与超越:西方新媒体广告规制经验对我国的启示

段的产物"①;"可以参考《中华人民共和国律师法》等立法的经验,直接在《广告法》条文中规定:广告协会是社会团体法人,是广告行业的自律性组织。全国设立中国广告协会,省、自治区、直辖市设立地方广告协会,设区的市根据需要可以设立地方广告协会。广告协会应当维护市场稳定,促进有效竞争,指导会员依法开展广告活动。"②

不过,国情与历史不同决定了对广告管理体制的差异,美英两国已经积累了上百年的自律监管经验,而且形成了多个协会互相配合的自律体系,这是我国难以比拟的,"加强广告行业的自律,减少政府的行政干预,也是世界广告业发展的趋势和经验"③,在新媒体时代,广告信息的跨国传播能力更加大了与国际接轨的监管需求。更好地发挥行业自律的监管效果,就应适当地增大中国广告协会的独立权,首先从制度上予以保证,其次要做到协会所使用的经费有独立的来源,鼓励更多的广告相关的协会成立,不同的协会有各自的监管重点,各协会之间联合作用,更好地发挥集合优势。

2. 现有自律规制难以制衡新广告问题

新媒体时代,新的广告形式层出不穷。比如利用微信平台,除了常规的推广形式,商家还采用发红包、扫描二维码关注公众号或下载 App 赠送礼品、微信群里拼团购买等形式进行宣传促销。一些不法商家往往钻法制监管的空子,更遑论受制于行业自律规范的约束,以损害消费者利益、扰乱市场秩序为代价谋取一己私利。被消费者举报后遭查处的"朋友拼"就是一例,微信商家故意以极低的价格吸引消费者参团,付款成功后却未收到货,商家称没有参团成功已返款。但实际上,不少消费者并没有收到退款,也有消费者质疑商家借此"圈粉",甚至套取个人信息。④ 无论是政府他律规制还是行业自律规范都不可能面面俱到,尤其难以及时约束新出现的广告形式,因此,现有的行业自律规制在新媒体时代还是面临不少的挑战。

---

① 陈柳裕、唐明良:《广告监管中的法与理》[M],北京:社会科学文献出版社 2009 年版,第 228 页。
② 陈柳裕、唐明良:《广告监管中的法与理》[M],北京:社会科学文献出版社 2009 年版,第 237 页。
③ 吕蓉编著:《广告法规管理》[M],上海:复旦大学出版社 2003 年版,第 261 页。
④ 《微信"朋友拼"疑借拼团购套信息 微信客服称会处理》[EB/OL],新华网,2015 年 12 月 29 日,http://news.xinhuanet.com/fortune/2015-12/29/c_1117606133.htm。

如前所述，虽然中国广告协会近年来已经制定了系列网络广告相关的行业标准，但是这些自律规制在执行的过程中能否做到位依然有待市场的检验，更不要说尚未涉及的新出现的广告形式了，其行业标准从酝酿到最终出台需要花费不少时间，而在行业标准缺失的期间，很容易出现市场操作混乱的现象。2015年，不少社交网络上在沸沸扬扬的争议"借贷宝"在街头的活动，扫描二维码送现金20元或充电宝，究竟是不是有诈？不少网友事后后悔，自己贪图小便宜扫码后还输入了姓名、手机号、身份证号，泄露了个人隐私，该怎样补救？而对于微信二维码的监管，我国并没有出台专门的自律规制以有效地约束商家行为，也难以通过事后追惩确保消费者利益，新的广告方式已然成为行业自律监管中的难题。

再以2014年新生广告形式——H5为例，在相关行业标准尚未建立的时期，约束广告主的行为就特别困难。有广告公司甚至公然在行业经验交流会上坦言自己是如何投机获利的："有时候我们会遇到被微信屏蔽或者举报的问题，有两个小技巧供大家参考：第一个是注册多个域名。因为很多人屏蔽只屏蔽你的一个域名，当我们有很多域名的时候，他屏蔽也来不及，如果我们注册一百个域名呢，按照现在25块钱一个域名来算，一百个才是2500，但给你带来的可能是100万UV，非常划算的。第二个是页面的举报。其实我们可以在H5页面上面做一个假的举报按钮，用户一点就到我们这里来了，还可以顺便跟用户聊聊天。"①对于上述自诩为经验的行为，可能缺失的就不仅仅是行业自律规范的问题了，深置于行业中短视的盈利动机暴露出低俗的商业道德追求，如不加以改观，终将损伤这个新兴的广告市场。这也是我们接下来要论述的问题，利益如何驱使广告主对相关规则置若罔闻。

3. 经济利益驱使一些广告主铤而走险

吸引广告商加大对新媒体广告投入的一个重要原因，应该是亚当·斯密在《国富论》中所提出的"理性经济人"趋利避害的本能，马克思也曾说过："一旦有适当的利润，资本就大胆起来……有百分之五十的利润，它就铤而

---

① 《如果H5不火了，微信死了，活下来的会是什么?》[EB/OL]，中国广告网，2015年6月8日，http://news.cnad.com/html/Article/2015/0608/20150608105837926.shtml。

第九章 借鉴与超越：西方新媒体广告规制经验对我国的启示

走险；为了百分之百的利润，它就敢践踏一切人间法律；有百分之三百的利润，它就敢犯任何罪行，甚至冒绞死的危险。"相较于国家对传统媒介广告严格的法律规定与发布前的媒介审查制度，新媒体广告显然具有暂时缺少政府"把关人"、广告发布成本低、媒介审查"干扰"力度小、违规广告撤销速度快、惩罚代价低等优势。广告主在利用新媒体对虚假广告、色情广告等内容发布前会进行成本核算，如果不道德广告成功传播的机会成本低于违规惩罚成本，他们可能就会冒险尝试，因为在市场竞争环境中，存在"囚徒困境"选择与"劣币驱逐良币"的情况，广告主是否愿意在宣传中严格遵守职业道德，会参考竞争对手的选择动向，一旦竞争的企业违规获利而自己因为遵纪守法失利，就可能会打破先前市场中维持的平衡，导致行业间出现恶性竞争。在新媒体广告规制尚不健全的环境中，总有企业会选择铤而走险，因而违规广告屡禁不止。

2014年10月，国家网信办接到网友投诉，上海掌颐网络科技有限公司的"友加"软件炮制"95后萌妹用身体换旅行"、"挖掘机车震"等虚假新闻，进行色情营销炒作，还存在大量淫秽色情及低俗信息等问题。经查实后，国家网信办对涉嫌传播淫秽色情及低俗信息的移动社交软件"友加"依法采取暂停接入服务措施，责令整改，并通知主要应用商店下架该软件，同时协调有关部门对相关单位和责任人进行依法查处。[①] 但由于该软件发布的虚假新闻已经在社交媒体引起极高的转载率，甚至形成了热议的话题，其恶性影响远非事后追惩所能弥补的。2015年6月初，一条题为"清华男生卖学姐被褥一天进账万元"的文章在网络上疯狂转发。文章称，清华大学生命科技学院大三学生小龙把收购来的即将毕业学姐的被子放到二手物品平台上卖，日挣万元。清华大学随后对此发声明辟谣，称该校没有"生命科技学院"，此消息是阿里旗下的"闲鱼"App做的广告，仅仅是商业炒作。[②] 不少广告主正是利用新媒体广告规制不健全的时机，将广告宣传以偷梁换柱的形式发布出来，令广大消费者混淆了网络新闻与广告的区分，继而靠博取眼

---

① 《借挖掘机车震进行色情营销，"友加"被下架》[EB/OL]，IT之家，2014年10月28日，http://www.ithome.com/html/it/109851.htm。
② 《男生卖学姐被褥进账过万？清华官微辟谣》[EB/OL]，驱动之家，2015年6月2日，http://news.mydrivers.com/1/432/432906.htm。

球谋取私利。

更有甚者,一些商家利用消费者的心理弱势,在微信朋友圈中发布一种讨人厌的、带有诅咒性质的广告,"不转不是人"、"不转就是不孝"、"不转光棍一辈子"……对于这类广告,源头多数是微信公众号发出的,被朋友转发到了朋友圈,多以保健品、减肥美容类、传销类广告为主。① 这种将商品与消费者道德强行捆绑的恶俗广告,即使通过转发实现了一定的知名度,但商家毫不顾忌品牌美誉度的行为,最终会搬起石头砸自己的脚。

上述几个代表性例子仅是冰山一角,目前我国网络广告的市场规范行为并不容乐观。2014年3月,国家工商总局公布了对网易、腾讯、凤凰网等20家网站广告的监测数据,"监测抽查各类网络广告总共105.6万条,严重违法广告有34.7万条,占监测总量的32.93%。广告违法现象在药品、医疗、保健、食品、化妆品、美容服务等领域尤为突出"②。2015年中国互联网领域十大法律事件中,"快播公司涉传播淫秽物品牟利罪进入审批程序"、"视频聚合盗链行为首次被认定为不正当竞争"③等都暴露了在新媒体时代传媒产业所面临的严峻考验。不少企业作为广告自律的主体,不能积极地承担社会责任、严格约束自己的商业行为,这也暴露了我国真正实现广告行业自律监管尚有很长的路要走。

4. 受众的权益没有受到充分的保护

相比美英两国,我国消费者对个人隐私保护问题并没有形成足够的重视,消费者的隐私权也没有受到广告行业充分的保护。直到2013年"3·15央视晚会"对互联网广告公司涉嫌通过Cookies方式侵犯用户个人隐私进行了曝光,才把互联网广告推到了风口上,很多中国消费者首次明白Cookies的概念与可能对自己隐私侵犯的程度。但很多时候,即使消费者知道了什么是个人隐私,对于企业的霸王条款依然没有对抗的余地,因为不少

---

① 《朋友圈虚假违法广告很烦人 工商总局请你举报》[EB/OL],新华网,2015年11月16日,http://news.xinhuanet.com/info/2015-11/16/c_134819707.htm。
② 《国家工商总局:超30%网络广告严重违法网易腾讯被提及》[EB/OL],TechWeb,2014年3月25日,http://www.techweb.com.cn/internet/2014-03-25/2021077.shtml。
③ 《2015年中国互联网领域十大法律事件揭晓》[EB/OL],新华网,2016年2月13日,http://news.xinhuanet.com/info/2016-02/13/c_135093807.htm。

第九章 借鉴与超越:西方新媒体广告规制经验对我国的启示

App在下载的时候已经自动默认同意搜集个人信息,如果消费者选择了不同意显示个人地址位置等信息,很多软件的功能就根本无法使用。2014年安卓商店下载排名靠前的1200个App中,"92%的安卓应用获取了隐私权限,获取1~5项隐私权限的App占61.5%,获取6~10项隐私权限的占26.2%",恶意App盗取隐私形成完成产业链。① 仅在2015年4—9月,12321网络不良与垃圾信息举报受理中心共下架处置内容不良类App应用超6000款,盗取隐私及恶意窃取资金等乱象丛生,用户投诉无门,维权困难。②

上海市消费者权益保护委员会曾约谈百度、新浪和腾讯公司,发现"互联网公司的手机客户端普遍缺少隐私条款,而且在版本更新后,针对新增的可能涉及用户隐私的功能,也没有及时通知用户。同时,还涉嫌对用户数据库进行商业上的利用"。这些都已经成为行业中的惯例,即使大公司也未能幸免。上海市消费者权益保护委员会建议:"在移动互联网时代,对个人信息的收集已经成为趋势,在现有法律无法全覆盖的情况下,行业的主导者应当达成共识,通过制定公约、行业标准等方式,建立起个人隐私保护的'游戏规则',在遵循公开、合法、正当、必要的原则下,还应采取严格的技术措施保护消费者个人信息的安全。"③

加强技术措施确实是保护消费者隐私权益的一个关键。中国电信某系统曾存在重大漏洞,导致黑客以比较低微的弱口令和越权操作就进入了这个系统。黑客通过该漏洞可以查询上亿用户信息,涉及姓名、证件号、余额,并可以进行任意金额充值、销户、换卡等操作。④ 这样的信息泄露事件,从消费者宾馆登记信息到购买火车票再到大学生入学信息等都曾曝出过丑闻,

---

① 恶意App盗取隐私的情况:恶意扣费30.0%;山寨应用20.2%;静默下载17.4%;隐私窃取14.5%;恶意传播5.1%;资费消耗5.0%;窃取资金4.9%;远程控制1.4%;系统破坏1.0%;跨平台感染0.5%。
② 《个人信息频繁泄漏,App安全状况令人堪忧》[EB/OL],光明科技,2015年4月3日,http://tech.gmw.cn/kjcm/2015-04/03/content_15282360.htm。
③ 《多家互联网公司手机客户端缺乏对用户隐私保护》[EB/OL],中国广告协会网,2013年8月21日,http://www.cnadtop.com/news/vision/2013/8/21/ffb25051-df65-42c5-be85-9b176a2764b3.htm。
④ 《中国电信再曝重大漏洞 可查上亿用户敏感信息》[EB/OL],腾讯新闻,2015年10月30日,http://news.qq.com/a/20151030/009890.htm?pgv_ref=aio2015&ptlang=2052。

加强消费者隐私保护任重而道远。

由于举证困难、投诉无门,加之牵涉过多精力,甚至还要遭受人身危害(如买家在淘宝购物后因给出恶评而遭商家威胁、打骂等),而赔偿又低等原因,致使有意愿维权的消费者也面临重重困难。此外,新的问题还层出不穷,为消费者权益保护增加了阻力,例如 2015 年 11 月 1 日,国家邮政总局宣布正式开始实行快递实名制登记,这项出于安全保障的政策又引发了新的担忧,那就是在我国消费者隐私保护制度不健全的情况下,快递露天存放,个人实名会不会导致更多的信息泄露?[①] 因此有学者提出,应简化消费者维权行动的程序,可以借鉴国外的集团诉讼制经验,只要一个消费者赢得了诉讼,就自动惠及其他受害者,增加了违法成本,从而增强对违法广告主的威慑力。[②]

第四节 提高我国广告监管规制有效性的对策

美英两国的广告行业自律监管有不少共同或相似之处,而我国与这两国相比只能属于一种异质性群体,这种特性决定了衡量两者之间监管效果优劣时某些方面是缺少可比性的。不过,由于广告的跨国传播越来越频繁,各国共生于同一个地球之中,一国对广告的监管会对他国产生一定的影响,我们还是应该以整体性、系统性的视角去审视。正如科尔曼所言:"研究规范之间的系统关系,不仅应当分析规范的内容(无论它正式与否),而且应当从两种规范(无论它正式与否)的重叠处入手,循宏观与微观水平的相互转变,研究规范之间怎样产生冲突以及行动者怎样解决这类冲突。"[③]通过比较研究中西广告监管方面的差异,吸取美英两国的成功经验,根据我国具体国情探索提高广告自律监管效果的对策。

[①] 《快递实名制来了:需要先回答这三个问题》[EB/OL],网易科技,2015 年 10 月 26 日,http://tech.163.com/api/15/1026/07/B6R9GI4O00094OE0.html.
[②] 钱正:《从品牌神话的破灭看中国广告管理机制》[J],《科技信息》,2006 年,第 10 期。
[③] [美]詹姆斯·S.科尔曼:《社会理论的基础》[M],邓方译,北京:社会科学文献出版社 2008 年版,第 244 页。

第九章 借鉴与超越：西方新媒体广告规制经验对我国的启示

一、完善政府监管新媒体广告的法律与法规

我国作为互联网大国，网民众多，网络传播活动频繁，新媒体广告规制环境十分复杂。我国新媒体广告规制活动存在着实践活动先于规制行为，地方法规先于国家法律的基本现实。在此，从体制架构到实践执行，我国新媒体广告规制行为有着自身的特点与短板。

1. 我国新媒体广告规制的特性

我国的新媒体广告规制是在既有广告规制的单一行政管理体制下发展而来的，新媒体广告规制先天就有着浓厚的行政管理色彩，这是与国家整体"大政府，小社会"的规制环境相联系的，研究我国新媒体广告规制就要从这一特性出发，看待各项规制现象。

（1）政府主导与社会协调相结合的体制特性。我国新媒体广告规制的行政管理色彩源于他律与自律的关系不够对等，自律体系缺乏独立性，自律的行业协会从属于他律的政府职能部门，中国广告协会挂靠于国家工商行政管理总局，中国互联网协会以及中国电子商务协会挂靠于国家工业和信息化部。在具体规制环节，自律体系为他律体系马首是瞻，自律成为他律的职能延伸，在具体规制行为中，也表现出他律在前，自律在后，他律引导自律行为。他律行为从最早的2000年《北京市工商行政管理局关于对网络广告经营资格进行规范的通告》，到2016年国家工商行政管理总局出台的《互联网广告管理暂行办法》，具体对互联网新媒体广告的规制行为主体界定、内容及行为规制做了较为充分的释义，而之后2003年中国互联网协会的《反垃圾邮件规范》及2007年中国广告协会互动网络分会的《中国互动网络广告行业自律守则》相继发布，前者对新媒体广告中电子邮件广告的不当行为做针对性的规范，后者则旨在广告法的基础上对互联网新媒体广告做了延伸规约。值得一提的是，新媒体广告自律体系有其自身的能动性和前瞻性，中国广告协会互动网络分会在2015年发布了一系列文件，合称为《中国移动互联网广告标准》，对移动互联网新媒体行业的基础、检测、系统对接、广告评估以及视频广告等诸多环节做出了系统规约，可以看作自律体系在移动互联网新媒体广告规制领域的全新实践。

（2）专项治理与常态监管相结合的实践特性。在新媒体广告常态监管

之外，国家相关职能部门还会针对某一时期，社会反映较大的违规违法现象做集中整治，这是我国新媒体广告规制的另一特性。2014年2月，由习近平总书记亲自担任组长的中央网络安全和信息化领导小组宣告成立，同年8月其常设机构国家互联网信息办公室由国务院正式授权重新组建，这一国家机构层面的顶层设计，着眼之一是"统筹协调涉及经济、政治、文化、社会及军事等各个领域的网络安全和信息化重大问题"[①]。2015年网信办组织协调的互联网内容传播的专项活动有：2015年1月部署"网络敲诈和有偿删帖"专项整治工作，同年开展打击整治伪基站设备违法犯罪专项行动，同年2月开展"婚恋网站严重违规失信"专项整治，同年2月发布《互联网用户账号名称管理规定》，重拳整治账号乱象，同年4月发布"约谈十条"，推动约谈工作规范化、程序化，同年5月至6月开展"网络扫黄打非·护苗2015"专项行动。网信办在互联网新媒体内容传播规制中，以专项治理的形式集中整治社会重大互联网内容传播中的失范行为，将新媒体广告规制纳入其中，形成专项治理与常态监管相结合的实践特性。

我国新媒体广告规制的体制与实践特性有其具体的社会历史成因，在国家"大政府，小社会"的规制环境下，这些特性有其必然性与合理性，但随着社会不断发展，一些学者提出在社会效率层面，整个广告规制体制急需变革，期待建立新的广告规制体制，这一体制的设想表述为："它包含了广告行业管理制度、广告行政管理系统、广告审查制度和广告社会监督机制四大部分。其中，广告行业管理制度居于中心地位，广告行政管理系统、广告审查制度和广告社会监督机制则环绕着它，呈三足鼎立、共同拱卫之势，处于从属地位。"[②]这一设想为我国新媒体广告规制的发展完善提供了新思维路径。

2. 我国新媒体广告规制的短板

我国新媒体广告规制有着体制和实践的特殊性，在具体的架构和执行过程中也存在着明显的短板。在规制层面，所谓短板指的是阻碍规制效率的规制设定，在具体的新媒体广告规制实践中，我们可以从架构及执行两个

[①] 《中央网络安全和信息化领导小组成立：从网络大国迈向网络强国》[EB/OL]，新华网，2014年02月27日，http://news.xinhuanet.com/politics/2014-02/27/c_119538719.htm。

[②] 周茂君：《我国广告管理体制改革刍议》[J]，《新闻与传播评论》，2015年，第4期。

第九章　借鉴与超越:西方新媒体广告规制经验对我国的启示

方面具体分析这些短板。

(1) 规制架构短板。在新媒体广告规制的法律法规制定过程中,架构短板问题逐步得到解决,最初新媒体广告经营准入规制在北京、浙江等地区法规中得到解决,新媒体广告外延界定问题也在地方法规中得到体现,新媒体广告规制主体模糊的问题,由网信办成立形成的战略协调功能进行了化解,而2015年《互联网广告监督管理暂行办法》的推出,进一步对新媒体广告个人发布行为、行为主体"一个主体,多重角色"都进行了确定,基本上从部门规章层面解决了互联网新媒体广告规制的行为主体的诸多历史问题。新媒体广告规制的架构短板在规制内容层面仍存在诸多表现。《互联网广告监督管理暂行办法》确定的互联网新媒体广告是指:"各种商业性展示、链接、邮件、付费搜索结果等广告。"这一定义仍然不够充分,笼统地说,"网络广告有一定的高技术性和隐蔽性,可能未来还是会有新的不正当竞争形式出现。现行的法律是不能做到真正从整体上规制这些层出不穷、日新月异的网络广告不正当竞争行为"[①]。具体从形式上说,隐性广告的界定最为复杂,"如在网站上以新闻报道形式发布广告,在BBS上以讨论形式发布广告,在博客上以陈述体验方式发布广告等多种形式的隐性广告,使广告监管机构与消费者难以识别,它们是否应该被认定为广告,这是互联网广告的外延问题"[②]。而《互联网广告监督管理暂行办法》中对隐性广告做出规制的具体情形体现在第16条:"通过门户或综合性网站、专业网站、电子商务网站、搜索引擎、电子邮箱、即时通讯工具、互联网私人空间等各类互联网媒介资源发布的广告,应当具有显著的可识别性,使一般互联网用户能辨别其广告性质。"这里虽然提及各类型互联网新媒体广告形式,但是仍然对上述社交媒体以消费者陈述体验发布的隐性广告或者新闻报道式以及公关关系类隐性广告没有相应规定。同样,互联网新媒体广告投放行为,如在线行为广告(Online Behavioral Advertising)对消费者隐私的侵入也成为互联网新媒体广告规制的重点,而这一领域在新广告法以及相关法律法规层面没有具体提及和界定。对互联网新媒体广告的界定仍然需要在规制层面做进一步细

---
① 杨瑜:《浅论网络广告中新型不正当竞争行为》[J],《法制与社会》,2016年,第1期。
② 元明月:《〈广告法〉修订对互联网广告的法律规制》[J],《法制博览》,2015年,第8期。

致的工作,以及在未来广告法修订中体现得更为系统和完整。

(2)规制执行短板。新媒体广告规制在执行层面上主要体现为监管及审查制度存在不足。国家工商行政管理部门依法对各类广告进行规制,而新媒体广告在专业技术层面存在特殊性,传统工商行政管理部门难以监管到位,互联网产业管理部门从技术渠道层面对互联网新媒体广告进行规制,在新媒体广告内容层面难以把控严谨,同样存在监管不到位的现象。总之,"网络广告监管需要经验丰富、网络专业知识强的行政司法人员,需要完备的设施基础、健全的网络监控体系以及配套的法律法规,这些都是我国目前还不具备的"[1],这是监管层面的短板。另外在新媒体广告审查层面,我们缺乏专门的审查机构,同样于规制不利。

我们意识到,新媒体广告规制是一个动态过程,需要各界力量不断投入到规制行为中来,不断完善规制体系与法律法规。在体制上做结构性调整,加强商业道德规范体系建设,强化行业自律意识及社会监督意识,推动我国新媒体广告规制的发展。

二、以"全球伦理"的思维监管新媒体广告

"全球伦理"(the Universal Ethics)源自宗教学研究,是由德国基督教神学家孔汉思(Hans Küng,又译汉斯·昆)于1989年最先提出的,他倡导在各宗教间建立所谓"新的伦理上的共识",又于1990年编成《全球伦理》一书,综合阐发了自己相关的论点。20世纪90年代以后该概念受到普遍关注,主要用以解决在不同文化传统中,找到"一种最低限度的基本共识"。[2] 在1993年制定的《走向全球伦理宣言》中,对全球伦理内涵界定为"指的是对一些有约束性的价值观、一些不可取消的标准和人格态度的一种基本共识",[3]该概念由宗教问题思考出发,其应用逐渐延伸到多个学科与社会领域中。例如美国查尔斯·艾斯教授认为"在'地球村'成为'电子大都市'的背

---

[1] 李定娓:《网络广告及其监管:问题与法律规制的完善》[J],《哈尔滨师范大学社会科学学报》,2015年,第3期。
[2] 汤一介:《"全球伦理"与"文明冲突"》[J],《北京行政学院学报》,2003年,第1期。
[3] [德]孔汉思、库舍尔编:《全球伦理——世界宗教议会宣言》[M],成都:四川人民出版社1997年版,第12页。

第九章 借鉴与超越:西方新媒体广告规制经验对我国的启示

景下,网络空间越来越多地表现出文化多元性,欧洲与美国、东方与西方的道德价值观既存在明显差异,又存在共同性,趋同而走向全球伦理是可能的"。本·卡斯通·斯塔尔(Benrd Carsten Stahl)提出"一种特殊的责任概念对于信息伦理学来说是一个关键的、具有高度实践性的核心伦理问题",而全球伦理之所以可能,是建立在相互尊重的基础之上的。① 上述有关全球伦理的观点也可以借鉴用以新媒体时代的广告监管中,谋求行业自律也是基于尊重受众、承担社会责任以及建立国际共识的基础之上的。

互联网的飞速发展,缩小了国与国之间的距离,新媒体广告所具有的跨国传播能力,使得广告监管愈发呈现出开放性的特点,近年来不同国家之间与相关国际组织正在不断地加强合作。学者宫承波在主编的《新媒体概论》一书中提出:"新媒体的伦理与法制建设,首先应该考虑到它的全球性,在全球范围内确保网络信息交流通畅,在这一点上达成全球性的共识,然后形成共同的行为规范。哲学界的学者们提出,希望能从不同的民族文化传统中吸取资源,对当今社会重大问题达成'最低限度上的共识',形成'和不同'的'全球伦理'。"②这样的主张可以考虑在广告自律监管中借鉴。虽然每个国家广告相关的具体法律、法规可能有所不同,不同国家伦理道德的基础也可能存在差异,比如我国是一种社会性的伦理道德,西方很多国家是基于民族宗教性的伦理道德,但是各国商业伦理道德的核心却是一致的,"合法、正当、诚实、真实"是国际广告中共同的追求,这种共性为广告自律监管中加入全球伦理提供了合理性基础。

在新媒体广告时代,一个国家广告主的道德选择与传播行为会受到他国的影响,这也是我国巨人网络公司因缺少全球伦理意识,在美国纽约时报广场发布的"屌丝"网游广告被叫停的原因。"美国广告、传媒界所规定的,一些俚语以及不雅之词应被技术手段过滤掉"③的做法,也约束到了我国商

---

① 查尔斯·艾斯:《全球网络的文化与交流:文化多元性,道德相对主义,以及一种全球伦理的希望》[J],《上海师范大学学报》(哲学社会科学版),2006年,第5期。
② 宫承波主编:《新媒体概论》(第四版)[M],北京:中国广播电视出版社2012年版,第279页。
③ 《中国"屌丝"广告在美国被禁播(图)》[EB/OL],新华网,2013年4月19日,http://news.xinhuanet.com/overseas/2013-04/19/c_124600352.htm。

业的广告传播行为。2014年年底,美国大众商业公平联盟组织拍摄了一支名为"Out of Business"的广告,画面开始为马云率领阿里巴巴在纽交所上市鸣钟的欢庆镜头,然后出现了一位圣诞老人,在他的背后则是关门了的店铺。广告最后打出了标语:"告诉立法会,让他们在店铺关门前修复网上购物销售税的漏洞。"该联盟发言人表示:"虽然说广告中明确攻击的是来自中国的电商巨头阿里巴巴,画面里甚至直接出现了马云本人,但它也并不完全是冲着阿里巴巴去的。"①话虽如此,该广告的传播初衷应该是对包括阿里巴巴在内的中国网络销售平台遵守商业道德的警示。同样,跨国企业在我国进行广告宣传时,也要受到我国的商业伦理与道德规范的影响。2013年6月必胜客在网上推出的一段视频广告中,一只虾滚成球形,戴着墨镜,手持盲杖,还配有"瞎"的字样,众多中国网友抗议该广告涉嫌丑化残疾人,要求必胜客停播并公开道歉。上述三个案例虽然都没有违法,却有违广告受众国人们对伦理道德的追求,此时,行业自律在新媒体广告监管中的价值与作用就凸显出来。

图9-4 巨人网络公司在纽约时报广场发布的"屌丝"网游广告

---

① 《美国人联合抵制阿里巴巴:让它缴税!》[EB/OL],驱动之家,2014年12月,http://news.mydrivers.com/1/345/345060.htm。

第九章 借鉴与超越：西方新媒体广告规制经验对我国的启示

自在线行为广告诞生以来，美英两国纷纷制定了相关自律规范，以约束企业搜集、使用用户数据的商业行为，强调对消费者隐私的保护。虽然我国公民对于隐私的关注度相对不高，对隐私维权意识也不够强烈，但是中国广告协会还是于2014年颁布了定向广告的行为规范——《中国互联网定向广告用户信息保护框架标准》，虽然比美国的《在线行为广告自律原则》迟了五年时间，但却体现出我国对网络广告的监管开始具有国际化思维，也是我国广告行业协会追求与国际自律规制并轨、在广告监管中加入全球伦理的一种大胆尝试。相信随着新媒体广告的蓬勃发展，我国广告协会将会制定出更多适宜于全球传播规则的行业自律规范。

三、增强广告行业协会的独立性与合作能力

英美等国家的广告行业协会主要的经费来源是会员缴纳的会费，这也确保了协会真正能代表行业的利益，公平公正地颁布规制、处理问题。正是因为行业自治展示出了管理的有效性，从而促使政府放手给予行业更多的自我监管空间。除了经济上的独立自主，美英两国广告行业协会还拥有对会员的惩处能力，协会对于行业而言具有较高的威望，一旦被驱逐出会将严重损伤品牌的形象与价值，因此行业协会拥有的这种惩罚权利有较强的约束力。我国广告业目前单一的行政管理体制，基本上是在20世纪90年代确定下来的，即国家工商管理总局作为广告业的政府主管部门，在其领导下中国广告协会作为行业协会协调广告业内部的关系。在相当长的时期内，中国现行的广告管理体制，比较好地完成了为中国广告业的发展保驾护航，引导广告业健康发展的任务，为中国广告业的发展作出了巨大的贡献。[①]

随着新媒体的兴起与不断发展，行业自律的作用愈发明显，政府也开始从制度上保障协会的自主性，2007年6月，国务院办公厅下发了《关于加快推进行业协会商会改革和发展的若干意见》，规定现职公务员不得在行业协会兼任领导职务，确需兼任的要严格按有关规定审批，以推动行业机构作为

---

① 陈刚、季尚尚：《微妙地前行——谈中国广告行业协会层面的变化》[J]，《广告大观》，2007年，第8期。

一个独立、民间的组织存在。不少学者也在呼唤我国广告协会通过改革增强行业自我监管的效果。例如陈刚指出,"管理者、服务者和经营者三个角色的交织,确实使得中国广告协会作为广告业的行业协会在处理一些问题时引起行业的争议","一些地方广告协会的转制已经成功,但全面转制肯定需要一个过程","虽然政府的支持是必要的,但在这个阶段,任何行业协会都必须尽快地摆脱过渡阶段的依赖性,把依托行政威慑力形成的影响力转化成通过服务获得的行业认同和信赖"。[①] 倪崛提出,"我国广告行业协会只有拥有了独立的法律地位和法定职权,才能真正承担起行业服务、自律、代表、协调的基本职能"[②]。范志国、何鹄志分析了西方国家自律审查机构的优势之后,提出"中国应建立自己的自律审查机构——中国广告审查机构(CARO)"[③]。周茂君提出我国广告管理体制在完成从"行政主导型"到"行业主导型"的转变以后,其最为显著的特征就是"去行政化",[④]这为我国广告协会的民主化管理打下了良好的基础。王凤翔指出,"西方经过了'守夜人政府'(管的少的政府是最好的政府)、'积极干预的政府'(全面干预经济的政府是最好的政府)和'与市场合作的政府'(管得适当的政府是最好的政府)三个阶段。我国政府还在市场积极探索中发展和完善。合作治理是理性化权力的运作状态,是我们政府发展的必然目标"[⑤]。由上述专家、学者的建议可以看到,发挥行业协会自律监管的积极性与主动性,政府大胆放手给予行业协会更多的权利,应该是中国广告监管未来的发展趋势。

此外,加强广告协会之间以及广告协会与其他协会之间的合作也顺应国际发展潮流。2005年"中国广告主协会"与"中国商务广告协会综合代理

[①] 陈刚、季尚尚:《微妙地前行——谈中国广告行业协会层面的变化》[J],《广告大观》,2007年,第8期。

[②] 倪崛:《关于确立广告协会为行业协会的独立法律地位的研究暨广告协会改革设想》[J],《中国广告》,2009年,第10期。

[③] 范志国、何鹄志:《关于构建我国广告自律审查机构的探讨》[J],《技术经济与管理研究》,2008年,第1期。

[④] 周茂君:《中国广告管理体制研究》[M],北京:人民出版社2012年版,第1页。

[⑤] 王凤翔:《广告主对大众媒体的影响与控制》[M],北京:社会科学文献出版社2012年版,第236页。

第九章　借鉴与超越:西方新媒体广告规制经验对我国的启示

专业委员会"(简称中国4A)先后成立,改变了我国广告行业协会的局面,由原来的单一行业协会走向多个行业协会并存,以利于协会之间的竞合发展。此外,中国互联网协会近年来也颁布了多个广告相关的自律规范,这对于中国广告行业自律起到了极大地推动作用,也为中国广告协会监管行业规范运作增添了合作伙伴。新媒体开放与兼容的特性,将汇聚更多的行业通力合作,协会之间结成联盟、通力合作的趋势已经形成并还将会有更强的发展潜力。

四、利用舆论监督促使新媒体广告主体自律

六度空间理论(Six Degrees of Separation)假设世界上所有互不相识的人只需要很少中间人就能建立起联系,1967年哈佛大学心理学教授斯坦利·米尔格拉姆根据这个概念做过一次连锁信件实验,尝试证明平均只需要五个中间人就可以联系任何两个互不相识的美国人。这种现象并不是说任何人与其他人之间的联系都必须通过六个层次才会产生联系,而是表达了这样一个重要的概念:任何两个素不相识的人,通过一定的方式,总能够产生必然联系或关系。网络社交媒体的兴起,证明了人际之间的这种相互影响的能力与所产生的聚合效应的确存在,并最终能形成波涛汹涌的网络舆论,从而起到对广告自律的监督作用。

通过对美英两国广告自律的研究已经发现,互联网为广泛的舆论监督提供了技术上的可能、覆盖面的扩大以及效果方面的提升,任何无视这种力量的广告主都会遭受品牌形象的损伤与品牌价值的贬值。网络舆论的这种监督力量甚至可以扩展到对传统媒体中播放广告的评判,因为只要将截图或视频转发到社交媒体中就可能形成话题效应从而获得极大地关注,这种影响力是前所未有的。舆论监督的这种影响力并非西方国家独有的,与之相似,在新媒体时代我国的广告行业自律也受到了社会监督的影响。

中国营销史上记录了三株口服液如何在一夜之间倒下的事实,1998年"八瓶三株口服液喝死一条老汉"的新闻直接改变了这家企业的命运,虽然最后证明这系冤案并得以昭雪,但这家年销售额曾经高达80亿元的企业还是因太多问题而回天乏力。有学者评论道,当时事发后,二十多家报纸、电视等媒体对三株的报道加剧了其死亡速度。也是在1998年,中国爆发了网

民抗议印尼排华骚乱事件,这成为中国网络舆论发端的标志,也宣告对企业的监督更为迅速与广泛,网络舆论的爆发力是传统媒体所难以企及的,三株与之后的企业被舆论压倒的速度与力度也是不可同日而语的。重视公众舆论的强大影响力,已经成为新媒体时代推动广告行业自律效果提升的一个很重要的因素。

如前所述,网络舆论瞬间就促使百度"贴吧门"事件在社交媒体中产生病毒传播效应,而且迫使百度在第二天就做出更改决定的回应,在网络舆论的监督下,当今的企业有时甚至连发出回应以及慢慢倒下的机会都没有。2013年6月,沸沸扬扬的广西玉林夏至"狗肉节"事件,将赞助商——凉茶品牌"加多宝"卷入其中,产品受到众多网友的抵制。加多宝在活动现场的广告语"吃狗肉,啖荔枝,大喝加多宝!"经一条微博报料引发众多网友转发,并遭到许多微博大号的公开抵制,仅仅三天时间,这条微博已被转发上万次。虽然加多宝集团在网民微博发出的第二天就发表声明称"我们第一时间进行调查,并确系为当地个别经销商的自发行为,我们立即给予了制止,同时确保此类事情不会再次发生,并对此深表歉意",然而网友对于这番道歉却并不十分买账,调侃这种澄清方式为"临时工"式的推卸责任。除了上述事件,加多宝还深陷涉嫌虚假广告、王老吉"降价"新闻幕后黑手等舆论风波中,致使消费者的质疑声持续发酵。[①] 群众的眼睛是雪亮的,唯有自律能将企业推向自我保全与自我救赎之路。广告主需要时刻提醒自己公众舆论正如头上悬挂的"达摩克利斯之剑",不断强化自律规范;国家也应给予公民更多的监督权利,既要确保公共舆论平等发声的机会,也能令广大公众通过监督广告市场的不良行为而得到利益补偿。

五、充分发挥新媒体互动平台的自律积极性

对美英两国新媒体广告自律的研究可以发现,无论是政府监管还是行业协会自律,都难以制定出面面俱到的规制条款,对于无处不在的新媒体广告而言,借助其发布平台的力量推动广告主自律,可以发挥"四两拨千斤"的

[①] 《被指赞助"狗肉节"遭网友抵制 加多宝再陷舆论危机》[EB/OL],光明网,2013年6月24日,http://economy.gmw.cn/2013-06/24/content_8050585.htm。

第九章 借鉴与超越:西方新媒体广告规制经验对我国的启示

效力。这一新媒体广告时代的新特点,在我国广告自律监管中也呈现出来,数字互动媒体平台加入到对广告自律的监督中,对于促进行业自律起到积极的推动作用。

以腾讯为例,为保证腾讯开放平台以及Qzone平台的用户体验,维护广大广告主的权益,腾讯制定了《社交广告审核标准及规范》,在总则中明确指出:"广告主在腾讯社交广告系统上提交广告必须遵守《中华人民共和国广告法》以及国家有关互联网的相关法规以及规定;必须遵守腾讯开发平台有关规定;广告主有义务维护腾讯开放平台以及Qzone平台的用户体验,相互监督;广告主应该保证提交到腾讯开放平台的广告真实可靠,不得有误导用户的嫌疑。"作为广告发布平台,腾讯主动肩负起监管的责任,声明"腾讯社交广告审核人员有权根据用户体验以及相关规定拒绝任何有可能损害腾讯平台用户体验的广告,且无需解释"[1]。

2015年3月15日,微信安全中心根据现行法律法规及《腾讯服务协议》《腾讯微信软件许可及服务协议》《微信公众平台服务协议》《微信公众平台运营规范》,制定并发布了《微信朋友圈使用规范》,对广告类内容作出如下规范:杜绝"欺诈虚假广告类",即以骗取钱财为目的的欺诈广告(例如网赚、中奖类信息);虚假夸大减肥、增高、丰胸、美白效果但明显无效的保健品、药品、食品类广告;推广销售假冒伪劣商品的广告。杜绝"非法物品及违法广告类内容",违法广告包括但不限于:买卖发票、出售假烟、假币、赃物、走私物品;违法办证刻章、代办身份证、信用卡、办理手机复制卡等信息;交易人体器官等内容。非法物品包括但不限于:象牙、虎骨等非法野生动物制品、贩卖毒品、窃听器、军火、人体器官、迷药、国家机密等,还包括信用卡套现,办证,非法刻章,性虐等非法行为。杜绝"广告推荐商品本身和微信帐号所公示身份(包含注册及公示的主体资料及运营业务范围)无关,如:帐号名称为心情语录,实际售卖减肥产品等"内容。[2] 虽然新《广告法》涉及一些对新

---

[1] 《广告投放相关问题》[EB/OL],腾讯开放平台,2016年2月25日,http://wiki.open.qq.com/wiki/faq/%E5%B9%BF%E5%91%8A%E6%8A%95%E6%94%BE %E7%9B%B8%E5%85%B3%E9%97%AE%E9%A2%98。

[2] 《微信发布〈微信朋友圈使用规范〉》[EB/OL],腾讯科技,2015年3月15日,http://tech.qq.com/a/20150315/012453.htm。

媒体广告监管的内容,广告行业协会也制定了针对网络广告的系列规范,但由于需要监管范围过大,需要顾及的内容过多,相比之下,腾讯平台上述针对性强、细致准确的限制性条款明显更有参照价值,这也体现了数字互动媒体平台作为第四种力对于促进广告行业自律意义所在。

数字互动媒体平台还有一个最重要的监管优势——及时删除违规广告的能力。与需要走司法审判、诉讼等冗长的政府监管程序不同,数字互动媒体由于掌握着平台上发布信息的主动权,一旦接到举报或发现广告主违反相关规定,就可以迅速发挥"把关人"的作用,在第一时间内删除不良广告,从而可以大大降低信息的负面影响,这无疑具有成本与效率的双重优势。慑于平台的这种"威力",广告主需要具备更为严格的商业道德操守,方能实现与平台之间的共赢。因此,充分调动并发挥新媒体广告发布平台自律监管的积极性,对于促进我国广告主体自律会有极大地推动作用。

小　结

中西方的广告共生于同一个宏观大环境中,各国的广告监管系统之间有一定的相互影响关系,新媒体广告的跨国传播沟通能力,增加了不同国家对于广告监管重点方面的共识。虽然与美英两国相比,我国广告自律监管无论是发展历史还是体系、机制等管理现状方面都明显滞后,而且也缺少健全有序的法制环境,社会监督机制也不完善,广告市场秩序也有待改进。整体而言,虽然我国在积极探索如何监管新媒体广告,但是目前无论是他律规制还是自律规制都暴露了发展时期不够成熟的特点。

不过,我国与美英两国广告行业自律监管体系和运作方式的差异,在新媒体时代正在逐渐缩小。虽然美英广告行业协会是自律的主体,但在广告监管系统中,政府规制、社会舆论以及媒体平台也都在发挥着积极的促进作用。与之相似,我国的新媒体广告自律监管也受到以上几种力量协同作用的影响,作用的方式与效果因国情的不同还是存在较大的区别。在新媒体时代,美英两国与我国相比,他们的广告行业自律监管依然更有效,这与他们积累了一百多年的管理经验与拥有成熟的监管体系密不可分。我国新媒

第九章　借鉴与超越:西方新媒体广告规制经验对我国的启示

体广告自律监管中尚存在以下几方面的困难:权利受限制约广告行业协会发力,现有自律规制难以制衡新广告问题,经济利益驱使一些广告主铤而走险,受众的权益没有受到充分的保护。通过中西比较研究,本章总结了提高我国新媒体广告监管效果的五点对策:完善政府监管新媒体广告的法律法规,以"全球伦理"的思维监管新媒体广告,增强广告行业协会的独立性与合作能力,利用舆论监督促使新媒体广告主体自律,充分发挥新媒体互动平台的自律积极性。

结　语　新媒体广告规制：基于时代的必然选择

追溯以美英为代表的西方广告产业规制发展史,可发现早在20世纪初,为规范新兴广告业的发展,英国政府于1907年就颁布了比较完整的《广告法》[①],美国政府也于1911年发布了著名的《普令泰因克广告法草案》[②]……可以说,西方政府对广告行业的监管规制至今已有一百多年的历史。尤是近代以来,随着世界工业化国家广告产业的迅速发展,西方各国政府对本国广告行业的监管力度不断加强,同时,诸多国家新兴的广告行业协会也逐渐发展成为行业内的权威机构,行业自律协会因而确立了在广告监管中的一席之地。不过,作为极具外部性影响的行业,广告及其行业自律协会从诞生开始就一直受到广泛的社会监督的影响,这其中力量最强的无疑是来自于政府的他律规制。他律与自律之间是一种相互制约、互为促进的辩证关系。最终,来自政府的外在压力与行业的内在动力一起发挥作用,维护了广告监管系统的均衡,从而确保了广告业的健康发展。直到新媒体广告出现并迅速发展,才打破了传统广告监管体系中的平衡关系。

相比传统媒体时代,对新媒体广告进行规制更为复杂与困难。因此,以美英为代表的西方广告产业大国的政府先后颁布了一系列监管新媒体广告的法令法规,从各个方面和各个层面对新媒体广告的各种活动进行了严格的监管和控制,从而成为新媒体广告有序发展的重要保障。

而出于新媒体广告产业发展和规避各种风险的考虑,以美英为代表的

---

① 刘林清:《广告监管与自律》[M],长沙:中南大学出版社2003年版,第229页。
② 刘家林:《新编中外广告通史》[M],广州:暨南大学出版社2000年版,第378页。

结　语　新媒体广告规制：基于时代的必然选择

西方广告产业大国的政府部门对于颁布新媒体广告规制所持态度一般也较为谨慎，这为行业自律留下了很大的发展空间。为应对新媒体广告行业自律的需求，美英两国广告行业在自律监管方面整体呈现出两种发展态势，一定程度上提高了自律监管规范的有效性：一方面，传统广告行业协会通过增设新媒体广告监管部门、制定或修订适于新媒体广告的自律规制以及加强对新媒体广告管理的研究等方式，将新媒体广告也纳入到监管体系中；另一方面，通过成立专门的新媒体广告行业协会的方式，对层出不穷的新媒体广告进行针对性、专门化的监管。此外，新媒体的出现，改变了广告信息的传播环境，为了顺应互联网的无国界传播特点，维护系统内的利益均衡，西方国家以及国际广告自律组织在监管方面加强了相互间的交流与合作，以解决新媒体广告"溢出"到他国后相互间自律规制不兼容等问题。除了国际间、国与国之间的合作，国家内部的广告行业协会与其他协会之间也建立了各种联盟关系，联盟通过共同制定自律规制、合作开展相关项目、联合研究焦点问题这三种主要的方式对新媒体广告进行联合监管。

除了国家宏观层面与行业中观层面的积极努力之外，广告主作为微观层面的代表力量也在新媒体时代主动行动，通过内化自律规范以赢取公众的信任，继而实现与消费者的持久性双赢关系。自律本身所具有的价值与优势，是吸引广告主们主动参与到自我监管队伍中来的主要因素，大量的行业实践也表明，目前美英两国广告主在新媒体广告自律方面既取得一定的成果，也因侵犯受众的在线隐私而饱受指责与质疑。不过，基于一百多年的广告行业自律的监管传统，以十大领先品牌为代表的广告主还是具有道德实践的自觉性，他们不断更新隐私政策来保护消费者的权利，彰显出作为广告主体在追求行业自律方面的努力。

在广告监管系统中，媒体一直也是一支重要的影响力量，与广告行业存在既共同发展又相互博弈的关系。由于数字互动媒体平台对于发布于其上的广告承担着部分"连带责任"，出于理性选择的需要，为了追求与广告主相互间利益的最大化，这些依托互联网的公司凭借对自己平台的资源控制，主动承担起对部分广告的监管责任。随着数字互动媒体的日益发展与成熟，越来越多的广告商开始试水、青睐这种新的信息传播沟通平台，双方不断地探索新的合作方式，但是侵犯受众隐私依然是数字互动媒体广告的软肋，再次暴露出企业私利与社会公利之间的矛盾。为了减少负面影响，数字互动媒体平台主动对广告进行把关，近年来依托技术的发展收紧对广告的控制权，而且通过加盟国际或国家的隐私联盟、主动接受第三方监督等方式来加强对自律规范的履行。此外，数字互动媒体平台还积极制定、修订内部广告自律相关规范，除了加强隐私保护政策或服务协议中涉及的广告规范外，还制定了公司专门的广告规范，并且通过认证方式实现对广告主的有效约束，不断收紧对平台上广告传播的控制与管理权。

在新媒体时代，社会公众对广告的舆论监督，是制衡广告行业自律的一种重要的外部力量。媒体环境的改变影响到业已形成的均衡的权利关系，互联网创造了一种关于话语权力争夺的新关系，广泛的公共舆论对于话语权力与自由言论之间的平衡状态起到重要的调节与制约作用。面对互联网中商业自由言论泛滥加剧的趋势，一方面，以美英为代表的西方国家政府开始进行立法尝试，以管制互联网中的广告活动，保护消费者的隐私权利；另一方面，利益相关群体也凭借自己在公共领域中的话语权力，以多种方式对新媒体广告进行不遗余力地监督，从而起到对商业自由话语表达权利的制衡作用。舆论监督对于保护消费者的权利与利益、促使广告主及时做出回应、抵制行业内的不公平竞争以及维护社会主流价值观念与道德规范起到积极的推动作用。

虽然本研究是以美英为代表的西方国家的新媒体广告规制为研究对象，但是研究的主要目的还是思考西方国家在新媒体广告规制方面的管控经验对我国广告行业监管的启示。中西方的现代广告共生于同一个宏观大环境中，各国的广告监管系统之间有一定的相互影响关系，新媒体广告的跨国传播沟通能力，增加了不同国家对于广告监管重点方面的共识，这为我国提高在国际广告监管中的话语权创造了有利的契机。我国与西方国家在广告行业他律与自律监管体系和运作方式的差异，在新媒体时代正在逐渐缩小，除了提升政府他律的地位与作用外，积极提升行业自律在我国广告监管体系中的地位和作用，是顺应国际广告监管发展潮流的一种重要方式。目前，我国与美英两国在广告自律监管方面的差距还是比较明显的。

"知识经济以网络为基础，所以要制定一个在网络领域抢占主导权的策略，以这个领域作为中国未来主要的战略竞争方向。谁在网络领域拥有最高主导权,谁就会成为世界主导国家。中国要在网络领域占据主导地位,就得向世界提供网络公共产品。只有世界各国都使用中国网络服务,中国才能有主导权。如果中国网络建设是自产自销的产品,中国则没有主导世界网络的可能性。"[①]故如何吸收、借鉴西方国家积累了一百多年的管理经验,寻找在新媒体时代适合我国的广告规制与监管方式,并在新媒体广告规制全球化及其面临文化冲突的状况下拥有我们自己应有的影响力和话语权等,这将是一个本研究未尽的并值得继续深入探讨的重要问题和议题。

---

① 阎学通,《历史的惯性》[M],转引自:《学者:中美两极格局定型——中国需要盟友》,腾讯网,2016年7月15日。

征引文献和书目

一、外文文献与著作

[1] Kent R.Middleton, William E.Lee, *The Law of Public Communication* (8th Edition), New Jersey: Pearson, 2012.

[2] Paul Siegel, *Communication Law in America*, Boston: Allyn & Bacon, 2002.

[3] William Warner Loomis, *Newspaper Law*, London: Forgotten Books, 2013.

[4] Joseph Turow, *Breaking Up America: Advertisers and the New Media World*, The University of Chicago Press, 1997.

[5] Barrie Gunter, Caroline Oates, Mark Blades, *Advertising to Children on TV: Content, Impact, and Rrgulation*, New Jersey: Lawrence Erlbaum Associates, 2005.

[6] Jerome D. Williams, Keryn E. Pasch, Chiquita A. Collins, (editors), *Advances in Communication Research to Reduce Childhood Obesit*, New York: Springer, 2013.

[7] Frank Trentmann, Mark Bevir, *Governance, Citizens, and Consumers: Agency and Resistance in Contemporary Politics*, Basingstoke: Palgrave Macmillan, 2007.

[8] Paul Seabright, Jürgen von Hagen, *The Economic Regulation of Broadcasting Markets-Evolving Technology and Challenges for Policy*, New York: Cambridge University Press, 2007.

[9] John W. Houck, *Outdoor Advertising: History and Regulation*, Notre Dame: University of Notre Dame Press, 1969.

[10] Giles Crown, Oliver Bray, Rupert Earle, *Advertising Law and*

Regulation, Bloomsbury Publishing PLC, 2010.

[11] Roy L. Moore, Ronald T. Farrar, Erik L. Collins, *Advertising and Public Relations Law*, Routledge, 1998.

[12] Sut Jhally, *The Codes of Advertising: Fetishim and the Political Economy of Meaning in the Consumer Society*, Routledge, 1990.

[13] Michael G. Parkinson, L. Marie Parkinson, *Law for Advertising, Broadcasting, Journalism, And Public Relations: A Comprehensive Text for Students And Practitioners*, Routledge, 2006.

[14] Campbell of Alloway (Lord.), Zahd Yaqub, *European Handbook On Advertising Law*, Routledge, 1999.

[15] Lee Wilson, *The Advertising Law Guide: a Friendly Desktop Reference for Advertising Professionals*, Allworth Press, 2000.

[16] Kenneth Creech, *Electronic Media Law and Regulation*, Focal Press, 2007.

二、外文期刊、会议与学位论文

[1] Ginger Rosenkrans, "The Creativeness and Effectiveness of Online Interactive Rich Media Advertising", *Journal of Interactive Advertising*, 9(2)(2009).

[2] Xuemei Bian, Philip Kitchen, Maria Teresa Cuomo, Advertising Self-Regulation: Clearance Processes, Effectiveness and Future Research Agenda, *Marketing Review*, 11(4)(2011).

[3] Omer Tene, Jules Polonetsky, "To Track or 'Do Not Track': Advancing Transparency and Individual Control in Online Behavioral Advertising", *MINN.J.L. SCI.& TECH*, Vol.1(2012).

[4] Catherine Tucher, "Social Networks, Personalized Advertising, and Perceptions of Privacy Control", *Research Program on Digital Communications*, (summer)(2011).

[5] Sevtap ünala Aysel Ercis, Ercan Keser, "Attitudes towards Mobile Advertising—A Research to Determine the Differences between the Attitudes od Youth and Adults", *Procedia Social and Behavioral Sciences*, Vol.24(2011).

[6] Debra Harker, "Complaints about Advertising: What's Really Happening?", *Qualitative Market Research: An International Journal*, 3(4)(2000).

[7] Angela J. Campbell, "Self-Regulation and the Media", *Federal Communications Law Journal*, Vol.3(1999).

[8] Patel, Kunur, "Know What Your Phone Knows about You?", *Advertising Age*, Vol.10(2011).

[9] Debra Harker, "Regulating Online Advertising: the Benefit of Qualitative Insights", *Qualitative Market Research: An International Journal*, 11(3)(2008).

[10] Andrew Brown, "Advertising Regulation and Co-regulation: the Challenge of Change", *Economic Affairs*, 26(2)(2006).

[11] Brain G. Gilpin, "Attorney Advertising and Solicitation on the Internet: Complying with Ethics Regulation and Netiquette", *Computer & Info*, Vol.4(1995).

[12] Charles R. Taylor, "The Advertising Regulation And Self-regulation Issues Ripped From The Headlines With (Sometimes Missed) Opportunities For Disciplined Multidisciplinary Research", *Journal of Advertising*, 38(4)(2009).

[13] Ducoffe, R. H, "Advertising Value and Advertising on the Web", *Journal of Advertising Research*, 36(5)(1996).

[14] J. J. Boddewyn, "Advertising Self-Regulation and Outside Participation", *Quorum Books*, 1988.

[15] David S. Evans, "The Online Advertising Industry: Economics, Evolution, and Privacy", *The Journal of Economic Perspectives*, Vol.23, No.3 (2009).

[16] H Westp,"Investigating the Future of Internet Regulation", *Internet Research*, 8(1)(1998).

[17] Steven C.Bennett,"Regulating Online Behavioral Advertising", *The John Marshall Law Review*,44(4)(2011).

[18] Dominique Shelton, "Online Behavioral Advertising—Tracking Users: Gold Mine or Land Mine?", *American Bar Association*, 5(1)(2012).

三、外文译著

[1] [美]詹姆斯·S.科尔曼:社会理论的基础[M],邓方译,北京:社会科学文献出版社,2008。

[2] [美]保罗·萨缪尔森,威廉·诺德豪斯:经济学(第18版)[M],萧琛主译,北京:人民邮电出版社,2008。

[3] [德]韦伯:人类社会经济史[M],唐伟强译,北京:中国画报出版社,2012。

[4] [美]理查德·斯皮内洛:铁笼,还是乌托邦——网络空间的道德与法律(第二版)[M],李伦等译,北京:北京大学出版社,2007。

[5] [美]约翰·D.泽莱兹尼:传播法判例:自由、限制与现代媒介(第四版)[M],王秀丽译,北京:北京大学出版社,2007。

[6] [美]唐·R.彭伯:大众传媒法(第十三版)[M],张金玺、赵刚译,北京:中国人民大学出版社,2005。

[7] [美]菲利普·帕特森、李·威尔金斯著:媒介伦理学[M],李青藜译,北京:中国人民大学出版社,2006。

[8] [美]丹尼尔·布尔斯廷:美国人:从殖民到民主的历程(三部曲)[M],时殷弘、谢延光等译,上海:上海译文出版社,2014。

[9] [美]乔纳森·休斯、路易斯·P.凯恩:美国经济史[M],邸晓燕、邢露等译,北京:北京大学出版社,2014。

[10] [英]安东尼·奥格斯:规制:法律形式与经济学理论[M],骆梅英译,北京:中国人民大学出版社,2009。

[11] [美]丹尼尔·F.史普博:管制与市场[M],余晖等译,上海:格致

出版社·上海三联书店·上海人民出版社,2008。

[12] [美] 理查德·A.斯皮内洛:世纪道德:信息技术的伦理方面[M],刘钢译,北京:中央编译出版社,1999。

[13] [法] 卢梭:社会契约论[M],何兆武译,北京:商务印书馆,2005。

[14] [美] 刘易斯·芒福德:城市文化[M],宋俊岭等译,北京:中国建筑工业出版社,2012。

[15] [美] J.B.施尼温德:自律的发明:近代道德哲学史(上下册)[M],张志平译,上海:上海三联书店,2012。

[16] [美] 丹尼尔·C.哈林、[意] 保罗·曼奇尼:比较媒介体制[M],陈娟、展江等译,北京:中国人民大学出版社,2012。

[17] [美] Kenneth C.Creech:电子媒体的法律与管制(第五版)[M],王大为等译,北京:人民邮电出版社,2009。

[18] [印] 阿玛蒂亚·森、[英] 伯纳德·威廉姆斯主编:超越功利主义[M],梁捷等译,上海:复旦大学出版社,2011。

[19] [美] 理查德·T·德·乔治:经济伦理学(第五版)[M],李布译,北京:北京大学出版社,2002。

[20] [美] 凯斯·桑斯坦:网络共和国:网络社会中的民主问题[M],黄维明译,上海:上海人民出版社,2003。

[21] [美] J.托马斯·拉塞尔、W.罗纳德·莱恩:克莱普纳广告教程(第十五版)[M],王宇田等译,北京:中国人民大学出版社,2005。

[22] [美] 约纳森·罗森诺:网络法——关于因特网的法律[M],张皋彤等译,北京:中国政法大学出版社,2003。

[23] [美] 克利福德·G.克里斯琴斯等:媒介伦理:案例与道德推理(第九版)[M],孙有中等译,北京:中国人民大学出版社,2014。

[24] [加] 托比·曼德尔:信息自由多国法律比较(第二版修订本)[M],龚文庠等译,北京:社会科学文献出版社,2011。

[25] [美] 吉尔摩等:美国大众传播法:判例评析(第六版)[M],梁宁等译,北京:清华大学出版社,2002。

[26] [英] 亚当·斯密:道德情操论[M],蒋自强、钦北愚等译,北京:商务印书馆,1997。

[27][德]哈贝马斯:公共领域的结构转型[M],曹卫东等译,上海:学林出版社,1999。

[28][德]康德:实践理性批判[M],邓晓芒译,北京:人民出版社,2013。

[29][英]亚当·斯密:国富论(上、下)[M],郭大力、王亚南译,上海:上海三联书店,2009。

[30][美]罗尔斯:正义论(修订版)[M],何怀宏、何包钢、廖申白译,北京:中国社会科学出版社,2009。

[31][美]伽摩利珀:全球传播(第二版)[M],尹宏毅译,北京:清华大学出版社,2008。

[32][加]马歇尔·麦克卢汉:理解媒介:论人的延伸[M],何道宽译,南京:译林出版社,2011。

[33][英]弥尔顿:论出版自由[M],吴之椿译,北京:商务印书馆,2010。

[34][英]约翰·密尔:论自由[M],顾肃译,译林出版社,2012。

[35][美]保罗·莱文森:新新媒介[M],何道宽译,上海:复旦大学出版社,2011。

[36][美]托马斯·奥吉恩等:广告学[M],程坪等译,北京:机械工业出版社,2002。

[37][美]沃尔特·李普曼:公众舆论[M],阎克文、江红译,上海:上海世纪出版集团,2007。

[38][英]哈耶克:自由秩序原理[M],邓正来译,香港:生活·读书·新知三联书店,2003。

[39][法]米歇尔·福柯:知识考古学[M],谢强、马月译,北京:生活·读书·新知三联书店,2003。

[40][美]唐纳德·E.坎贝尔:激励理论:动机与信息经济学[M],王新荣译,北京:中国人民大学出版社,2013。

[41][美]杰克逊·李尔斯:丰裕的寓言:美国广告文化史[M],任海龙译,上海:上海人民出版社,2005。

[42][美]吉尔伯特·C.菲特、吉姆·E.里斯:美国经济史[M],司徒

淳、方秉铸译,沈阳:辽宁人民出版社,1981。

[43] [美]马特斯尔斯·W.斯达切尔主编:网络广告:互联网上的不正当竞争和商标[M],孙秋宁译,北京:中国政法大学出版社,2004。

四、中文著作

[1] 吕蓉编著:广告法规管理[M],上海:复旦大学出版社,2003。

[2] 张咏华等:西欧主要国家的传媒政策及转型[M],上海:上海人民出版社,2010。

[3] 杨海军编著:中外广告史新编[M],上海:复旦大学出版社,2009。

[4] 陈培爱:中外广告史新编[M],北京:高等教育出版社,2009。

[5] 刘少杰等:社会学理性选择理论研究[M],北京:中国人民大学出版社,2012。

[6] 魏永征、张咏华等:西方传媒的法制、管理和自律[M],北京:中国人民大学出版社,2003。

[7] 阮丽华:网络广告及其影响研究[M],北京:中国社会科学出版社,2008。

[8] 范志国主编:中外广告监管比较研究[M],北京:中国社会科学出版社,2008。

[9] 张西明:张力与限制:新闻法治与自律的比较研究[M],重庆:重庆出版社,2002。

[10] 唐才子、梁雄健:互联网规制理论与实践[M],北京:邮电大学出版社,2008。

[11] 郝振省:中外互联网及手机出版法律制度研究[M],北京:中国书籍出版社,2008。

[12] 刘林清:广告监管与自律——广告行为人规范[M],长沙:中南大学出版社,2003。

[13] 安青虎:国外广告法规选译[M],北京:中国工商出版社,2003。

[14] 高丽华、赵妍妍、王国胜编著:新媒体广告[M],北京:清华大学出版社,2011。

[15] 张维迎:信息、信任与法律[M],上海:生活·读书·新知三联书

店,2006。

[16] 张久珍:网络信息传播的自律机制研究[M],北京:北京图书馆出版社,2005。

[17] 周茂君:中国广告管理体制研究[M],北京:人民出版社,2012。

[18] 展江、吴薇:开放与博弈——新媒体语境下的言论界限与司法规制[M],北京:北京大学出版社,2013。

[19] 马志刚:中外互联网管理体制研究[M],北京:北京大学出版社,2014。

[20] 韩毅等:美国经济史(17—19世纪)[M],北京:社会科学文献出版社,2011。

[21] 杨继红:谁是新媒体[M],北京:清华大学出版社,2008。

[22] 文春英:外国广告发展史[M],北京:中国传媒大学出版社,2006。

[23] 张龙德、姜智彬、王琴琴主编:中外广告法规研究[M],上海:上海交通大学出版社,2008。

[24] 陈柳裕、唐明良:广告监管中的法与理[M],北京:社会科学文献出版社,2009。

[25] 陈丽平主编:广告法规管理[M],杭州:浙江大学出版社,2014。

[26] 崔银河编著:广告法规与职业道德[M],北京:中国传媒大学出版社,2008。

[27] 杜艳艳:中国近代广告史研究[M],厦门:厦门大学出版社,2013。

[28] 许俊基主编:中国广告史[M],北京:中国传媒大学出版社,2006。

[29] 王凤翔:广告主对大众媒体的影响与控制[M],北京:社会科学文献出版社,2012。

[30] 查灿长等:现代广告与城市文化[M],上海:上海三联书店,2014。

五、中文期刊、会议和学位论文

[1] [美]罗伯特·L.霍格、克里斯托夫·P.博姆:因特网与其管辖权——国际原则已经出现 但对抗也隐约可见[J],何乃刚译,环球法律评论,2001(1)。

[2] [美]艾瑞克·伊斯顿:互联网对国家法律、社会和伦理价值观的潜

在影响——个案研究[J],刘晓红译,新闻与传播研究,1997(1)。

[3] 许正林:当前国外广告激励机制及其对我国的启示[J],广告大观,2013(3)。

[4] 查灿长:英国:19世纪末20世纪初世界广告中心之一[J],新闻界,2010(5)。

[5] 程同顺、张国军:理性选择理论的困境:纠结的理性与不确定性[J],理论与现代化,2012(2)。

[6] 谢舜、周鸿:科尔曼理性选择理论评述[J],思想战线,2005(2)。

[7] 高连克:论科尔曼的理性选择理论[J],集美大学学报(哲学社会科学版),2005(3)。

[8] 董明:理性的社会选择何以可能?——简评科尔曼理性选择理论[J],湖北行政学院学报,2004(6)。

[9] 邢瑞磊:理解理性选择理论:历史、发展与论争[J],武汉大学学报(哲学社会科学版),2015(3)。

[10] 汤一介:"全球伦理"与"文明冲突"[J],北京行政学院学报,2003(1)。

[11] 陈刚、季尚尚:微妙地前行——谈中国广告行业协会层面的变化[J],广告大观,2007(8)。

[12] 蔡祖国:不正当竞争规制与商业言论自由[J],法律科学(西北政法大学学报),2011(2)。

[13] 靖鸣、杨晓霞:微博"大V"的特征与构成分析[J],新闻与写作,2014(2)。

[14] 匡文波:关于新媒体核心概念的厘清[J],新闻爱好者,2012(10)。

[15] 熊澄宇、吕宇翔、张铮:中国新媒体与传媒改革:1978—2008[J],清华大学学报(哲学社会科学版),2010(1)。

[16] 张文祥:"限广令"、规制与行政法治——以西方国家广播电视业政府规制为比较视角[J],西北大学学报(哲学社会科学版),2013(3)。

[17] 高丽华、卢晓明:植入式广告规制问题探析——基于规制经济理论的视角[J],北京工商大学学报(社会科学版),2012(7)。

[18] 中国人民大学舆论研究所《植入式广告研究》课题组:植入式广告:研究框架、规制构建与效果评测[J],国际新闻界,2011(4)。

[19] 李剑:植入式广告的法律规制研究[J],法学家,2011(3)。

[20] 唐峰:美国新媒体广告的传播生态及启示[J],新闻界,2013(11)。

[21] 徐剑:电子邮件广告的表达自由与限制——论美国的反垃圾立法[J],现代传播,2009(3)。

[22] 周建明:日本的广告自律与他律[J],国际新闻界,2005(4)。

[23] 范志国、殷国华:日本广告自律机制给我们的启示[J],中国广告,2010(5)。

[24] 范志国、毕小青:变化中的日本广告规制[J],声屏世界·广告人,2010(5)。

[25] 张梅:炫富房地产广告与言论表达——来自美国司法领域"四阶段分析法"的启示[J],现代传播,2008(2)。

[26] 张新华:美国广告行业自律发展的社会影响因素略探[J],湖南大众传媒职业技术学院学报,2008(5)。

[27] 罗以澄、夏倩芳、刘建明:从儿童广告规约与网上隐私权保护规约的效果比较看自律原则对网络传播的适用性[J],新闻与传播研究,2002(1)。

[28] 朱一:法国网络广告规制研究[J],广告大观(理论版),2011(2)。

[29] 李翠莲:浅析美国广告自律体系及特征[J],声屏世界·广告人,2012(12)。

[30] 杨燎原:中美广告行业协会比较研究[J],广告大观,2013(10)。

[31] 徐梦磊:浅议新媒体广告环境下我国《广告法》的不足与改进[J],法制与社会,2013(7)。

[32] 刘美琪:世界广告自律体系之分析[J],台湾:广告学研究(第二集),民82(6)。

[33] 阮丽华、张金隆、田鼎:基于公共利益的网络广告规制研究[C],大连:第五届(2010)中国管理学年会——信息管理分会场论文集,2011。

[34] 杨海军:广告舆论传播研究——基于广告传播及舆论导向的双重

视角[D],上海:复旦大学新闻学院,2011。

[35] 刁乾鹤:网络广告的法律规制问题研究[D],新乡:河南师范大学法学院,2012。

[36] 陈志刚:网络广告侵权行为的法律问题分析[D],北京:中国政法大学民商法学院,2011。

[37] 秦香花:《反不正当竞争法》对虚假及误导网络广告的规制[D],武汉:华中科技大学法学院,2003。

[38] 张化冰:互联网内容规制的比较研究[D],北京:中国社会科学院研究生院,2011。

[39] 申志伟:基于电信运营企业的互联网治理研究[D],北京:北京邮电大学经济管理学院,2012。

[40] 刘凡:基于公众利益的广告监管模型及其策略研究[D],武汉:华中科技大学管理学院,2006。

[41] 滕顺祥:基于互联网的行业综合治理机制与策略研究[D],北京:北京交通大学管理学院,2010。

[42] 李盛之:美国大众传播法律规制问题研究[D],大连:大连海事大学法学院,2012。

[43] 张妍妍:美国的商业言论自由[D],济南:山东大学法学院,2012。

[44] 薛敏芝:美国新媒体广告规制研究[D],上海:上海大学影视艺术技术学院,2011。

[45] 朱凯玲:网络广告监管法律问题研究[D],长沙:湖南大学法学院,2011。

[46] 唐夕雅:植入式广告法律规制研究[D],济南:山东大学法学院,2013。

[47] 吴晓平:新媒体语境下国外个人信息失控与保护研究[D],上海:复旦大学新闻学院,2014。

六、电子图书馆

[1] 中国北京图书馆(http://www.nlc.gov.cn)

[2] 北美国家档案馆(http://www.archive.org)

[3] 大英图书馆(http://portico.bl.uk)

[4] 美国国家图书馆(http://www.nlm.nih.gov)

[5] 英国公开大学(http://openlearn.open.ac.uk)

[6] 英国教育网站(http://www.educationuk.org.cn)

[7] 英国高等教育与研究机构(http://www.hero.ac.uk)

[8] 英国国际教育委员会(http://www.ukcosa.org.uk)

[9] 美国4A网站(http://www.adams@aaaa.org)

[10] 德克萨斯大学奥斯丁分校网站(http://advertising.utexas.edu)

[11] 台湾国鼎图书馆网站(http://libsun.nuu.edu.tw/web/main.asp)

[12] 国立台北大学图书馆网站(http://library.ntpu.edu.tw/)

[13] 日本国家图书馆(http://www.ndl.go.jp)

附录一 本书各章节的图表目录

绪 论
  图0-1 新经济社会学领域中四位学者研究的关系图 …………… 12
  图0-2 本研究架构示意图 …………………………………………… 44

第一章 变革与解析:新媒体广告的传播形态与特征
  表1-1 社交应用分类 ………………………………………………… 61
  图1-1 传统媒体广告传播过程 …………………………………… 72
  图1-2 互动广告沟通模式 ………………………………………… 72

第二章 竞合与均衡:广告他律与自律监管的协同互动
  表2-1 广告控制的类型 ……………………………………………… 84
  表2-2 广告自律体系分类及主要特征一览表 …………………… 88
  图2-1 英国广告自律体系结构图 ………………………………… 89
  图2-2 美国广告自律监管程序图 ………………………………… 92
  图2-3 道德对网络行为的约束 …………………………………… 98
  图2-4 在线广告规制的环境轴 …………………………………… 99

第三章 传承与嬗变:媒体时代变迁背景下广告行业协会的自律监管
  表3-1 主要传统广告行业协会颁布的新媒体广告自律规制一览表
       ……………………………………………………………………… 118
  表3-2 主要的新媒体广告行业协会颁布的相关自律规制一览表
       ……………………………………………………………………… 127
  表3-3 欧洲十国在线行为广告图标消费者感知研究 …………… 149
  图3-1 广告行业协会内部规范出现的过程图 …………………… 125

图 3-2　广告行业协会监管运作方式 …………… 132
图 3-3　广告行业协会自律联盟的监管运作方式 …………… 132
图 3-4　原生广告格式在"发现/推荐单位"、"新闻摘要"、"横向进给/输入流"、"视频"、"平板电脑新闻摘要"中的展示示例 …………… 136
图 3-5　欧洲广告标准联盟制定的消费者反馈/投诉处理流程 …………… 145
图 3-6　欧洲互动数字广告联盟 OBA 资质认证程序图 …………… 146
图 3-7　美国数字广告联盟启用的"广告选择图标" …………… 147
图 3-8　OBA 退出选择(Opt Out From Online Behavior Advertsing,BETA) …………… 147
图 3-9　欧盟在线选择主页面 …………… 148
图 3-10　英国在线行为广告选择网站各菜单对应的图标 …………… 149
图 3-11　TRUSTe 网站隐私认证印章 …………… 155
图 3-12　GHOSTERY 企业的标识 …………… 156
图 3-13　ePrivacy 隐私保护、应用程序隐私保护与隐私检测技术认证印章 …………… 156
图 3-14　siteGuardian 的网络隐私认证印章 …………… 157
图 3-15　P3P 工作示意简图 …………… 158
图 3-16　病毒供应商欺诈数字广告供应链中的所有利益相关者 …………… 159
图 3-17　美国互动广告局数字广告专业认证图标 …………… 162

第四章　利益与选择:新媒体时代广告主内化自律规范以赢得信任

表 4-1　美国报纸与在线广告收益(单位:百万美元) …………… 166
表 4-2　五个主要的新闻杂志广告页数下降情况(广告页数总量) …………… 167
表 4-3　被调研者使用智能手机与酒类 App 一览表 …………… 168
表 4-4　2014 年广告花费前十名广告主 …………… 185
表 4-5　2014 福布斯全球品牌价值 10 强 …………… 185

表4-6 2014福布斯十强品牌有关消费者在线隐私保护的自律政策 188

图4-1 Tapjoy为三星WA508洗衣机定制的富媒体行动体验截图 170

图4-2 Tapjoy为麦当劳App设计的互动广告 171

第五章 责任与担当：数字互动媒体平台的资源控制与广告把关

表5-1 Facebook用户隐私保护中的舆论监督力量 240

表5-2 五大平台制定的专门性广告自律规制一览表 253

图5-1 第一个网络横幅广告"你的鼠标点这里没？你会的" 217

图5-2 2012年几大主要网站的移动数字展示广告市场份额 219

图5-3 广告商将Facebook作为电视广告的补充，以提高消费者到达率 220

图5-4 五大公司分享了数字展示广告平台的主要收益 222

图5-5 Google关键词广告在电脑端与移动端的广告截图 224

图5-6 Facebook推出有蓝色小恐龙形象的隐私检查工具 247

图5-7 美国全国药房委员会的网上药店认证标志 256

图5-8 谷歌"信得过认证商户"页面截图 257

第六章 舆论与制衡：公众的监督权利作为一种外部制约力量

图6-1 苹果手表双击支付，苹果6手机指纹支付截图 274

图6-2 网络舆论的信息传播路径 277

图6-3 可口可乐"幻影"广告在社交媒体的投票页面 279

图6-4 "美丽的美利坚"广告中同性恋伴侣视频截图 280

图6-5 网民在Facebook上激愤的评论截图 281

图6-6 Gawker网站发文并配图指责可口可乐是在让"希特勒高兴" 282

附录一 本书各章节的图表目录

图 6-7 可口可乐将 Twitter 文字自动转化成为 ASCⅡ 码艺术作品 ········· 283

图 6-8 社会系统内部的四种角色 ········· 286

图 6-9 Uber 在 Facebook、Twitter 上发布的竞争性广告截图 ········· 300

图 6-10 Facebook 这则对未成年人施暴网页图片的右下角是 SKY 广告 ········· 301

图 6-11 美国运通和 Audible 也被放在 Facebook 施暴网页的右边 ········· 301

第七章 共生与互动：新媒体广告规制与网络生态系统发展

图 7-1 网络生态系统的构成 ········· 309

图 7-2 网络生态系统的主体、客体、本体和载体 ········· 309

图 7-3 新媒体广告生态链 ········· 312

图 7-4 新媒体广告规制、新媒体广告生态系统和网络生态系统三者之间的关系 ········· 316

第八章 潮流与碰撞：新媒体广告规制与全球化及其文化冲突

第九章 借鉴与超越：西方新媒体广告规制经验对我国的启示

表 9-1 "文化大革命"之前地方政府颁布的主要广告法规一览表（1949—1963 年）········· 379

表 9-2 我国改革开放后的广告主要法律、法规一览表(1982—1999 年) ········· 380

表 9-3 我国政府部门颁布的部分新媒体广告规制一览简表(1994—2007 年) ········· 388

表 9-4 新媒体广告规制中的行业自律规范一览表(1994—2015 年) ········· 391

表 9-5 我国近 15 年的主要广告法律、法规一览表(2000—2015 年) ········· 405

483

表 9-6　我国广告举报投诉的主要受理平台 ……………………… 415

表 9-7　中国互联网协会颁布的广告相关的主要自律规制
（2002—2011 年） ……………………………………… 433

图 9-1　新媒体广告规制主体构成示意图 ……………………… 396

图 9-2　苏宁在京东总部楼下进行宣传挑衅 …………………… 438

图 9-3　苏宁直指京东的三则系列广告海报在网上迅速得到转载传播
……………………………………………………………… 438

图 9-4　巨人网络公司在纽约时报广场发布的"屌丝"网游广告
……………………………………………………………… 456

附录二　组织、机构与协会及其广告法规目录

一、美英等国及国际组织的主要广告他律机构与自律协会目录

（一）美英等国及国际组织的主要广告他律机构目录

1. 美国

美国国会(U.S. Congress)

全国州议会会议(National Conference of State Legislatures, NCSL)

联邦贸易委员会(Federal Trade Commission, FTC)

联邦通信委员会(Federal Communications Commission, FCC)

食品与药物管理局(Food and Drug Administration, FDA)

美国司法部(U.S. The Justice Department)

美国联邦贸易委员会消费者保护局（Federal Trade Commission Bureau of Consumer Protection, FTCBCP）

佛罗里达州的最高法院(The Supreme Court of Florida)

美国证券交易委员会(the Securities and Exchange Commission, SEC)

酒类/烟草/火器及爆炸物管理局(the Bureau of Alcohol, Tobacco, and Firearms, BATF)

2. 英国

英国议会(British Parliament)

独立广播局(Independent Broadcasting Authority, IBA)

公平交易办公室(Office of Fair Trading, OFT)

通信办公室(The Office of Commuciations, OFcom)

广告实践广播委员会（the Broadcast Committee of Advertising Practice, BCAP）

3. 欧盟

欧洲议会(European Council and European Parliament, ECEP)

欧洲联盟(European Union,EU)

（二）美英等国及国际组织的主要广告自律协会目录

1. 美国

美国广告主协会（Association of National Advertisers,ANA）http://www.ana.net/

商业促进局（Better Business Bureau,BBB）http://www.bbb.org/council/

美国广告代理商协会（The American Association of Advertising Agencies,4A's）http://www.aaaa.org/

美国直销协会（Direct Marketing Association,DMA）http://thedma.org/

美国广告联合会（American Advertising Federation,AAF）http://www.aaf.org/

美国互动广告局（Interactive Advertising Bureau,IAB）http://www.iab.net/

网络广告促进会（Network Advertising Initiative,NAI）http://www.networkadvertising.org/

数字广告联盟(Digital Advertising Alliance,DAA)www.aboutads.info

广告警示协会(Commercial Alert)http://www.commercialalert.org

电子零售协会（Electric Retailing Association,ERA）http://www.re-tailing.org/

2. 英国

广告标准局(Advertising Standards Authority,ASA)http://www.asa.org.uk/

广告实践委员会（Committee of Advertising Practice,CAP）http://www.cap.org.uk/

英国广告标准财务委员会（British Advertising Standards Board of Finance,Basbof)http://www.basbof.co.uk/

广告从业者学会（Institute of Practitioners in Advertising,IPA）http://www.ipa.co.uk/

英国广告主联合会(Incorporated Society of British Advertisers,ISBA) http://www.isba.org.uk/

英国直销协会(Direct Marketing Association,DMA) http://www.dma.org.uk/

广告协会(Advertising Association,AA) http://www.adassoc.org.uk/

英国互动广告局(Interactive Advertising Bureau,IAB) http://www.iabuk.net/

3. 国际与区域性

世界广告主联合会(World Federation of Advertisers,WFA) http://www.wfanet.org/en

国际商会(International Chamber of Commerce,ICC) http://www.icc-wbo.org/

国际广告协会(International Advertising Association,IAA) http://www.iaaglobal.org/home.aspx

欧洲广告标准联盟(The European Advertising Standards Alliance,EASA) http://www.easa-alliance.org/

欧洲互动数字广告联盟(European Interactive Digital Advertising Alliance,EDAA) http://www.edaa.eu/

欧洲数字广告联盟(European Digital Advertising Alliance,EDAA) http://status.youronlinechoices.eu

欧洲互动广告局(IAB Europe) http://www.iabeurope.eu/

欧洲直销与互动营销联盟(Federation of European Direct and Interactive Marketing,FEDMA) http://www.fedma.org/

世界直销协会联盟(World Federation of Direct Selling Associations,WFDSA) http://www.wfdsa.org/

二、美英等国政府及国际组织发布的主要新媒体广告法规目录

1. 美国

Federal Communications Commission: Cable Communications Policy Act(1984)

U.S. Congress: Electronic Counication Policy Act of 1986(1986)

U.S. Congress: Computer Fraud and Abuse Act(1986)

U.S. Congress: Computer Security Act(1987)

U.S. Congress: The Computer Matching and Privacy Protection Act(1988)

Federal Communications Commission: Chidrens Television Act(1990)

U.S. Congress: The Nutrition Labeling and Education Act(1990)

Federal Communications Commission: Cable Television Consumer Protection and Competition Act(1992)

U.S. Congress: Computer Abuse Amendments(1994)

U.S. Congress: Child Pornography Prevention Act(1996)

Federal Communications Commission: Telecommunications Act(1996)

U.S. Congress: Communications Act(1996)

U.S. The Justice Department: Communication Decency Act(1996)

U.S. Congress: National Information Infrastructure Protection Act(1996)

Federal Communications Commission: The Internet and Telecommunications Policy(1997)

Food and Drug Administration: The Food and Drug Administration Mordernnization Act of 1997(1997)

The United States: Communications Decency Act(1997)

U.S. Congress: Child Online Protection Act(1998)

Federal Trade Commission: Children's Online Privacy Protection Act, COPPA(1998)

U.S. Congress: Children's Internet Protection, CIPA(2000)

Federal Trade Commission Bureau of Consumer Protection: Advertising and Marketing on the Internet: Rules of the Road(2000)

Federal Trade Commission: Electronic Commerce: Selling Internationally A Guide for Businesses(2000)

Federal Trade Commission:.Com Statement:Online Advertising Infos(2000)

Federal Trade Commission: Advertising and Marketing on the Internet:Rules of the Road(2000)

Federal Trade Commission:Selling on the Internet:Prompt Delivery Rules(2001)

Federal Trade Commission:"Remove Me" Responses and Responsibilities:Email Marketers Must Honor "Unsubscribe" Claims(2002)

National Conference of State Legislatures,NCSL:Security Breach Notification Laws,SBN(2002)

U.S. Congress:Controlling the Assault of Non-Solicited Pornography and Marketing Act(2003)

Federal Trade Commission:Securing Your Server: Shut the Door on Spam(2004)

Interactive Advertising Bureau:Rich Media Creative Guidelines(2008)

Federal Trade Commission:CAN-SPAM Act:A Compliance Guide for Business(2009)

Federal Trade Commission: Advertising Regulation Amendments(2009)

Federal Communications Commission:Net Neutrality Norms(2010)

Federal Trade Commission:Marketing Your Mobile App Get It Right From The Start(2013)

Federal Trade Commission:.com Disclosures:How to Make Effective Disclosures in Digital Advertising(2013)

The Supreme Court of Florida:Summary of New Lawyer Advertising Rules(2013)

Federal Trade Commission: The FTC's Endorsement Guides:What People Are Asking(2013)

2. 英国

Independent Broadcasting Authority（IBA）: British Code of

Advertising Standards and Practice(1973)

Office of Fair Trading (OFT): Control of Misleading Advertising (1988)

British Parliament: The Communications Act(2003)

The Office of Commuciations (OFcom): TV and broadcast service standards(2005)

British parliament:Consumer Protection from unfair Trading Regulation(2008)

Office of Fair Trading(OFT): Business Protection from Misleading Marketing Regulation(2008)

BCAP:The UK Code of Broadcast Advertising(2009)

British Parliament:Digital Economy Bill(2010)

The Office of Commuciations(OFcom): OFCOM Code On Broadcasting(2010)

The Office of Commuciations(OFcom): Regulations on Product Marketing(2010)

3. 欧盟

European Council and European Parliament: Directive 95/46/EC on the Protection of Individuals with Regard to the Processing of Personal Data and on the Free Movement of Such Data(Data Protection Directive)(1995)

European Union: Telecoms Data Protection Directive (97/66/EC)(1997)

European Union: The Electronic Commerce Directive (00/31/EC)(2000)

European Union:E-Privacy Directive (2002/58/EC)(2002)

European Union: The Electronic Commerce (EC Directive) Regulations 2002 (2002)

European Council and European Parliament: Directive 2002/58 on Privacy and Electronic Communications(E-Privacy Directive)(2002)

European Union：Privacy and Electronic Communications(EC Directive) Regulations 2003/2426(2003)

European Union：Audiovisual Media Services Directive (AVMSD) (2010)

4. 其他国家

德国 Bundestag：Gesetz zur Regelung der Rahmenbedingungen fü Informations und Kounikationsdienste(IuKDG)(1997.6.13)

The Kommission commission für Jugendmedieschutz (KJM)：Interstate Treaty on the protection of minors – JMStV(2010.4.1)

Federal Law Gazette (BGBl)：The Act Against Unfair Competition (2010.3.3)

法国

Senate of France：Evin Law Amendment(2009.6)

三、美英广告协会及国际组织的主要新媒体广告自律规制目录

1. 美国

NAI：Self-Regulatory Code of Conduct(2008.12)

AAF：Principles and Practices for Advertising Ethics(2011)

ANA：ANA's Legislative, Regulatory, and Legal Tracking System For the 114th Congress (2015 – 2017)

BBB：BBB Code of Online Business Practices(2001)

Mobile Marketing Association：Mobile Advertising Guidelines(North America)(2007)

DMA：Direct Marketing Association Guidelines for Ethical Business Practice(2014.1)

IAB：IAB Digital Video Ad Control Bar Style Guide and Tech Specs

World Federation of Advertisers：The Global Online Behavioral Advertising Self-Discipline Norm(2009)

IAB：IAB Rich Media Display Guidelines(2011)

IAB：Best Practices for Conducting Online Ad Effectiveness Research

(2011.6)

NAI:NAI Mobile Application Code(2013)

DAA:Application of Self-Regulatory Principles to the Mobile Environment(2013.7)

AAAA、ANA、BBB、DMA、IAB:Self-Regulatory Principles for Online Behavioral Advertising(2009.7)

2. 英国

ASA:Communication White Paper(2000)

CAP:British Code of Advertising, Scles Promotion and Direct Marketing(2003)

CAP:CAP Code(Edition 12) Appendix 3:Online Behavioural Advertising

CAP: The UK Code of Non-broadcast Advertising, Scles Promotion and Direct Marketing(1010.9)

ASA:Advertising Standard Authority Advertising Codes of Practice(2013.1)

ASA:Children and Advertising on Social Media Websites(2013.7)

Advertising Standards Authority: Advertising Codes of Practice(January 2013)

Asbof:The Advertising Standards Board of Finance(2014.11)

DSA:Code of Ethics(2014.6)

IAB:Digital Video Ad Serving Template (VAST) (Version 2.0) (2009.11)

IAB:The AMC's Software Application Code of Conduc(2010.5)

IAB:How to Guide Email and Cookies Legislation(2012.4)

IAB:Performance Marketing Council Best Practice Guides(Affiliate Audits)(2015.5)

IAB: Performance Marketing Council Code of Conduct － Downloadable Software("the Code")(2015.5)

3. 国际组织

（1）国际商会

ICC Paper on Code Drafting: Maintaining the Effectiveness of Self-Regulation in Marketing Communications(2010.1)

Advertising and Marketing Communication Practice Consolidated ICC Code(2011.8)

ICC Policy Statement: Safeguarding Against the Misplacement of Digital Advertising(2014.3) ICC Resource Guide for Self-Regulation of Online Behavioural Advertising

（2）欧洲广告标准联盟

EASA Guide to Setting Up an SRO Practical Advice on Setting Up and Developing an Advertising Self-Regulation System(2009.5)

International Guide to Developing a Self-Regulatory Organization (2009)

EASA Best Practice Recommendation on Online Behavioural Advertising(2011.4)

（3）欧洲直销与互动营销联盟

FEDMA Code One-Commerce & Interactive Marketing(2000.6)

European Code of Practice for the Use of Personal Data in Direct Marketing Electronic Communications Annex(2010.6)

Guidance Document for the Implementation of the FEDMA Electronic Communication Annex(2011.6)

（4）欧洲互动广告局

IAB Europe EU Framework for Online Behavioural Advertising (2011.4)

Technical Specifications for Implementing the IAB Europe OBA Framework and EASA BPR in Europe(2012.1)

Self-Certification Criteria for Signatories of the IAB Europe OBA Framework(2012.4)

Request for Proposals for Providing Certification of Compliance with the European Self-Regulatory Programme on OBA(2012.10)

E-Privacy Transposition Chart(2014.3)